경제편

상업·무역 정책(2)

- 상공회의소

경제편

일제침탈사
자료총서 35

상업·무역 정책(2)

– 상공회의소

동북아역사재단 일제침탈사 편찬위원회 기획
조재곤 · 최재성 · 최종길 · 이태규 편역

동북아역사재단
NORTHEAST ASIAN HISTORY FOUNDATION

| 발간사

일본이 한국을 침탈한 지 100년이 지나고 한국이 일본의 지배로부터 벗어난 지 70년이 넘었건만, 식민 지배에 대한 청산은 이루어지지 못하고 있다. 일본의 독도영유권 주장은 도를 넘어섰다. 일본은 일본군'위안부', 강제동원 등 인적 수탈의 강제성도 인정하지 않고 있다. 일본군'위안부'와 강제동원의 피해를 해결하는 방안을 놓고 한·일 간의 갈등은 최고조에 이르고 있다. 역사문제를 벗어나 무역분쟁, 안보위기 등 현실문제가 위기국면을 맞고 있다.

한·일 간의 갈등은 식민 지배의 역사를 어떻게 볼 것인가 하는 역사인식에서 기인한다. 역사는 현재와 과거의 대화이며 이를 기반으로 미래로 나아갈 수 있다. 과거 침략의 역사를 미화하면서 평화로운 미래를 말하는 것은 불가능하다. 식민 지배와 전쟁발발의 책임을 인정하지 않고 반성하지 않으면 다시 군국주의가 부활할 수 있고 전쟁이 일어날 위험성도 배제할 수 없다. 미래지향적 한일관계를 형성하고 나아가 동아시아의 평화와 번영의 기틀을 조성하기 위해 일본은 식민 지배의 책임을 인정하고 그 청산을 위해 노력해야 할 것이다.

식민 지배의 역사를 청산하기 위해서는 식민 지배는 어떻게 이루어졌는지 그 실상을 명확하게 규명하는 일이 긴요하다. 그동안 일본제국주의에 맞서 조국의 독립을 위해 헌신한 독립운동가들의 활동을 찾아내고 역사적으로 평가하는 일에는 상당한 성과를 거두었다. 반면 일제 식민침탈의 구체적인 실상을 규명하는 일에는 충분한 노력을 기울이지 못했다. 제국주의가 식민지를 침탈했다는 것은 너무나 당연한 사실로 여겨졌기 때문에, 굳이 식민 지배에서 비롯된 수탈과 억압, 인권유린을 낱낱이 확인할 필요가 없었는지도 모른다. 그러는 사이 일본은 식민 지배가 오히려 한국에 은혜를 베푼 것이라고 미화하고, 참혹한 인권유린을 부인하는 역사부정의 인식을 보이는 데까지 이르고 있다. 일제의 통치와 침탈, 그리고 그 피해를 종합적으로 조사하고 편찬할 필요성이 여기에 있다.

일제침탈사를 체계적으로 정리하는 일은 개인이 감당하기 어렵다. 이에 우리 재단은 한국학계의 힘을 모아 일제침탈사 편찬위원회를 꾸렸다. 편찬위원회가 중심이 되어 일제의 식민지 침탈사를 정치·경제·사회·문화 모든 방면에 걸쳐 체계적으로 집대성하기로 했다. 일제 식민침탈의 실체를 파악하기 위해 2020년부터 세 가지 방면으로 사업을 추진하고 있다. 하나는 일제침탈의 실상을 구체적이고 생생한 자료를 통해서 제공하는 일로서 〈일제침탈사 자료총서〉로 편찬한다. 다른 하나는 이들 자료들을 바탕으로 연구한 결과물을 〈일제침탈사 연구총서〉로 간행한다. 그리고 연구의 결과를 대중들이 이해하기 쉽게 〈일제침탈사 교양총서〉를 바로알기 시리즈로 간행한다. 자료총서 100권, 연구총서 50권, 교양총서 70권을 기본목표로 삼아 진행하고 있다.

〈일제침탈사 자료총서〉에서는 정치·경제·사회·문화 모든 방면에 걸쳐 침탈의 역사를 자료적 차원에서 종합했다. 침략과 수탈의 역사를 또렷하게 직시할 수 있도록 생생한 자료를 제공하는데 목표를 두었다. 그동안 관련 자료집도 여러 방면에서 편찬되었지만 원자료를 그대로 간행한 경우가 많았다. 이번에 발간되는 자료총서는 해당 주제에 대한 침탈의 실상을 체계적으로 이해할 수 있는 구성방식을 취했으며, 지배자의 언어로 기록되어 있는 자료들을 독자들이 쉽게 읽을 수 있도록 모두 번역했다. 자료총서를 통해 일제 식민 지배의 실체와 침탈의 실상을 있는 그대로 이해할 수 있게 되기를 기대한다.

2023년

동북아역사재단 이사장

| 편찬사

1945년 한국이 일제 지배로부터 해방된 지 78년의 세월이 지났다. 그럼에도 불구하고 일본 사회 일각에서는 여전히 일제의 한국 지배를 합리화하고 미화하는 주장이 나오고 있으며, 최근에는 한국 사회 일각에서도 일제 지배를 왜곡하고 옹호하는 주장이 나오고 있다. 이는 한국과 일본 사회, 한일 관계와 동아시아 국제관계의 미래를 위해서도 결코 바람직하지 않은 일이다.

이에 동북아역사재단은 일제의 한국 침략과 식민 지배에 대한 학계의 연구 성과를 총정리한 〈일제침탈사 연구총서〉를 발간하기로 하였다. 이에 따라 2019년 9월 학계의 전문가를 중심으로 편찬위원회를 구성하였으며, 편찬위원회는 학계의 연구 성과를 토대로 정치·경제·사회·문화 부문에서 일제의 침탈이 어떻게 이루어졌는지 정리하여 연구총서 50권을 발간하기로 하였다.

주지하듯이 1905년 일제는 러일전쟁에서 승리한 뒤, 한국에 군대를 주둔시키면서 한국의 외교권을 빼앗고 통감부를 두어 내정에 간섭하였다. 1910년 일제는 군사력으로 한국 정부를 강압하여 마침내 한국을 강제 병합하였다. 이후 35년간 한국은 일제의 식민 통치를 받았다.

일제는 한국의 영토와 주권을 침탈하였을 뿐만 아니라, 군사력과 경찰력으로 한국을 지배하면서, 정치·경제·사회·문화의 모든 부문에서 한국인의 권리와 자유, 기회와 이익을 박탈하거나 제한하였다. 정치적으로는 군사력과 경찰력, 각종 악법을 동원하여 독립운동을 탄압하고, 한국인의 정치활동을 억압하고 참정권을 박탈하였으며, 집회와 결사의 자유를 억압하였다. 경제적으로는 일본자본이 경제의 주도권을 장악하고, 일본인 위주의 경제정책을 수행했으며, 식량과 공업원료, 지하자원 등을 헐값으로 빼앗아 갔고, 농민과 노동자 등 대다수 한국인의 경제생활을 어렵게 하였다. 사회적으로는 한국인들을 차별적으로 대우하고, 한국인의 교육의 기회를 제한하고, 한국인으로서의 정체성을 박탈하여 결국은 일본의 2등 국민으로 만들고자 하였다. 문화적으로는 표현과 창작의 자유, 종교와 사상의 자유를 억압하고, 한

글 대신 일본어를 주로 가르치고, 언론과 대중문화를 통제하였다. 중일전쟁, 아시아태평양전쟁을 도발한 뒤에는 인적·물적 자원을 전쟁에 강제동원하고, 많은 이들을 전장에 징집하여 생명까지 희생시켰다.

〈일제침탈사 연구총서〉는 침탈, 억압, 차별, 동화, 수탈, 통제, 동원 등의 단어로 요약되는 일제의 침략과 식민 지배의 실상과 그 기제를 명확히 밝히고자 하였다. 이를 통해 일제의 강제 병합을 정당화하거나 식민 지배를 미화하는 논리들을 비판 극복하고, 더 나아가 일제 식민 지배의 특성이 무엇이었는지, 식민 통치의 부정적 유산이 해방 이후에 어떤 영향을 미쳤는지를 밝히고자 하였다.

편찬위원회는 연구총서와 함께 침탈사와 관련된 중요한 주제들에 관하여 각종 법령과 신문·잡지 기사 등 자료들을 정리하여 〈일제침탈사 자료총서〉도 발간하기로 하였다. 아울러 일반인과 학생들이 보다 쉽게 읽을 수 있는 〈일제침탈사 교양총서〉를 바로알기 시리즈로 발간하기로 하였다.

일제의 한국 침략과 식민 지배의 역사는 광복 후 서둘러 정리해냈어야 했지만, 학계의 연구가 미흡하여 엄두를 내기 어려웠다. 이제 학계의 연구가 어느 정도 축적되어 광복 80주년을 맞기 전에 이와 같은 작업을 할 수 있게 된 것을 다행으로 생각한다. 한일 양국 국민이 과거사에 대한 올바른 역사인식을 갖고 성찰을 통해 미래를 향해 함께 나아갈 수 있기를 기대하면서 삼가 이 책들을 펴낸다.

2023년

동북아역사재단 일제침탈사 편찬위원회

차례

| 부록 표 차례

일러두기

1. 일제침탈사 자료총서는 가급적 일반 시민들이 읽고 이해할 수 있는 현대적인 문장과 내용으로 구성하였다.
2. 외국 인명, 외국 지명 등 고유명사는 처음 등장할 때 원어를 병기하고 이후에는 한글만 표기하였다. 한글 표기는 국립국어원 외래어표기법에 따랐다.
3. 연도는 서력 표기를 원칙으로 하고 관련 연호는 병기하였다. 날짜는 원문 그대로 하고, 음력과 양력 여부를 알 수 있는 경우에만 '(음)' 또는 '(양)'으로 기재하였다.
4. 숫자는 천 단위까지 아라비아 숫자로 표기하고, 만 단위 이상은 '만' 자를 넣어 표기하였다. 도표 안의 숫자는 가급적 그대로 표기하였다.
5. 국한문혼용체와 같이 탈초만으로 문장을 이해하기 힘든 경우 가급적 현대어에 가깝게 윤문하였다. 단 풀어쓰기 어려운 낱말이나 문구는 원문을 병기하거나 편역자 주를 이용하였다.
6. 낱말이나 문구에 대한 설명이 필요한 경우 또는 편찬사업의 취지에 따라 자료 해설이 필요한 경우 편역자 주를 적극 활용하였다. 단, 편역자 주는 1, 2 등으로 표기하고, 원 자료의 주석이 있는 경우는 *, ** 등으로 표현하였다.
7. 원 자료에 수록된 표는 가급적 그대로 수록하되, 지면상 수정이 필요할 경우 가로쓰기로 수정하였다.
8. 다양한 방식으로 읽을 수 있는 일본 인명은 통용되는 훈독을 따랐으나, 오류가 있을 수 있어 한자를 병기하였다. 부득이 훈독을 할 수 없는 경우는 한자독음을 병기하였다.
9. 판독이 불가한 글자의 경우 ■로 표기하였다.

| 편역자 서문

동북아역사재단의 일제침탈사 자료총서 중『상업·무역 정책』의 2차년도 보고 내용은 '상공업 기구' 번역 작업으로 주로 '상업회의소·상공회의소·상공경제회' 관련 내용 중 일제침탈과 그로 인한 조선인의 피해를 중심으로 작업한 결과물이다. 일제침탈사 자료총서 발간은 일제가 한국의 주권과 영토를 침탈하고 식민지 형태로 지배하면서 억압·수탈·차별·동원 등을 통해 각 부문에서의 권리와 이익을 침해하였음을 자료로 보여 주는 데 그 취지가 있다. 발간 취지에 따라 일제가 직접 만든 자료와 일제의 경제적 침탈과 지배에 대한 비판적인 자료를 발굴하고, 정책에 따른 대응과 피해 실태에 관한 사료도 포함하였다. 이 자료집의 취지는 한말부터 식민지 시기에 걸친 경제정책 정립과 관련한 상공업 관련 기구의 구성과 그 역할을 살피는 데 있다. 상공업 관련 기구는 객주상회소 → 상무회의소 → 상무사 → 상업회의소 → 상공회의소 → 상공경제회의 여섯 단계 변화과정을 겪게 되는데 이는 시기적으로는 개항 직후 → 갑오개혁기 → 대한제국기 → 러일전쟁~제1차 세계대전 발발 → 세계 대공황 발생 → 아시아·태평양전쟁기로 구분된다.

개항 직후의 상업기구 관련 자료는 남아 있는 것이 많지 않다. 조선인 본위의 상업회의소가 구성될 당시는 러일전쟁 직후로 '을사늑약'으로 외교권이 박탈되면서 대한제국의 형편은 일제의 지배정책에 좌우되지 않을 수 없었다. 상업 문제만 놓고 보았을 때도 그들의 탄압으로 자유로운 회사 설립과 허가는 매우 어려운 실정이었고 기존 상인의 대다수는 몰락상인으로 전락하였다. 이와는 대조적으로 이주한 일본 상인들의 영업 활동은 통감부 당국의 적극적인 협조와 비호 아래 비약적으로 발전하였다. 이에 위기감을 느낀 조선 상인들은 권익 수호를 위해 상업회의소 설립을 서두르기에 이른 것이다. 상업회의소는 일본인 재정고문 메가타 다네타로가 단행한 화폐개혁의 여파로 금융공황 및 이로 인한 상인들의 몰락과 철시 투쟁이 이루어지는 와중인 1905년 7월 결성되었다. 상업회의소에서는 화폐공황으로 인한 상인층의 도산을 막을 수 있는 정부구제책 마련을 요구하였지만 당시 상황에서 실현될 수 없었다.

식민지 강점 초기인 1910년 이후 일본제국주의는 조선의 기존 상업기구를 개편하여 자신들의 입장이 최대한 반영되는 그런 기구로 삼고자 하였다. 조선총독부와 일본인상업회의소의 주도로 1915년 통합이 이루어진 상업회의소는 일본 정부와 일본인 자본가뿐 아니라 극히 일부 조선인 자본가의 이익을 위한 민간 단위의 '식민경제정책 하부 실행기구'로 전락하였다. 그 결과 일본인 자본가와 더불어 상업회의소, 또 다른 구성원인 조선인 자본가들은 식민경제정책의 본질을 제대로 이해하지 못하고 이에 맞설 능력을 상실하였다. 아니면 오히려 적극적으로 협력하면서 일본제국주의의 지배정책에 의해 구사되는 피동적인 '충량한 식민지 자본가'의 모습으로 용해되어 가고 있었다. 그 가운데서 동조하는 층들은 식민지 당국과 일정 부분 서로 연결되어 있었다. 제1차 세계대전 이후 일본은 유휴자본과 시설 투자의 출구로서 조선을 활용하였다.

1920년대 이후는 식민통치체제가 어느 정도 자리를 잡아 가는 단계였다. 상업회의소를 상공회의소로 재편한 것은 조선공업화의 진전과 일본의 경기침체로 식민지 조선을 통해 새로운 돌파구를 개척하려는 일본인 자본가들의 요구를 적극 수용한 것이다. 이후 1930년 일본인 대상인·대자본가 중심으로 재편된 상공회의소는 식민지 조선의 신경제체제 구축을 위한 구심점 역할을 하였다. 일제 식민통치의 보조기구로서의 상공회의소는 일본인 상공업자의 권익 위주로 짜여 있었다. 자수성가형의 조선인 자본가들도 상공회의소를 매개로 일본 자본과의 결탁을 통한 상류사회로의 진입을 희구하였는데, 이들은 일본 자본과 상호 보완관계를 유지하면서 예속되어 있는 상황이었다. 따라서 대다수 자본가들은 민족 개념이 희박하였다. 그러나 식민지라는 상황에서 그들의 성장은 지극히 제한적일 수밖에 없었다.

1941년 아시아·태평양전쟁이 발발하자 일본제국주의는 종래의 상업무역 중심의 정책을 생산공업 체제로 전환하였다. 또한 지방의 통제경제를 강화하고 각종 상공업조합으로 재편성하여 결전 산업, 결전 경제로의 시스템 전환이 행해졌다. 상공회의소도 일본 정부의 경제 국책에 협력하고 황국의 발전에 기여할 것을 핵심 목표로 하는 지도기관이자 전시 경제통제를 위한 민간 협력기구로서 적극적으로 역할하였다. 그러던 중 1944년 8월 조선상공회의소는 조선상공경제회로 개편되었다. 이는 1943년 설립된 일본의 상공경제회를 모방하여 식민지에 적용한 것이었다. 평시 체제의 「상공회의소령」과는 달리 「상공경제회령」에서는 경제통제에 대한 협력, 또는 전의고양운동이나 생산 증강을 위한 공장 위문·전황 강연·유가족 원호·내핍 생활 추진 등이 주요 활동으로 되어 있다. 각도 단위로도 상공경제회가 설립되어 조선상공경제회에서 총괄하였다. 상공경제회는 1945년 8월 패망에 이르기까지 전시동원을 위한 기구로서 일제 파시즘 통제 경제체제에 적극 협력하였다.

자료집에서는 정책 실행 관련 법령으로 「상무회의소규례」·「황국중앙총상회장정」·「상무사장정」 등 한국인 상업기구 설치 법령 제정, 「조선상업회의소령」·「조선상공회의소령」·「조선상공경제회령」 등 제정 관련 주요 법령을 소개하였다. 실행 결과로 한·일인 상업기구 병립 시기 일본인 상업회의소의 활동과 한국인 상업회의소의 활동을 분류하여 살폈다. 조선상업회의소의 조직과 활동, 분규(민족차별), 조선상공회의소의 조직과 활동·통제·분규(민족차별·파벌)·독직사건, 각지 상공단체 관련 사항이다. 다음은 경성상공회의소의 주요 사업일지를 번역한 것이다. 1권은 1887년 2월 일본 거류민의 경성상업의회 설립부터 1915년 12월 경성일본인상업회의소의 해산까지, 2권은 1915년 7월 「조선상업회의소령」 공포부터 1940년 10월 경성상공회의소의 직장양성강습회까지 기록되어 있다. 마지막으로 1944년 「조선상공경제회령」 시행과 1945년 8·15 광복 이후 폐지되는 내용까지 정리하였다.

부록으로 두 가지 자료를 수록하였다. 첫째는 1910~1940년대에 걸쳐 14개 지역의 상업회의소 또는 상공회의소에서 발행한 각지 상공인명록이다. 지역별로 볼 때도 당시 13개 도 가운데 충남·북과 강원도를 제외한 나머지 10개 도에 걸쳐 광범위한 지역 분포를 보이고 있다. 그 양이 방대하여 부득이 선별·발췌할 수밖에 없었다. '상과 공'에 맞게 우선 상업 부문에서는 잡화상을 최우선 고려했고, 공업에서는 제조업자를 추렸다. 그리고 1930년대 토목 청부업자가 상공회의소 회두가 되었던 상황을 반영하여 토목 청부업자도 포함시켰다. 두 번째는 경성상공회의소 누년 예산(1926~1943)이다. 세입·세출액의 변화를 통해 시기별 특징을 파악하는 데 도움이 되는 자료이다.

편역자를 대표하여

조재곤

I

전사(한·일인 상업기구 병립)

해제

제1장은 일제 강점 직전 조선인 상업단체의 설립과 활동, 『상공월보』 간행 내역, 강점 직후 일본인상업회의소의 청산과 조선인상업회의소와의 통합 논의 내용이다. 원래 상업회의소는 1880년대부터 원산·인천·부산 등 개항장의 객주상회소를 모태로 하여 설립된 것이었다. 그러나 권력의 부침과 정치적 격변 과정에서 역할을 제대로 하지 못하고 설치와 폐지를 거듭했으며, 그 과정에서 자료를 거의 남기지 못하여 일부 조직을 제하면 구체적인 활동 내역을 알기는 매우 어렵다. 갑오개혁 시기 해체된 전국적 규모의 상업기구 재건 노력은 대한제국 시기 상무사 설립으로 실행되지만 제 기능을 발휘하지는 못하였다. 이후 조선인 본위의 상업회의소가 다시 구성될 당시는 러일전쟁 직후로 외교권이 박탈되면서 대한제국의 형편은 일제의 지배정책에 좌우되지 않을 수 없었다. 상업 문제만 놓고 보았을 때도 그들의 탄압으로 자유로운 회사 설립과 허가는 매우 어려운 실정이었고 기존 상인의 대다수는 몰락상인으로 전락하였다. 이와는 대조적으로 이주한 일본 상인들의 영업 활동은 통감부 당국의 적극적인 협조와 비호 아래 비약적으로 발전하였다. 이에 위기감을 느낀 조선 상인은 권익 수호를 위해 상업회의소 설립을 서두르기에 이른 것이다.

서울의 한성상업회의소는 일본인 재정고문 메가타 다네타로(目賀田種太郎)가 단행한 화폐개혁의 여파로 금융공황 및 이로 인한 상인의 몰락과 철시투쟁이 이루어지는 와중인 1905년 7월 결성되었다. 상업회의소에서는 화폐공황으로 인한 상인층의 도산을 막을 수 있는 정부 구제책 마련을 요구하는 한편, 1905년 11월 화폐정리사업의 폐단을 제거할 수 있는 방책을 담은 책자를 출간하였다. 상업회의소에서는 1909년 11월부터 기관지이자 상공업 정보 제공지인 『상공월보(商工月報)』를 간행하였다. 창간호에서 언급한 바처럼 『월보』 발간 제일의 목적은 각국과의 경쟁적 '상전(商戰)'을 통하여 대한제국이 하루바삐 근대 자본주의 국가로 성장하는 것이었다. 그러나 대한제국 강제 병합 직후인 1911년 1월 제15호와 10월 제24호는 '치안 방해' 명목으로 발매 금지를 당했다. 1910년대 식민지 강점 초기 일본제국주의는 조선의 기존 상업기구를 개편하여 자신들의 입장이 최대한 반영되는 그런 기구로 삼고자 하였다. 이미 대한제국의 강제 병합 이전인 1908년과 1910년 조선인으로 구성된 서울의 상업회의소에서는 경비 부족 등을 이유로 일본인 측 상업회의소와 합병을 시도하기도 했다. 그러나 조선인 사회의 부정적인 여론 때문에 이는 성사되지 못했다. 조선인상업회의소와 일본인 상업회의소의 통합 문제는 일제의 대한제국 병합 직후부터 구체적으로 다시 논의되었다. '진고개상업회의소'라 불린 서울의 일본인상업회의소에서는 '한성상업회의소' 혹은 '종로상업회의소'라고도 불린 조선인의 경성상업회의소와 합동 대 간친회 구성을 위한 협의를 했지만 1915년까지는 양측 상업회의소 통합은 구체적인 실행 단계로 발전하지는 못했다.

1. 한국인 상업기구 설치 법령 제정

〈자료 1〉「상무회의소규례」

법률 제17호. 상무회의소규례(商務會議所規例).

짐이「상무회의소규례」에 관한 건을 재가하여 반포케 하노라.

대군주(大君主) 어압(御押) 어새(御璽)

개국(開國) 504년 11월 10일

내각 총리대신 김홍집(金弘集)

농상공부 대신 서리 정병하(鄭秉夏)

제1조 상무회의소를 개설코자 할 때는 해당 지방 상업자 중 20인 이상의 합의로 지방 장관을 경유하여 농상공부 대신에게 인가를 청한다.

제2조 지방 장관이 전조의 신청서를 받으면 적당한 방법에 따라 해당 군의 중의를 모으고 또 자기의 의견도 붙여 농상공부 대신에게 보낸다.

제3조 회의소의 사무 권한은 아래와 같다.

1. 상업이 왕성하는 방법이나 쇠퇴함을 구하는 방법을 의결하는 일.
2. 상업의 이해득실에 관한 의견을 관청에 구신(具申)하는 일.
3. 상업에 관한 관청 자문에 답신하는 일.
4. 관계자의 청구에 따라 기타 상업에 관한 분의(紛議)를 재결하는 일.

제4조 회의소 설립지에 만 2년 이상 거주한 상업자는 회원 선거권을 갖는다.

제5조 회의소 설립지에 만 2년 이상 거주한 30세 이상의 상업자는 회장 피선거권을 갖는다.

제6조 회원 수는 20명 이상 40명 이하로 각 회의소에서 정한다.

제7조 회원은 명예직으로 하며 그 임기는 24개월이며 매 12개월마다 그 반수를 개선(改選)한다. 다만 초도해임(初度解任)은 추첨으로 한다.

제8조 당선자는 질병이나 부득이한 사고가 없으면 사직할 수 없다.

제9조 회원 선거는 군수가 일시를 정하여 군청이나 혹 군수가 정하는 곳에서 시행한다.

제10조 회의는 공개하여 방청을 허가하며 비밀에 속한 사항은 농상공부 대신의 명령 혹은 회의소 의결로 방청을 금할 수 있다.

제11조 회의소는 그 의결에 따라 학술, 기예 혹은 상업에 경험이 있는 자를 특별회원으로 임시 의석에 출석시켜 참가케 할 수 있다. 다만 특별회원은 그 의결수에 가산할 수 없다.

제12조 회의소 경비는 회원 선거권을 가진 자에게 징수한다. 그 징수 방법은 회의소에 의결하여 지방 장관을 거쳐 농상공부 대신에게 인가를 청하여야 한다.

제13조 경비를 납기에 불납하는 자가 있으면 그 징수를 지방의 수세 관리에게 위촉할 수 있다.

제14조 지방 수세 관리가 독촉해도 불납하는 자는 회원 선거권과 피선거권을 정지하고 5원(元) 이상 50원 이하의 벌금에 처한다.

제15조 회의소의 경비 예산은 지방 장관을 거쳐 농상공부 대신에게 인가를 청하고 결산은 신고해야 한다.

제16조 회의소는 다음의 제 규정을 의정하여 지방 장관을 거쳐 농상공부 대신에게 신청해야 한다.

1. 회원 선거 규칙
2. 의사 규칙
3. 서무 규정
4. 역원 직무 권한
5. 회계 규칙

제17조 농상공부 대신은 회의소가 그 권한을 범하거나 상업에 방해한 행위가 있다고 인정할 때는 회의를 정지하거나 그 정형에 따라 역원 혹은 회원의 몇 사람이나 전수의 개선을 명할 수 있다.

제18조 농상공부 대신은 이 규례를 시행하기에 필요한 명령을 발할 수 있다.

부칙

제19조 농상공부 대신은 지방 정황에 따라 현금 간은 지방 장관으로 회원을 지명 선거케

할 수 있다.

출전: 『高宗實錄』, 고종 32년 11월 10일; 『官報』, 開國 504년 11월 12일.

〈자료 2〉「황국중앙총상회 장정」

(총상회)

황국중앙총상회(皇國中央總商會)의 장정(章程)을 다음에 기재한다.

우리 황성 중앙의 각 점포는

성조께서 결정하신 처음에 그 터를 허락하셔서 나라의 기초를 세우셨고, 500년 동안 상업을 진작하여 열심히 받들었다. 요새 외국 상인은 발전하고 우리나라 상인의 생업은 쇠락하여 심지어 점포 자리를 외국 사람에게 팔아 버리는 지경에 이르렀다. 이렇게 되면 중앙의 점포 터도 보호하기 어렵게 되며, 이것은 다만 상인들의 실업일 뿐만 아니라 국고와 민생이 어려움에 처할 것이다.

우리가 충심으로 본회를 설치하고 규칙을 만들었으니 우리와 뜻이 같은 이는 서로 권하여 충애하는 마음으로 상업을 일으킬 기초를 튼튼하게 하고 국가를 부강하게 할 방침을 찾아 억만년 이어지길 바란다.

회 이름은 황국중앙총상회로 하고 중앙 각 점포가 함께 회의하여 점포의 경계를 정하되, 동쪽으로는 철물교, 서쪽으로는 송교, 남쪽으로는 작은 광교, 북쪽으로 안현까지 외국인의 상업 행위를 허락하지 말고, 그 경계 밖의 우리나라 각 점포는 본회에서 관할할 것이다.

농상공부에서 허가한 인지는 본회에서 관리하니, 각도 각군의 장시·항구·포구·객주·회사가 상품을 교역할 때 부과한 무명잡세는 일단 금지하고 인지로 시행한다. 각종 물가의 등락은 본회에서 자세히 살피고 밝혀 좋은 대로 관할한다. 본회의 자본은 매표에 50원씩 정하되 금액은 각자 원하는 대로 납부하게 한다.

본회는 상업 기관이므로 저자의 규칙을 조정하여 사용하되 본회 사무소는 황성의 중앙에 두고 본회의 임원은 회장 1명, 부회장 1명, 주무 2명, 서기 4명, 회계 4명, 사무 30명, 사법 5명, 경찰 25명, 검찰 5명으로 한다.

본회를 설립한 후 회표를 정하여 회표를 착용하지 않은 사람은 장사를 못 하게 한다. 통상 회의는 한 달에 한 번씩 음력 초2일에 하며 특별 사건이 있으면 임시 회의를 갖는다. 회표는 5각형으로 만들어 오제(五帝)의 다스림을 상징하게 하고, 3층으로 하여 삼왕(三王)의 제도를 기리도록 한다. 표의 앞에는 황국중앙총상회부국안민(皇國中央總商會富國安民) 11자를 새겨 항상 옷고름에 차도록 한다.

출전: 『독립신문』, 1898년 9월 30일 자 잡보

〈자료 3〉「상무사장정」

1)「상무사장정(商務社章程)」서문

무릇 상민은 사민(四民)의 하나이다. "관청이 있는 곳에 시장을 둔다"는 것은 나라의 큰 법에서 빠질 수 없는 것이다. 갑오 을미경장 이후로 상권(商權)이 모두 서울 밖의 주인에게 옮겨가 버렸다. 각전(各廛)을 폐지하지는 않았지만 저절로 없어져서 도로가 고요하고 쓸쓸해졌다. 지방의 부(負), 보(褓) 두 상인은 의지할 데도 없고 생업도 없어서 상품의 유통 경로가 막혔으니, 생각이 이에 미치면 어찌 개탄스럽지 않겠는가? 하물며 국가를 위해 힘써 일해야 함을 마땅히 권장하는 뜻을 보이므로, 임금의 뜻을 받들어 이어서 장차 조직해야 하는 것은 어찌하겠는가? 당파가 서로 나뉘고 규각(圭角)이 점점 생겨나서, 심지어는 절차나 규정을 어기고 죄과를 범하는 자가 있으니, 이 어찌 임금의 명령을 받들어 그 마음을 백성들에게 널리 알리는 길이라고 말할 수 있겠는가? 그 생업을 돌아보면 모두 우리나라의 상민이고, 그 정성을 헤아려 보면 임금님을 향한 충의가 똑같아서, 이미 다른 뜻이 없으니 다시 어찌 다르고 같겠는가? 강물은 시냇물을 가리지 않고, 산은 작은 것도 사양하지 않음이 이치의 떳떳함이다. "소매가 길면 춤을 잘 추고, 돈이 많으면 장사를 잘한다"는 것은 옛날 말이다. 상로(商路)를 넓히고 개척하려면 세력을 나눌 수 없으니, 마음과 힘을 한결같이 하여 비로소 끝맺음을 이룬다면 지금부터 계속하여 주인이 될 것이다. 각전과 부, 보 두 상인을 합쳐서 하나의 사(社)로 만들고, 칙령과 장정을 삼가 좇아서 다음과 같이 조례를 꾸며서 만든다. 무릇 우리 상인이 준수하되 두 마음을 갖지 말고, 위로는 황실을 보호하고 아래로는 재원을 풍성하게 늘리니, 임금의 큰 은혜에 우러러 보답한다면 어찌 다행이 아니겠는가?

출전: 『일성록』, 광무 3년 4월 3일; 『고종실록』, 광무 3년 5월 12일; 『관보』, 광무 3년 5월 15일; 『대한계년사』 하, 광무 3년 5월.

2) 「상무회의소규례 개정」(1899년 5월 12일)

칙령 제19호 「상무회의소규례(商務會議所規例) 개정(改正)」 건을 재가하여 반포하다. 그 개정 내용은 다음과 같다.

제1조 상무회의소는 상무사(商務社)로 개칭하여 전국 상무를 통할 의정한다.

제2조 상무 본사는 황성(皇城)에 설치한다.

제3조 본사의 간무인원(幹務人員)은 다음과 같다.

사장 1명

구관사장 1명

부사장 1명

사무장 1명

부사무 3명

제4조 사장 이하 제 사원이 기일을 정하여 본사에 회집하여 상무에 익숙하고 상업에 힘쓰기를 원하는 자를 사장이 인가하여 사원으로 정하되 그 재주와 품계에 따라 공사원(公事員), 장무원(掌務員), 명사원(明事員), 재무원(財務員)을 나누어 맡긴다.

제5조 사장 이하와 여러 사원이 각자 등급을 나누어 출자금[股金]을 내어 상무의 자본으로 삼는다.

제6조 본사의 회의, 사무 권한은 다음과 같다.

1. 상업을 왕성하게 하는 방법과 쇠퇴함을 구하는 방안을 의결할 일.

2. 상무의 이해득실에 관한 의견을 정부와 농상공부에 낱낱이 보고하는 일.

3. 상업에 관한 사건을 정부와 농상공부 자문에 답신할 일.

제7조 본사 회의 시에 비록 사원이 아니지만 학술, 기예 혹은 상업에 경험이 있는 자는 특별회원으로 임시 의석에 들어오기를 청하여 참여하게 할 수 있다.

제8조 상민을 보호하는 방법은 다음과 같다,

1. 농상공부 인지세칙 외에 무명잡세는 통렬하게 금한다,

2. 상민 중 집이 없고 의지할 곳도 없이 도로에서 병을 얻게 되면 특별히 방략을 세워 진휼하고 치료한다,

3. 상민 중 객지에서 사망한 자는 별도로 조규(條規)를 만들어 묻어 준다.

제9조 상민에게 빙표(憑標)를 만들어 주어 간위(奸僞)를 막는다.

제10조 상무학교(商務學校)를 설립하여 인민 중 나이 어리고 총명하고 준수한 자를 가려 뽑아서 상무를 학습하게 한다.

제11조 본사에 신문(新聞)을 설하여 국내, 국외 물가의 높낮이를 상세하게 살피고 널리 알려 무천(貿遷)에 편리하게 한다.

제12조 지방 상민은 각도의 관찰사로 공사장(公社長)을 으레 겸하고 목사, 부윤, 군수로 분사무장(分司務長)을 으레 겸하여 해당 관내의 상민을 관할 처리한다.

제13조 상민의 사설도회(私設都會)와 무리를 믿고 행패를 부리는 것은 모두 통렬히 금지하여 폐해의 근원을 막는다.

부 칙

제14조 상무사 세칙은 농상공부 대신과 본사장이 상의하여 결정한다.

제15조 개국 504년 11월 10일 법률 제17호 「상무회의소규례」는 폐지한다.

제16조 본령은 반포일로부터 시행한다.

1899년 5월 12일

어압(御押) 어새(御璽) 봉칙(奉勅)

의정부 참정 신기선(申箕善)

출전: 『일성록』, 광무 3년 4월 3일; 『고종실록』, 광무 3년 5월 12일; 『관보』, 광무 3년 5월 15일; 『대한계년사』 하, 광무 3년 5월.

3) 「상무사장정」, 광무 3년(1899) 을해 6월

제1조 각자 자본을 내어 개무(開務)를 설(設)하고 일제히 마음과 힘을 합쳐 황실을 보호한다. 자본을 내지 않으면 상무(商務)를 개발할 수 없고 힘을 합치지 않으면 황실을 보호하기 어려우니 말은 비록 두 가지나 뜻은 즉 하나이다. 각자 자본을 내고 모두 마음과 힘을 합쳐 천하가 일이 없으면 즉, 민생(民生)의 재원(財源)을 북돋아 길러 개진(開進)의 길로 나아가고 천하가 일이 있으면 즉, 재물은 군국(軍國)의 향수(餉需, 물자)를 만들어 충의(忠義)의 정성을 베푸니 이는 본사(本社)의 종지(宗旨)이다. 별도로 제6조, 제7조를 나누었다.

제2조 본사 사호는 상무사(商務社)로 칭하여 황성(皇城)에 설치한다. 성안의 주의각전(主衣各廛)과 서내(署內) 각 임방(任房)을 상무사로 통합하고 그 중앙을 취해서 중서(中署)의 전 평시서(平市署)에 개설한다.

제3조 사원의 분장과 월봉은 아래와 같다.

사장	1인 30원
구관사장	1인 30원
부사장	1인 20원
사무장	1인 20원
분사장	13인
분사무장	334인
부사무	3인 각 15원
공사원	13인 각 10원
장무원	13인 각 10원
명사원	60인

재무원 7인 각 10원

서기원 6인 각 9원

간사 20인 각 8원

고용 3인 각 6원

사장은 사내의 제반 사무를 관장한다.

구관사장은 즉 이전 날의 유사당상(有司堂上)이니 사내의 제반 사무를 모두 살핀다.

부사장은 서무를 두루 살피고 힘을 합쳐 도와서 사무를 분간 처리하여 회사의 규율을 엄하게 세우고 불법을 징계하고 탄핵한다.

사무장은 사장과 구관사장의 지휘를 받들어 상인과 재정과 임원 출척(黜陟)을 전담하여 총괄한다.

분사장은 해당 도(道) 내의 상무를 전관하여 경사(京社, 서울 본사)에 전보(轉報)한다.

분사무장은 해당 군(郡) 내의 상무를 전관하여 사장에게 전보한다.

부사무는 사무장의 지휘를 받들어 제반 사무를 처리한다.

공사원은 부사무의 지휘를 받들어 공문(公文)을 출납하며, 상민의 선악을 조사해 적발하고 재정의 은루(隱漏)를 세밀하게 조사한다.

장무원은 별도로 공정한 사람을 선택하여 지방 사무를 은밀히 살핀다.

명사원은 즉 찬성원이니 비록 지정된 직무는 없으나 명예가 있는 사람을 두루 선발하여 상무를 의논하고 자본을 내어 영업하다가 결원이 생기면 임무를 옮긴다.

재무원은 사내의 재정을 책임지고 맡아서 관리하되 직접 사무장의 지휘를 받는다.

서기원은 문부(文簿)를 맡아서 관리한다.

간사는 사내의 제반 사무를 명령을 받들어 거행한다.

고용은 사내의 사역에 잔심부름을 거행한다.

제4조 서류를 받아 처리하는 순서와 규모는 아래와 같다.

각종 사무를 나누어 맡아 처리하여 혹시라도 월권이 없게 하되 첩소(牒訴)를 접수하거나 공문을 작성하여 공사원이 제출하고 부사무는 곧바로 기안(起案)하면, 사무장이 우선 도장을 찍고 부사무, 구관사장, 사장이 차례로 도장을 찍은 연후에 관인을 찍고, 만약 소소하게 관례에 따르는 사건은 사무장, 구관사장이 결정하여 처리한다.

제5조 바깥 지방의 상민은 해당 관찰사, 해당 군수가 분장하여 관할한다.

각도의 관찰사는 해당 도의 분사장을 겸임하고 지방관은 해당 군 분사무장을 으레 겸임하였으니, 상민이 평민에 비해 어떻게 다르고 같음이 있겠는가? 무릇 사송(詞訟) 등 사항에서 같은 한 몸으로 보고, 송사를 듣고 판단함에 막히거나 거칠 것이 없다. 여항의 촌락에서 무리를 믿고 행패를 부리는 것은 모두 엄히 금하되 아래에 기록한 여러 조항에 만약 죄를 저지르면 군(郡)에서 잡아 가두고 율에 따라 엄히 징계하여 민폐를 막는다.

후록(後錄)

관청의 명령에 오만한 일.

나이 많은 사람을 꾸짖거나 욕하고 분수 없이 행패를 부리는 일.

개인이 사사로이 진 빚을 억지로 받아내는 일.

당연히 금하는 땅에 억지로 장사지내는 일.

남의 분묘를 강제로 파내는 일.

술에 취해 남을 때리는 일.

과부를 폭력으로 위협하여 빼앗는 일.

제6조 충성을 다하고 의리에 힘써서 국가를 보위한다.

충효는 곧 인도(人道)의 강기(綱紀)라. 하물며 우리 상민의 앞뒤로 힘을 쓴 노력이 나와 남이 다름이 있겠는가? 무릇 나라에 일이 있으면 위험을 피하지 않고 앞을 다투어 어려움에 나아가는 것이 한둘이 아니었다. 이에 조직(組織)한 이후에 외화(外禍)와 내란(內亂)을 헤아리지 않고 비록 끓는 물에 뛰어들고 불을 밟더라도 반드시 남들에게 양보하지 말 것이니, 혹시라도 분별하지 못하는 자가 있으면 아울러 엄히 벌하여 일벌백계로 징계한다.

제7조 각자 출자금을 내어 부강하는 방책을 세운다.

장사는 자본이 있은 연후에 가히 영업할 수 있으니 싼값에 사서 비싼 값으로 파는 것과 있는 것과 없는 것을 유통시키는 것이 진실로 나라의 근본을 공고히 하고 백성의 산물을 윤택하게 하는 방책이라. 임원 및 다른 인민이 자본을 내고 힘을 합쳐 상업을 왕성하게 한다.

제8조 학교를 설립하여 상무를 연구하여 밝힌다.

우리나라 상무가 아직 확장되지 못한 것은 진실로 상학(商學)이 분명하지 않음에 연유하는 까닭이라. 상인으로 나이가 어리고 준수한 자와 평민 중 재능과 기예가 총명하고 민첩한 사람을 가려 뽑고 학교를 세워 농상공부에서 관할하여, 사물의 이치에 대한 깊은 연구와 각국의 편리한 규칙을 따르고 연구하고 통달하여, 통상이 매우 빨리 진보되는 효과를 도모한다.

제9조 상민의 첩장(帖章)을 빙표(憑票)로 작성해 주어 간사한 짓을 못하게 막는다.

상민의 빙표는 통행의 규칙과 관계있는 것이다. 간사한 짓을 못하게 막지 않을 수 없으니 본사에서 별도로 빙표를 만들어 나누어 주되 그 비용은 매 1장에 엽전 1량으로 정하여 경향(京鄕)은 물론이고 매 1량 내에 5전은 해당 사(社)의 비용으로 허용하고 5전은 본사로 실어 바쳐 경비로 사용하며 빙표는 매년 초봄에 예전 것을 거두어 새것으로 교환하여 그 증감을 살펴서 간사한 짓을 못하게 한다.

이후에도 혹시라도 상민을 거짓 탁하고 폐단을 일으키는 자가 있으면 적발하여 뿌리를 뽑되 만약 혹시라도 인습을 버리지 않고 지켜 그대로 내버려 두면 분사장, 분사무장이 또한 경계하지 않을 수 없다.

제10조 간사함을 힐문하고 도둑질을 막아 상로(商路)를 편하게 한다.

요사이 도적 무리가 낮에는 상민으로 분장하여 태연히 점막에서 거처하고 밤에는 녹림(綠林; 도적의 소굴)으로 불러 모아 길을 막고 빼앗아서 행로는 끊어지고 물화가 옹색하니 이는 실로 상로에 큰 관계가 있다. 상표를 나누어 줄 때에 그 거주를 알아보고 보증인을 세워서 치밀하고 자세히 힘써 도모하며, 장시와 점막에 혹시라도 수상한 판매하는 사람이 있거든 그 첩장을 살피고 거주를 밝혀서, 간사한 짓이 드러난 자는 본군으로 압송하여 법으로서 징계하고 따진다.

제11조 상무에 편리한 기계를 혹은 제작하고 혹은 교역하여 확장 이용(利用)한다.

수량이 있는 것은 하늘이 만든 것이요, 끝이 없는 것은 사람의 정교한 솜씨라. 우리나라의 수량이 있는 물건으로 각국의 끝이 없는 정교함과 교환하니 앉아서 그 폐를 받아들여 점차 빈곤에 이르게 됨은 반드시 그렇게 되는 이치이니, 기계는 백성을 편리하게 할 수 있고 재화는 혹은 다른 나라와 교역하여 취하고 혹은 지혜를 궁리하여 만들어 내어서 그 기교를 점점 발전시켜 재화가 편리하게 유통하게 하되, 어떤 물건이든지 물론하고 특별한 모양으로 새로 만든 것은 농상공부에서 기한을 정하여 판매를 특별히 허가함으로써 권장한다.

제12조 그 자본에 따라서 회사를 나누어 설치한다.

사람에게 항산(恒山)이 있으면 반드시 항심(恒心)이 있고, 진실로 항심이 있으면 주색잡기를 금하지 않더라도 스스로 금한다. 그 자본의 풍요에 따라서 각사(各社)를 나누어 설치하여, 우선 조지(造紙)와 직조(織造)로부터 기선(汽船), 기차(汽車)에 이르기까지 차례대로 설립해서 행하여, 온 힘을 다해 장사를 해서 상업을 확장한다.

제13조 상인이 실수로 잘못을 저지르거나 부당하게 걸려들게 되면 공정하게 결정하여 심리해서 억울함이 넘치기에 이르지 않도록 한다.

상인 중에서 혹시 장물을 몰래 샀다가 진장(眞贓)[1]이 드러나는 일이 있으면, 본물(本物)을 관부에 귀속시키고 해당 상인을 엄중하게 징벌하는 것을 벗어나기 어렵겠지만, 요사이의 인심이 옛날 같지 않아서 각 고을의 이교(吏校) 무리가 도적을 문초한다고 하면서 도리어 어긋나게 함부로 침범하는 일이 이따금 있으니, 이런 경우에는 각각의 해당 군수가 이미 분사무장을 겸임하고 있으므로, 명백히 조사하고 분간해서 처리하여 공평함을 좇기에 힘쓰고, 상인으로 하여금 편파적으로 우해(遇害)를 입지 않도록 한다.

제14조 상무신문을 발행하여 경향 여러 곳 물산의 시가를 자세히 찾아보고 널리 알린다.

싼값에 사서 비싸게 파는 것과 동쪽에서 바꾸어 서쪽에서 취하는 것은 상무의 커다란 관건이다. 본국(本國) 각 지방의 어떤 물건이 비싸고 싼지와 외국 여러 나라의 어떤 물건이 비싸고 헐한지를 만약 두루 알지 못한다면 장사를 할 수 없으니, 날마다 여러 곳에 전보를 쳐서 조사하여 상무신문 안에 5일마다 분명하고 자세하게 기록하여 실어서 상로에 이르지 못한 자로 하여금 이익을 얻고 손해를 피하게 한다.

---

1 남의 것을 도둑질한 물건인 줄 알면서도 감추어 주거나 사거나 팔아 준 사실을 확인한 흔적.

第15조 임첩(任帖)과 빙표에 만약 사욕을 좇아서 뇌물을 주는 폐단이 있으면 실정을 자세히 조사하여 처벌한다.

본사의 임명(任名)과 상인의 빙표에 만약 혹시라도 뇌물을 주고자 청탁하는 행위가 있으면, 상규(商規)를 크게 어기는 것이니, 많고 적음을 따지지 말고 주고받은 자를 모두 상적(商籍)에서 파내고, 재판소로 옮겨 보내어 법이 정한 바에 따라 엄중하게 징벌하되, 만약 혹시라도 인습을 버리지 못한다면 해당 공사원에게도 또한 차별(次別)을 시행한다.

第16조 상인이 애경사에 서로 돕는 옛 규례를 거듭 밝힌다.

애경사에 서로 돕는 것은 유래 있는 규례이다. 상인 중에서 집도 없고 의지할 데 없는 자와 도로에서 병에 걸린 자는 본사와 바깥 지방의 분사에서 모두 구휼하고 객사한 자는 그 상장례 등의 절차를 전례에 따라 도와서 준비한다.

第17조 상인이 사사로이 도회(都會)를 개설하는 것은 엄하게 금한다.

사사로이 제멋대로 도회하는 것은 곧 나라의 법으로 금한 것에 관계된다. 하물며 또한 지난가을 이래로 칙명과 조령(朝令)에서 거듭되었을 뿐 아니므로, 마땅히 두려워하며 준수해야 할 것이니, 만약 이런 폐단이 있으면, 비단 법을 어긴 자에게만 무거운 형벌을 시행할 것이 아니라 해당 두령도 엄중한 처벌을 면하기 어려울 것이니, 특별히 단속하여 후회에 이르지 않게 할 것이다.

第18조 여러 가지 잡세는 모두 엄하게 금지한다.

무명잡세를 혁파하도록 칙명을 자주 내리셨으니, 조정에서 엄하게 금지하는 바이다. 농상공부의 인지(印紙)를 행용하는 것 외에는 비록 푼돈이라도 만약 거두는 자가 있으면 해당 군의 분사무장이 사유를 갖추어 해당 도의 분사장에게 즉시 보고하여 엄하게 금지하고, 만약 또 준수하지 않으면 경사(京社)에 즉시 보고하여 특별히 죄를 벌하고 잘못을 따져 밝힌다.

第19조 지방 조직

1. 각 지방에 지사를 설치하여 경향의 상민이 한결같이 상무를 번창하고 왕성하게 한다.
2. 지사를 각군의 대로변에 서로 이어 설치하여 우전(郵傳)을 편하게 하고 도적 무

리의 해를 막는다.

3. 지사에 임원을 두되 공사원 1명, 장무원 1명은 상인의 공천과 권점(圈點)에 따라 본사에서 차출하고, 재무 1명, 서가 1명, 간사 3명은 해당 지사에서 골라서 임명한다.

4. 지사 각 임원의 직무는 서울 본사 임원의 책임과 그 명목에 따라서 각기 모방하여 본받는다.

5. 빙표 값 중에서 10분의 5는 그 받은 바에 따라 정밀히 셈하고 결산하여 본사에 실어다가 바치되, 가까우면 한 달 안에 납부를 끝내고, 멀면 두 달 안에 납부를 끝내며, 만약 혹시라도 기한을 넘기거나 중간에서 지체하거나 다 써서 없애 버리는 폐단이 있으면, 드러나는 바에 따라 엄중히 처벌할 것이니, 유념해서 거행하여 법을 어기는 데 이르지 않도록 한다. 300리 안팎을 멀고 가까움의 경계로 한다.

6. 빙표가 충분한지 부족한지를, 상표 값을 실어다가 바칠 때에 상인의 성명을 성책(成冊)을 만들어 함께 보고하여, 하나는 빙고(憑考)하고, 하나는 들어가는 인편에 실려 보내게 할 것이다.

7. 행상이나 좌고는 물론하고, 만약 빙표가 없이 사고파는 자가 있거든 도둑질한 물건의 사례에 따라 시행한다.

8. 빙표는 어떤 상인인지를 물론하고 그 현존하는 데에 따라 해당 지사에서 나누어 주고 다른 사(社)와 서로 다투어 힐난하지 않는다.

9. 지사의 장정과 도장은 본사에서 간행하고 새겨서 나누어 줄 것이니, 비용 엽전 50냥은 곧바로 본사에 바친다.

10. 각 지사에는 장정 1권, 공사원 장무원 도장 2과(顆)를 나누어 주어, 하나같이 장정의 규례를 준수하고, 감히 어기지 않는다.

11. 지사의 상인 가운데 만약 법을 어기는 폐단이 있으면, 해당 부와 군의 지사에서도 드러나는 대로 징계하고 다스리거니와, 본사에서도 만약 소문이 들리면 잡아 올려 엄중히 다스려 단연코 용서하지 않을 것이니, 유념하여 어기지 말 것이다.

12. 좌우의 양상(兩商)이 이름은 비록 나뉘어서 다르지만, 서로 권하고 힘쓰게 하여 폐단 없이 생업을 돕되, 물화는 모두 뭉뚱그려 장사하여, 혹시라도 서로 다른

마음을 가지지 않게 할 것이다.

제20조 미진한 조건은 추후에 마련한다.

1899년 6월. 상무사에서 새로 간행함.

사장 의정부 참정 신기선(申箕善). 상무사장지장(商務社長之章)

4) 「상무사장정 부칙」, 광무 5년(1901) 9월

「상무사장정 부칙」 서문

무릇 상민은 사민(四民)의 하나이며, 나라를 보위하고 임금께 충성하는 바는, 물건을 사서 옮겨 통하게 하는 데에서 유래하여 잡은 마음이다. 경장(更張)[2] 이후로 외국과 교역하며 상권(商權)이 점점 느슨해져 모든 상인이 의지할 데가 없다. 대황제 폐하의 어질고 후덕함과 도타운 은혜로 구제하신 특전을 입어, 상무(商務, 상무사)를 다시 설치하고 서울을 본사로 하고 지방을 지사로 하여 차례로 조직하였으니, 그 상민된 자가 누구라도 은혜를 입어 덕을 채우고서도 만분의 일의 성의도 갚으려 하지 않는다면 어떻게 하겠는가? 무뢰배가 서로 당파를 나누고, 협잡배가 사익을 좇아 공익을 버린 지 지금까지 3년이 지나, 조직의 절차가 아직 첫발도 내디디지 못했으니, 왕명을 받들어 널리 알리는 도리에 있어 어찌 두렵고 불인하지 않겠는가? 이번에도 그 말류(末流)의 폐해를 따로 조획(措劃)하지 않는다면, 어찌 건져 내어 구할 수 있겠는가? 하늘 같은 성은을 장차 어떻게 보답할 수 있겠는가? 이제 칙령을 받들어 사원(社員)을 다시 두고 모든 사무를 유신(惟新)하며 널리 중의(衆議)를 찾아내어, 훌륭한 계책을 가까이에서 구하여 폐단을 막고 구휼할 뜻으로 규례를 따로 정한다. 오직 우리 중상(衆商)은 이를 따라 정성껏 지켜 충의(忠義)에 더욱 힘써서, 위로는 황실을 보호하고 아래로는 상무를 왕성히 하여 성은에 우러러 답한다면, 어찌 아름답지 않겠는가?

---

2 1894년 갑오개혁을 말함.

부칙 규례

1. 충성을 다하고 의리에 힘쓰는 것은 사람의 도리인 강기(綱紀)이다. 하물며 우리 상인이 잡은 마음이 충의를 펼침으로써 종지(宗旨)를 삼음에 있어서랴? 무릇 나라에 일이 있으면 위험을 피하지 않고 앞다투어 달려가 구하는 것이 바로 우리의 직분이니, 이와 같이 조직한 뒤에 내화(內禍)와 외란(外亂)을 가리지 않고, 비록 끓는 물에 뛰어들고 불을 밟더라도 남보다 뒤서지 말아서 임금님의 높은 은혜에 우러러 답할 것이다.
2. 초목과 곤충이 임금님의 은혜 속에서 생겨나 자라지 않은 것이 없으며, 하물며 상인도 역시 대황제 폐하의 백성[赤子]이니, 평민과 상인 사이에 어떤 다른 점이 있겠는가? 각도의 관찰사, 군수가 이미 나누어 맡아 겸하였으니 마땅히 한결같이 보아야 하는데도, 간혹 한쪽은 지나치게 좋아하고 다른 한쪽은 지나치게 미워하는 정사가 있어, 소송을 심리할 때에 빈번히 억울하게 처리되곤 하여, 상거래의 형편에 대해 원망하고 떠든다고 하니, 듣기에 매우 개탄스럽다. 지금부터 그 뒤로는 따로 더 돌보고 보호하여, 똑같은 백성이 탄식함에 이르지 않도록 할 것이다.
3. 도(道) 두령 및 명사원 등의 소임은 한데 아울러 고쳐 없앤다.
4. 상표를 나누어 주는 것은 대개 본사에서 경용(經用)하겠다는 뜻에 따른 것이었는데, 한번 상표를 널리 퍼뜨려 쓴 이후로 고치기 어려운 폐단이 거듭 생겨나 도리어 상업에 폐를 끼치게 되었으니, 상표는 고쳐 없애도록 할 것이다.
5. 도회를 사사로이 설립하는 것은 장정에서 금지하는 바이니, 상인 중에서 만약 죄가 없으면서도 벌을 받고서 해명하지 못한 자가 있으면, 본사에 와서 하소연하여 원한을 풀로 씻어 내되, 만약 고의로 죄를 범한 자가 있으면 규율에 의거하여 징계해서 다스릴 것이다.
6. 도회를 사사로이 설립하는 것은 대개 상인이 억울함을 품고도 해명하지 못하기 때문에 그런 것이다. 혹시 살해를 당하고서도 앙갚음을 할 수 없으며, 혹시 지극히 원통함이 있어도 공정한 판결을 얻지 못하여, 여러 사람의 감정에 분함이 쌓이게 되어, 마침내 도회의 지경에 이르게 되니, 비록 범죄라고는 하지만 그 정황을 들어 보면 도리어 불쌍하고 가엾다. 상인이 원통함이 있어 하소연하려 오면, 자세히 조사하고 공정히 판결하여 억울함을 호소하지 않게 하며, 사안이 도군(道郡)과 경사(京司)에 관계된 것은 비록 훈령과 조회라고 하더라도 바른길로 돌아가서 원통함을 풀도록 기약하여, 의지할 곳 없이 외로운

상인으로 하여금 반드시 원통함 없이 편안히 생업에 종사하도록 할 것이다.

7. 경지사(京支社)를 나누어 설치한 숫자가 적지 않고, 폐단이 있는 곳이 차차 늘어서 퍼졌으니, 그 편의에 따라서 통합하도록 할 것이다.

8. 지방의 각 지사의 구역은 각군의 경계로 정하였으니, 서로 넘어 침범하지 말 것이다.

9. 우지사(右支社)는 전과 같이 시행하여, 다시 증감시키지 말 것이다.

10. 좌지사(左支社)를 한 군 내에 나누어 설치한 것이 간혹 3, 4개에 이르니, 영업 사정이 넉넉하지 않고 상인의 숫자가 적은데도 지사를 많이 설치한 것은 상로에 무익할 뿐 아니라 도리어 상황(商況)에 해를 끼친다. 지금부터 그 뒤로는 대읍(大邑)에 2지사, 소읍(小邑)에 1지사씩 군마다 설립하고, 서로 떨어진 거리가 100리 또는 70~80리로 하여, 팔도에 별이 흩어져 있고 바둑알이 늘어선 것처럼 하면, 영칙(令飭)이 비늘처럼 잇닿아 나는 듯이 전해져, 우역(郵驛)을 설치하여 명령을 전하는 것보다 나을 것이요, 두령이 상인을 단속하는 것이 번거롭지 않고 요란하지 않아서 매우 편리하고 적당할 것이니, 이로써 좇아서 행한다.

11. 외항(外港)에서 만약 검사할 일이 있거든, 본사에서 따로 정해서 임명하여 검사를 내려 보낸 뒤 곧바로 해임하여 첩(帖)을 거둔다.

12. 검사 인원을 파견하여 보낼 때에 해당 인원의 노잣돈은 본사에서 갖추어 주는 것이니, 각 지사에서는 비록 밥 한 그릇 술 한 산이라도 절내 거론하지 말되, 만약 영칙을 따르지 않는 자가 있거든, 주고받은 자를 아울러 논하여 벌하도록 한다.

13. 무명잡세는 조정에서 이미 혁파한 것이니, 잡세의 명색은 영원히 상인에게 침범하여 빼앗지 말 것이다.

14. 외항 지사의 공장(公掌)을 바꾸어 교체하는 것은 옛 규례에 따라 1년을 임기로 바꾸어 임명하되, 해당 지사의 많은 상인이 추천하여 와서 보고하고, 또한 원상(原商) 등의 보증이 있은 연후에 본사에서 임명장을 작성해 주어 거행하도록 한다.

15. 향지사의 공장은 원상 중에서 차출하고, 관리들의 무리는 영원히 시행하지 않는다.

16. 부랑자나 협잡배의 부류가 상인을 거짓 탁하고 경향에 출몰하여 폐단을 일으키는 일이 많으니, 이는 한번 조사하고 정리해서 바로잡지 않을 수 없다. 경향의 각 지사에서 상인의 명단을 아울러 거두어서, 간사한 위조를 막도록 할 것이다.

17. 상인 중에서 무리를 믿고 행패를 부려 만약 칠금(七禁)을 어기는 자는 각별히 엄히 다스려 못된 버릇을 징계한다.

1) 관청의 명령에 건방지거나 거만하게 구는 것

2) 나이 많고 덕이 높은 사람을 꾸짖거나 욕하고, 분수없이 행패 부리는 것

3) 사사로이 빚을 억지로 받아내는 것

4) 다른 사람이 묘를 쓰지 못하게 하는 땅에 억지로 장사를 지내는 것

5) 남의 무덤을 강제로 파게 하는 것

6) 술에 취해 정신없이 함부로 치고 때리는 것

7) 과부를 강제로 빼앗는 것

18. 외항의 상인에게 만약 억울함을 호소하는 일이 있거든, 우선 본지사(本支社)의 두령에게 하소연하며, 다음으로 분사무장에게 청원하여 공정한 판결을 기다리게 하되, 만약 혹시라도 해명하지 못하거든, 분사장에게 와서 청원한 연후에 본사에 와서 호소하되, 만약 절차를 거치지 않고 하소연하는 폐단이 있으면, 청원에 대해 절대 처결하지 말 것이다.

19. 상인에게 혹시 원통하고 억울함이 있어서 해당 지사에 호소하거든, 해당 공장이 공정하게 처결한 다음에 도장을 찍어서 근거로 삼도록 하되, 만약 사사로움을 좇아 잘못된 판결을 하여 본사에 와서 호소하면, 조사하여 판결한 뒤에 잘못 판결한 공장은 별도로 징계하여 다스린다.

20. 어느 상인이고 말할 것 없이 만약 상황(商況)이 수영(輸贏)한 자가 있거든, 이치를 좇아 바른길로 돌려 상로를 넓힌다.

21. 평민이 상적(商籍)에 들기를 원하는 자가 있거든, 공장무(公掌務)가 보증을 받아 가입을 허락하고 본사에 와서 보고하되, 만약 폐단이 생기는 일이 있으면 보증한 사람을 함께 신문하여 처벌한다.

22. 본사의 크고 작은 공사(公事)를 결정하는 규정은 서울 각 관아의 사례에 따라 아래에서 위까지 미쳐 도장을 찍은 뒤에 시행한다.

23. 본사 임원의 출근 시간은 각 부(部)의 사례에 따른다.

24. 혹시 긴급한 사건이 있어서 칙령을 받들거나 훈령을 내리는 일 및 혹시 상인의 사단(事端)으로 인해 훈칙(訓飭)하는 일이 있거든, 분사장, 분사무장이 도착하는 즉시 실시하되,

만약 일을 잘못하여 그르치는 폐단이 있으면, 잘하지 못한 일을 거행한 수서기는 상무사로 올려보내어 엄중히 징계하고, 분사장, 분사무장에게도 역시 경고가 없지 않을 수 없다.

25. 본사의 임원 중에 결원이 있을 때에는 공천을 받아 자리를 채운다.
26. 미진한 조건은 추후에 마련한다.

본령은 반포일부터 시행한다.

1901년 9월

어압 어새 봉칙

상무사장 의정부 찬정 경부대신 서리 경부협판 이근택(李根澤)

출전: 『일성록』, 광무 3년 4월 3일; 『고종실록』, 광무 3년 5월 12일; 『관보』, 광무 3년 5월 15일; 『대한계년사』 하, 광무 3년 5월.

〈자료 4〉 「경성상업회의소 설립 및 연혁의 대요」(『상공회의소 90년사』 상권, 서울상공회의소, 삼화인쇄주식회사, 1976 / 원출전: 경성상업회의소, 『상공월보』 제1호, 1909.11.25.)

1905년

7월 9일 창립 발기회를 독립관에서 개최하여 발기인 30명을 정하고 사무장은 김기영(金基永)으로 선정하고 임시집회 장소는 지전도가(紙廛都家)로 정하였다.

동월 11일 규칙 9개조를 제정하고 설립인가 신청서를 농상공부에 제출하였다.

동월 14일 임시 사무소를 대한천일은행에 정하고 발기인 30인이 기부금 1,300여 원을 갹출하여 경비에 충당케 하였다.

동월 18일 농상공부에서 설립인가를 받았다.

동월 19일 설립총회를 개최하고 의원을 선정하였다.

동월 20일 의원회를 개최하고 임원 21명을 선정하였다.

8월 26일 규칙을 24개조로 개정하여 농상공부에 인가신청서를 제출하였다.

9월 6일 전항의 인가를 받았다.

10월 4일 총회를 개최하고 개정한 규칙에 의하여 위원을 다시 선정하였다.

1906년

3월 3일　임시총회를 개최하고 규칙을 개정하여 98개조로 편성한 규정(현행)을 의정(義定)하였다.

6월 1일　농상공부에 대하여 전항 규정의 인가 건을 신청하였다.

10월 8일　전항 규정의 인가를 받았다.

〈자료 5〉 「발간사」(『상공회의소 90년사』 상권, 서울상공회의소, 삼화인쇄주식회사, 1976/ 원출전: 경성상업회의소, 『상공월보』 제1호, 1909.11.25.)

세계는 이미 지방적 시대가 지나가고 세계적 시대가 도래하였으며 무력적 경쟁시대는 지나고 평화적 경쟁시대로 들어섰다. 그리하여 국세(局勢)의 변동은 더욱더 격렬하고 실력의 각투는 더욱더 맹렬하다.

그러므로 오늘날 강국의 이상은 피땀 흘려 건설한 알렉산더 대왕의 대제국도 아니오, 천하의 길이 다 자국의 수도로 통하고 만국의 산물이 다 자기의 창고에 수납되는 로마의 영화가 아니다. 하늘의 은혜를 이용하되 사람의 지혜와 힘을 다하며, 사람의 지혜와 힘을 다하되 하늘의 은혜를 다할 때 비로소 상공의 힘으로 세계를 하나의 주권으로 통치하고 경제를 하나의 기관으로 관리하려 함이다.

그런데 사람의 지혜는 날로 진보하고 천연의 산물이 날로 산출되어도 변하지 않는 것은 인생의 의식주 3가지이다. 이 때문에 식료품을 비교적 많이 생산하는 자는 의류를 타인에게 의지해야 하며, 의류를 비교적 많이 생산하는 자는 재료를 타인에게 의지해야 하며, 그리고 기계의 힘과 이를 운전하는 원동력이 증대할수록 생산과 소비가 자신의 한 나라에서는 이러한 균형을 유지하지 못하는 경우가 되므로 타인에게 공급하거나 타인에게 납품하게 하지 않으면 불가능하다. 그러므로 상업이 지방적인 권역에서 탈피하여 세계적인 무대를 요청하기에 이르고 병립하기 어려운 2~3 혹은 3~4의 상대를 한꺼번에 상대하게 되니 어쩔 수 없는 경쟁이 행해지게 되었다.

마르크스가 주장한 역사의 기초는 경제라고 한 것은 이후의 역사에 있어서 더욱 진리임을 알리는 듯하다. 살펴보라 지금부터 100년 이전의 역사는 전쟁에 입각한 것이 아니었는가. 그러나 이후의 역사는 이제 상공에 입각하게 되었으니 이는 총명한 인류가 사회적 생활의 기초를 튼튼히 한 지 겨우 6~7천 년으로 이미 욕망의 만족이 전쟁에 의지하는 것은 참혹하고 또한 비합리적이라는 것을 자각한 결과이다. 이러한 추세를 가장 민감하게 깨친 자는 사람을 우선시하여 무기를 버리고 주판을 취하며, 군함을 축소하고 상선을 증가시킨다. 오히려 무기를 선택하는 정력보다 주판을 이용하는 정력을 높이고, 군함에 투자하는 비용보다 상선에 투자하는 비용을 높여 마침내 실리를 드높여 전쟁과 상선을 호위하는 군함이 되게 한다.

그러므로 옛날에 무기로 탈취하던 곳에는 주판이 대신하고 군대가 주둔하던 곳에는 상인이 대신하여 그 이치를 자각한 자는 이에 극한 경쟁이 되어 한편으로 뒤처진 경우에는 이러한 어리석음을 계기로 하여 부지불식간에 껍질만 남고 그 내실을 잠식하여 그러한 후에는 석양의 바람에 갑자기 무너지니 이 일부의 인간에게 멸국신법이라는 신조어가 생겨난 바이다.

이상 개진한 바는 지금 세계의 대세라 이 시기에 나라와 집안을 칭하는 자는 즐겁거나 그렇지 않거나 간에 이 와중에 다 함께 헤매게 되고 이를 자각하고 자각하지 못함이 곧 자국과 자가의 운명을 결정하는 바가 되니 어찌 두렵지 아니한가.

눈을 돌려 우리 한국을 보건대 실로 걱정하지 않을 수 없다.

자고로 세계의 문화와 권력의 중심을 해상에서 이동하였는데 지중해시대, 대서양시대, 인도양시대는 이제 지나가고 지금은 세계의 문운(文運)에 가장 마지막으로 바야흐로 개발자를 기다리는 아시아대륙과 신흥의 세력으로 일진 일성하는 아메리카 대륙과 여유가 많은 호주대륙의 3자 사이에 처한 태평양은 정말로 세계의 신경쟁무대가 되었으며, 아시아대륙은 땅은 넓고 산물은 풍부하나 거주하는 사람들이 서로 충돌하고 약탈하면서 경쟁할 필요가 없는 원인의 하나는 중간에 문화의 진보가 정체된 원인으로 아직까지 여력이 풍부함이 세계에 비할 바가 없으며 동서 각처에 거대한 이익의 원천이 무궁함에 세계의 사람들은 심력을 다해 이 대륙 개발에 집중하게 되어 지금은 바다로는 수상의 왕인 태평양과 땅으로는 대륙의 왕인 아세아대륙의 유사시대, 바꿔 말하면, 세계적인 대시장이 되었거늘 가만히 우리 제국의 처지를 관찰하건대 좌우로 이 두 곳을 제압하였을 뿐만 아니라 또 그 위치는 요충지이며 물산은 풍부하며 문명은 오래되었으며 종족은 순수하니 이 모든 단서를 생각하면 땅도 우리에게 희망이 있는 듯하며 하늘도 우리에게 기대함이 있는 듯하며 또한 기왕의 세계 역사와 지금의 세계의 대세가 우리 한국이 무대 밖에서 자유롭게 존재하도록 허락하지 않으니 책임이 막중하다.

그런데 책임이 막중하다 함은 세력을 크게 해야 한다는 의미이고 그리고 세계에 대한 책임은 스스로 다하지 않는 경우에는 세계가 반드시 허락하지 않으니 제3자로 대신하게 해서라도 이를 다한 이후에 존재한다. 이는 어떤 한 나라로 인하여 세계 전체가 동일한 손해를 받을 의무가 없다는 이치이다.

생각건대 우리나라는 위쪽에 있는 곳도 세계의 대시장이요, 아래쪽에 있는 곳도 세계의 대시장이며 그뿐 아니라 우리 제국 자신에 대해 논하더라도 아주 새로운 좋은 시장이요, 그리고 동쪽 대륙 동쪽 대양에 위치하여 가장 이로운 위치에 있으므로 대륙에서 보자면 대양으로 들어가는 교량과 같고 대양에서 보자면 대륙으로 나아가는 대문과 같다. 그리고 안쪽에 대해서는 입구이며 양분을 흡수하는 역할을 담당하고 바깥쪽에 대해서는 젖꼭지로 양분을 분비하는 역할을 담당하고 있다. 그뿐만 아니라 낙타의 예비 위(豫備胃)처럼 상당한 연못으로 양변의 부족함을 조화시키고 광산의 정제소와 같이 상당한 설비로 양 변의 미완성품을 완성해야 할 곳이니 이것만으로도 그 임무가 어찌 가볍다고 하리오.

그러나 불행히도 하늘은 어떠한 좋은 위치로 우리들에게 맡기시고 땅은 어떠한 큰 책임을 우리들에게 기대하여 우리의 재능을 시험하고 우리의 문호를 번영케 하려고 하거늘 어리석도다, '어두움이 이를 깨닫지 못하여' 성의와 희망을 잃어버렸다.

이미 우리 집안의 위치를 살피지 못하니 어느 때 전국의 대세를 파악할 것인가. 과연 우리들은 폐습과 구습만 추종하고 주변부에 존재하여 격변하는 새로운 기운에는 매우 몽매하였다. 그러나 책임은 책임이라 언제 어느 때라도 책임을 다하지 않으면 안 되는 것이거늘 우리들은 이미 기대하지 못하겠음에 이에 대신할 자가 왔으며 그리하여 대행하기에 이르렀으니 이것은 비록 자연의 이치이나 지금 이를 상기하니 위로할 말이 없다.

지금 이러한 것이 어떻게 나왔는지 물론 제1의 목적은 우리 상업회의소의 소속으로 일반회원의 상부상조하는 기관이 되려 함이나 이는 그 일부요, 결코 그 전부는 아니다. 이에 즈음하여 시운이 어떻게 바뀌고 시국이 어떻게 변하든 이를 배우지 않으면 누구에게 의지하여 대양으로 밀려오는 격랑이 우리의 연안을 침범함이 가혹하며 대륙에서 내리치는 호우가 우리 일가를 전복함이 얼마나 처참한지, 여기서 배우지 않으면 누구에게 맡길 것인가.

멸국의 새로운 법은 병전(兵戰)이 아니라 상전(商戰)이요, 흥국의 비결은 양군(養軍)이 아니라 양부(養富)임을 배우지 않으면 누구에게 맡길 것인가. 그리고 하늘의 혜택이 아무리 두텁고 땅의 이로움이 아무리 거대하며 처지가 아무리 좋아도 충분히 가능한 재능이 갖추어진 것을 보여 주어 이로써 가장 어둡더라도 자기의 처지를 자각하고 아울러 세계가 나를 버리지 아니하는 동시에 우리도 또한 세계를 벗어나지 못할 것을 논하여 분발하고 세계의 가장 크고 가장 새로운 활동 무대 위에서 경쟁하는 인재가 되도록 인도하지 않으면 안 된다.

즉 우리에게 오늘이 있음은 다른 것이 아니라 자기의 지위를 자각하지 못한 때문이요, 자각하지 못함은 이에 대한 지식이 없기 때문이요, 지식이 없음은 이끌어 주는 자가 없기 때문이다. 이러한 때에 본 잡지의 출발이 있는 것은 우연이 아니다.

2. 활동

1) 일본인상업회의소의 활동

〈자료 6〉 자유 도한(渡韓)의 의결(황성신문, 1901.10.2.)

인천항 『조선신보』를 의거하면, 그그저께 인천항 일본인상업회의소에서 자유 도한에 관한 건을 회의하였는데, 의장이 말하기를 "일본인의 자유 도한하는 이해는 강구할 필요가 없고, 오늘 문제는 어떻게 하여 그 숙망(宿望)을 달성할지 한 데 있다" 하여 목포 일본인상업회의소에 조회 및 기타를 설명하고 또 말하기를 "이번은 다만 건의서 제출 등에 그치지 않고, 한국에 있는 각지 상업회의소와 연합하여 어디까지든지 숙망을 달하는 방법을 잡고자 한다는 뜻으로써 본안을 제출한 바이라" 하니 만장일치하여 1인도 이의 없이 가결되었다 하였더라.

〈자료 7〉 일상(日商) 개회(황성신문, 1904.3.14.)

한국에 있는 일본인상업회의소에서 대한(對韓) 경영 백년의 계책을 확립함이 오늘에 있다 하여 임시연합회를 열려는 의논이 있다더라.

〈자료 8〉 일상(日商) 의안(황성신문, 1904.3.29.)

부산에 있는 일본 상업회의소에서 최근 총회를 열고 결의하였는데, 러일전쟁의 결과로 한일협약[3] 이 성립하여 일본의 세력 범위가 비상히 확장되었으니 이 좋은 기회를 잃지 말고 대한 경영의 진보를 희망하는 뜻으로 일본 외무대신 및 일본 공사에게 다음과 같은 몇 개 항을 건의할 터라는데, (1) 한일조약개정, (2) 외국인의 토지소유권을 영구히 확보케 하는 건, (3) 한국 무역액에 최다액을 점한 외국인으로써 해관장 및 해관 관리로 채용케 하는 건, (4) 한국 농사개량의 실행을 촉구하는 건, (5) 한국의 내지 잡거를 공인케 하는 건, (6) 각도에

---

3 1904년 2월 23일 일본제국과 대한제국 사이 체결한 「한일의정서」를 말한다.

4개소 이상의 농사시험장을 개설케 하는 건, (7) 한국 미개항에 일본 기선 및 범선의 항해를 자유케 하는 건, (8) 식산흥업의 기관, 은행을 설치하는 건, (9) 한국 통화 개선 건이더라.

〈자료 9〉 일상소(日商所) 의건(議件)(황성신문, 1904.5.4.)

재한 일본인상업회의소연합회에서 그저께 개회하고 위원이 의사를 보고하였는데, 권업적 은행을 한국에 설치하는 것, 한국 전사(電司)에 일본 문자를 병용케 하는 것, 일본인의 식산흥업에 관하여 한국 내지에 방전(放錢)하는 권리를 보증하기를 희망하는 것, 연해안 항해권(하천항운도 포함)을 획득하는 것, 연안 어업권을 확장하고 또 각도 강하(江河)의 어업권을 획득하는 것, 한국 각도에 필요한 땅에 농사 모범장을 설치하는 것이라.

〈자료 10〉 상회 의결안(황성신문, 1904.5.5.)

한국에 있는 일본인상업회의소연합회에서 그저께 개회하고 일본인이 식산흥업에 관하여 한국 내지에 방자(放資)하는 권리가 보증되기를 희망하는 것과 연안 항해권(하천항운도 포함)을 획득하는 것과 연안 어업권을 확장하고 또 각도 강하(江河)의 어업권을 획득하는 것과 한국 각도의 필요한 땅에 농사 모범장을 설치하는 것과 한국 전보사에 일본 문자를 병용케 하고 또 일본 전보와 직통의 편을 열도록 한국 정부에 교섭하기를 청원하는 것과 개항장, 시장 증설하는 것을 가결하였는데, 위원이 개항·개시장 증설 처소를 조사한 후에 개항장은 웅기만 내의 1개소요, 개시장은 함흥, 경성, 원주, 김성, 대구, 진주, 밀양, 김천, 전주, 나주 혹 남평, 광주, 공주, 강경, 충주, 수원, 개성, 해주, 황주, 안주로 보고하고, 또 공동 사업을 공인하기를 기망(期望)하는 것과 한국 항만을 완비하고 등대를 속성하는 것과 기타 2건을 가결하였더라.

〈자료 11〉 면세운동(황성신문, 1905.8.8.)

원산 일본상업회의소에서 장래 산업을 일으켜 한국을 계발코자 하면, 한국 수출품의 면세를 꾀함에 있다 하여 지난달 27일에 임시회를 열고 협의하였다더라.

〈자료 12〉 재한 상회(황성신문, 1907.10.30.)

경성에 개설한 재한일본인상업연합회에서 그저께 각 의안을 의결하고 개회식을 거행하였는데, 그 가결한 의안이 다음과 같으니 (후략)

〈자료 13〉 상의소 낙성(황성신문, 1907.12.12.)

그저께 일본인 경성상업회의소에서 낙성식을 거행하였다더라.

〈자료 14〉 미곡세 철폐운동(매일신보, 1911.10.1.)

미곡 수출입세 철폐 건은 올해 4월 경성에서 개최한 전국상업회의소 연합회에서 결의한 후 모처에 건의할 문제인데, 올해 10월 도쿄에서 개최할 연합대회를 기하여 경성, 인천, 부산, 군산, 기타의 회의소로부터 위원을 상경케 하여 연합회장 나카노 부에이(中野武營)를 원조하여 대대적 철폐운동을 할 터이라더라.

〈자료 15〉 곡물수입세 철폐운동(매일신보, 1912.1.10.)

조선미 이출 수입세 철폐 문제는 조선에 거류하는 농상인이 다년 희망하던바, 매년 제국의회 개회 중에 재선 상업회의소연합회로부터 위원을 도쿄에 보내 운동하므로 정부에서는 이출세 폐지는 올해부터 실행할 것이 내정되었고, 수입세 폐지의 건은 아직 결정치 않으므로 경성상업회의소에서는 어제 오후 1시부터 인천상업회의소가 연합하여 역원회를 열고 곡물수입세 철폐운동을 할 것과 위원을 도쿄에 파송할 건을 협의하였다더라.

〈자료 16〉 상업회의소 청원(매일신보, 1912.11.15.)

조선연합상업회의소의 결의에 의하여 경성상업회의소에서는 미두(米豆)의 검사규칙 및 동업조합법을 발포함을 등록하는 뜻을 어제 13일 강기(岡崎) 회두로부터 데라우치 총독에게 청원하였다더라.

2) 한국인 상업회의소의 활동

〈자료 17〉 상무회 설립(대한매일신보, 1904.12.24.)

평양 대동학교 찬성원 정재명, 김대윤, 김윤화 제씨가 본래 교육상에 주의한다 하더니, 근일 대동학교로 학교 찬성회를 권설하고 일반 교육가에 찬성하기를 종사한다 하며 이덕환, 김용흥, 옥경숙 제씨는 본시 상민(商民)으로 상무 흥왕하기를 위하여 상업회의소를 설립하고 일반 상민을 모집하여 주야 열심히 상무회가 점점 흥왕한다더라.

〈자료 18〉 착인(錯認) 회사(황성신문, 1905.6.19.)

홍긍섭, 진학주 양씨가 종로 각전이 적막하여 상업이 발달치 못함을 마음으로 늘 개탄하다가 상업 발달할 지식을 뭇사람이 교환하여 점차 구제(舊制)를 개량하고 신법을 환착(換着)하기 위하여 상업회의소를 먼저 설시하기로 농상공부에 청원하고, 양씨가 협판 현영운 씨와 대면, 협상하였다는데 이는 상업회의소요, 상업회사가 아니라 농부에서도 당연히 인허하리라너라.

〈자료 19〉 상업회의소(황성신문, 1905.6.23.)

어제 종로 각 전 상민들이 한성판윤 박의병 씨의 지휘를 받아 상업회의소를 창설하여 각국의 예에 의하고, 회규를 조직할 차로 입전도가에서 회동하였다더라.

〈자료 20〉 인허 상회(황성신문, 1905.7.20.)

그저께 상업회의소에서 그 회의소 창립 일을 농상공부에 청원하여 곧 인허하였다 하니, 이는 유래 우리나라의 미증유한 일대 상업단체이니 이로부터 우리 한국의 상업이 울흥(蔚興)함을 알 수 있겠다더라.

〈자료 21〉 상업소 진흥(황성신문, 1906.6.19.)

지난번 황실에서 경성상업회의소 건축비 2,000환을 하사하시어 그 회의소를 새로 일으키게 하라 하옵셨더니 이래 일반 상민이 모두 황은을 감읍하여 각자 보조하기로 그 건축자금이 1만 환에 이른지라. 먼저 가옥 터로 백목전(白木廛) 도가(都家)를 매입하여 장차 벽돌 기와돌 양옥을 건축하고, 그 회의소 안에 일대 상품진열관을 설립하여 일반 상업의 영리 편익을 충분 꾀한다 하니 그 사업이 빨리 떨쳐 일어나기를 사람들이 모두 바란다더라.

〈자료 22〉 정관 개정(황성신문, 1906.10.12.)

경성상업회의소는 시세의 전진(轉進)을 따라 정관 개정의 급한 일에 임박하므로 종래의 회의 수뇌를 의장, 부의장이라 칭하더니 이번 신정관에는 회두, 부회두라 개정하였더라.

〈자료 23〉 모범 여자(황성신문, 1907.3.12.)

경성상업회의소 부속 상품진열관은 오는 4월 1일부터 개관할 터인데, 개관 후 물품의 간호(看護) 판매는 일체 여자 사무원에게 위임하기로 결정하여 묘령의 여자 13인을 모 교회에 간청, 빙용하여 방금 개관 사무에 견습하는 중이라는데, 그 여자는 모두 중류 이상의 인물로 상당한 보통 학술이 있을 뿐 아니라 행동거지가 극히 단정하고 엄숙하여 우리 한국 부인 사회의 효시가 되겠다고 일반 인사가 찬송해 마지않더라.

〈자료 24〉 상품진열관 개업(황성신문, 1907.3.30.)

경성상업회의소 부속 상품진열관은 드디어 준비의 정돈이 되므로 4월 1일부터 개관하여 공중의 종람을 허한다는데, 동관의 목적은 우리 대한 상공업을 개선, 발달하고 우리 국민에 시청(視聽)을 신선케 하며 여러 외국과 직접 무역을 개시하는 소개 기관으로 설립하여 장래 우리 상민은 동관을 매개하여 직접 거래의 길을 열면 그 이익이 막대함이 될 터이요, 또 방매하는 방법에 의하여 종람자에게 매각함으로써 우리 국민은 종래와 외국 상점에 부러워하며 구매하더니 이로부터 이후로는 종로 가두 등지에 품질의 우량함과 가격의 저렴됨이 반드시 수용될 물품을 매득하게 되는 데 지극히 편리하다 하며, 다만 동관 입장료는 금 1전으로 정하였다더라.

〈자료 25〉 상업회의소 곤란(대한매일신보, 1907.7.19.)

경성상업회의소가 지금 저만치 성립되어 상품진열관까지 설립함은 전 회두 곽태현, 조진태 양씨와 기타 여러 임원이 자기의 재산을 불소하게 허비하면서 열심함으로 차차 진보하더니 신임한 위원이 평일에 사혐(私嫌)으로 회두가 5만 원을 건몰(乾沒)하였다 하고 여러 거짓말로 상민을 선동하고 조병태 씨 이하 신임원들이 5만 원 조건을 담당할 터인데, 일이 난처한 고로 천일은행으로 허물을 돌려보내고 힐난 중이니, 그 회의소를 유지하시는 전 임원이 아니면 불가라 하여 신구 임원이 합심, 합동하기를 간청하나 전 임원들이 듣지 않는 고로 사무가 적체되어 만사가 이뤄지지 않는 모양이라더라.

〈자료 26〉 장세 교섭의 곤란(황성신문, 1909.12.24.)

근일 한성부에서 지방세 중 시장세를 실행함에 대하여 남대문시장을 1등지로, 이현시장을 2등지로 각 그 분배액이 이현시장 상민은 남문시장 상민 분배액보다 3배가 되는 고로 이 사실을 경성상업회의소에서 한성부에 교섭한 결과로 양 시장의 문산(文算)을 조사하여 평균케 하기로 승낙이 되었으나 다만 과거 11월, 12월 양 개월분은 반포한 대로 납입하라 하는 고로 그 시민이 폐시를 할지언정 다수한 세금을 납입키 불능하다고 분요하므로 그 회의소는 그 교섭에 대하여 곤란 중이라더라.

〈자료 27〉 상소 개신(開申) 승인(황성신문, 1910.1.12.)

한성부에서는 시장세에 대하여 남문시장을 1등지로, 동문시장을 2등지로 지정하였더니, 동문시장 내 상민의 배담액이 남문시장 상민의 배담액보다 배가 많아 분의(紛議)가 있으므로 경성상업회의소는 양처 시장의 실지 상황을 조사하여 동문시장을 3등지로 지정함이 타당하다는 뜻으로 한성부에 개신하여 승인하였다더라.

〈자료 28〉 주상(酒商) 회의(황성신문, 1910.5.22.)

주초세(酒草稅) 징수 방법이 불공평함에 대하여 경성상업회의소는 당해 관청에 교섭한 결과로 초세는 적당한 방법으로 징수케 되었으나, 주세에 대하여는 그 적당한 조치가 없는 고로

주상 등은 그 회의소에 회집하여 기어이 그 상당한 조치를 얻기를 협의 중이라더라.

〈자료 29〉 [지방매일(함경남도)] 함흥(매일신보, 1914.3.18.)

동군 상업회의소의 설립자는 최학신, 석정점, 박도엽 3씨라. 이들은 7년 전에 상업의 발전을 기도하여 동소를 창설하고 임원의 직을 띠어 열성으로 시무한 결과 제반 상황이 발전되어 타의 모범을 짓게 됨은 과연 앞의 3씨의 피와 힘이라. 이달 11일에 특별회의를 열고 고경필, 주경팔, 김문선 씨 등의 발기로 특별 기념품을 기부할 예정이라더라.

〈자료 30〉 [지방매일(평안남도)] 진남포(매일신보, 1914.4.18.)

진남포상업회의소 부속 상품진열소는 공예 제작품의 진열 판매를 목적하여 총독부 공업전습소 및 피혁회사로부터 작년 가을 공진회에 출품하였던 표본 참고품 수십 점과 기타 남포에서 제조 또는 판매하는 상품 수백 점을 진열하고 지난 17일부터 개소하였다더라.

〈자료 31〉 상의소 명칭 변경(매일신보, 1914.7.9.)

이번 부·군 관할구역이 변경된 결과로 부산 조선인상업회의소 원명칭인 동래상업회의소를 부산선인상업회의소로 개정하였다더라.

〈자료 32〉 대(對)상의 진흥책, 신부회두 예종석 씨 담(매일신보, 1915.4.7.)

(전략)

먼저 나는 인심을 일신케 하기 위하여 사무소를 헛되이 광대하지 않은 처소로 옮겨 상업회의소는 활동을 개시하였다는 감정을 일반 상공업자에게 주고자 하는 의견을 가졌노라. 또 공업전습소 등의 제작품 중에는 염가로 양호한 것이 있어 상품으로 이를 취급하면 십분의 이익이 있을 것으로 생각하나 조선인의 상인은 어떤 관청과 연락하는 것을 모르는 고로 금후는 이들 연락도 상업회의소에서 소개하고자 생각하노라 하더라.

〈자료 33〉 종로상의 총회(매일신보, 1915.4.7.)

(전략)

지난 5일 상업회의소에서 임원회를 열고 임원을 개선(改選)하여 선후(善後) 방침을 난상 협의하고 먼저 수완가를 중요한 곳에 둘 필요가 있다 하여 전부터 수완가로 유명한 예종석 씨를 부회두로 개선하였다더라.

II

조선상업회의소령(1915년) 시행 이후

해제

제2장은 일제강점 중기의 식민경제정책 정립과 관련하여 1915년 「조선상업회의소령」 제정부터 만주사변과 중일전쟁에 이르는 시기까지 상공업 관련 기구의 구성과 그 역할에 관한 것이다. 상인층의 재편 과정과 지향, 영업 활동, 총독부 당국과 정치·경제적 함수 관계, 참여 세력과 인물, 나아가 다양한 갈등관계 등을 자료를 통해 살필 것이다.

조선인과 일본인상업회의소의 개편과 통합은 식민지 당국자의 이해관계와 밀접한 관련을 맺고 있었다. 해산 절차에 조선총독이 개입함으로써 처음부터 자율적이거나 동등한 입장에서의 합병에 관한 최소한의 형식도 없었다. 이미 1910년 대한제국의 강제 병합 직후부터 일본 상인의 입장에 부응하는 상업회의소 관련 법규를 제정하라는 압력은 시작되고 있었다. 또한 정관의 논의와 새로운 상업회의소 설립 과정에서 조선인들은 처음부터 제외되었고, 서울의 일본인상업회의소가 주도했다.

1915년 7월 「조선상업회의소령」이 공포되자 각지의 상업회의소는 기구와 임원을 재편하는 한편 총독부 당국에 인가신청을 위한 준비에 착수하였다. 그런데, 서울과 인천같이 조선인과 일본인이 긴장관계를 가지면서 활동하던 곳은 각자의 기구를 해산하고 다시 기구와 인원을 통합하는 방향으로 재편되었다. 일본 상인의 활동이 우세하던 군산이나 대전·청진 같은 곳은 임원과 운영체계를 일부 재편하는 방향에서 그쳤다. 반면 조선 상인들이 우세하였던 평양이나 개성은 통합 과정에서 적지 않은 진통이 있었다. 평양은 이후 1920년대부터 상업회의소를 둘러싸고 조선인 자본가와 일본인 자본가의 대립이 치열하였다. 1911년 식민지 당국이 일본인 서기장을 두기 위해 노력한 바 있었던 개성은 설립인가가 취소되기도 하였다. 마산의 일본인상업회의소의 해산을 제하면 일본인상업회의소가 이미 있었던 지역을 중심으로 통합이 이루어졌다. 김천·강화·북청 등 중소도시의 조선인상업회의소는 1915년 통합 과정에서 완전히 해체되었다.

「상업회의소령」의 가장 큰 문제로는 상업회의소에 대해 조선총독이 전방위적 영향력을 미치도록 규정하고 있었다는 점을 들 수 있다. 총독은 임원을 선임하거나 해임할 수 있는 권한과 상업회의소의 정관 또는 예산과 경비 징수 방법의 변경을 명할 수 있었다. 또한 평의원의 정수 및 선거, 평의원 및 특별평의원의 임기, 퇴임 및 해임, 대표자, 회의에 관한 사항을 정할 수 있었다. 조선인과 일본인 평의원 수와 비율도 총독의 사전인가를 받게 되어 그 결과 운영권은 일본인들에게 장악되었다.

'1지구 1회의소 제도'를 채택함으로써 '내선인(內鮮人)이 화충협동(和衷協同)하여 상공업의 발달을 기도'하고 동시에 재래 회의소를 정리하여 난립을 막는다고 하였으나 실제 일본 상인의 입장 그대로 반영한 것이자 조선의 대다수 상인들에게 독소 조항을 적용하는 것이었다. 나머지 사안 역시 상업회의소 구성원들의 민주적이고 자율적 결정에 의한 것이라기보다는 총독부 주도의 식민 경제정책의 일환에서 작성된 것이었다. 그 결과 조선 상인들은 적극 협조하거나 아니면 그들과 필적할 만한 규모의 자산이 없으면 상업회의소 구성원으로서 발언권을 가지기 어려웠고, 점차 일본 상인들의 활동과 반비례하여 회의소의 운영에서 소외되지 않을 수 없었다. 새로운 상업회의소의 조선인·일본인의 공동 관리를 표방하였지만 실제는 일본인이 관장하였다. 따라서 상업회의소는 "실질적으로 이 내지인(일본인) 측 상업회의소이고, 그 다년간 요망한 법인 자격을 획득하여, 반도인 측 상공업자의 협력을 얻어 발전이 강화되는 단계"에 있었다는 일제강점기 일본 학자의 지적처럼, 주도권은 일본인 상공업자에게 있었고 조선 상인들은 객체적 존재에 불과하였다.

참고로 이 기간 역대 상업회의소의 회두는 다음과 같다.

하라다 긴노스케(原田金之祐, 1854~1934): 시가현(滋賀縣) 출신. 1882년 공동운송회사를 설립하여 회사의 지배인이 되었으며 1883년에는 도야마현(富山県) 지점장이 되었다. 이후 오사카 지점장, 본사 과장을 거쳐 1911년 사장이 되었다. 이해에 조선우선(朝鮮郵船)을 설립하여 1912

년에 사장이 되었다. 경성상업회의소 초대 회장에 취임하여 조선의 실업계에 많은 영향을 미쳤다. 그가 설립한 공동운송회사는 미쓰비시(三菱)운송과 합병하여 일본우선(日本郵船)이 되었다.

구기모토 후지로(釘本藤次郎, 1868~1933): 1895년 조선으로 건너와 구기모토 상점을 개업하고 경성에서 철물행상을 하면서 철공소를 운영하여 조선의 농기구를 개량하여 제작하였다. 십우(十友)합자회사, 경성경매주식회사, 조선제면주식회사 등을 창립하였으며 경성거래서 설립의 중심적인 역할을 하였다. 1917년 12월 경성상업회의소 부회장에 선임되었으며 이후 회장을 역임하였다.

미노베 슌키치(美濃部俊吉, 1869~1945): 효고현(兵庫縣) 출신. 도쿄제국대학 법과대학 정치학과를 졸업하고 농상무성 촉탁으로 공직 생활을 시작하였다. 이후 상공국에서 근무하여 공무(工務)과장을 거쳐 유럽의 상공업계를 시찰하고 귀국한 이후 농상무성 참사관, 농상무대신 비서관, 특허국 심사관, 대장성 이재국(理財局) 서기관 등을 역임하였다. 퇴관 이후 홋카이도 척식은행 회장, 조선은행 총재 등을 역임하였다. 1921년 경성상업회의소 회장이 되었다.

와타나베 데이이치로(渡邉定一郎, 1872~ ?): 1904년 조선으로 건너와 경의선 공사에 종사한 후 일본으로 귀국하였다가 다시 1913년 조선으로 건너와서 간척사업에 종사하였다. 1918년 황해사를 창립하여 지배인, 전무, 사장으로 승진하였다. 그 외 중앙물산 사장, 조선토목건축협회 이사, 국수회 주선본부장, 경성상업회의소 회장 등을 역임하였다.

1. 「조선상업회의소령」(1915년) 시행 준비

1) 법령 제정 준비

〈자료 34〉 「회의소법」의 제정(매일신보, 1913.6.18.)

조선에 있는 「상업회의소법」의 제정은 총독부 당국자가 심의 중이더니 현재의 상업회의소는 단지 조직이 아닌 결함뿐 아니라 상업회의소의 활동은 거의 없고, 겨우 부과금을 징수하고, 상무월보를 발간함이더니 「회의소법」 제정도 금일과 같은 사업을 함에 불과한즉 차라리 현재의 상태로 방임함이 가하므로 그 법 제정의 후는 ■하게 각반 방면에서 상공 진흥의 기관되지 않음이 불가하므로 이후는 다소의 준비를 할 필요가 있고, 특히 그 법 제정 후는 일본인과 조선인의 구별을 두지 않고, 의원을 선출할 것으로 변경할 터인즉 상공업상의 이해에도 상당한 지식이 있는 자를 이사로 선거할 필요가 있고, 그 법안 중에 고려할 것은 현재의 상업회의소에 속한 재산 및 부채의 처분으로 이 해결의 방법을 본즉 민단제의 실시보다 먼저 실시되리라더라.

〈자료 35〉 「상의소령」 성안(매일신보, 1914.12.2.)

상업회의소 제령안(制令案)은 이미 총독부 농상공부에서 성안되어 참사관 간에 심의 중인데, 총독의 결재를 기다려 법제국을 거쳐 상주(上奏)의 절차를 요할 것인즉 그간 상당한 일자를 요하겠고, 발포는 명년 1, 2월경이라더라.

〈자료 36〉 「상업회의소령」(매일신보, 1914.12.19.)

농상공부 상공과에서 입안한 「상업회의소령」은 목하 참사관실에서 심의 중이나 이에 대하여 당국자는 말하기를 상업회의소는 현재 각지에 설립되어 있으나 이는 위주하여 병합 이전에 창립이라. 그중 일본인상업회의소는 혹 영사관에, 혹 이사청에, 기타 지방에 의하여 각각 인가 관청이 같지 않으므로 규정이 하나가 아닐뿐더러 현재에는 여하한 방법에 의하여 또는 어느 곳에 시행할는지를 알지 못하며 일선인 간에도 또한 각자 분립한 상태인즉 이를 통일하여 일정한 법률을 정하며 또 그 귀납할 바를 명료히 하는 동시에 이에 대하여 적당한 권리를 인허하여 상공업 간의 공공기관으로 이후 더욱 진전 발달의 책원지(策源地)되게 함을 요할지라. 이번 입안된 「상업회의소령」은 오로지 이 주지에 의하여 일본 상업회의소법을 기초로 하고 이에 조선 특유의 사정을 참작, 편성된 것인데 그 내용 및 발포기에 대하여는 현재 언명하기 어려우나 총독의 결재를 거친 후 법제국에 회부하여 재가를 받은 후에 제령의 형식으로 발표될 터인즉 연내에는 발표되지 못하리라더라.

〈자료 37〉 제령안 발포기, 「상의령」 및 「광업령」(매일신보, 1915.4.28.)

지난번 내무성에 회부되었던 「조선상업회의소령」 및 「광업령」의 2제령은 내무성의 심의를 마치고 법제국에 회부하였으므로 법제국의 심의를 거쳐 발포될 터인데, 이는 머지않아 있겠다더라.

〈자료 38〉 「회의소법 시행규칙」(매일신보, 1915.8.6.)

지난번에 발포된 「조선상업회의소법」에 따른 동령 「시행규칙」은 미리 총독부 참사관실에서 입안 심의 중이더니 성안되어 부령으로써 발포할 터인데, 며칠 걸리지 않으리라더라.

2) 한·일인 상업회의소 통합 계획

〈자료 39〉 상회 합설(대한매일신보, 1908.11.21.)

종로에 있는 경성상업회의소와 진고개에 있는 일인 상업회의소가 합설이 된다는 말이 있더라.

〈자료 40〉 상업회의소 합병의(황성신문, 1910.9.6.)

일본인 경성상업회의소에서는 금번에 종로상업회의소와 합병하자는 의논이 일었다더라.

〈자료 41〉 상업 합동(매일신보, 1910.9.13.)

남부 이현(泥峴) 일본인상업회의소에서는 조선상업회의소를 합동하여 합동 대간친회를 열고, 일대 실업부를 조직할 계획으로 목하 협의 중이라더라.

〈자료 42〉 대간친회 계획(매일신보, 1910.9.14.)

일본인상업회의소와 조선인상업회의소에서 발기하여 일한 합병의 성립을 축하하기 위하여 일대 간친회를 개최하기로 어제 회합하여 결정하였다는데, 회기는 데라우치(寺內) 통감 귀국하기 전에 행할 터인 고로 근일 그 준비위원을 선정하여 제반사를 준비한다더라.

〈자료 43〉 실업가 간친회(매일신보, 1910.9.16.)

경성상업회의소에서는 조선 실업가의 기관된 상업회의소와 연합하여 간친회를 열고, 피아의 의사를 차제에 소통할 것을 결정하였는데, 일자는 오는 20일 전후로 정할 터이요, 처소는 경성호텔로 정할 예정인데, 당일에는 아리요시(有吉) 총무장관, 기우치(木內) 참여관을 초대할 터이요, 이후로는 양 실업가가 누차 회합을 개최하고 양회의소가 합동할 것을 결정할 터이라더라.

〈자료 44〉 상회 의원 간친(매일신보, 1910.9.23.)

양 상업회의소 의원 간친회는 지난 20일 경성호텔에서 개최하였는데, 내회자는 일인이 24명이요, 조선인이 26명인데, 내빈은 아리요시(有吉) 장관, 장 부윤 등 제씨라. 오후 6시에 개회하고 야마구치(山口), 조 양 회두가 축사를 하고, 아리요시 장관은 대요로 다음의 축사가 있었다더라.

양 상업회의소 의원 제씨의 간친회에 열석함은 광영하온바 새로 제국 신민된 사람들이며 장구히 이 땅에 거주한 내지인(일본인)들을 이렇게 한자리에 크게 모으고 간친을 맺으니 실로 희열한 일이요, 시국이 해결 후 최초 회합 실업가의 수뇌된 제군으로 개최함은 또 한층 다행한 일이로다. 고래로 나라를 이룬 것이 비록 많았으나 상공업이 왕성하지 못한 나라는 발달치 못하는 것은 역사의 증명한 바이거니와 상공업은 세계 문명의 기초요, 또 평화의 표준이라. 이 토지에서 상공업의 발달은 오로지 제군의 일치 협력에 있으니 오늘 저녁 이곳에 회합한 정신은 영영 계속하여 제국 상공업 발전에 진력하기를 희망하노라.

그다음에 장 부윤 외 2, 3인의 연설도 있었고, 연후(宴後) 별실에서 약 3시간을 간화 후 각자 1인씩 기립하여 씨명, 직업을 드러내고 합동으로 마주했는데, 일어와 조선어를 대강 이해하는 자가 많아 쾌담(快談) 설화로 의지를 소통하여 예상 이상의 좋은 성과를 얻고 10시에 산회하였다더라.

〈자료 45〉 상업회의소에 취하여(매일신보, 1913.10.10.)

상업회의소는 주무관청의 인허에 의하여 설립하여 상업회의소 의원으로 조직된 공공단체로 그 설립된 지방 상공업 일반의 편익을 꾀하며 또 상공업에 관한 그 의견에 대하여 그 의견을 관청에 품신 보고하며 경제상의 행정을 보조하는 기관이니, 환언하면 당해 지방 상공업자의 대표기관이라. 상업회의소로 하여금 이 법정 용인된 천직을 완전히 수행하면 그 지방 상공업자에게 편익이 실로 막대할지요, 따라서 그 조직 원소되는 의원의 고심도 따라 다대한지라. 그러나 최근 조선에도 조선인 상공업자로 구성된 상업회의소가 경성, 기타 5, 6도시에 설립되었으나 이는 단지 유명무실에 불과하여 하등 하는 바 없이 커다란 간판이 공연히 바람에 깎이고 비에 씻길 뿐이요, 소위 의원은 하등 열심이 없이 유수한 상공업자에 부대된 하나의 화려한 이름으로 인지하여 일반 점포에서 수집하는 회비는 무용한 사무비로 써 버리고 오늘에 이르기까지 실적이 조금도 없으니 당초 조직의 본의가 어디에 있느뇨. 이것이 우리가 일상 개탄하는바, 개성군은 수백 년 이래 상업의 발달이 조선 전도에 으뜸하여 그 영업의 조직 및 수단이 거의 정비되었으므로 다년 악정 아래에서 엄연히 1군 번창의 면목을 유지한바, 수년 전 경성, 기타 큰 도읍의 예를 모방하여 유지가 서로 도모하고 개성상업회의소를 설립하였는데, 설립 본뜻은 어디에서 나옴인지. 이후 수년에 하등 효과가 없음은 물론 의원의 무관심이 거의 시일 경과의 정비례로 점진하여 근일에는 정기 혹 특별 회합 시에 의원의 출석이 거의 없으므로 개회 정원에 달하지 못하여 회의소 사무원이 의원의 주택을 각각 따로 방문하고 반은 애원으로, 반은 구걸로 출석을 요청하여도 낮잠과 흡연으로 놀고 여가를 보내면서 그 요청을 거절하므로 긴급한 의사도 처리하지 못하는 지경에 이르러 외부에 대한 관계는 물론 자체 내부의 유지도 곤란하다는데 상업 발전으로 유명한 개성상업회의가 이 같은 비참한 지경에 빠짐은 개성군 상공업가의 한 수치라고 그 군에서 온 사람의 말이 있더라.

〈자료 46〉 사설: 선인 상업회의소(매일신보, 1913.11.26.)

(전략)

근래는 풍조가 일변하여 당국의 지도도 두루 미칠 뿐 아니라 일반 인민도 상업의 중요함을 모두 느껴 상업회의소까지 설립함에 이르렀도다. 그러나 모든 정도가 유치를 면하지 못해 설립 몇 년에 조금의 진전이 없고 다만 탁상공론에 부쳐 그 경영이란 것이 무엇인지, 그 연구란 것이 무엇인지 유명무실을 면하지 못했으니 과연 개탄해 마지않을 바이라.

같은 지역 내 일본인상업회의소를 볼진대 그 경영이 날로 흥하고 그 연구가 날로 새로워 상업계가 활약한 기상을 띠어 진실로 상업회의소의 자격을 구비하고 상업회의소의 효과를 거두니 이는 조선인들이 목도하는 바이요, 조선인들이 듣는 바이다.

이를 동일 단체로 일·선인 구별이 없이 동일한 경영과 동일한 연구를 집합하여 큰 걸음으로 전진하였으면 조선인 상업의 유익이 많을 줄은 뜻있는 사람이 예상하던 바이나 그때 사세에 따라 일본인 측에는 일본상업회의소가 있고, 조선인 측에는 조선상업회의소가 있도다.

현재 민단이 폐지되는 동시에는 조선상업회의소에 관한 규정이 있을지요, 제국 인민으로 일선인의 회의소를 구별할 필요가 없을지니 한 나라 백성이 한 지역 내에 거주하면서 2개의 상업회의소가 있어 경영이 같지 않으며 연구가 같지 않아 상호 모순에 이르면 상업의 부진은 고사하고 국민 통일상에도 다대한 영향이 있을지라.

고로 민단, 폐지 당일에는 양 회의소의 연합은 장래 부득이한 일인즉 조선상업회의소원도 저어(齟齬)의 태도를 짓지 말고, 양 회의소의 연합을 충분 환영하여 그들의 경영을 경영하며 그들의 연구를 연구하여 선진의 발걸음을 따르면 자연 다대한 이익이 있으려니와 만약 옛날의 조선상회소와 같이 탁상공론으로 유명무실에 이르면 연합의 이익이 없을 뿐 아니라 도리어 비상한 손해도 없지 않을지니 조선상업회의소원은 한번 생각해 볼지로다.

〈자료 47〉 사설: 상업회의소(매일신보, 1915.4.6.)

작년 부제 실행 당시에 종로 조선인상업회의소도 일본인상업회의소와 합병한다 혹은 일본인 상업회의소의 출장소가 되리라 하는 설이 일시 고을 간에 유행하여 상인 중에는 혹 그 회의소 유지에 성의를 결한 감이 있더니 지금까지 1개년이 지나도록 하등의 변동이 없고 의구히 존치함을 본즉 필경 일·선 상업계의 사정이 다소 같지 않은 바가 있으므로 종로 상업회의소는 의연히 조선인 상업회의소로 독립 존치함과 같이 인정할 만하도다. (중략)

얼마나 조선인이 유치, 무능하다 한들 여러 사람의 힘으로 일개 상업회의소를 유지, 발전할 능력이 없는가. 만약 우리의 옷을 우리가 입고, 우리의 밥을 우리가 먹는다는 자타 무관의 주의로 이 세상에 생존코자 하면 공동생활로 조직한 이 세상이 저들은 최초부터 허용하지 않는 줄 아는가.

〈자료 48〉 사설: 재고(再告) 상업회의소(매일신보, 1915.4.8.)

(전략)

혹 일 개인과 무자본자의 경영한다는 사업과 유지한다는 단체는 차라리 용서할 것이 있거니와 실업가, 재산가, 유지가, 신사, 호부(豪富) 등을 일컫는 사람들의 힘을 단합하여 유지코자 하고, 발전코자 하는 일개 상업회의소로서 위미(萎靡) 부진(不振)함이 그 극에 달하여 하루에 결정되지 않는 구론(口論) 설전(舌戰)으로만 시일을 허송하고 아직도 구체적 이름의 안을 내놓음을 보지 못하니 이는 다른 것이 아니라 각개의 의견이 하나가 되지 못하고 의사가 막힘은 대동심, 덕의심(德義心), 무아심(無我心), 유위심(有爲心), 겸양심 등의 공심(公心)이 전무하고, 편의심(偏倚心), 사욕심(邪欲心), 유아심(有我心), 무위심(無爲心), 교오심(驕傲心) 등의 사심(私心)이 충만한 소이(所以)가 아닌가. 공심은 곧 공의(公義)요, 사심은 곧 사정(私情)이니라.

〈자료 49〉 「상업회의소령」(매일신보, 1915.6.3.)

「상업회의소령」 발포에 대하여는 항간에 구구한 설이 있으나 이제 적확한 곳으로 들은 바를 의한즉, 이는 아직 결정되지 못하여 현재 도쿄에 가 있는 아키야마(秋山) 참사관이 법제국과 협의 중인즉 이에 대한 발표를 보려면 아직 다소의 일수를 요하겠고, 또 그 내용은 많이 듣지 못했으나 동일한 곳에는 일·선 양 회의소를 통일할 것은 기정된 방침과 같다더라.

〈자료 50〉 [지방통신(평안남도)] 상의령과 평양(매일신보, 1915.6.8.)

평양 유력자 모씨의 말을 의거하니 원안 중에는 한 지역 내에 일·선인 상업회의소를 따로 설치하지 않기로 규정하였은즉 원안의 변개(變改)가 없는 경우에는 이 영 실시의 때를 당하면 평양에도 상업회의소를 설립한 것은 물론이거니와 이에 대하여 종래 있던 선인 측과 합병하든지 또는 선인 측을 일시 해산하여 다시 합동적 회의소를 조직하든지 양자 중 그 하나를 택하리라고 말하더라.

〈자료 51〉 무인허 상의소(매일신보, 1915.6.24.)

경기도 내 상업회의소로 이사청(理事廳) 시대에 인허를 얻은 것은 경성, 인천에 있는 일본인 상업회의소 및 경성의 선인 상업회의소 등이요, 기타 인천, 개성, 수원, 강화도 등지에 있는 선인 회의소는 아직 하등 인가의 수속을 이행치 않은 것인 고로 「상업회의소령」의 발포와 동시에 어떤 방법을 취함에 이르겠다더라.

〈자료 52〉 인천과 「상의소령」, 합병은 각종의 곤란(매일신보, 1915.7.16.)

금회 발포된 「조선상업회의소령」은 조선에 있는 일본인의 실업가 및 상인이 다년 기대하던 바이니 「중요물산조합령」과 상사(相俟)하여 법인의 자격을 부여하여 조선 산업 발달을 위하여 자못 흔희(欣喜)할 바이라. 발포의 조문은 종래의 정관을 성문 후 발표함과 같으나, 대체에 대하여는 일본과 다름이 없고 시행세칙에 의하여 구체상을 볼 수 있을 것이며, 또 인천에 있는 조선인 회의소에 대하여는 제령 발포한 금일에 일견(一見)하면 합병함이 가함과 같이 생각하나 인천은 다른 지방과 달라 일·선인의 상거래상 각종의 관계로 금일은 합병하기 곤란할 것이니 당분간은 종래와 같이 함이 가하고, 또 상세한 점에 대하여는 시행세칙 발포 후가 아니면 판명치 못하겠으나 요컨대 금후 회의소의 임무는 종래와 달라 중대한 것이라고 오쿠다(奧田) 회두는 말하더라.

2. 「조선상업회의소령」(1915년) 등 제정

〈자료 53〉 「조선상업회의소령」, 「시행령」, 「시행규칙」(『조선총독부관보』 1915.8.10.)

제령 제4호

「조선상업회의소령」

1915. 7. 15, 공포

제1조 ① 상업회의소는 법인으로 하고 상공업의 개선·발달을 목적으로 한다.

② 상업회의소의 명칭 중에는 상업회의소라는 문자를 사용하여야 한다.

제2조 상업회의소의 사무 범위는 다음과 같다.

1. 상공업의 개선·발달에 필요한 방안을 조사·발표하는 일
2. 상공업의 상황 및 통계를 조사·발표하는 일
3. 상공업자의 위촉에 의하여 상공업에 관한 사항을 조사하는 일
4. 관청의 명령에 의하여 상공업에 관한 사항을 조사하거나 자문에 응하는 일
5. 관계인의 청구에 의하여 상공업에 관한 분의를 중재하는 일
6. 조선총독의 인가를 받아 상공업에 관한 영조물을 설치하거나 관리하고 기타 상공업의 개선·발달에 필요한 시설을 하는 일

제3조 상업회의소의 지구는 부의 구역에 의한다. 다만, 특별한 사유가 있는 때에는 그러하지 아니하다.

제4조 ① 상업회의소의 회원은 그 지구 안에서 영업소 또는 사무소를 소유하여 상공업에 종사하는 일본의 신민 또는 법인이어야 한다.

② 전항 외에 회원 자격에 관한 규정은 조선총독이 정한다.

제5조 상업회의소를 설립하고자 하는 때에는 지구를 정하고 그 지구 안에서 상업회의소의 회원인 자 30인 이상이 발기인이 되어 정관을 만들어 회원인 자 3분의 2 이상의 동의를 얻어 조선총독의 인가를 받아야 한다.

제6조 상업회의소는 설립인가를 받은 때에 성립한다.

제7조 상업회의소 지구 안에서 회원 자격을 가진 자는 회원으로 한다.

제8조 ① 상업회의소에 평의원회를 둔다.

② 평의원회는 정관이 정하는 바에 의하여 상업회의소의 중요한 사항을 의결한다.

③ 평의원회는 평의원 또는 평의원 및 특별평의원으로 조직한다.

④ 평의원은 회원 중에서 호선한다.

⑤ 조선총독은 평의원 정수의 5분의 1을 초과하지 아니하는 범위 안에서 상공업에 관한 학식·기능 또는 경험이 있는 자 중 특별평의원을 임명할 수 있다.

⑥ 평의원의 정수 및 선거, 평의원 및 특별평의원의 임기·퇴임 및 해임, 법인으로 평의원인 자의 대표자와 평의원의 회의에 관한 사항은 조선총독이 정한다.

제9조 ① 상업회의소에 다음의 임원을 둔다.

회두 1인

부회두 1인 또는 2인

② 회두는 상업회의소를 대표하고 사무를 담임한다.

③ 부회두는 회두를 보좌하고 회두에게 사고가 있을 때에는 그 직무를 대리하며, 부회두가 2인 있는 때의 대리 순서는 정관이 정하는 바에 의한다.

④ 상업회의소는 정관이 정하는 바에 의하여 회두 및 부회두 외에 필요한 임원을 둘 수 있다

제10조 ① 회두 및 부회두는 평의원 중에서 호선한다.

② 회두 또는 부회두가 평의원의 직을 상실한 때에는 퇴임한다.

③ 임원의 선임 또는 해임은 조선총독의 인가를 받아야 한다.

④ 회두 또는 부회두는 퇴임 후라 하더라도 회두 및 부회두의 직무를 행하는 자가 없는 때에는 후임자가 취직할 때까지 그 직무를 행한다.

⑤ 상업회의소 설립의 인가 후 회두 또는 부회두의 취직 전에 상업회의소의 필요한 사무는 발기인이 한다.

제11조 ① 상업회의소의 정관의 변경 또는 해산은 평의원회에서 평의원 및 특별평의원 3분의 2 이상이 출석하여 그 3분의 2 이상이 결의하여야 한다.

② 경비의 예산 및 부과·징수 방법은 평의원회에서 결의하여야 한다.

③ 전 2항의 결의는 조선총독의 인가를 받아야 한다.

제12조 ① 상업회의소의 경비는 회원이 부담한다.

② 상업회의소는 정관이 정하는 바에 의하여 사용료 또는 수수료를 징수하거나 실비의 변상을 청구할 수 있다.

③ 전 2항의 규정에 의한 수입에 관하여는 민사소송을 제기할 수 있다.

제13조 ① 상업회의소는 해산 후라 하더라도 청산 목적의 범위 안에서 존속하는 것으로 본다.

② 청산에 관한 사항은 조선총독이 정한다.

제14조 조선총독이 필요하다고 인정하는 때에는 상업회의소에게 사무 또는 재산 상황을 보고하게 하거나 관할 부서(所部)의 관리에게 이를 검사하게 할 수 있다.

제15조 조선총독이 필요하다고 인정하는 때에는 정관 또는 경비의 예산 또는 부과·징수 방법의 변경을 명할 수 있다.

제16조 평의원회의 결의 또는 임원의 행위가 법령 또는 정관에 위반하거나 공익을 해하는 것으로 인정되는 때에는 조선총독은 결의 또는 행위의 취소, 임원의 해임, 상업회의소의 해산, 기타 필요한 처분을 할 수 있다.

제17조 상업회의소가 아니면서 명칭 중에 상업회의소라는 문자를 사용하는 자는 200원 이하의 벌금에 처한다.

부칙

조선총독부 제령 제4호, 1915. 7. 15.

제18조 이 영의 시행일은 조선총독이 정한다.

「조선상업회의소령」은 1915년 10월 1일부터 시행. 1915. 8. 10.「조선총독부령」 제78호.

제19조 ① 이 영 시행 당시에 존재하는 상업회의소에 유사한 단체는 이 영 시행 후 6월 내에 제5조의 규정에 준하여 정관을 만들어 조선총독에게 상업회의소 설립의 인가를 신청할 수 있다.

② 동일 지역에서 2곳 이상의 상업회의소에 유사한 단체가 있는 때에 전항의 신청

은 공동으로 할 수 있다.

제20조 전조의 신청에 대하여 인가가 있는 때에는 단체의 권리·의무는 상업회의소가 승계한다.

제21조 제10조 제5항의 규정의 적용은 제19조의 신청을 한 단체의 임원을 발기인으로 본다.

제22조 제17조의 규정은 이 영 시행 당시에 존재하는 상업회의소에 유사한 단체에 대하여는 이 영 시행 후 6월간 적용하지 아니하고, 제19조의 신청을 한 단체에 대하여는 신청 중에도 같다.

「조선상업회의소령 시행령」 및 「시행규칙」

조선총독부령 제78호, 1915년 8월 10일

「조선상업회의소령」은 1915년 10월 1일부로 이를 시행한다.

조선총독부령 제79호, 1915년 8월 10일

「조선상업회의소령 시행규칙」을 다음과 같이 정한다.

제1조 상업회의소 설립의 인가신청서에는 정관 이외에 다음의 서류를 첨부하여야 한다.

1. 설립 이유서
2. 회원이 될 자의 수를 기재한 서면
3. 창립 예산, 초년도 경비의 예정액 및 그 부과, 징수의 예정 방법을 기재한 서면
4. 법정(法定)의 동의자가 있음을 증명하는 서면
5. 부(府)의 구역에 의하지 아니하는 경우에는 그 특별한 사유를 기재한 서면

제2조 상업회의소의 정관에는 본령에 규정하는 것 이외에 다음 사항을 기재하여야 한다.

1. 명칭 및 사무소의 소재지
2. 지구
3. 역원의 권한, 임무, 선임, 퇴임 및 해임에 관한 규정
4. 중재에 관한 규정
5. 서무 및 회의에 관한 규정
6. 정관 위반자의 처분에 관한 규정

7. 정관 변경에 관한 규정

8. 해산에 관한 규정

9. 「조선상업회의소령」 제2조 제6호에 의한 시설을 하고자 할 때에는 이에 관한 규정

제3조 다음 각호의 1에 해당하는 자는 상업회의소의 회원으로 한다. 단, 합명회사에 있어서는 사원의 반수 이상, 합자회사 또는 주식합자회사에 있어서는 무한책임사원의 반수 이상, 주식회사에 있어서는 무한책임사원의 반수 이상, 주식회사에 있어서는 취체역(取締役)의 반수 이상이 일본 신민임을 요한다.

1. 상법 제263조, 제264조 제1호, 제3호 내지 제6호 또는 제8호 내지 제15호에 게재된 행위를 함을 업으로 하는 자

2. 제조 또는 가공에 관한 행위를 함을 업으로 하는 자

3. 거래소

제4조 다음 각호의 1에 해당하는 자는 상업회의소의 회원일 수 없다.

1. 가자분산(家資分散) 또는 파산의 선고를 받아 그 확정된 때부터 복권의 결정에 이를 때까지의 자

2. 6년의 징역 또는 금고 이상의 형을 받은 자

3. 금고 이상의 형의 선고를 받은 때부터 그 집행이 끝나거나 또는 그 집행을 받음이 없을 때까지의 자

제5조 법인 또는 연령 30세 이상의 남자로서 1년 이상 계속하여 회원인 자격을 가진 자는 평의원에 선출될 수 있다. 단, 합명회사에 있어서는 사원의 전원, 합자회사 또는 주식합자회사에 있어서는 무한책임사원의 전원, 주식회사에 있어서는 취체역의 전원이 일본 신민임을 요한다.

금치산자 또는 준금치산자는 평의원이 될 수 없다.

제6조 상업회의소의 설립의 인가가 있을 때에는 발기인은 인가된 날로부터 2월 내에 평의원의 선거를 행하여야 한다.

제7조 발기인은 평의원의 선거 종료 후 지체 없이 평의원회를 열고 그 집행한 사무를 보고하고 또 창립비의 승인을 구하여야 한다.

발기인이 제1항의 승인을 받을 때에는 그 취지를 조선총독에게 보고하여야 한다.

제8조 역원, 평의원 및 특별평의원은 명예직으로 한다.

제9조 평의원의 정수는 30인 이내로 한다.

제10조 평의원의 임기는 2년으로 한다.

보궐평의원의 임기는 전임자의 전임 기간으로 한다.

특별평의원은 평의원의 개선기(改選期)마다 퇴임한다.

제11조 평의원의 정수, 선거, 퇴임, 해임, 평의원인 법인의 대표자 및 평의원회에 관한 사항은 정관으로 정해야 한다.

제12조 상업회의소는 평의원의 당선 확정 후 지체 없이 그 성명, 명칭 및 대표자의 성명을 조선총독에 계출(届出)하여야 한다. 그 이동(異動)이 있을 때에도 역시 같다.

제13조 역원 선임의 인가신청서에는 중임(重任)의 경우를 제한 이외의 이력서, 그 해임의 인가신청서에는 사유서를 첨부하여야 한다.

역원의 퇴임이 있을 때에는 그 사유 및 성명을 조선총독부에 제출하여야 한다.

제14조「상업회의소령」제2조 제6호의 인가신청서에는 사유서, 사업계획 및 비용에 관한 서류를 첨부하여야 한다.

제15조 경부의 예산 및 그 부과 징수 방법의 인가신청서는 회계연도 개시의 2월 전에 이를 제출하여야 한다. 단, 설립연도에 있어 제7조 제2항의 결의 후 7일 이내에 제출하여야 한다.

제16조 경비의 결산, 재산 목록 및 사업 성적은 회계연도 경과 후 3월 이내에 조선총독부에 보고하여야 한다.

제17조 정관의 변경 또는 해산의 인가신청서에는 다음 서류를 첨부하여야 한다.

1. 이유서

2. 결의록의 등본

제18조 상업회의소가 해산할 때에는 회두 및 부회두를 그 청산인으로 한다. 단, 정관에 별도로 정할 때, 또는 평의원회에 있어 타인을 선정할 때에는 그 제한으로부터 제외한다.

전항 단서의 경우에 있어 청산인의 이력서를 첨부하여 조선총독의 인가를 받아야 한다.

조선총독이 필요하다고 인정할 때에는 청산인을 선임할 수 있다.

청산인은 상업회의소를 대표하여 청산을 함에 필요한 일체의 행위를 할 권한을 가진다.

제19조 청산인은 취임한 날부터 6월 내에 청산인 및 재산 처분의 방법을 정하고 평의원의 결의를 거쳐 조선총독의 인가를 받아야 한다.

전항 인가신청서에는 재산 목록 및 대차대조표를 첨부하고 결의 후 7일 이내에 이를 제출하여야 한다.

제20조 평의원회가 전조의 기간 내에 결의를 하지 아니하거나 또는 하지 못할 때에는 청산인은 그 사유를 갖추어 조선총독의 인가를 받아 청산 및 재산 처분의 방법을 정하여야 한다.

전항의 인가신청에는 재산 목록 및 대차대조표를 첨부하고 기간 경과 후 7일 이내에 이를 제출하여야 한다.

제21조 청산인의 행위가 법령 또는 공익을 해한다고 인정할 때에는 조선총독은 그 행위의 정지 또는 취소 또는 청산인의 해임을 명할 수 있다.

제22조 청산을 종료할 때에는 청산인은 지체 없이 그 결과를 조선총독에게 보고하여야 한다.

제23조 상업회의소 설립의 인가를 할 때에는 그 명칭, 지구, 사무소의 소재지 및 인가 연월일, 해산할 때에는 그 명칭, 해산의 사유, 해산 연월일 및 청산인의 주소, 성명을 고시하여야 한다.

부칙

제24조 본령은 「조선상업회의소령」을 시행한 날부터 이를 시행한다.

제25조 「조선상업회의소령」 제19조의 규정에 의한 상업회의소 설립인가 신청서에는 다음의 서류를 첨부하여야 한다.

1. 제1조에 게재한 서류
2. 현재 경비를 부담한 자의 수
3. 재산 목록 및 대차대조표

제26조 「조선상업회의소령」 제20조의 경우에 있어 종래의 단체는 재산 목록 및 대차대조표를 작성하고 새로 설립한 상업회의소에 인계하여야 한다.

제27조 「상업회의소령」 제19조의 규정에 따라 설립하는 상업회의소의 평의원의 정수는 그 설립 시 선거하는 자에 한하여 제9조의 규정에 의하지 않을 수 있다.

〈자료 54〉 「경성상업회의소 정관(1915년 12월 4일 인가)」(『상공회의소 90년사』 상권, 서울상공회의소, 삼화인쇄주식회사, 1976, 195~203쪽)

제1장 총칙

제1조 본 회의소는 경성상업회의소라 칭한다.

제2조 본 회의소의 지구는 경성부의 구역에 의한다.

제3조 본 회의소의 사무소는 경성부 본정(本町) 1정목(丁目) 53번지에 둔다.

제4조 본 회의소의 사무의 범위는 다음과 같다.

1. 상공업의 개선·발달에 필요한 방안을 조사, 발표하는 것
2. 상공업의 상황 및 통계를 조사, 발표하는 것
3. 상공업자의 위촉에 의하여 상공업에 관한 사항을 조사하는 것
4. 관청의 명에 의하여 상공업에 관한 사항을 조사하거나 또는 그 자문에 응하는 것
5. 관계인의 청구에 의하여 상공업에 관한 분의(紛議)를 중재하는 것
6. 조선총독의 인가를 받고 상공업에 관한 영조물을 설립하거나 또는 관리하고 기타 상공업의 개선·발달에 필요한 시설을 하는 것

제5조 일본의 신민 또는 법인으로서 본 회의소의 지구 내에 영업소 또는 사무소를 갖고 경성부 영업세 연액 13원 이상을 납부하며, 다음 각호의 1에 해당하는 자는 본 회의소의 회원으로 한다. 단, 합명회사에 있어서는 사원의 반수 이상, 합자회사 또는 주식합자회사에 있어서는 무한책임사원의 반수 이상, 주식회사에 있어서는 취체역의 반수 이상이 일본 신민임을 요한다.

1. 상법 제263조, 제264조 제1호, 제3호 내지 제6호 또는 제8호 내지 제12호에 기재한 행위를 함을 업으로 하는 자

2. 제조 또는 가공에 관한 행위를 함을 업으로 하는 자

제6호 다음 각호의 1에 해당하는 자는 본 회의소의 회원이 될 수 없다.

1. 가자분산 또는 파산의 선고를 받고 그 확정된 때부터 복권의 결정이 확정됨에 이르기까지의 자
2. 6년의 징역 또는 금고 이상의 형에 처해진 자
3. 금고 이상의 형의 선고를 받은 때부터 그 집행이 종료되거나 또는 그 집행을 받지 않기에 이르기까지의 자

제7조 본 회의소는 상공업의 상황 및 통계 등의 조사에 필요한 자료의 제출을 회원에게 청구할 수 있다.

제2장 평의원

제8조 평의원의 정수는 30인으로 한다. 평의원 정수 중 내지인(일본인) 및 조선인의 수는 개선기(改選期)마다 역원회에서 이를 결정한다.

제9조 선거인을 나누어 2급으로 한다. 선거인 중 본 회의소 경비의 납액이 가장 많은 자를 합하여 경비 총액의 반에 해당될 자를 1급으로 하고 기타의 선거인을 2급으로 한다. 경비의 납부액이 양급(兩級)에 걸친 자가 있을 때에는 이를 1급에 넣는다. 양급 간에 납액이 같은 자가 2인 이상이 있을 때에는 회원의 자격을 구비한 연수가 가장 많은 자를 1급에 넣는다. 그 연수가 같은 때에는 연장자의 순에 의한다.

제10조 선거인은 매급 각별로 평의원 정수의 2분의 1을 선거한다.

피선거인은 각급을 통하여 선거될 수 있다.

제11조 회두는 선거 기일 전 50일을 기간으로 하여 그 일자 현재로 선거인 명부를 작성하여야 한다.

선거인 명부는 1급 및 2급으로 구분하고 선거인의 씨명(氏名) 또는 명칭, 주소, 연령, 영업의 종류, 부영업세 연액 및 본 회의소 부과금을 기재하여야 한다.

제12조 선거인 명부는 선거 기일 전 30일을 기한으로 하여 그날부터 7일간 본 회의소에서 관계자의 종람(縱覽)에 제공해야 한다. 관계자가 이의가 있을 때에는 종람 기간 중에 그 이유서 및 증빙을 갖추어 이를 회두에게 제기할 수 있다.

회두가 전항의 제기를 받았을 때는 3일 이내에 그 당부(當否)를 결정하여야 한다. 그 제기가 정당하다고 결정하였을 때에는 바로 선거인 명부를 수정하고 그 취지를 제기한 사람 및 관계자에 통지하며 또한 그 요령을 공시하여야 한다. 그 제기가 정당하지 않다고 결정할 때에는 바로 이를 제기인에게 통지하여야 한다.

제13조 선거인 명부는 선거 기일 전 10일로써 확정한다. 확정 명부는 그 확정된 말부터 1년 이내에 행하는 선거에 이를 사용한다.

제14조 선거인 명부에 등록되지 아니한 자는 투표할 수 없다. 선거인 명부에 등록된 자가 선거 자격을 갖지 않을 때에는 투표할 수 없다.

제15조 선거 사무는 선거위원이 이를 행한다. 선거위원은 5인으로 하고 그중 1인을 위원장으로 한다. 위원장은 회두로써 이에 충당하고 위원은 역원회에서 회원 중에서 이를 선임한다.

제16조 선거위원장은 선거 기일 전 적어도 7일간 선거의 일시, 장소 및 선거해야 할 급별 내지인(일본인) 및 조선인 평의원 수를 공시하여야 한다.

제17조 선거는 무기명 투표로써 이를 행한다.

제18조 투표는 1인 1표로 한다.

제19조 선거인은 선거장에서 선거인 명부의 대조를 경유한 후, 투표부에 날인하고 투표하여야 한다. 투표용지는 선거위원이 이를 교부한다. 투표용지에는 스스로 피선거인 1인의 성명 또는 명칭을 기입하여야 한다. 단, 선거인 명부에 등록된 1급 선거인의 수가 그 선거될 평의원 수의 3배보다 적을 때에는 피선거인 2인을 연기(連記)하여야 한다. 피선거인 중 동일한 성명 또는 명칭의 자가 있을 때에는 투표용지에 그 주소 또는 영업의 종류를 부기하여야 한다.

제20조 법인, 지구 내에 본점을 갖지 않은 선거인, 여자 또는 무능력자는 아래의 대리인으로써 선거를 행하여야 한다.

1. 법인에서는 그 업무를 집행하는 사원, 취체역 또는 지배인
2. 지구 내에 본점을 갖지 않은 선거인이 있어서는 지구 내에 있는 영업소 또는 사무소의 주임자
3. 무능력자가 아닌 여자에 있어서는 스스로 선임한 자

4. 무능력자에 있어서는 친권자, 후견인, 보좌인 또는 부(夫) 대리인은 일본 신민인 성년의 남자로서 제6조 각호의 1에 해당하지 않는 자 또는 금치산자 또는 준금치산자가 아닌 자임을 요한다. 1인으로서 여러 사람의 대리인이 될 수 없다. 대리인은 선거를 할 때 그 자격을 증명할 서면을 제출하여야 한다.

제21조 투표를 할 수 있는 자, 선거위원, 선거의 사무에 종사하는 자 외에는 선거장에 입장할 수 없다.

제22조 투표의 점검은 투표가 끝난 후 선거장에서 선거위원이 이를 행한다. 선거인은 선거위원장의 허락을 받아 투표의 점검을 참관할 수 있다.

제23조 평의원은 내지인, 조선인별로 계산한 유효투표의 다수를 얻은 자로써 당선자로 한다. 득표의 수가 같을 때에는 연장자를 취한다. 법인은 합명회사에서는 사원, 합자회사 또는 주식합자회사에서는 무한책임사원, 주식회사에서는 취체역의 각 반수 이상이 내지인일 때는 내지인으로 하고 조선인일 때는 조선인으로 한다. 내지인, 조선인이 동수일 때에는 내지인으로 한다.

제24조 아래의 투표는 이를 무효로 한다.

1. 정규의 투표용지를 사용치 않은 것
2. 기재의 인원이 선거하여야 할 정수를 초과한 것. 단, 동일한 성명 또는 명칭을 복기할 때에는 그 1인을 유효로 한다.
3. 피선거인의 성명 또는 명칭 이외에 타사(他事)를 기입한 것. 단, 작위(爵位), 직업, 신분, 주소 또는 경칭(敬稱)의 유(類)를 기입한 것은 그 제한으로부터 제외한다.
4. 피선거인이 하인(何人)인가 확인하기 어려운 것
5. 선거될 자격이 없는 자의 성명 또는 명칭을 기재한 것
6. 현재 평의원인 자의 성명 또는 명칭을 기재한 것

제19조 제3항 단서의 경우에 있어 전항 제4호 내지 제6호에 해당하는 것은 그 부분만을 무효로 한다.

제25조 투표의 거부 또는 효력은 선거위원이 이를 결정한다. 가부 동수일 때에는 위원장이 이를 결정한다.

제26조 선거위원장은 선거에 관한 전말을 기재하여 선거위원이 연서한 선거기록을 작성하

여야 한다. 선거기록 및 투표는 평의원의 임기 간 이를 보존하여야 한다.

第27조 당선자가 정하여진 때에는 선거위원장은 바로 당선자에게 당선의 취지를 통지하여야 한다.

第28조 당선자가 당선을 사(辭)하려 할 때는 전조의 통지를 받은 날부터 3일 이내에 이를 선거위원장에게 신고하여야 한다.

第29조 1인으로써 양급(兩級)의 선거에 당선된 때에는 당선의 통지를 받은 날부터 3일 내에 어느 당선에 응할 것인가를 선거위원장에게 신고하여야 한다. 그 신고가 없을 때에는 당선의 계급은 선거위원장이 추첨하여 이를 정한다.

第30조 법인 또는 지구 내에 본점을 갖지 않은 회원이 평의원에 당선된 때에는 지체 없이 그 대표자 또는 대리인을 계출하여야 한다. 전항의 대표자 또는 대리인은 일본 신민인 30세 이상의 남자로서 제20조 제1항 제1호 또는 제2호의 1에 해당하고 지구 내에 주소를 가진 자임을 요한다. 제6호 각호의 1에 해당한 자, 금치산자 또는 준금치산자는 대표자 또는 대리인이 될 수 없다. 제1항의 대표자 또는 대리인은 그 자격을 잃은 경우 외에는 평의원의 임기 중 이를 변경할 수 없다.

第31조 1인으로써 평의원 2인 이상의 대표자 또는 대리인이 되거나 또는 평의원으로써 타 평의원의 대표자 또는 대리인이 될 수 없다.

第32조 평의원의 당선자로서 당선을 사하였을 때에는 차점 득표자에 대하여 그 득표의 순위에 따라 이를 보충한다. 당선 후 6월 내에 평의원에 결원이 생겼을 때에도 역시 같다.

第33조 당선자가 확정된 때에는 당선자의 성명 또는 명칭 및 그 대리자 또는 대리인의 성명을 공시하여야 한다.

第34조 평의원은 회두가 정당한 사유가 있다고 인정할 경우를 제한 이외에 평의원회의 결의를 거치지 않으면 그 직을 사할 수 없다.

第35조 평의원이 선거될 자격을 갖지 않을 때에는 그 직을 잃는다. 그 자격의 유무는 평의원회에서 이를 결정한다.

第36조 평의원이 그 직무를 게을리할 때에는 평의원 및 특별평의원 3분의 2 이상 출석하고 그 3분의 2 이상의 결의에 의하여 이를 제명할 수 있다.

제3장 역원

제37조 본 회의소에 아래의 역원을 둔다.

회두 1인

부회두 2인

상의원(常議員) 4인

역원의 임무는 평의원의 임기에 의한다.

제38조 역원은 평의원의 개선기(改選期)마다 그 당선 확정 후 10일 내에 평의원이 이를 호선한다. 역원의 선거는 단기(單記) 무기명 투표로 하고 유효투표의 다수를 얻은 자를 당선자로 한다. 전항의 선거는 평의원회의 결의에 의하여 지명추천의 방법을 사용할 수 있다.

제39조 법인 또는 지구 내에 본점을 갖지 않은 회원인 평의원이 역원에 선임된 경우에 있어 그 대표자 또는 대리인에 변경이 있을 때에는 퇴임한다.

제40조 역원은 회두가 정당한 사유가 있다고 인정할 경우를 제외한 이외에 평의원회의 결의를 거치지 않으면 그 직을 사(辭)할 수 없다.

제41조 역원이 평의원의 직을 잃을 때에는 퇴임한다.

제42조 회두는 본 회의소를 대표하고 평의원회 및 역원회의 의장이 된다. 그 담임하는 사무의 개요는 다음과 같다.

1. 평의원회 및 역원회를 소집하는 것
2. 평의원회, 역원회의 결의를 집행하는 것
3. 직원을 임면하는 것. 단, 서기장 및 부서기장의 임면은 역원회의 동의를 얻음을 요한다.
4. 본 회의소 재산의 사용을 허가하는 것
5. 역원회의 결의를 요하는 사항으로서 긴급을 요하여 역원회를 개최할 여가가 없을 때에는 이를 전결, 집행하는 것. 이 경우에서는 차회의 역원회에 보고하여야 한다.
6. 전 5호 이외에 정관에 의하여 회두의 권한에 속하는 사항

제43조 부회두는 회두를 보좌하고 회두가 사고가 있을 시에는 그 직무를 대리한다. 회두

를 대리하는 순위는 평의원회의 결의에 의한다. 부회두는 회계 사무를 감독하고 본 회의소의 재산을 관리한다.

제44조 평의원은 상공업의 상황 및 통계의 조사 및 상공업의 개선 발달에 필요한 방법의 조사를 담임하거나 또는 특히 위임된 사항을 처리한다.

제45조 역원이 직무를 태만할 때에는 평의원 및 특별평의원 3분의 2 이상 출석하고 그 3분의 2 이상의 결의에 의하여 조선총독의 인가를 거쳐 이를 해임할 수 있다.

제4장 평의원회

제46조 평의원회를 나누어 정기 평의원회 및 임시 평의원회로 한다. 정기 평의원회는 매년 1월 및 5월에, 임시 평의원회는 필요가 있을 때마다 회두가 이를 소집한다. 평의원 및 특별평의원 5분의 1 이상의 청구가 있을 때에는 회두는 임시 평의원회를 소집하여야 한다.

제47호 평의원회의 의사는 특별한 규정이 있을 경우를 제한 이외에 출석 평의원의 과반수로써 이를 결정한다. 가부 동수일 때에는 의장이 결정하는 바에 의한다. 특별평의원은 경비의 예산 및 그 부과 징수 방법, 경비의 결산, 경비 체납자의 처분 및 청산인의 선임에 대해서는 결의의 수에 가산할 수 없다.

제48조 정기 평의원회에 부의하여야 할 사항은 다음과 같다.

1. 경비의 예산 및 그 부과 징수 방법
2. 경비의 결산. 경비의 결산에는 재산 목록 및 사업 성적서를 첨부하여야 한다.

제49조 임시 평의회에 부의하여야 할 사항은 다음과 같다.

1. 역원의 선거
2. 토지, 가옥의 취득 및 처분
3. 재산의 관리 방법을 정하는 것
4. 경비 체납자의 처분
5. 법령 및 정관에 규정하는 사항
6. 전 5호 이외에 역원회에서 필요하다고 인정된 사항. 전항 각호의 사항은 이를 정기 평의원회에 부의할 수 있다.

제50조 평의회를 개최하려 할 때에는 개회 5일 전에 개회의 통지서를 발송하여야 한다. 단, 급히 시행을 요할 경우에는 그 제한으로부터 제외한다. 전항의 통지서에는 의안을 첨부하거나 또는 회의의 목적인 사항을 기재하여야 한다. 개회의 통지 후에 발생한 급히 시행을 요하는 사항은 의장(議場)에서 의장(議長)이 통고함으로써 의제(議題)로 할 수 있다.

제51조 평의원회는 평의원 반수 이상 출석함이 아니면 이를 개최할 수 없다. 단, 동일 사항에 관하여 소집에 2차에 거쳐도 출석자 정수에 미달될 때에는 그 제한으로부터 제외한다.

제52조 평의원회에 있어서 회두, 부회두가 사고가 있을 때에는 출석 평의원의 호선으로써 임시의장을 정한다.

제53조 「의사세칙」은 평의원회의 결의로써 이를 정한다.

제5장 역원회

제54조 역원회는 역원 및 특별평의원으로써 이를 조직하고 회두가 필요가 있다고 인정할 때 또는 역원 3인 이상의 청구가 있을 때에 이를 개최한다.

제55조 평의원회에 제출해야 할 의안은 역원회의 심사에 부쳐야 한다.

제56조 평의원회의 권한에 속하는 사항으로서 급히 시행을 요하여 평의원회를 개최할 여가가 없을 때에는 역원회에서 이를 의결할 수 있다. 이 경우에는 차회의 평의원회에 보고하여야 한다.

제57조 역원회는 역원의 반수 이상 출석함이 아니면 개회할 수 없다. 제47조 및 제52조의 규정은 역원회에 이를 준용한다.

제6장 중재규정(仲裁規定)

제58조 상공업에 관한 분의의 중재를 본 회의소에 청구하는 자가 있을 때에는 역원회에서 그 수부(受否)를 결정하여야 한다.

제59조 중재의 청구서에는 본장(本章)의 규정을 준수할 취지를 명기하고 청구자 쌍방이 이에 서명 날인하여야 한다. 전항의 청구서에는 본 회의소의 중재재판에 대하여 이의

를 제기하지 아니할 취지를 명기한 중재계약서 및 사건의 요령을 기재한 서면을 첨부하여야 한다.

제60조 본 회의소는 역원회의 결의에 의하여 당사자로부터 상당한 수수료를 납부시킨다. 수수료는 1건에 200원 이하로 한다. 여비, 감정인의 보수, 기타, 특히 요하는 비용은 당사자의 부담으로 한다. 수수료 및 전항의 비용은 중재의 취하(取下) 또는 기각의 경우에 있어서도 이를 반납하지 않는다.

제61조 중재는 역원회에서 평의원 및 특별평의원 중에서 중재위원을 선정하여 판단을 시킨다. 단, 그 중재 사건에 이해관계를 가진 자는 중재위원이 될 수 없다. 중재위원은 호선으로써 위원장 1인을 정하여야 한다.

제62조 중재판단은 위원 과반수의 의견에 의한다. 동일 위원으로서 과반수에 달한 것이 없을 때에는 다수를 득한 2개의 의견에 대하여 다시 재결하고 과반수로써 이를 결정한다. 가부 동수일 때에는 위원장이 결정하는 바에 의한다. 중재위원은 결정의 수에 가담하기를 피할 수 없다.

제63조 중재위원이 사실의 심문을 할 때에는 서기로 하여금 진술의 요령을 필기시키고 필요하다고 인정할 때에는 당사자로 하여금 이에 서명 날인시킨다.

제64조 중재위원은 필요할 때에는 감정인으로써 계쟁(係爭) 물건을 단정시키거나, 또는 전문가의 의견을 들을 수 있다.

제65조 당사자는 그 친족 또는 사용인으로서 중재위원의 승인을 얻은 자로써 대리인으로 할 수 있다.

제66조 본 회의소의 중재판단에 대하여 「민사소송법」 제51조 또는 제53조에 규정한 사항과 동일한 관계를 가진 제3자는 당사자의 승낙을 얻어 중재판단에 참가할 수 있다. 주 참가인은 중재판단의 수속에 관하여 중재판단, 청구자로 간주한다. 종 참가인은 중재판단의 수속에 관하여 그 주된 당사자와 동일한 권리 의무를 진다.

제67조 참가인의 진술 또는 행위와 그 주된 당사자의 진술 또는 행위가 저촉할 때에는 주된 당사자의 진술 또는 행위를 표준으로 한다.

제68조 당사자는 증인 또는 감정인의 신문을 중재위원에게 청구할 수 있다.

제69조 당사자가 본장의 규정을 준수하지 않을 때에는 중재위원은 사건을 기각할 수 있다.

제70조 중재위원은 사건의 수리일로부터 3주간 내에 이를 판단하여야 한다. 단, 특별한 조사를 요하는 사건에 대하여는 회두의 승인을 얻어 그 기간을 연장할 수 있다.

제71조 중재판단은 이를 언도한다. 판단서에는 다음 사항을 기재하고 중재위원이 이에 서명 날인하여야 한다.

1. 당사자 및 대리인의 성명 또는 명칭, 주소 및 직업
2. 사실 및 쟁점의 요령
3. 판단의 주문(主文)
4. 판단의 이유
5. 판단을 한 장소 및 연월일

제72조 수수료 및 비용 부담의 비율은 중재판단과 동시에 이를 언도하여야 한다.

제73조 다음의 경우에 있어 중재판단의 언도일부터 1주간 내에 당사자의 제기가 있을 때에는 재심을 하여야 한다.

1. 재판 중 법령에 저촉한 사항이 있을 때
2. 본 중재규정의 수속에 의하지 않고 판단하였을 때
3. 재판서의 요건을 구비하지 않은 때

제74조 제58조 내지 제72조, 75조 및 제76조의 규정은 재심에 이를 준용한다. 재심에는 수수료를 징수하지 않는다.

제75조 중재판단서는 그 정본을 청구자 쌍방에게 교부하고 그 원본을 본 회의소에 보존한다.

제76조 중재에 관하여는 본장에 규정한 것 외에는 「민사소송법」 제8편의 규정에 의한다.

제7장 서무

제77조 본 회의소에 아래의 직원을 둔다.

서기장 1인

부서기장 1인

서기 약간 인

고원 약간 인

촉탁 약간 인

제78조 서기장은 회두의 명을 받아 부서기장 이하를 지휘하여 회의소의 사무를 처리한다.
서기장은 본 회의소의 사무에 관하여 회두에게 의견을 개진할 수 있다.

제79조 부서기장 이하는 서기장의 지휘를 받아 사무를 분장한다.

제80조 금전출납에 종사하는 직원은 상당한 신원보증금을 차출하여야 한다. 단, 봉급 및 상여금의 약간을 적립하여 보증금에 대체할 수 있다. 신원보증금은 본인의 태만에 의하여 본 회의소에 손실을 발생케 하였을 때 그 보상에 충당한다.

제81조 봉급, 보수, 수당, 여비, 기타 급여에 관한 규정은 평의원회의 결의에 의하여 이를 정한다.

제82조 본 회의소에는 문서, 조사, 회계의 3과를 둔다. 처무 및 복무에 관한 규정은 역원회의 결의에 의하여 이를 정한다.

제83조 본 회의소에는 아래의 인장을 비치한다.
경성상업회의소지인(京城商業會議所之印)
경성상업회의소회두지인(京城商業會議所會頭之印)
경성상업회의소부회두지인(京城商業會議所副會頭之印)

제8장 회계

제84조 본 회의소의 회계연도는 4월 일에 시작하여 익년 3월 31일에 끝난다.

제85조 새로 회장이 된 자의 부과금은 월할(月割)로써 징수한다. 회원의 자격을 상실한 자의 기납(旣納) 부과금은 이를 환부하지 않는다.

제86조 부과금은 징수고지서를 발행하고 본 회의소 또는 그 지정하는 은행에 납입케 한다. 납기를 경과하여도 부과금을 납입하지 않는 자에는 독촉장을 발부한다. 그 독촉 수수료는 1통에 대하여 20전으로 한다.

제87조 피치 못할 예산의 부족을 보충하거나 또는 예산 외에 생긴 경비에 충당하기 위하여 예산 총액의 10분의 1 이내의 예비비를 두어야 한다. 예비금의 지출은 역원회의 결의를 거쳐야 한다. 단, 긴급의 필요가 있을 때에는 회두는 200원 이하에 한하여 전결, 지출할 수 있다. 이 경우에 있어서는 차회의 역원회에 이를 보고하여야 한다.

제88조 예산에 정한 각관(各款)의 금액은 피차 유용할 수 없다. 예산 각항의 금액은 역원회의 결의를 거쳐 이를 충용할 수 있다.

제89조 토지, 가옥을 취득하거나 또 처분하려 할 때에는 평의원회의 결의를 거쳐야 한다. 단, 가액 200원 미만의 것에 대하여는 역원회의 결의로써 족하다.

제90조 본 회의소에 기부를 신청하는 자가 있을 때에는 역원회에서 수부(受否)를 결정하여야 한다. 기부자가 기부 물건의 용도를 지정하였을 때에는 이에 따라야 한다.

제91조 현금은 평의원회에서 지정한 은행에 예입하는 것으로 한다.

제9장 정관 위반자의 처분

제92조 본 정관을 위반한 자에 대해서는 회원은 역원회의 결의를 거쳐 50원 이하의 과태금을 부과할 수 있다.

제10장 정관의 변경

제93조 본 정관을 변경하려고 할 때에는 회두의 의견 또는 평의원 및 특별평의원 3분의 1 이상의 건의에 의하여 이를 평의원회에 부친다.

제94조 정관 변경의 결의는 평의원회에서 평의원 및 특별평의원 3분의 2 이상이 출석하고 3분의 2 이상의 동의가 있음이 아니면 이를 할 수 없다.

제11장 해산

제95조 본 회의소를 해산하려 할 때에는 회두의 의견 또는 평의원 및 특별평의원 3분의 1 이상의 건의에 의하여 이를 평의원회에 부친다.

제96조 해산의 결의는 평의원회에서 평의원 및 특별평의원 3분의 2 이상 출석하고 그 3분의 2 이상의 동의가 있음이 아니면 이를 할 수 없다.

제97조 본 회의소가 해산한 때에는 회두, 부회두 및 상의원을 청산인으로 한다. 단, 평의원회에서 타인을 선임할 수 있다.

부칙

제98조 본 회의소 설립 시에 선임된 평의원은 1917년(大正 6) 11월 30일에 퇴임한다.

제99조 「조선상업회의소령 시행규칙」 제5조에 규정하는 연한은 설립의 경우에 한하여 이를 6개월로 한다.

제100조 제9조에 규정하는 경비의 납액은 설립의 경우에 한하여 부(府) 영업세의 납액으로 한다.

제101조 선거인 명부는 설립 시에 한하여 성립일 현재에 의하여 작성하여야 한다. 제12조 및 제13조의 기일 및 기간은 설립 시에 한하여 그 제한에 의하지 않을 수 있다. 이 경우에 있어서는 발기인에 있어 그 기일 및 기간을 정하여 이를 공시하여야 한다.

제102조 설립 시의 선거위원은 발기인이 이를 호선하고 위원장은 위원이 이를 호선한다.

제103조 「조선상업회의소령 시행규칙」 제7조의 평의원회에서의 의장은 평의원이 이를 호선한다.

〈자료 55〉 「경성상업회의소 의사세칙(議事細則)」(『상공회의소 90년사』 상권, 대한/서울상공회의소, 1976, 203~204쪽)

제1장 통칙(通則)

제1조 평의원회의 개폐는 의장이 이를 선고한다.

제2조 평의원회는 이를 공개한다. 단, 의장의 의견 또는 평의원회의 결의로써 방청을 금할 수 있다.

제3조 의원의 석차는 매 선거 후 제1차의 평의원회에서 추첨으로써 이를 정한다.

제4조 의원은 질병, 기타의 사고에 의하여 평의원회에 출석하기 어려울 때에는 개회 전에 그 사유를 구신하여 의장에게 계출하여야 한다.

제5조 개회 통지 시각 후 1시간을 경과하여도 출석의원이 그 정수에 차지 않을 때에는 유회로 한다.

제6조 의원이 「의사세칙」에 위배하거나 언론이 비례(非禮)하거나 또는 의사의 진행을 방해하여 의장(議場)의 질서를 문란케 할 때에는 의장이 이를 계고하거나 발언의 취소를

명하거나 또는 이를 정지시켜야 한다. 이에 따르지 않을 때에는 퇴장을 명할 수도 있다. 퇴장의 명을 받은 의원은 당일의 회의가 종료될 때까지 입장할 수 없다.

제7조 의원은 의장에서 타인의 신상에 관한 언론을 할 수 없다.

제8조 의장은 의사의 시초에 있어 서기로 하여금 의안을 낭독케 한다. 단, 경우에 따라서는 낭독을 생략할 수 있다.

제9장 의사록에는 다음의 사항을 기재하고 의장이 이에 서명하여야 한다.

1. 평의원회 개폐의 연월일시

2. 출석 및 결석자의 성명

3. 의안, 결의 및 토론의 요령

제10조 본 세칙에서 의원이라 칭함은 평의원, 특별평의원을 말한다.

제2장 의사

제11조 의사의 순서는 의장이 이를 정한다. 순서 변경의 동의가 있을 때에는 토론을 하지 않고 이를 결정한다.

제12조 의사는 삼독회(三讀會)를 거쳐 이를 결정한다. 단, 결의에 의하여 독회를 생략할 수 있다.

제13조 발안자는 제1 독회에서 의안 낭독 후 그 취지 및 이유를 설명하여야 한다.

제14조 제1 독회에서는 의안에 대한 질의 및 대체의 가부를 토론한 후 제2 독회를 개최할 것인가의 가부를 결정한다. 심의위원에 부탁한 것은 그 보고를 거쳐 제2 독회를 개최할 것인가의 가부를 결정한다. 심사위원의 보고에 의한 수정은 찬성을 기다리지 않고 의제로 한다.

제15조 제2 독회에서는 의안의 축조 심의를 한다. 제2 독회에서는 의안에 대한 수정 동의를 제출할 수 있다. 단, 수정사항에 관하여 위원으로 하여금 심사시킬 수 있다. 의장은 축조 심의의 순서를 변경하거나 또는 여러 조를 합병하거나 또는 한 조를 분할하여 토의에 부의하여도 무방하다.

제16조 제3 독회에서는 의안 전체의 가부를 의결한다. 제3 독회에서는 수정 동의를 제출할 수 없다. 단, 산수의 오류, 의안 중 서로 저촉되는 사항 또는 법령이나 정관에 위반

하는 사안이 있음을 발견한 때에는 그 제한으로부터 제외한다.

제17조 의장의 의견 또는 의원의 발의에 대하여 3명 이상의 찬성자가 있을 때에는 3독회를 생략하고 제1 독회 또는 제2 독회에서 확정 의제로 할 수 있다.

제18조 수정의 동의는 의원 3명 이상의 찬성이 있지 않으면 의제로 할 수 없다.

제19조 의원이 건의를 하고자 할 때에는 3명 이상의 찬성 연서가 있는 건의안을 의장에게 제출하여야 한다. 긴급 또는 간이한 건의 및 그 찬성은 구두로써 이를 할 수 있다.

제20조 발언하고자 하는 자는 기립하여 자기의 번호를 말하고 의장의 허가를 받아야 한다.

제21조 의원의 발언은 각 의회에서 동일 의제에 관하여 2회 이상에 미칠 수 없다. 단, 질문, 변명 또는 전설(前說)의 부족을 보완할 경우에는 그 제한으로부터 제외한다.

제22조 토론은 의제 이외에 거칠 수 없다.

제23조 의제가 아직 의결에 이르기 전에는 타 의제에 관하여 발언할 수 없다.

제24조 의안 또는 사건에 관하여 심사를 요할 때에는 의원 중에서 위원을 선거하고 그 심사를 부탁할 수 있다.

제25조 의장이 스스로 발언하고자 할 때에는 부의장에게 석(席)을 양보하여야 한다.

제3장 채결(採決)

제26조 의장이 채결하고자 할 때에는 그 사항을 의장(議場)에 선고한다. 의장의 선고 후에는 채결 사항에 관한 발언을 금한다. 단, 채결의 방법 또는 의장의 처리에 대한 이의의 발언은 그 제한으로부터 제외한다.

제27장 채결의 방법은 기립, 기명투표 또는 무기명투표의 3종으로 하고 출석 의원의 과반수로써 이를 결정한다. 가부 동수일 때에는 의장이 이를 결정한다.

제28조 채결의 순서는 부결설(否決說)을 우선으로 하고 수정설(修正說)을 다음으로 하고 원안을 뒤로 한다. 의원이 제출한 수정설은 위원회가 제출한 수정설에 앞서 채결한다. 여러 개의 수정설이 있을 때 그 취지가 원안에 가장 먼 것을 우선으로 한다.

제29조 의제에 대하여 발언자가 없을 때에는 의장은 채결 수속을 생략하고 전원일치의 가결이 있는 것으로 인정하는 취지를 선고할 수 있다.

제30조 긴급 또는 선결의 동의는 타 의제에 우선하여 채결함을 요한다.

제31조 수정안, 원안이 같이 과반수의 찬성이 없을 때, 의장이 폐안(廢案)할 수 없다고 인정할 때에는 특히 위원에게 부탁하여 입안시키고 그 안에 대하여 결의하여야 한다.
전항의 위원은 선거에 의하고 그 원수(員數)는 의장이 이를 정한다.

제4장 부칙

제32조 회의에 열(列)하는 의원의 착의(着衣)는 양복, 고우직(袴羽織) 또는 상당하는 복장이어야 한다.

제33조 의장에서는 사어잡담(私語雜談)을 금한다.

제34조 다음의 행위가 있는 의원은 징벌위원회에 회부하고 평의원회의 결의로써 의장(議場)에 사죄시키거나 또는 출석을 정지시킬 수도 있다.

1. 비밀의 의사를 누설한 자
2. 제6조 제1항에 해당하는 행위로서 그 정(情)이 무거운 자

제35조 징벌위원은 5명으로 하고 평의원회서 이를 선거한다.

〈자료 56〉 특별평의원 관선, 「상업회의소령」에 취하여(매일신보, 1915.7.16.)

조선에 시행되는 「조선상업회의소령」은 예보와 같이 어제 15일 총독부 제령 제4호로써 발포하였는데, 전문 22개조로 이루어졌고, 그 내용은 어제 보도와 같거니와 가장 사회의 주의를 끌던 회두 관선 문제는 완전히 예상과 상반하여 부회두와 같이 평의원회에서 호선하고 평의원은 회원 중에서 호선하기로 규정되었으므로 그 관계는 대체로 종래의 예와 같고 다만 특별 평의원만 관선으로 하고 평의원 정수의 5분의 1을 초과하지 않는 범위 안에서 상공업에 관한 학식, 기능 또는 경험 있는 자 중에서 총독이 이를 명하기로 하였고, 이 점이 다소간 종래와는 상이하는 것이라더라.

〈자료 57〉 시사: 조선 상공계의 추이와 경성상업회의소의 사명(『경성상업회의소 월보』 제1호, 1916.1.)

경성상업회의소 특별평의원 조선총독부 중추원 고문, 자작, 조중응 씨 담화

국가의 번영과 융성을 기하려면 그 나라의 상공업에 종사하는 사람들의 융화와 근면으로

내적으로 산물을 풍성히 하고 외적으로는 무역을 진흥하는 것만 한 것이 없다. 그런데 우리 조선에서는 조선시대 이후 문학, 유교, 성리학과 같은 정신적 연마에만 진력하여 식산흥업의 물질적인 방면의 장려 연구는 일반적으로 도외시하였다. 상업은 하급의 일이라고 천시하고, 상인은 시정(市井)이라고 하여 모리배라 칭하여 이들을 배척하였다. 그리고 물질은 일상품을 시작으로 완전히 소박 검소주의를 채택하여 화려하고 아름다운 정신을 배척하였다. 모두가 옛것을 사용하고 일반적으로 자급자족주의를 따르며, 가격이 저렴하다. 더욱이 편리한 물건을 보더라도 외국 물품은 오랑캐의 물건이라 하여 사용하지 않고 굳건히 문호를 닫고 있다. 반도의 깊숙한 곳일수록 편안함을 추구하는 꿈이 빈약하여 세계 문명의 풍조가 변방에서 진전되고 있음을 알지 못한다.

예부터 조선에서의 거래는 그날 중에 열리는 시장제도를 채택하였으며, 지방에서는 매월 6번 시장을 열었다. 경성과 같은 곳은 매일 시장을 열어서 유치한 물물교환법에 의거하여 물자 수급을 강구하였다. 따라서 미곡이 풍작인 해에는 쌀 한 되에 목면 3척의 가격을 보였으나 역으로 흉작인 해에는 갑자기 목면 15척으로 변하는 등 고저가 일정하지 않았다. 그래서 소금 1두에 대하여 닭 2마리를 교환 단위로 하는 극히 불편한 방법으로 통상하여, 일상의 업무를 진행하려면 물자의 운반에 곤란이 많고, 교통이 불편한 지방에서는 물자의 평균을 유지하지 못한다. 그리고 한편으로 교통기관의 불비와 쇄국 배외의 결과 물자의 공급지는 단순히 작은 지역에 한정되고 물자 수급의 조화를 피하기가 매우 어려워진다. 만약 수년에 걸쳐서 풍작을 이룬 시기에 미곡은 생산과잉을 결과하여 대폭락하고 생산자는 오히려 다른 필수품 구입이 곤란하게 된다. 홍부진(紅腐陳)[1]이라 하여 과잉 미곡을 폐기하여 겨우 미곡 교환율을 끌어올렸다. 이것은 단순한 하나의 사례에 불과하며 일반적인 것을 돌이켜 보면, 일반 물자의 생산력은 점차 감소되고, 민중은 점차로 빈곤에 빠져 여러 종류의 폐해가 속출하였다. 백년의 폐습이 풍속을 이루고 결국은 산업의 쇠퇴를 구할 수가 없었다.

1848~1855년간(嘉永 연간) 일본의 우라가(浦賀)에 온 흑선에 의해 백년간의 잠을 깬 것과 같

1 홍부진(紅腐陳)은 붉게 썩어 버린 벼가 늘려 있는 모습을 지칭한 표현. 조선후기 문신(文臣)이자 학자인 김창협(金昌協)의 시·소·서(書)·기 등을 수록한 시문집 『농암집(農巖集)』에 나오는 문구이다. 『농암집』은 42권 15책의 활자본으로 부록 2권을 포함한 원집 36권, 속집 2권, 별집 4권으로 되어 있다. 지은이가 지평과 양근이라는 두 고을의 경계를 지나가며 지난달에 두 고을이 모두 우박으로 재해를 입었는데, 양근은 매우 참혹하여 밭에 남은 이삭이 거의 없는 참담한 모습을 노래한 싯구이다.

이 우리 조선에서도 그 후 선진 여러 외국과 교섭의 빈도를 높여 감에 따라 일부의 사람들은 점차로 태평의 꿈에서 깨어나 식산흥업을 장려하고 국부(國富)의 충실에 힘써야 함을 자각한 자가 등장하였다. 오랜 기간의 풍습과 다수의 몽매함은 하루아침에 타파되지 않는다. 미곡의 수출을 장려할 때는 국내 쌀 가격의 폭등을 일으키고, 주요 식물의 구입에 어려움을 초래하여 민중들에게 굶주림의 위기에 떨어지게 한다는 곡해는 혹은 「방곡령」을 발포하고 혹은 금지해야 할 수출세를 오히려 부과하게 되는 등 심히 기괴한 일을 견디지 않으면 안 되는 것이 많았다.

이와 같은 것은 모두가 그 원인을 조선의 정책 실패에서 기인하는 것으로 특히 과거 50년간은 내우외환이 많았으며 생명의 보호, 재산의 보장에 이르러서는 거의 기대할 것이 없었다. 백성은 스스로 나서서 식산흥업을 생각하는 날이 없으며, 이전 고려시대에 가장 진보된 거래 방법도 모두 그 흔적을 잃어버렸으며 정교한 미술공예도 절멸되었으며 국내의 산업지는 모두 황폐해졌다는 것 또한 부인할 수 없다.

당시의 조선 외국 무역의 정황을 회고하면, 개항장으로 단지 인천, 원산, 부산 3곳에 지나지 않았다. 그리고 경성의 외국무역은 한강 유역의 양화진(楊花津)을 인가한 것을 시작으로 점차 청국은 최혜국의 특전에 의해 한성 개잔(開棧) 조약을 맺고 경성 내에 점포를 개설하였고 일본 역시 이와 비슷하게 성 내에서 점포를 확장하게 되면서 조선, 일본, 청국 3국 상인은 각자 이현(泥峴), 종로, 남대문통, 수표교의 3 근거지를 중심으로 자리를 잡았다. 일본과 중국 상권의 흥망은 자국 세력의 부진이며, 항상 밀고 당기는 일이 끊이지 않았다. 청일전쟁 이전에 경성 상권은 완전히 청국 상인의 수중에 있었으며 일본 상인의 기세는 그리 흥하지 못하였다. 그러나 청일전쟁 이후에 일본 상인의 세력이 갑자기 신장되어 이현의 발전은 날로 융성해졌다. 그리고 당시의 일본 상인은 자기 나라 사람에 대하여 상당한 편의를 봐주면서 손님을 기다리지만, 조선인 고객이 가게에 나타나면 가끔 무례하고 난폭한 행동을 하여 조선인 고객을 점차로 멀어지게 하는 것이 많았다. 이리하여 상업상의 기회에 민감한 중국 상인은 조선 고객을 친절하게 대하고 다양한 수단을 동원하여 조선인 구매자의 대부분은 중국 상인이 점하게 되었다. 이현 상인 가운데 위와 같이 해 오다가 불경기를 만나 조선인 고객을 끌어들이는 방법을 자문하는 사람도 나타났다. 어쨌든 스스로 불러온 화이니 일반 조선인의 심리는 중국 상인에게 친절하고, 일본 상인의 신용 부활은 어려웠다. 이는 일본 공사에게 그 불리함을 충고하고 단번에 없어지지는 않더라도 합병 후 내선일체를 이룬 오늘날 국가 경제에서 보더라도 장래에 그리고 개인적 견지에서 보더라도 그 불리함이 크다. 그리고 이처럼 단순히 과거의 한 사례에 지나지 않는 것도 하나의 작은 부분의 상인 간에 지금은 더욱 싫어하는 선입관을 가지게 되었다고 인정하지 않을 수 없다. 애써 기록하여 일반의 참고에 보탬이 되고자 한다.

조선인 생활 상태의 추이를 살펴보면, 합병 후 이제 5년여가 지나고 민도의 향상, 의지와 생각의 향상, 부력(富力)의 진전 등 어떠한 것을 보더라도 부진하지 않다. 옛날의 완고하고 고루한 것은 점차로 없어지고 진취적인 기풍으로 전환되고 있는 것은 이번 가을에 개최된 공진회에서도 명확하게 인식되었다. 즉 반도 13도의 각지에서 출품 전시한 여러 제품의 종류를 보아도 개선 진보의 흔적이 있으며 더욱이 문화의 진보에 뒤처진 지방에서 경성으로 들어온 사람들의 토산품을 검토해 보더라도 매우 현저히 진보되었으며, 그들 중에는 역시 부지불식간에 산업의 개발, 해외 통상의 이익을 체득하기에 이르렀다. 한편 예전 방식을 고수하는 것도 있는데 그렇다고 하더라도 하나의 이점이 있으면 하나의 해를 동반하는 것은 천하의 이치이다. 이러한 조선인들 사이에서는 민도의 향상과 더불어 다이아몬드, 백금, 등 귀한 장식품을 멀리 서구 제국에서 찾고, 의복류와 같은 것은 중국 단자(緞子)로도 만족을 못하여 서구산 면직물 수입을 늘리고 일용품과 같은 것은 일본 제품 이외에 서구산 면직물 사용을 증가시킨 것은 진보의 한편으로 악폐로 경계해야 할 사항이라고 생각한다.

합병 이후 내선일체를 이룬 오늘날, 국가 경제와 개인 경제를 구분하지 않고 서로의 이해는 일치하고 공통한다는 점을 인식하기에 이르렀음에 불구하고 상공업 기관인 상업회의소의 동일 구역 내에서 일본인과 조선인이 서로 분립한 것은 산업발전상 심한 모순으로 이전에 제령으로 이를 통일하여 내선인 간의 서로 통하는 「조선상업회의소령」을 발포한 것은 가장 당연한 것으로 반도 상공계를 위하여 기뻐해 마지않는다.

「조선상업회의소령」이 발포되자 우리 경성 내선 실업가들이 서로 도모하여 일치 협력하여 그 설립에 노력한 결과 다른 지역에 앞서서 지난 달 중에 이미 그 성립을 본 것은 축하할 일이다. 이후는 내선인이 서로 간에 그 성벽을 허물고 서로 제휴하여 회의소의 사명을 완수할 수 있도록 노력해야 한다. 그리고 그 사명을 완수하려면 이를 조직하는 회원의 결속을 견고히 하고 책임이 가볍지 않다는 점을 자각하는 것이 우선이다.

지금 반도는 바다와 육지에 문명의 교통기관이 크게 열려 있으며 경제상의 시설 역시 점차로 본 궤도에 오르고, 미곡 수출세와 같은 것도 이미 전폐되었으며, 몇 년간 풍작이 계속된 것을 보아도 홍부진의 어리석은 책략은 필요 없다. 노력과 보수가 일치하게 된 이상은 우선 공업을 일으키고 상업을 진척시키는 순서를 취하여야 한다. 현재 반도의 정세 아래서는 공업을 흥하게 하기 위해서는 인구의 다수를 점하고 있는 조선인들의 부업을 장려하고, 내선인의 일상적인 필수품보다 수출을 위한 정밀하고 새로운 물품을 향해 나아가는 것이 가장 건전한 방법이다. 그리고 이 목적을 달성하기 위해 가장 필요한 것은 내선인 간의 언어 소통을 꾀하여 의사소통을 완전하게 하여 조선인이 부족한 부분은 일본인의 지도를 기다리며 일본인 측에서도 조선인의 여론을 존중하여 서로의 담을 없애는 것에 있다고 믿는다.

이전에 거행된 새로운 회의소 평의원 선거 결과를 보면, 조선인 사이의 부(府) 영업세 발포 지연 때문에 자연적인 결과로 조선인 측 평의원이 일본인 측에 비하여 소수인 것은 어쩔 수 없다. 그러나 조선인 평의원 가운데 일본어를 이해하는 자는 겨우 한(韓), 김(金) 두 사람뿐이며 일본인 측 평의원으로 조선어를 이해하는 사람 역시 극히 소수에 지나지 않는다. 그렇다면, 이들 내선 평의원 제씨 간에 언어의 불통 때문에 의사 진행상 많은 불편이 있을 것이다. 다수 상공업자에 의해 선출된 평의원 각위는 진중한 심의를 진행하고 일반 상공업자의 대표자로서의 책무에 진력해 줄 것을 기대해 마지않는다.

내선인 간의 융화에 관해서는 작년에 태평통(太平通)에서 야간 점포 개설이 허가되자 예상외로 번성하는 것을 보고 내선 상인 서로가 상품을 진열하고, 여기에 모이는 사람들도 내선인을 가리지 않고 남녀노소가 밤 시장을 형성하였기 때문에 야간 휴업의 악습을 가진 조선인 상점에 커다란 자극을 주었다. 이와 같은 것은 이후 동대문, 종로 등의 지역에서도 직접 회의소의 시설에 의해 내선인 융합의 야간 점포를 개설하여 양자 간의 동화를 꾀하는 한편 우리 경성 상업의 진흥책으로 삼아야 한다고 믿는다. 그리고 항상 회의소의 한 곳을 내선 상공업자를 위하여 개방하고 필요에 따라 회합에 제공하여, 자유롭게 의견을 교환하여 의사소통을 조성하고 서로 그 장점을 살리고 단점을 보완하는 것은 성공에 적지 않은 도움이 될 것이다. 이것 역시 상업회의소가 애써 채용해야 할 좋은 시책이라고 할 수 있다.

이러한 종류의 여러 시책으로 경영을 실행하면, 일반 상공업자 특히 하층의 영세 상업자에게 이르기까지 점차로 이기심을 줄인다. 나아가 일반 상공업의 발달이 자연스럽게 자신의 번영으로 이어질 것으로 알고 거래상 자신의 이익을 줄이며 상공업자의 일치단결은 지속적인 이익 증가를 가져온다고 이해하여 상업 도덕의 함양에 위대한 효과가 있을 것이다.

이러한 것 이외에 내선 상공업자 상호 간에 서로 동화되고 의사소통을 꾀하여 산업의 발전을 이룰 2~3개의 사항을 열거한다.

1. 내선 상공업자 자제의 교환과 연마

조선 측 상공업자의 자제는 자진하여 일본 상공업자에게 의탁하여 일본어와 상습관의 습득에 노력하며, 일본 측 상공업자의 자제 역시 조선인 상공업자에게 그 내용을 배우면 양자 간의 융화는 쉽게 이루어져서 이른바 이현(泥峴) 기질, 종로 기질은 소멸되어 경성 상공계에 도움이 될 것이다.

2. 나쁜 중개인의 폐지

물자의 생산자와 상인 사이에 이를 매개하는 중매인으로 폭리를 취하는 자가 있을 때는 단순히 양자 간의 손실뿐만 아니라 제3자인 일반 고객에게도 나쁜 영향을 미치므로 일반 상공계의 발달을 저해하는 요소이다. 따라서 생산자와 취급 상인 사이에는 가능한 직접 거래를 해야 한다.

3. 내선인 간 거래의 원활

종래에 자주 본 것처럼 일반 상공업자는 내선인을 구별하여 매매를 2~3개로 하는 것은 자신의 번영을 저해할 뿐만 아니라 일반 상공계의 발달도 저해한다.

즉 반도 상공계의 발달을 꾀하고 우리 경성상업회의소의 사명을 다하기 위해서는 이를 조직하는 내선 상공업자의 일치단결을 꾀하고 그 결속을 강고히 하는 것이 중요한 선결과제이다.

경성상공회의소가 설립되고 본인이 특별평의원에 선출되었다. 본인의 능력이 부족함에도 불구하고 일본 실업가 여러 선배들의 지도를 받아서 반도의 산업개발을 위하여 최선의 노력을 다할 것이며 이러한 소신을 밝혀 경성상업회의소 설립을 축하하는 바이다.

〈자료 58〉 시사: 과거의 조선인 상업과 미래의 희망(『경성상업회의소 월보』 제1호, 1916.1.)

경성상업회의소 특별평의원 자작 송병준 씨 담화

현재 조선 상인의 상황을 논하려는 자는 먼저 과거로 거슬러 올라가 그 습관을 조사하고 탐구해야만 한다. 아래쪽의 탁한 물이 근원의 어떠한 곳에서 유래하는지 조선 상인의 장단점 역시 다년간에 만들어진 결과이다. 종래 조선 상인들 사이에는 육의전이라고 하는 무명, 명주, 모시, 비단, 종이, 생선을 취급하는 각 조합이 있었다. 상업의 종류를 달리하는 것처럼 조합도 별도로 하여 완전히 일종의 상업회의소와 같은 느낌이었다. 조선인으로 상업을 영위하고자 하는 자는 반드시 그 목적에 맞는 조합에 가맹하고 허가를 받은 이후에 비로소 공식적으로 상업에 종사할 수 있었다. 만약, 조합의 허가를 받지 않고 무단으로 상업을 영위하는 자가 있을 때는 각 조합은 민간에 설립한 이른바 은밀한 탐정이 검거하였다. 조합은 이에 대하여 거의 파산에 가까운 무거운 중형을 부과하였다. 따라서 6개의 각 조합은 각각 점유하는 상품에 대해서는 완전한 전매 특권을 가지고 있었을 뿐만 아니라 당시의 정부가 여기에 부과한 의무 이외의 보조 또는 보호로 정부에 출입을 명령하면, 조합은 정부에 대해서는 고용 상인이 되며 아래쪽으로는 전매업자가 되어 폭력을 휘둘렀다. 따라서 이 조합에 속하는 간부는 물론 조합원도 상업의 번영 혹은 판로의 확장 등에는 하등의 고려를 하지 않았다. 무엇보다 일상의 필수품이라면 자동적으로 상업이 이루어지는 것이었으며 정부의 보조가 있어 상인으로서는 무한하고 절대적인 권리를 부여받았다. 자연히 그들의 머리속에는 장래의 발전책 혹은 상공업진책에 대한 생각은 전혀 없었다. 그리하여 그 이후 시대의 변천과 함께 육의전 조합에 대한 정부의 보조를 중지하자 새롭게 경성상업회의소라는 조선인의 상공 단체를 만들고 형식상 일본 회의소를 모방하여 정관을 제정하고 역원을 선출하였지만 원래 오랫동안의 습관을 한 번에 개선하지는 못하였다. 이전 육의전 시대의 몽매하고 아직 각성하지 못해 상공업의 발전은 유치하며 어떤 조사도 하지 않았다. 논의와 식사로 수천 원의 부채조차 발생하였으며 이른바 원인이 낳은 결과로 오히려 그들에게 많은 것을 기대하는 자가 있었다. 이와 같은 조선인에 의해 조직된 상공 단체가 부진한 상태에 빠지더라도 기운은 높아서 조선인은 조선인으로 행동해야 한다며 일본인 상공회의소와 제휴하지 않고 약 10년을 이어 왔다. 그사이 조선은 일본과 합병되었지만 여전히 경성에는 일본인상업회의소와 조선인의 경성상업회의소가 양립하여 관심이 있는 사람들에게는 일종의 기이한 느낌을 주었다. 그래서 신정(新政) 5년[2]이 경과한 지금 양 회의소가 합병하여 동일한 법규하에 설립되기에 이른 것은 정말로 조선 상공업 발전을 위해 축하할 바이다. 이것은 시대적 요구라기보다는 조선인의 자각의 결과이다. 단, 이후 겸손하며 미래를 향해 나아갈 뿐이다. 그러나 앞에서 서술한 것처럼 조선인은 오랫동안의 관습으로 자발적으로 기획하고 계발해 가는 능력이 부족하다. 원컨대 친절한 지도로 건전하게 나아가기를 바라마지 않는다. 이상 내가 경성상업회의소의 특별평의원이기 때문에 말한 것이 아니라 항상 경성의 조선인상업회의소와 깊은 교섭을 가지고 있던 한 사람으로 말한 것이다.

〈자료 59〉 시사: 중앙상공기관의 책무(『경성상업회의소 월보』 제1호, 1916.1.)

경성상업회의소 특별평의원 동양척식주식회사 총재 요시하라 사부로(吉原三郎) 씨 담화

덕이 있으면 자연히 명예가 따른다고 한다면, 상업회의소도 그 소재지 실업가의 기관이며 상공업에 관한 만반의 조사 혹은 연구를 수행하여 이를 회원에게 제공하는 것을 목적으로 하는 것이다. 회원은 이를 활용하여 자신의 상공업에 참고로 활용하며 사업의 발달과 진보를 촉진하는 방편으로 삼는 것은 명확하다. 특히 이번에 새롭게 설립된 경성상업회의소는 내선 실업가 협동의 순수한 상공단체로서 종래의 상업회의소와는 그 내용에 있어서 크게 취지를 달리할 뿐만 아니라 회의소는 상공업자에 의해 설립된 하나의 사적 모임이 아니다. 제령에 의해 특별히 설치된 법정기관이다. 따라서 상업회의소는 글자 그대로 상공업에 관한 정부의 자문에 응하고 상공업자의 편의를 위해 다양한 조사와 입안을 본위로 함은 물론이다. 정치권 내에 먹칠을 하는 것과 같은 탈선적 언동이 허용되지 않음은 자명한 이치라고 할 수 있다. 상공업의 조사 혹은 입안이라는 것은 상업과 공업 양자에 속하는 각종의 조사와 연구를 행함으로써 해당 업자의 나침반이 되고, 지도하고 계발(啓發)하는 것을 말한다. 그 실행 성적의 성과는 회의소에 있는 것이 아니라 오히려 회원에게 있다. 회의소는 조사기관이면서 실행기관이지 않으면 안 된다. 단, 회원이 회의소를 이용하고 못 하고의 양과 질에 따라 서로 이해가 상반되는 차이를 발생시킬 뿐이다. 이 점에 대해서 전적으로 회원 모두의 노력이 필요

---

2 신정(新政) 5년은 일본이 1910년 8월 조선을 식민지로 삼아서 새로운 정치를 시작한 지 5년이 되었다는 표현이다. 이 글이 1916년 1월에 발표되었으므로 조선 합병 이후 5년이 진난 시점이다.

하다. 종래의 회의소라고 하더라도 상당한 조사와 연구 성적을 보여 주는 곳이 있다. 회원 혹은 다른 부현(府縣)의 촉탁에 의해 입안하거나 회답하는 것이 없지는 않으며 이후에는 밖으로는 열심인 회원이 있어서 회의소를 편달하며 안으로는 충실한 회의소 당국자가 끊임없이 조사와 연구 발표를 게을리하지 않아야 한다. 양자가 서로 보완하여 비로소 소기의 목적을 달성할 수 있을 것이다. 따라서 우리들의 희망을 피력하자면, 장래의 회의소는 수동적이 아니라 자발적으로 유익한 조사와 연구를 진척시켜 반도를 대표하는 중앙의 상공 조사기관으로서의 책무를 다하기를 바란다. 들리는 바에 의하면, 다음 연도의 예산안에 조사비 등에 비중을 두었다고 하나 우리들이 희망하는 바의 기대치를 만족시키는 것은 아니다. 그러므로 조사라는 것이 무엇이냐고 묻는다면, 무릇 상공업자에게 유익한 것이라고 하지 않을 수 없다. 그러나 한정된 예산으로 무한한 조사를 하는 것은 매우 어려운 것으로 우선 가까운 것에서 시작하여 먼 곳으로 나아가는 방법을 취하여 경성에 있는 상공업에 관하여 우선 내선인 간의 상(商) 습관 조사, 외상 대금 문제와 같은 것에서 러시아, 만주, 중국 또는 일본 등과의 통상무역 상태 등을 조사하여 현재와 미래에 대처할 방안을 연구하고 이에 대하여 조선의 상공업자는 어떠한 보조를 취하는 것이 옳은지에 대한 지침서가 되어야 할 것이다. 이상은 입으로 말하기 쉬우나 행하기는 어렵다. 해당 업자는 회의소의 조사에 일임하지 말고 왕성하게 새로운 문제를 제공하고 조사를 독촉할 필요가 있다. 마치 도쿄회의소가 일본의 모든 상업회의소의 대표기관인 것처럼, 경성은 조선의 중추로서 여기에 상당하는 회의소는 자연히 조선을 대표하는 회의소이다. 이러한 이유로 여기에 원대한 희망을 가지는 바이다.

〈자료 60〉 동양척식주식회사 부총재 노다 우타로(野田卯太郎), 「시사: 경성상업회의소에 바란다」(『경성상업회의소 월보』 제1호, 1916.1.)

새롭게 내선인 공통의 상공업 기관인 경성상업회의소가 우리 경성에 설립된 것에 즈음하여 나는 여기에 바라는 바가 있는데 대내외 산업 조사사항을 정밀하게 하여 일반 상공업자에 대하여 상공업상의 참고 자료를 제공하는 것이다. 그리고 이와 동시에 해당 업자들도 역시 이 기관에 의하여 자신의 업무 개발에 노력하고 서로 간의 통상무역을 왕성하게 하여 국부의 충실을 꾀하여야만 한다.

여기서 내가 대외산업의 조사라고 하는 것은 중국, 만주, 몽고, 러시아령 아시아 등 상공업상의 지리적 관계가 매우 밀접한 여러 나라의 상공업에 관한 정밀한 조사를 수행하거나 혹은 회의소의 보고서에 혹은 신문 등에 발표하여 일반 상공업자에게 이를 주지시키고 그들로 하여금 이러한 조사사항에 의해 업무의 개시 혹은 확장에 도움을 줄 수 있도록 노력하여야만 한다. 그리고 대내 산업조사에 대해서는 한일합병 이후 5년여의 세월이 경과하여 내선의 국토는 합쳐져서 하나의 국가가 되었다. 반도 내선 상공업자의 거래 관계는 구시대의 면목을 일신하고 합동의 정황을 보이고 있으며, 내선 간에 통상무역의 확장은 가장 초미의 급무가 되었다. 그리고 기후와 풍토가 다른 일본과 조선은 그 천연 산물에서도 역시 서로 매우 다르다. 여기서 내선 상호 간에 물자 수급의 길을 확장하고 서로 상통하여 국익의 증진을 꾀하는 것에 정진하여야 한다. 그리고 내선 간 무역상의 관계를 한번 살펴보면, 현재 조선 이출세, 일본 이입세와 같은 높은 장벽을 설치하여 내선 동국(同國) 간의 통상무역을 저해하는 커다란 장벽이 있는데 이것이 가장 심각한 모순이다. 그런고로 이러한 장해물은 신속하게 철폐하거나 혹은 경감하여 모자국(母子國)의 통상무역을 장려하는 것 역시 필수사항이라고 믿는다.

제령의 발포로 내선인 합동의 상공업 기관으로 새롭게 반도의 수도 우리 경성에 설립된 경성상업회의소는 그 내용에서 자동적인 성능을 부여받지 못하고 하나의 자문기관에 지나지 않는다고는 하지만, 어쨌든 조선의 상공업을 대표하는 우리 수도의 회의소로서 그 임무가 중차대하다는 점을 인정하지 않을 수 없다.

한마디 소감을 논하며 경성상업회의소 설립을 축하하며 앞으로 풍성한 반도의 산업계에 점점 더 융성하기를 기원한다.

〈자료 61〉 조선총독부 상공과장 아오키 가이조(青木戒三), 「시사: 상업회의소에 대한 희망」(『경성상업회의소 월보』 제1호, 1916.1.)

조선에서 종래의 상업회의소가 의거할 법규가 없이 설립된 결과 회원의 결속이 강고하지 못하고 활동 의의도 없었다. 여기에 더하여 한 지방에 일본인과 조선인의 상업회의소가 대립하는 등 극히 부진하고 통일되지 못한 상태였다. 이러한 형태로 인하여 효과가 동반되지 못하는 것을 우려하여 작년 7월에 「상업회의소령」을 공포하고 공익단체로서 상업회의소의 지위를 확립하고 그 작용을 완비하게 되었다. 이후 경성의 상공업자는 종래 내선인 양 상업회의소가 병존하는 관계상 심각한 곤란이 있었던 점을 극복하고 가장 원만하게 내선인이 합동

한 새로운 상업회의소를 타 지역에 비해 솔선하여 설립한 것은 정말로 수도의 회의소로 부끄럽지 않으며, 타의 모범이 되기에 충분하고 축하해 마지않는 바이다.

생각건대 상업회의소는 상공업자의 기관으로 이를 조직하는 자는 상업회의소의 회원이며 평의원은 회원의 대표에 지나지 않는 것이다. 즉 상업회의소는 역원 또는 평의원의 상업회가 아니라 상공업자 모두의 이익을 위하여 존재하는 회원의 상업회의소이다. 따라서 상업회의소의 실적을 올릴 것인가 그렇지 못할 것인가는 회원에게 그 책임을 지울 수밖에 없는 이유이다. 종래의 회의소에서 회원은 단순히 회비를 부담하는 자이며 실적 여부에 대해서는 어떠한 흥미도 책임도 느끼지 못하였다. 성적이 올라가지 않는 것은 이유가 있을 것이라 하지만 새로운 영에서는 일정한 자격을 가진 상공업자는 당연히 회원으로서의 의무와 동시에 회원으로서의 권리가 있다. 따라서 회의소의 성과 여부는 바로 회원의 어깨에 부과되는 유일한 책무이다. 상업회의소의 회원이 회의소를 조직하는 유력한 구성원으로서의 포부를 가지고 당연히 회의소를 사랑하고 회의소를 위하여 도모하기를 염원하며 상업회의소의 발달을 기대해 본다.

상업회의소의 목적은 상공업의 개선·발달을 도모하는 것에 있으며, 그 사무 범위로써 위의 목적을 위하여 필요한 방안 및 상공업의 상황 통계를 조사, 발표하고 해당 업자의 위촉 또는 관청의 명령에 따라 상공업에 관한 사항을 조사하거나 관청의 자문에 응하여 분쟁을 중재하고 상공업의 개선·발달에 필요한 시설을 마련하는 것 등을 들 수 있다고 하더라도 그 주요한 작용은 상공업에 관한 조사기관이라는 점에 있다. 조선 상공업을 위하여 적극적으로 채용해야 할 방침에 대한 조사, 개선해야 할 폐습의 타파 등 하나하나 회의소의 활동에 기대하는 바가 많다. 그 활동 여하는 상공업의 진흥에 영향을 미치는 바가 크다.

조선에서 산업의 개발은 장래에 성과를 기대하는 바가 많으며, 그 생산물로 러시아 및 중국에 판로를 개척하는 목표를 가지고 진행하는 것이 적지 않다. 그러나 러시아나 중국은 모두 특수한 국가적인 상황이 있으며 알지 못하는 사항도 많아 상품 거래의 관습 등에서도 특히 그러한 점을 기억하고 여기서 그러한 실정을 조사하여 적당한 방책을 강구하지 않으면, 후일 뼈아픈 후회를 남기게 될 것이다. 그리고 이들 조사와 같은 것은 물론 관청에서도 상당한 대책이 있을 것이지만 조선 수도의 상업회의소로서 우선 그 활동을 시도할 적당한 사항이라 믿는 바이다.

이상과 같은 내용으로 새로운 상업회의소에서 회원 각자가 그 지위를 자각하고 내선인 회원이 마음을 합하여 회의소를 위해 진력하고, 회의소는 그 사무의 범위를 벗어나지 않는 한도 내에서 목적 달성에 노력을 멈추지 않으면 그 결과가 조선의 상공업 개선·발달에 공헌하는 바가 많을 것이다.「회의소령」 제정의 목적을 달성하기에 유감이 없을 것이다.

〈자료 62〉 경성상업회의소 평의원, 한성은행 전무이사 한상룡, 「시사: 경성상업회의소의 설립과 내선인의 융화」(『경성상업회의소 월보』 제1호, 1916.1.)

한 나라 상공업의 진보·발달을 꾀하고 국부의 충실을 기대하기 위해서는 그 나라 상공업자의 일치단결을 강고히 하는 것만 한 것이 없다. 우리 조선반도에 총독정치가 실시되고 5년이다. 그 사이 내선 동포의 융화·결합에 특히 현저한 것이 있었다. 특히 산업의 진보는 성적이 매우 좋으며 완전히 구시대의 면목을 일신하였다.

이러한 정세하에서 반도의 수도 우리 경성에 상공업 기관인 상업회의소가 더욱이나 내선인 간에 대립하고 각자 별도의 깃발을 펼치고 그동안 성벽을 쌓아 온 감이 있었던 점은 반도 산업의 발달에서 간과할 수 없는 중대한 문제였다.

이전에 조선총독부 제령 제4호로 「조선상업회의소령」이 공포되자 우리 경성의 내선 실업자가 서로 도모하여 내선인이 공통으로 상업회의소 설립을 기획하여 지난 1915년 12월 4일에 설립인가 지령을 받아서 그 날짜로 경성상업회의소 설립을 안료하였다. 15일에는 평의원 선거를 실시하여 완전히 성립하였다. 우리 경성상업회의소는 상공업자의 조사기관이요 그리고 지도기관으로서 출현하게 된 것은 우리 반도 상공계를 위해 매우 축하할 바이다.

이처럼 내선 상공업자 간의 성벽을 타파하고 이를 하나로 통합한 이상 서로 융화, 협동하여 점점 더 그 내실을 다지고 우리 경성 상공업의 진보·발달을 도모하는 중대한 임무는 내선 공업자의 양어깨에 있다. 따라서 일반 회원 및 그 대표권을 위임받은 평위원들은 분투노력하여 그 목적을 달성하지 않으면 안 된다.

이제 합병 이래 수년의 세월이 경과하여 내선인 융화와 같은 것을 말할 시기가 아니라고 하더라도 긴 시간 동안 풍속, 인정, 습관을 달리한 양 민족 간에 때때로 의사소통을 결여한 바가 없다고 하기 어렵다. 따라서 일본인 측에서는 상세하게 조선인의 장사 관습 등을 조사 연구하고 조선인 측에서는 일본 측을 연구하여 서로 그 내용을 명확히 하고 서로 장점을 취하고 단점을 보완하여 지속적으로 노력하면 그 업의 발전을 기대할 수 있다.

이제 내선인 합동의 상업회의소가 설립되어 그 회원은 지역 내 상공업자를 선발하여 600명에 달하고 부과금도 상당한 액수에 달하는 등 그 실질에서도 규모에서도 종래의 내선인 간에 서로 분립하여 매우 부진했던 구 회의소에 비할 바가 안 된다. 반드시 유력한 기관의 출현을 보고 반도 산업계에 공헌할 바 적지 않다는 점은 내가 믿어 의심치 않는다.

나는 의외로 이번에 선출되어 본 회의소 평의원의 일원으로 말석에 앉게 되는 영광을 얻었다. 이에 소감을 진술하여 우리 경성상업회의소의 앞길을 축복한다.

〈자료 63〉 경성상업회의소 평의원, 구기모토 상점 주인 구기모토 토지로(釘本藤次郎), 「시사: 내선인 신용거래의 복구」(『경성상업회의소 월보』 제1호, 1916.1.)

일본과 조선의 모자국은 좁고 긴 바다(一葦帶水)를 사이에 두고 있을 뿐으로 서로 간의 통상무역은 옛날부터 깊은 관계를 가지고 있었다. 부산, 원산, 목포, 인천 등은 이미 메이지 초년부터 일본인의 거주자가 있었다. 그리고 우리 경성에 일본인 점포가 개설된 것은 1884년 우리 영사관이 설치된 전후이다. 그 후 점차 일본인이 증가하였는데 1894~1895년 청일전쟁 후에 자연히 건너온 자가 격증함과 동시에 우리 통화는 혼란스럽고 준비가 안 된 한국의 통화를 제압하고 점차로 이 땅에 유입되었다. 1897년에 이르러서는 일본 은화 및 태환권의 유통액은 300만 엔, 일본 350만 엔의 거액에 달하였으며 일본 1엔 은화는 완전히 조선에서 본위화폐의 위치를 점하게 되었다.

이후 한국의 화폐는 모양이 크고 질이 조잡하여 운반과 계산에 불편하여 음표(音票)라는 일종의 약속어음에 의한 신용제도로 한국인뿐만 아니라 한국과 일본인 사이에서도 이것을 거래의 결제를 하고 겨우 1장으로 5엔, 10엔부터 가끔 수만 엔 이상인 것조차도 적지 않았으며 거래 당사자 간에 서로 믿고 원활한 거래를 해 왔지만 1899년 제일은행 경성지점이 정부에서 무이자로 20만 엔의 대부를 받아 금지금의 매수에 착수하고 일본으로 금괴 이출을 기획하자 일반 금괴상은 이 은행에서 하루 이자 겨우 1전으로 자금을 융통받아서 금괴 모집을 시작하였다. 여기서 금괴 취급 상인은 저리의 자금을 확보하여 시장에서 한화의 과점을 고려하여 일본 유통화폐를 축소시킴으로써 한화의 하락을 발생시켰다. 그 사이에 이익 획득을 꾀하여 1902년경에는 이미 일본 유통화 100엔에 대하여 한화 16엔 전후의 비율이 아니면 교환하기 어려울 정도가 되었다.

그래서 당시의 수입업자는 환율의 결제는 일본통화로 하고 상품 매매대금은 한화로 수령하였는데 그들은 항상 일본 유통화의 부족을 이야기하였으며 한일 통화 교환에서 항상 불리한 지위에 있었다. 이처럼 금괴 취급 상인과 수입업자는 한일의 화폐교환상 이해관계가 서로 상반되었는데 한일 유통화로 인위적으로 고하를 발생시켜 그 양자 사이에서 경제전은 가장 격렬하였다. 일희일비가 서로 바뀌었으며 조석으로 변화가 격심한 상황에 이르면 승리는 항상 다액의 일본통화를 가지고 이를 시장에 내놓지 않으며 한화의 하락을 유도하려고 노력한 금괴상에게 돌아갔으며 수입업자는 매우 곤란하였다.

이러한 시기에 즈음하여 격심한 변화가 있는 한일 유통화폐 전쟁을 이용하여 막대한 이익을 얻으려고 도모하는 자는 현재 미쓰코시(三越) 지점 소재지 주변에 점포를 가진 모 지점의 지배인이다. 동 지배인은 금 가격 상승을 예상한 의도적 매입을 꾀하여 조선인에게서 왕성하게 이를 매수하는 한편 그 지불을 요하는 막대한 한화를 하락시키기 위하여 일본 유통화를 시장에 내놓지 않고 한화의 폭락을 일으켜 그 사이에 폭리를 취하려고 기획하였으나 한화 교환 비율은 거의 30엔을 넘어서지 못하였다.

여기서 음표의 지불 기일이 다가오자 일반에게 그 모집을 꾀하거나 그 반동으로 일본통화 시장에 산적하니 일반 시장은 갑자기 한화의 필요를 느끼고 놀라서 한화의 대폭락을 일으켰다. 의도적인 매입을 한 모 지배인은 한국인 금괴상에게 발행한 다수의 음표에 만족할 만한 지불이 불가능하자 마침내 파산하는 비운을 맞이하였다. 다수의 조선인 채권자에 대해 음표 지불이 불가능하게 되고 더욱이 모 지점의 파산은 갑자기 다른 관계 상인에게 영향을 미쳐 많은 사람이 도산하고 금괴를 가진 조선인에 대하여 음표 지불 불능자가 속출하게 되었다.

이처럼 조선 상인 가운데 일본 금괴 상인에게 음표 지불 불능 때문에 입게 된 손해는 다액에 달하였으며 일본 상인의 신용거래는 완전히 땅에 떨어져서 회복할 수가 없게 되었다. 한일 상인 간에 신용거래는 이로 인하여 커다란 장애에 부딪혔다. 그 당시에는 일본인이 조선인에게 음표 지불 기일이 되어 청구하면 현금을 보여 주면서도 지불을 거절하는 등 단지 금괴뿐만 아니라 그 외의 한일 간 신용거래는 모두 원만하지 못하였으며 거래상 커다란 지장을 초래하였다.

그 후 1904~1905년 경성에서 재계의 대공황을 일으키자 「어음조례」를 발포하여 음표의 사용을 금지시키고 나서부터 조선인들 사이에서만 겨우 얼마간 사용되었다. 현재 조선인들 사이에서 어음 및 일부 음표에 의한 신용거래는 비교적 확실하게 이루어지고 있다고는 하더라도 내선인 간에 이들 신용거래는 조선인 상호간의 거래처럼 확실하지 않다는 점은 앞서 논한 바와 같은 사정에 의하여 지불 불능을 일으킨 것에 기인하는 바가 크다고 할 수 있다. 그리고 조선인 사이에서는 현재도 특히 재지 상인에 대해서는 약속어음의 발행을 꺼리며 한편 그 기일 연기와 같은 것은 있을 수 없다. 합병 이후 5년 그 사이 내선 상공업자가 점차 융화일치하여 결실을 거두고 양자 사이에 신용거래도 점차 원활해지는 경향이 있는 점은 기뻐할 현상이다.

우리 경성 내 내선인 합병의 상공업 기관인 경성상업회의소가 설립된 시기에 즈음하여 내선인 간에 신용거래도 역시 개선되고 약속어음과 같은 것도 지불기일의 엄격한 시행을 현실화하고 내선인 간의 신용거래 관계를 점점 더 밀접하게 함으로써 반도 상공업계의 진보와 발전에 기여하기를 기대한다.

〈자료 64〉 회의소 정관 성(成)(매일신보, 1915.8.17.)

「조선상업회의소령 시행규칙」 발표에 따라 경성일본인상업회의소에서는 미리 정관을 작성 중이더니 어제 16일에 탈고되었으므로 회두, 부회두의 승인을 거친 후 발기인회를 열고 심의 결정할 터인데, 발기인회는 종래의 경성부 영업세 연액 13원 이상, 시가지세 100원 이상의 자격자 30인 이상으로써 조직하기로 하고, 다만 이번 작성한 정관은 「회의소령 시행규칙」에 따른 정관인 고로 종래의 정관과 그 취지가 같지 않은 것이 많은데 그 특수한 점의 주요한 것을 열거하면, 먼저 회두의 권한과 같음은 (1) 본 회두의 권한은 본 회의소를 대표할 것, (2) 평의원회 및 역원회를 소집할 것, (3) 평의원회 및 역원회의 의장이 될 것, (4) 평의원회 및 역원회 결의를 집행할 것, (5) 부회두 및 상의원의 전임 사무를 감리할 것, (6) 서기장 이하의 직원을 임면할 것, (7) 정당한 사유로 인정한 경우에는 평의원 사직을 승인할 것, (8) 조선총독의 인가를 거쳐 역원을 개임(改任)할 것, (9) 정관 제26조에 열거한 선거권자의 신청함을 결정할 것, (10) 상당한 사용료를 징수하여 회의소 영조물의 사용을 허할 것, (11) 긴급한 경우에는 금 100원 이상의 예비비를 지출할 것, (12) 긴급을 요하는 사건에는 역원회를 열 날짜가 없는 때는 이를 전결 집행할 것 등이오, 부회두는 회두를 보좌하고 회두가 부재한 때는 회두를 대신하여 그 사무를 집행할 것과 회의소 회계 사무를 감독하여 그 소유 재산 설비품을 관리하고 모든 재정상의 책임을 담임할 것 등을 정하고 매 개선기는 11월 15일, 평의원 수의 일·선인 비례는 개선기마다 전에 고시하여 정할 것, 상의원은 5명으로 일본인 3명, 조선인 2명으로 할 것 및 개인의 지점 대표자는 미리 회의소에 그 뜻을 신고하고 만약 이동이 있을 때는 5일간 내로 그 뜻을 신고하면 평의원의 피선거권을 잃는 것 등이 그 주요한 것이나 그 정관은 다만 원안에 대조하는 때는 내용에 다소의 수정 개정을 면하지 못하리라더라.

〈자료 65〉 상의(商議) 정관 내용, 반도의 상공업이 거익(去益) 발달하게 삽[3](매일신보, 1915.11.4.)

「조선상업회의소령」에 기인한 경성상업회의소의 정관은 지난번 하라다(原田), 오무라(大村) 양씨에 의해 기초 중이러니 근일에 탈고되었으므로 1일 경성일본인상업회의소에서 개회한 경성상업회의소 설립 발기인총회에 제출하여 일동의 찬부를 자문하매, 하등의 이의가 없이 일동이 이를 승인하였으므로 다시 당일 내회한 50여 명의 발기인에 대하여 서명 날인을 구하고 계속하여 회원 유자격자 3분의 2 이상의 연서도 취하고, 곧 당국에 예산서를 첨부하여 인가 신청을 제출하여 당국의 지령을 얻은 후 정관된 실효를 낳는 순서인데, 대체에 대하여 신청안대로 인가 지령에 접하리라 하여도 큰 차이가 없을 것이요, 또 그 정관의 내용은 크게 현행하는 경성일본인상업회의소 정관과 대동소이하나 또 두드러지게 큰 개량을 한 점도 없지 않은지라. (후략)

〈자료 66〉 상의(商議) 정관 신청(매일신보, 1915.11.25.)

(전략)

그후 제반 설비 준비가 전혀 정돈하였으므로 조선우선회사 하라다(原田) 외 일선인 107명의 발기인이 연서로써 정관을 첨부하여 근일 경성상업회의소 설립 인가 신청서를 총독부에 제출하였는데, 총독부에서는 전고(詮考) 후 곧 인가할 터이라더라.

---

3 원문은 '삽'인데 정확한 의미는 알 수 없다.

〈자료 67〉 선거 방법, 경성상업회의소(매일신보, 1915.12.7.)

경성상업회의소는 4일 인가와 동시에 다음과 같이 선거인 심득(心得)을 발표하였다더라.

1. 선거할 일·선인별 의원수

1급 평의원 일본인 12인, 조선인 3인

2급 평의원 일본인 12인, 조선인 3인

1. 투표에 기재할 피선거인 수

1급 2인, 2급 1인

(후략)

3. 상업회의소의 활동

1) 조직

〈자료 68〉 경성상업회의소 녹사, 경성상업회의소의 창립(『경성상업회의소 월보』 제1호, 1916.1.)

경성상업회의소 창립 이유서

한일합병 이래 5년간 여러 가지 시설이 좋아지고 서민들이 편안하고 상공업이 크게 진흥되어 내선인 간에 공통 거래가 점차로 더욱 밀접해지는 기뻐해 마지않는 현상이다. 그러나 상공업의 발달은 아직 시작에 불과하고 개선해야 할 것들을 들자면 헤아릴 수가 없다. 이전에 제령 제4호로 「조선상업회의소령」을 공포한 이유는 실로 여기에 있다고 믿는다. 그리고 우리들 경성 내 조선인 상공업자들이 서로 도모하여 내선인에게 통하는 상공업자의 기관으로 경성상업회의소를 설립하여 동업자 간의 협력을 꾀하고 서로 피해를 입는 경쟁을 방지하여 상업도덕을 진작시키고 공동의 발전 기운을 함양하여 각종의 업무에 필요한 연구자료를 풍부하게 하고 당국의 지도하에 내로는 산업을 발전시키고 외로는 무역을 진전시켜 건전한 상공업 발전을 꾀하고자 본 회의소를 설립하는 이유이다.

조선의 산업은 여전히 극히 유치한 정도를 벗어나지 못한다. 합병 후 5년을 되돌아보면, 만약 식산흥업의 제1기를 그었다고 할 수 있는데, 그 사이 내선인의 거래 관계도 역시 점차 밀접해지고 상공업의 대표적인 기관인 상업회의소가 내선인 간에 나누어진 것은 여러 가지 개선이 미비하여 조선총독부는 이전에 「조선상업회의소령」을 발표하여 이를 통일하고 완전한 공적인 법인으로 발족하는 것을 허가한 것은 우리 상공업계를 위해 매우 축하할 일이었다.

이제 9월 17일 경성일본인상업회의소는 새로운 상업회의소의 설립에 관한 역원회의를 개최하고 하라다(原田), 세키(關)의 정·부회두 및 덴지쓰(天日), 하야시다(林田), 이케다(池田), 스스무(進) 4명의 상의원, 요시하라(吉原), 이치하라(市原)의 특별의원, 아오키(青木) 상공과장 및 오무라(大村) 서기장 등 10명이 출석하여 논의하였다. 즉 내선 양 상업회의소는 새로운 회의소의 설립에 관하여 이것이 선원권(先願權)을 가지고 더욱이 양자를 합병하여 그대로 새로운 회의소의 설립을 기획하는 것은 제령의 본래의 취지이며 일반이 희망하는 바라면, 혹시라도 조선인 측 회의소가 그 자산의 전부를 제공하여 부채와 상쇄할 수 있다면 일본인 측 회의소는 무조건 현재 가진 재산의 전부를 새로운 회의소에 제공하고 양자가 공동으로 새로운 회의소 설립의 수속을 진행하는 것에 찬성하며 이것이 선결 문제인 조선인 측 회의소의 대차관계를 조사한 이후에 구체적인 방침을 정한다는 것을 확인하고 산회하였다.

지난 20일 조선인 측 회의소의 채무관계가 명확해져서 재차 역원회의를 개최하여 하라다, 세키 정·부 회두, 덴지쓰, 이케다, 스스무 3명의 상의원 이외에 요시하라 특별의원, 아오키 상공과장, 오무라 서기장 등 8명이 출석하여 새로운 회의소의 설립에 관하여 협의를 진행하였는데, 조선인 측 회의소의 채무는 그 재산에 비하여 적지 않은 부족을 낳았고 일본인 측 회의소의 전 재산을 제공하여도 변상하기 어려울 정도였으며 더욱이 거래 은행과의 절충이 곤란한 사정이 있는 듯하여 속히 원만한 해결을 보기 어렵다는 점을 확인하였다. 어쩔 수 없이 당초의 희망이었던 내선인 양 회의소의 협동 설립을 단념하고 양 회의소는 각자 선원권을 포기하고 해산하였다. 새로운 회의소는 새롭게 발기인을 정하고 이를 설립하는 것이 적당하다고 결정하고 일본인 측에서는 하라다 긴노스케(原田金之祐) 씨, 조선인 측에서는 한상룡(韓相龍) 씨가 협의를 담당하게 되었다.

이상 두 번의 역원회의에서 새로운 회의소 설립의 방침을 결정하여 10월 22일 경성일본인상업회의소는 새로운 회의소 설립 준비에 관한 건에 대하여 임시총회를 개최하고 하라다 회두가 앞의 두 번의 역원회의에서 결정된 과정과 조선인 측 회의소와의 합병에 관한 절충 결과의 대강을 설명하고 일본인상업회의소가 가진 선원권 포기의 건을 회의에 부쳐 만장일치로 가결 결정하였다. 그리고 계속하여 협의회를 개최하여 발기인 전형에 관한 각자의 의견을 교환하고 결국 이를 하라다 씨에게 일임하기로 정하였다. 이와 동시에 조선인 측 상업회의소도 새롭게 공포된 「조선상업회의소령」에 관한 어떠한 출원도 하지 않는 현재의 채권 채무를 모두 새로운 상업회의소에 계승하지 않는다고 결의하였다.

내선 양 상업회의소의 새로운 회의소 설립 선원권을 포기하는 결의록 및 각서는 다음과 같다.

경성일본인상업회의소 임시총회 결의서(사본)

1915년 10월 22일 경성 일본인 상공회의소는 오후 6시부터 임시총회를 개최하여 하라다 회두가 지난 9궐 17일 역원회의의 결정에 기초하여 제령 제4호에 의거하여 설립해야만 하는 경성상업회의소는 현재의 내선인 양 상업회의소를 합병하여 설립하려는 방침으로 제반 조사와 준비를 진행하여 조선인 측 상업회의소의 재산 상황과 그 외의 여건으로 합병에 적당하지 않다는 것을 인정하고 10월 20일의 역원회의는 당초의 희망을 단념함과 동시에 조선인 측 회의소도 새로운 회의소 설립에 있어서 하등의 신청을 하지 않을 것임을 표명함으로써 일본인 측 상업회의소는 선원권을 포기하고 새로운 회의소는 새로운 발기인으로 창립하는 것이 적당하다는 점을 인정하는 취지를 청취하고 각 의원의 의견을 교환한 이후 만장일치로 이를 추인하고 새로운 경성상업회의소의 설립에 필요한 발기인의 선정에 관하여 개인 하라다 씨에게 일임하기로 하고 일본인상업회의소는 적당한 방법으로 해산할 것을 결정하였다.

1915년 10월 22일

경성상업회의소 각서(사본)

1. 경성상업회의소는 1915년 7월 15일에 공포된 제령 제4호「조선상업회의소령」제19조의 이른바 동령 시행에 즈음하여 현존하는 상업회의소와 유사한 단체에 해당하나 본 회의소는 위 제령에 기초한 상업회의소의 신설에 대하여 하등의 관계가 없음.
1. 경성상업회의소의 현존의 권리 의무는 위 제령에 의하여 설립되는 상업회의소에 대하여 하등의 관계가 없음.

1915년 10월 19일

경성상업회의소

회두	백완혁(白完爀)	부회두	예종석(芮宗錫)
상위원	김한규(金漢奎)	동	백인기(白寅基)
동	백윤수(白潤洙)	동	김진옥(金鎭玉)
동	주성근(朱性根)	동	홍충현(洪忠鉉)
동	김응룡(金應龍)	동	김용집(金用集)

동　　박승직(朴承稷)　　　동　　이석모(李碩謨)

이처럼 내선인 양 상업회의소는 어느 쪽도 「조선상업회의소령」에 의거하여 새로운 상업회의소 설립의 선원권을 포기하고 새로운 회의소 설립 발기인 전형을 개인 자격으로 하라다 씨에게 위임함로써 하라다 씨는 곧 바로 발기인을 선정하고 그 집회를 소집하여 새로운 경성상업회의소는 아래의 경과를 거처 설립 사무를 진행하였다.

10월 26일

새로운 상업회의소 설립 발기의 건을 위촉한 하라다 씨는 일본인 조선인의 상업자 중에서 각종의 업무를 대표할 만한 주요한 신사 113명을 선정하고 새로운 회의소 설립에 관한 협의를 위해 29일 경성일본인상업회의소에 참가를 요구하였다.

10월 29일

오후 1시 30분 제1회 창립 발기인회를 경성일본인상업회의소에서 개최함.

참석자

미쓰코시(水越理庸) 군　니시무라 미치히코(西村道彦) 군　오카다 사부로(岡田三郎) 군

요코다(横田瀧三郎)　군 카지와라 스에타로(梶原末太郎) 군　카네모토(釘本藤次郎) 군

시기 신타로(志岐信太郎) 군　미타 세이지로(三田政治郎) 군　에가와(江川文吉) 군

마스다(增田三穗) 군　나카무라(中村良弼) 군　하라다(原田金之祐) 군

세키 시게타로(関繁太郎) 군　나카무라((中村再造) 군　텐비(天日常次郎) 군

하야시다 긴지로(林田金次郎) 군　진신마(進辰馬) 군　아키모토(秋元照豊) 군

후지토미 주니타로(藤富國太郎) 군　카라카와(唐川立造) 군　시노자키(篠崎半助) 군

슈토 사다무(首藤定) 군　사이토(濟藤治平) 군　다카키 토쿠야(高木德彌) 군

콘도(近藤修) 군　이와시로(岩城馨) 군　사노 (佐野彦蔵) 군

백완혁(白完爀) 군　조진태(趙鎭泰) 군　한상룡(韓相龍) 군

박승직(朴承稷) 군　김한규(金漢奎) 군　김용집(金用集) 군

김용태(金溶泰) 군　유기영(柳基泳) 군　홍은주(洪殷柱) 군

예종석(芮宗錫) 군 주성근(朱性根) 군 문진교(文眞教) 군

최인성(崔仁成) 군 최찬희(崔贊凞) 군 신현주(申鉉宙) 군

김연연(金淮然) 군 김성환(金聖煥) 군 김원백(金源百) 군

김태희(金泰凞) 군 김동건(金東健) 군 최흥모(崔興模) 군

최창선(崔昌善) 군 호근호(扈根澔) 군 김익영(金益泳) 군

송수천(宋壽天) 군 최영철(崔永哲) 군 박덕유(朴德裕) 군

박승섭(朴承燮) 군 오기정(嗚基禎) 군 (순서 없음)

모두 착석하자 하라다 씨는 일어나서 대체로 아래와 같은 개회의 취지를 설명하였다.

이번에 개회하는 새로운 회의소 창립인가 신청 결의회에서 불초 하라다가 추천되어 새로운 회의소 창립 발기인 인선을 맡았습니다. 오늘 본 건에 관해 여러분들이 바쁘신 가운데서도 다수 참석하여 주신 것에 깊이 감사드립니다.

지난 제령 제4호로 「조선상업회의소령」을 발포하고 이어서 「시행규칙」의 공포가 있었으며, 이어서 이번에 내선인 연합의 상업회의소를 창립하게 되었습니다. 지난날 경성일본인상업회의소에서 여러 차례의 역원회의를 개최하고 더욱이 당국의 의향까지도 물어본 결과 그 취지인 현재의 내선인 양 상업회의소를 합병하여 새로운 회의소를 만든다는 방침으로 조사를 진행하여 재정과 그 외 내부의 사정에 대하여 곧바로 양 회의소를 합병하는 것은 적당하지 않다고 판단하여 여러 번 역원회의에서 이를 협의하고 나아가 당국의 의견도 청취한 결과 종래에 가지고 있던 합병 방침을 변경하여 새로운 발기인을 모집하여 회의소가 존재하지 않는 곳에서 창립하는 것과 동일한 소속을 거쳐서 준비를 진행하였습니다. 당국의 의견을 구하여 일본인상업회의소는 지난 22일 총회를 개최하여 새로운 상업회의소 창립에 관한 건을 이미 위임하였으며, 조선인 측에서도 역시 현재의 회의소는 새로운 회의소의 발기에 관하여 어떠한 선원권을 주장하지 않으며 그 채권, 채무도 새로운 회의소에 계승할 의사가 없음을 결의하고 쌍방이 함께 회의소를 이탈하여 새롭게 창립 사무를 개시하게 되었습니다. 그리고 본 건은 성질상, 일부 실업가에게 한정하여 협의할 것이 아니므로 조선인 측은 유력한 실업가의 의견을 참작하고 널리 내선인 간에 현재 경성에서 은행, 회사 즉 법인의 주요한 대표자 및 실업 방면의 각 업종을 대표하는 주요한 상공업가 그 외의 유력한 인사들에 대해 불초 하라다의 이름으로 통첩을 보내었습니다. 여기서 새로운 경성상업회의소 창립의 의의를 협의하고 각위의 고견을 배알 청

취할 수 있도록 진술해 주시기를 바라마지 않습니다. 운운.

여기서 의사 진행상 좌장을 정하기로 결의하고 만장일치로 하라다 씨를 좌장에 추천하여 동씨를 좌장석에 앉히고 우선,

1. 창립준비위원 선거의 건

을 부의하여 만장일치로 하라다 씨를 위원장에 천거하고 위원은 위원장의 지명에 위임하는 것으로 정하였다. 그리고 하라다 위원장은 세키 씨 외에 5명의 창립위원을 선정하고 발기인 총대인 이 7명 위원에게 정관의 작성, 그 외에 모든 필요서류의 작성을 진행하였다.

신상업회의소 창립위원장	하라다(原田金之祐) 군
신상업회의소 창립위원	세키(關繁太郎) 군
동	니시무라(西村道彦) 군
동	구기모토 토지로(釘本藤次郎) 군
동	한상룡(韓相龍) 군
동	김한규(金漢奎) 군
동	예종석(芮宗錫) 군

발기인회에 이어서 오후 2시부터 제1회 창립위원회를 개최함.

출석자

위원장	하라다 군	위원	세키 군
위원	니시무라 군	동	구기모토 군
동	한상룡 군	동	김한규 군
동	예종석 군	경성일본인상업회의소 서기장 오무라(大村友之丞) 군	

협의 사항

정관 초안 심의의 건

신상공회의소 정관은 이미 오무라 일본인상업회의소 서기장이 기초하여 이미 탈고하였기 때문에 동 안에 대해서 각 조를 심의하였다.

10월 30일

오후 9시 제2회 창립위원회를 개최함.

출석자

위원장 하라다 군 위원 세키 군

위원 니시무라 군 동 구기모토 군

동 한상룡 군 동 김한규 군

동 예종석 군 조선총독부 농상공부 상공과장 아오키(青木戒三) 군

경성일본인 상업회의소 서기장 오무라 군

협의 사항

내선인 역원 배당 수

위는 임석한 아오키 과장에게 당국의 의향을 청취하고 참고로 제공하였다.

정관, 의사규칙, 급여규칙, 처무 및 복무규정 초안의 심의

위는 전날에 이어서 심의를 행하고 마감하였다.

창립비 예산 및 회의소 경비 부과 징수의 예정 방법, 동일 연도 경비의 수지예산에 관한 건

위는 창립 예산금 651엔을 계상하고 회의소 경비 부과 징수의 예정 방법은 각 회원이 납입하는 부 영업세액에 대하여 35/100 일본 50/100의 범위 내에서 이를 30등으로 구분하여 부과하고 동일 연도 경비의 수지예정액은 각 1만 7,285엔으로 편성함.

11월 1일

오후 1시 30분 제2회 창립 발기인회를 개최함.

출석자

요시하라 조로(吉原三郎) 군 하라다(原田金之祐) 군 니시무라 미치히코(西村道彦) 군
시기 신타로(志岐信太郎) 군 진진마(進辰馬) 군 나카무라(中村良弼) 군
아키모토(秋元照豊) 군 세키 세키 시게타로(關繁太郎) 군 다카노 쇼조(高野省三) 군
하야시(林茂八郎) 군 에가와 (江川文吉) 군 고시로 카메노스케(古城龜之助) 군
츠치모토(釘本藤次郎) 군 오타니 키요시(小谷清) 군 이시노(石野熊一郎) 군
시노자키(篠崎半助) 군 예종석(芮宗錫) 군 한상룡(韓相龍) 군
최흥모(崔興模) 군 김제현(金濟鉉) 군 김윤수(金潤秀) 군
박덕유(朴德裕) 군 호근호(扈根澔) 군 최영철(崔永哲) 군
김성환(金聖煥) 군 김영두(金永斗) 군 김익영(金益泳) 군
신현주(申鉉宙) 군 김동건(金東健) 군 조진태(趙鎭泰) 군
김규흠(金圭欽) 군 김한규(金漢奎) 군 박형진(朴衡璡) 군
백완혁(白完爀) 군 김용집(金用集) 군 오기정(吳基禎) 군
최만섭(崔萬燮) 군 박승섭(朴承燮) 군 홍은주(洪殷柱) 군
최인성(崔仁成) 군 최찬희(崔贊凞) 군 박승직(朴承稷) 군
윤치소(尹致昭) 군 김동은(金東殷) 군 김용태(金溶泰) 군
유기영(柳基泳)

협의 사항

위원회 결의사항에 관한 보고

위는 하라다 좌장이 이전 2회의 위원회에서 7명의 의원에 의해 행해진 정관의 작성, 그 외 필요서류에 관한 심의조사 결과를 보고하고 만장일치로 전부 인정하는 것으로 결정됨.

경성상업회의소 설립 이유서의 건

위는 본 녹사 권두에 열거한 것처럼 가결 확정됨.

신상업회의소 회원 및 부과금 징수 방법에 관한 보고

위는 하라다 좌장이 경성상업회의소 회원의 자격을 갖는 자는 총수 602명(일본인 447명, 조

선인 155명)으로 전 회원이 납부하는 경성부 영업세 총액은 5만 2,640엔 61전(일본인 4만 2,177엔 7전, 조선인 1만 463엔 52전)이다. 새로운 회의소는 영업세액에 대하여 25/100 일본 50/100의 범위로 하며 이를 30등급으로 구별하여 부과금을 징수할 예정이며 그 부과징수 총액은 1만 6,685엔으로 여기에 회의소 잡수입 600엔을 더하면, 1만 7,285엔의 수입이 되면 지출도 동액의 예산을 작성한다는 위지를 보고하여 만장일치로 이를 인정하였다.

1. 결의록 서명자 인선의 건

위는 설립 전후에 필요한 여러 보고는 7명의 창립위원에게 위임하는 것으로 정하고 결의록의 서명자는 협의 결과 아래 4명으로 결정함.

다카노(高野省三) 군, 하야시(林茂八郎) 군, 백완혁(白完爀) 군, 조진태(趙鎭泰) 군

이리하여 각 발기인은 경성상업회의소 설립인가 신청서에 조인하고 산회함.

10월 2일

오늘부터 3명의 사무원으로 각 회원의 경성상업회의소 설립 찬성의 조인 사무에 조사함.

11월 4일

창립사무취급위원장인 발기인 총대표 하라다 씨는 어대전 참열을 위하여 출발 상경함.

11월 9일

경성상업회의소 설립 발기인 108명, 동의자 292명의 조인을 받아 전 회원의 3분의 2 이상의 법정 찬조자를 확보함으로써 인가신청서 및 부대 서류를 완비하여 경성부청을 경유하여 이를 총독에게 제출함.

11월 11일

설립인가 신청을 마친 건을 각 발기인에게 통첩함.

12월 1일

오후 1시부터 제3회 창립위원회를 개최함.

출석자

위원 세키 군 동 니시무라 군

동 구기모토 군 동 한상룡 군

동 김한규 군 창립사무촉탁 오무라 군

협의 사항

1. 인가신청사무 경과 보고

1. 평의원 선거 고시에 필요한 내선 인원 비율 배정의 건

위는 오무라 촉탁이 상세하게 그동안의 진행 과정을 보고하고 평의원 30명 가운데 내선인의 할당 수에 대하여 협의한 바 있으며, 회원 수 및 영업세 납액을 기초로 하여 일본인 24명에 조선인 6명으로 결정함.

12월 4일

경성상업회의소 설립의 건 인가됨. 아래와 같음.

상제779호

경성부 조선우선(郵船)주식회사장 하라다

1915년 11월 9일 부로 신청한 경성상업회의소 설립의 건을 인가함. 단, 처음으로 평의원 선거를 행하고 평의원의 정기 개선을 행할 경우에는 일본인, 조선인별 수는 미리 총독의 허가를 받을 것.

1915년 12월 4일

조선총독 백작 데라우치 마사타케(寺內正毅)

각 발기인에게 설립인가 통지장을 보내고 공시 제1호로 경성상업회의소 설립인가, 정관의

요령을 공시함.

1915년 12월에 거행되는 평의원 선거에 관한 내선인 할당은 1급 일본인 12명/조선인 3명, 2급 일본인 12명/조선인 3명으로 한다는 취지를 조선총독부에 인가 신청함.

공시 제2호로 평의원 선거에 사용하는 선거인 명부는 선거일 9일 전에 그날부터 5일간 본 회의소에서 관계자의 열람에 제공한다는 취지를 공시함.

12월 5일

공시 제3호로 오는 6일부터 10일까지 선거인 명부를 열람에 제공한다는 취지를 공시함.

내선인 평의원 할당의 건, 4일부로 총독부에서 인가됨.

정관이 인쇄되어 선거인 심득서를 송부하고 각 회원에게 배부함.

12월 6일

공시 제4호로 평의원의 선거기일, 시간, 장소, 평의원 수에 관한 건 공시함.

12월 4일[4]

선거인 명부 열람 기간 중에 이의 신청자가 없어 열람 기간 후 3일 경과하면, 공시 제5호로 선거인 명부는 오늘로써 확정된다는 취지를 공시함.

12월 15일

평의원 선거를 실시함.

평의원 선거

1915년 12월 15일 당 회의소에서 선거위원장 세키, 선거위원 니시무라, 구기모토, 한상룡, 김한규의 입회하에 당 상업회의소 평의원 선거를 실시하여 그 결과는 아래와 같음.

4 내용의 표기 방식에 따르면 이 항목은 앞에 있는 12월 6일 이후의 날짜여야 한다. 원문의 오기라고 판단되나 정확한 날짜를 알 수가 없어 원문대로 적음.

2급 선거(일본인 12명, 조선인 3명)

오전 9시에 투표를 개시하여 오후 1시에 마감하고 즉시 개표하여 점검한바 아래와 같음.

당선자(일본인)

44점 가와무라(河村千次郎) 군

38점 경성경매주식회사

32점 오타니(小谷清) 군

31점 시노자키(篠崎半助) 군

29점 슈도(首藤定) 군

25점 고조(古城龜之助) 군

24점 다니구치(谷口小次郎) 군

23점 이시노(石野熊一郎) 군

22점 나베시마(鍋島宇吉) 군

21점 후지타(藤田安之進) 군

15점 마스다(増田三穂) 군

14점 시키시(志岐信太郎) 군

차점자 14점 닛신(日清)생명보험주식회사 조선출장소

1점 이마무라(今村伊三郎) 군

당선자(조선인 측)

14점 경성융흥(隆興)주식회사

14점 김연연(金淵然) 군

13점 동양용달합자회사

차점자 12점 송택수(宋宅洙) 군

12점 호근호(扈根澔) 군

1급 선거(일본인 12명, 조선인 3명)

오후 2시 30분에 투표를 시작하여 동 4시에 마감하고 즉시 개표를 점검한바 아래와 같음.

당선자(일본인 측)

3점 조선우선주식회사

3점 사노(佐野彦藏) 군

3점 히로에(廣江澤次郎) 군

2점 세키(關繁太郎) 군

2점 하야시다(林田金次郎) 군

2점 구기모토(釘本藤次郎) 군

2점 토카와(唐川立造) 군

2점 주식회사 제일은행 경성지점

2점 덴지쓰(天日常次郎) 군

2점 대일본맥주주식회사 경성출장소

2점 경성전기주식회사

1점 다카기(高木德彌) 군

차점자 1점 스스무(進辰馬) 군

1점 가지와라(梶原末太郎) 군

당선자(조선인 측)

2점 주식회사 조선상업은행

2점 주식회사 한성은행

2점 주식회사 한호(漢湖)농공은행

위와 같이 당선되어 선거 사무를 종료한 것은 오후 4시 30분임.

평의원회

1915년 12월 20일 오후 2시 개회

출석자

1번 다니구치 쇼지로(谷口小次郎) 군 2번 오타니 키요시(小谷淸) 군

3번 세키 시게타로(關繁太郎) 군 4번 사노(佐野彦藏) 군

5번 다카키 토쿠야(高木德彌) 군 6번 이시노(石野熊一郎) 군

7번 고시로 카메노스케(古城龜之助) 군 8번 오카(岡正矣) 군

9번 텐비(天日常次郎) 군 11번 홍은주(洪殷柱) 군

12번 조진태(趙鎭泰) 군 13번 하야시(林茂八郎) 군

14번 나베시마(鍋島宇吉) 군 15번 후지타(藤田安之進) 군

16번 가라카와(唐川立造) 군 17번 김한규(金漢奎) 군

19번 이케다(池田長兵衛) 군 20번 니시무라 미치히코(西村道彦) 군

21번 하야시다 킨지로(林田金次郎) 군 23번 마스다(增田三穗) 군

24번 가와무라(河村千次郎) 군 25번 백완혁(白完爀) 군

26번 시노자키(篠崎半助) 군 27번 김연연(金淮然) 군

29번 구기모토(釘本藤次郎) 군 30번 한상룡(韓相龍) 군[5]

번외 사무촉탁 오오무라(大村友之丞) 군

부의 사항

경성상업회의소 설립 사무 보고

위는 번외로 오무라 촉탁이 상세하게 보고하여 종료함.

2. 창립비의 승인

위는 번외로 오무라 촉탁이 새로운 회의소 설립에 필요한 경비의 결산을 보고하고 이의 없이 이를 승인하여 아래와 같음.

경성상업회의소 창립비

과목	지불액(엔)	비고
급료	230.00	촉탁 1인, 사무원 3인, 급료
잡비	9.45	급사 급료, 사무원 야근 도시락 대금, 그 외

5 일련 번호는 평의원들의 고유번호로 판단된다. 뒤에서 고유번호가 바뀐 경우도 보인다.

인쇄비	84.80	정관 3,100부 인쇄 대금, 그 외
광고료	160.60	공시 제1호부터 제4호까지 『경성일보』, 『매일신보』 조선 신문에 게재료
소모품비	27.83	지필묵 대금 그 외
비품비	6.10	책상, 도장, 그 외
집회비	6.36	발기인회 및 통신료
선거비	11.60	선거인 심득, 투표용지 인쇄 대금, 그 외
잡비	48.43	차입금 이자 16엔, 우표 대금 21엔, 인부 및 마차 임대료 11엔
계	585.17	

3. 회두 및 부회두, 상의원의 선거

위는 회두에게는 투표를 하지 않고 만장일치로 하라다 씨를 추천하여 결정함.

회두 하라다 군

부회두는 개표의 결과 아래와 같이 당선됨.

일본인 측 니시무라 군

조선인 측 조진태 군

상의원은 개표 결과 아래와 같이 당선됨.

7점 하야시다 군

6점 구기모토 군

6점 한상룡 군

3점 세키 군

4. 회두대리의 순위 결정

위는 일본인 부회두를 우선하고 조선인 부회두를 다음으로 하여 결정됨.

5. 의사세칙, 처무 및 복무규정, 급료규정의 승인

위는 발기인 총대에 의해 기초하여 당국자에게 다소의 수정을 거친 원안을 이의 없이 가결 결정함.

6. 1915년 12월부터 1916년 3월까지의 경비 예산 및 그 부과, 징수 방법에 관한 결의

위는 5명의 위원에 부탁하여 심사하는 것으로 정하고 조진태, 하야시다, 이케다(池田長兵衛), 덴지쓰, 사노 5명의 평위원을 위원에 천거함.

평의원회

1915년 12월 22일 오후 2시 개회

출석자

1번 다니구치 쇼지로(谷口小次郎) 군
2번 오타니 키요시(小谷清) 군
4번 사노(佐野彦藏) 군
5번 다카키 토쿠야(高木德彌) 군
6번 이시노(石野熊一郎) 군
7번 고시로 카메노스케(古城龜之助) 군
9번 텐비(天日常次郎) 군
11번 홍은주(洪殷柱) 군
12번 하야시다 긴지로(林田金次郎) 군
13번 조진태(趙鎭泰) 군
14번 나베시마(鍋島宇吉) 군
15번 후지타(藤田安之進) 군
16번 가라가와(唐川立造) 군
17번 김한규(金漢奎) 군
19번 이케다(池田長兵衛) 군
20번 니시무라 미치히코(西村道彦) 군
21번 하야시(林茂八郎) 군
23번 마스다(增田三穗) 군
24번 가와무라(河村千次郎) 군
27번 김연연(金湵然) 군
28번 시노지키(篠崎半助) 군
29번 구기모토(釘本藤次郎) 군
30번 한상룡(韓相龍) 군
번외 사무촉탁 오오무라(大村友之丞) 군

결의 사항

1915년 12월에서 1916년 3월까지의 경성상업회의소 경비 예산 및 그 부과, 징수 방법 위원회 사정안의 결의.

위는 위원 덴지쓰 씨가 사정의 요지를 설명하고 토의한 끝에 사정안을 가결함.

역원회

1915년 12월 23일 오후 2시 개회

출석자

부회두 니시무라 미치히코(西村道彦) 군 부회두 조진태(趙鎭泰) 군

상의원 하야시다 킨지로(林田金次郎) 군 상의원 구기모토(釘本藤次郎) 군

동 한상룡(韓相龍) 군 동 세키 시게타로(關繁太郎) 군

당 회의소 직원 채용에 관한 건

위는 서기장 이하의 직원 임명 및 봉급액을 결정하고 상경 중인 하라다 회두에게 승인을 요청하는 것으로 결정함.

역원회

1916년 1월 12일 오후 1시 개회

출석자

부회두 니시무라 미치히코(西村道彦) 군 부회두 조진태(趙鎭泰) 군

상의원 하야시다 킨지로(林田金次郎) 군 상의원 구기모토(釘本藤次郎) 군

동 한상룡(韓相龍) 군 동 세키 시게타로(關繁太郎) 군

협의 사항

1916년(1916년 4월 1일부터 1917년 3월 31일까지) 경성상업회의소 경비 예산 및 그 부과, 징수 방법에 관한 건

위는 평의원회에 제출할 원안을 작성하고 쿠기모토 상의원이 외상 대금 회수에 관한 개선 건에 부쳐 역원회의 채택을 청구한 바가 있어 협의한 끝에 동씨가 건의안으로 제출하는 것을 인정하는 것으로 정함.

역원회

1916년 1월 17일 오후 1시 개최

출석자

부회두 니시무라 미치히코(西村道彦) 군 부회두 조진태(趙鎭泰) 군

상의원 하야시다 긴지로(林田金次郎) 군　　상의원 구기모토(釘本藤次郎) 군

동 한상룡(韓相龍) 군　　동 세키 시게타로(關繁太郎) 군

협의 사항

1. 1916년도 경성상업회의소 경비의 부과, 징수 방법 수정에 관한 건

위는 1915년도 경비의 부과, 징수 방법은 부 영업세액의 25/100, 일본 50/100의 범위에서 납세, 소액의 회원부터 차례로 저율로 납세, 다액의 회원에게 부과금을 징수하는 방법을 취하였다. 그러나 인가를 청함에 있어 이전에 이러한 부과 방법에 대해 하등의 이의가 없었으며 경기도청 당국자는 갑자기 이의를 제기하여 상급의 회원에게 저율의 부과금을 부과하는 것은 부당하다고 하여 이를 수정해야 한다는 의견을 제기하였다. 이에 총독부에서도 1916년도의 부과, 징수 방법은 다시 연구하도록 지시하여 협의한 결과 앞서 각 평의원에게 배포한 원안을 수정하여 각 회원의 영업세액에 대하여 32/100의 부동율(不動率)을 부과하는 것으로 정함.

2. 경성상업회의소 수수료 및 사용료 규칙 제정의 건

위는 8개의 조(條)로 이루어진 당해 규정을 제정함.

평의원회

1916년 1월 18일 오후 2시 개회

출석자

1번 다니구치 쇼지로(谷口小次郎) 군　　2번 오타니 키요시(小谷清) 군

3번 세키 시게타로(関繁太郎) 군　　5번 다카키 토구야(高木德彌) 군

7번 고시로 카메노스케(古城龜之助) 군　　9번 텐비(天日常次郎) 군

11번 홍은주(洪殷柱) 군　　13번 조진태(趙鎭泰) 군

15번 후지타(藤田安之進) 군　　16번 가라카와(唐川立造) 군

17번 김한규(金漢奎) 군　　20번 니시무라 미치히코(西村道彦) 군

21번 하야시(林茂八郎) 군　　22번 하라다(原田金之祐) 군

23번 마스다(增田三穗) 군 24번 가와무라(河村千次郎) 군
25번 백완혁(白完爀) 군 26번 히로에(廣江澤次郎) 군
27번 김연연(金淵然) 군 28번 시노자키(篠崎半助) 군
29번 구기모토(釘本藤次郎) 군 30번 한상룡(韓相龍) 군

협의 사항

1. 1916년도 경성상업회의소 경비 예산 및 부과, 징수 방법에 관한 건

위는 고조 군이 위원 부탁설(附託說)을 제출하고 덴지쓰 씨 등의 찬성이 있어 채택된 결과 10명에 대한 12명 다수로 위원 부탁설이 성립되었으며 회두는 아래의 7명을 위원에 지명함.

이름

2번 오타니 키요시(小谷清) 군 4번 사노(佐野彦藏) 군
7번 고시로 카메노스케(古城龜之助) 군 9번 텐비(天日常次郎) 군
17번 김한규(金漢奎) 군 21번 하야시(林茂八郎) 군
25번 백완혁(白完爀) 군

2. 외상 거래의 개선에 관한 건

위는 건의자 구기모토 평의원의 설명이 있었으며 이어서 협의를 한 결과 회두 및 회두가 지명한 10명의 위원 부탁으로 결정하고 회두가 아래의 10명을 지명함

회두 하라다(原田金之祐) 군 3번 세키 시게타로(關繁太郎) 군
7번 고시로 카메노스케(古城龜之助) 군 9번 텐비(天日常次郎) 군
12번 하야시다 긴지로(林田金次郎) 군 17번 김한규(金漢奎) 군
20번 니시무라 미치히코(西村道彦) 군 21번 하야시(林茂八郎) 군
26번 히로에(廣江澤次郎) 군 29번 구기모토(釘本藤次郎) 군
30번 한상룡(韓相龍) 군

위원회

1916년 1월 19일 오후 2시 개회

출석자

2번 오타니 키요시(小谷清) 군　4번 사노(佐野彦藏) 군

7번 고시로 카메노스케(古城龜之助) 군　9번 텐비(天日常次郎) 군

17번 김한규(金漢奎) 군　21번 하야시(林茂八郎) 군

25번 백완혁(白完爀) 군

협의 사항

1916년도 경성상업회의소 경비 예산 및 그 부과, 징수 방법에 관한 건

위는 심사의 결과 부과, 징수 방법에 관하여 다소의 수정을 함.

위원회

1916년 1월 20일 오후 2시 개회

출석자

2번 세키 시게타로(關繁太郎) 군　7번 고시로 카메노스케(古城龜之助) 군

9번 텐비(天日常次郎) 군　17번 김한규(金漢奎) 군

20번 니시무라 미치히코(西村道彦) 군　21번 하야시(林茂八郎) 군

22번 하라다(原田金之祐) 군　26번 히로에(廣江澤次郎) 군

29번 구기모토(釘本藤次郎) 군　30번 한상룡(韓相龍) 군

협의 사항

외상 거래 개선에 관한 건

위는 한위원이 조선 상인 간의 상업 관습에 대한 구체적인 조사의 필요가 있다는 점을 제의하고 만장일치로 여기에 찬성하여 곧바로 조사에 착수할 것을 결의하고 산회함.

위원회

1916년 1월 26일 오후 2시 개회

출석자

7번 고시로 카메노스케(古城龜之助) 군 9번 텐비(天日常次郎) 군

17번 김한규(金漢奎) 군 22번 하라다(原田金之祐) 군

29번 구기모토(釘本藤次郎) 군 30번 한상룡(韓相龍) 군

협의 사항

1. 외상 거래의 개선에 관한 사항(재론)

위는 1월 20일의 위원회에서 결의한 내선인 쌍방의 상업 관습 및 개선 후의 경제상에 미치는 영향 등을 조사하고 모집한 자료에 대한 연구 결과를 건의자가 구체적인 건의사항을 제출하는 것이 옳다고 하여 건의자인 구기모토 평의원 및 찬성자 덴지쓰, 고조 평의원 등이 아래의 3항의 건의사항을 제출하여 동 사항에 대하여 심의한바, 현재의 상거래 상황에 대한 적당한 개선법이라고 인정하고 산회함.

건의 사항

각 상점에서 판매대금 연장 거래의 경우에는 특수한 거래를 제외하고 가능한 약속어음으로 받을 것.

약속어음의 지불 장소는 가능한 자신의 거래 은행을 지정할 것.

보통의 외상 대금은 각 상점이 적당한 시일에 마감하고 지불일 2일 이전에 청구서를 거래처에 배포하고 그달 말일까지 결제를 완료하도록 개선할 것.

건의서(사본)

외상 거래 개선에 관한 건

우리 경성 시내에서의 상거래는 근래 장족의 진보와 발전을 이루면서 외상 거래의 금액 회수도 역시 곤란하게 되어 상공업상의 발달을 저해하는 커다란 요소가 되었다. 여기에 시내의 유지들이 서로 상의하여 경성실업회를 조직하고 그 개선에 착수하였다. 이러한 목적으로 무

릇 모든 내선 상공업자에게 실시하여 경성 상공업계의 진보에 기여함을 급무라고 믿는바, 별지 사항을 우리 회의소는 결의하여 건의함.

1916년 1월
경성상업회의소 평의원
건의자 구기모토
찬성자 덴지쓰
동 도카와
동 고조
경성상업회의소
회두 하라다

직원의 임명

1916년 1월 1일 각 직원을 임명함. 서기 이상의 이름은 아래와 같음.

서기장 오무라
부서기장 이인화(李寅和)
서기 시게마쓰(重松傳治郎)
동 안강명(安岡明)
동 예영수(芮永洙)

특별평의원의 임명

1916년 1월 20일 이시쓰카(石塚) 조선총독부 농상공부장관이 아래 4명을 「조선상업회의소령」 제8조 제5항에 의거하여 오늘 경성상업회의소 특별평의원에 임명한다는 취지를 통첩함.

자작 조중응(趙重應)
자작 송병준(宋秉畯)
요시하라(吉原三郎)
가쓰다(勝田主計)

1915년 12월부터 1916년 3월까지 경성상업회의소 경비 예산

12월 22일 평의원회의 결의를 거쳐 조선총독에 인가를 신청한 1915년도 본 회의소 경비 예산 및 그 부과 징수 방법은 1월 18일자로 인가됨.

수입 부	
과목	예산액(엔)
제1관(款) 부과금	5,477.39
제1항(項) 부과금	5,477.39
제2관 사용료 및 수수료	55.00
제1항 사용료	35.00
제2항 수수료	20.00
제3관 잡수입	30.00
제1항 광고료 및 기타	30.00
계	5,562.39

지출의 부	
과목	지출액(엔)
제1과 소비(所費)	3763.50
제1항 봉급	1344.00
서기봉	1344.00
제2항 잡급	747.10
고원급	297.50
2. 사정급	54.00
3. 급사급	43.20
4. 회두 교제 수당	70.00
5. 회의소 교제비	35.00
6. 회계 감독 보수	30.00
7. 숙사비	140.00
8. 숙직회료(宿直賄料)	32.40
9. 여비	25.00
10. 인부 및 마차비	20.00
제3항 접대비	165.00
제4항 조사비	175.00
제5항 공고비	50.00
제6항 수요비	1282.40
인쇄비	275.00

2. 비품비	600.00
3. 소모품비	245.00
4. 통신 및 운반비	85.50
5. 도서비	74.90
제2관 회의비	423.00
제1항 평의원, 특별평의원 실비 변상비	418.00
제2항 상업회의소연합회비	5.00
제3관 적립금	450.00
제1항 청사 건축적립금	350.00
제2항 질병, 상질, 퇴직 사망 급여 및 유족 부조용 적립금	100.00
제4관 창립비	585.17
제1항 창립비	585.17
제5관 예비비	340.72
제1항 예비비	340.72
계	5562.39
비고 수지 결산에 잔여가 있을 때는 별도의 적립금으로 함	

경비 부과 징수 방법

경성상업회의소 현재 회원 수 586명(일본인 440명, 조선인 146명)이고 경성부에 납입하는 영업세 연액은 1만 2,048엔 21전(일본인 4만 3,980엔 82전, 조선인 8,067엔 39전)이다. 따라서 이를 아래의 표와 같이 각 등급 최소 영업세 납액에 대하여 100분의 25, 일본 100분의 50의 비율로 부과하고 본 연도에는 이를 월할하여 4개월분(1915년 12월부터 1916년 3월까지)을 징수함.

영업세 표준액	부과 등급	부과율 연액(엔)	본년도 부과액	부과 인원	소계 금액
5,000원 이상	1등	1, 250.00	-	-	-
4,000원 이상	2등	1,000.00	333.33	1	333.33
3,000원 이상	3등	750.00	250.00	1	250.00
2,000원 이상	4등	500.00	166.67	1	166.67
1,500원 이상	5등	400.00	133.33	4	533.32
1, 200원 이상	6등	340.00	113.33	2	226.66
1,000원 이상	7등	300.00	-	-	-
900원 이상	8등	280.00	-	-	-
800원 이상	9등	260.00	86.67	1	86.67
700원 이상	10등	230.00	78.67	2	153.34

600원 이상	11등	200.00	66.67	1	66.67
500원 이상	12등	170.00	56.67	1	56.67
450원 이상	13등	155.00	51.67	1	51.67
400원 이상	14등	140.00	46.67	3	140.01
350원 이상	15등	125.00	41.67	5	208.35
300원 이상	16등	105.00	35.00	3	105.00
350원 이상	17등	90.00	30.00	5	150.00
200원 이상	18등	74.00	24.67	7	172.69
150원 이상	19등	56.00	18.67	9	168.03
120원 이상	20등	46.00	15.33	8	122.64
100원 이상	21등	40.00	13.33	19	252.27
90원 이상	22등	38.00	12.67	11	139.37
80원 이상	23등	35.00	11.67	5	58.35
70원 이상	24등	32.00	10.67	26	277.42
60원 이상	25등	29.00	9.67	12	116.04
50원 이상	26등	25.00	8.33	21	174.93
40원 이상	27등	20.00	6.67	43	286.81
30원 이상	28등	15.00	5.00	54	270.00
20원 이상	29등	10.00	3.33	148	492.84
13원 이상	30등	6.50	2.17	192	416.64
합계	-	-	-	586	5,477.39

〈자료 69〉 지방통신(평안남도): 상의(商議) 설립기(평양)(매일신보, 1915.7.29.)

평양 내 일·선인의 합동 상업회의소 설립을 희망하는 자가 많으나 아직 동령「시행세칙」의 발표가 없고, 또는 평양부윤(本田)이 여름 휴가로 오는 30일에 귀향의 길에 나갈 터인즉 동 부윤의 귀임을 기다려 평의하기로 결정하였다더라.

〈자료 70〉 지방통신(평안남도): 상의소의 회의(평양)(매일신보, 1915.8.6.)

지난 3일 오후 4시부터 평양상업회의소에서 회두 정인숙, 부회두 김용홍, 기타 임원 제씨가 회동하여 일·선인 회의소 합동 건에 관하여 장래 방침을 협의 후 해산하였다더라.

〈자료 71〉 지방통신(경상남도): 상업회의 개칭(통영)(매일신보, 1915.8.10.)

통영군상업회의소, 1908년(明治 41)경에 설립된 것인데, 지금까지 7개년간을 업무상 하등 장애도 없을 뿐 아니라 각 역원의 성적이며 사무 처리에 호평을 얻은바, 지금에 이르러 사세(事勢)에 따라 상업회의소의 명칭을 변하여 통영물산장려계라 개칭하고 지방 전래 각종 유명한 공작물 및 기타 물산을 장려하기로 역원 일동이 복중 염천의 성서(盛暑)를 불구하고 열심 병력(竝力)하여 방금 실행에 고심 중이라더라.

〈자료 72〉 발기인회 개기(開期), 9월 상순에 재(在)할 듯(매일신보, 1915.8.20.)

경성일본인상업회의소의 신정관은 이미 보도한 바와 같이 16일에 탈고하고, 정서(淨書) 후 회두의 손에 제출하였는데, 교열은 금월 중을 요하겠고, 오는 10월 이른 시기 발기인회 전에 선인회의소와 교섭하여 발기인 총회를 열 순서이라더라.

〈자료 73〉 상의(商議) 합동 문제, 양 회의소를 해산 후 합동 설립(매일신보, 1915.9.5.)

「상업회의소령」에 터한 경성상업회의소의 정관은 이미 탈고하여 목하 심의 중에 있은즉 불원간 완성될 터인데, 조선인 측 회의소와 합동할 것에 대하여는 머지않아 개회할 총회를 기다리지 않으면 결정하지 못하겠으나, 당사자의 의견을 들은즉 양 회의소를 차제에 한 번 해산하여 청산인을 두고 재산의 처분을 행하는 동시에 일선인 30명 이상의 발기인을 선정하여 새로 일선인 합동의 상업회의소를 설립하고 앞의 정관을 의결하여 인가를 신청함을 지당하다고 인정한다 하는데, 그 이유라 하는 바는 재산 처분의 문제가 위주니 만약 그대로 양자를 합동하면 하나는 재산이 있고, 하나는 재산이 없으니 훗날 번잡한 각종 문제를 낳을 터인즉 차제에 서로 이를 처리하여 쌍방이 같이 무자생자가 된 후에 합동함만 같지 못하다는 설이오. 의원 중에는 이 설을 찬동하는 자가 많은 모양인즉 아마 해산하기로 결정될 듯하다 하고, 양 회의소의 경제 상태를 들으니, 일본인 측을 전부 청산하면 약 7,000원이 남으나 조선인 측은 1만여 원의 부채가 있으니 건물, 기타 일체를 매각할지라도 잉여가 없을 듯하다더라.

〈자료 74〉 상의 중요회의(매일신보, 1915.9.15.)

경성일본인상업회의소에서는 일선 양 상업회의소 합병에 관해 모두 해산하든지 아니면 현재대로 합병하든지 오는 17일 오후 5시부터 회의소에서 임시 역원회를 연다더라.

〈자료 75〉 상업회의소의 전도(前途), 신법령에 기(基)하여–상공 조사기관이 되면–거래상에 개량 발달을 견(見)하리라(매일신보, 1915.10.16.)

조선에 있는 일본의 상업회의소는 영사관 또는 이사관의 인가를 받아 설립한 것인데, 이후 정관의 변경, 기타 중요한 사항은 모두 인가를 받았는데, 그 정관은 모두 일본의 상업회의소법에 준하고 그 업무도 일본 상업회의소와 큰 차이가 없으며 부대사업으로는 인천, 부산, 진남포, 군산, 목포, 원산 등에서는 미곡 혹은 면화, 마른 멸치, 새끼줄과 가마니 등의 검사를 하며 또 부산, 진남포, 목포, 원산 등에서는 창고 혹은 상품 진열관을 경영하였는데, 종래 이들 상업회의소에 관하여는 조선에서는 근거할 만한 법규는 없고 구래의 관례에 따라 그 성립을 공인하여 도장관은 이의 감독의 임(任)에 당하고, 정관 중 지구, 사무 권한, 의원의 선거권에 관한 규정의 변경, 기타 중요한 사항은 총독을 거친 후 처리하던 것이라. (중략)

▲ 조선인의 회의소

조선인이 설립한 상업회의소는 구한국시대에 농상공부대신, 관찰사 또는 부윤의 인가를 받는 등 그 취급이 구구하고 그 조직은 대개 일본인상업회의소를 모방하고, 그 업무는 아직 볼만한 것이 없었으나 이번 발포된 「상업회의소령」에 기인하여 일본인과 상호 제휴한 유력한 상공 조사기관을 만드는 때에 이르면 점차로 비교적 유치한 조선인의 상업 거래상에도 심대한 대량 발달을 봄에 이르는 날이 머지않으리로다.

▲ 상업회의소의 개황

이제 총독부가 1913년(大正 2) 12월 말일 현재로써 조사한 일선인 상업회의소의 현황을 게재하건대 다음과 같더라.

- 일본인상업회의소

회의소 소재지: 경성, 인천, 군산, 목포, 대구, 부산, 마산, 진남포, 원산, 청진

- 조선인 상업회의소

  회의소 소재지: 경성, 인천, 개성, 수원, 강화, 대구, 김천, 부산, 평양, 의주, 삼화, 원산, 함흥, 북청

〈자료 76〉 상의(商議) 총회 결의, 설립 준비에 착수함(매일신보, 1915.10.24.)

경성일본인상업회의소에서 지난번 개회한 임원회의 결의에 터하여 22일 오후 6시 반부터 임시총회를 열고 신 「회의소령」에 의한 상업회의소 설립 준비에 관하여 협의하는 바가 있었는데, 내회자 15명의 만장일치로써 즉시 그 준비에 착수하기로 결정하고 8시에 회의를 폐하고 협의회를 개회하였더라.

▲ 발기인의 인선

협의회의 내용은 불명하나 듣는 바에 의하면 현재 일선 양 회의소는 현재대로 곧 합병하기 어려운 수많은 사정이 있으므로 양 회의소와는 별 문제로 하여 경성부의 유력한 상공업자 중에서 30인 이상 발기인을 선출하여 발기인회를 개회하고 새로 회의소령에 의하는 회의소 설치의 인가 신청을 행하는 방법을 채택하기로 대략 결정하고 편의상 하라다 긴노스키(原田金之祐)씨는 개인으로 근일 중에 일선 상공업자 중에서 수 명의 인사와 협의회를 열고 설립 준비에 관하여 발기인의 내선(內選)을 행할 터이라 하며

▲ 총선거는 오는 봄

이같이 30인 이상의 발기인을 선정하고 발기인 총회를 연 후 당국에 인가 신청을 행하는 순서인 고로, 당국에서 설립 인가의 지령을 받아 평의원 선거에 착수함은 오는 봄 3월경이 되겠고, 종래의 일선 양 회의소는 청산인을 두든지 또는 기타 방법으로 처리하겠다더라.

〈자료 77〉 상의(商議) 발기인회(매일신보, 1915.11.2.)

경성상업회의소 설립에 관한 제1회 발기인회는 지난 29일 개최하고, 발기인 중에서 위원

7명을 선정하고 하라다(原田) 씨로 위원장에 뽑고 다음 날 30일 오전 9시부터 경성일본인상업회의소 누상에서 위원회를 열고 정관 사정의 건, 청원에 필요한 서류 조제, 기타 설립 준비에 관한 건에 대하여 부의하였는데, 그 결과 회의소 설립 이유서와 이에 첨부한 정관, 예산, 경비 징수방법 등의 초안을 완성하였으므로 어제 1일 오후부터 경성일본인상업회의소 누상에서 제2회의 발기인회를 개최하고 위원회의 결과를 보고하고 동의를 구하였다더라.

〈자료 78〉 상의(商議) 설립과 선인(매일신보, 1915.11.4.)

신설할 경성상업회의소 발기인회에서 가결한 정관과 인가 신청에 회원 유자격자 3분의 2 이상의 연서를 얻어 인가 신청을 하려 한다 함은 이미 보도한 바와 같거니와, 회원 유자격자 155명 중에 대부분을 점한 우육상 등은 거개 조인(調印)을 불응하고 기타 상당한 신분과 명예를 가진 전 조선인 측 상업회의소 평의원으로 있던 사람도 이 조인을 불응하는 자가 있다 하니 이에 조인함을 불응하는 이유는 혹은 신설 상업회의소 부과를 면하려 함에 있는 듯하나, 이에 조인치 않았다고 부과를 면제함은 아니니 이는 오해인즉 요구하는 대로 조인함이 가하겠다 하고 또 해산한 조선인 측 상업회의소의 청산에 관하여 책임자의 말을 들은즉 부채가 약 1만 6,000여 원인데, 소유 부동산 즉 상업회의소의 토지 건물로 1만 5,000원의 부채가 있는 모 은행에 판상(辦償)하고, 그 나머지 1,000여 원은 10여 인의 임원이 각 그 분담하는 외에 다른 길이 없다는데, 부채가 이같이 다수액 됨은 완전히 회원이 부과금을 납부하지 않음에 비롯됨이라 하고, 또 이번의 상업회의소 신설에 대하여는 조선인 측 위원으로 한상룡, 예종석, 김한규 3씨의 노고가 많다 하더라.

〈자료 79〉 상의소 창립위원회(매일신보, 1915.12.3.)

경성상업회의소 창립사무소에서는 1일 오후 1시부터 창립위원회를 열고 종래의 경과를 청취한 바가 있다더라.

〈자료 80〉 회의소의 3문제(매일신보, 1915.12.10.)

경성상업회의소가 설립되어 이제는 그 정관에 정한 바의 선거기일에 의하여 지난 5일로써 제1회의 평의원 선거를 행하고, 다음에 역원 등의 선거 등이 있어 이에 전혀 신회의소의 면목을 정돈함에 이르렀는데, 이때를 당하여 신구 회의소에는 아직 3개의 문제가 있나니 즉 신경성회의소의 청사 문제와 경성일본인회의소의 재산 정리 문제 및 선인 상업회의소의 재산 정리 문제가 이것이라. (후략)

〈자료 81〉 종로상업회의 최후의 면영(面影), 금명일간 그 직책을 다할 종로상업회의소 이야기(매일신보, 1915.12.14.)

북으로 큰 광교 넘어서며 종로 네거리로 조금 못 미쳐서 서편으로 커다랗게 우뚝이 서 있는 회색 2층 양제(洋制) 집은 늙은이상 찡그린 듯한 현판이 말하는 것처럼 경성 조선 사람의 상업회의소이라. 이 상업회의소는

▲ 금일로써 운명을 마치고 그의 직책은 새로 생기는 경성상업회의소로 넘어가게 되었더라. 이 상업회의소는 조선 사람 상업회의소로는 제일 먼저 생긴 것으로 그 뒤에 형제 격 되는 지방의 상업회의소가 열두어 곳이나 생겼더라. 당초에 이 상업회의소가 생기기는 덕수궁에서 하사하옵신 5만 원가량의 금전으로 설립되어 종로 지금 있는 곳의 240여 평 되는 땅에 굉장히 집을 지은 지

▲ 이래 10여 년에 상업은행 취체역으로 있는 김기영, 상업은행장으로 있는 조진태, 재산가 백형수, 한일은행 취체역 조병택, 지금의 한호농공은행 취체역 백완혁 다섯 씨를 회두로 송영하였고, 50명의 정의원을 선거함도 근 10차에 이르렀더라. 당초에는 회비를 부담할 자격되는 상인이 1,000여 명에 이르렀으나 차차로 사람 수효가 줄어 근래에는 1,000명도 못 되게 되었고, 그 중에는 회비를 냄이 점차로 게을러져서 근일에 이르러는

▲ 회비 내는 사람이 의무자의 10분의 1에도 이르지 못하여 그 생명 되는 재산 근본은 점점 마르고 사무는 여전히 진행하여 나가지 않을 수 없으므로 1만 4,000여 원의 채무와 반쯤 헐어진 집 한 채가 남았을 뿐이라. 상업회의소가 경성의 상업계를 위하여 얼마나 이를 행하였는가. 구백동화 계속 사용 운동과 경제화 특허권 분쟁에 대한 운동과 기타 최근의 남바위 분쟁에 진력한 등 세상에 드러난 것은 말할 것 없거니와 기타 세상에 드러나지 않게 진력한 일은 이루 헤아림을 셀 수 (없이-편역자) 많았으나

▲ 불행이 운수가 글러서 그리하였든지, 경성의 상업계에서 상업회의소의 이익을 충분히 해득치 못한 까닭인지 재정의 궁박으로 기를 펴고 늘어 나가지 못하였고 그간에 자연 사무의 불통일, 회계의 부정리 등 사실도 없지 못하여 상황이 날로 곤란한 지경에 빠져나갔더라. 큰 집은 지어 놓고 쓸데는 과히 없으므로 아래층은 세를 주기로 하여 만물 잡화상의 시초로 '한양상회'라는 것이 생겨 상업회의소의 집 머리에는 10여 년간이나 되도록 굉장히

▲ 큰 그림 현판도 걸려 보았고 동서약업상회라는 것이 생겨 약 냄새도 얼마 동안 바람벽에 배었었고, '중아' 모의의 무역상도 잠깐 거쳐 갔고, '중외의약신문'사도 된 일이 있었으나 작년의 장마에 뒷벽은 태반이 무너지고 다년 수리를 못한 까닭에 천정에는 별이 비치며 벽으로는 빗방울이 들이치는데 2칸쯤 되는 사무실에는 사람의 그림자도 드물고 일본 장지로 둘러막은 회의실도 광경이 처량한 중 전화를 하려니 통화 정지요, 찾아가도 상당한 당국자는 보기가 어려우며

▲ 한 달에 몇 번 회의가 열린다 하여도 그 사람의 얼굴에는 역시 근심밖에 나타날 것이 없는 중에 비 오고 바람 부는 대로 상하는 것은 이 커다란 집뿐이라. '경성상업회의소'라는 현판이 이 집 문기둥을 떠나는 이 커다란 집은 주인의 1만 4,000여 원이라는 채무의 희생이 되어 뉘 손으로 돌아가 또 어떠한 운명을 당할는지.

〈자료 82〉 지방 상의(商議) 설립 형세(매일신보, 1916.1.16.)

경성상업회의소가 설립된 후로부터 각 지방 회의소도 모범을 경성상업회의소에 본받아 정관의 작성, 기타 창립 준비에 나방(多忙)을 극함과 같은 상태인데, 인천은 이미 일체의 준비를 마치고 당국에 대하여 설립인가 신청 중이더니 지난 15일로써 정관과 함께 인가되었는데, 대체에 대하여 정관은 경성상업회의소와 같이 토지의 사정이 다른 곳에 한하여 조금 다를 뿐이라 하며 인천 다음에 가장 예의(銳意)로 설립 준비에 다망한 곳은 평양인데, 이미 대체의 준비를 마쳤으므로 곧 인가 신청할 것이오. 기타 지방은 아직 준비 중인 모양이나 오는 3월을 한하여 인가 신청의 규정인 고로 신청 후는 당국의 심의상에도 지장을 낳을는지 모르겠으므로 당국 관헌은 이 의의에 대하여 1일이라도 빨리 인가 신청이 있기를 희망한다더라.

〈자료 83〉 상의(商議) 설치 제기(濟期)(매일신보, 1916.2.3.)

선내 각지 상업회의소에서는 경성상업회의소의 설립에 비춰 혹은 재래의 회의소를 해산하

고 새로 상업회의소를 설치하며 혹은 구회의소를 계승하여 정관을 변경하는 등 신령에 기하여 상업회의소가 설립 수속 중임은 이미 보도한 바와 같거니와, 인천과 같은 곳은 29일 역원의 선거를 마치고, 목하 그 선임에 관하여 인가 신청의 수속 중이며, 대구, 평양, 진남포, 원산의 4 상업회의소도 또한 설립 인가의 신청 중인데, 현재 총독부 상공과에서 심의 중인 고로 본월 중순 안에는 각각 인가될 터이요, 기타 상업회의소는 모두 목하 설치의 준비 중인 고로 늦어도 2월 중에는 전부 그 수속을 마치리라더라.

〈자료 84〉 상의소 설립 전도(前途)(매일신보, 1916.4.19.)

신「회의소령」시행에 따른 각지 회의소 설립 상세는 여러 차례 보도와 같거니와, 경성, 인천 양지는 이미 설립 인가를 보았으나, 기타 지방에 대하여는 전부 총독부에 대하여 목하 인가 신청 중에 속하였는데, 모두 인가됨에 이르지 못했을 뿐 아니라 현재 총독의 손에 제출되어 자주 심의 고사(考査) 중인 고로 조만간 인가를 보겠는데, 당국에서는 무슨 까닭으로 이같이 신중히 심의하는지. 이는 지방은 경성이나 인천과 그 사정이 다르고 또 민단이 폐지되고 자급(自給)[6] 단체의 기능은 옮겨 학교조합에 속하였으나 그 권능에 대하여는 종전의 민단제 시대와 전혀 동일하지 않고 지금처럼 지방에 있는 자치 능력의 결함을 채우면 상업회의소의 완전한 조직 활동에 기다림이 가할지라. 이 의의에 대하여 신회의소 설립에 대하여는 당국의 다대한 주의를 할 바이요, 그 완전한 조직은 총독이 가장 욕구하는 바이라. 따라서 종래 제출된 인가 신청 서류는 또 설립 당해자에게 환부하여 다시 정관을 개정 후 재차 제출케 하여 꼼꼼한 전의(銓議)를 거친 후 비로소 인가를 줄 터이며 따라서 총독의 결재를 거쳐 각지 회의소 설립을 봄은 빨라도 금월 말이나 내월 상순에 있으리라더라.

〈자료 85〉 지방통신(평안남도): 객주조합 설립(남포)(매일신보, 1916.5.23.)

지난 20일 오후 1시 30분부터 진남포부 원 상업회의소에서 객주조합 설립에 관한 임원을 선정하였다는데, 조합장 임우돈, 부조합장 최대준, 상의원 이효준, 정응기, 노기원, 김상찬, 임

6 자치(自治)의 오식으로 보임.

치정, 회계원 박기풍, 서기 김경지 제씨로 선정하였고, 사무소는 원상업회의소로 정한 후 동 3시에 산회하였다더라.

〈자료 86〉 상의(商議) 신회원수(매일신보, 1916.8.9.)

1915년도에 있는 경성상업회의소 회원 총수는 550명이더니, 1916년도에서 새로 회원될 자가 260명이 있다더라.

〈자료 87〉 진남포상의소 평의원 선거 집행(매일신보, 1917.3.25.)

진남포상의소에서 오는 4월 1일 오전 9시 동 누상에서 평의원을 선거하는데, 일선별 수를 들은즉 일본인 12명, 조선인 4명이라더라.

〈자료 88〉 상의(商議) 의원 선거(매일신보, 1917.12.2.)

▲ 선거장 외 풍경

경성상업회의소 평의원 선거는 1일 오전 9시부터 투표를 개시하였더라. 이날 선거장인 본정 1정목 구상업회의소 앞에는 일본인 각 후보자의 씨명을 크게 쓴 명판 십수 매를 세우고, 후보자 제씨가 응원자 다수와 함께 유권자를 맞는 광경은 유감없이 선거장의 광경을 발로(發露)하였더라.

▲ 투표장의 모양

투표장은 계단의 위의 크고 넓은 칸[間]으로 위쪽 입구 왼쪽 방을 접수처로 하고, 넓은 칸의 정면 위원석에는 5씨가 착석하고, 앞에 투표상자를 두고, 입구 우측에 서기장 이하 서기가 줄지어 앉아 유권자 번호에 비춰 투표용지를 분여하는데, 이 사이 장내는 다수 유권자로 극히 잡답하였으나 정각 안에 2급 의원의 투표가 전부 종료하고 일시 휴식하였더라.

▲ 2급 개표 결과

오후 1시 반부터 2급 의원 선거의 개표를 시작하여 위원 전부가 착석하고 서기장이 개표하였는데, 개표의 결과는 유권자 총수 812명 중 투표 610표로 이 중 무효에 속한 것이 13표요, 기권이 183표가 있었고, 다음의 순서로 당선이 확정되었더라.

2급 평의원 당선자

일본인: 76표 고도주우(高島周祐), 34표 십본가삼랑(辻本嘉三郎), 34표 점미지조주미(笘米地造酒彌), 29표 고성구지조(古城龜之助), 29표 촌뢰겸차랑(村瀨鎌次郎), 27표 토정이우위문(土井伊右衛門), 27표 등부국태랑(藤富國太郎), 26표 전중시일랑(田中始一郎), 26표 등전안지조(藤田安之助), 24표 조기반조(篠崎半助)

조선인: 52표 송택수, 45표 김한규, 29표 호근호(융흥), 25표 김계연, 20표 홍은주(용달)

즉 당선자는 일본인 10명, 조선인 5명이요, 차점자는 다음과 같더라.

21표 지전장병위(池田長兵衛), 18표 좌등목태랑(佐藤牧太郎), 15표 증전삼수(增田三穗), 9표 과도우길(鍋島宇吉), 19표 최만섭, 12표 주성근, 3표 이응선, 1표 송경서

▲ 1급 개표 결과

위를 마친 오후 2시 40분경부터 1급 의원 선거의 투표를 개시하여 오후 3시 30분으로써 전부의 투표를 종료하고, 동 40분 서기장의 독표(讀票)로 선거위원 입회 중에 개표하였는데, 그 결과는 15인의 후보자 중 1인도 낙선 없이 다음 제씨가 당선되었더라.

일본인: 4표 원전금지우(原田金之祐), 동 시택근차랑(矢澤近次郎)(동생), 동 임전금차랑(林田金次郎), 동 중촌재조(中村再造), 3표 목본창이(木本倉二)(경전), 동 정본등차랑(釘本藤次郎), 동 좌야언장(佐野彦藏), 동 미원말태랑(楣原末太郎), 동 소곡청(小谷淸), 동 대하구길(大賀龜吉)(동건), 동 고목덕미(高木德彌), 동 진진마(進辰馬)

조선인: 4표 한상룡(한은), 3표 백완혁(농은), 2표 조진태(상은)

〈자료 89〉 경상 역원 인가(매일신보, 1917.12.26.)

경성상업회의소에서는 과반 역원 선거의 건은 감독관청에 인가 신청 중이더니 얼마 전 인

가의 지령이 있었다더라.

〈자료 90〉 상의(商議) 부회두 인가(매일신보, 1918.12.7.)

경성상업회의소에서는 전 부회두 백완혁이 전 한호농공은행이 식산은행이 됨에 관련하여 자연 자격의 관계상 결원이 되기에 이른바 회의소에서는 10월 23일 평의원회를 개최하고 조선상업은행 대표자 조진태를 선거하여 바로 총독부에 대하여 인가 신청 중이더니 12월 5일 부로 인가되었더라.

〈자료 91〉 경성상의 개선, 선거인 명부 종람(縱覽)(매일신보, 1919.10.29.)

오는 12월 1일 경성상업회의소 평의원 정기 개선(改選)에 대하여 11월 1일부터 7일간(일요일을 제함) 매일 오전 9시부터 오후 4시까지 동 회의소에서 선거인 명부를 종람케 할 터인데, 만약 관계자가 이 명부에 이의가 있을 때는 기간 내에 그 이유 및 증빙을 갖춰 회두에게 신출(申出)함을 요한다 하며, 또 선인별 각급의 평의원 선출수는 추후 발표하리라더라.

〈자료 92〉 상의원 개선과 회원 부과금(매일신보, 1919.10.30.)

오는 12월 1일 개선(改選)할 경성상업회의소 평의원 일·선인 합하여 30명을 선출할 터인데, 현재 동 회의소 선거인 명부에 등록한 회원수는 1,352명 중 일본인은 763명, 조선인 589명이요, 또 부과금의 총액은 3만 5,816원 98전 중에 일본인 부과금 2만 6,950원 4전, 조선인 부과금 8,866원 94전, 회원수 및 부과금을 기준으로 하여 위 30인 중 일선인 선출 인원을 안분 결정할 터이니, 그리고 선출 평의원은 1급, 2급에 나눠 1급에 속한 자는 현재 27명이며 그중에서 15명을, 2급에 속한 자는 1,325명 중으로서 15명을 선출하게 되었다더라.

〈자료 93〉 경상(京商) 개선(매일신보, 1919.12.2.)

경성상업회의소 평의원 선거는 예정과 같이 1일 오전 9시부터 장곡천정(長谷川町)[7] 신축 회

7 현 서울 중구 소곡동의 일제강점기 명칭.

의장에서 개시하여 오후 1시 반에 개표하였는데, 조선인 측 당선자의 점수 및 씨명은 다음과 같더라.

최만섭 93점, 최찬희 73점, 예종석 46점, 김동은 46점, 홍종찬 37점, 백형수 31점 이상 당선. 박영근 18점, 김응룡 14점, 최규익 8점, 이상 차점.

〈자료 94〉 경상(京商) 개선, 1급 당선 의원(매일신보, 1919.12.3.)

경성상업회의소 1급 의원 선거는 1일 오후 3시부터 개시하여 동 4시에 개표하였는데, 당선자 씨명 및 득점수는 다음과 같더라.

조선인 측: 한상룡 3표, 조진태 2표

일본인 측: 미농부준길(美濃部俊吉) 5표, 송기시면(松崎時勉) 4표, 정본등차랑(釘本藤次郎) 4표, 임전금차랑(林田金次郎) 4표, 시택근차랑(矢澤近次郎) 4표, 고정건차(高井建次) 4표, 대하구길(大賀龜吉) 3표, 송본승태랑(松本勝太郎) 3표, 진진마(進辰馬) 3표, 좌야언장(佐野彦藏) 3표, 고성구지조(古城龜之助) 3표, 고목덕미(高木德彌) 2표, 지기신태랑(志岐信太郎) 2표

제2급 당선의 조선인 의원은 어제 보도와 같거니와 일본인 측은 다음과 같음.

북촌정태랑(北村貞太郎) 98표, 서기원태랑(西崎源太郎) 78표, 조기반조(篠崎半助) 70표, 고도주우(高島周祐) 58표, 등전안지진(藤田安之進) 55표, 등부국태랑(藤富國太郎) 51표, 이궁상일(二宮常一) 50표, 십본가삼랑(辻本嘉三郎) 50표, 산전구태랑(山田龜太郎) 38표

〈자료 95〉 상의(商議) 분과위원(매일신보, 1920.1.13.)

경성상업회의소에서는 과반 선임한 상의원 스스무 다쓰마(進辰馬), 하야시다 긴지로(林田金次郎), 마쓰모토 카타로(松本勝太郎), 한상룡 제씨에 대하여 진(進)씨를 상업부 위원장으로, 임전(林田)씨를 교통운수부 위원장으로, 마쓰모토(松本) 씨를 공업부 위원장, 한상룡 씨를 금융부 위원장으로 위촉할 터이요, 각 부 위원의 관장 사무도 이미 내정하였더라.

〈자료 96〉 전선 상의연합 임시총회(매일신보, 1920.2.5.)

오는 6일 경성상업회의소에서 전선 상업회의소연합회의 임시총회를 개최하고 평양상업회의소가 제출한 평원선 속성 기성 방침에 대하여 토의, 결정할 터이므로 오늘 4일 오후 2시에 동소 내에서 재경 상업회의소 역원회를 열고 오는 6일 임시총회에 출석할 인원을 선정한다더라.

〈자료 97〉 상의연합회 결의안(조선일보, 1920.12.23.)

임시 조선상업회의소연합회는 그저께 21일 오전 11시 반부터 경성상업회의소에서 개회한 일은 이미 보도한 바와 같거니와, 당일 다음과 같은 결의를 하고 오후 4시 30분에 회의를 마치고, 22일 오전 11시부터 구기모토 토지로 씨 외 일동은 총독부로 사이토 총독, 기타를 방문하고 ■의문을 제출하였는데

1. 조선 산업 철도에 관한 건

조선 산업 철도 해산 문제는 조선 통치상, 개발상에 지대한 관계가 있고, 또 해산의 이유가 극히 박약함으로써 총독부 및 회사 중역에 대하여 반성을 절실히 촉구하고 아울러 다음의 건을 실행하기를 절실히 바람.

갑. 해산에 대하여는 후지야마(藤山) 사장으로 해산파 주주에 대하여 최선의 노력으로써 ■ 반성을 촉구케 하되 필요■ 응하여 해산파의 소유 주식은 상당한 시가로써 후지야마 사장 및 기타 중역에게 이를 매수하는 등의 처치를 권함.

을. 총독은 조선 사설 철도 주권(株券)에 대하여 최대의 금융을 가능하게 주선할 것.

병. 조선총독은 조선 사■ 철도에 대하여 불입 8주 이상의 계속 보급을 속히 실행하게 주선할 것.

철도의 근본 개선에 대한 청원

조선 사설 철도망의 완성을 기하기 위하여 그 근본 정책으로 다음의 이 방법의 실행을 절실히 바람.

1. 사설 철도의 속성을 꾀하여 현재 각 사 철도를 반관 반민의 일대 회사의 조직으로 개선할 것.

1. 척식 철도법을 이번 회기 의회에 제출하여 조선의 사설 철도의 기초를 확립할 것.

2. 평원 철도 예산에 관한 건

평원 철도는 조선상업회의소연합회의 요망과 조선 통치의 대국에 비춰 현 총독은 일단, 1920년도(大正 9) 예산에 그 비용를 계상하였으나 중앙 재정의 형편에 의하여 이를 삭제■였으으■ 당시에 관계 방면으로부터 극력 그 부활을 촉구함에 ■하여 총독은 반드시 1921년도(大正 10) 예산 계상을 성명함에 불구하고, 이미 그 소신에 기하여 계상한 예산을 또 중앙 정부의 삭제에 맡김은 통치상의 신망을 지탱, 보전하는 바가 아니라고 믿는다. 하여 우리 연합회는 이에 다시 본 철도 시설의 급■하기를 절규하고 단정코 그 예산을 부활하기로 노력하기를 간절히 바람.

3. 조선 이입 관세 철폐 연기에 관한 건

의회에서 3월 31일 한하여 철폐를 성명하고 한 달 전에 법령으로 천하에 포고하였는데. 지금에 와서 이를 연기로 결정한 것은 정치 도덕의 파괴이다. 총독의 위신을 실추시키는 중대사라 하겠다. 따라서 단연히 3월 31일 한하여 철폐하기를 열렬히 바람.

〈자료 98〉 상의(商議) 회원 자격, 700명 대감소(매일신보, 1921.4.12.)

경성상업회의소에서는 지난 7일 오후 2시 임시 평의원회를 개최하고 정관 제5조 동소 회원 자격 '부세(府稅) 13원 이상 납부하는 자'라 한 것을 '부세 20원 이상을 납부하는 자'로 정관 개정의 건을 결정하여 현재 경성부에 대하여 승인 신청 중인데, 개정한 후는 현재 회원 2,590명 안에 702명이 감소되리라더라.

〈자료 99〉 경성상의 회원 자격 변개 내용(동아일보, 1921.4.16.)

이미 보도한 바와 같이 경성상업회의소에서는 정관 제5조를 개정하여 회원 자격을 현재에는 '영업세 13원을 납부하는 자'를 회원으로 하였으나, 금후에는 '20원을 납부하는 자'에 한할 것으로 결정하여 3월 7일에 당국에 대하여 인가 신청을 제출하였는바, 불원간 인가되어 실시케 되면 결국 현재 회원 중에 700명이 감소하게 되리라는데, 이의 개정 경과에 대하여 오무라(大村) 경성상업회의소 서기장은 말하기를 경성상업회의소 현재 회원은 약 2,700명이요, 그중 조선인이 1,250명, 일본인 1,450명인바 회원 자격이 영업세 20원 납부자에 한하면, 조선인 중에서 300명과 일본인 중에 400명, 합계 700명을 감소하게 됨은 사실이라. 이에 대하여 시대착오라 하여 비난하는 자가 있음과 같으나 이는 오해이라. 상업회의소와 같은 특수기관의 비용은 소규모 상업자가 부담할 것이 아니니 현재 영업세 납부액의 100분의 20을 회비로 부담하는바, 소자본 상인에게 이것을 부과함은 양쪽이 불편한 바이라. 상공업의 조사와 발전을 꾀하여 일반 당업자에게 편의를 줌은 회원임과 비회원임을 차별하지 않음은 물론이며, 중요한 상공업자가 회집하여 소자본의 상공업자의 발전을 꾀함이 상례이라. 보통선거와 같이 정치에 참여할 권리 의무를 주장하는 것이 아니며 상업회의소는 일종 조합에 불과한 것이다. 경비를 부담치 않아 회원 자격이 없다 할지라도 자가의 경우와 당업의 정황을 소개하여 발전을 꾀함에는 하등 차별이 있을 바가 아니라, 경성 영업세는 1919년까지는 도매에는 매상액의 1만분의 7과 소매에는 매상액의 1만분의 14이던바, 1920년도부터는 도매에는 1만분의 10과 소매에는 1만분의 20으로 결정, 징수하게 되었으므로 일시에 회원이 2,200명이 증가한 바인데, 이제 회의소에서 일찍이 시행하던 13원제를 20원으로 변경하였음은 적당한 처치일 뿐 아니라 연도 관계가 있은즉 시기도 결코 지연된 것이 아니라 하노라 운운.

〈자료 100〉 상의(商議) 회원 자격, 인상 인가(매일신보, 1921.7.10.)

경성상업회의소 회원 자격은 경성부 영업세 연액 13원 이상의 납세자이던 것을 연액 20원 이상 납부하는 자로 개정할 건은 당국에 대하여 인가 신청 중이던 바 6월 28일부로써 마침내 총독의 인가가 있어 9일에 교부되었는데, 이 자격 인상을 위하여 동 회원은 종전에 비하여 700여 명의 감소 실격자를 내고 잔여 회원은 1,300명 내외이더라.

〈자료 101〉 서기장 오무라 도모노조(大村友之丞), 「재계의 추이와 상업회의소의 활용」(『조선경제잡지』 제73호, 1922.1.)

전후 재계의 호황은 1919년에 최고의 극점에 도달하고 1920년에 반동적 급하강의 최극점에 빠졌다. 이후 계속된 침체 속에서도 지난 1921년 초봄부터 해당 시장의 주요 물자인 면사포, 쌀, 콩은 시세가 조금씩 올랐으며 토건 건축계에서도 다소의 활기를 띠기 시작했다. 혹은 주식계에서도 어느 정도 원기를 왕성하게 회복했지만 그로부터 여름과 가을의 어려운 시기를 경과함에 따라서 일시적인 주식계의 차질을 제외하면 전체적으로 호경기를 보이며 어쨌든 전년도 불황에 비하여 사람들의 기운이 바뀐 감이 없는 것도 아니다. 여기서 성급한 사람들에 의해 혹은 일반 재계는 안정기에 접어들었다고 낙관하기에 이르렀다. 그러나 우리들은 이러한 것을 실질적으로 관찰하면, 이러한 변화는 결코 광범위하지도 않으며 심각하지도 않다. 그러나 단지 장기간 재계의 고인 곳의 일각을 점거하고 교란 정세를 관찰하고 있던 사람들에는 일종의 구제를 보여 준 것에 다름 아니다.

농업 본위 국가—보다 정확하게 말하면, 대부분의 생산을 농업에 의존하고 있는—인 우리 조선의 산업 상황은 동서로 이웃하고 있는 모국 및 만주의 그것에 비하여 재계 호황의 시기에 현란하고 화려함을 보여 주는 대신에 침체 시기에도 비교적 내구력을 가진 특징은 최근 3년간에 현저한 실험으로 명확하게 파악하게 되었다. 경제적 조성 관련에서도 오늘날과 같이 착종된 미묘한 정세하에서 조선 재계의 변화는 홀로 조선 내 농산물의 흉풍의 여하, 혹은 모국 재계의 변화에 따라서만 좌우될 뿐만 아니라 직간접적으로 어쩔 수 없이 세계적인 변동의 파급도 미치게 된다는 것을 잊어버려서는 안 된다.

하나의 예로 물가 등락의 추세를 보면, 우리나라 물자의 가장 중요한 거래처이며 동시에 경제적으로 모든 부의 원천이며 경제적 여러 시설에서도 세계 제일을 자랑하는 미국에서는 재계의 반동 이후, 특히 작년 봄 이후 매월 연속적으로 더구나 규칙에 맞게 물가지수가 하락을 보여 주고 있다. 그 외 영국, 프랑스도 점차 하락하여 일관된 것과 정반대로 우리나라에서는 내선 모두 동일한 보조로 매월 얼마간의 등귀를 보여 주고 있다. 이와 같이 우리나라 여러 물가의 등락이 서구 문명국의 그것과 정반대의 추세를 보여 주고 있는 것은 여러 종류의 원인이 개재하고 있기 때문이지만, 어쨌든 이와 같은 부자연스러운 현상에 의해 곧바로 우리나라 재계는 회복기에 들어섰다고 단언하기에는 근시안적이고 피상적인 관찰이라 우리들은 도저히 찬성할 수 없다. 즉 지금 우리나라 대외무역 정황은 문을 열고 물자의 반출을 행하는 것과 같으며, 이것은 우리나라의 수입초과 무역이 일반 재계에 미칠 영향이 어떠할지와 합치하지 않는 단편적인 관찰에 지나지 않는다.

전체적으로 재계의 경기 반복은 별개의 주기로 성립하는 것이다. 그리고 각각 그 기간을 달리하지만, 주기는 4개의 시기로 성립한다. 즉 1) 호경기, 2) 쇠퇴기, 3) 침체기, 4) 회복기가 그것이다. 이는 자연적이며 상공업상의 법칙은 이들 주기를 항상 4개의 서로 다른 시기에서 성립되고 있음을 결정한다. 그러므로 법칙 외의 호경기가 계속되어도 곧바로 불경기가 도래하지 않는다는 생각은 잘못된 것처럼 일반적으로 호황을 보이고 물가 앙등의 호황 시기를 경과하지 않고 끝없는 침체 시기가 있을 수 있다는 생각도 역시 동일하게 잘못된 것은 말할 필요도 없다. 여기에 두 가지이면서 그 변동 정세에 대해서는 반동이 없을 수 없다.

우리는 전후 우리 재계의 경과를 되돌아볼 때, 여기에 분명한 주기의 제1기부터 제2기를 경과하여 그리고 제3기에 있으며 제4기의 회복기의 진전을 갈망하고 있다는 점을 알고 있다. 그리고 이미 서술한 것처럼 전후 상공계에서는 그 조성 관련한바, 단순히 지방적, 내국적으로 그치지 않고 국제적, 세계적으로 진전되어 온 것으로 오늘날의 정세에서 반도의 경제적 활동 역시 구조선시대처럼 조선은 조선만의 경제권 내로 귀결되고 있는 것은 아니다. 각 상점은 모든 힘을 자신의 가게에만 집중해도 부족한 상황이 되었다. 재계의 역사는 자연적으로 그리고 상공업의 법칙에 의해 각각 별개의 4시기를 반복한다고 한 것처럼 우리들은 재계 변동의 조류에 역행하는 것은 불가능하지만 일정한 정도까지는 그 대세를 거스르고 화를 복으로 바꾸는 것은 가능하다. 그리고 그것은 협동 일치의 힘에 의하지 않으면 안 된다.

내가 이곳 상업회의소 사무를 맡고 나서부터 이리저리 10년의 세월이 지났다. 그동안 이곳 상공계의 변화 발전의 모습은 실로 놀랄 만한 것이었다. 이것을 일반 상공업자들에 대한 회의소의 사무를 통해서 관찰하더라도 한편으로는 상공업의 각종 조사에 대한 신청이 점차 증가하는 추세를 보이고 있는 점은 점자 확대되고 있는 시장에서 복잡 미묘한 경제 관련 문제에 능력을 발휘하고 있는 하나의 반영이며, 다른 한편으로는 각 점포 서로 간에 협동 일치의 실적이 점차 눈에 띄게 된 것은 축하할 일이다. 그러나 이것을 다른 측면에서 관찰하면 아직 불행하게도 다수의 해당 업자는 단순히 회의소에서 얻을 수 있는 직접적인 물질적 이익만을 생각하고 그 본래의 조직이자 상공업의 중심 대표적 기관인 상업회의소에서 상공업상의 일반적 보편적 이익을 획득할 수 있다는 생각에 이르지 못한 나머지 속이 보이는 사실을 인정하지 않을 수 없는 것은 유감이다.

신년 새해 초두에 한마디 논하는 것으로 상업회의소의 활용에 대해 충분히 그 기능을 발휘할 것을 희망하는 바이다.

〈자료 102〉 상의(商議) 개선기와 의원 변경 다대?(조선일보, 1925.2.28.)

경성상업회의소 평의원은 오는 11월 말일로써 만 2년간의 임기 만료인데 1급, 2급 각 15명 중 현재 1급에는 구기모토 전 회두, 실은(實銀) 대표 풍전명경(豊田明敬) 씨의 2명의 결원이 있어 다음의 13명이다.

조진태(趙鎭泰)[상은(商銀)] 사미맹삼랑(寺尾猛三郎) 증전삼수(增田三穗) 도변정일랑(渡邊定一郎) 십본(辻本) 가삼랑(嘉三郎) 고교장지조(高橋章之助)[교육 보성(教育 普成)] 은전동길(恩田銅吉)[조우(朝郵)] 호도우차랑(戶島祐次郎) 좌견언장(佐堅彥藏) 한상룡(韓相龍)(한은(漢銀)) 부야번시(富野繁市) 진내무길(陣內茂吉) 고성구지조(古城龜之助)

그런데 도변(渡邊) 회두는 미리 안질이 빨리 나으면 이번 임기로써 은퇴하겠다고 성명하였던바, 이미 신문도 읽을 수 있게 되어 다음 달 3일 퇴원키로 되었으므로 다음 회는 출마치 않을 터이오. 이에 재차 회두난을 낳게 될 것이며, 2급에 이르러 아직 1925년도(大正 14) 영업세 사정 미완료로 유권자 등도 확정하지 못하여 남은 날이 많으므로 하등 운동도 없으나, 1급 후보자 중에는 토목협회 등을 중심으로 벌써 운동을 시작한 자가 있는 모양이며, 만철은 이관의 결과로 종래 1급 2표가 석탄, 판매부 1표로 되어 중심은 의연 토목협회와 그다음에 은행집회소, 또 특별 평의원 4명 중에도 이진호 씨 자리가 결원인 것과 안도(安藤又三郎) 씨도 이관의 결과 결원이 되겠고, 다시 아루가 미쓰도요(有賀光豊) 씨도 7월의 식은 두취 임기 만료와 함께 이에 상의 평의원은 상당한 변경을 보겠더라.

〈자료 103〉 상의원 임기 연장안, 현의 2개년을 4개년으로, 인천상의소 입안 제출 (매일신보, 1925.5.29.)

현재 조선상업회의소 의원 임기는 만 2개년인바, 현행의 「조선상업회의소령」은 1915년 7월 15일에 제정되어 이래 11년간을 경과하였으나, 당시에 임기를 2개년으로 제정함은 도시의 극변(劇變)으로 인한 주민의 이동이 번다함을 예측한 바이나, 제정 후 10여 년간의 경험과 현상에 비추면 일본의 4년제에 준할 필요를 느끼는 터이므로 인천상업회의소에서는 이에 비춰 오는 6월 23일 원산에서 개최될 전선 상업회의소연합회에 제의코자 방금 입안 중이라더라.

〈자료 104〉 상의 선거와 내부 개조 문제(조선일보, 1925.11.3.)

경성상의의 총선거도 1개월 후에 임박하였는데 상의 내부의 개조 문제가 일어나는 오늘에 2급 유권자는 물론이요, 특히 1급 유권자에게 신중한 고려를 요할 점이 있는바, 이는 곧 회의소로 하여금 본래의 사명에 복귀케 하기 위하여 적당한 인물을 선거하기를 원하는 것이다. 종래의 상태를 보면 그 소위 천하 국가를 논하는 이는 있을지라도 진실한 상공업자를 위하여 고려하는 자가 적어 상공업자의 기관인 회의소로서는 맞지 않다는 의논이 많았다. ■■으로 뜻있는 자가 경원적 태도에 나오는 것도 무리가 아니고, 은행 관계자가 평의원 되기를 기뻐하지 않는 풍이 있는 것도 한편으로 이 같은 풍조를 혐기(嫌忌)함에 기인함이라는 바, 은전(恩田) 씨와 같이 상해 당시에 그곳 회의소 위원 되었던 경험으로부터 이곳에 와서도 의원이 되었으나 전혀 기하는 바에 반하여 인퇴(引退)코자 함에 이르렀을 것이다. 그 의논을 좋아하는 인물은 왕왕 의논을 위하여 의논을 만들어 내는 경향이 있어 회의소를 단지 의논의 부(府)로 되게 할 염려가 있는바 오늘날 일반으로 상업회의소가 권위를 실추한 것은 일면 이 같은 풍조에 기인한바 많을 것이므로 내부 개조는 먼저 평의원의 소질부터 개조할 필요가 있는데, 이에는 범위가 협소한 1급 유권자로부터 모범을 보이는 것이 가하겠더라.

〈자료 105〉 경성상의 특별평의원(매일신보, 1925.12.29.)

경성상업회의소 특별평의원은 12월 25일부로 다음 5명을 총독이 임명하였더라.

아루가 미쓰도요(有賀光豊), 구기모토 토지로(釘本藤次郎), 가와우치(河內山樂三), 이규완, 원덕상

〈자료 106〉 상의(商議) 개선 잡관(매일신보, 1927.12.3.)

경성상업회의소 평의원 개선은 1일 오전 9시부터 개막되었다. 이 선거는 정치적 색채가 조금도 없고 고객 앞에서 머리를 숙이고 백배하는 상고(商賈)가 중심인 만큼 유권자의 쟁탈도

타산적으로 가장 교묘히 한다. (후략)

〈자료 107〉 상의(商議) 의원 1, 2급제 개선 필요가 있다(매일신보, 1928.11.10.)

경성상업회의소에서는 「회의소령」 개정에 관한 답신안을 심의키 위하여 9일 오전 10시부터 역원회를 열고 오후 1시부터 평의원회를 열었는데, 현행 1, 2급제를 어떻게 할까 하는 것이 문제의 중심이다. 제1차 역원회에서는 1, 2급제의 존속을 가결하였으나, 9일 다시 동 문제로 역원회를 연 것은 일부에서는 현행제 개정을 주장하므로 이에 대하여 화전 양쪽의 준비를 하는 모양이다. 한편 7일에 개최된 하주협회, 도매상연맹, 상공연합회 3단체 연합 총회에서는 보선(普選) 주장이 9명, 1, 2급제는 시인하나 현행제는 개정의 필요가 있다는 자 15명으로 상공단체는 모두 현행제의 개정을 더하지 않을 수 없다. 현행제는 1급 15명이 25, 6표를 다툼은 불합리이니 일본식으로 총부과금은 총회원수로 분배하여 표준점을 정하고 1, 2급제를 결정하든지 1급의 정원을 10명으로 감하고 1인의 득표를 최고 20표, 최저 10표로 개정할 필요가 있다는 의견도 있더라.

2) 활동

〈자료 108〉 회의소의 현상(懸賞), 공업장려책 응모 규정(매일신보, 1916.4.22.)

경성상업회의소가 기획하는 가정공업 장려는 20일 오후 2시부터 개회한 역원회에서 다음과 같이 규정을 결정, 발표하였는데, 회의소에서는 응모한 1등 당선의 가정공업 장려안에 의거하여 바로 실행에 착수할 터인데, 개인으로 이를 인수, 경영하든지 혹은 회의소에서 지정한 자로 하여금 일반에게 지도, 장려 방법을 강의하게 하는 등의 처치를 취하고 회의소는 하등 영리적에 관계하지 않는다는데, 또 이 문제에 대하여 조회코자 하는 사람은 직접 회의소에 문의함이 가하겠다더라. (후략)

〈자료 109〉 고상(高商) 설치 건의(매일신보, 1918.11.30.)

경성상업회의소에서는 조선이 고등상업고등학교 설치의 필요를 인식하고 당국에 대하여 이를 건의할 차로 목하 준비 중인데, 명년 개최 상업회의소연합회의 동의를 얻어 전선 상업회의소가 건의하리라더라.

〈자료 110〉 고상(高商) 설립 필요(매일신보, 1918.12.6.)

경성상업회의소에서는 이미 보도한 바와 같이 경성에 고등상업학교 건설의 급무를 인식하고 이에 관하여 여러 가지 조사한 바가 있어 내년 9월경에 개최할 제2회 전선 상업회의소연합회의 협찬을 거쳐

▲ 각 상업회의소의 연맹으로 당국에 건의할 방침인데 이에 관하여 경성상업회의소 서기장은 말하기를 조선에는 이미 의학전문학교, 공업전문학교, 법률, 기타에 관한 교육기관은 조금 구비하였으나 아직 상업적 지식 및 기능을 교수할 하등 기관을 갖추지 못하였으므로 경성상업회의소는 경성뿐 아니라 전선 상업 발전을 위하여 몇 푼이라도 공헌코자 항상 노력하는 터인바 이에 고등상업학교 설치가 필요한 기운(機運)에 제회(際會)한 것을 인식하고 이를 주창한 소이(所以)라. 이 설치의 급무임은 이에 다시 노노(呶呶)한 필요가 없으나 특히 우리 조선인은 현재 상태에 비춰 징치직 활동을 개시함보다도 차라리 성공 실업 방면에 활동 진진할 시세에 있다 할지라. 더욱 조선인의 다수는 상업적 지식이 풍부하여 산반(算盤)과 같은 수예에 이르러도 실로 선천적 기교를 가진 자인 듯하니 즉 저들에 대하여 일본인과 함께

▲ 진보된 과학적 지식과 기능을 주면 저들의 발전은 볼만한 것이 있을 것이라. 그 지능을 향상케 하고 반도 상공업을 위하여 공헌이 있게 되면 시세의 추이에 짝하여 극히 긴급한 일인 줄로 믿노라.

〈자료 111〉 상의(商議) 지진제(매일신보, 1919.3.9.)

오늘 8일 오전 10부터 장곡천정의 상업회의소 건축 부지에서 부회두, 서기장, 위원장, 토목협회장, 기타 의원, 역원 20여 명 참열, 지진제(地鎮祭)를 거행하였더라.

〈자료 112〉 경상의 이전(매일신보, 1920.1.14.)

경성상업회의소는 2일 장곡천정의 신축 공회당 내 동 회의소 사무실에 이전하였다더라.

〈자료 113〉 공회당 겸용 경성상업회의소 낙성식(동아일보, 1920.7.11.)

공회당 겸용 경성상업회의소 낙성식은 10일 오후 6시에 성대히 거행하였는데, 오늘 7월 11일 오후 1시에는 동 회의소 주최로 기념 강연회를 개최한다더라.

〈자료 114〉 상의연합회는 목포에 개최(매일신보, 1926.3.24.)

6월 상순 경성에서 개최로 결정인 전선 상업회의소연합회는 그후 목포로부터 11월 상순 동지에서 개최하고자 하는 희망이 있는 고로, 개최지의 변경을 각지 상업회의소에 요청한바 부산, 군산, 진남포를 제한 외 각지의 상업회의소는 찬의를 표해 온 고로 동지에서 개최하기로 결정하였더라.

〈자료 115〉 만속 관세 철폐 무의, 상의(商議) 회답 내용(조선일보, 1927.3.13.)

경성상의에서는 11일 오후 2시부터 임시 평의원회를 열고 하얼빈 일본상업회의소로서 조회한 만주속(滿洲粟) 관세 철폐 및 철폐운동의 가부에 관한 건을 부의한 결과 다음의 이유로 영원한 철폐이면 모르나 1년도 한의 면제운동은 효과가 적다고 결정한 뜻을 회답하게 되었다더라.

1. 조선 미 이출에 의한 조선 내 식량품 불보충으로 속 및 외미를 다량으로 수입하는 현상에 비추어 당국은 근년 속작을 장려하여 전 도에 걸쳐 상당한 면적을 얻은 오늘날에 관세를 철폐하여 속 수입을 촉진하는 것은 위 장려상에 영향이 있다는 의미로 조선 당국은 외미수입세 철폐를 주저하고 있다.
2. 작년의 예에서 보매, 수입 총량은 218만 석으로 이 관세 수입은 약 300만 원에 달하여 4월부터 10월에 이르는 7개월간 수입량은 92만 석으로 이 관세액 110만 원이므로 만약 철폐한다면 이로 생기는 감수를 보충할 재원을 얻지 않으면 안 된다. 그러나 조선 현 상황은 새로운 세 부담력이 없으므로 극히 곤란하다.
3. 재작년 조선 미 부족인 때에 이 관세를 철폐하려고 당국에서 획책이던바, 만주에 누설되며 투기거래를 교사(教唆)하여 만주 ■장 시세는 관세액 이상으로 앙등한 실례가 있고, 본년은 당시와 다소 경제 사정이 다르나 철폐 기간을 본년 10월 말일까지로 하면 선내 시세 하락을 기대키 어

렵다고 상상된다. 현재 외미 관세 철폐 후 산지에서는 바로 50전 이상의 앙등을 고한 실례가 있는 등 철폐가 반드시 충분한 효과를 거두기 어려운 것 같다.

4. 수입 속 출회는 매년 2월부터 5월까지를 최성기로 하고, 이 사이에 약 반수를 수입함이 상태(常態)라 하여, 본 관세 철폐를 가령 4월 1일부터 한다 해도 수입의 반은 종료된 후이므로 그 효과는 반감된다.
5. 조선의 상인 실수요자 간에 그다지 열망되는 모양이 없고 냉담한 태도이다.

〈자료 116〉 전조선상의연합회의 의안 축조 심의(조선일보, 1930.5.8.)

제1일

제13회 조선상업회의소연합회외 제1 일정인 5일은 오전 중에

의안

제1호 「미곡검사규칙」을 개정하고, 주조미(酒造米) 특별검사를 당국에 요망할 건

제2호 중소 상공업에 대한 금융 개선을 위하여 다음 시설을 당국에 요망할 건

을 가결하고, 오후는 1시 반부터 계속하여 개회하고, 총독부에서는 마쓰무라(松村) 식산국장, 하시(土師) 상공과장, 후지모토(藤本) 세무과장 등이 출석하여 가토(加藤鐵治郎) 씨가 의장이 되고

제3호 의안 남만주철도주식회사가 계획할 소화제강소의 위치는 기정 계획을 답습하여 제국 영토 내에 결정하고자 당국에 요망할 건

을 의제에 올리고 의사에 들어 '제국 영토'를 조선 내로 수정 가결함

제5호 의안 1931년도 이후 조선철도망의 기정 연도 건설계획 부활을 요망할 건

을 토의하여 독회를 생략하고 가결하였으며, 다음

제6호 의안 조선의 도량형기 판매가격의 인하를 요망함

은 '판매가격의 인하' 아래에 '및 수선료 저하'를 삽입하기로 수정 가결

제7호 안 중소상공업자의 구제 보호에 관한 요망의 건

은 내용의 일부분인 '중소상공업자에 대한 금융 문제'는 제2호 안에 중복돼 있으므로 이를 적발 심의하여 만장일치로 가결하고

제8호 의안 원산항의 설비 확장 급설(急設)을 거듭 요망함

은 독회를 생략하고 가결하였으며, 또 인천 제출의

제4호 의안「영업세령」중 개정건을 상정시켜 의안에 붙여 심의를 계속하여 제안자가 이유의 "세령 중 부과율 및 영업의 종별에 관하여 수익을 고려할 개정 및 면세점을 안배하기 위하여 각 회의소에서 부분적으로 조사하고 그 결과를 본년 12월까지에 연합회에 보고하기로 함"

중의 12월까지를 10월로 수정하자는 수정안을 제출하고, 이에 대하여 다시 6월 말까지로 하자는 안도 있어 의논이 분분하였으므로 3시 55분에 휴게하였다가, 4시부터 재개되어 결국 '8월까지'로 수정, 가결하니 4시 10분에 제1 일정을 종료하고 산회하였더라.

제2일

제2일은 6일 오전 10시부터 개회하고

제7호 의안(청진상의 제안)

1. 중소상공업자의 구제 보호에 관한 희망의 건
2. 중소상공업자에 대한 제세의 부담 경감에 관한 문제
3. 각종 구매조합에 관한 문제

에 대하여 시모토(四元) 씨(청진)가 제안 내용을 설명하고 유야(油谷) 씨(목포), 무라카미(村上) 씨(목포), 기타가 "철도국 소비부의 운임이 저렴하여 거의 무임과 마찬가지라 하니 과연 그런가"의 질문에 대하여

오오노(大野) 씨(철도)가

"결코 무임과 마찬가지가 아니다. 매상고 연액 300만 원에 대하여 운임은 약 6만 5,000원을 징수한다"

고 응답하고, 기타 운임 일본·조선의 출향지별 등의 통계를 질문하였던바, 조사한 후에 회답하겠다 하였다. 오오무라(大村) 씨(경성)의 동의에 의하여 중소 상공업자에 대한 제세의 부담 경감에 관한 문제는 5일에 심의하였다. 인천상의 제안의 제4호 의안과 공통하여 이미 심의한 것이니 이에 결의를 생략하여 공동 심의함이 여하하냐고 자문하매 제안자가 찬성 각종 구매조합에 관한 문제는 철도 소비부만에 관한 일이면 '철도 소비부에 관한 문제'로 수정함이 여하하냐 하고 오노(小野) 씨(원산)가 발의하고 기타 구매조합에 관한 문제로 함이

좋다는 설도 있어 종종 의논이 비등하였다. 11시 40분에 휴게하고 11시 50분 재회(再會) 2독회의 계속. 도시마(戶島), 와타나베(渡邊) 씨(경성), 와카마츠(赤松) 씨(군산) 등이 "사회 중대문제이요, 또 그 토지에 의하여 이해관계의 완급 영향이 있으므로 더욱 충분 조사, 연구할 여지가 있다 하면 이 결의를 다른 날로 미룸이 여하"하냐고 보류설을 창하였다. 시모토 씨(청진)가 완강히 원안을 주장한 결과 재결(裁決)에 의하여 원안한 대로 가결. 제2항은 인천상의 제안과 병합하기로 결정하고, 오후 12시 20분에 휴게하였더라. (계속)

〈자료 117〉 전조선상의연합회의 의안 축조 심의(조선일보, 1930.5.9.)

제2일(속)

오후 1시 40분부터 재회하고 가토 부회두가 의장석에 나아가 곧 의사에 들어갔다.

추가조 1호 의안(청진, 원산, 신의주, 진남포, 목포, 부산, 대구 상의 제안)

철도화물 운임등급표 중 목재 임금에 관한 저감을 요망할 건

1. 목재를 화물특별 등급에 편입하여 화물특별임률표에 의한 임률의 최저급으로 개정하기를 요망함
2. 운임등급표 중의 '목재, 전주(電柱)'를 삭제하고, 환태재(丸太材)와 마찬가지로 취급하여 방법 개정을 바람

구니유키(國行) 씨(청신)가 제안 내용을 설명하고 다음에 오오노 씨(철도)가=현새 철도국의 화물운임 수입은 약 120만 원이니 그 안 약 30만 원을 할인하므로 최저급에 편입하면 60만 원의 할인이다. 철도국은 다대한 감수이므로 곧 과대 인하는 곤란할 것으로 인정한다.

와타나베 씨(경성)가 실행 곤란으로 인정되므로 적당한 것으로 개정하자는 설도 있고, 다시 5분간 휴게하였다가 오후 2시 5분에 재회하고 본안은 추후에 토의키로 하고, 군산 제안의 부의에 옮겨

추가 의안 제2호(군산상의 제출) 취인소에 관한 당연합회 수차의 청원에 대하여 속히 해결하기를 요망함

와카마스씨(군산)가 제안 내용을 설명하고 다음에 마쓰무라(松村) 식산국장이 당국의 방침에 대하여 설명하니

"이 사실은 극히 필요한 것이다. 실은 될 수 있는 대로 적절히 시설하고자 연구 중이다. 즉 쌀의 일본 이출 방법, 또 이에 필요한 저리 자금의 운용 등을 고구(考究)할 필요이다. 또 시장의 가장 공평한 미가가 결정되어 가장 적절히만 거래케 할 필요가 있으므로 이 문제는 가볍게 취급할 수가 없다. 다른 이해관계도 심대하므로 완전한 제도를 합리적으로 할 것이니 제국의회에서 여러 가지 문답이 있는 바이다. 아직 총독부에 하등 통지가 없으니 의견을 발표하기에는 시기가 이르다."

이것이 끝나고 와타나베 씨(경성)는 산미증식 등에도 우리는 크게 노력하였으나, 그 결과 미의 증산은 되나 그 미의 적당한 처치가 안 되어서는 곤란하니 이 안은 이들에 관련되어 가장 필요하니 속히 발포되도록 당국에 요망할 것을 말하고 의장이 채결한 결과 원안대로 가결하다.

이에 계속하여 마쓰무라 식산국장 자문안인 조선의 공업 동력 및 운수에 관한 개선 구체책 여하를 상정하였다. 마쓰무라 국장이 그 이유를 상세히 설명하고 오는 10월의 임시연합회를 개최할 때에 각 상업회의소가 조사 연구한 답신안을 제출하기로 하고, 와타나베 의장이 의원을 대표하여 마쓰무라 국장에게 감사의 말을 하고 계속하여 추가 제1호 의안을 올려 의안을 목재 철도운임 저감 요망의 건으로 수정안을 채결하니 만장일치로 가결되나, 오오노 철도국 화물계의 철도운임에 대한 설명이 있고, 오후 3시 40분에 와타나베 의장이 모든 의안의 심의 종료로써 폐회를 선포하고 산회하였다더라.

식산국 자문안

마쓰무라 식산국장의 제13회 상의연합회에 대한 자문안은 다음과 같은 것이더라.

1. 조선의 공업 동력 및 운수에 관한 개선 구체 방책 여하

◇ 이 유

공업 동력 및 운수시설의 적부 비용 고저는 조선 산업의 소장(消長)에 중대한 관계를 가진 것이므로 여하히 하여 이를 개선 합리화할까 하는 것은 내버려 두지 못할 문제이니 이에 관한 의견을 구하고자 한다.

3) 분규(민족차별)

〈자료 118〉 계급선거 무기 연기(동아일보, 1921.4.18.)

상업회의소의 정관 변경 즉 회원 자격 승격은 일본 주요 도시와 경성 등지 현 상황에 돌아보아서 별로 이론(異論)이 없는 모양이나, 계급 선거는 조선인 측과 기타의 반대가 격렬한 고로 이 선거안은 무기 연기하기로 하여 인심을 완화코자 함인 듯한데, 16일 오후 1시부터 개최한 계속 임시 평의원회는 지난 28일 평의원회에서 위원에게 부탁한 제8호 정관 변경 건에 관한 위원회의 보고가 종료한 후 본회에 부의함이라더라.(평양)

〈자료 119〉 해임건의안 제출, 전번 결의문은 부족하다고 새로이 건의안을 작성하여 항의, 고장(古莊) 씨의 조선인 모욕 사건(매일신보, 1921.12.21.)

평양상업회의소 평의원 고장인태랑(古莊仁太郎) 씨의 역원 사임 문제에 대하여는 이미 보도한 바로, 일반 평양 시민들은 그 사실을 듣고 고장 씨의 너무 조선인을 멸시하며 열등시함에 크게 분개하여 그 어쩔 방침을 알지 못하고 오직 분한 생각만 들끓는 중 그 망언에 대한 대책으로 평양 조선인 의원 측에서는 결의문까지 작성하여 세상에 광포하고 최후까지에 동 군의 사과를 받지 않고 마지않으리라는 획책이 있었으나 추후로는 그 결의문과 대응책의 불철저함을 스스로 작량하고 일반 태도를 한 번 변해지는 19일 밤에는 조선인 의원 10명이 전부 회두 박경석 씨 가택에 회동한 후 일보를 나눠 새로 고장 군 역원 사임 이유에 대한 건의문을 작성하고 동 건의자와 찬성 자발에 밤이 깊은 줄을 모르고 있었다는바, 그날 밤에 여러 유력한 시민과 기타 유식 계급의 인사로 더불어 충분한 의견까지 교환하여 자못 조선인 의원 제씨의 태도는 심히 강경한 모양이고, 또한 격분함이 하늘에 미쳤다는바, 같은 날 밤에 결정한 건의문은 다음과 같다더라. (후략)

〈자료 120〉 평양상의 분규, 문제의 그후(매일신보, 1922.12.25.)

지난 20일 오후 6시에 평양상업회의소의 전 평의원 유지 일·선인 18명이 회합하여 망년회를 개최하였는데, 평의원 간에 각 그 해결에 대한 이론을 교환한 결과 다음 안을 만장일치로 가결하였더라.

1. 고장(古莊) 씨 대 조선인 관계 문제는 고장 씨의 자발적 성의 있는 태도에 기하여 해결할 것
2. 그런 후에 상업회의소 분규 문제의 무조건 해결을 희망할 것
3. 역원의 진퇴는 각지의 자유의사에 일임할 것

〈자료 121〉 평양상의, 회두 문제(매일신보, 1923.12.7.)

평양상업회의소 제5기 평의원 개선기에 당하여 일부 회원 간에는 상업회의소 개조론, 혁신론, 무용론으로 제론(諸論)이 분분하고, 차기 회두 문제로 다수 유력한 회원 간에 서로 의견이 일치하지 못하여 결국 회의소의 전도가 여하히 전개될는지 용이하게 추측함을 허하지 못하는 상태에 있던바, 지난 1일의 총선거 결과에 의하면 일본인 측에는 지금까지 입후보를 선언하지도 않고 출마할 생의(生意)도 않던 평양의 원로(중략) 무리(無理)로 역천(力薦)한 이면에는 물론 각각 동씨들 중의 1인을 회두로 밀려고 하는 의사가 숨어 있을 것이요, 한편으로 혁신파를 중심으로 한 일부 시민들은 종래의 관계상 혹은 이에 반대가 있을는지도 헤아리지 못한 가운데 (중략) 만일 평의원 일동의 의견이 일치하면 회두 문제는 평화적으로 해결되고, 따라서 상업회의소 전체의 전도도 원만한 낙관을 허할 터이나, 전기(前期)와 같이 회두 후보자 가운데 서로 경쟁이 생기게 되면 당락 여하는 전혀 조선인 측의 향배에 의하여 결정될 터이요, 전기와 같이 당파적 경쟁과 반목이 맹렬해짐에 따라서 회의소는 또다시 분규를 반복하는 비운에 빠지리라 하여 일반 평의원 간에는 오는 10일에 선거할 회두 문제로 여론이 분분한 모양이며 이같이 곤란에 처한 시국을 수습하기 위하여 평의원 이외에도 뜻있는 시민은 분기하여 동서로 분치(奔馳)한다더라.

조선인 부회두

조선인 측의 부회두는 이미 보도하 바와 같이 박경석 씨 설이 가장 유력하고, 다음에 임석규 씨 설이 역시 유력한 모양인데, 지난 1일에 선거한 결과도 역시 양 군이 모두 평의원으로 당선되었으므로 부회두의 영관(榮冠)은 여론과 같이 박경석 씨의 손에 돌아가리라 하며 만일 박경석 씨가 극력하여 사퇴하면 임석규 씨가 당선되리라더라.

〈자료 122〉 평양상의 분요 문제 해결, 지난 10일에 모여 역원 선거를 원만히(조선일보, 1923.12.12.)

지나간 11월에 선거한 평양상업회의소 평의원은 그동안에 무슨 문제가 있어 결국 전 회두 북도장평 씨의 발기로 임시평의회를 개최한 후 개최 벽두에 사임 문제로 의논이 분분하여 결국 교섭위원까지 선정하여 교섭케 한바, 사임 문제에 대하여는 원만한 해결이 있었으나 이제 정·부 회두의 문제로 오랫동안 의논이 분분하던 즈음에 다시 지나간 10일 오후 1시에 평양상업회의소에서 임시평의회로 회집하였는데, 어떠한 사정이 있으므로 정각보다 한 시간 늦게 되어 2시에야 비로소 정식 회의를 열게 되었는데, 북도장평 씨의 사회로 개회를 전하자 벽두에 대교항장 씨가 발언권을 청하였으나 회중은 이를 허락지 아니하므로 장내는 다시 소요하여지며 보는 사람으로 하여금 다시 미안함을 주었으며 닥쳐오는 시간은 어느덧 1시가 넘어 3시에 가까웠으므로 순서는 다시 회두 선거로 진행하는 중 입회인을 세 사람을 택할 새 대교항장 씨와 내전녹응 씨와 북도장평 씨 세 사람이 입회한 아래에 선거 투표를 개시하였는데 결국 회두는 대교항장 씨, 부회두는 박경석 씨가 당선되어 지리하던 분요 문제는 이로써 끝이나고 이어서 동회 상무위원을 선거하였는데 당선된 씨명은 아래와 같더라. (평양)

회두 대교항장(大橋恒藏) 부회두 박경석

상무위원 송재엽 모리진차랑(毛利辰次郎) 이은용 산촌장(山村章)

고장인태랑(古莊仁太郎) 중평암장(中平岩藏)

〈자료 123〉 상공의회 개정 전에 평의원 비율이 문제, 선일인 차별은 불가하다(조선일보, 1929.12.10.)

평양상업회의소는 조선인, 일본인 평의원의 정수 비율로 발단하여 드디어 동요를 일으켜 현재에는 아주 기능이 정지되었다. 건물만 회의소의 존재를 인정할 뿐이니 이대로 가면 본년도 말에 명실공히 평양상업회의소는 당연 폐쇄될 것이다. 이 분규에 비춰 종래 각 회의소의 정관으로는 평의원 정수 중 일본인 및 조선인의 수는 개선기(改選期)마다 역원 의견을 듣고 회두가 결정한다 하였고, 다시 각 회의소 설립 인가에 즈음하여도 조선총독이 정관으로 평의원의 비율을 변경할 때는 인가를 받으라는 뜻을 조건으로 한 것이니, 즉 회의소만의 의사로 자유로 증감할 수 없는 것이다. 그러므로 「상업회의소령」으로써 정하는 것은 아니나 그러나 목하 「상공회의소령」의 개정을 앞두고 이들 결함을 실험한 총독부로서도 매우 두통(頭痛)하는 모양이다. 즉 「회의소령」은 제령안이다. 평의원의 비율을 정할 수도 없고, 그렇다고 정수 및 선·일인별을 전연 정하지 않을 수도 없다 하여 이 문제는 각지의 회의소로부터의 의견을 수합한 후에 신중 심의할 필요가 있다고 중요시한다더라.

〈자료 124〉 일본인 측에서 조정안 제출, 차별 철폐하는 동시에 '상업회의소 회원 자격을 부과금 16원으로 하자' 조선인 측에선 고려 중(조선일보, 1929.12.14.)

평양상업회의소 분규 문제는 지난달 29일 평양부협의회의 조정안이 최후로 결렬된 이후로 현재의 평양상업회의소는 전혀 가사 상태(假死狀態)에 빠져 기능이 전부 중지되어 있는 중인데, 일인 측에서는 그 후도 계속하여 어떤 꾀를 내어 부활하기에 노력을 하며 애를 쓰는 중이나 본래 상업회의소란 것은 일인들의 회두 경쟁 장소인 감이 있어 조선인에게 하등 이익을 주지 않는 기관이라는 관념을 가지고 있는 일반 조선인 측에서는 그저 냉담한 태도로 그들의 행동만 보고 있을 뿐인 중 지난 11일에 이르러는 일본인 측에서 유일무이의 해결 조건이라 하여 아래와 같은 조건을 가지고 조선인 측 유력한 평의원들을 방문하고 교섭한 일이 있었는데, 조선인 측에서는 아직 확답치 않았다더라.

1. 차별 철폐를 이번 임기부터 실행할 것
1. 그 대신에 부과금을 종래 12원이던 것을 16원으로 올릴 것

그런데 평양상업회의소의 부과금은 본래 16원이던 것을 재작년에 우치다(內田) 회두가 내려 12원으로 하였던 것인바 지금 16원으로 하면 본래대로 되는 것이라고 말한다더라.

〈자료 125〉 부과 표준 내리면 조선인 회원 감소, 그들의 조정안의 목적은 권리를 자기들이 갖자고(조선일보, 1929.12.10.)

일인들이 극력으로 반대하던 차별 철폐에 대하여 종래의 주장을 굽혀 가지고 조선인의 주장대로 차별 철폐를 이번 회기부터 실행하자는 의견을 발표한 것은 그들도 할 수 없는 지경

까지 다달아 지금은 할 수 없이 그 주장을 굽히게 되었지마는, 그 대신에 부과금 표준을 16원으로 올리게 되면 현재 평양상업회의소의 회원은 일본인이 약 40명 줄게 되고 조선인은 약 100명이 줄게 되는바, 그들은 무슨 방법으로든지 평양상업회의소의 권리를 아무리 하여도 그들이 차지하겠다는 계획인데, 현재 조선 안에서 부과금 16원 이상을 회원으로 하는 상업회의소는 경성 1개소가 있을 뿐이다. 지금 참고로 조선 안의 상업회의소의 회원 부과금을 보면,

경성상업회의소	16원 이상
평양상업회의소	12원 이상
부산상업회의소	10원 이상
인천상업회의소	10원 이상
대구상업회의소	10원 이상
목포상업회의소	10원
원산상의회의소	8원 이상
진남포상업회의소	7원 이상
군산상업회의소	7원 이상
청진상업회의소	5원 이상

이상과 같더라. (평양 특파원)

〈자료 126〉 일본인 측에서 전안을 재제출, 차별 철폐안을 철회코, 또다시 13대 17의 안을, 평양상의 분규 문제(조선일보, 1929.12.19.)

평양상업회의소 분규 문제에 대하여 일인들이 '차별 철폐를 지금부터 실행할 것', '그 대신에 부과금 표준을 16원으로 올릴 것'이라는 두 조건을 가지고 조선인 의원 측 교섭을 하였다 함은 이미 보도한 바이거니와, 그 후 조선인 평의원들은 그들의 태도를 관망하고 있던 중 지난 17일에 이르러 다시 전기 조건은 지금 실행하기가 곤란한 점이 있다 하여 다음과 같은 조건을 제출하였다.

차별철폐는 다음 기(期)부터 실시하도록 할 것

조·일인 평의원 정수는 잠정적으로 13, 17로 할 것

이 안은 본래 일인들이 주창하여 조선인 측에서는 이를 승인까지 하였던바, 일인들이 번복하기 때문에 평양상업회의소가 오늘날 상태에 빠지게 되었던 것인데, 전 평양상업회의소 부회두 박경석 씨는 이것을 가지고 조선인 측의 의향을 종합한 후 하루, 이틀 중에 회답하여 주기로 하였다더라. (평양 특파원)

〈자료 127〉 자발적 해결을 관망, 총독부의 태도, 평양상의 문제 후문(조선일보, 1930.1.11.)

기능을 잃어버린 평양상업회의소는 그 후 하등의 해결 방침을 보지 못하고 오늘날까지 이르러 겨우 2개월밖에 안 남은 운명을 가지게 되었으므로, 총독부에서는 자못 걱정 중이나 총독부로서는 간섭을 하지 않고 평양상의의 자발적 해결을 기다리고 있는 모양이라더라.

〈자료 128〉 소위 '민족적 감정' 평양과 진남포의 근황을 보고(동아일보, 1930. 3.29.)

1.

조선 사람이 목소리를 조금 크게만 내도 그것이 민족적 감정이라고 하는 무리가 있다. 조선 사람이 당연한 권리를 주장해도 민족적 감정의 한마디로 장사해 버리는 것이 그들에게는 상사(常事)다. '민족적 감정'을 가졌다는 것은 예비검속의 구실이 되고, 예심판사의 유죄 결정의 전제적 조건의 하나가 되는 조선이다. (중략)

2.

평양상업회의소 정원 문제로서 그 근본을 두드려 본다면 그들의 민족적 감정 혹은 우월감, 혹은 이해욕(利害欲)에서 생긴 일이다. 차별이니, 무차별이니 하는 것이 어떠한 일정한 원리가 있는 것이 아니요, 형편과 경우에 따라 무차별도 정의화하고 차별도 정의화한다는 것을 우리는 벌써 여러 번 보았다. 조선의 관공립 전문대학은 무차별의 공학제에 의하여 조선 학생이 '적도(適度)'하게 제한이 되어 있는 것을 본다.

그 대신 평양상업회의소 같은 데는 차별을 함으로써 일본인 의원수의 우세를 유지함이 일본인 상업가들에게 '합리'한 일인 것이다. 전자에서는 무차별을 철폐함이 '정당'하고, 후자에서는 차별을 철폐치 않음이 '정당'하다는 것이다. 다행히 평양의 문제는 16대 14라는 완화된 차별로서 일단락을 지었다 하거니와, 여기 대해서도 불복을 주장하는 일파가 아직 있는 것을 보면, 차기의 차별 철폐가 또 한 파란을 예상케 하는 바가 있다. (후략)

III

조선상공회의소령(1930년) 시행 이후

해제

제3장은 일제강점 말기의 상공회의소와 상공경제회의 활동 분석이다. 이 시기 상공회의소는 일본 정부의 경제 국책에 협력하고 '황국'의 발전에 기여할 것을 핵심 목표로 하는 지도기관이자 전시 경제통제를 위한 민간 협력기구로 적극 역할하였다. 1944년 조선상공경제회로 개편한 이후 1945년 8월 패망에 이르기까지 전시동원을 위한 기구로서 일제 파시즘 통제 경제체제에 적극 협력한 내용까지 정리하였다. 1930년 「조선상공회의소령」 제정과 1944년 조선상공경제회로 명칭을 변경한 이유를 파악하고 그 내용에 관한 자료를 소개한 것이다.

1930년 「조선상공회의소령」에서 상공회의소 회원으로 합명회사는 사원의 반수 이상, 합자회사 또는 주식합자회사는 무한책임사원의 반수 이상, 주식회사는 취체역의 반수 이상을 '일본 신민'으로 규정하였다(제3조). 이후 법령에는 조선인, 일본인의 특별한 구분을 두지 않았다. 선거 규정으로 법인 또는 30세 이상의 남자로서 1년 이상 계속해서 회원의 자격을 가진 자는 평의원을 선거할 수 있게 하였다. 단, 합명회사는 사원의 전부, 합자회사 또는 주식합자회사는 무한책임사원 전원, 주식회사는 취체역 전원이 일본 신민이 되어야만 한다고 규정하였다(제5조). 이를 통해 조선인과 일본인을 철저히 구분하여 일본인 중심의 기구로 재편하고자 하였음을 알 수 있다. 상업회의소를 상공회의소로 재편한 것은 1920년대 이후 조선 공업화의 진전과 일본의 경기 침체로 식민지 조선을 통해 새로운 돌파구를 개척하려는 일본인 자본가들의 요구를 적극 수용한 것이었다. 이후 일본인 대상인·대자본가 중심으로 재편된 상공회의소는 식민지 조선의 신경제체제 구축을 위한 구심점 역할을 하였다. 특히 만주사변 발발 후부터 '국가적 경제 기관의 첨병'이자, 전 산업 분야의 종합적 기관이고 '지도 교정 집행기관'으로서의 상공회의소는 전시 경제체제에서의 국가적 이익에 복무하는 국책 협력기관으로서의 역할이 강화되었다. 중일전쟁 이후 기능은 더욱 확대되어 군수상공조합을 구성하고 통제조합 등 전시 경제협력에 적극 참여했다.

1941년 아시아·태평양전쟁이 발발하자 일본제국주의는 종래의 상업무역 중심의 정책을 생산공업 체제로 전환하였다. 또한 지방의 통제경제를 강화하고 각종 상공업조합으로 재편성하여 결전 산업, 결전 경제로의 시스템 전환이 행해졌다. 그러던 중 1944년 8월 조선상공회의소는 조선상공경제회로 개편되었다. 이는 1943년 설립된 일본의 상공경제회를 모방하여 식민지에 적용한 것이었다. 평시 체제의 「상공회의소령」과는 달리 「상공경제회령」에서는 경제통제에 대한 협력, 또는 전의 고양운동이나 생산증강을 위한 공장 위문·전황 강연·유가족 원호·내핍 생활 추진 등이 주요 활동으로 되어 있다. 각도 단위로도 상공경제회가 설립되어 조선상공경제회에서 총괄하였다. 전국 각도의 상공경제회와 그 지부에서는 금융조치령 설명회, 은닉 물자 등 긴급조치 요강 설명회, 「물가통제령」에 관한 설명회, 가격 표시 방안의 간담, 지도, 생산 증강 및 생산 방위 강화 추진 간담회 등을 개최하였다. 상공경제회는 1945년 8월 패망에 이르기까지 전시동원을 위한 기구로서 일제 파시즘 통제 경제체제에 적극 협력하였다.

이 기간 상공회의소 회두의 직책으로 활동한 일본인은 다음과 같다.

진나이 모키치(陣内茂吉, 1873~ ?): 일본에서 철도공사 업무에 종사하였으며, 1902년 11월 조선으로 건너와 경부선 철도공사에 종사하였다. 이후 진나이구미(陣內組)를 조직하여 토목건설 청부업을 경영하였으며 철도공사 전문으로 사업을 확장하였다. 1922년에 신용산금융조합을 조직하여 조합장에 선출되었으며, 이후 일반토목주식회사 중역을 맡았다. 1931년 조선상공회의소 회두가 되었다.

가다 나오지(賀田直治, 1877~ ?): 도쿄 출신. 도쿄제국대학 농과대학 졸업. 졸업 이후 관직에 들어가서 대만총독부에서 근무하였고, 임야조사과장, 임업과장 등을 역임한 이후 1917년 4월 관직에서 물러났다. 이후 조선으로 건너와서 조선의 농림업, 광산업, 공업, 철도 등의 회사에 관계하였다. 특히 제1차 세계대전 당시에 조선피혁회사 사장, 동양축산흥업회사 사장으로 활동하면서 1921년 12월에 경성상업회의소 평의원에 선출된 이후 1932년 1월 회장으로 추대되었다.

다가와 조지로(田川常治郎, 1884~ ?): 돗토리현(鳥取縣) 출신. 1903년 조선으로 건너와 부산에서 철공장을 경영하다가 서울의 용산으로 옮겨 철도용달상 및 철공토목업을 하였다. 1919년 용산공작주식회사를 창립하고 상무이사에 취임하였다. 그 외 용산제지회사, 동아효소회사 등의 중역으로 각 방면에서 활동하였다. 1924년 경성상업회의소 의원에 선임된 이후 부회장, 회장을 역임하였다.

1. 실행 계획 및 내용

1) 법령 제정 준비

〈자료 129〉「회의소령」 발포로 상공회의소를 조선에도 설치한다(동아일보, 1929.5.21.)

일본에서 「상공회의소령」의 실시에 따라 조선에서도 개정의 필요를 인정하고 이미 본부 상공과에서는 과반 이래 전 조선상업회의소 및 연합 측에 자문하여 이미 대체 성안을 얻었으므로 늦어도 7월경까지는 발포되리라는데, 이와 동시에 종래 전 조선상의의 통일 및 대표기관으로 간주되던 전조선상의연합회도 일본연합회가 일본상공회의소로 개제(改題)하고, 그 내용은 그 단체의 통일 기관뿐만 아니요, 대(對)국제적 대표기관으로 기능을 완전히 인가되는 실례(實例)에 구하여 조선상공회의소 명칭 아래 순연한 1개의 대표기관으로 인정될 터이다. 그러나 이 기관이 과연 일본상공회의소와 같이 대국제적인 기능과 권한을 부여될 여부가 다수 의문으로, 혹은 일본상공회의소의 관하(官下)에 속하여 대내적 조선 대표기관으로 인가되리라더라.

〈자료 130〉「상공회의소령」 지연, 법의 결함을 보충 중(중외일보, 1930.1.24.)

조선의 「상공회의소령」은 대체 일본의 현행법에 준거하고, 이에다가 조선의 특수 사정을 가미하여 작년 가을에 이미 탈고하였으므로 이래 심의실에 회부하여 심의 중인데, 작년 겨울에 평양회의소에서 평의원 문제로 분규된 이래 동 령의 발포상에 일대 지장이 생겨 계속하여 이 사정을 기본으로서 안을 고치는 중인데, 유래 조선의 회의소 평의원의 일·선인별은 당해소의 일선 회원수와 그 회비 부담액을 기본으로 하여 평균율에 의하여 정하는 불문율의 관습으로 작년의 평양회의소의 분규 사건에 즈음하여는 현행 회의법에는 그 제16조에 "평의원의 결의 또는 역원의 행위가 법령 혹은 정관에 위반하고 또는 공익을 해한다고 인정할 때는 조선총독은 결의 또는 행위의 취소, 상업회의소의 해산, 기타한 처분을 할 수 있음"이라 하였을 뿐으로 이에 대한 완전한 취체법이 없기 때문에 평양회의소와 같은 것은 현재 회의소는 있으나 평의원회가 없는 변태적 기현상을 보였으므로 상공과에서는 이들 여러 점을 고려하여 목하 근본안을 고치는 중으로 신법령의 발포는 지연을 면하기 어려운 상태인바 상공과에서는 늦어도 2월 중에는 총독부의 손을 떠나 법제국에 회부할 예정이므로 늦어도 6, 7월경까지에는 발포되리라고 예상된다. 측문한 바에 의하면 평의원 수의 할당 기준은 앞에 기재한 바와 같이 평양회의소의 실례에 비춰 종래의 회원수 및 회비 부담액의 평균율의 관행을 고쳐 얼마간 회원수에 치중할 것으로 보더라.

〈자료 131〉 신회의소령과 납세 자격의 기준, 전선적으로 2할쯤 인상?(조선일보, 1930.2.20.)

총독부 상공과가 신회의소령 시행세칙의 입안에 임하여 각 회의소에 자문한 회원 납세 자격의 상하 안의 내면적 방침에 대하여는 극비밀에 부치는바 측문한 바에 의하면, 그 자문안의 근본 주지는 작년 가을 이래 분규가 있어 가사 상태에 처한 평양상의의 조선인, 일본인 의원수 비율의 해결에 이바지하고 겸하여 이래 하급 회원 간에 제창되던 회의소에 대한 유용, 무용 소리에 비춰 즉 회의소 회원의 자격의 향상을 꾀하여서 진실한 회의소의 본뜻을 이해하는 회원만으로써 확립을 기하고자 경성상의에 대하여는 현행 납세 자격 최저 16원을 암암리에 4원을 증액하여 즉 최저 20원 이상으로 하기를 종용한 것이니 경성상의에서는 지시에 기하여 자격을 인상하고 산출한 결과 현재 회원수 2,102명, 내역 일본인 1,401명, 조선인 701명으로 이를 납세 자격 최저 20원으로 인상하면 회원수 1,733명, 내역 일본인 1,136명, 조선인 587명으로 그 차이 일본인 271명, 조선인 114명, 합계 385명의 감원인데, 이 감원율의 비교는 일본인은 조선인에 비하여 3푼이 더 많이 감원되는 것이다. 과연 당국의 자문의 한 원인이 그 평의원 수의 비율 결정의 참고자료에 있다 하면 차라리 현재 상황과 동률 비준(批准)으로 볼 수 있다. 그 자문의 진의가 회원의 자격 향상에 있다 하여 앞에 기재한 바와 같이 약 2할이나 감원한다는 것은 소위 부과금의 감수(減收)이니 회의소 예산의 편성상 상당한 고통이 있을 것이라 한다. 경성상의에서는 이 감원에 의한 부과금의 감수는 세입 예산상에 큰 영향이 없고 순리(純理) 실제의 양 방면으로 보아도 이 인상설에는 내심으로 찬의를 표하는 모양이나 아직 과도기에 처한 조선상의의 현상으로서는 시기상조라는 이유로 회답하였다 한다. 요컨대 이 납세 자격 인상에 관련하여 그 의원수의 비율 문제는 고사하고 회원의 자격 향상에 대하여는 관민 간의 공통적 의견이니 근간에 발포되는 신상공회의소에는 반드시 이들 여러 점이 가미될 것이라더라.

〈자료 132〉 특종 사정을 가미한 「상공회의소령」 실시, 늦어도 7월경에는

(조선일보, 1930.4.15.)

미리부터 상공과에서 입안 중이던 「조선상공회의소령」은 이미 탈고되어 목하 법제국에서 심의 중인데 늦어도 7월경에는 천황의 재가를 거칠 듯하다. 그 영은 주로 일본 현행법을 기준으로 하여 이에 조선의 실정을 가미한 것이니 그 주요한 것은,

1. 종래 부과금에 징수 강제권이 없던 것을 그를 부여한 것.
1. 일본 현행법에는 부제(部制)를 존중하여 각 부의 답신 등에 권능이 부여되었다. 조선에는 이 부제의 권능을 인정치 아니한 것.
1. 일본의 의원선거는 전부 1, 2급을 채용하나 조선 내 각지의 현행 선거가 단급(單級)을 실시한 실정에 즉(卽)하여 단급을 원칙으로 한 것. 단, 경성은 종래부터 2급제를 채용하였으므로 제외 예를 설정한 것.

〈자료 133〉 기대가 많다는 「상공회의소령」, 근간에 발포될 터, 회의소의 변천 경로

(조선일보, 1930.5.10.)

「조선상공회의소령」은 지난번에 원내 각의를 거쳤으므로 근간에 천황의 재가를 기다려 제령으로 발포될 터인데, 현재 「상업회의소령」은 1915년 7월에 제령 제4호로써 발포되고 동년 10월 1일부터 시행되어 본령에 의하는 현재의 상업회의소는 경성, 인천, 군산, 목포, 부산, 대구, 평양, 진남포, 원산, 청진, 신의주 등 11개소이다. 원래 조선의 상업회의소는 1879년 부산 거류 일본 상인의 설립인 부산상의가 효시이고, 이래 일본 상인의 도래에 따라 원산, 인천, 경성, 목포, 대구, 군산, 진남포, 마산 및 청진에 설립하게 되었는데, 당시는 상의에 관하여 법규의 정한 바가 없고 설립은 물론 정관의 변경, 기타 중요사항은 영사 또는 이사 인가를 받는 관습으로 모두 일본인상업회의소라 칭하였고, 조선인 측에서는 1904년 평양, 원산을 위시하여 경성, 인천, 개성, 대구, 안동, 삼화의 상업회의소가 설립되었으나 지방 상공업의 개선 발달

을 꾀하므로 1915년 7월에 현행령의 발포를 보고, 현재 다시 새로 「상공회의소령」의 발포를 보게 된 것이니 그 내용으로 충분히 기능을 발휘할 수 있게 되므로 일반 상공업계에서는 크게 기대한다더라.

2) 상공회의소의 사명

〈자료 134〉 경성상공회의소 회두 가다 나오지(賀田直治), 「조선의 산업과 상공회의소의 사명」(『경제월보』 제203호, 1932.11.)

1.

나는 산업과 경제에 관하여 별도로 논할 정도로 연구도 하지 않았지만, 다행스럽게도 조선 이외에 타이완에서 근무한 적도 있으며 만주에 대해서는 시종일관 주의해서 보고 있으며 그리고 아버지의 사업 관계상 일본의 실업에 대해서도 관계를 하고 있으며 그리고 그 상업의 범위는 자원의 산업공업, 철도, 은행, 상업 등으로 따라서 다소 경제 상식을 가지고 경험을 쌓았기 때문에 그 점에서 조금 참고로 논해 보고자 합니다.

그리고 이번에 의도치 않게 선출된 경성상공회의소 회두로서의 의견은 회의소의 사명에 기초하여 동료와 함께 이후 실제적인 문제에 대하여 완급에 따라 노력하고자 생각하는 만큼 이에 관한 포부라든가 의견이라든가 잠시 보류하고 평소에 가지고 있던 산업적인 의견의 일단만을 논하고 합니다.

2.

먼저 모든 산업은 관련하여 협조해야 한다고 생각합니다. 우리가 맡고 있는 직무는 상공업의 개선 진보입니다만, 상과 공은 일체로 분리할 수 없는 것임은 분명합니다. 상공업의 기반이 되는 원료, 자원 등을 충분히 고려하지 않으면 상공업은 발달하지 않습니다. 그리고 상공업이 생산한 물건을 잘 가공하고 분재하지 않으면, 자원산업은 발달하지 않습니다. 이들은 또한 금융, 교통 등의 도움으로 발달할 수 있는 것으로 이 연결이 긴요한 것은 너무도 명료한 사실입니다. 이처럼 상공이 풍요롭고 자원산업이 융성해짐에 따라 철도도 은행도 발전하는 것으로 즉 상호의존입니다.

그리고 이들 모든 기능을 통일하기 위해서는 정부의 산업정책이 중요하며 마치 인간 신체의 두뇌, 수족, 배 나름대로의 기능이 완전하게 이루어지지 않으면 건전하지 않게 됩니다. 그렇기 때문에 상공회의소는 주로 상공업의 발전 개량에 있지만 이상과 같이 관련 사항에도 생각을 뻗쳐 협조 관련에 오류가 없도록 해야 한다고 생각합니다.

3.

두 번째는 내선의 경제 관계를 밀접하고 협조적으로 만드는 것입니다. 일본의 산업이 메이지유신 이후 상당한 노력으로 현저한 발달을 이루고 있으며 더욱이 그 자금과 기능을 조선에 주입하여 조선의 관민도 노력한 결과 조선의 산업도 오늘날과 같이 발달하게 되었습니다. 이러한 관계를 더욱 밀접하게 하고 내선을 통해서 장단점을 서로 보완하고 각 부분 산업의 건전한 발전을 도모하는 것이 국가로서 채용해야 할 산업정책의 요점이라고 믿습니다.

그러나 이러한 관계는 자칫하면 경쟁적으로 될 수 있으며 이해가 상반되기 때문에 어쨌든 가능한 조선의 산업을 경계하고 제압하려는 현상이 일어나지 않으라는 법은 없습니다. 그러나 제국의 국책인 산업, 국방, 문화의 각 방면에서 관찰하면, 양자가 그러한 상황 상황에 맞게 제휴하고 성실히 실행하지 않으면, 만주국의 경영을 돕는다든가, 동양의 경제 블록화와 같은 사명은 도저히 달성할 수 없을 뿐만 아니라 세계의 경쟁에서 충분한 융지인을 보일 수 없습니다. 반드시 내선의 경제적 연락과 협력을 충분히 할 필요가 있습니다. 이러한 진리에서 출발하여 경제와 산업의 문제를 해결하는 것이 가장 긴요한 점입니다. 이러한 진리에 따르지 않고 경쟁하는 것은 산업정책의 효과를 얻을 수 없는 결과를 낳으므로 이러한 점에서 서로가 긴밀하게 협조하고 진력할 필요가 있습니다.

4.

세 번째는 만주국의 경제와 산업의 연결을 강화하고 산업통제를 행하는 새로운 임무입니다. 조선은 지리적인 관계에서 일본과 만주국의 중간에 위치하여 지금까지도 상당한 역할을 해 왔습니다만, 금후는 더한층 선만의 관계에 주의하여 그 향상과 진보를 도모하지 않으면 안 된다고 생각합니다. 여기에는 원래부터 일본과도 제휴하고 이른바 내선만(內鮮滿)의 경제통제 연락의 대사명으로 나아가지 않으면 안 된다고 생각합니다. 이것은 국가적인 측면에서도 매우 중요한 문제이며 최근 이 문제를 위해 선만의 왕복도 많아졌으며 이러한 기운이 활발해지고 밝아졌음은 자연적인 현상이라고 생각합니다.

만주국의 성립에 의해 이후 만주국의 수요품 가운데 조선에서 보내는 것이 편리한 것이 점점 더 많아질 것이라 생각합니다. 물론 여기에는 금융, 교통, 관세와 같은 것에 대하여 선처하지 않으면 안 되는 것도 많습니다만, 만주국과 무역할 목적으로 생산하고 노력하는 것은 상당한 자극이 될 것임은 분명합니다. 그리고 조선의 공업에서도 지금까지 오랫동안 준비와 경험을 필요로 하였는데 최근 연구도 진척되고 다른 곳에서 원료를 수입하는 등의 편리함도 마련되어 조선을 근거지로 한 공업을 운영하거나, 조선과 만주로 진출할 수 있는 공업이 가능한 정세가 형성되었다는 사실을 인정해도 좋다고 생각합니다.

그리고 만주에서도 가장 물자가 풍부한 북만과 북선의 연락이 교통기관에 의해 용이해지고 북선의 항구에서 일본의 항구를 통해 도쿄 혹은 오사카로 가는 경제로가 착착 열리고 있는 것은 실로 조선 경제와 산업에 좋은 희망을 보여 주는 것이라 믿고 있습니다.

5.

이상과 같은 추세를 잘 생각해 보면, 조선의 산업과 경제의 발달을 꾀하는 상공업의 진보를 기대하는 것은 오늘날 가장 긴급한 것이며 간과할 수 없는 일입니다. 그러나 지금 국가의 재정, 경제 등은 쉽지 않은 난국에 직면해 있습니다. 일상적인 노력으로는 이 난국을 타개하고 행복과 번영을 개척하기에는 도저히 불가능합니다. 이러한 점에서 큰 각오와 국민총동원의 의의를 새기며 분투노력하지 않으면 안 되는 시기라고 생각합니다. 그리고 이를 위해서 단순히 물자상의 목적에 대해서도 분발할 뿐만 아니라 이른바 자력갱생의 정신작흥의 길에도 노력하지 않으면 안 된다고 생각합니다. 우리들은 이른바 상공정신, 바꾸어 말하면 실업의 길이란 것을 확립하고 분투하여 그 실행에 노력하는 것이 중요합니다.

이 상공정신을 진흥하고 우리들의 존엄한 사명인 실업의 길을 활보하면서 불경기의 고통도 잘 견디는 것에 진정으로 존엄한 자력갱생의 길이 있습니다. 신심이 건전하고 가족의 행복도 가능한 상업의 건전한 발달을 기할 수 있으므로 우리들은 오늘날 이 실업의 길, 상공정신의 함양, 고취, 협동 실행을 향해 관민, 여러 기관, 언론기관 등과 제휴하고 협력하여 상공회의소라는 지위에서 한층 더 열심히 진정으로 진력하고 노력하는 중요한 시기에 직면해 있다고 확신합니다. (속기)

2. 「조선상공회의소령」(1930년) 등 제정

〈자료 135〉 「조선상업회의소령」 폐지(『조선총독부관보』, 1930년 5월 10일)

[시행 1930. 11. 25.] [제령 제4호, 1930. 5. 10, 타법 폐지]

「조선상업회의소령」은 폐지한다.

부칙 〈조선총독부 제령 제4호, 1930. 5. 10.〉(「조선상공회의소령」)

① 이 영 시행 기일은 조선총독이 정한다.

② 「조선상업회의소령」은 폐지한다.

③ 「조선상업회의소령」에 의하여 설립되어 이 영을 시행 당시 존재하는 상업회의소는 이 영에 의하여 설립한 상공회의소로 본다.

④ 전항의 규정에 의한 상공회의소에 대하여는 구령(舊令)에 의하여 평의원회, 평의원 및 특별평의원은 각각 이를 이 영에 의한 의원총회, 의원 및 특별의원으로 본다.

⑤ 제3항의 규정에 의한 상공회의소에 대한 의원 선거에 관한 규정은 다음 총선거부터 시행하며 그 시행 전의 의원 선거에 관한 사항은 구령에 의한다.

⑥ 제3항의 규정에 의한 상공회의소에 대하여 이 영을 시행 당시 필요한 사항은 조선총독이 정한다.

〈자료 136〉 「조선상공회의소령」(『조선총독부관보』, 1930년 5월 10일.)

[시행 1930. 11. 25.] [조선총독부 제령 제4호, 1930. 5. 10, 제정]

제1조 상공회의소는 상공업의 개선, 발달의 도모를 목적으로 한다.

제2조 상공회의소는 법인으로 한다.

제3조 ① 상공회의소의 지구는 부의 구역에 의한다. 다만, 상공업의 상황에 의하여 필요한 경우에는 면의 구역에 의할 수 있다.

② 특별한 사정이 있는 경우에는 부와 면 혹은 그 일부 또는 면과 면 또는 그 일부를 합하여 한 구역으로 할 수 있다.

제4조 상공회의소의 명칭에는 상공회의소의 문자를 사용하여야 한다.

제5조 상공회의소를 설립하고자 할 때에는 상공회의소 의원의 피선거권이 있는 자 30인 이상이 발기인이 되고, 회원의 3분의 2 이상의 동의를 얻어 창립총회를 열어 정관, 기타 필요한 사항을 정하여 조선총독의 인가를 받아야 한다.

제6조 ① 상공회의소는 전 조의 설립의 인가가 있을 때에 성립한다.

② 상공회의소의 성립 후 임원의 선임이 있을 동안에 필요한 사무는 발기인이 행한다.

제7조 정관에는 다음 사항을 기재하여야 한다.

1. 명칭, 지구 및 사무소의 소재지
2. 의원의 정수 및 선거에 관한 규정
3. 임원의 정수, 권한 및 선임에 관한 규정
4. 회의에 관한 규정
5. 사업 및 그 집행에 관한 규정
6. 서무 및 회계에 관한 규정

제8조 ① 다음 조건을 구비한 자는 상공회의소의 회원으로 한다.

1. 제국 신민 또는 제국 법령에 의하여 설립한 회사인 것. 다만, 회사에 있어서는 자본 또는 재산을 목적으로 하는 출자의 반액 이상 및 의결권의 과반수가 제국 신민(제국 법령에 의하여 설립한 법인을 포함)에 속하여야 한다.
2. 상공회의소의 지구 안에서 계속하여 1년 이상 본점, 지점, 기타 영업장을 가질 것.
3. 자기의 이름으로 상행위를 행하는 것을 업으로 하는 자, 거래소 또는 광업권자로서 상공회의소의 지구 안에서 영업세, 거래소세 또는 광산세를 1년간 조선총독의 정하는 액 이상을 납부할 것. 다만, 지구 이외에 영업장을 가진 자의 납세액의 산출 방법에 대하여는 조선총독이 정한다.

② 전항 제3호의 납세액 결정 이전에 있어서는 그 최근에 결정된 1년간의 납세액을 그 납세액으로 본다.

③ 가독상속(家督相續)을 한 자에 대하여서는 제1항의 회원에 관한 조건으로 피상속

인이 구비한 것은 그자도 구비한 것으로 본다.

④ 합병 후 존속하는 회사 또는 합병에 의하여 설립한 회사에 대하여는 전항의 규정을 준용한다.

제9조 다음 각호의 1에 해당하는 자는 상공회의소의 회원이 될 수 없다.

1. 파산자로서 복권되지 아니한 자
2. 6년의 징역 또는 금고 이상의 형에 처해진 자
3. 6년 미만의 징역 또는 금고형에 처하여 그 집행을 끝내었거나 또는 집행을 받지 아니하게 된 자

제10조 상공회의소는 목적을 달성하기 위하여 다음 사업을 행한다.

1. 상공업에 관한 통보
2. 상공업에 관한 중개 또는 알선
3. 상공업에 관한 조정 또는 중재
4. 상공업에 관한 증명 또는 감정
5. 상공업에 관한 통계의 조사 및 편찬
6. 상공업에 관한 영조물의 설치 및 관리
7. 기타 상공업의 개선 발달을 도모하는 것에 필요한 사업

제11조 ① 상공회의소는 상공업에 관한 사항에 대하여 행정청에 건의할 수 있다.

② 상공회의소는 행정청의 자문에 대하여 답신하여야 한다.

제12조 행정관청은 상공회의소에 대하여 상공업에 관한 사항의 조사를 명할 수 있다.

제13조 행정관청은 상공회의소에 대하여 상공업에 관한 통계, 기타 조사를 하기 위하여 필요한 자료의 제출을 요청할 수 있다.

제14조 상공회의소에 의원총회를 둔다.

제15조 의원총회는 의원으로 조직한다. 다만, 제20조 제1항의 규정에 의하여 특별의원을 두는 경우에는 의원 및 특별의원으로 이를 조직한다.

제16조 의원의 정수는 30인 이내로 한다.

제17조 상공회의소의 회원은 의원의 선거권 및 피선거권을 가진다.

제18조 다음 각호의 1에 해당하는 자는 전조의 피선거권을 가질 수 없다.

1. 금치산자 또는 준금치산자

2. 여자 및 연령이 30세 미만인 자

제19조 ① 의원의 선거는 투표에 의한다.

② 투표는 1인 1표로 한다.

③ 투표는 선거인 스스로 한다. 다만, 회사 및 무능력자는 조선총독의 정하는 바에 의하여 대리인으로서 이를 행한다.

④ 투표는 단기 무기명 투표 또는 3인 이내의 연기 무기명 투표의 방법에 의한다.

⑤ 전 4항에서 규정한 것 이외에 선거 방법, 수속, 단속, 기타 선거에 관하여 필요한 사항은 조선총독이 정한다.

제20조 ① 조선총독이 필요하다고 인정한 때에는 상공회의소에 의원 정수의 5분의 1을 초과하지 아니하는 수의 특별의원을 둘 수 있다.

② 특별의원은 그 상공회의소의 지구 안에 주거를 가지며, 상공업에 관한 학식, 기능 또는 경험이 있는 자 중에서 조선총독이 명한다.

③ 동일 상공회의소에서 의원과 특별의원을 겸임할 수 없다.

④ 상공회의소는 경비 예산 및 부과 징수 방법, 수지 결산의 승인, 기타 조선총독이 정하는 사항에 대하여 정관으로 특별의원의 의결권을 제한할 수 있다.

제21조 ① 의원이 되는 회사는 조선총독이 정하는 바에 의하여 그 대표자를 정하여야 한다.

② 전항의 대표자는 회사의 업무를 집행하는 사원·임원 또는 등기한 지배인으로 하고 제국 신민이어야 한다.

③ 1인이 동일 상공회의소에 2개 이상의 회사 대표자가 될 수 없다.

제22조 다음 각호의 1에 해당하는 자는 전 조의 대표자가 될 수 없다.

1. 제9조 또는 제18조 각호의 1에 해당하는 자

2. 동일 상공회의소의 의원 또는 특별의원인 자

3. 의원의 선거권 및 피선거권이 정지 중인 자

제23조 의원 및 특별의원은 명예직으로 한다.

제24조 ① 의원의 임기는 3년으로 한다.

② 전항의 기간은 의원 총선거의 제1일부터 기산한다.

③ 보궐의원은 전임자의 잔임 기간 재임한다.

④ 특별의원은 의원의 임기 만료일까지 재임한다.

第25조 ① 의원으로서 피선거권을 가질 수 없게 된 자는 그 직을 상실한다.

② 의원으로서 그 선거권 및 피선거권을 정지당한 자도 전항과 같다.

第26조 ① 다음 사항은 의원총회의 의결을 거쳐야 한다.

1. 정관의 변경
2. 경비의 예산 및 부과 징수 방법
3. 사업 보고 및 수지 결산의 승인
4. 차입금
5. 의원 또는 임원의 해임
6. 과태금의 징수
7. 의원의 선거권 및 피선거권의 정지
8. 상공회의소의 해산
9. 조선상공회의소 설립 동의
10. 기타 중요한 사항

② 전항 제1호, 제2호, 제4호 및 제8호에 기재한 사항의 의결은 조선총독의 인가를 받아야 한다. 다만, 그 연도 내의 수입으로 상환하여야 하는 일시 차입금에 대하여는 그러하지 아니하다.

第27조 ① 의원총회는 회장이 소집한다.

② 의원총회의 의장은 회장으로 하고, 회장에게 사고가 있을 때에는 부회장이 대신한다. 회장 및 부회장이 동시에 사고가 있을 때에는 출석의원의 호선에 의하여 의장을 정한다.

③ 의원총회는 의원 및 특별의원의 3분의 1 이상 출석하지 아니하면 개최할 수 없다.

④ 의원총회의 의결은 출석한 의원 및 특별의원의 과반수에 의하여, 가부 동수인 때에는 의장이 정한다.

⑤ 전조 제1항 제1호, 제4호 및 제6호 내지 제8호에 기재한 사항과 제35조의 규정에 의한 의원 또는 임원의 해임 의결은 의원 및 특별의원의 3분의 2 이상 출석과

그 출석한 의원 및 특별의원의 3분의 2 이상의 동의를 얻어 행하여야 한다.

⑥ 정관의 변경이 지역 변경에 관계되는 때에는 전항의 규정에 의한 의결 이외에 새롭게 편입되어야 하는 지역 안의 회원인 자 또는 삭제되어야 하는 지역 안의 회원의 3분의 2 이상의 동의가 있어야 한다. 다만, 부·면의 구역 변경으로 인하여 지구에 변경이 발생한 경우에는 그러하지 아니하다.

⑦ 제20조 제4항의 규정에 의하여 특별의원의 의결에 부칠 수 없는 사항을 의결하는 의원총회에서는 특별의원의 수는 제3항 내지 제5항에서 규정하는 정수의 계산에 대하여 산입하지 아니한다.

제28조 ① 상공회의소에 다음의 임원을 둔다.

회장 1인

부회장 1인 또는 2인

② 회장은 상공회의소를 대표하며 소무를 총괄한다.

③ 부회장은 회장을 보좌하고 회장이 사고가 있을 때에는 그 직무를 대리하며 부회장이 두 명인 경우에 대리의 순서는 정관의 정하는 바에 의한다.

④ 회장 및 부회장 이외에 상공회의소에는 정관의 정하는 바에 의하여 다른 임원을 둘 수 있다.

⑤ 임원은 명예직으로 한다.

제29조 ① 임원은 의원총회에서 의원 중에서 선임한다.

② 임원의 임기는 의원의 임기에 의한다.

③ 임원이 의원의 직을 상실한 때에는 임원직을 상실한다.

④ 의원이 회사 임원으로 선임된 후 제21조 제1항의 규정에 의하여 그 대표자에게 변동이 발생한 때에는 회사의 임원직을 상실한다.

⑤ 임원이 직무를 종료한 경우에 소무 수행에 지장을 초래할 우려가 있는 때에 퇴직한 임원은 정관이 정하는 바에 의하여 후임자가 취임할 때까지 계속하여 그 직무를 행할 수 있다. 다만, 제35조 또는 제46조의 규정에 의하여 해임된 경우에는 그러하지 아니하다.

제30조 ① 상공회의소에 이사 1인을 둔다.

② 이사는 회장의 명을 받아 서무를 장리한다.

③ 이사 이외에 상공회의소에는 정관이 정하는 바에 의하여 다른 직원을 둘 수 있다.

제31조 ① 상공회의소는 회원에 대하여 경비를 부과할 수 있다.

② 상공회의소의 경비 부과액에 관한 제한 및 경비 부과의 방법은 조선총독이 정한다.

제32조 상공회의소는 정관이 정하는 바에 의하여 정관 위반자에 대하여 과태금을 징수할 수 있다.

제33조 ① 경비 또는 과태금을 체납한 자가 있는 경우에 회장의 청구가 있을 때에는 부·면은 국세의 예에 의하여 이를 처분한다. 이 경우에 상공회의소는 그 징수 금액의 100분의 5를 부·면에 교부하여야 한다.

② 전항의 징수금은 부면의 징수금 다음으로 선취 특권을 가지며 시효에 대하여는 국세의 예에 의한다.

③ 경비의 부과 징수 또는 과태금의 징수에 대하여는 조선총독이 정하는 바에 의하여 이의 제기 및 재결 신청을 할 수 있다.

제34조 ① 상공회의소는 정관이 정하는 바에 의하여 사용료 및 수수료를 징수할 수 있다.

② 전항의 사용료 및 수수료의 징수에 관하여는 민사소송을 제기할 수 있다.

제35조 상공회의소는 직무를 소홀히 하거나 기타 부정행위를 한 의원 또는 임원을 해임할 수 있다.

제36조 상공회의소는 경비를 체납한 자에 대하여 그 체납 중, 전조의 규정에 의하여 해임된 자에 대하여 해임 시로부터 3년 이내로 의원 선거권 및 피선거권을 정지할 수 있다.

제37조 ① 상공회의소는 수지의 결산을 조선총독에 보고하여야 한다.

② 상공회의소는 적어도 매년 1회 그 사업 성적을 조선총독에 보고하여야 한다.

제38조 상공회의소는 해산 후라 하더라도 청산의 목적 범위 안에서는 존속하는 것으로 본다.

제39조 ① 상공회의소가 해산한 때에는 의원총회에서 청산인을 선임하여야 하며, 청산인이 부족한 때 같다.

② 청산인의 선임은 행정관청의 인가를 받아야 한다.

제40조 전조의 규정에 의한 청산인이 없는 때에는 행정관청이 청산인을 선임한다.

제41조 청산인은 상공회의소를 대표하며, 청산에 필요한 일체의 행위를 할 권한을 가진다.

제42조 ① 청산인은 청산 및 재산 처분의 방법을 정하여 의원총회의 의결을 거쳐 조선총독의 인가를 받아야 한다.

② 의원총회가 전항의 의결을 하지 아니하거나 할 수 없을 때에 청산인은 조선총독의 인가를 받아 청산 및 재산 처분 방법을 정하여야 한다.

제43조 ① 상공회의소는 해산 후라도 채무를 완제하는 데에 필요한 금액을 부과·징수할 수 있다.

② 전항의 부과·징수에 관하여서는 제31조 및 제33조의 규정을 준용한다.

제44조 조선총독이 필요하다고 인정한 때에는 정관, 경비의 예산 또는 부과·징수의 방법 또는 청산 혹은 재산 처분 방법의 변경을 명하고 기타 감독상 필요한 명령을 하거나 처분할 수 있다.

제45조 의원 선거가 법령 또는 정관에 위반한 때에는 조선총독은 선거 또는 당선 취소를 할 수 있다.

제46조 의원총회의 의결 또는 의원, 특별의원, 임원 또는 청산인의 행위가 법령 또는 정관에 위반되거나 공익을 해할 우려가 있을 때에는 조선총독은 다음 처분을 할 수 있다.

1 의원, 특별의원, 임원 또는 청산인의 해임

2. 의원총회의 의결 취소

3. 의원총회의 해산

4. 상공회의소의 사업 정지

5. 상공회의소의 해산

제47조 조선총독은 부정행위로 인하여 제45조의 규정에 준하여 당선이 취소된 자 또는 전조 제1호의 규정에 의하여 해임된 의원, 특별의원 또는 임원에 대하여 취소 또는 해임 시로부터 3년 이내로 의원의 선거권 및 피선거권을 정지할 수 있다.

제48조 ① 상공회의소는 공동으로 그 목적을 달성하기 위하여 조선상공회의소를 설립할 수 있다.

② 조선상공회의소는 법인으로 한다.

③ 조선상공회의소를 설립하고자 할 때에는 3 이상의 상공회의소가 발기인이 되어 상공회의소 총수의 3분의 2 이상의 동의를 얻어 창립총회를 열어 정관, 기타 필요한 사항을 정하고 임원을 선임하여 조선총독의 인가를 받아야 한다.

제49조 조선상공회의소가 성립한 때에는 상공회의소는 전부 이에 가입한 것으로 본다.

제50조 ① 조선상공회의소에 총회를 둔다.

② 총회는 조선총독이 정하는 바에 의하여 각 상공회의소에서 선정한 자로서 조직한다.

제51조 ① 조선상공회의소에 상의원회를 둘 수 있다.

② 상의원회는 정관이 정하는 바에 의하여 상공회의소에서 선정한 자로서 조직한다.

③ 상의원회는 정관에 의하여 위임된 총회의 권한에 속하는 사항을 의결한다. 다만, 정관의 변경 및 조선상공회의소 해산의 의결은 할 수 없다.

제52조 ① 조선상공회의소의 임원은 총회에서 상공회의소의 임원 중에서 선임한다. 다만, 특별한 사유가 있는 때에는 회장 또는 부회장에 한하여 정관이 정하는 바에 의하여 상공회의소의 임원이 아닌 자 중에서 선임할 수 있다.

② 임원의 임기는 3년으로 한다.

③ 상공회의소의 임원 중에서 선임된 임원이 그 상공회의소의 임원직을 상실한 때에는 조선상공회의소의 임원직을 상실한다.

제53조 조선상공회의소는 정관이 정하는 바에 의하여 상공회의소에 대하여 경비를 분부하거나 과태금을 징수할 수 있다.

제54조 제4조, 제6조 제1항, 제7조, 제10조 내지 제13조, 제21조 내지 제23조, 제26조, 제27조 제1항 내지 제5항, 제28조, 제29조 제5항, 제30조, 제31조 제2항, 제33조 제3항, 제34조, 제35조, 제37조 내지 제44조 및 제46조의 규정은 조선상공회의소에 준용한다.

제55조 조선총독은 이 영에서 규정하는 직권의 일부를 도지사에게 위임할 수 있다.

제56조 상공회의소 또는 조선상공회의소가 아니면서 그 명칭 중에 상공회의소 또는 조선상공회의소를 나타내는 문자를 사용한 자는 500원 이하의 벌금에 처한다.

부칙 〈조선총독부 제령 제4호, 1930. 5. 10.〉

① 이 영 시행 기일은 조선총독이 정한다.

[「조선상공회의소령」은 1930년 11월 25일부터 시행. 〈1930. 11. 19. 조선총독부령 제94호〉]

② 「조선상업회의소령」은 폐지한다.

③ 「조선상업회의소령」에 의하여 설립되어 이 영을 시행 당시 존재하는 상업회의소는 이 영에 의하여 설립한 상공회의소로 본다.

④ 전항의 규정에 의한 상공회의소에 대하여는 구령에 의하여 평의원회, 평의원 및 특별평의원은 각각 이를 이 영에 의한 의원총회, 의원 및 특별의원으로 본다.

⑤ 제3항의 규정에 의한 상공회의소에 대한 의원 선거에 관한 규정은 다음 총선거부터 시행하며 그 시행 전의 의원 선거에 관한 사항은 구령에 의한다.

⑥ 제3항의 규정에 의한 상공회의소에 대하여 이 영을 시행 당시 필요한 사항은 조선총독이 정한다.

〈자료 137〉 「조선상공회의소령 시행령」(『조선총독부관보』, 1930년 11월 19일)

「조선상공회의소령」 제94호

「조선상공회의소령」은 1930년 11월 25일부터 이를 시행한다.

1930년 11월 19일

조선총독 자작 사이토 마코도(齋藤實)

〈자료 138〉 「조선상공회의소령 시행규칙」(『조선총독부관보』, 1930년 11월 19일)

조선총독부령 제95호

「조선상공회의소령」 시행규칙을 다음과 같이 정한다.

1930년 11월 19일

조선총독 자작 사이토 마코도(齋藤實)

제1조 상공회의소를 설립코자 할 때에는 발기인은 다음 사항을 기재한 서면으로 회원될

자에 대하여 설립의 동의를 구하여야 한다.

1. 설립의 이유

2. 지역

3. 사업계획의 개요

4. 사업연도의 경비 및 수지 개산(概算)

설립의 동의는 전항의 서면에 기명 날인함으로써 이를 행하기로 한다.

부(府)와 면(面) 또는 그 일부 또는 면과 면 또는 그 일부를 합하여 1지구로 하려 할 경우에는 각 부, 면 및 면의 일부에 대하여 적어도 1인의 발기인이 있을 것과 회원될 자의 3분의 2 이상의 동의를 얻음을 요한다.

제2조 법정의 동의자가 있을 때에는 발기인은 지체 없이 창립총회를 소집하여야 한다.

창립총회를 소집하려 할 때에는 소집일 전 15일째까지 회의의 목적, 사항, 일시 및 장소를 회원인 자에게 통지하여야 한다.

제3조 창립총회에 있어서 결정은 회원이 된 자의 3분의 2 이상의 동의로써 이를 행한다. 단, 부와 면 또는 그 일부 또는 면과 면 또는 그 일부를 합하여 1지구로 하려 할 경우에는 각 부, 면 및 면의 일부에 대하여 그 3분의 2 이상의 동의로 이를 행함을 요한다.

제4조 창립총회에는 대리인으로써 의결권을 행사할 수 있다. 단, 회원인 자가 아니면 대리인이 될 수 없다.

전항의 경우에 대리인은 대리권을 증명하는 서면을 제출하여야 한다.

제5조 창립총회가 끝난 때에는 발기인은 법정의 설립 동의자가 있음을 증명하는 서면, 정관, 창립총회의 의사록의 등본 및 다음에 게재된 사항을 기재한 서면을 첨부하여 설립인가 신청서를 지체 없이 조선총독에게 제출하여야 한다.

1. 설립의 이유

2. 지구

3. 회원이 될 자의 영업 종목별의 수

4. 사업계획의 개요

5. 사업연도의 경비의 수지 개산

6. 면으로 지구를 하려 할 때에는 그 면의 상공업의 개황

7. 부와 면 또는 그 일부 또는 면과 면 또는 그 일부를 합하여 1지구로 하려 할 때에는 그 특별한 사정

제6조 상공회의소의 설립은 인가하였을 때에는 조선총독은 그 명칭, 지구, 사무소의 소재지 및 인가 연월일을 고시하고 그 고시한 사항이 변경이 있을 때에도 역시 이와 같다.

제7조 상공회의소의 설립인가가 있은 때에는 발기인은 6개월 이내에 의원의 선거를 행하여야 한다.

전항의 기간에 그 선거를 행하지 않을 때에는 설립의 인가는 그 효력을 상실하고 이 경우에 조선총독은 그 취지를 고시하여야 한다.

제8조 발기인은 의원의 선거를 행한 후 지체 없이 의원총회를 열고 그 집행한 사무를 보고하고 또 창립비 및 그 상각(償却) 방법의 승인을 얻어야 한다.

전항의 의원총회에서는 역원을 선임하고 이와 병행하여 경비의 예산 및 부과, 징수 방법을 의결하여야 한다.

역원의 선임이 있을 때에는 발기인은 일체의 사무를 지체 없이 역원에게 인계하여야 한다.

상공회의소는 제1항의 승인을 마친 창립비 및 그 상각 방법을 조선총독에게 제출하여야 한다.

제9조 「조선상공회의소령」 제8조 제1항 제3호의 납세액은 다음과 같이 정한다.

상공회의소	영업세 또는 광산세	거래소세
경성부에 사무소를 가진 자	15원	100원
대구부, 부산부, 평양부에 사무실을 가진 자	10원	100원
기타의 것	7원	100원

제10조 상공회의소의 지구 외에도 영업장을 가진 자에 대하여는 상공회의소의 지구에 속하는 부, 면에서 영업세, 부가세 또는 영업세할(營業稅割)의 부과에 대한 비율을 정함이 있을 때는 그 비율에 의한 본세액으로써 그 지구 내에서의 납세액으로 간주한다.

전항의 비율의 정함이 있을 때는 상공회의소는 그 지구 내에 있어서 납세액으로 볼 수 있는 금액을 정하고 도지사의 인가를 받아야 한다.

제11조 특별의원을 두는 상공업자의 명칭 및 그 정수는 조선총독이 이를 고시한다.

특별의원의 임명 및 해임은 도지사가 이를 하기로 한다. 단, 「상공회의소령」 제46조의 규정에 의한 해임에 대하여는 그 제한으로부터 제외한다.

도지사가 특별의원을 임명할 때에는 그 이력서를 첨부하고 해임할 때에는 사유를 갖추어 그 취지를 조선총독에게 보고하여야 한다.

제12조 상공회의소는 「조선상공회의소령」 제20조 제4항에 정하는 사항 이외에 다음 사항에 대하여 정관으로써 특별의원의 의결권을 제한할 수 있다.

1. 사업보고의 승인
2. 차입금
3. 과태금의 징수
4. 조선상공회의소 설립의 동의
5. 「조선상공회의소령」 제42조의 의결

제13조 역원의 선임이 있을 때에는 상공회의소는 그 이력서를, 역원 회사일 때에는 그 대표자의 이력서를 첨부하고 그 취지를 지체 없이 조선총독에게 계출하여야 한다.

제14조 의원, 특별의원 또는 역원의 퇴임이 있을 때에는 상공회의소는 그 성명 또는 명칭 및 퇴임의 사유를 갖추어 그 취지를 지체 없이 조선총독에게 제출하여야 한다. 단, 조선총독 또는 도지사가 해임할 때는 그 제한으로부터 제외한다.

제15조 이사의 임명이 있을 때에는 이력서를 첨부하고 퇴임할 때에는 사유를 구비하여 상공회의소는 그 취지를 지체 없이 조선총독에게 제출하여야 한다.

제16조 상공회의소의 사업연도는 매년 4월 1일에 시작하고 익년 3월 31일에 끝낸다.

제17조 상공회의소는 회원에 대하여 1년간의 영업세, 거래소세 또는 광업세의 지구 내에서의 납세액을 표준으로 하고 다음 제한 내에 있어서 정하는 부과율에 의하여 그 경비를 부과할 수 있다.

1. 영업세 100분의 50
2. 거래세 100분의 20
3. 광업세 100분의 40

전항의 납세액 결정 이전에 있어서는 그 최근에 결정된 1년간의 납세액으로써 그 납세액으로 간주한다.

특별한 필요가 있을 경우에는 상공회의소는 조선총독의 인가를 받아 제1항의 제안을 초과하여 그 경비를 부과할 수 있다.

제18조 상공회의소는 경비 부담 의무자에 대하여 그 부담 의무가 발생한 달로부터 그 소멸한 달까지의 월할액(月割額)을 초과하여 경비를 부과할 수 없다. 단, 이미 징수한 경비는 정관이 정하는 바에 의하여 이를 환부하지 않을 수 있다.

사업연도가 1년에 미만할 경우에는 전조의 부과율은 그 연도의 개시한 달부터 그 종료한 달까지의 월할로써 계산한다.

제19조 상공회의소는 매년 1월 말일까지에 차년도의 경비의 예산 및 부과, 징수 방법의 의결의 인가신청서를 조선총독에 제출하여야 한다. 단, 상공회의소를 새롭게 설립할 경우에는 의결이 있은 날부터 7일 이내에 제출할 수 있다.

초년도의 경비의 예산 및 부과, 징수 방법의 의결의 인가신청서는 의결이 있은 날부터 7일 이내에 이를 조선총독에게 제출하여야 한다.

전 3항의 인가신청서에는 의사록의 등본을 첨부하여야 한다.

제20조 상공회의소의 경비의 부과 또는 과태금의 징수의 통지를 받은 자 중 그 처분에 불복이 있을 때에는 그 통지를 받은 날부터 30일 이내에 상공회의소에 대하여 이의를 제기[申立]할 수 있다.

전항의 이의의 제기가 있을 때에는 상공회의소는 지체 없이 의원총회의 의결을 거쳐 결정을 하고 이의 제기인에게 이를 통지하여야 한다.

제21조 전조 제2항의 결정을 받은 자 중 그 결정에 불복이 있을 때에는 결정서 등본의 교부를 받은 날부터 30일 이내에 도지사의 재결을 신청할 수 있다.

전항의 재결을 받은 자 또는 상공회의소에서 그 재결에 불복이 있을 때에는 결정서 등본의 교부가 있은 날부터 30일 이내에 조선총독의 재결을 신청할 수 있다.

제22조 「상공회의소령」 제33조 제1항의 처분에 불복이 있는 자는 처분이 있은 날로부터 30일 이내에 도지사의 재결을 신청할 수 있다.

전항의 재결을 받은 자 또는 부, 면에서 그 처분에 불복이 있을 때에는 재결서 등본의 교부가 있은 날로부터 30일 이내에 조선총독의 재결을 신청할 수 있다.

제23조 제20조의 이의의 제기 및 전 제2조의 재결의 신청은 문서로써 이를 하여야 한다.

제24조 차입금을 하려 할 때에는 상공회의소는 금액, 이율, 기간, 담보의 유무 및 종별, 차입할 자가 차입을 필요로 하는 사유 및 상환 방법을 기재한 인가신청서에 의사록의 등본을 첨부하여 이를 조선총독에게 제출하여야 한다.

연도 내의 수입으로 상환하여야 할 일시의 차입을 할 때에는 상공회의소는 그 금액, 이율, 담보의 유무 및 종별, 차입자가 차입을 필요로 한 사유 및 상환 방법을 갖추어 그 취지를 도지사에게 제출하여야 한다.

제25조 상공회의소는 매년 7월 말일까지 전년도의 수지결산 및 사업실적 보고서를 조선총독에게 제출하여야 한다.

전항의 보고서에는 전년도 말일 현재에 의하여 작성한 재산 목록 및 대차대조표를 첨부하여야 한다.

제26조 상공회의소의 정관의 변경 및 해산의 의결의 인가신청서에는 의사록 등본을 첨부하여야 한다.

제27조 상공회의소가 해산할 때에는 조선총독은 그 취지를 고시한다.

제28조 상공회의소에서 청산인을 선임할 때에는 그 이력서를 첨부하고 지체 없이 인가신청서를 도지사에게 제출하여야 한다.

청산인이 될 자가 없을 때에는 도지사가 이를 선임하여야 한다.

청산인의 퇴임이 있을 때는 상공회의소는 그 성명 및 퇴임의 사유를 갖추어 그 취지를 지체 없이 도지사에게 계출하여야 한다. 단, 조선총독 또는 도지사가 해임할 때에는 그 제한으로부터 제외한다.

도지사가 청산인의 선임을 인가하고 또는 청산인을 선임할 때에는 그 성명 및 주소를 고시하여야 한다. 청산인의 퇴임이 있을 때에도 역시 같다.

제29조 청산인은 취임한 날로부터 6개월 이내에 청산 및 재산 처분의 방법을 정하고 의원총회의 의결을 거쳐야 한다.

전항의 청산 및 재산 처분의 방법에 대하여 의원총회의 의결을 거칠 때에는 재산목록 및 대차대조표를 첨부하고 7일 이내에 인가신청서를 조선총독에게 제출하여야 한다.

의원총회가 제1항의 기간 내에 재결을 하지 않거나 또는 할 수 없는 때에는 청산인은 그 사유를 갖추어 청산 및 재산 처분의 방법을 정하고 기간 경과 후 7일 이내에 인가신청서를 조선총독에게 제출하여야 한다.

제30조 제17조, 제20조 내지 제23조의 규정은 상공회의소의 해산 후 그 채무를 완제(完濟)함에 필요한 금액을 부과, 징수할 경우에 이를 준용한다. 단, 그 부과율은 제17조 제1항의 제한에 의하지 않을 수 있다.

제31조 청산이 종료할 때에는 청산인은 청산에 관한 일체의 서류를 첨부하여 그 취지를 지체 없이 조선총독에게 제출하여야 한다.

제32조 도지사는 그 관내에서 상공회의소의 감독상 필요가 있다고 인정될 때에는 의견을 갖추어 조선총독의 처분으로 청산할 수 있다.

도지사가 필요하다고 인정할 때에는 상공회의소로 하여금 사업 및 제산의 상황을 보고하게 하고 또는 이를 검사할 수 있다.

제33조 조선상공회의소의 창립비 및 그 상각 방법은 창립총회의 승인을 받아야 한다.

제34조 창립총회가 종료할 때에는 발기인은 법정의 설립 동의자가 있음을 증명하는 서면, 정관, 창립총회의 의사록 등본 및 다음에 게재한 사항을 기재한 서면을 첨부하고 조신상공회의소의 설립인가 신청서를 지체 없이 조선총독에게 제출하여야 한다.

1. 설립의 이유
2. 사업계획의 개요
3. 창립비 및 그 상각 방법
4. 사업연도의 경비의 수지 개산
5. 역원의 성명 및 그 이력, 역원 회사일 때에는 그 명칭 및 대표자의 성명, 그 이력

제35조 조선상공회의소령 제50조 제2항의 규정에 의하여 선정되어야 할 자는 각 상공회의소의 의원 또는 이사로 하고 그 원수(員數)는 각 상공회의소에 대하여 1인으로 한다. 단, 정관이 정하는 바에 의하여 경비 부담액에 응하여 그 원수를 3인까지 증가할 수 있다.

제36조 조선상공회의소는 상공회의소에 대하여 최근 그 경비 부과의 표준으로 한 1년간의 납세액의 총액을 표준으로 하여 그 100분의 3 이내에서 정하는 율에 따라 경비의

2분의 1을 한도로 하여 상공회의소의 전년도 예산액을 표준으로 하여 이를 분부(分賦)하여도 무방하다.

제37조 제20조 내지 제23조 및 전조의 규정은 조선상공회의소의 해산 후 그 채무를 완제함에 필요한 금액을 분부할 경우에 이를 준용한다. 단, 그 율은 그 전조의 제한에 의하지 않을 수 있다.

제38조 상공회의소에 관한 규정은 제1조 제5항, 제7조, 제8조 제1항, 제2항 및 제4항, 제9조 내지 제12조, 제17조, 제21조 제2항, 제22조 제1항, 제30조 및 제32조의 규정을 제외한 이외에 조선상공회의소에 이를 준용한다. 단, 제21조 제1항, 제22조 제1항, 제24조 제2항 및 제28조 중 도지사라고 함은 이를 조선총독으로 한다.

부칙

본령은 1930년 11월 25일부터 이를 시행한다.

「조선상공회의소령 시행규칙」은 이를 폐지한다.

「조선상공회의소령 부칙」 제3항의 규정에 의한 상공회의소의 동령 제8조 제1항 제3호의 납세액에 대하여는 1933년 3월 31일까지는 종전의 예에 의한다.

「조선상공회의소령」 또는 동령에 기초하여 공포된 명령에 의하여 이루어진 인가, 기타의 처분 및 행위는 「조선상공회의소령」 또는 동령에 기초하여 공포된 명령 중 이에 해당하는 규정이 있을 경우에는 「조선상공회의소령」 또는 동령에 기초하여 공포된 명령에 의하여 이를 이를 행한 것으로 간주한다.

「조선상공회의소령 부칙」 제3항의 규정에 의한 상공회의소는 「조선상공회의소령」 시행일로부터 3개월 이내에 정관 변경의 인가를 신청하여야 한다.

그 인가 전에 있어서는 종전의 정관은 아직 그 효력을 가진다.

조선총독부 고시 제520호 「조선상공회의소령 시행규칙」 제11조 제1항의 규정에 의하여 특별의원을 두는 상공회의소 및 정수는 다음과 같이 정한다.

상공회의소명	특별의원 정수
경성상공회의소	6인

인천상공회의소	4인
군산상공회의소	3인
목포상공회의소	3인
대구상공회의소	4인
부산상공회의소	6인
평양상공회의소	6인
진남포상공회의소	3인
신의주상공회의소	3인
원산상공회의소	4인
청진상공회의소	3인

〈자료 139〉「조선상공회의소 의원선거규칙」(『조선총독부관보』, 1930년 12월 29일)

조선총독부령 제100호(1930년 12월 29일 제정 공포)

제1조 상공회의소 의원의 선거는 정관이 정하는 바에 의하여 선거인을 2급으로 나누어 이를 행할 수 있다.

전항의 규정에 의하여 급별 선거를 행할 경우에는 선거인 중 선거인의 총수로써 선거인이 납부하는 경비 총액을 제하고 그 평균액 이상을 납입하는 자를 1급으로 하고 기타의 자를 2급으로 한다. 단, 1급 선거인의 수가 의원 정수의 2분의 1보다 적을 때에는 납액이 가장 많은 자를 의원의 정수의 2분의 1과 동수로써 1급으로 한다.

이 경우에 있어 양급 간의 동액의 경비를 납입하는 자가 2인 이상 있을 때에는 선거권에 관한 조건을 구비한 연수가 많은 자를 상급에 넣고, 그 연수가 같을 때에는 연장자를 취하고, 연령에 의하기 어려울 때에는 상공회의소에서 추첨으로 이를 정하여야 한다,

선거인은 매급(每級) 각별(各別)로 의원의 정수의 2분의 1을 선거한다.

피선거인은 각급을 통하여 피선될 수 있다.

제2조 상공회의소는 선거기일 전 50일 현재에 의하여 선거인 명부를 작성하여야 한다.

단, 제5조 제2항의 규정에 의하여 확정명부를 사용할 경우에는 그 제한으로부터 제외한다.

선거인 명부는 선거인의 성명 또는 명칭, 출생 연월일 및 상공회의소의 경비의 부과액 및 지구 내에서의 영업장, 영업의 종류, 납세 종목, 세액 등을 기재하여야 한다.

단, 영업장이 그 이상 있을 때에는 하나를 선정하고 이를 기재하여야 한다.

제3조 상공회의소는 선거기일 전 적어도 30일을 기한으로 하여 그날부터 7일간 이상 그 사무소 또는 그 지정된 장소에서 선거인 명부를 관계자의 종람(縱覽)에 제공해야 한다.

상공회의소는 종람 개시일의 전 3일째까지에 종람의 기간 및 장소를 고시하고 또 이를 도지사에게 계출하여야 한다.

제4조 선거인 명부에 관하여 관계자로부터 이의가 있을 때에는 종람 기간 내에 이를 상공회의소에 제기할 수 있다.

이 경우에 있어 상공회의소는 그 제기를 받은 날부터 7일 이내에 결정을 하고 이의 제기인 및 관계자에게 이를 통지하여야 한다.

전항의 결정에 불복이 있는 자는 결정서의 등본의 교부가 있은 날로부터 7일 이내에 도지사의 재결을 신청할 수 있다.

제5조 선거인 명부는 종람 기간 만료 후 20일을 거쳐 확정한다.

확정명부는 총선거를 제외하고 그 확정된 날로부터 1년 이내에 행하는 선거에 이를 사용키로 한다. 단, 조선총독이 지정하는 경우에는 그 제한으로부터 제외한다.

전조의 경우에서는 상공회의소의 결정이 확정되거나 또는 도지사의 결정이 있으므로 인하여 선거인 명부의 수정을 요할 때에는 상공회의소는 즉시 이를 수정하여야 한다.

선거인 명부를 수정한 때에는 상공회의소는 즉시 그 취지를 이의 제기인, 재결 신청인 및 관계자에게 통지하고 또 이것을 고시하여야 한다.

제6조 제4조의 경우에서 상공회의소의 결정이 확정되거나 또는 도지사의 재결이 있으므로 인하여 선거인 명부가 무효로 되었을 때에는 다시 이것을 작성하여야 한다.

천재, 사변, 기타의 사고로 인하여 필요가 있을 때에도 역시 같다.

선거인 명부 작성 후 상공회의소의 지구의 확장이 있을 경우에는 새로이 속한 지구의 선거인을 선거인 명부에 추가하여야 한다.

이 경우에 있어서는 제2조 내지 전조 및 전항의 규정을 준용한다.

전 2항의 규정에 의한 선거인 명부의 작성, 추가, 종람 확정 및 이의의 제기에 대하여서는 상공회의소의 결정에 관한 기일, 기한 및 기간은 도지사가 정한 바에 의한다.

제7조 상공회의소는 선거기일 전 20일까지 선거회장, 투표 및 개표의 일시 및 선거하여야 할 의원 수를 고시하여야 한다.

개표일은 투표일 또는 그 익일로 한다.

천재, 사변 기타의 사고로 인하여 투표를 시행하지 못할 때, 또는 다시 선거를 행할 필요가 있을 때에는 상공회의소는 투표의 기일 전 제5일까지 제1항에 규정하는 사항을 고시하여야 한다.

제8조 선거에 대하여는 상공회의소의 이사, 이사가 사고가 있을 때에는 도지사가 지정한 관리선거장이 선거회를 개폐하고 그 단속에 임한다.

선거회에 관한 비용은 상공회의소의 부담으로 한다.

제9조 선거장은 선거인 명부에 등록된 자 중에서 2인 내지 4인의 선거 입회인을 선임하여야 한다.

선거 입회인은 명예직으로 한다.

제10조 선거인 또는 그 대리인이 아닌 자는 선거회장에 들어갈 수 없다. 단, 선거회장의 사무에 종사하는 자, 선거회장을 감독하는 직권을 가진 자 및 경찰관리는 그 제한으로부터 제외한다.

선거회장에서 연설, 토론을 하거나 혹은 시끄럽게 떠들거나 또는 투표에 관하여 협의 또는 권유를 하거나 기타 선거회장의 질서를 문란케 하는 자가 있을 때에는 선거장은 이를 제지하고 명에 복종치 않을 때에는 이를 선거회장 밖으로 퇴출시킬 수 있다.

선거장은 선거회장의 단속을 위하여 필요가 있다고 인정될 때에는 경찰관리의 처분을 구할 수 있다.

제2항의 규정에 따라 퇴출당한 자는 최후에 이르기까지 투표를 할 수 없다. 단, 선

거장의 선거회장의 질서를 문란하게 할 우려가 없다고 인정될 때에는 적의(適宜) 투표를 하게 할 수 있다.

제11조 선거인 또는 그 대리인은 선거의 당일 투표 시간 내에 스스로 선거회장에 와서 선거인 명부의 대조를 한 후 투표를 하여야 한다.

투표용지는 선거 당일 선거회장에서 선거인 또는 그 대리인에게 이를 교부하여야 한다. 투표 시간 내에 투표회장에 들어간 선거인 또는 그 대리인은 그 시간이 경과하여도 투표할 수 있다.

선거인 또는 그 대리인은 선거회장에서 투표용지에 스스로 피선거인의 성명 또는 명칭을 기재하여 투표하여야 한다,

스스로가 피선거인의 성명 또는 명칭을 모르는 자는 투표할 수 없다.

투표용지는 상공회의소가 정한 장소에서 일정한 요식을 갖춘 것을 사용하여야 한다.

제12조 확정명부에 등록하지 않은 자는 투표를 할 수 없다. 단, 선거인 명부에 등록되어야 할 취지의 도지사의 재결서를 소지하고 선거의 당일 선거회장에 온 선거인 또는 그 대리인은 그 제한으로부터 제외한다. 확정명부에 등록된 자, 선거인 명부에 등록할 수 없는 자일 때에는 투표를 할 수 없다. 선거의 당일 선거권을 갖지 않는 자 또는 선거권 정지 중의 자일 때에도 역시 같다.

제13조 투표의 거부는 선거 입회인이 이를 결정한다. 가부 동수일 때는 선거장이 이를 결정한다.

제14조 선거인 회사 또는 무능력자일 때에는 다음에 게재된 자로서 제국 신민인 능력자 중에서 그 대리인을 정하여야 한다.

1. 회사에 있어서는 그 업무를 집행하는 사원, 역원 및 지배인
2. 무능력자에 있어서는 친권자, 후견인 보좌인 또는 남편(夫), 1인으로써 동일한 선거에서 2인 이상의 선거인의 대리인으로 될 수 없다. 대리인은 그 대리인임을 증명하는 서면을 선거장에게 제출하여야 한다.

제15조 선거장은 선거에 입회한 다음 투표함을 열고 투표의 총수와 투표인 총수를 계산하여야 한다.

전항의 계산이 끝날 때에는 선거장은 선거 입회인과 같이 투표를 점검하여야 한다.

천재, 사변, 기타의 사고로 인하여 개표를 행할 수 없을 경우에는 상공회의소는 재개표의 일시 및 장소를 정하고 미리 이를 고시하고 또 도지사에게 제출하여야 한다.

제16조 선거인 또는 그 대리인은 개표 개시 후 선거회의 참관을 요구할 수 있다.

제17조 다음의 투표는 이를 무효로 한다.

1. 정규의 용지를 사용하지 않은 것.
2. 현재 상공회의소의 의원의 직에 있는 자의 성명 또는 명칭을 기재한 자.
3. 투표 중 2인 이상의 피선거인의 성명 또는 명칭을 기재한 것.
4. 피선거인이 누구인가를 확인하기 곤란한 것.
5. 피선거권이 없는 자 또는 피선거권이 정지 중인 자의 성명 또는 명칭이 기재된 것.
6. 피선거인의 성명 또는 명칭 이외의 것을 기입한 것. 단, 작위, 직업, 신분, 주소 또는 경칭의 류를 기입한 것은 그 제한으로부터 제외한다.
7. 피선거인의 성명 또는 명칭을 자서(自書)하지 않은 것. 연기(連記) 투표의 방법에 의한 경우에서는 전항 제1호, 제6호 또는 제7호에 해당하는 것 또는 그 기재된 인원이 선거할 의원의 정수를 초과하는 것은 이를 무효로 하고 전항 제2호, 제4호 또는 제9호에 해당하는 것은 그 부분만을 무효로 한다.

제18조 투표의 효력은 선거 입회인이 이를 결정한다. 가부 동수일 때에는 선거장이 이를 결정한다.

제19조 유효투표의 최다수를 얻은 자를 당선자로 한다.

당선자를 정함에 있어 득표자가 같을 때에는 연장자를 취하고 연령에 의하기 어려울 때에는 선거장이 추첨하여 이를 정한다.

제20조 당선자가 선거의 기일 후에 있어 피선거권을 갖지 아니함에 이르게 될 때 또는 피선거권이 정지되었을 때에는 그 당선을 잃는다.

제21조 선거장은 선거록을 만들고 선거회에 관한 전말을 기재하고 이를 낭독하고 2인 이상의 선거 입회인과 같이 이에 서명하여야 한다.

선거장은 선거록을 첨부하여 당선자의 유무, 당선자의 성명 또는 명칭 및 영업장을 상공회의소에 통지하여야 한다.

선거록은 투표, 선거인 명부, 기타의 관계 서류와 같이 의원의 임기 간 상공회의소에서 이를 보존하여야 한다.

제22조 상공회의소는 전조 제2항의 통지를 받았을 때에는 즉시 당선의 취지를 통지하고 동시에 당선자의 성명 또는 명칭 및 영업자를 고시하고 또 선거록의 사본을 첨부하고 이를 도지사에게 제출하여야 한다. 당선자가 없을 때에는 즉시 그 취지를 고시하고 또 선거록의 사본을 첨부하고 이를 도지사에게 제출하여야 한다.

당선자가 당선을 사양할 때에는 당선의 통지를 받은 날로부터 3일 이내에 이를 상공회의소에 제기하여야 한다.

1인으로서 양급(兩級)에서 당선할 때에는 최후의 당선의 통지를 받은 날부터 3일 이내에 어떤 당선에 응할 것인가를 상공회의소에 제기하여야 한다. 그 기한 내에 이를 제기하지 않을 때에는 상공회의소에서 추첨하여 이를 정하기로 한다.

당선자가 없음에 이를 때, 또는 당선자가 그 선거에서 의원의 정수에 미달할 때, 또는 정수에 달하지 못하게 될 때에는 상공회의소는 즉시 그 취지를 고시하고 또 이를 도지사에게 계출하여야 한다.

제23조 당선자가 그 선거에서 의원의 정수에 미달할 경우에 있어 득표자로서 당선자가 되지 않은 자가 있을 때에는 상공회의소는 즉시 선거회를 열고 그자 중에서 당선자를 정하여야 한다.

이 경우에 있어서는 제19조의 규정을 준용한다.

당선자가 그 선거에 있어서의 의원의 정수에 미달할 때, 또는 전항의 규정에 의하여 피선자를 정하여도 그 선거에서 의원의 정수에 미달할 때에는 상공회의소는 3개월 이내에 그 부족원 수에 대하여 다시 선거를 행하여야 한다.

전항의 사유가 의원의 임기 만료 전 6개월 이내에 발생할 때에는 전항의 선거는 이를 행하지 않는다. 단, 의원의 수가 그 정수의 3분의 2에 미달할 때에는 그 제한으로부터 제외한다.

제1항의 경우에 있어 선거기일 후 피선거권을 갖지 못하게 된 자 및 피선거권이 정지된 자는 이를 당선자로 정할 수 없다.

제24조 당선자가 없을 때 또는 당선자가 없게 될 때에는 상공회의소는 3개월 이내에 재선

거를 행하여야 한다.

선거의 취소가 있을 때에도 역시 전항과 같다.

전조 제3항의 규정은 제2항의 경우에 대하여 이를 준용한다.

제25조 제22조 제3항의 기간을 경과하였을 때, 동조 제3항의 규정에 의하여 추첨을 하였을 때에는 상공회의소는 즉시 당선자의 성명 또는 명칭 및 영업장을 고시하고 또 이를 도지사에게 제출하여야 한다.

제26조 회사 의원을 선거하였을 때에는 당사자의 성명, 주소 및 회사에서의 지위를 상공회의소에 제출하여야 한다.

그 제출한 사항에 변경이 있을 때에도 역시 같다. 상공회의소는 전항의 제출을 수리하였을 때에는 지체 없이 이를 도지사에게 제출하여야 한다.

제27조 선거가 법령 또는 정관에 위반하고 선거의 결과에 이동(異動)이 생길 경우에는 상공회의소 또는 선거인은 선거에 관하여는 선거일로부터, 당선에 관하여는 제22조 제1항의 고시일부터, 30일 이내에 선거인 또는 당선의 취소를 조선총독에게 제기할 수 있다.

선거인이 전항의 제기를 하려 할 때에는 상공회의소를 경유하여 제기서를 조선총독에게 제출하여야 한다.

이 경우에 상공회의소는 의견을 첨부하여 5일 이내에 이를 조선총독에게 전달하여야 한다.

제28조 의원이 피선거권을 갖지 않음으로 인하여 의원의 직을 상실한 경우에는 그 피선거권의 유무는 상공회의소가 이를 결정하여야 한다. 단, 의원이 「상공회의소령」 제9조 각호 또는 동령 제18조 각호에 게재된 자에 해당하여 피선거권을 갖지 않은 경우는 그 제한으로부터 제외한다.

전항의 결정을 받은 자가 그 결정에 불복이 있을 때에는 결정서 등본의 교부를 받은 날로부터 15일 이내에 도지사가 재결을 신청할 수 있다.

제29조 제4조 제1항의 이론의 제기 및 제4호 제2항 및 전조 제2항의 재결의 신청은 문서로써 이를 하여야 한다.

제30조 의원은 선거 혹은 당선의 취소 또는 제28조 제1항의 결정의 확정 혹은 동조 제2항

의 표결이 있을 때까지 회의에 열석하고 의사에 참여할 수 있는 권한이 상실되지 아니한다.

제31조 총선거 후 1년 이내에 의원에 결원이 생길 경우에서 제19조 제2항의 규정의 적용을 받은 득표자로서 당선자가 되지 못한 자가 있을 때에는 상공회의소는 즉시 선거회를 열고 그자 중에서 당선자를 정하여야 한다.

전항의 규정을 받은 자가 없을 때, 또는 전항의 규정에 의하여 당선자를 정하여도 아직 의원의 수가 그 정수에 미달한 경우에 있어 득표자로서 당선자가 되지 못한 자가 있을 때에는 상공회의소는 총선거 후 6개월 내에 즉시 선거회를 개최하고 그 자 중에서 당선자를 정할 수 있다.

전 2항의 규정에 의하여 당선자를 정하여도 아직 의원의 궐원이 그 정수의 5분의 1을 초과할 때, 또는 전 2항의 기간 경과 후 의원의 궐원이 그 정수의 5분의 1을 초과하였을 때에는 상공회의소는 3개월 이내에 보궐선거를 행하여야 한다.

전 2항의 규정의 적용을 받은 자가 없을 경우, 또는 전항의 규정에 의하여 당선자를 정하지 않을 경우에 있어 의원의 궐원이 그 정수의 5분의 1을 초과하여도 역시 같다.

상공회의소는 필요하다고 인정될 때에는 전항의 규정에도 불구하고 보궐선거를 행할 수 있다.

보궐의원은 전임자가 선고받은 등급에서 선거하여야 한다.

제23조 제4항 및 제5항의 규정은 제1항 및 제2항의 경우에, 동조 제3항의 규정은 제3항의 경우에 대하여 이를 준용한다.

제32조 제23조 제3항, 제24조 제1항 및 제2항과 전조 제3항 및 제4항의 선거는 이에 관계있는 선거 또는 당선에 대하여 제27조 제1항의 취소의 제기가 있을 경우에는 조선총독의 결정이 있을 때까지, 제28조 제2항에 있어서는 도지사의 결정이 있을 때까지 이를 행할 수 없다. 제23조 제2항, 제24조 제1항 및 제2항과 전조 제3항에 규정하는 기간은 전항의 규정의 적용을 받을 경우에는 조선총독의 결정 또는 도지사의 재결이 있은 날의 익일부터 이를 기산한다.

제33조 도지사는 제7조 제4항, 제15조 제3항, 제22조 제4항, 제25조 또는 제26조 제2항의

제출을 수리할 때에는 이를 조선총독에게 보고하여야 한다.

제34조 허위의 방법으로써 선거인 명부에 허위의 사항을 등록시킨 자는 50원 이상의 벌금에 처한다.

제35조 다음의 각호의 1에 해당하는 행위를 한 자는 2개월 이하의 징역 또는 금고 또는 50원 이하의 벌금에 처한다.

1. 당선을 득하거나 혹은 득하게 하거나 또는 득하지 않게 할 목적으로 선거인 혹은 그 대리인 또는 선거운동자에 대하여 금전, 물품, 기타의 재산상의 이익 혹은 공사의 직무의 공여, 그 공여의 신청 또는 약속을 하거나 또는 향응, 접대, 그 신청 또는 약속을 하였을 때.
2. 당선을 득하거나 혹은 득하게 하거나 또는 득하지 않게 할 목적으로 선거인 혹은 그 대리인 또는 선거운동자에 대하여 그자 또는 그자가 관계하는 조합회사, 기타의 법인 등에 대한 채권, 기부, 기타 특수한 직접 이해관계를 이용하여 유도를 하였을 때.
3. 투표를 하거나 또는 하지 않거나, 선거운동을 하거나 또는 중지하거나, 또는 그 주선 권유를 한 일에 대한 보수로 할 목적으로써 선거인 혹은 그 대리인 또는 선거운동자에 대하여 제1호에 기재한 행위를 하였을 때.
4. 의원 후보자로 되는 것 혹은 의원 후보자로 되고자 하는 것을 그만두게 할 목적으로써 의원 후보자 혹은 의원 후보자가 되고자 하는 자에 대하여 또는 당선을 사양시킬 목적으로 당선자에 대하여 제1호 또는 제2호에 기재한 행위를 하였을 때.
5. 의원 후보자가 되는 것 혹은 되려고 하는 것을 그만두게 한 것, 당선을 사양한 것 또는 그 주선 권유를 하는 것에 대한 보수로 할 목적으로 의원 후보자와 모의한 자, 의원 후보자가 되려고 한 자, 또는 당선자가 된 자에 대하여 제1호에 기재한 행위를 하였을 때.
6. 제1호 또는 제3호 내지 제5호의 공여, 향응 접대를 받고 혹은 요구하고 제1호 또는 제3호 내지 제5호의 신청에 승낙하고 또는 제2호 또는 제4호의 유도에 응하고 혹은 이를 촉구하였을 때.

제36조 선거에 관하여 다음의 각호의 1에 해당하는 행위를 한 자는 3개월 이하의 징역 또

는 금고 또는 100원 이하의 벌금에 처한다.

1. 선거인, 그 대리인, 의원 후보자, 의원 후보자가 되려는 자. 선거운동자 또는 당선자에 대하여 폭행 혹은 위력을 가하거나 또는 이를 괴인(拐引; 사람을 속여 꾀어냄)하였을 때.
2. 교통 혹은 집회의 편을 방해하거나 또는 연설을 방해하거나 또는 기타 위계, 사술 등 부정의 방법으로 선거의 자유를 방해하였을 때.
3. 선거인, 그 대리인, 의원 후보자, 의원 후보자가 되려는 자. 선거운동자 혹은 그 관계되는 조합, 기타의 법인 등에 대한 채권, 기부, 기타 특수한 이해관계를 이용하여 선거인, 그 대리인, 의원 후보자, 의원 후보자가 되려는 자. 선거자를 협박하였을 때.

第37조 선거장, 선거 입회인, 기타 선거사무에 관계가 있는 자, 선거회장을 감시하는 직권을 가진 자가 선거인 또는 그 대리인이 투표한 피선거인의 성명 혹은 명칭을 표시하였을 때에는 2개월 이하의 금고 또는 50원 이하의 벌금에 처한다. 그 표시된 사항이 허위일 때에도 역시 같다.

第38조 선거회장에서 정당한 사유 없이 선거인 또는 그 대리인의 투표에 간섭하거나 또는 피선거인의 성명 또는 명칭을 인지하려는 방법을 행한 자는 2개월 이하의 금고 또는 50원 이하의 벌금에 처한다. 법령의 규정에 의하지 아니하고 투표함을 열거나 또는 투표함 중의 투표지를 꺼낸 자는 3개월 이하의 징역 또는 금고 또는 100원 이하의 벌금에 처한다.

第39조 선거장, 선거 입회인 또는 선거회장을 감시하는 직권을 가진 자에게 폭행 혹은 협박을 가하여 선거회장을 소요하거나 또는 투표, 투표함, 기타 관계 서류의 억류, 훼괴(毁壞) 또는 탈취한 자는 3개월 이하의 징역 또는 금고에 처한다.

第40조 선거에 관하여 도검, 곤봉, 기타 사람을 살상하려는 물건을 휴대한 자는 2개월 이하의 금고 또는 50원 이하의 벌금에 처한다.

전항의 물건을 휴대하여 선거회장에 들어간 자는 3개월 이하의 금고 또는 100원 이하의 벌금에 처한다.

第41조 연설 또는 신문, 잡지, 통신, 전단, 벽보, 기타 여하한 방법으로 하는가를 불문하고

제34조, 제35조 및 제37조 내지 전조의 죄를 범하려는 목적으로 이를 선동한 자는 2개월 이하의 금고 또는 50원 이하의 벌금에 처한다. 단, 신문, 잡지 및 통신의 유(類)에 있어서는 그 편집인 및 실제로 편집을 담당한 자를 벌한다.

제42조 연설 또는 신문, 잡지, 통신, 전단, 벽보, 기타 여하한 방법으로 하는가를 불문하고 다음의 각호의 1에 해당하는 행위를 한 자는 2개월 이상의 금고 또는 50원 이하의 벌금에 처한다.

신문, 잡지 및 통신의 유에 있어서는 전조 단서의 예에 의한다.

1. 당선을 득하거나 또는 득하게 함을 목적으로 위원 후보의 신분, 직업 또는 경력에 관하여 허위의 사항을 공표한 때.
2. 당선을 득하지 못하게 할 목적으로 위원 후보자에 관하여 허위의 사항을 공표한 때.

제43조 당선인 또는 대리인이 아닌 자가 투표를 하였을 때에는 2개월 이하의 금고 또는 50원 이하의 벌금에 처한다.

성명 또는 명칭을 사칭하고 기타 허위의 방법으로 투표를 한 자는 2개월 이하의 금고 또는 50원 이하의 벌금에 처한다.

투표를 위조하고 또는 그 수를 증감한 자는 3개월 이하의 징역 혹은 금고 또는 100원 이하의 벌금에 처한다.

제44조 선거인 또는 선거 입회인이 정당한 사유 없이 본령에 정한 의무를 결할 때에는 50원 이하의 벌금에 처한다.

제45조 당선자 또는 의원은 그 선거에 관하여 본령에 게재된 죄를 범하고 형에 처하였을 때에는 그 당선 또는 의원의 직을 상실한다.

회사가 당선자 또는 의원인 경우에 있어 그 선거에 관하여 업무를 집행하는 사원 혹은 역원 또는 지배인이 본령에 게재한 죄를 범하고 형에 처하였을 때, 그 당선 또는 의원의 직에 대하여 역시 이와 같다.

제46조 본령에 게재된 죄의 시효는 1년을 경과함으로써 완성한다.

부칙

본령은 1931년 1월 일부터 시행한다. 「조선상공회의소령」 부칙 제3항의 규정에 의한 상공회의소에 대하여는 다음의 총선거에 이를 때까지 종전의 예에 의한다.

〈자료 140〉 「조선상공회의소 정관」(1932년 1월 1일 인가, 1934년 11월 12일 개정인가)(『조선총독부관보』, 1934년 11월 12일)

제1장 총칙

제1조 본 회의소는 조선상공회의소라 칭한다.

제2조 본 회의소의 지구는 조선의 구역에 의한다.

제3조 본 회의소의 사무소는 이를 경성부에 둔다.

제4조 본 회의소는 상공업의 개선 발달을 도모하는 목적으로 아래의 사업을 행한다.

1. 상공업에 관한 통보
2. 상공업에 관한 중개 또는 알선
3. 상공업에 관한 조정 또는 중재
4. 상공업에 관한 증명 또는 감정
5. 상공업에 관한 통계의 조사 및 편찬
6. 상공업에 관한 영조물의 설치 및 관리
7. 기타 상업, 공업의 개선 발달을 도모함에 필요한 사업

전항의 사업의 집행에 관한 규정은 총회의 결의를 거쳐 따로 이를 정한다.

제5조 본 회의소의 고시는 본 회의소의 소보(所報)에 의하여 이를 한다.

제2장 총회

제6조 의원은 각 상공회의소에서 이를 선정하고 그 원수는 각 상공회의소에 대하여 1인으로 한다.

제7조 다음의 사항은 총회의 의결을 요한다.

1. 정관의 변경

2. 경비의 예산 및 부과, 징수 방법

3. 사업보고 및 수지 결산의 승인

4. 차입금

5. 역원의 해임

6. 과태금 징수

7. 본 회의소의 해산

8. 기타 중요한 사항

제8조 다음의 사항에 관한 총회의 권한은 이를 상의원회에 위임한다.

1. 부동산의 취득, 관리 및 처분

2. 기본 재산 및 적립금의 설치, 관리 및 처분

3. 소송 및 재결의 신청

4. 연도 내의 수입으로써 상환해야 할 일시의 차입금

상의원회에서 전항 각호의 사항에 대하여 의결을 하였을 때에는 이를 다음 총회에 보고하여야 한다.

제9조 총회는 이를 정기총회 및 임시총회의 2종으로 한다.

정기총회는 매년 6월에 회두가 이를 소집한다.

제10조 임시총회는 상의원회의 의결 또는 상공회의소의 3분의 1 이상의 청구에 의하여 회두가 이를 소집한다.

제11조 정기총회에 부의할 각 상공회의소의 제안은 이유서 및 참고서를 첨부하여 5월 25일까지 이를 본 회의소에 제출하여야 한다.

제12조 총회를 소집하려 할 때에는 개회의 적어도 2주간 전에 회의의 목적인 사항, 일시 및 장소를 각 상공회의소에 통지한다. 단, 긴급한 경우에서는 그 기간을 단축할 수 있다.

제13조 총회의 회의는 이를 공개한다. 단, 의장이 필요하다고 인정할 때, 또는 출석자의 3분의 1 이상의 청구가 있을 때에는 방청을 금지할 수 있다.

제14조 각 상공회의소의 의원 및 이사는 총회에 출석하고 의견을 진술할 수 있다. 단, 의결에 참가할 수는 없다.

제15조 의장은 의사록을 조제(調製)하고 출석자 2인과 같이 이에 서명해야 한다.

전항의 의사록은 본 회의소에서 이를 보존한다.

제16조 의사에 관한 세칙은 상의원회의 의결을 거쳐 따로 이를 정한다.

제3장 상의원회

제17조 상의원회는 상의원으로써 이를 조직한다.

상의원은 정원을 7인으로 하고 의원총회에서 선거된 7상공회의소에서 그 의원 및 이사 중에서 1인을 선정한다.

전항의 선거는 2년마다 정기총회에서 이를 행한다.

제18조 본 정관에서 따로 정하는 것 이외에 상의원회에 부의할 사항은 다음과 같다.

1. 총회에 제출할 의안의 심의
2. 본 회의소에 대한 자문, 건의 및 진정으로서 중요한 것
3. 총회의 의결로서 중요한 것의 집행 방법
4. 일본상공회의소 총회에 관한 사항
5. 기타 필요한 사항

제19조 상의원회는 총회에 부의할 사항에 대하여 긴급시행을 요하고 총회를 열기가 불가능할 때에는 총회에 대신하여 이를 의결할 수 있다. 단, 정관의 변경 및 해산의 의결은 이를 할 수 없다.

전항의 경우에서는 다음 총회에 의결할 사항을 보고하여 그 승인을 구하여야 한다.

제20조 상의원회는 회두가 필요하다고 인정할 때, 또는 상의원 2인 이상에게 청구가 있을 때 회두가 이를 소집한다.

제21조 상의원회의 의장은 회두, 회두가 사고가 있을 때에는 부회두로써 이를 충당한다.

회두 및 부회두가 같이 사고가 있을 때에는 출석 의원의 호선에 의하여 의장을 정한다.

제22조 상의원회는 상의원 2분의 1 이상이 출석하지 않으면 열 수 없다.

제23조 상의원회의 의결은 출석자의 과반수에 의하고 가부 동수일 때에는 의장이 이를 결정한다.

제24조 상의원을 선정하는 상공회의소의 의원 및 이사는 상의원회에 출석하여 의견을 진술할 수 있다. 단, 의결에는 참가할 수 없다.

제4장 역원

제25조 본 회의소에는 다음의 역원을 둔다.

회두 1인

부회두 1인

제26조 회두는 본 회의소를 대표하고 소무를 총리한다. 부회두는 회두를 보좌하고 회두가 사고가 있을 때에는 그 직무를 대리한다.

제27조 역원은 총회의 정하는 바에 의하여 총회에서 이를 선임한다.

제28조 역원에 결원이 생긴 때에는 다음 총회에서 후임자를 선임한다.

제29조 역원을 선임하였을 경우에 있어 소무의 수행에 지장이 생길 우려가 있을 때는 후임자가 취임할 때까지 계속 그 직무를 행하여야 한다.

제5장 사무국

제30조 본 회의소의 사무를 처리하기 위하여 사무국을 둔다.

제31조 사무국에는 이사 이외에 서기 약간 인을 둘 수 있다.

제32조 이사는 상의원회의 의결을 거쳐 회두가 이를 임면한다. 서기는 회두의 승인을 거쳐 이사가 이를 임면한다.

제33조 이사는 회두의 명을 받아 서무를 장리한다. 이사는 회의에 출석하여 의견을 진술할 수 있다.

서기는 상사의 명을 받아 사무에 종사한다. 이사가 필요하다고 인정할 때에는 사무원, 기타의 고용인을 둘 수 있다.

제34조 사무의 분장 및 취급에 관한 규정은 상의원회의 의결을 거쳐 따로 이를 정한다.

제6장 회계

제35조 본 회의소의 회계연도는 4월 1일에 시작하고 익년 3월 31일에 종료한다.

제36조 본 회의소의 출납은 익년도의 5월 31일로써 폐쇄한다.

제37조 예산은 세입, 세출의 종류에 따라 관항(款項; 조항이나 항목)으로 나누어 이를 편성한다. 특별한 경비를 처리하기 위하여 특별예산을 편성할 수 있다.

제38조 예산 외의 지출 또는 예산 초과의 지출에 충당하기 위하여 예산에 예비비를 둔다.

예비비의 금액은 세출 경상비 예산 총액의 5분의 1을 초과할 수 없다.

제39조 예산에 정한 각관(各款)의 금액은 예비비를 제한 이외에는 이를 유용할 수 없다. 단, 동일 관내(款內)의 각 항목의 금액은 상의원회의 의결을 거쳐 이를 유용할 수 있다.

제40조 본 회의소의 경비는 각 상공회의소에 대하여 최근 그 경비 부과의 표준으로 한 1년간의 납세액의 총액을 표준으로 하고 그 100분의 3 이내에서 정하는 율에 의하여 이를 분부(分賦)한다. 단, 경비의 2분의 1에 한하여 전년도의 예산액을 표준으로 하여 이를 분부할 수 있다.

새로 가입한 상공회의소에 대한 경비 부과의 표준은 그 초년도에 경비 부과의 표준으로 한 1년간의 납세액의 총액으로 하고 전항 단서의 규정한 경우에서는 초년도의 예산액으로 한다.

제41조 부과금은 연액을 6월에 징수한다,

전항의 부과금은 새로 가입한 상공회의소에 대해서는 수시로 이를 징수한다.

이 경우에서는 가입한 달부터 월할(月割)로써 이를 징수한다.

제42조 부과금은 회두의 명의로써 납입고지서를 발행하고 기일을 정하여 본 회의소 지정의 장소에 납입케 한다.

제43조 이미 징수한 부과금은 이를 환부하지 않는다.

제44조 부과금을 소정의 기한 내에 납입치 않는 자가 있을 때에는 독촉을 하고 그래도 완납하지 않을 때에는 과태금을 징수한다.

제45조 사용료, 수수료 및 과태금의 징수에 관한 규정은 상의원회의 의결을 거쳐 별도로 이를 정한다.

제46조 현금 및 수익금은 은행에 예입한다.

전항의 예입선(五入先)은 상의원회의 의결을 거쳐 이를 정한다.

제47조 재산 목록 및 대차대조표는 매년 3월 31일 현재로 이를 조제한다.

제48조 급여, 비용 변상, 기타 회계에 관한 규정은 상의원의 의결을 거쳐 별도로 이를 정한다.

제7장 인장

제49조 본 회의소의 인장은 4종으로 한다.

조선상공회의소지인(朝鮮商工會議所之印)

조선상공회의소회두지인(朝鮮商工會議所會頭之印)

조선상공회의소부회두지인(朝鮮商工會議所副會頭之印)

조선상공회의소이사지인(朝鮮商工會議所理事之印)

제8장 정관 변경 및 해산

제50조 정관 변경의 발의는 상의원회의 의결 또는 상공회의소 3분의 1 이상의 동의가 있지 않고서는 이를 행할 수 없다. 본 회의소의 해산의 발의에 대하여도 역시 같다.

부칙(1927년 11월 12일 개정 부칙)

제17조 제2항의 개정에 따라 증가하여야 할 상공회의소는 1935년(昭和 10)의 정기총회에서 현 상의원을 선정하는 5상공회의소 이외의 상공회의소 중에서 이를 선거한다.

전항의 선거는 제17조 제3항의 적용에 관하여서는 1935년의 정기총회에서 현 상의원을 선정하는 상공회의소의 선거와 동시에 행한 것으로 간주한다.

〈자료 141〉 「조선상업조합령[시행 1941. 3. 15.] [조선총독부 제령 제12호, 1941. 3. 10. 제정]」(『조선총독부관보』, 1941년 3월 10일)

제1조 상업자는 그 상업의 개량 발달을 도모하기 위하여 공동 시설을 행할 목적으로 상업조합을 설립할 수 있다. 다만, 특별한 사유가 있는 때에는 2종 이상의 상업자로써 이를 설립할 수 있다.

제2조 상업조합은 법인으로 한다.

제3조 ① 상업조합은 다음 각호의 사업을 행한다.

1. 조합원이 취급하는 상품의 구입, 보관, 운반, 기타 조합원의 영업에 관한 공동 시설
2. 조합원의 영업에 관한 통제
3. 조합원의 영업에 관한 지도, 연구, 조사, 기타 조합의 목적을 달성하기 위하여 필요한 시설

② 조합은 전항의 사업 외에 조합원에 대하여 그 영업에 필요한 자금의 대부 또는 조합원을 위한 영업상의 채무 보증을 병행할 수 있다.

③ 제1항에 기재한 조합의 시설은 조합원의 이용에 지장이 없는 경우에 한하여 조합원이 아닌 자에게 조선총독이 정하는 바에 의하여 이용하게 할 수 있다.

제4조 상업조합은 조선총독이 정하는 바에 의하여 행정관청의 허가를 받아 그 조합원이 취급하는 상품에 대하여 상품권을 발행할 수 있다.

제5조 상업조합 상품권을 발행하는 때에는 조합원은 이에 대하여 취급 상품으로 교환하여야 할 의무를 진다.

제6조 상업조합 상품권을 발행하는 경우에 그 조합원이 상품권을 교환할 수 없는 때 또는 교환이 정지된 때에는 상업조합은 상품권 소유자에 대하여 권면에 표시된 금액을 한도로 변제하여야 할 책임을 진다.

제7조 상품권을 발행하는 상업조합이 스스로 상품을 판매하는 경우에는 전 3조 중 조합원은 조합 및 조합원으로 한다.

제8조 ① 보관사업을 하는 상품조합은 행정관청의 허가를 받아 조합원의 위탁물에 대하여 창하증권을 발행할 수 있다.

② 전항의 허가를 받은 상업조합은 조합원인 기탁자의 청구에 의하여 기탁물의 창하증권(倉荷證)[3]을 교부하여야 한다.

③ 「조선민사령(朝鮮民事令)」에 의할 것을 정한 상법 제627조 제2항 및 제628조의 규정은 제1항의 창하증권에 준용한다.

3 창고업자가 임치인의 청구에 따라 발행, 교부하는 유가 증권.

제9조 ① 전조 제1항의 허가를 받은 상업조합이 작성하는 창하증권에는 상업조합 창고증권이라는 문자를 기재하여야 한다.

② 상업조합이 아닌 자가 작성하는 예탁증권 및 질입증권(質入證券)[4] 또는 창하증권에는 상업조합 창고증권이라는 문자를 기재할 수 없다.

제10조 ① 상업조합 창고증권을 발행한 기탁물의 보관 기간은 기탁일부터 6월 이내로 한다.

② 전항의 기탁물의 보관 기간은 6월을 한도로 하며 이를 갱신할 수 있다. 다만, 갱신 시에 증권 소지인이 조합원이 아닌 때에는 조합원의 이용에 지장이 없는 경우에 한한다.

제11조 「조선민사령」에 의할 것을 정한 상법 제616조 내지 제619조 및 제624조 내지 제626조의 규정은 상업조합이 상업조합 창고증권을 발행하는 경우에 준용한다.

제12조 ① 상업조합은 그 명칭 중에 상업조합이라는 문자를 사용하여야 한다. 다만, 제30조 또는 제57조의 규정에 의하는 상업조합은 통제상업조합이라는 문자를 사용하여야 한다.

② 상업조합이 아닌 자는 그 명칭 중에 상업조합이라는 문자를 사용할 수 없다.

③ 제30조 또는 제57조의 규정에 의한 상업조합이 아닌 상업조합은 그 명칭 중에 통제상업조합이라는 문자를 사용할 수 없다.

제13조 상업조합은 정관이 정하는 바에 의하여 그 경비를 조합원에게 분과할 수 있다.

제14조 상업조합은 정관이 정하는 바에 의하여 정관을 위반한 자에 대하여 과태금을 부과할 수 있다.

제15조 상업조합은 정관이 정하는 바에 의하여 조합원의 영업에 관한 통제를 하는 경우에는 총회의 결의를 거쳐 이에 관한 규정을 정하여 행정관청의 인가를 받아야 하며, 그 규정을 변경하고자 하는 경우 또한 같다.

제16조 ① 상업조합은 전조의 규정에 의하여 판매 가격, 판매 수량, 기타 조선총독이 정하

4 돈이나 물건을 맡기는 사람의 청구에 의하여 화물 보관의 증서로서 예증권과 함께 발행하며, 임치물에 질권을 설정하는 데 쓴다.

는 사항에 대하여 결정한 때에는 지체 없이 이를 행정관청에 신고하여야 한다.

② 행정관청은 필요하다고 인정되는 때에는 전항의 결정을 변경 또는 취소할 수 있다.

제17조 영업상의 폐해를 예방, 교정 또는 상업의 건전한 발달을 도모하기 위하여 필요하다고 인정하는 경우에는 행정관청은 상업조합에 대하여 필요한 시설을 명할 수 있다.

제18조 영업상의 폐해를 예방 또는 교정, 상업의 건전한 발달을 도모하기 위하여 특별히 필요하다고 인정되는 때에는 조선총독은 상업조합의 조합원 또는 그 조합의 조합원이 아닌 자로 그 조합의 지구 안에서 조합원 자격을 가진 자에 대하여 그 조합의 통제에 따르도록 명할 수 있다.

제19조 ① 전조의 규정에 의한 명령이 있는 경우에 행정관청이 단속에 필요하다고 인정하는 때에는 당해 관리에 점포·창고 기타 장소에 임검하여 물품·장부, 기타 물건을 검사하게 할 수 있다.

② 전항의 경우에 당해 관리는 전조의 규정에 의한 명령에 위반한 자가 있다고 인정되는 때에는 피의자 또는 참고인을 심문하거나 범죄 사실을 증명하는 물건을 수사 또는 차압할 수 있다.

③ 임검, 심문, 수사 및 차압에 관하여는 「조선간접국세범칙자처분령」을 준용한다.

제20조 제18조의 규정에 의한 명령이 있은 경우에 특별히 필요하다고 인정되는 때에는 그 명령의 효력이 있는 기간에 한정하여 당해 상업조합의 지구 안에서 새로 당해 상업을 운영하고자 하는 자에게 조선총독이 정하는 바에 의하여 행정관청의 허가를 받도록 할 수 있다.

제21조 이 영에 의한 등기사항은 등기 전에는 제3자에게 대항할 수 없다.

제22조 ① 이 영에 의한 등기사항은 이 영에 별도의 규정이 있는 경우를 제외하고 사실 발생 후 2주간 이내에 등기하여야 한다.

② 등기사항으로 행정관청의 인가를 요하는 것은 그 인가서가 도달한 때부터 등기의 기간을 기산한다.

제23조 ① 상업조합을 설립하고자 하는 때에는, 사전에 지구를 정하여 그 지구 안에 조합원 자격을 가진 자의 과반수의 동의를 얻어 창립총회를 개최하여 정관, 기타 필

요한 사항을 정하고 임원을 선임하여 조선총독의 인가를 받아야 한다. 다만, 조합원 자격을 가진 자의 영업 종류가 2종 이상 있는 때에는 조선총독이 정하는 경우를 제외하고 각각 과반수의 동의를 얻어야 한다.

② 전항의 동의를 얻을 수 없는 경우라 하더라도 특별한 사유가 있는 경우에는 조선총독의 인가를 받아 창립총회를 소집할 수 있다.

제24조 창립총회에서의 의결 및 임원 선임은 설립 동의자의 3분의 2 이상의 동의가 있어야 한다. 다만, 설립 동의자의 영업의 종류가 2종 이상 있는 경우에는 조선총독이 정하는 경우를 제외하고 각각 3분의 2 이상의 동의를 얻어야 한다.

제25조 ① 설립 동의자는 창립총회에서 대리인을 통하여 의결권을 행사할 수 있다.

② 전항의 대리인은 설립 동의자이어야 한다. 다만, 법인인 설립 동의자는 그 업무를 집행하는 임원 또는 지배인을 대리인으로 할 수 있다.

③ 대리인은 대리권을 증명하는 서면을 제출하여야 한다.

제26조 상업조합의 정관에는 다음 각호의 사항을 기재하여야 한다. 다만, 제30조의 규정에 의한 상업조합에 있어서는 제7호 내지 제9호, 제57조의 규정에 의한 상업조합에 있어서는 제6호 내지 제9호 및 제15호에 기재한 사항의 기재를 요하지 아니한다.

1. 목적
2. 명칭
3. 지구
4. 사무소의 소재지
5. 조합원의 자격에 관한 규정
6. 조합원의 가입 및 탈퇴에 관한 규정
7. 출자 1구좌의 금액 및 불입 방법
8. 잉여금의 처분 및 손실 분담에 관한 규정
9. 준비금의 액 및 적립 방법
10. 조합원의 권리 의무에 관한 규정
11. 사업 및 그 집행에 관한 규정
12. 임원에 관한 규정

13. 회의에 관한 규정

14. 회계에 관한 규정

15. 존립의 시기 또는 해산의 사유를 정한 때에는 그 시기 또는 사유

제27조 상업조합은 설립인가를 받은 때 또는 제57조 제2항의 규정에 의하여 정관을 작성한 때에 성립한다.

제28조 ① 상업조합은 출자의 제1회 불입 후 2주간 이내에 각 사무소의 소재지에서 설립등기를 하여야 한다. 다만, 제30조의 규정에 의한 상업조합 또는 제57조의 규정에 의한 상업조합에 있어서는 성립 후 2주간 이내에 이를 행하여야 한다.

② 등기사항은 다음 각호와 같다. 다만, 제30조의 규정에 의한 상업조합은 제3호 및 제4호에 기재하는 사항과 제26조 제7호에 기재하는 사항, 제57조의 규정에 의한 상업조합은 제3호 및 제4호에 기재하는 사항과 제26조 제7호 및 제15호에 기재하는 사항은 등기를 요하지 아니한다.

1. 제26조 제1호 내지 제3호, 제7호 및 제15호에 기재한 사항
2. 사무소
3. 출자 총 구좌 수 및 불입하는 출자 총액
4. 제33조의 규정에 의한 상업조합은 각 조합원의 성명 또는 명칭, 주소 및 보증금액
5. 성립 연월일
6. 이사 및 감사의 성명 및 주소

③ 전항에 기재한 사항 중에 변경이 발생한 때에는 등기를 하여야 한다. 다만, 전항 제3호에 기재한 사항에 대하여는 매 사업연도의 말일 현재에 의하여 사업연도 종료 후 1월 이내에 등기를 할 수 있다.

제29조 ① 조합원은 출자 1구좌 이상을 보유하여야 한다.

② 조합원이 보유하여야 하는 출자 구좌 수는 50구좌를 초과할 수 없다. 다만, 특별한 사유가 있는 때에는 정관에 정하는 바에 의하여 이를 증가할 수 있다.

제30조 제3조 제1항, 제1호 및 제2항과 제4조의 사업을 하지 아니하는 상업조합은 정관이 정하는 바에 의하여 조합원에게 출자를 하지 아니하게 할 수 있다.

제31조 ① 조선총독은 당해 상업의 통제를 도모하기 위하여 특별히 필요하다고 인정하는 때에는 전조의 규정에 의한 상업조합의 지구 안에 있어서 그 조합의 조합원이 아닌 자로 조합원 자격을 가진 자에 대하여 조합에 가입하도록 명할 수 있다. 다만, 그 조합의 조합원 수가 조합의 지구 안에서 조합원 자격을 가진 자의 수의 3분의 2 이상인 경우에 한한다.

② 전항의 규정에 의한 명령이 있는 때는 그 조합의 지구 안의 조합원 자격을 가진 자는 모두 그 조합의 조합원으로 한다.

③ 제1항의 규정에 의한 명령에 의한 상업조합은 합병을 할 수 없다.

제32조 조합원의 책임은 제13조에 의한 비용 부담 외에 출자액을 한도로 한다.

제33조 상업조합은 정관이 정하는 바에 의하여 조합의 재산으로 그 채무를 완제할 수 없는 경우에 조합원 전원이 출자액 외에 일정 금액(보증금액)을 한도로 하여 책임을 부담하게 할 수 있다.

제34조 상업조합은 전체 조합원의 동의로써 조직을 변경하고, 전조의 규정에 의한 책임을 부담하는 것으로 하거나 이를 부담하지 아니하는 것으로 할 수 있다.

제35조 새로 상업조합에 가입한 조합원은 그 가입 전에 발생한 조합의 채무에 대하여도 책임을 부담한다.

제36조 ① 조합원은 전체 조합원의 5분의 1 이상의 동의를 얻어 회의의 목적 사항 및 그 소집의 이유를 기재한 서면을 이사에게 제출하여 총회 소집을 요구할 수 있다.

② 이사가 정당한 이유 없이 전항의 규정에 의한 청구가 있은 후 2주 이내에 총회 소집 수속을 하지 아니한 때에는 청구자는 행정관청의 인가를 받아 이를 소집할 수 있다.

제37조 ① 상업조합에는 이사 및 감사를 두어야 한다.

② 이사 및 감사는 총회에서 조합원 또는 조합원인 법인의 업무를 집행하는 임원 중에서 선임한다. 다만, 조합 설립 당시의 이사 및 감사는 창립총회에서 제23조 제1항의 경우에는 설립 동의자 또는 설립 동의자인 법인의 업무를 집행하는 임원 중에서, 제58조 제1항의 경우에는 조합원 자격을 가진 자 또는 조합원 자격을 가진 법인의 업무를 집행하는 임원 중에서 선임하여야 한다.

③ 특별한 사유가 있는 때에는 이사 또는 감사는 전항에 해당하지 아니한 자 중에서 선임할 수 있다.

④ 조선총독이 지정하는 조합의 상무를 담당하는 이사는 전 2항의 규정에도 불구하고 행정관청에서 임면한다.

⑤ 전항의 규정에 의하여 이사를 임명한 때에는 그 자의 취임과 동시에 종전의 상무를 담당하는 이사는 퇴임한다.

⑥ 제1항의 규정에 의한 임원 외에 정관이 정하는 바에 의하여 다른 임원을 둘 수 있다.

제38조 행정관청은 감독상 특별히 필요하다고 인정하는 때에는 제3조 제1항 제2호의 사업을 하는 상업조합의 이사 또는 감사를 선임 또는 해임할 수 있다.

제39조 이사 및 감사의 선임은 전체 조합원의 반수 이상 출석하여 그 의결권의 3분의 2 이상으로 결정한다. 다만, 정관에 별도의 정함이 있는 때에는 그러하지 아니하다.

제40조 총회 또는 창립총회에서의 이사 및 제37조 제3항의 규정에 의한 감사의 선임은 행정관청의 인가를 받지 아니하면 그 효력이 없다.

제41조 조합원은 총회에서 각 1개의 의결권을 가진다. 다만, 정관이 정하는 바에 의하여 1인에 대하여 의결권 총수의 10분의 3을 초과하지 아니하는 범위 안에서 출자 구좌 수에 따라 2개 이상의 의결권을 가지게 할 수 있다.

제42조 ① 조합원은 대리인을 통하여 의결권을 행사할 수 있으며, 이 경우에는 이를 출석으로 본다.

② 전항의 대리인은 조합원이어야 한다. 다만, 법인인 조합원은 그 업무를 집행하는 임원 또는 지배인을 대리인으로 할 수 있다.

③ 대리인은 대리권을 증명하는 서면을 조합에 제출하여야 한다.

제43조 ① 상업조합은 정관을 각 사무소에 비치하고 또한 조합원 명부를 주사무소에 비치하여야 한다.

② 조합원 명부에는 다음 각호의 사항을 기재하여야 한다.

1. 각 조합원의 성명 또는 명칭 및 주소

2. 각 조합원의 출자구좌 수

3. 각 조합원의 불입 금액 및 그 불입 연월일

4. 출자 각 계구의 취득 연월일

5. 제33조의 규정에 의한 상업조합은 각 조합원의 보증 금액

③ 조합원 및 조합의 채권자는 제1항에 기재하는 서류의 열람을 요구할 수 있다.

제44조 ① 상업조합은 조선총독이 정하는 바에 의하여 정관으로 총회에 갈음하는 총대회를 둘 수 있다.

② 총회에 관한 규정은 전항의 총대회에 준용한다. 다만, 총대회에서는 해산 및 합병의 의결을 할 수 없다.

제45조 ① 경비를 조합원에게 분부하는 상업조합은 그 경비의 수지 예산 및 분부 수입 방법은 총회의 의결을 거쳐야 한다. 다만, 조합 설립 당시의 경비의 수지 예산 및 분부 수입 방법은 창립총회에서 의결하여야 한다.

② 제39조의 규정은 전항의 총회의 의결에 준용한다.

제46조 ① 조합원이 출자에 대한 불입을 종료하기까지는 그에게 배당하여야 하는 잉여금은 그 불입에 충당하여야 한다. 다만, 취급하는 물품의 수량·가액, 기타 사업의 분량에 대하여 배당하여야 하는 잉여금에 대하여는 그러하지 아니하다.

② 조합원에게 배당하는 잉여금 또는 지분의 계산에 대하여는 계산의 기초가 되는 금액으로 계산상 불편한 단수금액은 절사할 수 있다.

제47조 상업조합은 제76조 제1항의 규정에 의하여 준용하는 「조선산업조합령」 제53조 제1항의 경우를 제외하고 그 지분을 반환할 수 없다.

제48조 조합원 자격을 가진 자가 상업조합에 가입하고자 하는 때에는 조합은 정당한 이유 없이 가입에 곤란한 조건을 붙이거나 그 가입을 거절할 수 없다.

제49조 ① 조합원은 조선총독이 정하는 바에 의하여 일정 기간 전에 예고하여 상업조합의 승낙을 받은 경우에는 사업연도 종료 시에 탈퇴할 수 있다.

② 조합은 정당한 이유 없이 전항의 승낙을 거절할 수 없다.

제50조 ① 제명의 사유는 정관으로 정한다.

② 제명은 총회의 의결에 의한다. 다만, 제명된 종업원에게 그 취지를 통지하지 아니하면 이로써 그 조합원에 대항할 수 없다.

③ 제39조의 규정은 전항의 의결에 준용한다.

제51조 ① 지분의 반환은 사업연도 종료부터 3월 이내에 하여야 한다. 다만, 제76조 제1항의 규정에 의하여 준용하는 「조선산업조합령」 제54조 단서의 경우에는 탈퇴 시부터 3월 이내에 하여야 한다.

② 지분의 반환 청구권은 전항의 기간 경과 후 2년간 이를 행사하지 아니하면 소멸된다.

제52조 지분의 계산을 함에 있어서 조합의 재산으로 조합의 채무를 완제하기에 부족한 때에는 탈퇴한 조합원은 그 부담에 귀속하는 손실액을 불입하여야 한다.

제53조 ① 제33조의 규정에 의한 상업조합은 탈퇴한 조합원은 탈퇴 전의 조합 채권자에 대하여 그 탈퇴를 상업조합 등기부에 기재한 후 2년간 책임을 부담한다.

② 전항의 기간은 전체 조합원의 동의가 있는 때에는 정관으로 연장할 수 있다.

③ 전항의 규정에 의하여 연장하는 기간은 제1항의 규정에 위배되지 아니하는 한 단축할 수 있다.

④ 제3항의 규정은 지분을 양도하는 조합원에게 준용한다.

제54조 이사의 궐원으로 손해를 발생할 우려가 있는 때에는 행정관청은 임시로 이사를 선임할 수 있다.

제55조 ① 행정관청은 필요하다고 인정되는 때에는 상업조합에 대하여 경비의 수지 예산, 분부 수입 방법, 정관 또는 제15조의 규정의 변경을 명할 수 있다.

② 특별한 사정이 있는 경우에는 행정관청은 제3조 제1항 제2호의 사업을 행하는 상업조합의 정관 또는 제15조의 규정을 변경할 수 있다.

제56조 조합의 사업 또는 조합 재산의 상황에 의하여 그 사업을 계속하기 곤란하다고 인정되는 때 또는 조합의 행위가 법령, 정관 또는 행정관청의 명령에 위반하거나 공익을 해할 우려가 있는 때에는 행정관청은 다음 각호의 처분을 할 수 있다.

1. 총회의 의결의 취소
2. 임원의 해임
3. 조합의 사업 정지
4. 제4조 또는 제8조 제1항의 허가의 취소

5. 조합의 해산

제57조 ① 조선총독은 당해 상업의 통제를 도모하고 국민 경제의 건전한 발달을 기하기 위하여 특별히 필요하다고 인정하는 때에는 그 정하는 바에 의하여 지구 및 조합원 자격을 정하여 기타 지구 안에 있는 조합원 자격을 가진 자에 대하여 상업조합 설립을 명할 수 있다.

② 전항의 규정에 의하여 설립을 명받은 자가 조선총독이 지정하는 기한까지 설립인가를 신청할 수 없는 때에는 조선총독은 정관의 작성, 기타 설립에 관하여 필요한 처분을 할 수 있다.

제58조 ① 전조 제1항의 규정에 의하여 상업조합의 설립을 명받은 때에는 창립총회를 열어 정관, 기타 필요한 사항을 정하고 임원을 선임하여 조선총독이 지정하는 기한까지 설립인가를 신청하여야 한다.

② 전항의 창립총회에서의 의결 및 임원 선임은 출석자의 3분의 2 이상의 동의를 얻어야 한다.

제59조 ① 조선총독은 제57조 제2항의 규정에 의하여 정관을 작성한 때에는 이사 및 감사를 임명한다.

② 전항의 이사는 지체 없이 총회를 소집하여야 한다.

③ 전항의 총회에서는 조합 설립 당시의 경비의 수지 예산 및 분부 수입 방법을 의결하여야 한다.

④ 제39조의 규정은 전항의 의결에 준용한다.

제60조 제57조의 규정에 의하는 상업조합은 제3조 제1항 제1호 및 제2항과 제4조의 사업을 행할 수 없다.

제61조 제57조의 규정에 의한 상업조합이 성립한 때에는 그 조합의 지구 안에서 조합원 자격을 가진 자는 그 조합의 조합원으로 한다.

제62조 제57조의 규정에 의한 상업조합은 그 조합원에게 출자를 하게 할 수 없다.

제63조 제57조의 규정에 의한 상업조합은 합병을 할 수 없다.

제64조 ① 상업조합은 다음 각호의 사유로 해산한다.

1. 정관에 정하는 해산 사유의 발생

2. 총회의 의결

3. 조합의 합병

4. 조합의 파산

5. 제56조의 규정에 의한 조합의 해산처분

② 제39조의 규정은 해산 및 합병 의결에 준용한다. 다만, 합병으로 인하여 조직의 변경과 동일한 결과가 발생한 때에는 그 합병에 대하여 전체 조합원의 동의를 얻어야 한다.

③ 총회의 의결에 의한 해산 또는 합병은 조선총독의 인가를 받지 아니하면 그 효력이 없다.

제65조 상업조합이 해산하는 때에는 합병 및 파산의 경우를 제외하고 각 사무소의 소재지에서 등기를 하여야 한다.

제66조 ① 합병으로 인하여 조합을 설립하는 경우에는 정관의 작성, 기타 설립에 관한 행위는 각 조합에서 선임한 자가 공동으로 행하여야 한다.

② 제39조의 규정은 전항의 규정에 의한 선임에 준용한다.

제67조 상업조합이 합병을 한 때에는 각 사무소의 소재지에서 합병 후 존속하는 조합에 대하여는 변경등기를, 합병으로 인하여 소멸되는 조합에 대하여는 해산등기를, 합병으로 인하여 설립되는 조합에 대하여는 설립등기를 하여야 한다.

제68조 청산인은 그 직무의 범위 안에서 이사와 동일한 권리·의무를 가진다.

제69조 ① 청산인의 선임이 있는 때에는 각 사무소 소재지에서 그 성명 및 주소를 등기하여야 한다.

② 전항의 등기 사항 중에 변경을 발생한 때에는 그에 대한 등기를 하여야 한다.

제70조 청산이 완료한 때에는 각 사무소의 소재지에서 그에 대한 등기를 하여야 한다.

제71조 상업조합의 등기에 대하여는 그 사무소의 소재지를 관할하는 지방법원 또는 그 지청 또는 출장소를 관할등기소로 한다.

제72조 ① 설립등기는 이사 및 감사 전원의 신청으로 행하여야 한다.

② 신청서에는 정관 및 창립총회 또는 총회의 결의록의 등본, 조합의 설립을 증명하는 서면, 출자의 총 구좌 수를 증명하는 서면, 출자의 제1회 불입을 증명하는

서면과 이사 및 감사의 자격을 증명하는 서면을 첨부하여야 한다. 다만, 제57조의 규정에 의한 상업조합으로 조선총독의 처분에 의하여 성립한 것은 창립총회 또는 총회의 의결록의 등본, 조합의 설립을 증명하는 서면, 출자의 총 구좌 수를 증명하는 서면, 출자의 제1회 불입을 증명하는 서면 및 제57조의 규정에 의한 상업조합으로 조선총독의 처분에 의하지 아니하고 성립하는 것 또는 제30조의 규정에 의한 상업조합은 출자의 총 구좌 수를 증명하는 서면 및 출자의 제1회 불입을 증명하는 서면의 첨부를 요하지 아니한다.

제73조 ① 사무소의 신설, 이전, 기타 등기사항의 변경등기는 이사 또는 청산인의 신청으로 이를 행하여야 한다. 다만, 합병 또는 출자 1구좌의 금액 또는 보증금액의 감소로 인한 변경등기는 이사 및 감사 전원이 행하여야 한다.

② 신청서에는 신청인의 자격을 증명하는 서면 및 등기사항의 변경을 증명하는 서면을 첨부하여야 한다. 다만, 전에 등기를 신청한 신청인이 동일 등기소에 전항의 신청을 하는 경우에는 그 자격을 증명하는 서면의 첨부를 요하지 아니한다.

③ 출자 1구좌의 금액 또는 보증금액 감소의 등기 신청에는 전항에 규정한 서면 외에 이 영에 의하여 행하는 최고 및 이의를 제기하는 채권자가 있는 경우에는 이에 대하여 변론하거나 담보의 제공을 증명하는 서면을 첨부하여야 한다.

제74조 ① 해산등기는 합병으로 인한 해산의 경우에는 이사 및 감사 전원, 기타의 경우에는 청산인의 신청에 의하여 행하여야 한다.

② 신청서에는 해산의 사유를 증명하는 서면 및 이사가 청산인이 아닌 경우에는 신청인의 자격을 증명하는 서면을 첨부하여야 한다.

③ 전조 제3항의 규정은 합병으로 인한 해산등기 신청에 준용한다.

④ 상업조합이 처분으로 인하여 해산하는 때에는 등기소는 조선총독의 위탁에 의하여 등기를 하여야 한다.

제75조 청산인 선임등기 및 청산완료 등기는 청산인의 신청에 의하여 행하여야 한다.

제76조 ① 「조선민사령」에 의할 것을 정한 민법 제44조 제1항, 제45조 제2항·제3항, 제48조, 제50조, 제52조 제2항, 제53조 내지 제55조, 제59조, 제60조, 제61조 제1항, 제62조, 제64조, 제66조, 제70조, 제73조, 제74조 및 제78조 내지 제81조, 「조선

민사령」에 의할 것을 정한 「비송사건수속법」 제138조, 제138조의 3, 제141조 내지 제151조의 6, 제154조 내지 제158조, 제165조, 제175조, 제176조 및 제178조와 「조선산업조합령」 제5조, 제9조, 제10조 제1항, 제11조, 제14조, 제18조 내지 제21조, 제23조, 제26조, 제30조, 제32조 제1항, 제33조, 제35조, 제37조 내지 제39조, 제41조, 제43조, 제44조, 제46조 내지 제49조, 제51조, 제53조 제1항, 제54조, 제56조, 제58조 제1항·제2항, 제67조, 제69조, 제70조 내지 제74조, 제79조 내지 제85조의 규정(제30조의 규정에 의한 상업조합으로서 제31조 제1항의 규정에 의한 명령이 있는 것에 대하여는 「조선산업조합령」 제9조, 제10조 제1항, 제11조, 제18조 내지 제21조, 제43조, 제44조, 제46조 제2항, 제47조 내지 제49조, 제51조 제3호 내지 제5호, 제53조 제1항, 제54조, 제56조 및 제67조의 규정을, 기타에 대하여는 「조선산업조합령」 제10조 제1항, 제11조, 제18조 내지 제21조, 제43조, 제44조, 제46조 제2항, 제47조 내지 제49조, 제53조 제1항, 제54조 및 제56조의 규정을, 제57조의 규정에 의한 상업조합에 대하여는 「조선산업조합령」 제9조, 제10조 제1항, 제11조, 제18조 내지 제21조, 제43조, 제44조, 제46조 제2항, 제47조 내지 제49조, 제51조 제3호 내지 제5호, 제53조 제1항, 제54조, 제56조 및 제67조의 규정을 제외)은 상업조합에 준용한다. 다만, 「조선산업조합령」 제23조, 제38조 제2항, 제41조 제1항, 제73조 및 제74조 제2항 중 조선총독 또는 도지사는 행정관청으로 하고, 동령 제37조 제1항 및 제38조 중 조합장은 이사로 하며, 동령 제41조 제2항 중 4분의 3은 3분의 2로 한다.

② 전항의 규정에 의하여 준용하는 「조선산업조합령」 제43조 및 제44조의 규정은 조합원의 보증금액의 감소, 조합의 합병 및 제53조 제3항의 경우와 조합의 조직의 변경으로 인하여 조합원의 책임을 감소하는 경우에 준용한다.

제77조 ① 상업조합연합회는 소속 상업조합 및 상업조합연합회의 공동 목적을 달성하기 위하여 설립할 수 있다.

② 연합회는 상업조합 또는 상업조합연합회로 조직한다.

③ 연합회는 법인으로 한다.

제78조 상업조합연합회를 설립하고자 하는 때 또는 제83조의 규정에 의하여 준용하는 제57조의 규정에 의하여 설립을 명받은 때에는 조선총독이 지정하는 바에 의하여 소속 각 조합 및 연합회에서 선임하는 창립위원으로 설립위원회를 개최하여 정관 기

타 필요한 사항을 정하고 임원을 선임하여 조선총독의 인가를 받아야 한다.

제79조 ① 창립위원회에서의 의결 및 임원 선임은 창립위원 총수의 3분의 2 이상의 동의를 얻어야 한다.

② 제25조의 규정은 창립위원에게 준용한다.

③ 전 2항의 규정은 제83조의 규정에 의하여 준용하는 제57조의 규정에 의한 상업조합연합회에 대하여는 준용하지 아니한다.

제80조 ① 상업조합연합회의 이사 및 감사는 총회의 소속 조합 및 연합회 이사 또는 감사 중에서 선임한다. 다만, 연합회 설립 당시의 이사 및 감사는 창립위원회에서 선임하여야 한다.

② 특별한 사유가 있는 때에는 이사 또는 감사는 소속 조합 및 연합회의 이사 또는 감사가 아닌 자 중에서 선임할 수 있다.

③ 조선총독이 지정하는 연합회의 상무를 담당하는 이사는 전 2항의 규정에 불구하고 행정관청이 임면한다.

④ 전항의 규정에 의한 이사의 임명이 있는 때에는 그 자의 취임과 동시에 종전의 상무를 담당하는 이사는 퇴임한다.

제81조 제83조의 규정에 의하여 준용하는 제33조의 규정에 의한 상업조합연합회 소속 조합 및 소속연합회의 보증 책임은 그 출자 총액의 범위 안에서 정하여야 한다.

제82조 ① 상업조합 또는 상업조합연합회가 상업조합연합회에 가입하거나 탈퇴하고자 하는 때에는 총회의 의결을 거쳐야 한다.

② 제39조의 규정은 전항의 의결에 준용한다.

제83조 상업조합에 관한 규정은 제4조 내지 제7조, 제20조 및 제44조의 규정을 제외하고 상업조합연합회에 준용한다. 다만, 제3조, 제8조 및 제10조 중 연합회는 소속 조합, 연합회 및 조합원으로 한다.

제84조 ① 상업소조합은 소상업자로서 조직하며, 조합원의 공동 이익증진을 도모함을 목적으로 하여 조합원이 취급하는 상품의 구입, 보관, 운반, 기타 조합원의 영업에 관한 공동시설을 하는 것으로 한다.

② 전항의 소상업자의 범위에 관하여 필요한 사항은 조선총독이 정한다.

③ 상업소조합은 법인으로 한다.

④ 상업소조합은 제1항의 사업 외에 조합원의 영업에 관한 지도, 연구, 조사, 기타 조합의 목적을 달성하기 위하여 필요한 시설을 할 수 있다.

⑤ 상업소조합은 명칭 중에 상업소조합이라는 문자를 사용하여야 한다.

제85조 상업소조합의 조합원은 총 80인을 초과할 수 없다.

제86조 ① 상업소조합을 설립하고자 하는 때에는 조합원이 되고자 하는 자 전원이 설립자가 되어 정관, 기타 필요한 사항을 정하여 행정관청의 인가를 받아야 한다.

② 상업소조합에는 이사 및 감사를 두어야 한다.

③ 이사 및 감사는 총회에서 선임한다. 다만, 조합 설립 당시의 이사 및 감사는 정관으로 정하여야 한다.

제87조 조합원 자격이 있는 자는 조합원의 3분의 2 이상의 동의를 얻어 상업소조합에 가입할 수 있다.

제88조 ① 상업소조합은 당해 상업에 관한 상업조합의 조합원이 될 수 있다.

② 소상업자는 상업소조합의 조합원이 되는 때에는 당해 상업에 관한 상업조합의 조합원이 될 수 없다. 다만, 특별한 사정이 있는 경우에 행정관청의 인가를 받은 때에는 그러하지 아니하다.

③ 행정관청은 필요하다고 인정되는 때에는 상업소조합에 대하여 당해 상업에 관한 상업조합에 가입하도록 명할 수 있다.

④ 전항의 규정에 의한 명령이 있는 때에는 당해 상업소조합은 당해 상업소조합의 조합원으로 한다.

제89조 상업소조합의 정관에는 다음 각호의 사항을 기재하여야 한다.

1. 목적
2. 명칭
3. 사무소
4. 조합원의 자격에 관한 규정 및 조합원의 총수
5. 조합원의 가입 및 탈퇴에 관한 규정
6. 출자 1구좌의 금액 및 불입 방법

7. 잉여금의 처분 및 손실 분담에 관한 규정

8. 준비금의 액수 및 적립 방법

9. 조합원의 권리·의무에 관한 규정

10. 사업 및 그 집행에 관한 규정

11. 임원에 관한 규정

12. 회의에 관한 규정

13. 회계에 관한 규정

14. 존립의 시기 또는 해산의 사유를 정한 때에는 그 시기 또는 사유

제90조 ① 상업소조합은 출자의 제1회 불입이 있은 후 2주간 이내에 각 사무소의 소재지에서 설립등기를 하여야 한다.

② 등기사항은 다음 각호와 같다.

1. 전조 제1호 내지 제3호, 제6호 및 제14호에 기재한 사항

2. 출자의 총 구좌 수 및 불입한 출자의 총액

3. 설립인가 연월일

4. 이사 및 감사의 성명 및 주소

③ 전항에 기재하는 사유 중에 변경이 발생한 때에는 그에 대한 등기를 하여야 한다. 다만, 전항 제2호에 기재한 사항에 대하여는 매 사업연도의 말일 현재에 의하여 사업연도 종료 후 1월 이내에 등기를 할 수 있다.

제91조 ① 제12조 제2항·제14조·제27조·제29조 제1항·제32조·제36조·제39조·제41조(단서 제외)·제43조·제46조·제47조·제49조 내지 제52조·제54조·제55조 제1항·제56조·제64조(제1항 제3호는 제외)·제65조·제68조 내지 제75조·제76조 제1항 및 제103조의 규정은 상업소조합에 준용한다. 다만, 제76조 제1항의 규정에 의하여 준용하는 「민법」 제62조 및 제64조와 「조선산업조합령」 제9조 및 제67조의 규정을 제외한다.

② 전항의 규정에 의하여 준용하는 제64조 제3항 및 제74조 제4항 중 조선총독은 행정관청으로 한다.

제92조 ① 조선상업조합중앙회는 상업조합 및 상업조합연합회의 보급, 발전 및 연락을 도

모함을 목적으로 설립할 수 있다.

② 조선상업조합중앙회는 법인으로 한다.

제93조 조선상업조합중앙회는 그 명칭 중에 조선상업조합중앙회라는 문자를 사용하여야 한다.

제94조 ① 조선상업조합중앙회는 조선을 통틀어 1개로 하며, 설립은 조선총독의 인가를 받아야 한다.

② 조선상업조합중앙회의 설립에 관하여 필요한 사항은 조선총독이 정한다.

제95조 ① 상업조합 및 상업조합연합회는 조선상업조합중앙회의 회원이 될 수 있다.

② 전항 이외의 자도 정관이 정하는 바에 의하여 조선상업조합중앙회 회원이 될 수 있다.

제96조 조선상업조합중앙회의 정관에는 다음 각호의 사항을 기재하여야 한다.

1. 목적
2. 명칭
3. 사무소의 소재지
4. 회원의 가입 및 탈퇴에 관한 규정
5. 회원의 권리·의무에 관한 규정
6. 자산에 관한 규정
7. 사업 및 그 집행에 관한 규정
8. 임원에 관한 규정
9. 회의에 관한 규정
10. 존립의 시기 또는 해산의 사유를 정한 때에는 그 시기 또는 사유

제97조 ① 조선상업조합중앙회의 설립인가가 있은 때에는 주사무소 소재지에서 설립등기를 하여야 한다.

② 등기 사항은 다음 각호와 같다.

1. 전조 제1호, 제2호 또는 제10호에 기재한 사항
2. 사무소
3. 자산의 총액

4. 설립인가 연월일

5. 이사 및 감사의 성명 및 주소

③ 전항에 기재한 사항 중 변경이 발생한 때에는 그에 대하여 등기를 하여야 한다. 다만, 전항 제3호에 기재한 사항에 대하여는 매 사업연도 말일 현재에 의하여 사업연도 종료 후 2월 이내에 등기를 할 수 있다.

第98조 ① 조선상업조합중앙회에는 이사 및 감사를 두어야 한다.

② 이사 및 감사는 총회에서 회원인 상업조합 또는 상업조합연합회의 이사 또는 감사, 제95조 제2항의 회원 중에서 선임한다. 다만, 중앙회 설립 당시의 이사 및 감사의 선임 방법은 조선총독이 정하는 바에 의한다.

③ 이사의 선임은 조선총독의 인가를 받지 아니하면 그 효력이 없다.

第99조 ① 조선상업조합중앙회 소속의 상업조합 및 상업조합연합회의 사업 및 재산의 상황에 대하여 감사의 사업을 하는 경우에는 상업조합감사원을 두어야 한다.

② 상업조합감사원의 선임 및 해임은 조선총독의 인가를 받아야 한다.

③ 상업조합감사원은 조선상업조합중앙회 소속의 상업조합 및 상업조합연합회의 사무소, 창고, 기타 장소에 임검하여 금선, 물품, 장부, 기타 물건을 조사하여 당해 상업조합 및 상업조합연합회의 사업 및 재산의 상황을 감사할 수 있다.

④ 상업조합감사원 및 감사에 관하여 필요한 사항은 조선총독이 정한다.

第100조 조선총독은 조선상업조합중앙회 또는 상업조합감사원에 대하여 상업조합 또는 상업조합연합회의 감사에 필요한 명령을 행할 수 있다.

第101조 제12조 제2항, 제36조, 제39조, 제41조 내지 제44조, 제48조, 제54조 내지 제56조, 제64조, 제65조, 제68조 내지 제75조, 제76조 제1항 및 제103조의 규정은 조선상업조합중앙회에 준용한다. 다만, 제76조 제1항의 규정에 의하여 준용하는 「비송사건수속법」 제141조와 「조선산업조합령」 제10조 제1항, 제11조, 제18조 내지 제21조, 제43조, 제44조, 제46조 내지 제49조, 제51조, 제53조 제1항, 제54조, 제56조 및 제67조의 규정을 제외한다.

第102조 다음 각호의 경우에는 상업조합의 이사, 감사 또는 청산인을 10원 이상 1000원 이하의 과료에 처한다.

1. 제4조의 규정을 위반하여 행정관청의 허가를 받지 아니하거나 제56조 제4호의 규정에 의한 처분에 위반하여 상품권을 발행한 때
2. 제8조의 규정을 위반하여 행정관청의 허가를 받지 아니하거나 제56조 제4호의 규정에 의한 처분에 위반하여 상업조합 창고증권을 발행한 때

제103조 다음 각호의 경우에는 상업조합의 이사, 감사 또는 청산인을 10원 이상 500원 이하의 과료에 처한다.

1. 이 영에 의한 행정관청의 인가를 받아야 하는 경우에 그 허가를 받지 아니한 때
2. 이 영에 의한 등기를 태만히 하거나 부정한 방법으로 등기를 한 때
3. 이 영에 의한 신고를 태만히 하거나 부정 신고를 한 때
4. 행정관청 또는 총회 또는 총대회에 대하여 부실 신고를 하거나 사실을 은폐한 때
5. 이 영에 의한 행정관청에 대한 보고를 하지 아니하거나 그에 대한 검사의 거부, 기타 행정관청의 명령 또는 처분을 따르지 아니한 때
6. 이 영에 의한 총회 또는 총대회 소집을 태만히 한 때
7. 이 영에 의하여 사무소에 비치하여야 하는 서류를 비치하지 아니한 때, 그 서류에의 기재사항을 기재하지 아니하거나 부정한 기재를 한 때 또는 정당한 이유 없이 그 열람을 거부한 때
8. 이 영을 위반하여 조합원의 지분을 반환한 때
9. 이 영을 위반하여 조합이 조합원의 지분을 취득하거나 질권을 목적으로 받은 때
10. 이 영을 위반하여 파산선고를 청구하지 아니한 때
11. 이 영을 위반하여 출자 1구좌의 금액 또는 보증금액을 감소하거나 제53조의 책임 기간을 단축 또는 조합의 합병을 한 때
12. 이 영에 의한 공고를 태만히 하거나 부정 공고를 한 때
13. 청산의 경우에 이 영을 위반하여 변제를 행하거나 조합 재산의 분배를 한 때
14. 법령 또는 정관을 위반하여 잉여금을 처분한 때
15. 조합의 목적이 아닌 영리사업을 한 때
16. 상업조합감사원의 감사를 거부한 때

제104조 상업조합감사원이 제100조의 명령에 위반한 때에는 10원 이상 300원 이하의 과

료에 처한다.

제105조 제12조 제2항(제82조, 제91조 및 제101조의 규정에 의하여 준용하는 경우를 포함) 또는 제3항(제83조의 규정에 의하여 준용하는 경우를 포함)의 규정을 위반한 자는 500원 이하의 벌금에 처한다.

제106조 ① 다음 각호의 1에 해당하는 자는 1000원 이하의 벌금에 처한다.

1. 제18조의 규정(제83조의 규정에 의하여 준용하는 경우를 포함)에 의한 명령에 위반한 자
2. 제20조의 규정에 의한 명령을 위반하여 허가를 받지 아니하고 상업을 영위한 자

② 상업자는 그 대리인·호주·가족·동거인·고용인, 기타 종업자가 그 영업에 관하여 전항의 죄를 범한 때에는 자기의 지휘로 인한 사유가 아니라는 이유로 그 처벌을 면할 수 없다.

제107조 전 2조의 벌칙은 그자가 법인인 때에는 이사, 취체역, 기타 법인의 의무를 집행하는 임원에게, 미성년자 또는 금치산자인 때에는 그 법정대리인에게 적용한다. 다만, 영업에 관하여 성년자와 동일한 능력을 가진 미성년자에 대하여는 그러하지 아니하다.

제108조 정당한 이유 없이 제19조의 규정(제83조의 규정에 의하여 준용하는 경우를 포함)에 의한 당해 관리의 임검·검사·수사 또는 차압을 거부, 방해 또는 기피한 자는 500원 이하의 벌금에 처한다.

제109조 상업조합의 증표 또는 검사증을 부정하게 사용한 자, 행사의 목적으로 증표 또는 검사증을 위조 또는 변경한 자, 위조 또는 변조 증표 또는 검사증을 사용한 자는 3년 이하의 징역 또는 1000원 이하의 벌금에 처한다.

제110조 ① 상업조합의 이사, 감사, 청산인 또는 검사원이 그의 직무에 관하여 뇌물을 수수하거나 이를 요구 또는 약속한 때에는 2년 이하의 징역에 처하며, 이로 인하여 부정한 행위를 하거나 이에 상당하는 행위를 아니한 때에는 5년 이하의 징역에 처한다.

② 전항의 경우에 수수한 뇌물은 몰수하며, 만일 그 전부 또는 일부를 몰수할 수

없는 때에는 그 가액을 추징한다.

제111조 ① 전조 제1항에 규정하는 자에 대하여 뇌물을 교부, 제공 또는 약속한 자는 2년 이하의 징역 또는 500원 이하의 벌금에 처한다.

② 전항의 죄를 범한 자가 자수한 때에는 그 형을 경감 또는 면제할 수 있다.

제112조 제109조에 기재한 죄는 「조선형사령」에 의할 것을 정한 형법 제3조의 예에, 제110조에 기재한 죄는 동법 제4조의 예에 의한다.

부칙 〈조선총독부 제령 제12호, 1941. 3. 10.〉

① 이 영의 시행기일은 조선총독이 정한다.

[「조선상업조합령」은 1941년 3월 15일부터 시행. 〈1941. 3. 14. 조선총독부령 제64호〉]

② 이 영 시행 당시에 상업조합이 아닌 자가 그 명칭 중 상업조합이라는 문자를 사용하고 있는 경우에는 이 영 시행 후 6월 이내에 그 명칭을 변경하여야 한다.

③ 제105조의 규정은 전항의 기간 내에 전항에 기재하는 자에게는 이를 적용하지 아니한다.

④ 「조선특별법인세령」 제2조에 다음 1호를 추가한다.

5. 상업조합 및 상업조합연합회(소속 조합원, 조합 또는 연합회로 출자를 하지 아니한 것을 제외)

⑤ 「조선영업세령」 제3조 제1호 중 "어업조합" 앞에 "상업조합, 상업조합연합회, 상업소조합,"을 추가한다.

⑥ 「조선등록세령」 제7조 제7호 중 "어업조합" 앞에 "상업조합, 상업조합연합회, 상업소조합, 조선상업조합중앙회,"를, "또는 조선어업령" 앞에, "조선상업조합령"을 추가한다.

〈자료 142〉 「조선공업조합령」[시행 1941. 3. 15.] [조선총독부 제령 제13호, 1941. 3. 10. 일부 개정] (『조선총독부관보』, 1941년 3월 10일)

제1조 공업자는 그 공업의 개량 발달을 도모하기 위하여 공동으로 시설 등을 설치할 목적으로 공업조합을 설립할 수 있다. 다만, 특별한 사정이 있는 때에는 2종 이상의 공업자로서 이를 설립할 수 있다.

제2조 공업조합은 법인으로 한다.

제3조 ① 공업조합은 다음 사업을 행할 수 있다.

1. 조합원의 제품, 그 원료 또는 재료, 제조 또는 가공 설비에 대한 검사, 기타 필요한 단속 또는 사업 경영에 대한 제한
2. 조합원의 제품의 가공 또는 판매, 조합원의 영업에 필요한 물건의 공급, 공동설비의 설치, 기타 조합원의 영업에 관한 공동시설
3. 조합원의 영업에 관한 지도·연구·조사, 기타 조합의 목적을 달성하기 위하여 필요한 시설

② 조합은 전항의 사업 외에 조합원에 대하여 그 영업에 필요한 자금의 대부 또는 조합원을 위한 영업상 채무의 보증을 병행할 수 있다.

③ 제1항에 기재한 조합의 시설은 조합원의 이용에 지장이 없는 경우에 한하여 조합원이 아닌 자로 하여금 조선총독이 정하는 바에 의하여 이용하게 할 수 있다.

제4조 ① 공업조합은 명칭 중에 공업조합의 문자를 사용하여야 한다. 다만, 제50조의 규정에 의한 공업조합은 통제공업조합의 문자를 사용하여야 한다.

② 공업조합이 아닌 자는 그 명칭 중에 공업조합의 문자를 사용할 수 없다.

③ 제50조의 규정에 의한 공업조합이 아닌 자는 그 명칭 중에 통제공업조합의 문자를 사용할 수 없다.

제5조 공업조합은 정관이 정하는 바에 의하여 그 경비를 조합원에게 분부할 수 있다.

제6조 공업조합은 정관이 정하는 바에 의하여 정관 위반자에 대하여 과태금을 부과하고, 그 위반에 관계되는 공산품 중에서 위반자가 소유하는 것에 대하여 억류, 기타 필요한 처분을 하며 특별히 필요한 때에는 몰수할 수 있다.

제7조 공업조합은 정관이 정하는 바에 의하여 조합원의 사업 경영에 대한 제한을 하는 경우에는 총회의 의결을 거쳐 이에 관한 규정을 정하고 행정관청의 인가를 받아야 하며 그 규정을 변경하고자 하는 경우에도 같다.

제8조 ① 공업조합은 전조의 규정에 의하여 제조 또는 가공의 수량, 판매 가격, 가공 요금, 기타 조선총독이 정하는 사항에 대하여 결정을 한 때에는 지체 없이 행정관청에 신고하여야 한다.

② 행정관청이 필요하다고 인정하는 때에는 전항의 결정을 변경 또는 취소를 할 수 있다.

제9조 영업상의 폐해를 예방하거나 교정하기 위하여 또는 공업의 건전한 발전을 도모하기 위하여 필요하다고 인정하는 때에는 행정관청은 공업조합에 대하여 필요한 시설을 명할 수 있다.

제10조 영업상의 폐해를 예방하거나 교정하기 위하여 또는 공업의 건전한 발달을 도모하기 위하여 특별히 필요하다고 인정하는 때에는 조선총독은 공업조합의 조합원 또는 조합의 조합원이 아니면서 그 조합의 지구 안에서 조합원의 자격을 가진 자에 대하여 조합이 정하는 단속 또는 제한에 따라야 할 것을 명할 수 있다.

제11조 ① 전조의 규정에 의한 명령이 있는 경우 행정관청이 단속상 필요하다고 인정하는 때에는 당해 관리로 하여 공장·창고·점포, 기타 장소에 임검하여 물품·장부, 기타 물건을 검사하게 할 수 있다.

② 전항의 경우 당해 관리는 공업조합의 검사원으로 하여금 필요한 보조를 하게 할 수 있다.

③ 제1항의 경우 당해 관리가 전조의 규정에 의한 명령에 위반한 자가 있다고 인정하는 때에는 피의자 또는 참고인을 심문하거나 범죄 사실을 증명할 만한 물건을 수색하거나 차압을 할 수 있다.

④ 임검·심문·수색 및 차압에 관하여는 「조선간접국세범칙자처분령」을 준용한다.

제12조 ① 행정관청은 제10조의 규정에 의한 명령을 준수하게 하기 위하여 특별히 필요하다고 인정하는 때에는 그 명령에 따라야 하는 자에 대하여 그 제조 또는 가공설비의 사용을 금지하거나 제한할 수 있다.

② 전항의 경우 행정관청이 단속상 필요하다고 인정하는 때에는 제조 또는 가공설비에 대하여 봉인을 하여 그 요부를 떼어 내거나 기타 필요한 처분을 할 수 있다.

제13조 제10조의 규정에 의한 명령이 있는 경우에 특별히 필요하다고 인정한 때에는 그 명령이 효력을 가지고 있는 기간에 한하여 당해 공업조합의 지구 안에서 새로 당해 공업을 경영하고자 하는 자 및 당해 공업에 관한 설비의 확장을 하고자 하는 자는

조선총독이 정하는 바에 의하여 허가를 받을 수 있다.

제14조 이 영에 의한 등기사항은 등기 전에는 제삼자에게 대항할 수 없다.

제15조 ① 이 영에 의하여 등기하여야 할 사항은 이 영에 별도의 정함이 있는 경우를 제외하고 그 사실이 발생한 후 2주간 이내에 등기하여야 한다.

② 등기사항으로서 행정관청의 인가를 요하는 것은 그 인가서가 도달한 시점부터 등기의 기간을 기산한다.

제16조 ① 공업조합을 설립하고자 하는 때에는 사전에 지구를 정하여 그 지구 안에서 조합원의 자격을 가진 자의 3분의 2 이상의 동의를 얻어 창립총회를 개최하여 정관, 기타 필요한 사항을 정하고 임원을 선임하여 조선총독의 인가를 받아야 한다. 다만, 조합원의 자격을 가진 자의 공업의 종류가 2가지 이상인 때에는 각 그 3분의 2 이상의 동의를 얻어야 한다.

② 전항의 동의를 얻는 것이 불가능한 경우에도 특별한 사유가 있는 경우에는 조선총독의 인가를 받아 창립총회를 소집할 수 있다.

제17조 창립총회에서의 의결 및 임원의 선임은 설립 동의자의 3분의 2 이상의 동의를 얻어 이를 행한다. 다만, 설립 동의자의 공업의 종류가 2가지 이상인 때에는 각 그 3분의 2 이상의 동의를 얻어야 한다.

제18조 ① 설립 동의자는 창립총회에서 대리인으로 하여 그 의결권을 행할 수 있다.

② 전항의 대리인은 설립 동의자여야 한다. 다만, 법인인 설립 동의자는 그 업무를 집행하는 임원 또는 지배인을 대리인으로 할 수 있다.

③ 대리인은 대리권을 증명하는 서면을 제출하여야 한다.

제19조 공업조합의 정관에는 다음 각호의 사항을 기재하여야 한다. 다만, 제50조의 규정에 의한 공업조합에 대하여는 제6호 내지 제9호 및 제15호에 기재한 사항을 제외한다.

1. 목적
2. 명칭
3. 지구
4. 사무소의 소재지

5. 조합원의 자격에 관한 규정

6. 조합원의 가입 및 탈퇴에 관한 규정

7. 출자 1구좌 금액 및 그 납부 방법

8. 잉여금 처분 및 손실 분담에 관한 규정

9. 준비금의 금액 및 그 적립 방법

10. 조합원의 권리·의무에 관한 규정

11. 사업 및 그 집행에 관한 규정

12. 임원에 관한 규정

13. 회의에 관한 규정

14. 회계에 관한 규정

15. 존립 시기 또는 해산의 사유를 정한 때에는 그 시기 또는 사유

제20조 공업조합은 설립인가가 있는 때 또는 제50조 제2항의 규정에 의한 정관의 작성이 있는 때에 성립한다.

제21조 ① 공업조합은 출자의 제1회의 납부가 있은 후 2주일 이내에 각 사무소의 소재지에서 설립등기를 하여야 한다. 다만, 제50조의 규정에 의한 공업조합은 그 성립 후 2주일 이내에 이를 행하여야 한다.

② 등기사항은 다음 각호와 같다. 다만, 제50조의 규정에 의한 공업조합에 대하여는 제3호 및 제4호에서 기재한 사항과 제19조 제7호 및 제15호에 기재한 사항은 제외한다.

1. 제19조 제1호 내지 제3호, 제7호 및 제15호에 기재한 사항

2. 사무소

3. 출자의 총 구좌 수 및 납부한 출자 총액

4. 제24조의 규정에 의한 공업조합에 있어서는 각 조합원의 성명 또는 명칭·주소 및 보증금액

5. 성립 연월일

6. 이사 및 감사의 성명 및 주소

③ 전항에 기재한 사항 중에 변경이 있는 때에는 등기를 하여야 한다. 다만, 전항

제3호에 기재한 사항에 대하여는 매 사업연도의 말일 현재부터 사업연도 종료 후 1월 이내에 등기를 할 수 있다.

제22조 ① 조합원은 출자 1구좌 이상을 가져야 한다.

② 조합원이 가져야 하는 출자 구좌 수는 50구좌를 초과할 수 없다. 다만, 특별한 사유가 있는 때에는 정관이 정하는 바에 의하여 이를 증가할 수 있다.

제23조 조합원의 책임은 제5조의 규정에 의한 비용 부담 외에 그 출자액을 한도로 한다.

제24조 공업조합은 정관이 정하는 바에 의하여 조합 재산으로써 그 채무를 완제하는 것이 불가능한 경우에는 조합원 전원이 그 출자액 외에 일정 금액(보증금액)을 한도로 하여 책임을 부담하게 할 수 있다.

제25조 공업조합은 총 조합원의 동의로써 그 조직을 변경하여 전조의 규정에 의한 책임을 부담하는 것으로 하거나 또는 이를 부담하지 아니하는 것으로 할 수 있다.

제26조 새로 공업조합에 가입한 조합원은 가입 전에 발생한 조합의 채무에 대하여도 책임을 부담한다.

제27조 ① 조합원은 총 조합원의 5분의 1 이상의 동의를 얻어 회의의 목적 사항 및 그 소집의 사유를 기재한 서면을 이사에게 제출하여 총회의 소집을 청구할 수 있다.

② 이사가 정당한 이유 없이 전항의 규정에 의한 청구가 있은 후 2주일 이내에 그 총회 소집의 수속을 하지 아니한 때에는 청구자는 행정관청의 인가를 받아 이를 소집할 수 있다.

제28조 ① 공업조합에는 이사 및 감사를 두어야 한다.

② 상무를 담당하는 이사는 행정관청이 임면한다.

③ 전항 이외의 이사 및 감사는 총회에서 조합원 또는 조합원인 법인의 의무를 집행하는 임원 중에서 선임한다. 다만, 조합 설립 당시의 전항 이외의 이사 및 감사는 창립총회에서 제16조 제1항의 경우에는 설립 동의자 또는 설립 동의자인 법인의 업무를 집행하는 임원 중에서, 제51조 제1항의 경우에는 조합원의 자격을 가진 자 또는 조합원의 자격을 가진 법인의 업무를 집행하는 임원 중에서 선임하여야 한다.

④ 특별한 사유가 있는 때에는 전항에 규정한 이사 또는 감사는 전항에 해당되지

아니한 자 중에서 선임할 수 있다.

⑤ 제1항의 규정에 의한 임원 외에 정관의 정하는 바에 의하여 다른 임원을 둘 수 있다.

제29조 ① 상무를 담당하는 이사 이외의 이사의 선임은 행정관청의 인가를 받지 아니하면 그 효력이 없다.

② 행정관청은 감독상 특별히 필요하다고 인정하는 때에는 제3조 제1항 제1호의 사업 경영에 대한 제한을 하고, 공업조합의 전항에 규정한 이사 또는 감사의 선임 또는 해임을 할 수 있다.

제30조 이사 및 감사의 선임은 총 조합원이 반수 이상 출석하여 그 의결권의 3분의 2 이상으로써 정한다. 다만, 정관에 별도의 정함이 있는 때에는 그러하지 아니하다.

제31조 조합원은 총회에서 각 1개의 의결권을 가진다. 다만, 정관이 정하는 바에 의하여 1인에 대한 의결권 총수의 10분의 3을 초과하지 아니하는 범위 안에서 출자 구좌 수에 따라 2개 이상의 의결권을 가지게 할 수 있다.

제32조 ① 공업조합은 정관을 각 사무소에, 조합원의 명부를 주 사무소에 비치하여야 한다.

② 조합원명부에는 다음 각호의 사항을 기재하여야 한다.

1. 각 조합원의 성명 또는 명칭 및 주소
2. 각 조합원의 출자 구좌 수
3. 각 조합원이 납부한 금액 및 그 납부 연월일
4. 출자한 각 구좌의 취득 연월일
5. 제24조의 규정에 의한 공업조합은 각 조합원의 보증금액

③ 조합원 및 조합의 채권자는 제1항에 기재한 서류의 열람을 요청할 수 있다.

제33조 ① 조합원은 대리인으로써 의결권을 행할 수 있다. 이 경우에는 이를 출석으로 본다.

② 전항의 대리인은 조합원이어야 한다. 다만, 법인인 조합원은 그 업무를 집행하는 임원 또는 지배인을 대리인으로 할 수 있다.

③ 대리인은 대리권을 증명하는 서면을 조합에 제출하여야 한다.

제34조 ① 공업조합은 조선총독이 정하는 바에 의하여 정관으로써 총회에 대신하는 총대회를 둘 수 있다.

② 총회에 관한 규정은 전항의 총대회에 이를 준용한다. 다만, 총대회에서는 해산 및 합병의 의결을 할 수 없다.

제35조 ① 경비를 조합원에게 분부하는 공업조합에서는 경비의 수지 예산 및 분부의 수입 방법은 총회의 의결을 거쳐야 한다. 다만, 조합 설립 당시의 경비의 수지 예산 및 분부의 수입 방법은 창립총회에서 의결하여야 한다.

② 제30조의 규정은 전항의 총회의 의결에 준용한다.

제36조 ① 조합원이 그 출자의 납부를 마칠 때까지는 이에 배당하여야 할 잉여금은 그 납부에 충당하여야 한다. 다만, 취급한 물건의 수량·가격, 기타 사업의 분량에 대하여 배당하여야 하는 잉여금은 그러하지 아니하다.

② 조합원에게 배당하여야 하는 잉여금 또는 지분의 계산에 대하여는 계산의 기초가 되어야 하는 금액으로 계산상 불편한 단수 금액은 절사할 수 있다.

제37조 공업조합은 제68조제1항의 규정에 의하여 준용한 「조선산업조합령」 제53조 제1항의 경우를 제외하고 지분의 환급을 할 수 없다.

제38조 조합원의 자격을 가진 자가 공업조합에 가입하고자 하는 때에는 조합은 정당한 사유 없이 가입에 곤란한 조건을 붙이거나 가입을 거부할 수 없다.

제39조 ① 조합원은 조선총독이 정하는 바에 의하여 일정 기간 전에 예고를 하고 공업조합의 승낙을 얻은 경우에는 사업연도의 종료 시 탈퇴할 수 있다.

② 조합은 정당한 이유 없이 전항의 승낙을 거부할 수 없다.

제40조 ① 제명의 사유는 정관으로 정한다.

② 제명은 총회의 의결에 의한다. 다만, 제명한 조합원에게 그 취지를 통지하지 아니하면 그 조합원에게 대항할 수 없다.

③ 제3조의 규정은 전항의 의결에 준용한다.

제41조 ① 지분의 환급은 사업연도의 종료로부터 3월 이내에 하여야 한다. 다만, 제68조 제1항의 규정에 의하여 준용한 「조선산업조합령」 제54조 단서의 경우에는 탈퇴 시로부터 3월 이내에 하여야 한다.

② 지분 환급의 청구권은 전항의 기간 경과 후 2년간 이를 행하지 아니하면 소멸한다.

第42조 지분의 계산을 할 때 조합 재산으로써 조합의 채무를 완제하기에 불충분한 경우 탈퇴한 조합원은 그 부담져야 할 손실액을 납부하여야 한다.

第43조 ① 제24조의 규정에 의한 공업조합에 있어서는 탈퇴한 조합원은 탈퇴 전의 조합 채권자에 대하여 그 탈퇴를 공업조합 등기부에 기재한 후 2년간 책임을 부담한다.

② 전항의 기간은 총 조합원의 동의가 있은 때에는 정관으로 이를 연장할 수 있다.

③ 전항의 규정에 의하여 연장한 기간은 제1항의 규정에 위배되지 아니하는 한 이를 단축할 수 있다.

④ 전 3항의 규정은 지분을 양도한 조합원에게 준용한다.

第44조 ① 제3조 제1항 제1호의 규정에 의한 검사를 하는 공업조합에서는 검사원을 두어야 한다.

② 검사원의 선임 및 해임은 행정관청의 인가를 받아야 한다.

第45조 공업조합은 검사원의 복무에 관한 규정을 정하여 행정관청의 인가를 받아야 한다.

第46조 이사의 결원으로 인하여 손해가 발생할 우려가 있는 때에는 행정관청은 임시로 이사를 선임할 수 있다.

第47조 행정관청은 필요하다고 인정하는 때에는 검사원을 선임 또는 해임할 수 있다.

第48조 ① 행정관청은 필요하다고 인정하는 때에는 공업조합에 대하여 경비의 수지 예산, 분부의 수입 방법, 정관 또는 제7조의 규정 변경을 명할 수 있다.

② 특별한 사정이 있는 경우에 행정관청은 제3조 제1항 제1호의 사업 경영에 대한 제한을 하고, 공업조합의 정관 또는 제7조의 규정을 변경할 수 있다.

第49조 공업조합의 사업 또는 조합 재산의 상황으로 인하여 그 사업을 계속하기에 곤란하다고 인정하는 때 또는 조합의 행위가 법령·정관 또는 행정관청의 명령에 위반하거나 공익을 해할 우려가 있는 때에는 행정관청은 다음 처분을 할 수 있다.

1. 총회의 결의 취소
2. 임원의 해임
3. 조합의 사업 정지
4. 조합의 해산

第50조 ① 조선총독은 당해 공업의 통제를 도모하고 국민 경제의 건전한 발달을 위하여 특별히 필요하다고 인정하는 때에는 그 정하는 바에 의하여 지구 및 조합원의 자격을 정하여 그 지구 안에서 조합원의 자격을 가진 자에 대하여 공업조합의 설립을 명할 수 있다.

② 전항의 규정에 의하여 설립을 명받은 자가 조선총독이 지정하는 기한까지 설립의 인가를 신청하지 아니하는 때에는 조선총독은 정관의 작성, 기타 설립에 관하여 필요한 처분을 할 수 있다.

第51조 ① 전조 제1항의 규정에 의하여 공업조합 설립을 명받은 때에는 창립총회를 개최하여 정관, 기타 필요한 사항을 정하여 임원을 선임하고 조선총독이 지정하는 기한까지 설립 인가를 신청하여야 한다.

② 전항의 창립총회에 있어서 의결 및 임원의 선임은 출석자의 3분의 2 이상의 동의로써 이를 행한다.

第52조 ① 조선총독은 제50조 제2항의 규정에 의하여 정관을 작성한 때에는 이사 및 감사를 임명한다.

② 전항의 이사는 지체 없이 총회를 소집하여야 한다.

③ 전항의 총회에 있어서는 조합 설립 당시의 경비의 수지 예산 및 분부의 수입 방법을 의결하여야 한다.

④ 제30조의 규정은 전항의 의결에 준용한다.

第53조 제50조의 규정에 의한 공업조합은 제3조 제1항 제2호 및 제2항의 사업을 할 수 없다.

第54조 제50조의 규정에 의한 공업조합이 성립한 때에는 그 조합의 지구 안에서 조합원의 자격을 가진 자는 조합의 조합원이 된다.

第55조 제50조의 규정에 의한 공업조합은 그 조합원으로 하여금 출자를 하도록 할 수 없다.

第56조 제50조의 규정에 의한 공업조합은 합병을 할 수 없다.

第57조 ① 공업조합은 다음 각호의 사유로 인하여 해산한다.

1. 정관에서 정한 해산 사유의 발생
2. 총회의 의결
3. 조합의 합병
4. 조합의 파산

5. 제49조의 규정에 의한 조합의 해산 처분

② 제30조의 규정은 해산 및 합병의 의결에 준용한다. 다만, 합병으로 인하여 조직의 변경과 동일한 결과가 발생하는 때에는 그 합병에 대하여 총 조합원의 동의가 있어야 한다.

③ 총회의 의결로 인한 해산 또는 합병은 조선총독의 인가를 받지 아니하면 그 효력이 없다.

제58조 공업조합이 해산한 때에는 합병 및 파산의 경우를 제외하고 각 사무소의 소재지에서 그 등기를 하여야 한다.

제59조 공업조합이 합병을 한 때에는 각 사무소의 소재지에서 합병 후 존속하는 조합에 대하여는 변경등기를, 합병으로 인하여 소멸한 조합에 대하여는 해산등기를, 합병으로 인하여 설립한 조합에 대하여는 설립등기를 하여야 한다.

제60조 청산인은 그 직무의 범위 안에서 이사와 동일한 권리·의무를 가진다.

제61조 ① 청산인의 선임이 있는 때에는 각 사무소의 소재지에서 그 성명 및 주소를 등기하여야 한다.

② 전항의 등기사항 중에 변경이 발생한 때에는 그 등기를 하여야 한다.

제62조 청산이 종결한 때에는 각 사무소의 소재지에서 그 등기를 하여야 한다.

제63조 공업조합의 등기에 대하여는 그 사무소의 소재지를 관할하는 지방법원, 그 지청 또는 출장소를 관할등기소로 한다.

제64조 ① 설립등기는 이사 및 감사 전원의 신청으로 이를 하여야 한다.

② 신청서에는 정관, 창립총회 또는 총회 결의록의 등본, 조합의 설립을 증명하는 서면, 출자의 총 구좌 수를 증명하는 서면, 출자의 제1회 납부가 있은 것을 증명하는 서면과 이사 및 감사의 자격을 증명하는 서면을 첨부하여야 한다. 다만, 제50조의 규정에 의한 공업조합으로 조선총독의 처분으로 성립한 조합에 있어서는 창립총회 또는 총회 결의록의 등본, 출자 총 구좌 수를 증명하는 서면 및 출자의 제1회 납부가 있은 것을 증명하는 서면, 기타의 조합에 대하여는 출자의 총 구좌 수를 증명하는 서면 및 출자의 제1회 납부가 있은 것을 증명하는 서면의 첨부는 요하지 아니한다.

제65조 ① 사무소의 신설·이전 기타 등기사항의 변경등기는 이사 또는 청산인의 신청에 의하여 이를 하여야 한다. 다만, 합병 또는 출자한 1구좌의 금액 또는 보증금액의 감소로 인한 변경등기는 이사 및 감사 전원이 이를 하여야 한다.

② 신청서에는 신청인의 자격을 증명하는 서면 및 등기사항의 변경을 증명하는 서면을 첨부하여야 한다. 다만, 전에 등기의 신청을 행한 신청인이 동일 등기소에 전항의 신청을 하는 경우에는 그 자격을 증명하는 서면의 첨부를 요하지 아니한다.

③ 출자한 1구좌의 금액 또는 보증금액 감소의 등기신청서에는 전항에 규정한 서면 외에 이 영에 의하여 최고를 행한 것 및 이의를 제기한 채권자가 있는 경우에는 이에 대하여 변제를 하거나 또는 담보를 제공한 것을 증명하는 서면을 첨부하여야 한다.

제66조 ① 해산등기는 합병으로 인한 해산의 경우에는 해산한 때의 이사 및 감사 전원, 기타의 경우에는 청산인의 신청에 의하여 이를 행하여야 한다.

② 신청서에는 해산의 사유를 증명하는 서면 및 이사가 청산인이 아닌 경우에는 신청인의 자격을 증명하는 서면을 첨부하여야 한다.

③ 전조 제3항의 규정은 합병으로 인한 해산등기의 신청에 준용한다.

④ 공업조합이 처분으로 인하여 해산한 때에는 등기소는 조선총독의 촉탁에 의하여 등기를 하여야 한다.

제67조 청산인 선임의 등기 및 청산 종결의 등기는 청산인의 신청에 의하여 이를 하여야 한다.

제68조 ① 「조선민사령」에 의할 것을 정한 「민법」 제44조 제1항, 제45조 제2항·제3항, 제48조, 제50조, 제52조 제2항, 제53조 내지 제55조, 제59조, 제60조, 제61조 제1항, 제62조, 제64조, 제66조, 제70조, 제73조, 제74조 및 제78조 내지 제81조, 「조선민사령」에 의할 것을 정한 「비송사건수속법」 제138조, 제138조의 3, 제141조 내지 제151조의 6, 제154조 내지 제158조, 제165조, 제175조, 제176조 및 제178조와 「조선산업조합령」 제5조, 제9조, 제10조 제1항, 제11조, 제14조, 제18조 내지 제21조, 제23조, 제26조, 제30조, 제32조 제1항, 제33조, 제35조, 제37조 내

지 제39조, 제41조, 제43조, 제44조, 제46조 내지 제49조, 제51조, 제53조 제1항, 제54조, 제56조, 제58조 제1항·제2항, 제64조, 제67조, 제69조, 제70조 내지 제74조, 제79조 및 제85조의 규정(제50조의 규정에 의한 공업조합에 대하여는 「조선산업조합령」 제9조, 제10조 제1항, 제11조, 제18조 내지 제21조, 제43조, 제44조, 제46조 제2항, 제47조 내지 제49조, 제51조 제3호 내지 제5호, 제53조 제1항, 제54조, 제56조, 제64조 및 제67조의 규정을 제외하고, 공업조합에 이를 준용한다. 다만, 「조선산업조합령」 제23조, 제38조 제2항, 제73조 및 제74조 제2항 중 도지사는 행정관청, 동령 제37조 제1항 및 제38조 중 조합원은 이사로 하며 동령 제41조 제2항 및 제62조 제1항 중 4분의 3은 3분의 2로 한다.

② 전항의 규정에 따라 준용한 「조선산업조합령」 제43조 및 제44조의 규정은 조합원의 보증금액의 감소, 조합의 합병 및 제43조 제3항의 경우와 조합 조직의 변경으로 인하여 조합원의 책임을 감소하는 경우에 준용한다.

제69조 ① 공업조합연합회는 소속 공업조합 및 공업조합연합회의 공동 목적을 달성하기 위하여 설립할 수 있다.

② 연합회는 공업조합 또는 공업조합연합회로써 조직한다. 다만, 특별한 사유가 있는 때에는 조합·연합회 또는 그 조합의 조합원과 동종의 공업을 경영하는 자로서 조직할 수 있다.

③ 연합회는 법인으로 한다.

제70조 공업조합연합회를 설립하고자 하는 때 또는 제75조의 규정에 의하여 준용한 제50조의 규정에 의하여 그 설립을 명받은 때에는 조선총독이 정하는 바에 의하여 소속의 각 조합·연합회 및 공업자 중에서 선임한 창립위원으로 창립위원회를 개최하여 정관 및 기타 필요한 사항을 정하고 임원을 선임하여 조선총독의 인가를 받아야 한다.

제71조 ① 창립위원회에서의 의결 및 임원의 선임은 창립위원 총수의 3분의 2 이상의 동의로써 이를 행한다.

② 제18조의 규정은 창립위원에 준용한다.

③ 전 2항의 규정은 제75조의 규정에 의하여 준용한 제50조의 규정에 의한 공업조합연합회에 대하여는 적용하지 아니한다.

제72조 ① 공업조합연합회의 상무를 담당하는 이사 이외의 이사 및 감사는 총회에서 소속 조합 및 연합회의 이사, 감사 또는 소속 공업자 또는 소속 공업자인 법인의 업무를 집행하는 임원 중에서 선임한다. 다만, 연합회 설립 당시 상무를 담당하는 이사 이외의 이사 및 감사는 창립위원회에서 선임하여야 한다.

② 특별한 사유가 있는 때에는 전항에 규정한 이사 또는 감사는 전항에 해당하지 아니한 자로부터 선임할 수 있다.

제73조 제75조의 규정에 의하여 준용한 제24조의 규정에 의한 공업조합연합회의 소속 조합 및 소속연합회의 보증 책임은 그 출자 총액의 범위 안에서 정하여야 한다.

제74조 ① 공업조합 또는 공업조합연합회가 공업조합연합회에 가입하거나 탈퇴하고자 하는 때에는 총회의 의결을 거쳐야 한다.

② 제30조의 규정은 전항의 의결에 준용한다.

제75조 공업조합에 관한 규정은 제13조 및 제34조의 규정을 제외하고 공업조합연합회에 준용한다. 다만, 제3조 중 조합원은 소속 조합·연합회·공업자 및 조합원으로 한다.

제75조의 2 ① 공업소조합은 소공업자로써 조직하고 조합원 공동의 이익증진의 도모를 목적으로 하며 조합원의 공업에 관한 공동설비의 설치, 조합원의 공업에 필요한 물건의 공급, 조합원을 위한 주문의 인수 및 조합원의 제품 판매를 하는 것으로 한다.

② 전항의 소공업자의 범위에 관하여 필요한 사항은 조선총독이 정한다.

③ 공업소조합은 법인으로 한다.

④ 공업소조합은 제1항의 사업 외에 조합원의 영업에 관한 지도·연구·조사, 기타 조합의 목적을 달성하기 위하여 필요한 시설을 할 수 있다.

⑤ 공업소조합은 그 명칭 중에 공업소조합의 문자를 사용하여야 한다.

제75조의 3 공업소조합의 조합원의 총수는 10인을 초과하지 아니하는 것을 관례로 한다.

제75조의 4 ① 공업소조합을 설립하고자 하는 때에는 조합원이고자 하는 자 전원이 설립자가 되어 정관, 기타 필요한 사항을 정하여 행정관청의 인가를 받아야 한다.

② 공업소조합에는 이사 및 감사를 두어야 한다.

③ 이사 및 감사는 총회에서 선임한다. 다만, 조합 설립 당시의 이사 및 감사는 정관으로 정하여야 한다.

제75조의 5 조합원의 자격을 가진 자는 조합원의 3분의 2 이상의 동의를 얻어 공업소조합에 가입할 수 있다.

제75조의 6 ① 공업소조합은 당해 공업에 관한 공업조합의 조합원이 될 수 있다.

② 소공업자가 공업소조합의 조합원이 된 때에는 당해 공업에 관한 공업조합의 조합원일 수 없다. 다만, 특별한 사정이 있는 경우에 행정관청의 인가를 받은 때에는 그러하지 아니하다.

③ 행정관청은 필요하다고 인정하는 때에는 공업소조합에 대하여 당해 공업에 관한 공업조합에 가입하도록 명할 수 있다.

④ 전항의 규정에 의한 명령이 있는 때에는 당해 공업소조합은 당해 공업조합의 조합원으로 한다.

제75조의 7 공업소조합의 정관에는 다음 각호의 사항을 기재하여야 한다.

1. 목적
2. 명칭
3. 사무소
4. 조합원의 자격에 관한 규정 및 조합원의 총수
5. 조합원의 가입 및 탈퇴에 관한 규정
6. 출자한 1구좌의 금액 및 그 납부 방법
7. 잉여금의 처분 및 손실 분담에 관한 규정
8. 준비금의 금액 및 그 적립 방법
9. 조합원의 권리·의무에 관한 규정
10. 사무 및 그 집행에 관한 규정
11. 임원에 관한 규정
12. 회의에 관한 규정
13. 회계에 관한 규정
14. 존립 시기 또는 해산 사유를 정한 경우에는 그 시기 또는 사유

제75조의 8 ① 공업소조합은 출자의 제1회 납부가 있은 후 2주간 이내에 각 사무소의 소재지에 설립등기를 하여야 한다.

② 등기사항은 다음 각호와 같다.

1. 전조 제1호 내지 제3호, 제6호 및 제14호에 기재한 사항
2. 출자한 총 구좌 수 및 납부한 출자의 총액
3. 설립인가의 연월일
4. 이사 및 감사의 성명 및 주소

③ 전항에 기재한 사항 중에 변경이 발생한 경우에는 그 등기를 하여야 한다. 다만, 전항 제2호에 기재한 사항에 대하여는 매 사업연도 말일 현재로부터 사업연도 종료 후 1월 이내에 등기를 할 수 있다.

제75조의 9 공업소조합은 정관이 정하는 바에 의하여 정관에 위반한 조합원에 대하여 과태금을 부과할 수 있다.

제75조의 10 ① 제4조제2항, 제20조, 제22조제1항, 제23조, 제27조, 제30조, 제31조(단서를 제외한다), 제32조, 제36조, 제37조, 제39조, 제40조 내지 제42조, 제46조, 제48조 제1항, 제49조, 제57조(제1항 제3호를 제외한다), 제58조, 제60조 내지 제67조, 제68조 제1항, 제85조 및 제87조의 규정은 공업소조합에 준용한다. 다만, 제68조 제1항의 규정에 의하여 준용한 「민법」 제62조 및 제64조와 「조선산업조합령」 제9조, 제64조 및 제67조의 규정을 제외한다.

② 전항의 규정에 의하여 준용한 제57조 제3항, 제66조 제4항 및 「조선산업조합령」 제41조 제1항 중 조선총독은 행정관청으로 한다.

제76조 ① 조선공업조합중앙회는 공업조합 및 공업조합연합회의 보급·발달 및 연락을 도모하는 목적으로 이를 설립할 수 있다.

② 조선공업조합중앙회는 법인으로 한다.

제77조 조선공업조합중앙회는 그 명칭 중에 조선공업조합중앙회의 문자를 사용하여야 한다.

제78조 ① 조선공업조합중앙회는 조선에 1개로 하고, 그 설립은 조선총독의 인가를 받아야 한다.

② 조선공업조합중앙회의 설립에 관하여 필요한 사항은 조선총독이 정한다.

제79조 ① 공업조합 및 공업조합연합회는 조선공업조합중앙회의 회원이 될 수 있다.

② 전항 이외의 자도 정관이 정하는 바에 의하여 조선공업조합중앙회의 회원이 될 수 있다.

第80조 조선공업조합중앙회의 정관에는 다음 각호의 사항을 기재하여야 한다.

1. 목적
2. 명칭
3. 사무소의 소재지
4. 회원의 가입 및 탈퇴에 관한 규정
5. 회원의 권리·의무에 관한 규정
6. 자산에 관한 규정
7. 사업 및 그 집행에 관한 규정
8. 임원에 관한 규정
9. 회의에 관한 규정
10. 존립 시기 또는 해산의 사유를 정한 경우에는 그 시기 또는 사유

第81조 ① 조선공업조합중앙회는 설립의 인가가 있는 때에는 사무소의 소재지에서 설립 등기를 하여야 한다.

② 등기사항은 다음 각호와 같다.

1. 전조 제1호·제2호 및 제10호에 규정한 사항
2. 사무소
3. 자산의 총액
4. 설립인가의 연월일
5. 이사 및 감사의 성명·주소

③ 전항에 규정한 사항 중에 변경이 있는 때에는 등기를 하여야 한다. 다만, 전항 제3호에 규정한 사항에 대하여는 매 사업연도 말일 현재로부터 사업연도 종료 후 2월 이내에 등기를 할 수 있다.

第82조 조선공업조합중앙회에는 이사 및 감사를 두어야 한다.

第83조 ① 조선공업조합중앙회의 이사 및 감사는 총회에서 회원인 공업조합 또는 공업조합연합회의 이사·감사 또는 제79조 제2항의 회원 중에서 선임한다. 다만, 중앙

회 설립 당시의 이사 및 감사의 선임 방법은 조선총독이 정하는 바에 의한다.

② 이사의 선임은 조선총독의 인가를 받지 아니하면 그 효력이 없다.

第83조의 2 ① 조선공업조합중앙회는 소속 공업조합 및 공업조합연합회의 사업 및 재산 상황에 대하여 감사 사업을 하는 경우에는 공업조합 감사원을 두어야 한다.

② 공업조합 감사원의 선임 및 해임은 조선총독의 인가를 받아야 한다.

③ 공업조합 감사원은 조선공업조합중앙회 소속 공업조합 및 공업조합연합회의 사무소, 창고, 기타 장소에 임하여 금전·물품·장부, 기타 물건을 조사하고, 당해 공업조합 및 공업조합연합회의 사업 및 재산 상황을 감사할 수 있다.

④ 공업조합 감사원 및 그 감사에 관하여 필요한 사항은 조선총독이 정한다.

第83조의 3 조선총독은 조선공업조합중앙회 또는 공업조합 감사원에 대하여 공업조합 또는 공업조합연합회의 감사상 필요한 명령을 할 수 있다.

第84조 제4조 제2항, 제27조, 제30조 내지 제34조, 제38조, 제46조, 제48조, 제49조, 제57조, 제58조, 제60조 내지 제67조, 제68조 제1항 및 제85조의 규정은 조선공업조합중앙회에 준용한다. 다만, 제68조 제1항의 규정에 의하여 준용한 「비송사건수속법」 제141조와 「조선산업조합령」 제10조 제1항, 제11조, 제18조 내지 제21조, 제43조, 제44조, 제46조 내지 제49조, 제51조, 제53조 제1항, 제54조, 제56조, 제64조 및 세67조의 규징을 제외힌다.

第85조 다음 경우에는 공업조합의 이사·감사 또는 청산인을 10원 이상 500원 이하의 과료에 처한다.

1. 이 영에 의하여 행정관청의 인가를 받아야 하는 경우 그 인가를 받지 아니한 때
2. 이 영에 의한 등기사항을 태만히 하거나 부정한 방법으로 등기한 때
3. 이 영에 의한 신고 사항을 태만히 하거나 부정으로 신고한 때
4. 행정관청 또는 총회 또는 총대회에 대하여 부실한 신청을 하거나 사실을 은폐한 때
5. 이 영에 의한 행정관청에의 보고를 하지 아니하거나 그 검사를 거부, 기타 행정관청의 명령 또는 처분에 따르지 아니한 때
6. 이 영에 의한 총회 또는 총대회의 소집을 태만히 한 때

7. 이 영에 의한 사무소에의 비치 서류를 비치하지 아니한 때, 그 서류에의 기재 사항을 기재하지 아니하거나 부정으로 기재를 한 때 또는 정당한 사유 없이 열람을 거부한 때
8. 이 영에 위반하여 조합원의 지분을 환급한 때
9. 이 영에 위반하여 조합이 조합원의 지분을 취득하거나 질권의 목적으로 이를 받은 때
10. 이 영에 위반하여 파산 선고를 청구하지 아니한 때
11. 이 영에 위반하여 출자한 1구좌의 금액 또는 보증금액을 감소하고, 제43조의 책임 기간을 단축하거나 조합의 합병을 한 때
12. 이 영에 의한 공고사항을 태만히 하거나 부정으로 공고를 한 때
13. 청산의 경우에 이 영에 위반하여 변제를 하거나 조합 재산의 분배를 한 때
14. 법령 또는 정관에 위반하여 잉여금을 처분한 때
15. 조합의 목적이 아닌 영리사업을 한 때
16. 공업조합 감사원이 행하는 감사를 거부한 경우

第86조 공업조합 감사원이 제83조의 3의 규정에 의한 명령에 위반한 때에는 10원 이상 300원 이하의 과료에 처한다.

第87조 제4조 제2항(제75조, 제75조의 10 및 제84조의 규정에 의하여 준용하는 경우를 포함한다) 또는 제3항(제75조의 규정에 의하여 준용하는 경우를 포함한다)의 규정에 위반한 자는 500원 이하의 벌금에 처한다.

第88조 ① 제10조의 규정(제75조의 규정에 의하여 준용하는 경우를 포함한다)에 의한 명령에 위반한 자는 1,000원 이하의 벌금에 처한다.

② 판매의 목적으로 전항의 범죄에 관계되는 공산품인 것을 알고 그 교부를 받은 자도 전항과 같다.

③ 전 2항의 경우에는 범인이 소유하거나 소지하는 공산품을 몰수할 수 있으며 그 전부 또는 일부의 몰수가 불가능한 때에는 그 가액을 추징할 수 있다.

第89조 제13조의 규정에 의한 명령에 위반하여 허가를 받지 아니하고 당해 공업을 경영하거나 설비의 확장을 한 자는 1,000원 이하의 벌금에 처한다.

제90조 공산품에 관한 업을 행하는 자는 그 대리인·호주·가족·동거자·고용인, 기타 종업자가 그 업무에 관하여 전 2조의 죄를 범한 때에는 자기의 지휘로 인한 행위가 아니라는 이유로 처벌을 면할 수 없다.

제91조 제87조 내지 제89조의 벌칙은 그자가 법인인 경우에는 이사·취체역, 기타 법인의 업무를 집행하는 임원에게, 미성년자 또는 금치산자인 경우에는 그 법정대리인에게 적용한다. 다만, 영업에 관하여 성년자와 동일한 능력을 가진 미성년자에 대하여는 그러하지 아니하다.

제92조 정당한 이유 없이 제11조의 규정(제75조의 규정에 의하여 준용하는 경우를 포함한다)에 의한 당해 관리의 임검·검사·수색 또는 차압을 거부·방해 또는 기피한 자는 500원 이하의 벌금에 처한다.

제93조 공업조합의 증표 또는 검사증을 부정하게 사용한 자, 행사의 목적으로 증표 또는 검사증을 위조하거나 변조한 자 또는 변조한 증표 또는 검사증을 사용한 자는 3년 이하의 징역 또는 1,000원 이하의 벌금에 처한다.

제94조 ① 공업조합의 이사·감사·청산인 또는 검사원이 그 직무에 관하여 뇌물을 수수하거나 이를 요구 또는 약속한 경우에는 2년 이하의 징역에 처하며 부정행위를 하거나 직분에 걸맞은 행위를 하지 아니하였을 때에는 5년 이하의 징역에 처한다.

② 전항의 경우에 수수한 뇌물은 몰수하거나 그 전부 또는 일부의 몰수가 불가능한 때에는 그 가액을 추징한다.

제95조 ① 전조 제1항에 기재한 자에 대하여 뇌물을 교부·제공 또는 약속한 자는 2년 이하의 징역 또는 500원 이하의 벌금에 처한다.

② 전항의 죄를 범한 자가 자수하는 때에는 그 형을 감경하거나 면제할 수 있다.

제96조 제93조에 기재한 죄는 「조선형사령」에 의할 것을 정한 「형법」 제3조의 예에, 제94조에 기재한 죄는 동법 제4조의 예에 의한다.

부칙 〈조선총독부 제령 제27호, 1938. 8. 1.〉

① 이 영 시행기일은 조선총독이 정한다.

[「조선공업조합령」은 1938년 9월 1일부터 시행. 〈1938. 8. 16. 조선총독부령 제164호〉]

② 이 영 시행 당시 공업조합이 아닌 자로서 명칭 중에 공업조합의 문자를 사용한 자는 이 영 시행 후 6월 이내에 그 명칭을 변경하여야 한다.

③ 제87조의 규정은 전항의 기간 내에 전항에 규정한 자에게 적용하지 아니한다.

④ 「조선영업세령」 제3조 제1호 중 "식산계" 다음에, "공업조합, 공업조합연합회"를 추가한다.

⑤ 「조선등록세령」 제7조 제7호 중 "식산계" 다음에 ",공업조합, 공업조합연합회, 조선공업조합중앙회"를, "식산계령" 다음에, "조선공업조합령"을 추가한다.

부칙 〈조선총독부 제령 제13호, 1941. 3. 10.〉

① 이 영 시행기일은 조선총독이 정한다.

[「조선공업조합령」은 1941년 3월 15일부터 시행. 〈1941. 3. 14. 조선총독부령 제65호〉]

② 「조선영업세령」 제3조 제1호 중 "공업조합연합회," 다음에 "공업소조합,"을 추가한다.

③ 「조선등록세령」 제7조 제7호 중 "공업조합연합회," 다음에 "공업소조합,"을 추가한다.

〈자료 143〉 10일부로 공포된 「조선상공회의소령」, 신령의 특징과 현행법과의 차이, 전 조선연락제 창설(조선일보, 1930.5.11.)

지난번에 원내 각의에서 결정된 여러 차례 보도의 「조선상공회의소령」은 10일부 『조선총독부관보』로써 발포될 것인데, 이에 대하여 마쓰무라(松村) 식산국장은 다음과 같이 발표하였더라.

본령의 요지, 마쓰무라 식국장 담(談)

현행 「조선상업회의소령」은 1915년 당시의 민도 및 경제계의 실정을 기준으로 하여 제정한 것이다. 이래 15년간에 1회의 개정도 없었으므로 장족의 진보 발달을 나아가 거의 그 면목을 일신한 조선 당금의 경제 사정에 부응치 못하고 회의소의 기능을 발휘함에는 유감이 적지 않으므로 이 개정에 대하여는 민간 관계자들도 누차 요망하였다. 당국에서는 그 필요로 인정하고 신중 고구하여 오던바, 마침 일본에서도 시대의 요구에 응하고자 1927년 4월에 「상공회의소법」을 공포하였으므로 조선에서는 그 개정의 급박을 고하게 되었다. 앞서부터 준비 중이던바 이에 본일에 구 「회의소령」을 폐하고, 다시 신 「상공회의소령」을 발포하게 되었다. 그 내용은 대체 「상공회의소법」에 준한 것이 많으나, 조선 특수사정도 충분히 가미한 것이다. 또 신법령의 시행 기일은 따로 이를 결정하기로 되었다. 부속 법령의 제정은 본년에 있게 될 일부 회의소의 의원(구평의원) 개선의 형세를 보아, 대체 9월 초부터 실시하고자 한다. 이제 구령과 대비하여 개정의 요점을 들면 대체 다음과 같은 것이라더라.

신 「상공령」과 현행령의 차이

1. 신령에서는 상공업자의 단체인 실(實)에 부응하기 위하여 명칭을 상공회의소로 개칭한 것
2. 구령에서는 회의소를 설립할 때에 창립총회를 열지 않았으나 신령에서는 반드시 이를 열게 된 것
3. 구령에서는 정관의 필요한 기재 사항을 시행규칙에 위임하였으나 신령에서는 제령 중에 규정을 인정한 것
4. 구령에서 여관, 요리점 등 상법에 소위 객(客)의 내집을 목적으로 하고, 장옥(場屋)의 거래를 영업으로 하는 자는 회의소의 회원이 되지 못하였으나 신령에서는 널리 상행위하는 것으로 업을 삼는 자를 회원으로 하고 또 광업권자도 새로 회원 중에 더한 것
5. 구령에서는 회원의 자격 요건의 하나인 일정한 납세액은 정관으로써 결정하였으나 신령에서는 조선총독이 결정하기로 되고, 또 한 가지 자격 요건으로 1년 이상 회의소의 지구 내에 영업장을 소유한다는 것을 더하였다. 또 구령에서는 널리 법인을 회원으로 하였으나 신령에서는 회사로 한정하고 또 그 자격 요건을 개정한 것
6. 구령에서는 가독(家督)을 상속한 자에 대하여 그 상속인이 구비한 회원 자격 요건의 승계를 인정하고 규정이 없었으나 신령에서는 이를 설정한 것(합병 후 존속하는 회사 또는 합병에 의하여 설립된 회사에 대하여도 역시 마찬가지)
7. 구령에서는 상공업에 관한 증명 감정 중개, 알선은 회의소의 사무 범위로써 공인되지 않았으나 이들 사항은 구체적이요, 또한 일상 거래에 자주 일어나는 사실이므로 신령에서는 회의소의 사업으로 공인된 것
8. 신령으로는 회의소는 상공업에 관한 건의가 가능하게 된 것
9. 신령에서는 회의소는 상공업자에 대하여 상공업에 관한 통계, 기타의 조사상 필요한 자료의 제출을 구할 수 있는 규정을 설정한 것

10. 구령에서는 의원의 선거권, 피선거권에 관하여는 선거에 관한 수속과 함께 시행규칙과 정관 규정에 위임하였으나 신령에서는 이들에 관한 대강을 제령 중에 규정하고 특히 새로운 사실로 여자 회원이 스스로 선거에 투표할 수 있도록 한 것
11. 구령 중 평의원, 특별평의원, 평의원회의 명칭은 의결기관으로는 부적당하므로 신령으로는 의원, 특별의원, 의원총회라 개칭하고 또 의원총회는 의원으로 조직되지마는 조선총독이 특별의원을 임명한 때는 이를 반드시 의원총회의 구성자인 것을 명백히 하고 또 종래 2년이던 의원의 임기를 3년으로 연장한 것
12. 구령에서는 의원총회(구 평의원회)의 부의사항은 정관으로 정하였으나 신령으로서는 제령 중에 부의사항을 규정하여 당 회의소의 장기 차입금에 관한 규정을 설정한 것
13. 구령에서는 의원총회(구 평의원회)의 회의에 관한 사항은 정관으로 결정한 것을 신령에서는 제령 중에 규정하고 또 특별의원(구 특별평의원)의 의결권을 밝게 규정한 것
14. 구령에서는 회두, 부회두의 선임에 대하여는 조선총독의 인가를 요하였으나 신령에서는 하등 관헌의 인가를 요치 않기로 개정한 것
15. 구령에서는 회의소가 영조물을 설치 관리하거나 기타 상공업의 개선 발달에 필요한 사업을 경영할 때에는 그때마다 관헌의 인가를 요하였으나 신령에서는 사무 관첩(管捷)을 위하여 회의소의 자치를 존중하여 그 인가 제도를 폐한 것
16. 종래 회의소의 서무를 장리(掌理)하고 직원으로 정관의 규정에 의하여 서기장을 설치하였으나 신령으로는 이사로 개칭하고 또 제령 중에 이에 관한 규정을 둔 것
17. 구령에서는 회의소가 정관 위반자로부터 과태금을 징집하는 것을 정관의 규정에 위임하였으나 신령에서는 제령에 규정한 것
18. 종래 경비 및 과태금의 체납은 민사신소송 사건으로 취급하였었으나 신령에서는 국세와 마찬가지로 행정상의 강제징수 처분으로 취급하게 되고 또 일면 회원을 보호하기 위하여 경비의 부과 및 과태금의 징수에 관하여 이의의 신청 및 재결의 신청하는 길을 연 것
19. 신령에서는 회의소가 직무에 태만하고 혹은 부정행위가 있는 역원을 해임하고 해임 시로부터 3년 이내 의원의 선거권 및 피선거권을 정지할 수 있는 규정을 설정한 것
20. 신령에서는 회의소가 경비 체납자에 대하여 체납 중 선거권 및 피선거권을 정지할 수 있는 규정을 설정한 것
21. 신령에 의하여 조선총독은 부정행위에 ■하여 의원선거에 당선된 자의 당선을 취소할 수 있

게 되고, 또 의원으로서 그 행위가 법령 정관에 위반되고 또는 공익을 해하는 것으로 해임된 자 및 당선을 취소하게 된 자의 선거권 및 피선거권을 3년간 정지할 수 있도록 한 것

22. 신령에서는 조선 총독의 회의소에 대한 감독상 회의소의 사업 정지 및 의원총회의 해산이라는 2처분이 새로 있게 된 것

23. 신령에서 전조선의 회의소를 연합하여 법인격을 가진 조선상공회의소의 제도를 창시한 것

〈자료 144〉「조선상공회의령 시행규칙」에 대하여, 총독부 식산국 발표(조선일보, 1930.11.19.)

지난번 발표한 「조선상공회의소령」의 부속 법령인 동령 「시행규칙」도 그 심의를 종료하고 금일에 그를 발포하게 되었다. 이제 그 내용의 중요점을 적기(摘記)하면 대체 다음과 같다.

1. 회원의 자격 요건인 납세액을 법정(法定)한 종래 상공회의소의 회원 되는 자격 요건인 납세액은 각 상업회의소마다 정관으로써 결정하던바, 회의소가 소■ 강제 가입 단체인 관계로 신제도로서는 조선총독이 이를 결정하게 되었으므로 본 「시행규칙」에서 규정한 것이다. 그리고 그 표준은 영업세 및 광산세에 대하여는 경성을 15원으로, 평양, 부산 및 대구를 각 10원으로, 기타를 7원으로 하였는데 이 표준을 곧 적용한다면 강제 가입하는 관계상 여러 종류의 불편이 없기 어려우므로 이를 완화할 의미로 1933년 3월 31일까지 종전의 예에 의하고 본 규■은 이를 적용치 않기로 하였다. 단, 이 시기 이전에 회의소가 자발적으로 본 규칙의 표준에 의거하고자 하고 당국에서 지장이 없다고 인정하면 종래의 수속에 의하여 실현할 수 있다.
2. 경비 부과에 대하여 제한한 것. 경비의 부과에 대하여도 종래 각 회의소마다 정관으로 그 부과율을 결정하였다. 경비는 회의소의 활동에 중대한 관계를 갖는 한편으로 피부과자인 회원의 이해에 영향하는 바가 크므로 이도 법령으로 규정함이 적당하다고 인정하고 「시행규칙」 중에 그 최고한도를 규정한 것이다. 물론 이 부과율의 한도는 현재 각 상업회의소에서 실제 부과율 및 최근 1년간에 경비 예산액을 참작하고, 별단의 불편이 없기를 기한 것이다. 즉 상공회의소는 회원에 대하여 그 납세액을 표준으로 하여 영업세에 대하여는 100분의 50, 취인소세에 대하여는 100분의 20, 광산세에 대하여는 100분의 40으로 하고, 또 조선상공회의소는 각 상공회의소에 대하여 최근 그 경비 부과의 표준으로 1년간의 납세액의 100분의 3으로 하여 각 그 제한 내에 부과할 수 있게 되었다.

3. 회의소에 대한 도지사의 감독권을 인정한 것. 구령에서는 도지사의 회의소에 대한 감독권에 관하여 하등 명확히 규정한 바가 없었으므로 그 감독권의 유무, 범위 내지 정도 등에는 왕왕 의의(疑義)를 낳아 불편이 있었으므로 신 「시행규칙」에서는 이 점을 명료케 하기 위하여 도지사는 필요가 있다고 인정할 때는 회의소로 하여금 그 사업 및 재산의 상황을 보고하게 하고 또는 검사할 수 있도록 한 외에 감독상 필요하다고 인정하면 의견을 갖춰 조선총독의 처분을 청할 수 있는 규정을 설정하였다. 기타 회의소 경비■■과 징수 및 과태금의 징수에 관한 이의 신청에 대한 재결, 특별의원의 임명 및 그 해임, 청산인의 선임 등 도지사의 회의소에 대한 직접, 간접의 감독권을 명확히 규정하여 도지사와 상공회의소의 관계는 종래에 비하면 한층 밀접하게 되었다. 운운.

〈자료 145〉 신상공회의소, 마쓰무라(松村) 식산국장 담(조선일보, 1930.11.26.)

「조선상공회의소령」은 25일부터 「시행규칙」을 제정하는 동시에 공포하게 되는데 마쓰무라 식산국장은 다음과 같이 말하였다.

조선에 상업회의소는 1879년 부산에서 당시 거류 일본상인이 이것을 설립한 것을 효시로 되고 이래 일·선인이 각자 따로 이것을 설립하고 그 수는 20을 초과한 상황이었었는데, 당시는 그 준거할 법규를 결하고 사업의 수행상 장차 이것이 감독상 유감이 적지 않다. 따라 1915년 「조선상업회의소령」을 제정, 발포하고, 1지구 1상업회의소로 하여 일·선인 공동하여 상공업의 진보, 발달을 도모케 하고 그 조직 권한을 규정하여 회의소 자체의 지위 자격을 명백히 하는 동시에 적당한 감독을 더하여 소기의 목적 달성에 이바지한다. 그런데 동령은 이것이 실시 후 이미 15년을 경과하여 그간 장족의 진보, 발달을 이루어 자못 그 면목을 일신한 조선 금일의 경제 사정에 부응이 되었다고 인정케 됨으로써 이번 다시 「조선상공회의소령」의 발포를 보게 되었다. 신령은 흔히 일본상공회의소법에 준하여 여기에 조선 특이의 사정을 가미하여서 그 만전을 기한 것이다. 즉 상공회의소로 하여금 동수(同數) 상공업자 단체가 되게 하고 그 회원에 여관, 요리점 영업자 및 광업권자를 새로 더하여 또 회의소의 권한을 확장하고 관청에 대하여 상공업에 관한 건의를 할 것과 상공업자에 대하여 상공업에 관한 통계, 기타 조사를 하기 위한 필요되는 자료의 제출을 구할 수 있음으로써 민의의 창달과 그 활동의 원활을 기하여 기타 새로운 각 상업회의소의 종합 기관되는 조선상공회의소의 제도를 두고 전선 상공업자의 대표기관으로 그 활동을 촉진케 된 외 회의소 및 일부 기관의 명칭을 변개(變改)하여 회원의 자격 요건되는 납세액 및 경비 부과율의 한도를 법정하여 상공회의에 대한 도지사의 감독권을 명확히 규정하는 등 전연 그 면목을 일신케 (함-편역자)에 이르렀다. 요컨대 「조선상공회의소령」의 제정은 시대의 요구에 응하여 노력하여 상공회의소의 기능의 발휘에 편의를 주고 조선 상공업의 순조 원만한 발달에 이바지가 되게 할 것은 많은 말을 기다리지 않는다. 그러나 이것이 운용에 적절함을 얻지 못한다면, 다만 그 효과를 발휘하지 못하는 데 그치지 않고 도리어 상공업의 건실한 발달을 저해케 된다. 관계자에게는 법령의 취지를 잘 살펴 상공회의소 본래의 사명에 배치(背馳)되지 않게 한 길로 다수 상공업자의 복리증진과 조선 경제계의 진전에 진췌(盡瘁)하여 국책의 수행에 기여케 되는 것을 본령 시행에 즈음하여 특히 희망하는 바다.

〈자료 146〉 마쓰무라 마쓰모리(松村松盛), 「조선상공회의소령의 발포에 대하여」(『조선』 181호, 1930.6.)

현재의 「조선상업회의소령」은 1915년 당시의 민도 및 경제계의 실정을 기준으로 하여 제정된 것이다. 이후 15년간 한 번도 개정된 적이 없다. 따라서 많은 진보와 발전을 이루어 면목을 일신하고 있는 현재 조선의 경제 사정에 부합하지 않으며, 회의소의 기능을 발휘하는 것에 있어서도 유감스러운 점이 적지 않기 때문에 그 개정에 대하여 민간의 관계자들은 누누이 바라는 바가 있었다. 당국에서도 그 필요를 인정하여 진중하게 연구를 진척시켰으며, 일본에서도 시대의 요구에 부응하기 위하여 1927년 4월 「상공회의소법」을 공포하였다. 이로써 조선에서도 개정을 서둘러야 한다는 점을 논하게 되었다. 이전부터 준비 중이던 것이 5월 10일부로 구 「회의소령」을 폐지하고 새롭게 「상공회의소령」을 발포하였다.

그 내용은 대체로 「상공회의소법」에 준하는 것이 많은데 조선의 특수한 사정도 충분히 가미하였다. 그리고 새로운 법령의 시행기일은 별도로 이를 정하게 되어 있는데 부속 법령의 제정이나 올해에 시행해야 하는 일부 회의소의 의원(구 평의원) 개선 시기의 상황을 지켜보면서 대체로 9월 초부터 실시할 예정이다. 지금 구령과 비교하여 개정의 요점을 열거하자면, 대체로 다음과 같다.

「조선상공회의소령」과 「조선상업회의소령」의 주요한 차이

1. 새로운 령에서는 상공업자의 단체에 어울리는 명칭으로 상공회의소라고 개칭한 점.

2. 구령에서는 회의소 설립에 즈음하여 창립총회의 개최가 필요하지 않았으나, 신령에서는 반드시 이를 열어야 한다는 점.
3. 구령에서는 정관의 필요 기재 사항을 실행규칙에 위임하였지만, 신령에서는 제령 중에 규정을 정하도록 한 점.
4. 구령에서는 여관·요리점과 같이 상법에 소위 손님의 방문을 목적으로 하는 장소의 거래를 영업으로 하는 자는 회의소의 회원이 될 수 없었으나 신령에서는 널리 상행위를 하는 것을 업으로 하는 자는 회원으로 하고 나아가 광업권자도 새롭게 회원 속에 추가한 점.
5. 구령에서는 회원의 자격 요건 중 하나였던 일정한 납세액은 정관으로 정하였는데 신령에서는 조선총독이 정하는 것으로 되었으며, 또 다른 자격 요건으로 1년 이상 회의소의 지역 내에서 영업장을 가질 것이 추가되었다. 그리고 구령에서는 널리 법인을 회원으로 하였는데 신령에서는 회사로 한정하고 나아가 그 자격 요건을 개정한 점.
6. 구령에서는 가독상속을 행한 자에 대하여 피상속인이 구비한 회원 자격 요건의 승계를 인정하는 규정이 없었는데 신령에서는 이를 설정한 점. (합병 후 존속하는 회사 또는 합병으로 인하여 설립된 회사에 대해서도 동일함)
7. 구령에서는 상공업에 관한 증명·감정·중개·알선은 회의소의 사무 범위로 공인되지 않았으나 이들 사항은 구체적이고 일상적으로 상업 거래상에서 누누이 일어나는 것인 만큼 신령에서는 회의소의 사업으로 공인한 점.
8. 신령에서 회의소는 상공업에 관한 건의를 할 수 있도록 한 점.
9. 신령에서 회의소는 상공업자에 대하여 상공업에 관한 통계, 그 외의 조사 상 필요한 자료의 제출을 요구할 수 있는 규정을 정한 점.
10. 구령에서는 회원의 선거권 피선거권에 관해서 선거에 관한 수속이나 많은 시행규칙을 정관의 규정에 위임하였는데 신령에서는 여기에 관한 대강을 제령 중에 규정하고 특히 새로운 것은 여자 회원이 스스로 선거투표를 할 수 있도록 한 점.
11. 구령 가운데 평의원·특별평의원·평의원회의 명칭은 의결기관으로서 부적당하기 때문에 신령에서는 의원·특별의원·의원총회로 개칭하고 더욱이 의원총회는 의원으로 조직하지만 조선총독이 특별의원을 임명할 경우는 이를 반드시 의원총회의 구성원으로 할 것을 명확히 하였으며 종래에 2년이던 의원의 임기를 3년으로 연장한 점.
12. 구령에서는 의원총회(구 평의원회)의 부의사항은 정관에서 정한 것이었는데 신령에서는 제령 중

에 부의사항을 규정하고 회의소의 장기 차입금에 관한 구정을 정한 점.

13. 구령에서는 의원총회(구 평의원회)의 회의에 관한 사항은 정관에 정하였던 것을 신령에서는 제령 중에 규정하고 특별의원(구특별평의원)의 의결권을 명확하게 규정한 점.

14. 구령에서는 회두·부회두의 선임에 대해서는 조선총독의 허가를 받아야 했으나 신령에서는 어떠한 관헌의 재가를 필요치 않도록 개선한 점.

15. 구령에서는 회의소가 영조물을 설치, 관리하든가 그 외의 상공업 개선, 발달에 필요한 사업을 하려고 할 때 관헌의 허가가 필요로 했으나 신령에서는 사무 간소화를 꾀하고 회의소의 자치를 존중하여 그 허가제도를 폐지한 점.

16. 종래에 회의소의 서무를 관장하는 직원으로 정관의 규정에 따라 서기장이 있었으나 신령에서는 이사로 개칭하고 제령 중에 여기에 관한 규정을 둔 점.

17. 구령에서는 회의소가 정관 위반자에게 과태료를 징수할 수 있다는 것을 정관의 규정에 위임하였는데 신령에서는 규정한 점.

18. 종래에 경비 또는 과태료의 체납은 민사 소송사건으로 취급해 왔지만 신령에서는 국세와 동일하게 행정상의 강제징수 처분으로 취급하게 되었다.

    그리고 한편으로 회원을 보호하기 위하여 경비의 부과 및 과태료의 징수에 관하여 이의제기 및 재결(裁決) 신청을 할 수 있는 길을 열어 두었다.

19. 신령에서 회의소가 업무를 게을리하거나 부정한 행위를 한 역원을 해임하고 해임한 시기부터 3년 이내에 의원의 선거권 및 피선거권을 정지할 수 있는 규정을 정한 점.

20. 신령에서 회의소가 경비 체납자에 대하여 체납 중에 선거 및 피선거권을 중지할 수 있는 규정을 정한 점.

21. 신령에 의해 조선총독은 부정한 행위로 의원선거에 당선된 자의 당선을 취소할 수 있게 되었으며, 의원으로서 그 행위가 법령이나 정관에 위반되고 또는 공익을 해한 것으로 해임된 자 또는 당선이 취소된 자의 선거권 및 피선거권을 3년간 정지할 수 있게 한 점.

22. 신령에서는 조선총독이 회의소에 대한 감독상 회의소 사업의 정지 및 의원총회의 해산이라는 두 가지 처분이 추가된 점.

23. 신령에서 모든 조선의 회의소를 합쳐서 하나의 법인격을 갖는 조선상공회의소 제도를 창설한 점.

〈자료 147〉 사이토 마코토(齋藤實), 「조선상공회의소령 시행에 즈음하여」(『조선』 187호, 1930.12.)

다년간 현안이었던 「조선상공회의소령」은 이미 재가를 받고 공포되었는데 이번에 동령 시행규칙의 제정과 함께 오는 11월 25일부터 이를 시행하게 되었으며 조선에 있어 회의소는 여기서 그 진용을 새롭게 하여 면목을 일신하기에 이르렀다.

이번의 제도 개정은 회원의 범위를 확장하고 관청에 대한 건의를 추진할 수 있으며, 조사에 대하여 일정한 권한을 부여하여 나아가 새로운 전 조선 회의소로서 지정된 규칙에 따른 연합상공회의소를 설립하는 길을 여는 등 내용적으로 변혁을 꾀한 것이 한둘이 아니며 실로 회의소 역사상 획기적인 일이다.

상공진흥책은 당사자의 자각과 분투를 우선으로 하며 관청의 정책은 그 각성을 촉진하는 것을 목적으로 한다. 그리고 상공업자의 자각과 분투에 대해서는 상공회의소의 활동에 따라서 극히 다양하며, 상공업의 흥륭은 회의소의 자치적 기능의 발휘 여하에 따라 좌우된다고 해도 과언이 아니다.

요즘 제도는 이미 시대에 가장 적합하도록 개정되었으며 그 활용에 임하여 회의소 관계자가 새로운 제도의 취지를 잘 파악하여 각자 그 임무에 정진하고 분투 노력하고 협조하여 전도다망한 조선 상공업의 발달에 기여할 것을 기대하는 바이다.

〈자료 148〉 마쓰무라 마쓰모리(松村松盛), 「신상공회의소에 바란다」(『조선』 187호, 1930.12.)

조선의 상업회의소는 1889년(明治 22) 부산에서 당시의 거류 일본 상인들이 설립한 이래 일본인들과 조선인들이 별도로 이를 설립하여 그 수도 20을 넘는 상황이었다. 당시는 준거할 법규도 없었으며 사업 수행상, 그리고 감독상 유감도 많았으며, 1915년(大正 4) 「조선상업회의소령」을 제정, 발포하고 한 지구에 하나의 상업회의소로 하여 일본인과 조선인 공동으로 상공업의 진보, 발달을 꾀하였다. 그리고 조직 권한을 규정하여 회의소 자체의 지위와 자격을 명확하게 함과 동시에 적당한 감독을 추가하여 소기의 목적 달성을 꾀하였다.

그러나 동령은 실시 후 15년을 경과하고 그 사이에 장족의 진보와 발달을 이루어 거의 그 면목을 일신하여 오늘날 조선의 경제 사정에 부합하지 않는 점이 있다는 것을 인정함으로써 이번에 다시금 「조선상공회의소령」을 발포하게 되었다. 새로운 령은 많은 일본의 상공회의소 법에 준하여 이를 조선에 특수한 사정을 가미하고 이로써 만전을 기한 것이다. 즉 상공회의소로 진정으로 다수 상공업자의 단체답게 하고, 그 회원에게 여관·요리점 영업자 및 광업권자를 새롭게 추가하여 그리고 회의소의 권한을 확장하여 관청에 상공업에 관한 건의를 하거나 상공업자에 대하여 상공업에 관한 통계 및 그 외의 조사를 실시하기 위하여 필요한 자료의 제출을 요청할 수 있으며 이로써 민의의 앙양과 원활한 활동을 기하며 그 외에 새로운 각 상업회의소 종합 기관으로서의 조선상공회의소 제도를 설치하고 전조선에 걸쳐서 상공업자의 대표기관으로서 그 활동을 촉진하는 것 이외에 회의소 및 일부 기관의 명칭을 변경하고 회원의 자격 요건인 납세액 및 경비 부과율의 한도를 법으로 정하고 그리고 상공회의소에 대한 도지사의 감독권을 명시하는 등 완전히 그 면목을 일신하게 되었다.

즉 「조선상공회의소령」의 제정은 시대의 요구에 응하여 상공회의소의 기능의 발휘에 노력하고, 조선상공업의 순조로운 발달에 기여하고자 함은 말할 필요도 없다. 그러나 이를 잘 운용하지 못하든가, 혹은 그 효과를 발휘하지 못하게 되는 것에 그치지 않고 상공업의 건실한 발달을 저해하는 일도 있을 수 있다. 관계자들은 이 법령의 취지를 잘 살펴서 상공회의소 본연의 사명을 기억하고 다수 상공업자의 복리 증진과 조선 경제계의 진전에 정진하고 국책 수행에 기여할 것을 본령 실시에 즈음하여 특히 희망하는 바이다.

〈자료 149〉 경성상공회의소 회두 가다 나오지(賀田直治), 「조선의 산업과 상공회의소의 사명」(『경제월보』 제203호, 1932.11.)

1.

나는 산업과 경제에 관하여 별도로 논할 정도로 연구도 하지 않았지만 다행스럽게도 조선 이외에 타이완에서 근무한 적도 있으며 만주에 대해서는 시종일관 주의해서 보고 있으며 그리고 아버지의 사업 관계상 일본의 실업에 대해서도 관계를 하고 있으며 그리고 그 상업의 범위는 자원의 산업공업, 철도, 은행, 상업 등으로 따라서 다소 경제 상식을 가지고 경험을 쌓았기 때문에 그 점에서 조금 참고로 논해 보고자 합니다.

그리고 이번에 의도치 않게 선출된 경성상공회의소 회두로서의 의견은 회의소의 사명에 기초하여 동료와 함께 이후 실제적인 문제에 대하여 완급에 따라 노력하고자 생각하는 만큼 이에 관한 포부라든가 의견이라든가 잠시 보류하고 평소에 가지고 있던 산업적인 의견의 일단만을 논하고 합니다.

2.

먼저 모든 산업은 관련하여 협조해야 한다고 생각합니다. 우리가 맡고 있는 직무는 상공업의 개선 진보입니다만 상과 공은 일체로 분리할 수 없는 것임은 분명합니다. 상공업의 기반이 되는 원료, 자원 등을 충분히 고려하지 않으면 상공업은 발달하지 않습니다. 그리고 상공업이 생산한 물건을 잘 가공하고 분재하지 않으면, 자원산업은 발달하지 않습니다. 이들은 또한 금융, 교통 등의 도움으로 발달할 수 있는 것으로 이 연결이 긴요한 것은 너무도 명료한 사실입니다. 이처럼 상공이 풍요롭고 자원산업이 융성해짐에 따라 철도도 은행도 발전하는 것으로 즉 상호의존입니다.

그리고 이들 모든 기능을 통일하기 위해서는 정부의 산업정책이 중요하며 마치 인간 신체의 두뇌, 수족, 배 나름대로의 기능이 완전하게 이루어지지 않으면 건전하지 않게 됩니다. 그렇기 때문에 상공회의소는 주로 상공업의 발전 개량에 있지만 이상과 같이 관련 사항에도 생각을 뻗쳐 협조 관련에 오류가 없도록 해야 한다고 생각합니다.

3.

두 번째는 내선의 경제관계를 밀접하고 협조적으로 만드는 것입니다. 일본의 산업이 메이지유신 이후 상당한 노력으로 현저한 발달을 이루고 있으며 더욱이 그 자금과 기능을 조선에 주입하여 조선의 관민도 노력한 결과 조선의 산업도 오늘날과 같이 발달하게 되었습니다. 이러한 관계를 더욱 밀접하게 하고 내선을 통해서 장단점을 서로 보완하고 각 부분 산업의 건전한 발전을 도모하는 것이 국가로서 채용해야 할 산업정책의 요점이라고 믿습니다.

그러나 이러한 관계는 자칫하면 경쟁적으로 될 수 있으며 이해가 상반되기 때문에 어쨌든 가능한 조선의 산업을 경계하고 제압하려는 현상이 일어나지 않으라는 법은 없습니다. 그러나 제국의 국책인 산업, 국방, 문화의 각 방면에서 관찰하면, 양자가 그러한 상황 상황에 맞게 제휴하고 성실히 실행하지 않으면, 만주국의 경영을 돕는다든가, 동양의 경제 블록화와 같은 사명은 도저히 달성할 수 없을 뿐만 아니라 세계의 경쟁에서 충분한 움직임을 보일 수 없습니다. 반드시 내선의 경제적 연락과 협력을 충분히 할 필요가 있습니다. 이러한 진리에서 출발하여 경제와 산업의 문제를 해결하는 것이 가장 긴요한 점입니다. 이러한 진리에 따르지 않고 경쟁하는 것은 산업정책의 효과를 얻을 수 없는 결과를 낳으므로 이러한 점에서 서로가 긴밀하게 협조하고 진력할 필요가 있습니다.

4.

세 번째는 만주국의 경제와 산업의 연결을 강화하고 산업통제를 행하는 새로운 임무입니다. 조선은 지리적인 관계에서 일본과 만주국의 중간에 위치하여 지금까지도 상당한 역할을 해 왔습니다만, 금후는 더한층 선만의 관계에 주의하여 그 향상과 진보를 도모하지 않으면 안 된다고 생각합니다. 여기에는 원래부터 일본과도 제휴하고 이른바 내선만(內鮮滿)의 경제통제 연락의 대사명으로 나아가지 않으면 안 된다고 생각합니다. 이것은 국가적인 측면에서도 매우 중요한 문제이며 최근 이 문제를 위해 선만의 왕복도 많아졌으며 이러한 기운이 활발해지고 밝아졌음은 자연적인 현상이라고 생각합니다.

만주국의 성립에 의해 이후 만주국의 수요품 가운데 조선에서 보내는 것이 편리한 것이 점점 더 많아질 것이라 생각합니다. 물론 여기에는 금융, 교통, 관세와 같은 것에 대하여 선처하지 않으면 안 되는 것도 많습니다만, 만주국과 무역할 목적으로 생산하고 노력하는 것은 상당한 자극이 될 것인은 분명합니다. 그리고 조선이 공업에서도 지금까지 오랫동안 준비와 경험을 필요로 하였는데 최근 연구도 진척되고 다른 곳에서 원료를 수입하는 등의 편리함도 마련되어 조선을 근거지로 한 공업을 운영하거나, 조선과 만주로 진출할 수 있는 공업이 가능한 정세가 형성되었다는 사실을 인정해도 좋다고 생각합니다.

그리고 만주에서도 가장 물자가 풍부한 북만과 북선의 연락이 교통기관에 의해 용이해지고 북선의 항구에서 일본의 항구를 통해 도쿄 혹은 오사카로 가는 경제로가 착착 열리고 있는 것은 실로 조선 경제와 산업에 좋은 희망을 보여 주는 것이라 믿고 있습니다.

5.

이상과 같은 추세를 잘 생각해 보면, 조선의 산업과 경제의 발달을 꾀하는 상공업의 진보를 기대하는 것은 오늘날 가장 긴급한 것이며 간과할 수 없는 일입니다. 그러나 지금 국가의 재정, 경제 등은 쉽지 않은 난국에 직면해 있습니다. 일상적인 노력으로는 이 난국을 타개하고 행복과 번영을 개척하기에는 도저히 불가능합니다. 이러한 점에서 큰 각오와 국민총동원의 의의를 새기며 분투노력하지 않으면 안 되는 시기라고 생각합니다. 그리고 이를 위해서 단순히 물자상의 목적에 대해서도 분발할 뿐만 아니라 이른바 자력갱생의 정신작흥의 길에도 노력하지 않으면 안 된다고 생각합니다. 우리들은 이른바 상공정신, 바꾸어 말하면 실업의 길이란 것을 확립하고 분투하여 그 실행에 노력하는 것이 중요합니다.

이 상공정신을 진흥하고 우리들의 존엄한 사명인 실업의 길을 활보하면서 불경기의 고통도 잘 견디는 것에 진정으로 존엄한 자력갱생의 길이 있습니다. 신심이 건전하고 가족의 행복도 가능한 상업의 건전한 발달을 기할 수 있으므로 우리들은 오늘날 이 실업의 길, 상공정신의 함양, 고취, 협동 실행을 향해 관민, 여러 기관, 언론기관 등과 제휴하고 협력하여 상공회의소라는 지위에서 한층 더 열심히 진정으로 진력하고 노력하는 중요한 시기에 직면해 있다고 확신합니다. (속기)

〈자료 150〉 경성상공회의소 회두 가다 나오지(賀田直治), 「상공정신의 작흥」(『경제월보』 제215호, 1933.11.)

「국민정신작흥조서」 발포 10주년-국민정신작흥 주간을 맞이하여 우리들 상공업자로서는 특히 상공정신 작흥에 대하여 커다란 각성과 분투를 촉진할 필요가 있다.

상공적인에 있어 다음과 같은 내용과 의의가 필요하다고 생각한다.

1. 자력갱생
2. 협동봉사
3. 보은감사

자력갱생과 협동 및 봉사가 중요하다는 점은 말할 필요도 없다. 동시에 나라의 은혜에 감사하고 신불(神佛)에게 감사하며 오늘에 이르기까지 많은 선조들의 헌신적인 노력에 감사하지 않으면 안 된다.

이 상공정신의 작흥이야말로 정말로 상공업자의 행복과 번영의 진정한 근본이라고 믿는다.

조선에서는 농촌에서 현재 자력갱생운동이 열렬히 일어나고 있는데 상공계에서도 동일한 운동이 긴급하게 필요하다. 조선 산업의 근본은 오늘날까지 농업으로, 농촌에 번영이 파급되어야 상공업의 번영이 이루어지는 것은 틀림없으나 지금처럼 상공업의 진보가 불충분한 상황에서는 도저히 한 나라의 산업 균형과 건전함을 얻을 수는 없다. 여기에는 한편으로 총독부의 상공업 진흥과 구제책이 필요하며 더불어 상공업자 스스로의 개선, 분투의 절실함도 필요하다. 반드시 일의 대소, 금전의 과다가 아니라 시대에 적응하는 방책을 탐구하고 충실한 성과를 올려야 한다고 생각한다. 이를 위해서는 관민일치, 일대혁신의 각오로 서로가 작흥, 진작할 필요가 있다. 즉 상공정신의 작흥이 고조되어야만 한다. 어떠한 일이라도 희망에 불타고 관심을 가질 때 성공의 영예가 빛나는 것이다. 단순한 의뢰심이나 남의 힘에 의지해서는 영원한 승리자가 될 수 없다.

말할 것도 없이 오늘날은 상공업자 특히 중소상공업자의 수난의 시대이며, 앞길도 결코 쉽지 않다고 생각한다. 진지하게 시대의 흐름을 파악하고 이 난관을 타개하는 것이 중요하다. 상공업자는 원래 자주(自主), 자영(自營)의 힘에 토대를 두고 있다. 위에서 든 상공정신을 근본으로 여기에 부합하는 국가의 적절한 구제, 작흥의 시설로써 서로 신흥 조선의 상공업으로 농, 림, 수, 광업과 협조 연락하여 조선의 국력, 민부의 발전, 사상의 안정, 문화의 향상을 불러오는 것을 상공업자 각위와 함께 희망하는 바이다.

우리 경성의 상공업은 매년 진보하고 오늘날에는 이미 1만 명이라는 상공업자를 포옹하여 조선의 수도, 국제도시 일본 일반경제 블록의 요충으로서 이후에는 더한층 발전하여 단연코 다른 도시의 모범이 될 중대한 사명을 가지고 있다. 이러한 협동일치, 상공업의 시대에 적응한 발전 진흥책을 강구하지 않으면 안 된다. 여기에는 가장 중요한 기조로 장래에 일상생활의 제목으로 귀중한 상공정신의 작흥을 고조하고 생활개선, 자력갱생의 공동운동으로 성공시켜야만 하는 중대한 시기에 직면해 있다고 확신한다.

(1933년 11월 10일 작성)

〈자료 151〉 경성상공회의소 부회두 히라이 구마사부로(平井熊三郎), 「일만(日滿) 실업 간담회 상황」(『경제월보』 제215호, 1933.11.)

나는 일만 간담회에 출석했었는데 그 경과를 여기에서 매우 짧은 시간에 이야기하려고 합니다. 부디 잘 경청해 주시기 바랍니다.

지난번에 일만 실업 간담회를 대련에서 개최하는 만큼 의안을 제출하라는 통첩이 전조선의 각 회의소에도 전달되었기 때문에 조선상공회의소에서 여러 가지 안을 만들어서 교통 문제, 관세 문제, 면화 문제의 3가지 안을 제출하였습니다. 그리고 조선상공회의소를 대표하여 가다 나오지(賀田直治) 당 회의소 회두, 경성상공회의소에서 저와 이토(伊藤) 이사, 그 외 전조선의 각 상공회의소 대표 분들이 출석하였습니다. 각 지역에서 약 400명이 출석할 만큼 성대한 대회였습니다.

회의는 8월 15일 오전 8시 30분 만철공화회관에서 개회에 앞서 고이소(小磯) 참모장의 유익한 강연이 장시간에 걸쳐 진행된 이후에 해당 지역의 공장을 시찰하고 그날은 그것을 마감하였습니다.

16일 마침내 본회의를 개최하였습니다. 이날은 만철총재, 만주국 재정총장, 실업총장, 교통총장, 관동군에서 고이소 각하 등의 장시간에 걸친 강연을 경청한 이후 회의를 시작하였는데 의안이 너무 많았으며, 또한 400여 명이라는 많은 출석자 때문에 각 의안을 1부에서 6부로 나누어서 각각을 심의하게 되었습니다. 조선의 회의소에서 제안한 3개의 안은 제1부(교통 측 철도 임금), 제2부(관세), 제5부(면화 재배)에 배당되었기 때문에 가다 회두, 저 그리고 이토 이사는 각각 분담하여 전조선에서 출석한 여러 분들과 논의하여 제안에 대하여 각각 그 부에서(각 부는 동시에 심의를 하였기 때문에) 8명의 대표가 참가하여 제1부에서 철도 임금 인하에 대한 제안 설명 및 의견을 개진하였습니다. 이것에 대하여 관동청 및 만철 측에서 의견을 진술하였는데 관동청 및 만철 측의 설명 요지는 '현재의 만주 철도는 만주국의 철도와 만철의 철도로 이루어져 있으며, 여기에 북철철도 등이 혼합되어 있다. 따라서 곧바로 조선과 만주 소위 안봉선(安奉線)의 일부만을 고려할 수는 없으며 이러한 것 때문에 철도 임금을 좌우할 수 없다. 현재 만주는 건설의 시기이므로 이른바 철도정책의 근본이 정해져 자연스럽게 조선과 만주의 운임도 협정을 이루겠지만, 안봉선은 3선협약(營口線, 大連線, 安奉線의 협약)에 기초하고 있기 때문에 조선이 까다롭게 요구하여도 지금은 고려할 시기가 아니다.'라는 것이 만철과 관동청의 의견이었습니다. 나아가 우리들은 그러한 의견은 인정하지만 만주국의 철도정책을 결정할 때는 가능한 조선을 고려하여 우리들의 목적을 달성하고 싶다고 개진한바, 만철 측도 그 점에는 공감한다는 결론에 달하였습니다.

다음으로 관세 문제에 대하여 여러 가지 의견이 개진되었는데 그 결론으로 현재는 잠정적인 것으로 이를 영구한 것이라고 보지는 않는다. 단, 만주국의 관세는 국가 수입의 근간이므로 무작위로 관세를 낮추는 것을 불가능하지만, 조만간 적절하게 개정할 것이라는 말에 우리들은 만족할 수밖에 없는 상황이었습니다.

이어서 면화 재배입니다만, 이것은 여러 가지 논의도 있었습니다만 결국 현재 우리나라는 면화를 10억 근(斤) 수입하고 있는데 그 금액은 4억 엔에 달합니다. 따라서 이것을 방지하기 위하여 조선과 만주가 함께 면화를 재배하고 일본제국을 위하여, 만주국 경제를 위하여 협의하고 싶다는 것으로 조선회의소가 제안한 것입니다. 이에 대하여 관동청 의견은 현재 만주국에서 면화 재배가 가능한 것은 위도 관계상 관동주의 내외 및 요양(遼陽)뿐으로 그 외에는 면화를 재배하는 지방이 없다. 달리 말하면, 기후 관계상 경작이 한정되어 있다. 현재 관동주, 요양에서 4만 정보의 면화를 재배하고 있다. 그리고 면화가 2,000만 근 생산된다. 그러나 장래에는 20년 계획으로 30만 정보로 면적을 확장하고, 1억 5,000만 근의 면화를 재배할 방침으로 만주국은 추진하고 있다. 그리고 만철도 관동청도 이를 진척시키기 위하여 노력하고 있다는 것이었습니다.

조선상공회의소가 제안한 안건의 개요는 이상과 같습니다. 그리고 회의의 마지막에 일본상공회의소는 일반경제 통제는 현실적으로 실업가의 책임이며 이것을 그대로 끝내지 않고 형태상으로도 남기고 싶은 만큼 일만 실업협회를 만들어서 장래에 일만 경제의 통제를 꾀하고 만주국의 건전한 발전에 기여하고 싶다고 제안하여 그 논의가 정리되어 일만실업가협회가 창립되었습니다. 여기에 대하여 일본상공회의소가 창립 사무를 관장하고 그 위원으로 만주국에서 8명, 일본에서 7명, 조선에서 1명, 이 1명은 조선상공회의소 가다 회두가 조선 측의 창립위원으로 지명되었습니다. 그리고 올해 11월 도쿄의 일본상공회의소 정례회의 때 이것을 구체화하는 순서를 발기로 하였습니다. 이상이 일만 간담회에 출석한 경과 및 결과입니다.

마지막으로 저의 소감을 덧붙여 책임을 다하고 싶다고 생각합니다. 저는 회의에 즈음하여 매일 각 유력자의 강연과 의견을 청취한 결론으로서의 저의 소감은 역시 일반경제의 통제, 동시에 만주국의 건설은 일본과 만주가 힘을 합쳐서 노력해야 할 것이며 이것은 일반협약의 관점에서 보더라도 일본의 중대한 책임이자 권위입니다. 조선에 있는 사람이라고 하더라도 만주국의 성장과 발전을 기뻐하지 않는 자는 한 사람도 없습니다. 이것을 정치의 측면에서 보더라도 정말로 유쾌하게 느낌과 동시에 이후 소비 지역인 만주국에서 일본 상공업자를 경쟁 상대로서 우리 반도의 상공업자는 경쟁하지 않으면 안 됩니다. 그리고 여기에 이길 수 있는 용기와 각오와 결심을 가지고 나아가지 않으면, 우리 반도 상공업자는 매우 곤란에 직면할 것이라고 생각합니다. 즉 경쟁은 문명의 어머니이자 진화의 전제이기 때문에 일본의 상공업자와 조선의 상공업자는 크게 경쟁하고 서로 앞으로 나아간다는 커다란 결심을 필요로 한다는 느낌을 더한층 고조시켰습니다. 긴 시간 이야기를 경청해 주신 여러분의 현명한 판단을 기다리며 이 정도로 보고를 마치고자 합니다. 감사합니다.

(1933년 9월 11일 직원총회 석상 보고 속기)

〈자료 152〉 경성상공회의소 회두 가다 나오지(賀田直治), 「조선 상공업의 변천과 장래」 (『경제월보』 제227호, 1934.11.)

이 원고는 1934년 10월 30일 경성고등상업학교에서 실시된 기념 강연이다. 조선상공업의 연혁, 현상 및 동향을 파악하기에 적당하다고 판단하여 이를 속기하고 더욱이 인쇄한다.

오늘은 「교육칙어」 발포 44년 기념일에 해당하며, 그리고 우리나라 실업교육 개시 50년에 해당합니다. 이 기회에 제가 조선상공업에 대해 일장 연설을 할 기회를 갖게 되어 무한한 영광으로 생각하는 바입니다. 그리고 지금 생각해 보면 이 강당 개축 1주년이라는 아름다운 날이기도 합니다. 제 마음은 기쁘기 그지없습니다.

조선 상공업이라고 하면, 다른 여러 산업, 문화와도 관계를 가지고 있으며, 현상을 말씀드리기 전에 기왕의 연혁도 말씀드리지 않으면 안 될 듯합니다. 그리고 오늘의 결제는 단순히 조선만이 아니라 일본과 그 외의 만주국 나아가서는 유럽 아니 세계 경제에도 관계가 있는 것이기 때문에 이야기는 자연스럽게 광범위하게 걸쳐 있을 것입니다. 오늘은 다행히도 이와사(岩佐) 교장께서 시간이 충분하니 많은 이야기를 해 달라고 하셔서 제가 생각하고 있는 것을 지금부터 말씀드리고자 합니다.

조선 산업의 연원과 특질

먼저 조선 산업의 연원 및 특질은 어떠한 것인지에 대해 말씀드리자면, 조선은 예전부터 농업을 주로 해 온 것은 분명합니다. 상당히 개략적으로 보이겠지만, 기후와 풍토에 적당한 좋은 농법을 이어 왔다고 해도 좋다고 봅니다. 그리고 상당히 수리 등도 활용하여 상당히 감격할 만한 것도 있습니다. 농업을 주로 해 온 나라란 점은 분명합니다.

조선 공예의 연원

농업국이면서도 옛날에는 공예의 진보도 상당히 보입니다. 여러분도 알고 계시는 것처럼 낙랑시대 고구려, 신라, 고려, 조선이라는 이 각각의 시대에 다양하게 보이는 공예라든가 혹은 공업이라고 한다면 가정적인 공업이지만 상당히 있었습니다. 특히 이전에는 뭔가 고도로 발전된 점이 있다는 사실을 우리들은 발굴품이라든가 유물이라든가를 통해서 볼 수 있습니다.

평양 방면에 있는 낙랑, 여기는 발굴품으로 박물관까지 만들었습니다. 그리고 지금부터 천년 전의 신라는 경주 불국사에 상당히 훌륭한 미술공예를 볼 수 있으며, 그 유물 등은 많이 출토되었으며 박물관, 그 외 수집가의 손에 있다는 것은 여러분도 잘 알고 계시리라 생각합니다. 어떠한 것이 있는가 하면, 기계농업이 상당히 진척되어 있습니다. 그리고 도기, 종이, 금세공, 유리, 자기, 가죽 제품, 인쇄 등이 있으며 그 외에 인쇄 기술에서도 조선은 유럽보다 훨씬 빨리 발전했었습니다. 그리고 천문에 관해서도 빨리 행해졌으며 그 기구 등도 이곳 박물관에 전시되어 있습니다. 상당히 진척되어 있었다는 점을 인정할 수 있습니다. 이러한 공예 혹은 공업이 조선 말기에는 정치상의 분란 등으로 일반적으로 완전히 쇠퇴하였습니다만, 얼마간 그 사이에 민중 예술적으로 진보가 있었던 것도 명확한 사실이라고 생각합니다. 이것은 공업의 조선에 기초가 있으며 연원이 있다는 연원의 전제로 말씀드리는 바입니다.

조선 상업의 연원

그리고 상업이 어땠었는지 말하자면, 조선에서는 농촌이 다수였기 때문에 그리 활발하게 행해질 리는 없었으며 우선은 물물교환이 중심이었습니다. 즉 지방에 시장을 열고 여기에 모여서 서로 물건을 교환하는 것이 조선에서는 옛날부터 행해지고 있었습니다. 경성은 500여 년 전에 조선의 수도로 정해지고 나서 조선의 개국 8년 정종의 즉위 때에 종로 양측에 800개의 점포 건설을 허용하고 미곡, 식료, 장신구 등 37종을 한정하여 개점하도록 한 적이 있습니다. 그리고 개성은 원래 고려의 수도로 조선시대에는 어떤 정치상의 이유로 관리가 되지 못하고 이들은 상인으로 노력하였습니다. 그리고 상업에 힘을 쏟아 금융도 전 조선을 상대로 하고, 시장마다 가서 장사를 한다든가, 토지 경영을 한다든가 개성 상인들은 상당히 발전된 흔적이 있습니다. 개성부기는 상당히 진보한 것입니다. 그리고 신용으로 많은 금융을 행했는데 그 신용제도도 잘 시행되고 있었습니다. 시장의 주변은 이러한 것을 행하는 장소가 되었으며 그 지명도 있습니다. 흔히 개성 상인을 일본의 오우미(近江) 상인과 비슷하다고 합니다만, 역시 잘 어울린다고 생각합니다. 즉 개성 사람들은 상당히 뿌리 깊은 행동을 하고 있으며 개성 사람들은 상점 관리자로는 매우 능력이 있다는 평판을 얻고 있습니다. 그리고 예의도 바르며, 일본과 비교해도 손색이 없는 훌륭한 상업도시라고 생각하고 있습니다. 조선에서도 개성과 같이 상업이 발달한 도시가 있다고 생각하면, 조선 상업의 앞길에 대해 예측할 수 있다는 느낌이 듭니다.

상설 점포는 수도에 한정되어 있으며, 객주라든가 중개인이라든가 도매상이라든가 산상(散商), 보부상, 전당포, 복덕방 등 이러한 것은 모두 들어 본 적이 있습니다만, 이러한 것의 명칭도 알고 있습니다. 무역도 하고 있으며 무엇보다 이전에는 중국과 일본을 상대로 조선의 물자를 판매한 적이 있습니다만, 대단한 것은 아니었습니다.

옛날에 조선은 일본의 선생님

이들 옛날의 조선의 진보한 문화, 산업이 일본으로 들어와서 일본의 문화, 산업에 도움을 준 것은 역시 명확하여 논쟁의 여지가 없는 사실이라고 저는 생각하고 있습니다. 경서(經書)를 가지고 왔다든가, 불서(佛書)를 가지고 왔다든가 하는 것은 역시 역사상 명확한 사실입니다. 그 외에 건축이라든가 수리(水利)라든가, 대화개신(大化改新) 당시에 갓(冠)이라든가 가죽신(鞜) 등은 모두 조선인들이 오면서 조선식으로 채용한 것이란 점은 명확하게 조사한 바입니다. 그리고 오직(吳織)[5]이라든가 한직(漢織)[6]과 같은 기계 직물도 조선에서 건너온 것이라고 들었습니다.

그리고 조선은 옛날부터 금을 채굴했습니다. 금을 여러 가지 공물로 사용했다든가, 사물(賜物)에 사용했다든가 하는 기록이 있습니다. '리쿠오쿠(陸奧)[7]에 황금꽃이 핀다'는 노래가 『만엽집』에 있습니다만, 그 주변에 일본 금맥의 줄기가 있어서 이 금맥을 개척한 리쿠오쿠슈(陸奧守)[8]는 조선인이었다는 기록이 있습니다. 즉 일본의 금맥을 개발한 것은 조선인의 업적이란 것입니다. 이것은 삼국시대에

5 중국에서 건너온 직물을 짜는 여자, 또는 중국의 오나라 방식으로 짠 천으로 주로 일본의 기모노를 만드는 원료로 사용됨.

6 고대 중국에서 건너온 직물 기술자.

7 일본 동북 지역의 태평양 연안에 접한 현재의 후쿠시마현, 미야기현, 이와테현, 아오모리현 지역이 여기에 해당한다.

8 리쿠오쿠 지역의 국사(國司). 요로율령(養老律令)에 정해진 관위에 의하면 수(守)는 종5위상에 해당한다.

조선에서 심한 경쟁이 일어났는데 즉 고구려, 백제가 신라에 밀려서 일본으로 건너왔는데 치쿠시(筑紫)[9]의 미즈키(水城)라는 곳에는 그 흔적이 선명하게 남아 있습니다. 기나이(畿內) 방면-교토(京都)·오사카(大阪) 방면으로도 건너가서 여러 가지 수리시설과 토목건축 개발을 도왔다는 사실도 명확합니다. 간토(關東) 지방에서도 조선인이 왔었다는 흔적이 상당히 있습니다. 오이소(大磯)[10] 부근에 고마야마(高麗山)라는 곳이 있습니다. 그리고 다마가와(多摩川)[11] 유역에는 여러 곳에 '고마'가 붙은 마을이 있습니다. 사이타마현(埼玉縣)의 이루마군(入間郡)에는 고려촌이라는 곳이 있으며 여기에는 고려신사가 있습니다. 그 궁사(宮司)는 조선 왕의 자손이라고 합니다. 고려신사를 크게 부흥시켜야 한다고 지금도 모색하고 있습니다. 나스하라(那須原)[12]에 조선인들이 국사의 높은 덕을 칭송한 기념비가 남아 있습니다. 이것은 훌륭한 문장과 필체로 조선에서의 이주민이 국사의 높은 덕을 기리고 있습니다. 이것으로 봐서 나스하라 주변에도 이주한 것을 알 수 있습니다. 그리고 그 당시 일본의 문화가 아직 개화하지 않았던 천몇백 년 전이기 때문에 건축이라든가 다양한 공예라든가 농업에서 많이 배웠다는 것을 알 수 있습니다.

성덕태자(聖德太子)는 공예, 미술, 도로, 연못 등에 대하여 많은 공헌이 있는 분으로 건축업자들은 시조라고 제사를 지내고 있습니다만, 이것 역시 조선의 스님을 스승으로 모시고 여러 가지를 전수받았으며, 그리고 일본에서 이러한 것을 일으킨 것입니다. 야마토의 법륭사라는 훌륭한 사찰도 모두 성덕태자가 개창한 것입니다. 그리고 성덕태자는 단지 조선뿐만 아니라 수(隋)나라에도 사절을 보내어 중국에서도 문화와 산업을 받아들였습니다. 일본의 문화와 산업에는 조선과 중국에서 온 두 갈래의 것이 있다고 생각해도 좋습니다. 아시카가(足利)시대[13]에는 대장경 목판 제작을 위해 아시카가 요시미치(足利義滿)가 조선에 여러 번 사절을 파견했다든가. 오이타(大分) 아시카가 시대에는 조선과 교역이 있었다는 점을 여러 학자들이 조사하고 있습니다.

조선에서는 임진왜란이 있었고 일본군이 조선을 거쳐서 명나라로 가겠다는 핑계로 조선이 전쟁터가 되었습니다. 그 당시 일본의 다이묘(大名)들이 조선의 쟁쟁한 도공들을 데리고 갔습니다. 이들이 사쓰마야키(薩摩燒) 혹은 이마리야키(伊萬里燒)로 불리는 여러 공예와 미술의 스승이 되었으며, 일

9 일본 후쿠오카현에 있는 지역으로 고대에는 규슈 지역을 총칭하는 명칭이었다.

10 카나가와현의 남부에 위치한 지역.

11 야마나시현에서 도쿄도를 거쳐 카나가와현으로 흐르는 1급 하천.

12 정확한 명칭은 나스노가하라(那須野が原)이다. 토치기현(栃木縣) 북부의 나스 지역에 있는 넓은 습지대.

13 일본의 중세의 후반기에 해당하는 무로마치(室町)막부 시대를 지칭한다. 대체로 1336년부터 1573년까지의 시기이다.

본의 진보를 도왔습니다. 도쿠가와(德川)의 에도(江戸)에도 상당한 교류와 무역이 있었으며 그리고 조선에서 통신사를 파견하는 것으로 서로 지식과 기술을 교환한 것도 유명한 사실입니다. 도쿠가와의 닛코(日光)의 거울이라든가 등롱(燈籠) 등은 조선의 국왕이 기증한 것이 많다고 들었습니다. 도쿠가와 말기는 일본의 이른바 막말 시기로 일본도 상당히 어려운 시기였습니다. 조선도 조선 말로 정치상의 혼란이나 여러 가지 내부 갈등이 일어난 시기로 그 사이는 무역이 중단되었습니다.

메이지유신과 조선 문제

그런데 일본은 메이지유신과 대변혁을 통해서 여기서 이 조선 문제가 다시 문제가 되었다. 사이고 다카모리(西鄕隆盛)와 그 정한론자가 일어났다. 여기에는 이와쿠라(岩倉), 기토(木戸), 오쿠보(大久保) 등이 반대하여 결국 서남(西南)전쟁이 일어났는데 점점 메이지유신이 완성되어 감에 따라서 동양 평화를 위해서 조선이 중요하게 되었습니다. 그래서 일본은 조선에 대해 다시금 손을 뻗칠 필요가 생겼습니다. 이것은 1875년 강화도 사건의 동기로 다시 외교가 개시되고 부산이 1876년에 개항합니다. 그로부터 원산이 1880년, 인천이 1883년, 그 외의 다른 항구도 점차 개항지가 되어 무역이 다시 이루어지게 되었습니다. 여기서 메이지유신을 간단하게 말씀드리자면, 막말에 힘이 매우 약해졌을 때 페리 제독이 우라가(浦賀)에 와서 개항하라고 압박하였습니다. 여기서 일본 국내의 지사들은 다시금 왕정을 부흥시키고 옛날의 일본으로 돌아가야 한다는 세력이 메이지유신을 일으킨 것입니다. 이것은 결국 일본정신이 시기에 따라서 성쇠하기도 하지만, 옛날부터 확고하고 근저가 깊은 것이었습니다. 이 일본정신이 다시 메이지유신과 함께 발휘되었습니다. 그리고 이 외국 관계의 파란을 일본정신의 발휘로 잘 전환시킨 것이 메이지유신입니다.

여기서 서구의 문물이라든가 산업을 일본에 들여오려는 노력이 일어났습니다. 그 당시에는 상당히 유치했던 산업 등이 그 후 국민의 노력으로 그리고 청일, 러일전쟁이란 전쟁 때마다 산업이 발흥하고, 그리고 매우 강력히 진보를 이룬 것이 메이지유신입니다. 그런데 조선은 이것과는 반대로 매우 쇠퇴하고 활기가 없으며 무기력한 상태로 있었습니다. 여기서 일본의 문화와 산업을 가지고 오는 일이 일어나게 된 것입니다. 메이지유신 이후부터 최근에 이르기까지의 변천을 간단하게 말씀드릴 수는 없습니다만, 지금부터 본격적으로 말씀드리기 전에 한두 가지 이러한 것도 말씀드린다면 메이지유신 후 일본은 66년이 지났습니다. 그리고 일본과 조선은 외교를 열고 58년이 지났습니다. 그리고 일본이 조선에 보호정치를 시행하고 그 유명한 이토(伊藤) 통감이 부임했을 때부터 계산하면 약 30년이 됩니다. 그 후 한일합병이 있었고 올해는 정확히 24년째가 됩니다.

이번에는 일본이 조선의 스승

이 일본의 문화와 산업으로 조선을 어떻게 개발할 것인가 하는 문제에 대해서 실은 쉽지 않은 일본의 노력이 있었다는 점을 우리들은 알 수 있습니다. 먼저 메이지 천황은 조선을 위해서 매우 고민하여 광대한 은사를 가지고 있었다는 것은 여러분 모두 잘 알고 계시는 바입니다. 그리고 그 취지를 받들어서 각 방면의 대표적인 인물들이 분투한 것입니다. 그 가운데 후쿠자와 유키치(福沢諭吉)란 사람은 매우 일찍부터 조선문제에 관심을 가지고 어떻게 해서든 조선을 한번 일으키고 싶다는 집념을 불태웠습니다. 김옥균이라든가 지금의 박영효 후작도 모두 후쿠자와 선생에게 도움을 받았으며 개화당으로서 조선의 개발을 촉진시키기 위하여 노력하였습니다. 선생이 조선에 쏟은 공헌은 드러나지 않지만 위대한 것이 있다는 점을 우리들은 알 수 있습니다. 정치가로서는 이토 히로부미가 조선을 위해서 진력하려는 정신으로 자신을 희생하여 조선을 위해서 진력하였다는 것은 명확한 사실입니다. 실업가로서는 시부자와 에이이치(澁澤榮一)란 사람은 제일은행 지점을 1897년에 개설하였습니다. 그리고 경부철도를 부설한다든가, 가스·전기 사업을 한다든가, 금융을 한다든가, 토지 경영을 한다든가, 조선을 위해서 시부자와가 진력한 것은 실제로 대단한 것들이었습니다. 그리고 오쿠라 기하치로(大倉喜八郎)란 사람은 일찍부터 조선을 왕복하였습니다. 가장 먼저 건너온 것은 조선에 기근이 일어났을 때로, 오쿠보의 명을 받고 쌀을 들고 와서 매우 어렵게 사명을 완수했습니다. 그리고 무역을 하기도 하고 시부자와를 도와서 은행을 세우는 것으로 오쿠라가 조선을 위해서 진력을 다한 것도 명확한 사실입니다. 그리고 오쿠라는 선린상업학교를 세웠습니다. 그 외에 조선을 위해 신명을 바친 사람이 많이 있습니다만, 일일이 거론할 시간이 없으므로 생략합니다.

한일합병 후 제1세 총독은 데라우치(寺内) 총독으로 산업에 매우 깊은 관심과 열성을 가지고 있었으며, 오늘날 조선 산업의 원천은 데라우치 총독이 개척한 것이란 점은 부정할 수 없는 사실입니다. 이처럼 쉽지 않은 상황하에서 전력을 다해서 일본이 메이지유신을 통해 쌓아올린 문화와 산업을 이식하면서 메이지 천황을 모범으로 삼았으며, 많은 인물이 공헌하여 헌신적인 노력을 기울인 것은 실로 명확한 사실이라고 생각합니다.

일본 산업의 근저는 일본정신과 수난 극복

그러면 일본이 서양문화를 얻기 위해 크게 개방했는데 그 문화를 위해 조금은 걱정스러운 폐해가 있었던 시기도 있었지만 그래도 일본에는 원래 깊은 일본정신이 존재하고 있었기 때문에 괜찮았습니다. 서양문화를 받아들이고 있던 중에 그 개량과 진보를 실행하는 것이 일본인의 커다란 특징이었습니다. 따라서 점점 산업상에서도 진보가 가능했습니다. 특히 공업에서는 그 경영 합리화에서 단연코 서구에 뒤지지 않는 바가 가능했으며 최근에는 매우 속도를 내어서 세계 속으로 일본의 물건이 퍼져 나가는 것은 여러분도 잘 알고 계시는 바입니다. 그리고 여기에 종사하고 있는 직공에 이르기까지 역시 일본정신으로 일을 친절하고 열성적으로 행하고 있기 때문에 옛날에는 물건이 싸거나 조악하였지만, 지금은 싸지만 좋은 수준에 도달하였습니다.

서구에서도 매우 놀라서 그리고 여러 가지 방벽을 설치하여 일본을 억제하려고 하지만 대세는 좀처럼 그리 간단히 어찌할 수는 없습니다. 어쨌든 상당한 속도로 일본 공업이 성장하였습니다. 이것은 관동대지진이란 것이 있어서 매우 일본의 국력과 국부에 손실이 있었지만 최근에는 장족의 발전을 보이고 있습니다. 즉 서양의 문화와 사업을 모방하여 이것을 개선해서 더 좋게 하려는 일본의 정신이 이즈음에 국제 관계에서 비상시 혹은 국제연맹 탈퇴 시기에 어쨌든 일본은 홀로 살아남지 않으면 안 되었기 때문에 일본정신이 업무상에서도 나타나서 싸고 좋은 상품이 가능하게 되었다고 생각합니다. 어쨌든 그러한 상황이었는데 지금 일본의 경제는 세계와 밀접한 관련을 가지고 교섭을 하고 있기 때문에 옛날과 같이 간단한 상황은 아닙니다. 지금에 와서 만주국의 건국은 일본의 도움에 의해 가능했습니다. 그리고 만주국도 점점 발달하고 있으며 그 한 중간에 있는 조선의 지위가 향상되어 온 것은 명확한 사실입니다. 조선의 발전은 앞에서 말씀드린 것처럼 그러한 노력으로 이루어진 것입니다.

조선 산업의 발전과 중요성의 향상

여기서 세계의 정세, 일본과 만주국의 한가운데에 끼여 있는 조선이 매우 중요성을 더하고 있는 상황에 있습니다.

만주국 건국에 대해서는 여러분 잘 알고 계시기 때문에 여기서 다시 말씀드리지는 않겠습니다만, 만주국이 건국되고부터 만주국과의 무역은 일본과의 사이에서 매우 밀접한 것이 되었습니다만…… 저는 여기서 통계 숫자를 가지고 있습니다…… 이것은 매우 현저한 하나의 사실입니다. 조선과 만주국과의 무역 관계도 매우 급격하게 증진되어 온 것도 명확합니다만, 이에 대해서는 후에 말씀드리겠습니다. 만주국은 철도를 급속하게 진행시키고 있기 때문에 경도선(京圖線), 납빈선(拉賓線) 등이 이미 건설되었으며 더욱 많은 선로를 착수하고 있으며 도시계획도 시작되어 수도 신경(新京)은 매우 발전되어 있습니다. 저는 이번 9월에 보고 왔습니다. 작년 8월에도 갔었습니다. 이 1년간 매우 극심한 변화가 있었습니다. 상점도 매우 번성하게 발전하고 있었습니다. 최근 북선(北鮮) 지역의 나진(羅津) 축항도 왕성하게 일어나고 있습니다. 공업도 점점 더 새로운 시작을 보이고 있습니다. 만주국이 건국되면서 매우 관찰자가 증가하여 외국인도 상당히 방문하고 있습니다. 그 결과 조선 내를 왕복하고 있는 현상도 일어나고 있습니다. 어쨌든 만주국의 건국 이후 매우 상당한 추세로 진척되고 있는 것은 명확합니다.

특히 건설 방면— 정부, 군부, 만철 등의 공사는 매우 현저하게 활동하기 시작하였습니다만 콩을 중심으로 한 만주에서 콩의 가격이 하락하여 좋지 않은 상황에서 농민은 곤궁해지고 있다는 것도 분명한 사실이며, 그리고 공업에서도 가장 중요한 유방(油房)[14] 공업이 매우 쇠약해져서 만주국의 유일한 빛이었던 것도 볼 수 없게 되었습니다. 이 명암의 양 측면을 보지 않으면 안 됩니다. 그러나 왕성하게 발달하고 있는 것만은 분명합니다. 그리고 일본은 만주국을 반드시 돕지 않으면 안 되며, 만주국의 발전은 매우 바람직한 것입니다. 만주국이 발달하면 발달할수록 조선도 여기에 부수되어 발달하는 것은 분명하며 자연스러운 결과라고 저는 생각하고 있습니다.

저는 대만에도 오랫동안 있었습니다. 대만은 시정 40년이 되는 해입니다. 제당사업은 상당히 번성합니다. 제당회사가 공장을 세우고, 농업도 하고, 철도도 운영하게 되었으며 지금 설탕은 자급자족할 수 있게 되었으며 그리고 수출도 가능하며 이렇게 왕성하게 되었습니다. 그리고 대만의 쌀도 상당히 왕성합니다. 그리고 경제는 진척되었습니다. 그리고 유감인 점은 토착 대만인은 상당히 좋은 상태가 되었는데 기후라든가 그 외의 관계에서 일본인이 끈기 있게 진척시켜 가지 못하는 면이 있습니다. 대만도 최근에 만주국을 향해 무역을 시작하였으며 상당한 노력을 기울이고 있습니다. 일본의 경제적 활력도 매우 진척되고 있으며 만주국 건설 이래 성적도 상당히 좋으며 그리고 우리들의 신배들인 대만 역시 발전하고 있습니다. 그 가운데 있는 조선이 최근 발전의 긴요성 혹은 착실성이란 면이 있다는 점은 우리들도 매우 강하게 생각하고 있는 바입니다.

서구 경제계에 대한 관측

이에 반하여 서구는 아무리 봐도 미국처럼 자원은 풍부하지만 모두가 거대(big)주의로 그 오류가 오늘날 알려져서 상당히 곤란해하고 있기 때문에 여러 가지 인위적인 정책으로 현재의 대통령은 새롭게 수정하고 있지만 그리 간단하게 미국의 경제 회복은 불가능한 상태입니다. 영국은 견실하고 보수적이란 점에서 장점이 있습니다만 진보, 진취라는 점은 결여되어 있기 때문에 랭커셔의 기업이 일

14 콩으로 기름을 짜는 것.

본의 기업과 경쟁하기 곤란합니다. 현재의 상황은 쉽게 피해 갈 수 없는 점이 있습니다. 현재 영국은 일본에게 대체로 호감을 보이고 있으며 일본을 적으로 삼고 싶지 않은 외교상의 상황이 있는데 역시 이러한 곳에 원인이 있다고 봅니다. 독일은 과학의 기초에 의해 대단한 것은 대단합니다만, 그러나 오늘날 나치스 히틀러 이러한 기묘한 방식으로 영원히 계속할 수 있을지 어떨지, 여러 외국에서도 상당히 견제하고 있습니다. 이러하기 때문에 우리들은 반드시 독일의 산업을 두려워할 필요는 없다고 생각합니다. 이탈리아도 역시 무솔리니 식으로 진행하고 있습니다만 일본과 같이 종합적인 경제 블록을 가지고, 하나의 강고한 국체 및 연원이 깊은 일본정신으로 일관하고 있는 이러한 정세에 이길 수 있을지 어떨지 생각하면, 이탈리아를 부러워할 필요가 없다고 생각합니다. 마지막으로 러시아는 제1차 5개년 계획이 수립되어 군비를 목적으로 한 중공업은 상당히 발달하였지만 꽤나 전단(專斷)적인 상황이 많기 때문에 인민들 중에는 이러한 상황을 기뻐하지 않는 자가 상당히 있다. 그리고 우리들로서는 충분한 판단을 내리기에 고민스럽습니다.

신흥 일본의 산업

이처럼 선배인 서구 각국도 지금은 정말로 토대가 강하다고 할 수는 없는 만큼 신흥 일본의 경제계의 앞길에 대해서 결코 우리들은 비굴한 생각을 가질 필요는 없다. 그러나 함부로 상대국과 경쟁하는 상태는 좋지 않으며 국제연맹 탈퇴 시기와 같이 서구 열강과도 협조할 것은 협조하고, 고집을 부릴 것은 고집을 부리고, 융화할 것은 융화하는 방침으로 진행한다면, 일본의 국력 진보에 위대한 점이 있을 것이라고 믿습니다.

신흥 조선의 산업

조선의 지위는 점점 좋아지고 있으며 향상되고 있습니다. 오늘날 일만 경제블록이라는 것을 상세하게 말하자면, 일선만(日鮮滿) 경제블록입니다. 그 가운데 내선 경제블록이 이 일만 경제블록의 핵심입니다. 이 핵심이 불가능하면 만주국에는 상당한 피해가 있기 때문에 우선 내선 경제블록을 강고히 하고, 그리고 만주국에도 영향을 미친다는 생각이 필요합니다. 그리고 이 일만 경제블록은 일만 경제블록으로서 중요한 것이 아니라 이것이 아시아의 전체의 경제블록이 됨으로써 중요한 것입니다. 오늘날의 상황에서는 영토적인 침략은 불가능하지만, 경제상으로는 국경이 없기 때문에 경제 블록은 일만 경제블록을 기초로 하여 전 아시아의 경제블록으로 확장하는 것이 긴요하다고 생각합니다.

동양은 정말로 인구밀도가 높습니다. 인구밀도가 높은 곳에서 소비가 발생합니다. 일본과 조선을 합쳐서 9천만, 만주 3천만, 중국 4억, 인도 3억, 동남아 1억 이렇게 인구가 많습니다. 이 인구밀도가 높은 곳은 소비량도 많으며, 구매력이 왕성한 곳이기 때문에 유럽에서도 미국에서도 동양에 눈독들이고 있습니다. 이 동양에는 우리 일본이란 나라가 있습니다. 그 한 중간에 조선이 있습니다. 우리 경제블록의 앞길은 매우 밝습니다. 이렇게 확신하여도 된다고 생각합니다. 따라서 일만 경제블록의 완성은 아시아 경제블록의 완성입니다. 이것이 나아가 세계에도 영향을 미쳐서 인도적인 사업이며, 아시아 경제블록을 완성하는 것은 우리들에게 주어진 중대한 임무라고 생각해도 좋다고 봅니다. 이상은 산업계의 상황 및 동향을 매우 간략하게 말씀드린 바입니다.

조선 산업의 현황

최근 조선 산업의 상황은 어떨까. 앞으로의 동향은 어떨까에 대하여 한 말씀 드리겠습니다. 조선 산업의 현황과 조선의 장래라는 것에 대하여 작년에 우가키 총독은 전국사범학교장 회의에서 강연을 하였습니다. 올해 9월 11일에 개최된 전국중학교장 회의에서 또다시 강연을 하였습니다. 실로 이 강연은 매우 적절하고 통절한 대강연이라고 생각합니다. 이것은 여러분들도 라디오, 신문, 잡지 등을 통해 잘 알고 있다고 생각합니다. 따라서 조선 산업의 현황과 장래의 동향에 대해서는 상세한 이야기를 생략하겠습니다.

여기서 간단하게 말씀드리면, 지금까지 조선은 농업을 중심으로 하여 여기에 임업이나 수산, 광산, 상공업을 병행하면서, 한편으로 교통, 금융, 통신기관이란 것을 설치하고 항만, 치수라는 것을 시작하였으며, 다른 한편으로 경비, 국방, 교육, 종교, 사회적인 시설 등을 종합하여 진척시켜 왔으며, 상당한 진보와 발달을 이룬 것도 사실입니다. 그러나 우리들이 보는 바에 의하면, 이러한 진보가 당연하고 문제가 없는 것인가 하면 반드시 그렇지는 않다고 생각합니다. 어떤 점에서는 진보하고 있지만, 전국적인 균형을 이루지 못하고 있습니다. 농업이라고 하더라도 쌀에 편중되어 있으며, 진흥시켜야 할 상공업이 농업에 비하여 크게 뒤처진 점도 있습니다. 그리고 다른 곳도 동일합니다만, 많은 대중적인 관심을 점하고 있는 중소상인의 걱정은 조선에도 적용될 수 있다고 봅니다. 따라서 오늘날 산업의 진보가 충분히 만족스러운지 어떤지 살펴보면 우리들은 결코 만족할 수 없습니다. 그러나 다른 한편으로 이것은 시대의 흐름입니다. 그리고 이 경우 우리들은 기회를 놓치지 않으면 다행이며, 지금까지의 진보가 나쁜 것은 아닙니다. 결코 나쁜 것은 아니지만, 실상은 여전히 만족할 수 없습니다. 더욱더 정합적이고 치우침이 없이 파행적이지 않은 산업의 진보를 우리들은 희망하고 있습니다. 그리고 여기에 그러한 여지가 상당히 있는 만큼 우리들은 노력할 필요가 많다고 생각합니다.

다행스럽게 최근 광산이 금을 중심으로 흥륭하고 있으며 이것이 앞으로 공업의 전제가 될 징후가 것입니다. 이것으로 상업도 활기를 띠고, 무역도 만주는 물론이고 외국에까지 매우 활발해지고 있습니다. 따라서 여러 가지 산업이 발흥할 기세를 보이고 있습니다. 여기에 더하여 적절한 정책을 실행하고 노력을 더하면 이러한 상태가 더욱더 촉진될 것이라고 생각할 수 있습니다. 조선에서는 각종 산업자원이 의외로 많습니다. 그 가운데 지하자원과 같이 종래에 일본에 없었던 온갖 광물이 산출되어 매우 전망이 밝습니다. 지하자원, 해양자원 등도 실로 예상 외로 많이 있습니다. 최근에는 광산 열풍이 일어나서 모두가 열심히 쳐다보고 있는 만큼 현재는 없는 다른 광물도 발견할 수 있습니다. 요즘은 매일 무엇인가 발견되고 있다는 사실을 여러분도 신문을 통해 잘 알고 있습니다. 이러한 형태로 여러 가지 물건이 발견되고 있습니다. 이러한 점에서 정말로 희망적인 바가 있다고 생각합니다.

노력이란 점에서도 교육 보급의 결과가 지금 실업상에 잘 나타나고 있으며 보통학교를 졸업한 자를 공장의 직공으로 사용해 보면, 상당히 좋습니다. 그리고 지금까지 놀고 있던 인구의 반이나 되는 부인들이 지금까지는 밖으로 나가서 일하는 것을 부끄럽게 생각하고 있었으나, 최근에 자력갱생운동, 경제갱생운동 등으로 지금은 모두가 실행하고 있습니다. 막상 해 보니 너무 상태가 좋으며 일하는 것으로 많은 부인들이 근로를 하고 있기 때문에 매우 즐거워하며 앞길이 밝다고 생각하고 있습니다. 이것은 만주 등에서는 중국인 부인들은 일하지 않는 것이 자랑입니다. 발도 작으며 인습에 얽매여서 만주에서는 부인들이 노동을 하지 않지만, 조선은 남녀가 모두 일하고 건강과 부지런함을 충분히 공업에 활용하고, 남녀가 모두 개척에 나서기 때문에 동만주나 북만주 일대에서는 조선인이 가서 신천지를 개척하는 것은 결코 중국인에게 뒤지지 않습니다.

조선 사정에 대한 인식과 기업 기운의 발생

그리고 조선이 매우 유망해졌다는 사실이 아직 일본 전체에 인식되지는 않았지만, 지식인들 사이에서는 점차 인식되고 있으며 최근에는 조선에서 일자리를 찾으려는 사람이 매우 늘어났습니다.

농업 이외에 일본의 자본이 가장 많이 들어온 분야가 사설 철도입니다. 대략 1억 엔 정도의 돈이 들어왔으며 이것으로 인해서 사설 철도는 일대 약진을 하고 있습니다. 그리고 금과 석탄 혹은 철과 흑연 이외에도 경금속에 대해서도 눈을 돌려 지금은 광산 투자시대의 정점을 보여 주고 있습니다. 공업에서도 여러분도 알고 계신 바와 같이 노구치(野口遵) 씨는 1억 수천만 엔을 들여서 북선(北鮮)의 홍남을 근거지로 하고 압록강의 물을 역으로 가두어서 발전을 일으키고, 공기 중의 질소고정공업 혹은 경화유 공업, 석탄의 저온건조, 철의 정련(精鍊) 등을 하고 있습니다. 나아가 이후에는 만주의

콩을 사용하여 기름을 만든다든가, 휘발유나 중유공업을 일으킨다거나 마그네슘을 만드는 것도 계획하고 있습니다. 그리고 이미 만들어진 부전강(赴戰江)의 18만 킬로와트 이외에 장진강(長津江)에 30만 킬로와트 가운데 10만 킬로와트를 제1기에 시작하고 이를 통해 많은 공업을 일으킬 계획을 가지고 있습니다. 송전회사를 통해 평양이나 경성까지도 값싼 전력을 보낼 수 있도록 생각하고 있습니다. 그 외에 동양방적 등도 이미 조선에 공장을 세우고 확장 계획을 추진하고 있습니다. 맥주회사도 영등포에 2개를 동시에 출점하고, 제국제마도 북선 지역에 아마를 심으려고 계획하고 있는 것처럼 공업을 향한 투자가 진척되고 있는 상황이 최근에 점점 사실로 나타나고 있습니다. 저는 매우 흥미롭고 국가를 위해 축하할 일이라고 생각하고 있습니다.

선만 간의 경제 관계

만주 진출 상황도 조선에서의 경험을 가진 자가 먼저 만주로 진출하는 것이 좋습니다. 조선에서 만주국에 고용된 사람들이 가장 좋은 성적을 내고 있습니다. 그리고 조선의 실업가가 만주에 진출하여 상당한 성적을 올리고 있습니다. 이처럼 만주로 사업을 확장하는 매우 장려할 만한 것입니다. 그리고 조선 사람들이 만주의 농촌으로 이주하여 적응하는 것도, 경영이나 그 외의 안전한 농촌으로 입증되고 있습니다. 이 광대한 지역인 북만주에 간도를 넘어서 이주해 오고 있습니다. 무역의 측면에서 보더라도 조선에서 만주로의 수출은 1931년에는 1,600만 엔, 1932년에는 2,700만 엔, 1933년에는 4,500만 엔, 1934년 즉 올해는 2~3%나 증가할 것이라는 매우 비약적인 약진입니다. 한편 만주에서도 매년 4,000~5,000만 엔을 수입하고 있습니다. 무역에서도 조선과 만주국의 관계는 매우 긴밀한 것은 명확한 추세입니다. 이처럼 조선의 상공업은 생생하게 활동을 하고 있습니다.

내선 간의 무역 및 경제 관계

일본과 조선이 매우 밀접한 경제블록에 의해 서로 무역을 하고, 일본의 기업과 자본도 조선으로 들어오고 있습니다. 조선 자신도 매우 노력하여 함께 일한다는 각오를 다지고 있습니다. 그리고 국외의 정세가 이러한 기운을 매우 촉진하는 상황이며 장래에 조선의 경제력, 상공업의 진보가 자극되고 촉진될 것이라고 저는 생각합니다. 이러한 것을 촉진하는 것, 속도를 높이는 것에 의해 보다 좋은 성과를 올릴 수 있는 것은 아무래도 정책과 노력에 의존할 수밖에 없다고 저는 생각합니다. 일본과 조선의 무역 관계는 매우 약진하고 있습니다. 여기에 상세한 수치가 있습니다만, 조선의 무역액 가운데 외국과의 수출입액이 적은 것은 일단 일본으로 가서 외국으로 가는 그리고 외국의 여러 가지

물건이 일본을 경유해서 들어오기 때문입니다. 최근에는 축항이 잘 축조된 탓에 조선과 외국의 관계도 일본을 거치지 않고 접촉하는 경향이 증가하고 있기 때문에 수출입 무역도 증가의 경향을 보이고 있다고 생각할 수 있습니다. 실은 일본을 거쳐서 외국으로 가는 물건이 많은 것은 조선이 일본의 결제를 돕고 있는 것입니다.

한 가지 예를 말씀드리면, 1933년에 수출이 3억 1,583만 엔, 수입이 3억 3,981만 엔, 총액 6억 5,000만 엔입니다. 올해는 7억인가 8억에 달할 것이라고 생각됩니다. 내선 간의 무역은 상당합니다. 이처럼 밀접한 경제 제휴, 연계가 일본과 조선 사이에서 일어나고 있습니다. 그리고 서로 충돌하지 않도록 통제를 생각하는 것은 하기에 따라서는 충분히 가능합니다. 즉 일본에서는 정교한 좋은 물품을 만들고 조선에서는 조금은 정밀도가 떨어지는 실용적인 물품을 만들어서 각각의 분야를 분담하고 그리고 나아가서 국내의 수요를 충족시킬 뿐만 아니라 외국 무역을 향해 매진하지 않으면 안 됩니다.

만주국의 공업

만주국에 대해서는 선배이신 오사카 대학의 연(鉛) 박사가 오셔서 만주는 현상에서 보면 여전히 농업시대라고 했습니다. 공업이 여기저기에서 일어나고 있지만, 관세, 운임 등이 보호를 받고 있기 때문이며 실제로는 일본이나 조선의 상대가 되지 않습니다. 여기서 만주는 원료를 만들고 세세한 수공업이 아니라 일본의 자본으로 무거운 기계를 사용하는 특수공업과 같은 물건을 만드는 쪽이 좋다는 것이 결론입니다. 연 박사는 만철에서 오랫동안 계셨던 분으로 공평한 입장을 견지하고 있습니다. 조선은 어쨌든 지금까지 훈련한 것도 있고 기술도 상당하므로 지금부터의 진보에 기대가 크다고 경성에서 개최한 공업가대회에서 강연한 적도 있습니다. 여기에는 아직 검토해야 하는 점도 있습니다만, 조선은 상당한 자신을 가져도 좋다는 점, 이것만은 명확하다고 저는 생각하고 있습니다.

조선 상공업의 추세 및 장래

재료도 많이 가지고 왔기 때문에 조선의 상공업에 대해서 구체적으로 말씀드릴 수 있지만 시간도 많이 지났기 때문에 이것은 다른 기회로 미루고 저는 장래의 추세 혹은 동향을 극히 간단히 말씀드리고자 합니다. 오늘날 전조선에는 4,843개의 공장이 있습니다. 단, 그 80~90%는 역시 중소기업입니다. 중소기업은 재미없다고 생각하시겠지만, 결코 그렇지 않습니다. 일본 공업의 70%는 중소기업입니다. 조선에도 참신하고 유력한 대기업도 있습니다만, 대부분은 중소기업입니다. 조선의 공장 수는 실로 2~3년 사이에 2~3%나 증가한 추세입니다. 생산액도 매우 증가하였으며, 1931년에는 2억만 엔, 1932년에는 3억 1,000만 엔, 1933년에는 3억 7,800만 엔, 1934년에는 더욱 증가할 것이라고 생각합니다. 이처럼 진보의 경제를 거쳐 온 것은 명확하지만, 이에 대해서 일본의 공장은 어느 정도나 있는가 하면, 1931년의 조사에서 6만 4,436개의 공장이 있었습니다. 도쿄만 해도 8,929개, 오사카에 7,924개, 아이치현(愛知縣)에 6,252개의 공장이 존재하는 것에 비하면 아이치현 하나에도 미치지 못하는 만큼 여전히 매우 유치한 수준이라고 할 수 있습니다. 그러나 어떠한 여지가 있는가 하면, 2천여만 명의 인구가 있기 때문에 소비량이 매우 증가할 것으로 예상됩니다.

이후 매우 전망이 있는 것은 섬유공업입니다. 지금 조선에 약 1억만 엔의 면포, 혹은 인견, 나사(羅紗), 마 등을 입고 있습니다만, 그 3분의 1 정도만 조선에서 충당하고 있습니다. 그러나 조선의 섬유공업은 일본에 비하여 열등합니다. 일본의 것이 품질이 좋습니다만 품질이 나쁜 것은 일본에 비교하여 뒤떨어지지 않는 점도 있기 때문에 이들 공업은 이후에 급속한 속도로 발전할 것으로 생각합니다. 그리고 조선은 원료의 관계상 식품공업이 흥할 것으로 생각합니다. 최근 노구치 씨는 '미원'공장 설립 계획을 세웠습니다. 통조림, 양조 등도 커다란 가능성이 있습니다. 그 외에 종이라든가 도기, 유리, 금속 등도 많이 있으므로 금속공업도 일어날 것이지만 현재는 매우 뒤져 있습니다. 화학공업은 유망합니다. 한편, 손을 사용하는 잡공업이나 간단한 기계, 농구 등 조선에서 사용하는 물건을 만들고, 만주로 팔 수 있는 물건을 만들 여지도 있습니다. 그리고 법랑(珐瑯), 철구류는 매우 성적이 좋은 만큼 일본에서 속속 투자가 있을 것입니다. 장래에는 기름 공업이나 경금속공업이 반드시 일어날 것으로 생각합니다.

다음으로 지금부터 어떻게 할 것인가에 대하여 사견을 말씀드리겠습니다. 조선의 공업은 조선의 특색을 잘 생각하여, 그리고 조선의 경제 갱생의 측면에서 농업만으로는 나라를 세울 수 없습니다. 농업이 진정으로 의미를 가지는 것은 공업이 존재하기 때문입니다. 농업을 진보시키기 위해서는 공업이 없으면 안 됩니다. 그리고 학교에서 배운 것을 사용하기 위해서도 공업이 없으면 아무리 해도 진보가 활발하게 일어나지 않습니다. 인구 증가라는 의미에서도, 예를 들면 일본에서는 직공 한 사람이 7명의 가족을 부양한다고 합니다. 공업이 일어나고 직공이 증가하면, 인구가 늘어나는 것입니다. 현재 조선에 20만 명의 직공이 있습니다. 그리고 그 몇 배의 공급력이 있습니다. 공업이 흥하지 않았다는 점에 조선의 실제적인 문제와 약점이 있습니다. 그 외에 무한한 향상, 진취적인 기상을 만족시키기 위해서도, 사회정책상으로도, 중소상공인 문제를 해결하기 위해서도 공업을 일으키지 않으면 안 됩니다. 그리고 무역 재료를 만들고 공업을 일으켜도 조선의 수요만을 충당해서는 안 됩니다. 어디까지나 국외, 만주, 중국, 인도, 동남아와 같은 광대한 시장이 있는 만큼 이곳을 향해서 조선의 공업품은 나아가지 않으면 안 됩니다. 이처럼 무역 증진을 위해서도 공업 진흥이 긴요합니다.

다음으로 국방용 군수공업은 매우 긴요합니다. 즉 국방이란 것은 반드시 병력만으로는 안 됩니다. 어쨌든 산업력이 동반되지 않으면, 공업이 발전하지 않으면 안 됩니다. 그리고 지금과 같은 비상시국에서는 국방용 군수를 위해 조선에서 공업을 일으키는 것이 중요하고 급선무입니다. 여러 가지 각도에서 보아도 조선에서 어떻게 해서든 공업을 일으키지 않으면 안 됩니다. 이것을 무엇으로 일으킬 것인지 말씀드리자면, 조사 연구를 우선으로 하고 혹은 자원 조사, 공업 시험에도 힘을 기울이지 않으면 안 됩니다. 그리고 서로 노력하고 연구해야 합니다. 학자의 원조도 필요합니다. 조선에서 일을 할 수 있으므로 조선에 있는 민간의 분발 혹은 기업이 우선이지만, 힘이 미치지 않으면 일본의 공장을 이쪽으로 유치하여 지부 공장을 세우도록 하여 공업을 일으키는 것이 긴요하다고 생각합니다.

우리들의 상공회의소에서도 지금 대체로 이러한 방침에 따라 열심히 노력하고 있습니다. 그리고 점점 성과가 나타나고 있습니다.

공업과 무역의 병진

무역에서도 공장과 잘 연결하여 조선 내의 수요뿐만 아니라 국외로 널리 눈을 돌려 무역을 일으키지 않으면 어쨌든 일본 산업의 약점은 공업이 발전하고 있습니다만 무역이 아무래도 약한 감이 있습니다. 이것은 그동안 가네보(鐘紡)의 쓰다(津田) 사장이 공업은 달마대사와 같은 것으로 형태는 훌륭하게 완성되었지만 이를 도약시키기 위해서는 상업이나 무역의 도움이 없으면 움직일 수가 없습니다. 종래에 일본은 수입상이 많았고 수출상은 극히 적었습니다. 그리고 일본은 원료가 없기 때문에 물건을 사서 원료로 사용하지 않으면 안 됩니다. 여기에는 많은 노력을 들이지 않으면 안 됩니다. 이토추(伊藤忠兵衛)라는 오사카의 면포상은 일본과 인도 사이의 문제로 인도에 갔었습니다. 이 사람은 어쨌든 여러 가지 장애가 있었지만 값싸고 좋은 물건이 반드시 이긴다. 그리고 일본도 단지 자신의 이익만을 얻으려고 하는 눈앞의 것만 생각하지 말고 어떤 면에서는 희생한다는 생각으로 세계 각국, 민족이 유럽의 자기중심주의에 편승하여 점점 더 좋은 물건을 사용하고 있다는 현상을 생각하여 좋은 물건을 만들어서 싸게 팔고, 나쁘고 비싼 물건을 구매하여 힘들어 하는 우리와 같은 사람들에게 공급하는 인도적인 사업과 이 무역을 인도적으로 생각해야만 한다고 주장하였습니다. 저는 매우 좋은 의견이라고 생각하였습니다. 좋은 품질에 값싼 물건을 만들면, 무역활동으로 상당히 미래의 가능성이 있습니다. 즉 이 인도적으로 인본정신을 구현한 좋은 물품을 힘들어 하는 사람들에게 공급한다는 신념을 가지고 대면해야 한다는 이 의견에 저는 공감할 수밖에 없었습니다.

조선으로서는 축항의 제2기 계획이 필요하다고 생각합니다. 제1기 계획 때는 작은 선박뿐이었습니다만, 지금은 1만 톤 정도의 선박이 많이 항해하고 있으니 커다란 항구가 필요합니다. 다행히 제2기 축항 계획이 총독부의 예산으로 인정받았습니다. 조선으로서는 이 교통시설에 대해서는 기차 및 자동차를 더욱 넓히고, 지방 산물을 편리하게 획득할 수 있도록 고려해야 합니다. 조만간 속도를 높여야 합니다. 주요한 도시에 빨리 가기 위해서 중간의 지방은 오히려 불편해집니다. 주요 간선도로는 매우 빨라졌습니다만, 시골에 가기 위해서는 각 지역을 돌고 돌아서 가기 때문에 지방은 오히려 불리합니다. 통신, 교통에 속도를 높임과 동시에 지방에도 자주 가도록 하지 않으면 안 된다고 생각합니다. 교통 통신 정책이 잘 통일되지 않으면, 상업, 공업, 무역 등은 도저히 발전하지 않습니다. 금융 자금, 금리, 결제 등의 일도 물론 필연적인 사항입니다. 그리고 통화에 관한 것도 잘 생각하지 않으면 안 됩니다.

다음으로 이민정책을 잘 세우면, 인구문제를 해결할 수 있습니다. 조선에서 만주국으로 가는 이민을 우리들은 매우 바람직한 것이라고 생각합니다. 이것을 단지 말로만 주장하는 것은 생각해 봐야 합니다. 자연스럽게 필요에 응하여 이민정책을 잘 세워야 합니다. 그러면 조선 상품을 사게 됩니다. 이처럼 이 정책이 이후 중요하게 취급되고 운용될 것을 기대합니다.

신념의 확립, 부단한 경제 향상

마지막으로 그리면 이떻게 히여 이러한 점을 돌피하고 피안의 세계에 도달한 것인지 말씀드리자면, 저는 평범한 말이지만 '빛은 동방에서', '조선은 밝아 온다'는 신념과 이상을 우리들은 가져야만 합니다. 자력갱생이 긴요하다는 점은 여러분들도 잘 알고 계십니다. 그리고 단결된 조직이 필요한 것도 분명합니다. 그러나 이러한 것은 물질만으로는 안 되며 정신적인 면에서도 수행하지 않으면 안 됩니다. 이러한 점은 오늘날 일독한 「교육칙어」에 잘 나타나 있습니다. '황조황종이 나라를 세우고 널리 덕을 쌓아서 깊게 하였다' '억조의 마음을 하나로 하여' 일치협력한다. 이것이 일본정신입니다. 일본 국민이 일치협력한다는 점은 칙어에 명확하게 있습니다. 그리고 「교육칙어」 가운데 '지식과 능력을 발휘하여 덕성을 쌓아서'라는 문구가 있습니다. 인간에게는 덕과 지를 함양할 필요가 있습니다. 그리고 기능이 없으면 안 됩니다. 그러한 실업교육이 이루어지기를 희망하는 바입니다. '지능을 발휘하고 덕성을 쌓아서 스스로 공익을 넓히고 세상의 일을 열어라'고 분명하게 「교육칙어」 문구 속에 실업을 권장하는 것이 명시되어 있습니다. 새로운 단어인 자력갱생이란 것도 결국 그러한 실천에 지나지 않는 것입니다. 「교육칙어」를 잘 익히면, 우리들 실업가들이 향해야 한 바의 덕이 확연하고 명료하게 제시된 것이라고 생각합니다. 일본을 세계의 경제적, 인도적인 나라로 만들고, 조선을 아시아 경제블록의 중심으로 만드는 이러한 이상과 신념에 불타 참고 견디며 실력 향상을 게을리하지 않으며, 서로 이 「교육칙어」에 제시된 취지를 체현한다면, 여러 가지 파란과 우여곡절은 있겠지만 일본의 국운은 세계에 공헌한다고 저는 믿어 의심치 않는 바입니다. 최근 조선의 사명과 임무는 중대하며 이러한 상황을 맞아 우리들 전사들은 매우 중대한 사명을 양 어깨에 지고 있다고 생각합니다. 이것으로 저의 강연을 마치겠습니다.

(1934년 10월 30일 경성고등상업학교 강당에서 강연, 아카네(赤根) 속기사무소 속기)

〈자료 153〉 가다 나오지(賀田直治), 「시정 25주년 소감」(『경제월보』 제238호, 1935.10.)

시정 25주년이라고 하면, 연수로는 길다고 할 수는 없다.

“그 진보에 있어 격세지감을 느끼지 않을 수 없다. 무엇보다 이것은 한일병합 이전에 많은 인물들의 노력이 쌓이고 시대적인 혜택을 동반하여 오늘날의 성운에 달하게 된 것”은 논쟁을 필요치 않는 사실이다.

시정 당시의 황당하고 유치하며 부진하던 모양은 그 당시의 신문지상에 매일같이 연재되었기 때문에 특별히 설명할 필요가 없다. 솔직히 누군가가 오늘날의 진보를 예측할 수 있었단, 말인가. 완전히 예상 이상의 진보와 발전의 형세이다. 물론 오늘날이라고 하더라도 진보발전을 완성했다고 할 수 없으며 그 완성은 이후의 것이며 얼마간의 난국을 앞두고 있다는 것을 각오하지 않으면 안 된다. 그러나 사실은 합병 이후 아니 그 이전부터 많은 사람들의 헌신적인 노력과 피와 땀으로 개척하려는 인고의 노력으로 매년 진보를 이루어 온 것은 틀림없는 것이나, 창업의 노고는 좀처럼 결실을 맺지 못하고 있다. 우여곡절을 겪으면서 최근 특히 만주사변과 이웃나라 만주국 건설을 계기로 하여 조선의 중요성은 점점 더 커지고 있다. 관민의 긴장과 분발도 그 도를 더하며 착착 면목을 혁신하고 있다. 여기에 더하여 하늘의 은혜도 조선에 내려와 작년과 올해에 좋은 수확으로 곡물 가격은 농촌진흥운동의 발전과 서로 합치하여 지방의 실력을 증진시키고 있다. 여기에 더하여 광산 생산액의 증가, 풍어와 공업무역의 약진은 조선에 희망을 가져다주었으며, 치안의 안정과 산업의 약진이라는 현상을 나타내고 있다. 이를 요약하면, 내선융화와 산업경제의 상황이 명확하게 발흥하는 분위기를 타고 있다고 관측할 수 있다. 동시에 내선의 경제블록은 점점 더 긴밀해지고 이를 근거로 하여 이웃나라 만주국 및 해외 발전에 견실한 힘을 낳고 있다. 이러한 분위기에 편승하여 협력에 매진하는 경우 조선의 진보는 반드시 확실하다고 예상할 수 있다. 무엇보다 상식적으로 앞날에 다양한 난관이 있을 것이라고 생각하지 않으면 안 된다.

더욱이 진보의 상황과 특질을 해부해 보면,

1. 산업기구는 이전의 파행적인 폐해를 타파하고 마침내 종합적으로 되었다.
2. 교육은 마침내 실제로 역할을 할 수 있게 되었다.
3. 치안, 위생 등의 것도 순조롭게 되었다.
4. 지방의 실력이 점차 점진되는 경향으로 돌아섰다.
5. 문화생활이 점차 안정적으로 운영할 수 있도록 되었다.

우가키(宇垣) 총독의 대국적인 성숙한 통치하에서 관민이 점차 일치협력하고 통일종합을 실현하고 있는 것이 현재 조선의 일대 강점이다. 그러나 이상과 같은 점은 단순히 진보의 한 가지 단서, 한 단계에 지나지 않으며, 일체가 되어야만 할 일본, 일본과 비교하면 그 실력은 여전히 부족한 것이 많으며, 더욱더 진보 발전을 이룰 때 비로소 내선의 균형을 갖추어 건전한 경제와 정신 블록의 일체를 형성할 수 있으며, 사상에서도 실력에서도 장래의 생활에서도 진정한 융합은 이후에 노력을 더하지 않으면 안 된다. 결코 안심하고 방심할 시기가 아니며 동시에 부화(浮華) 허영을 상당히 경계하지 않으면 안 된다.

그렇다면 이후에 노력해야만 할 점은 무엇인가.

1. 산업의 종합 즉 농공상의 협조 병진, 운송, 통신, 금융 등의 경제기구의 조화를 진척시키는 것, 나아가 적극적인 정책 추진을 기대하지 않으면 안 된다.
2. 교육 위생의 보급은 물론 물심양면의 자력갱생, 심전개발의 철저를 꾀하지 않으면 안 된다.
3. 조선의 실태와 동향을 명확하게 하여 일본의 지지와 제휴를 확대하여야만 하며, 일본에 대해서도 가능한 한 동정과 친화를 표명함과 동시에 자주 편견을 가진 일본의 시선을 완화하기 위해 노력하고 진실한 내선융화의 결실을 이루지 않으면 안 된다.

4. 통치와 산업의 모든 국면을 극복함은 물론이고 생활과 풍속 등의 개선에도 일단의 노력을 하지 않으면 안 된다.

5. '내충외전(內充外展)'[15]은 유신 방침에 따라 만주국은 물론 중국과 남양(南洋), 그 외의 해외 각국과의 접촉을 양호하게 진척시켜 동아 지도의 중심지로서의 대사명에 매진하지 않으면 안 된다.

이상의 내용은 결코 쉬운 일은 아니다. 그러나 화합 노력의 근본으로 유신과 같은 다양한 노력을 하지 않으면 안 된다.

우리들은 성스러운 세대에 태어났으며 글자 그대로 약진하는 조선의 살아 있는 광경에 임하여 진정으로 행복하다. 봉은감사, 향상진취의 기운을 발휘하고 조선의 유신의 성업을 완성하기 위해 헌신의 노력을 기울이고 협동하지 않으면 안 되는 시기에 직면하고 있다고 믿는다.

〈자료 154〉 경성상공회의소 특별의원 한상룡(韓相龍), 「1935년의 회고와 올해의 전망」

(『경제월보』 제240호, 1936.1.)

1

내외 모두 다사다난했었지만 1935년은 국운융성의 한 해였으며, 이제 새로운 병자년을 맞이하여 정말로 경하해 마지않는다. 먼저 나는 황실의 번영을 기원하며 그 한없는 복을 기원하는 바이다.

2

10년의 우리 재계는 재정 인플레이션, 군수공업 경기, 무역의 약진 상황, 여기에 더하여 농산물 상품의 가격 상승 등에 의해 대체적으로 양호한 상황이 현저하였다. 특히 조선으로서는 일본의 활황에 따라 농촌진흥, 자력갱생의 철저, 신사업의 촉발, 지가 폭등, 광업의 눈부신 증산, 해산물의 풍어, 쌀 수확의 증가, 쌀·마·잡곡의 가격 상승을 보여 명랑한 조선을 만들었다. 그리고 시정 25주년의 일대 축전을 거행한 것처럼 특필하지 않으면 안 되는 것도 있었다. 관례에 따라 작년 재계를 중심으로 간단히 내외의 회고를 살펴보고 올해의 전방을 가늠하고

---

15 내부를 충실하게 해서 외부로 나아간다.

자 한다.

3

작년에 서구의 커다란 문제는 여러 가지 있었으나 주요한 항목을 나열하면

1. 3월 16일 독일 베르사유 조약 중 군사 조항의 폐기 선언
1. 3월 29일 벨기에의 금본위 이탈, 평가 3할 절하
1. 4월 27일 미국의 은 매입 가격 인상(77센트 57)
1. 9월 16일 필리핀의 독립, 11월 15일 대통령 선거, 게손 씨 취임
1. 이탈리아-에티오피아 분쟁은 10월 3일 이탈리아 공군의 에티오피아 수도 폭격에 의해 사실상 교전 상태에 돌입
   10월 14일 국제연맹의 대 이탈리아 제재
   11월 16일 영국 총선거에서 여당의 대승
   12월 9일 개시된 일, 영, 미, 프, 이탈리아의 런던 해군군축회의

등등을 들 수 있다.

4

눈을 돌려보면, 선린 우방인 만주국은 점차 건전한 발달을 기하고 치안의 개선, 재정 경제의 진전이 현저하며, 만주중앙은행이 발행하는 화폐는 9월부터 일본의 금가와 동일한 구매력을 유지하게 되었으며, 만주국 통화 통일의 문제는 조선은행과 만주중앙은행과의 협정이 성립하여 작년 말에 실현되었다. 치외법권의 철폐도 올해부터 점차 실행하려고 하고 있다. 올해부터는 국방에 관한 일본과의 공동 자금도 1,915만 엔을 부담하게 되었으며, 약 1,000만 엔 증가로 만주국 재정 진전의 한 요소로 보인다. 12월 10일 「환율관리령」의 실시, 그 외 교통, 통신, 산업 등의 시설도 착착 완성되어 가고 있는 것은 의심할 여지가 없는 사실이다. 다음으로 중일 관계의 추이는 복잡하여 간단하게 말할 수 없으나 우리나라와의 국교가 악화되고 있는 것은 부정할 수 없을 것이다. 국민정부의 생각은 어쨌든 일중 친선의 실행, 이것이

중국의 이익이라는 분위기 조성은 중국 요로(要路)에서도 찾아볼 수 있다. 11월 3일 국민정부가 갑자기 발표한 신화폐정책, 은의 국유령(國有令)의 영향은 국내외 관계의 중대한 문제로 올해에도 그 영향이 미칠 것이다. 12월 9일 화북 치하루의 2개 성 및 북평(北平)과 천진(天津) 2개 시의 자치 실행과 함께 다양하고 복잡한 관계를 남기고 있다고 보아도 좋다.

5

일본 재계의 대세는 일장일단이 있지만, 작년을 통해서 향상된 것은 부정할 수 없는 사실이다. 약간의 문제에 대한 소견을 논하고 싶다. 우선 일본은행이 금 매입 가격을 1월 10일 1문(匁) 11엔 58전으로 올린 것이다(匁 52전 인상). 매금 가격 인상은 우리들의 주장이었으나 이것으로 런던 금괴 가격과 일본은행의 매입 가격은 점점 더 축소되었다. 그리고 매입 가격의 인상은 산금(産金) 증가에 박차를 가하여 최근 일본은행의 정화 준비는 5억 엔대로 올라갔으며 가장 적은 해와 비교하여 3억 엔 가까이 증가하였다. 6월 29일 긴키(近畿) 지방과 규슈(九州) 지방의 수해는 유감스러운 일이지만 생사 가격은 미국의 호경기에 의한 소비 증가와 국내 생산 감소 관계가 있어 9월 중순 800엔 대로 올랐으며, 나아가 900엔대에서 1,000엔 가격대를 보였다. 양잠가의 수입은 전국을 통해서 3억 3,000만 엔 내외로 추산되며 이를 전년도와 비교하면, 1억 5,000만 엔 정도의 증가이다. 이 때문에 미가의 앙등과 함께 오랜만에 불황에 빠져 있던 농촌에 밝은 회복을 보이고 있다.

6

10월 1일 국세조사 결과를 보면, 일본 외지를 합계한 제국의 총 인구는 9,770만 명으로 공포되었으며 5년 전에 비하여 730만 명 즉 8.1%의 증가였다. 이러한 것은 우리나라의 운명의 흥륭을 보여 주는 사실이라고 믿는다. 미작은 농림성이 5,700여만 석의 수확을 예상한다고 발표하였다. 작년의 5,180만 석의 수확에 비하면 10% 이상의 증가이지만 불행하게도 흉작이라고 할 수밖에 없다. 그러나 매가가 높기 때문에 농가의 수입은 전체적으로 보아서 평년작에 뒤지지 않는 것은 분명하다. 그리고 연말의 금융은 정부 지불 증가에 의해 무사하게 경과하고 있으며 각의에서 조정한 내년도의 일반회계 예산은 22억 7,200만 엔으로 적자 공채 발행은 6억 8,000만 엔으로 이것을 전년도와 비교하면 7,000만 엔의 감소이다. 다카하시(高橋)

대장성 장관이 사수하려는 공채 발행 점차 감소의 철칙이 실현되기 위해 재계로서는 호감을 보내고 있다. 단, 군사비는 10억 5,800만 엔을 승인하여 실로 총예산의 70%에 달하고 있다. 그러나 비상시국의 불란한 상황에서 우선 어쩔 수 없다고 생각된다.

7

조선은 세계에서 가장 명랑한 낙토라고 하는 사람도 있다. 그러나 여러 종류의 관점에서 보면, 조선의 상황이 안정되어 있는 것은 분명하다. 작년의 시정 25년을 하나의 전기로 하여 농공상 병진의 길을 가지 않으면 안 된다. 작년의 조선은 7월 하순 중부 조선의 수해와 북선의 냉해 등이 있었지만 대체적으로 순조로웠다. 쌀은 800만 석 조금 상회하는 수확이 예상되면 그 가격은 전년보다 10%, 일본보다 20% 높다. 누에, 면화, 대두, 보리 등도 역시 동일하다. 조선은행권이 11월 하순에 2억 엔 대의 발행을 보인 것은 농촌 인플레이션과 구매력의 증진을 여실히 보여 주는 것이라고 생각한다. 전 조선의 은행에 있는 예금과 대출을 보아도 11월 말에 예금은 3억 7,600만 엔, 대출은 7억 400만 엔으로 미증유의 숫자를 보이고 있다. 이것을 전년도 동기와 비교하면 예금은 6,600만 엔, 대출은 9,300만 엔 각각 증가하였다. 10년간 회사의 신설은 580여 사로, 자본금 1억 6,000만 엔을 계상하고 있다. 특히 신흥 산업의 발흥은 제지, 화학, 전기, 석유, 방적, 무연탄, 제련 방면에 집중되어 있다.

다음으로 작년 발 척무성(拓務省)이 조사한 조선 11년도의 예산은 3억 1,700만 엔의 증가였다. 조선 재계의 팽창, 이것을 바꿔 말하면, 약진 조선의 실세를 보여 주는 것이라고 믿는다. 조선의 대일본 및 외국 무역이 12억 엔에 달하고 9년도에 비하여 2억여 엔 증가된 것은 공히 유쾌한 숫자라고 생각하다.

8

마지막으로 올해의 재계는 어떠할까. 나는 예언자가 아니라 관측을 말하고 싶지는 않으나 단지 런던의 해군 군축회의, 이탈리아의 에티오피아 분쟁, 중일관계 등의 중대한 문제가 어떻게 전환되고 어떻게 진척될까, 그 외에도 내외의 중대한 문제는 산적되어 있다. 따라서 파고가 많은 다사다난한 한 해가 될 것이라 의심치 않는다. 동시에 커다란 예산 집행으로 군수공업의 융성, 대외무역의 약진, 저금리의 철저 등으로 우리나라로서는 전년에 비하여 활황이 증가할 것으로 예상한다. 의회의 형세에 따라 빠르고 느린 것은 있으나 총선거는 다가오는 봄에 있을 것이며, 정국의 변화를 가져올지도 모른다. 단, 제국의 재정 방침에는 커다란 변화는 없을 것이다. 아니 변화는 불가능하다고 생각한다. 조선으로서는 전면적으로 전진, 또 전진 특히 농촌의 진흥, 공업계의 발전은 더욱 현저할 것으로 믿는다.

마침.

〈자료 155〉 경성상공회의소 회두 가다 나오지(賀田直治), 「1937년 경제계의 회고」

(『경제월보』 제263호, 1937.12.)

올해는 정말로 다사다난한 해였다. 내각은 두 번이나 바뀌었다. 의회는 해산하고 총선거를 실시하였다. 물가는 철과 동을 중심으로 일제히 급등했다. 무역은 드물게 수입 초과를 보였다. 사람들의 마음은 뭔가 초조하고 불안하였는데 7월 7일 노구교 사건을 계기로 북지사변(北支事變)이 발생하였고, 사태는 급변하여 중일전쟁으로 진전되어 북중국의 강남(江南)에서 전면적인 전쟁이 시작되었다.

사변의 개시와 함께 국론 일치, 경제계도 단호한 결심과 긴장감을 가지고 소집에 응하며, 출병, 군수품 등 선박, 철도의 군사 수송이 연속적으로 일어났으며, 그 사이에 경제계가 받은 영향은 결코 적은 것이 아니지만 우리들의 충성스럽고 용맹하며 과감한 군대의 연전연승은 세계를 놀라게 하였다. 전선과 후방이 함께 협력하고 일치되어 분투하여 진정으로 놀랄 만한 활약을 하였다. 전쟁 예산은 25억여 엔으로 결정함과 동시에 전시체계 경제 입법을 제정하고 자금 조정, 외환 관리, 무역 통제, 소비 절약 방침을 감행하였다. 군수공업은 매우 바쁘게 돌아갔으며 일반의 평화공업은 상당한 영향을 받았다. 더구나 군수공업이라고 하더라도 기술자와 직공 부족에 힘겨워했다. 평화공업은 원료 부족, 자금 제한, 무역 제한 등으로 인하여 타격을 많이 받았으며, 금융도 축소되고 사채 발행도 정지하지 않을 수 없었다. 이 때문에 주식이 현저하게 하락하였으며 중소 상공업계의 불경기도 매우 극심하였던 것도 명백한 사실이다. 그러나 올해는 내외지를 통해 다행스럽게도 작황은 양호하며 풍수해도 적어서 대체로 인심이 평온하였던 것은 매우 의미 있는 것이었다.

이 기간에 전쟁은 북중국과 강남 지역 모두 일본의 대승으로 귀결되었고, 용공(容共)적이고 항일적인 남경(南京) 정부는 패배를 눈앞에 두고 친일적이고 반공적인 중국의 새로운 정권의 발생 기운이 일어났다. 동양평화 확보라는 정당함을 가진 일본의 노력은 유력하게 그 발걸음을 진척시키고 있으며, 지금까지 남경 정부를 활용하여 동양을 지배하려고 한 영국의 태도에 전향을 촉구하고 있다. 마찬가지로 공산군과 인민전선을 활용하여 남경 정부를 장악하고 있던 소련도 국내의 내홍에 시달리고 있으며, 미국은 이해관계의 판도를 지켜보며 영국, 프랑스, 소련과의 연결을 피하고 먼로주의의 정통적인 정책을 고수하려는 입장에 있다. 한편 일본, 독일, 이탈리아의 방공협정은 완전히 성립되어 이른바 현상타파 국가의 제휴와 연합은 전쟁을 계기로 세력을 더하고 있다. 일본과 만주의 관계는 점점 더 친밀해져 지난 12월 1일부로 치외법권도 실시되었으며 동시에 이탈리아의 만주제국 승인이라는 낭보도 전해졌다. 방공을 더욱 굳건히 하고 중국에서 일본은 솔선하여 용공 항일의 남경 정부를 향해 단호한 응징의 철퇴를 가해야만 한다. 따라서 위에서 논한 경제계에 미치는 영향이 심각한 것이기는 하지만, 다행스럽게도 국내적인 상극과 대립을 완화하고 투쟁이나 파업도 현저하게 감소하였으며, 쓸모없는 것의 배제, 대용품 연구, 국산 장려, 정신 작흥 등의 시국 시책도 산업계에 나타나게 되었다. 하반기에는 무역의 수입 초과를 축소하여 전체 수입 초과를 6억 5,000만 엔 정도에 머물게 했다. 주식도 점점 더 강세로 바뀌고, 연말의 금융 혼란도 없다는 당국의 성명이 발표되었다. 아무튼 이번과 같은 대전쟁을 전개하고 계속하여 국방을 강화할 필요가 있는 현재 전시체제 경제는 지속할 수밖에 없다. 부분적인 호황과 침체, 급격한 불경기는 예측할 수밖에 없으며 안정적이든 미국조차도 불경기의 바람이 불기 시작하고 있으며, 영국 역시 동일한 현상을 보이고 있다. 세계적인 경제 재편은 여전히 곤란한 상황이다. 그러나 우리나라의 동양평화 확립 및 국운 진흥이라는 절호의 기회를 하늘이 부여하였다고 생각한다면, 점점 더 많은 시국 경제 운용의 장점을 살리고 견인지구, 분투 노력을 서로 강조하고 서로 힘써야만 하는 중대한 각오를 하지 않으면 안 된다.

조선으로서도 내선일체의 관계에서 일본의 경제적인 파동에 초연해야 함은 물론이고 이후 전쟁에 즈음하여 병참기지로서 군대 수송의 직접 통로로서 중요한 역할을 담당하여 내선인을 통해 일치단결하여 애국적 지정을 높여야 한다. 운송력 부족과 미약한 군수공업 때문에 일본 이상으로 고생하는 상황이지만 이후에 대한 지침은 실로 분명하게 인식해야 한다. 다행스럽게도 올해는 반도의 주요 생산물인 쌀이 2,600만 석 이상 수확되었으며 더구나 양질의 쌀을 생산하였을 뿐만 아니라 잡곡, 면화, 수산물 모두 풍작, 풍어였으며, 유명한 수해도 약하게 지나갔다. 산림 이용 사업도 발전하고 공업도 작년의 7억 2,000만 엔의 공업생산액 이상으로 발전하고 증산하였다. 조선과 만주를 하나로 묶는 시설도 착착 발전하고 있으며 무역도 5억 엔 대로 올라설 것으로 예상된다. 이 기간 동안 수송 제한, 금융 긴축, 인민의 주요 재산인 토지 매매의 긴축 등 불리한 점이 있었지만 힘차게 봄을 기대할 수 있는 기대감이 생겼다. 그러나 유의해야 할 점은 성장하기 시작한 조선의 산업에 자금 조정, 무역 통제, 그 외의 제한과 구속이 어떻게 적용되는가 하는 점이다. 조선을 충실하게 하는 것은 제국의 산업과 대륙의 국방에 있어 긴급한 업무란 점에 착안하여, 돌풍에 새싹을 고사시키는 참담함이 없기를 희망할 뿐이다. 어쨌든 이번의 전쟁을 되돌아보고, 번창하는 미래의 여러 사명을 생각하고 현재 계획 중인 수송시설 확충, 금융기구 강화, 산금(産金) 장려, 전원 개발, 농공병진 정책을 힘차게 실현하지 않으면 안 된다. 나아가 바다를 사이에 두고 대륙 국방에 대한 병참기지 역할을 해야 할 조선, 만주와 북중국을 양 날개로 펼치고, 통상무역의 일선에 임해야 할 반도의 입장으로서는 점점 더 많은 긴장과 노력을 경주하여야 한다고 통감한다.

이러한 회고와 전망이 다수 개최되는 이 연말이야말로 다사다망하고, 더구나 희망에 부푼 신춘의 꽃길이라고 생각한다. 전쟁에 이어서 일어나는 경제전쟁, 사상전쟁, 외교전쟁이라는 천태만상의 무대이다.

〈자료 156〉 조선상공회의소 회두 가다 나오지(賀田直治), 「최근 20년간 조선 재계의 변천」 (『경제월보』 제270호, 1938.8.)

지금부터 20년 전이라면 1917년에 해당하며 한일합병 이후 8년째로 우선 시정의 틀이 만들어지고 윤곽이 드러나며 눈과 코가 위치를 잡는 정도였다. 그러나 한일합병 해인 1910년 이전 5년간의 통감시대에는 메이지 천황의 교지를 받들어 이토(伊藤) 통감과 소네 아라스케(曽禰荒助) 통감의 지극한 경제국가 건설을 위한 기초공사도 있어, 초대 총독 데라우치(寺内)의 진지한 총독정치 창건은 비교적 힘차게 진행되었다. 이어서 하세가와(長谷川) 총독에 의해 다양한 정책이 착수되었는데 제1차 세계대전 이후 윌슨 대통령의 민족자결 원칙에 영향을 받아 1919년의 독립운동으로 반도는 극히 불안한 상태였다. 여기서 사이토(斎藤) 총독이 일시동인의 성지를 내세워 결연하게 정치에 임하였다.

당시의 재정은 극히 빈약했으며 1917년의 산업무역은 겨우 10억 9,000만 엔의 생산과 1억

9,000만 엔의 무역에 지나지 않았다. 당시의 공업에서도 대형인 것은 겸이포(兼二浦)의 미쓰비시(三菱)제철소, 중간 정도가 영등포의 조선피혁공장, 소규모가 식품, 직물, 철공, 요업(窯業)의 가내공업적인 것이 존재하는 정도에 지나지 않았기 때문에 석탄의 매장 등도 완전히 알 수 없었고 금광의 양조차도 알 수 없었다. 수력전기 등은 전혀 상상도 할 수 없는 상태였다. 일본에서는 조선을 물품 매장, 일본공업 원료의 보충지로 생각하고 조선에 공장을 세우는 것은 전혀 생각하지 않았다. 학자 중에는 조선이 농업국인 것을 긍정하고 공장 등은 과대한 희망이라고 논단에 공표한 자도 있었다. 나는 독일에서 돌아오는 길에 새로운 지식과 조선피혁공업의 경험에서 조선공업진흥론을 저술하여 공표하고 여기에 대항한 적이 있다.

정말로 교통 운수도 정비되지 않았는데 예를 들면, 경성역도 서대문의 작은 역에 지나지 않았으며, 한강의 인도교는 존재하지도 않았다. 느릿느릿 한 배로 건너는 광경으로 정말로 지금 생각하면 격세지감을 느낀다.

그러나 당시라고는 하지만 열심히 그리고 헌신적인 사람들은 관계에도 민간에도 각지에서 반도의 개발에 진력하고 있었기 때문에 무엇인가 발흥의 기분은 느낄 수 있었다. 어쨌든 조선의 전반적인 총평은 다소간 일본인에게 조선에 대한 인식을 불러일으킨 것은 1921년의 조선산업조사위원회였다. 여기에는 당시의 미즈노(水野) 정무총감과 니시무라(西村) 식산국장의 노력을 빼놓을 수 없다. 그러나 주요한 결론은 농업국으로서의 수리사업, 산미증식, 철도 연장에 주력을 쏟아야 한다는 것이었다.

다음으로 시모오카(下岡) 정무총감 시대에 치산(治山) 우선주의를 고창하고 1917년 이래 만철에 위임 중이던 국유철도 환원을 단행하고 몸 바쳐서 산업증식, 수리사업 강화의 대책을 확립하였다.

당시에는 제1차 세계대전 후 일본의 호경기 시기로 조선으로서는 특별한 문제도 없이 단지 사설철도가 1919년경부터 보조법의 개정으로 일본 자본으로 속속 계획되고 있었는데, 1920년경의 전후 불경기로 해산설조차 흘러나왔으나 겨우 이를 불식시키고 조금씩 조금씩 건설할 수 있었던 상황이었다.

그 이후 일시적으로 회복된 농업경영, 산미, 산금, 석탄, 전기, 제철, 수리사업 등의 방면에서 발전을 이루기 시작하여 1929년에 이르러서는 부전강 수력전기와 흥남의 유안(硫安, 암모니아) 공장이 건설되어 공업계에 광명을 비추었으나 일본과 동일하게 1931년경에는 금해금 그 외의 영향으로 완전히 불경기의 바닥으로 떨어졌다. 즉 당시의 숫자로 총생산액은 물가 하락의 영향으로 15억 엔으로 감소하고 무역은 수입, 수출을 합하여 5억 3,000만 엔에 지나지 않았다.

그러나 1931년 가을 만주사변이 일어나고 다음 해 1932년 봄 만주국 건설로 가장 가까운 조선의 지위는 대륙 진출의 징검다리로 갑자기 호경기로 전환하여 관민 모두 열심히 이를 이용하려는 운동이 일어났다. 특히 산업 총독이라고 불린 우가키(宇垣) 총독의 열성적인 경륜에 의해 조선의 산업경제는 비약적으로 활기를 얻었으며 산금, 면양(緬羊, 실을 얻기 위해 키우는 양), 목화, 수산, 전력, 섬유공업, 화학공업, 농촌진흥 등의 사업이 착착 진흥되었다. 1932년에는 생산액 13억 엔, 무역 6억 3,000만 엔으로 향상되었으며, 이로부터 매년 2% 일본 3%씩 증가하였다. 즉 1933년에는 총생산액 15억 2,000만 엔, 무역 7억 7,000만 엔, 1934년에는 총생산액 17억 8,000만 엔, 무역 9억 8,000만 엔이었다. 시정 25년째인 1935년에는 총생산액 21억 3,000만 엔, 무역 12억 1,000만 엔으로 약진하였다. 1936년에는 우가키 총독 사임으로 미나미(南) 총독으로 바뀌었으며 커다란 수해를 당했음에도 불구하고 총생산액 24억 엔, 무역 13억 5,000만 엔으로 증가하였다. 1936년 10월에 대규모의 산업경제조사회를 개최하여 농공 병진의 대방침을 결정하고 선만(鮮滿) 일치 정강으로 착착 시설을 진척시켜 농산물의 등귀, 지가(地價) 급등에 의해 민력이 진척되고 공업도 약진하였다. 특히 섬유공업에서는 비약적인 발흥의 모습을 모였지만, 1937년 7월 중일전쟁의 발발로 인하여 반도의 지위는 점점 더 중요성을 높였으며 병참기지의 중요지점이 되었다. 총생산액 28억 엔, 무역 15억 5,000만 엔으로 향상되었다.

지금은 전시체제하의 국책에 순응하고 대륙에 대한 병참기지로서의 사명 아래서 산금, 제철, 석탄 각종의 중공업, 화학공업, 축산, 수산, 임업은 물론 교통 및 발전을 중심으로 공업계획을 향해서 힘을 보태고 있다. 무역에 대해서도 지체되면서도 각종의 시설에 착수하여 즉 이번의 중일전쟁을 계기로 하여 점점 더 중요한 역할, 장족의 발전이 기대되는 상황으로 향하고 있는 점은 명확한 사실이다. 요사이 무엇보다 다양한 통제에 의해 중소상공업이 어려운 상황에 처하는 형세인 것도 빠트릴 수 없는 사실이다.

생각건대 조선의 진보는 정말로 지금부터로 이후 얼마간의 어려운 국면도 있을 것이며 다양한 장애도 제거할 필요가 있음에도 불구하고 위대한 발전을 이룰 것을 믿어 의심치 않는다. 내선일체의 현실, 자본의 안전성은 분명하게 나타나고, 대륙 진출의 기점으로서 부동산

경영, 민림(民林) 식림 등의 사업도 대두할 형세이다.

이러한 것은 현재 진행되고 있는 것에 해당하는 것인 만큼 단순히 그 개요를 논하는 정도에 그치고자 한다.

즉 과거 20년간 반도의 진보는 환경에 의하고, 시운에 따른 성쇠가 없지는 않았으나 기나긴 축적과 준비의 효과가 점차로 나타나고 있으며 향상되고 있다고 할 수 있다. 내선일체의 마음도 서로 어울리며 특히 만주사변과 중일전쟁을 계기로 전향적인 진보를 꾀하게 되었다.

무엇보다 그 내용과 실질에 있어 아직 불충분한 부분이 얼마간 있지만, 이후의 진보는 기대하기에 충분하며 시설 경륜 및 군관민의 협화도 좋아지고 있어서 일본을 뒷받침하고 창고지 및 공업 진출지가 되어 대륙에 대한 기지의 역할을 다하며, 반드시 중추적인 발전을 이끌어 낼 것이라고 생각하는 바이다. (1938년 7월 작성)

3. 상공회의소의 활동

1) 조직

〈자료 157〉 대구도 상공회의소로 개칭(매일신보, 1930.11.29.)

「조선상공회의소령」 시행규칙 발포와 함께 대구상업회의소에서는 25일부터 대구상공회의소는 간판을 걸었다. 종래 서기장은 이사로 되고, 부서기장은 하등 명목이 없는 목하 회두가 고구(考究) 중으로 경성, 평양 등에 상의하여 결국 정관으로 주사라는 명목이 될 것 같다 한다.

〈자료 158〉 전선 상공회의소 이사회의 개최(매일신보, 1930.12.16.)

총독부 식산국 상공과에서 금년 5월에 「조선상공회의소령」을 제정, 발포하고, 금년 10월부터 이를 시행하여 오는 데 대하여 그 법령의 정신을 일반 상공회의소에 철저케 하고자 전 조선상공회의소 이사를 초집하여 16일부터 17일까지 양일 간 총독부 제2회의실에서 회의를 개최하게 되었다.

〈자료 159〉 상공회의소 개조론 대두, 은행 회사 방면 출동키를 기대(조선일보, 1931.1.30.)

경성상공회의소의 인재 본위를 의미하는 개조론은 여러 해의 현안이던바, 여러 가지 사정으로 실현되지 않고 오늘날에 미쳤다. 그런데 이번 전(前) 부서기장 이인용 씨의 회의소 자금 횡령 사건을 동기로 하여 다시 개조론이 대두하였다. 즉 동 사건으로 인하여 회두, 부회두는 이미 사표를 제출하고, 다른 역원도 책임을 느껴 사임을 제출하는 형세이다. 역원 총 개선이 되면 곧 개조하자는 의견도 유력하다. 그러나 다수의 1급 표를 가진 은행 집회소 방면이 의연 출동치 않고 토목건축협회 및 실업계 방면의 인사만에 일임하는 현상을 타파하지 않는 이상 그 개조도 유명무실로 종결될 듯하여 식자는 은행 회사 방면의 출동을 희망하는 모양이다.

〈자료 160〉 조선상공회의소 창설 계획 구체화, 식산 당국도 신중 고려(조선일보, 1931.3.8.)

「조선상공회의소령」은 작년 말에 발포된 제48조에 해당하는 조선상공회의소의 설치 문제에 대하여는 누차 그 필요를 논의하였는데, 현재 전 조선의 회의소에 의하여 전조선상의연합회가 조직되었는데, 이에 필요한 제 경비는 겨우 염출하는 상태이다. 이에 대하여는 당국도 일개의 법인으로 인정하지 않는다. 경성상의의 추태가 천하에 폭로되어 이를 동기로 동 소의 내외부의 대개조를 단행하려는 논의도 있고 감독관청인 식산 당국으로서도 이번의 불상 사건에 비춰 그 처치에 대하여 신중 고려 연구 중인데 당국으로서도 이 기회에 전 조선상의를 일괄한 법인 조직의 조선상공회의소 신설을 희망하는바 그 경비의 문제도 목하 진행 상태에 있다. 당국에서는 반드시 권위 있는 상공단체의 전 조선에 걸친 산업 관계 제 문제의 결의 기관으로 법인 조직의 조선상공회의소를 설립할 의향이므로 조만간 당국과 회의소와의 상호간에 신중 고려한 후에 구체화할 것으로 기대한다.

〈자료 161〉 회의소의 후임 회두, 30일 개최의 간담회서 결정(조선일보, 1931.3.31.)

경성상공회의소에서는 28일의 의원총회 후 간담회를 열고 공금 비소(費消) 사건에 대한 오무라(大村) 이사의 책임 문제에 대하여 협의한 결과

책임은 면치 못하겠으나 동 씨는 약 20년 근속으로 공로가 다대하므로 봉급 3분의 1 감봉 3개월로 하고 보통의 의원 면직으로 하기로 결정한 모양이다. 또 정·부 회두의 사임 문제 및 이에 따른 후임 정·부 회두 추천 문제 및 의원의 선처 문제에 대하여는 30일 오전 10시부터 간담회를 열고 신중 협의한 후 결정할 터인데 동일 협의가 되면 31일에 의원총회를 열고 일체를 결정하기로 하리라 한다. 또 오무라 이사의 퇴직 상여금은 추후에 결정하기로 되었다.

〈자료 162〉 후임 회두 아루가(有賀) 씨로 8위원이 교섭(조선일보, 1931.3.31.)

경성상공회의소에서는 본일 오전 10시부터 의원 28명의 간담회를 열고, 후임 회두 문제에 대하여 협의한 결과 다음과 같이 결의하였다.

의원간담회결의

우리들 28명의 의원은 회의소의 갱신을 꾀하기 위하여 협동 일치하여 아루가 식은 두취(頭取)를 후임 회두로 추천함.

또 추천의 이유는 시국을 수습함에는 경성 재계의 대인물의 출마를 요하므로 아루가 식은 두취의 추천을 타당하다 함에 있다. 진나이(陣內), 고성(古城), 전중(田中), 전천(田川), 하부(河部), 하내(河內) 6의원, 백완혁, 박영철 2특별의원을 교섭위원으로 천거하고, 아루가 두취의 승낙을 구하기로 되었고, 또 부회두는 회두 결정 후 결정하기로 하였다.

〈자료 163〉 사절 후의 아루가(有賀) 씨 담(談), 현 의원 중에서 선임함이 양책(良策) (조선일보, 1931.4.1.)

경성상공회의소 위원과 회견 후 아루가(有賀) 식은 두취는 다음과 같이 말하였다.

시국 수습을 위하여 현 정·부 회두 사임 후의 후임 회두로서 자기에 대하여 출마를 지금 위원들의 정식 교섭을 받았다. 자기로서는 식산은행 경영의 대임(大任)을 띠고 다시 조선곡물연합회장, 조선잠사회장, 조선산림회장 등 많은 공공단체에 관계하여 있다. 공·사 양 방면으로 도저히 회두의 임무를 다하기 어려움은 명백하므로 이 뜻으로써 회두 출마는 사절하였다. 이 문제에 대하여는 미리부터 2, 3인이나 말은 있었으나 모두 사절한 것이다. 금후의 회의소는 매우 다난(多難)할 것인데 의원 전체가 협력 일치하여 이에 임한다면 결코 어려운 일이 아닐 줄 안다. 이 의미로 현 의원 중에서 정·부 회두를 선임하고 협력 일치하여 지지하는 것이 양책일 줄 안다.

〈자료 164〉 아직은 불간섭, 상의 회두 문제, 상공과장 담(談)(조선일보, 1931.4.2.)

경성상의 회두 문제에 대하여는 종종 논의를 양성(釀成)하여 후임 난(難)에 빠진 모양인데, 이에 대하여 30일 오후 회의소 관계 유지는 총독부의 마쓰무라(松村) 식산국장을 방문하고 종종 간담하였는데, 이에 대하여 하지(土師) 상공과장은 이와 같이 말하였다.

어제 회의소 관계 유지가 내방하였었으나 자기는 부재(不在)여서 면접치 못하였다. 회두 문제에 대하여는 한 개인의 입장으로 보면, 각자의 의견이 서로 다름에 있다. 당국으로서도 이제 곳 회두 후임자의 추천, 기타에는 간여하지 않겠다. 또 이미 도쿄에 가 있는 고다마(兒玉)

총감도 근일 귀임할 터이므로 국장에게서도 그 경위에 대하여 청취하였으니 어떠한 결정이 있을 것이다. 따라서 금일에는 식은 당국으로서도 후임 회두 문제 등에 대하여 낙부(諾否)를 주지는 않을 것이라고 생각한다. 운운.

〈자료 165〉 회의소의 신진용, 의원총회 경과(조선일보, 1931.4.14.)

후임 정·부 회두를 선임할 경성상공회 의원총회는 11일 오후 1시 20분에 개회하니 출석 의원 24명(내 특별의원 4명)이었다. 와타나베(渡邊) 회두가 의장석에 착석하여 제3호 의안의 여러 보고가 있었고

1. 역원 선거의 건

을 의제로 하여 회두의 보결 선거를 단기(單記) 무기명 투표에 의하였는데, 개표한 결과

22표 진나이 모키치(陣內茂吉), 1표 후루시로(古城龜之助), 1표 백표(白票)

이다. 진나이(陣內) 씨 전표(全票)로써 당선되고, 회두 취임 승낙의 의사 표시가 있었다. 이때에 와타나베 의장이 퇴석(退席)하고, 신 회두 진나이 씨가 의장석에 착석하여 와타나베 전 회두의 인사와 진나이 회두의 사사(謝辭)가 있었으며 부회두의 선거가 있었는데, 결과는

23표 후루시로, 1표 후지타(藤田安之進), 23표 박영근, 1표 송재영

이었다. 후루시로·박 양씨가 당신되어 승닉의 의사 표시가 있었고, 후루시로·박 양씨의 부회두 당선에 따라 상업부장, 금융부장의 보결선거를 행한 결과

상업부장 다가와 쓰네지로(田川常次郎)

금융부장 다나카 사부로(田中三郎)의 양씨가 당선되어 승낙되었으며

1. 회계 감사위원 선거의 건

은 관근금작(關根金作), 하합치삼랑(河合治三郎), 등전미삼랑(藤田米三郎)의 3씨를 전형위원으로 하여 전형한 결과

아부희지조(阿部喜之助), 관근전작(關根全作), 도축강이(都筑康二)

의 3씨가 당선되어 오후 3시에 폐회하였다.

소매상 발전과 공업의 진흥에, 진나이 모키치(陣內茂吉) 씨 담(談)

이번 경성상의 회두로 선임된 것은 비상한 광영이다. 그러나 자기의 단재 천학(短才淺學)으로서는 도저히 적임이 아니라고 믿는다. 회의소의 현 상황 및 그같이 전표(全票)로써 당선된 이상 이에 감격하여 의원 제군의 후원에 의하여 이 중임을 다하고자 한다. 자기의 생각으로는 금후 경성의 문제로서는 소매상의 발전책, 공업의 진흥에 크게 진력하고자 한다. 또 전 조선적인 문제로서는 조선에서 금 증산 문제, 사철(私鐵) 보조 문제의 해결에 진력하고자 한다.

〈자료 166〉 상의(商議) 공업부회 공업 진전책 협의(조선일보, 1931.5.17.)

경성상공회의소에서는 15일 오후 2시 25분에 공업부회를 열고

1. 부내 공업 진전에 관한 건에 대하여 협의한 결과 다음과 같이 결정하고, 오후 4시 28분에 산회하였다.
2. 경기도 내 공업 생산품 품평회는 경비 1만 2,000원으로 오는 10월 10일부터 25일까지 16일 간 상공장려관에서 개최할 것
3. 궁민구제 공사용 기계 및 제 재료는 부득이한 것 외에는 절대적으로 선산품(鮮産品) 충용을 조건으로 하여 청부에 부치도록 요망의 건
4. 공업 통제를 위하여 기초조사를 할 것

〈자료 167〉 상의(商議) 연합기관 결국 실현호(매일신보, 1931.5.22.)

오는 25, 6 양일 간 개최의 전조선상공회의소연합회에서 오늘까지 경비 관계로 보류된 사단법인 조선상공회의소 설립을 협의하게 되었는데, 이는 경비 예산 약 3,000원을 계상하여 점차 설립하게 된 모양이니, 만약 이것이 실현하게 되면 조선상공회의소의 대표기관 즉 자문기관이 결의기관으로 변하여 각 상공회의소가 받는 이익도 다대하겠다.

〈자료 168〉 조선상공의 설립은 오는 10월로 예정(조선일보, 1931.5.29.)

조선상공회의소의 설립에 대하여는 이번의 상의연합회에서 경성·인천 양 회의소를 설립준비위원으로 선정하여 설립 준비를 진행하기로 되었다. 금후 이 위원으로서는 정관, 예산

등 설립에 필요한 사항을 조사하고, 조사 완료 후는 이 원안을 각 회의소에 회부하여 승인을 구한 후에 당국에 설립 인가를 신청할 순서이다. 그리고 이 창립총회는 목하 식산국장이 자문한 공업 동력 조사(대체로 조사 마침) 및 운수 개선 조사가 오는 10월경에는 완성되므로 이를 부의하기 위하여 동 10월경에 임시 상의연합회가 개최될 예정으로 이 연합회 개최기(開催期) 즉 오는 10월에는 조선상공회의소의 설립총회를 개최하기로 되는 모양이다.

〈자료 169〉 상공회의소 창립을 재계 중진이 발기, 개성 재계 유력자를 망라, 일반은 종속 성립 희망(조선일보, 1931.7.19.)

개성은 전선에서 유수한 상공업 도시임에도 불구하고 아직 공업의 진흥을 도모하고 그에 종사하는 자의 집합체인 무슨 기관이 없음을 유감으로 여겨 당지 유지들은 일전에 상공회의소 창립발기회를 창립 준비위원으로 당지 재계의 중진인

공성학(孔聖學), 김정호(金正浩), 박봉진(朴鳳鎭), 황중현(黃中顯), 임한선(林漢瑄), 강본풍(岡本豊), 석원박태(石原博太)

등 7씨를 선거하여 착착 조사와 준비를 진행시키는 중이라는바, 당 지방의 상공 진흥에 많은 기능을 발휘할 기관이 성립되기를 일반은 기대 중이라 한다.

〈자료 170〉 개성상공회 창립 준비 진섭(進涉)[16](조선일보, 1931.9.17.)

이미 보도한 바와 같이 개성에서는 상공회의소를 창립코자 저간에 연구위원 7인을 선거하여 조사에 당하게 하였던바, 위원 일동은 지난 11일 하오 9시에 당지 실업가와 공직자 약 40여 인을 초청하고, 부청 누상에서 조사에 대한 결과 보고가 있었다 한다. 관계 당국과 교섭한 결과 창립 허가에 대한 양해까지 얻었으며, 동 회가 성립되는 경우에는 최소한도로 매년 7,000원의 예산을 요하리라는 바, 그 재원은 상공업자의 영업 수익에 할당시킬 방침이라 하며, 동 회 창립 준비위원으로 적임자 30인을 선거하여 그 준비에 당하게 할 터인바 인선 전형위원으로

16 진섭(進陟)의 오식으로 보임.

공성학, 김정호, 박봉진, 조명하

외에 5씨를 추천하고 동 10시 반에 폐회하였다 한다.

〈자료 171〉 군산상의원 개선 방법 결정, 명년 6월에 시행, 구령대로 시행(매일신보, 1931.10.22.)

군산상공회의소 의원 개선기는 신령에 의하면 1933년 6월이나, 현재 의원은 구령에 의해 선출하였으므로 정치적 상도(常道)에 좇아 대구와 같이 내년 6월에 우선 사퇴한 뒤 다시 총선거를 허하기로 대체 의원들의 의사가 일치되었다고 한다.

〈자료 172〉 조선상공회의소 창립총회 개최, 21일 경상의에서, 각 회의소 대표 출석(조선일보, 1931.10.23.)

조선상공회의소 창립 발기인회는 21일 오후 1시 15분부터 경성상의 회의실에서 개최하고, 진나이(陣內) 회두가 의장석에 나아가 의사(議事)에 들어가기 전에 즉시 창립총회에 옮길지, 발기인회를 거쳐 총회에 들어갈지가 문제로 되었으나, 결국 발기인회부터 시작키로 되어 의사에 들어갔다.

1. 설립의 이유

조선의 상공업 개선 발달을 꾀하고 조선 내 상공회의소 공동 목적의 달성을 기하기 위하여 조선상공회의소의 설립을 필요로 인정함에 인유(因由)함.

2. 사업계획 개요

1. 상공업에 관한 통보
2. 상공업에 관한 중개 또는 알선
3. 상공업에 관한 조정 또는 중재
4. 상공업에 관한 증명 또는 감정(鑑定)

5. 상공업에 관한 통계의 조사 및 편찬

6. 상공업에 관한 영조물(營造物)의 설치 및 관리

7. 기타 상공업의 개선 발달을 꾀하기에 필요한 사업

3. 창립비 및 그 상각 방법(償却方法)

창립비 100원은 각 회의소의 최근의 예산액을 표준을 하여 이를 분담케 함

4. 사업연도의 경비 수지 개산(概算)(부과금 3,000원)

이 심의를 행하여 만장일치 가결한 후 정관의 축장 심의(逐章審議) 중 2시 10분에 이마이타(今井田) 정무총감이 임장(臨場)하였으므로 의사를 중지하고, 동 총감은 전 조선상공회의소의 운수 개선과 동력 문제에 대한 답신에 사사(謝辭)를 말한 후 별항과 같은 강연이 있었다.

3시에 재개하여 정관의 심의를 속행하였다.

제3장 상의원회(常議員會)

제17조 상의원은 정원을 5명으로 하고, 의원총회에서 선거된 5상공회의소에서 그 역원 및 이사 중에서 1인을 선정함.

이에 의하면 제21조의 적용에 관련되어 상의원회는 부회두가 출석이 불가능하므로 이 점이 문제가 되어 의사가 진행되지 못하고, 3시 35분에 간담회에 들어갔다가 3시 50분에 재개한바, 의장으로부터

제17조에 법리상 회두 부회두의 문구는 넣을 수 있으나 총회 규정과의 연락상 넣지 않는 것이 합리적인바 어떻게 할까

라고 자문하였음에 대하여 회의장이 문란하여 본회의인지, 간담회인지 알 수 없게 되자 임석 고타키(上瀧) 상공과장이

부회두는 회두가 사고가 있을 때에 대신하게 되었으므로 결의권이 없어도 이 의원회에 출석할 수 있고, 또 출석하는 것이 당연한 의무이다.

라 하여 원안의 타당성을 상세히 말하였으나 결국 만장일치로 제17조에 제1항으로서

'상의원회는 역원 및 상의원으로써 이것을 조직함'

이라고 추가하기로 결정되어 제3조를 마친 후 제4조 이하 제8조까지의 심의를 마치고, 제41조의 1을 수정하였을 뿐이고 기타는 모두 가결하였다. 역원의 선거, 상의원의 선거는 나중에 하기로 하고, 초년도 세입 세출 예산과 경비 부과 징수 방법, 1932년도 세입 세출 예산과 경비 부과 징수 방법을 가결하였으며 상의연합회의 의무는 일체 신상공회의소에 인계할 뜻을 의장이 성명(聲明)한 후 의장이 일단 폐회를 선포하면서도 의사 속행의 동의(動議)에 움직여 속행(續行)을 묻는 등 한참 수선하다가 결국 4시 40분에 폐회하였다.

〈자료 173〉 조선상공회소 인가 신청 재근(在近)(조선일보, 1931.10.24.)

조선상공회의소의 설립은 22일의 발기인회에서 결정하고 정·부 회두 이하도 선임을 종료하였으므로 상의연합회 사무소에서는 의사록을 작제하여 하루 이틀 중에 인가 신청을 하기로 되었다. 인가까지에는 상당한 시일을 요할 듯하여 연내에는 곤란할 듯하다. 조선상의 인가와 동시에 조선상공회의소연합회는 해산키로 된다더라.

〈자료 174〉 조선상공회의소 1일부 설립인가(조선일보, 1932.1.5.)

인가 신청 중이던 조선상공회의소는 1월 1일부로써 인가되었다.

〈자료 175〉 마산상공회의소 설치 운동, 시기상조를 논함, 마산 일기자(동아일보, 1932.9.6.)

마산도 조선의 1도시라 하여 제반 시설이 착착 진행하고 있다.

도시는 상공업지를 의미한 것인데, 마산은 어항인 동시에 농산지이다. 소위 상공업이란 것은 극히 유치한 정도에 있어 도시 면목을 유지할 수 없는 현 상황이다. 상공업 발전을 꾀하는 기관이라 하여 일본인 측의 상공회와 조선인 측의 상공협회가 있어서 상공 진흥을 꾀하고 있으나 발전은 아직 더디고, 업계는 점차 위미(萎靡)하는 경향에 있다. 그 이유는 어디에 있는가. 지리적으로 부산, 대구, 진주, 통영의 4대 도시가 사방에 싸고 있어 생산, 소비, 수·이입·출의 편리가 있는 반면에 마산은 개항 이래로 소위 상공업자들이 상당한 자금을 투입하여 상공도시가 될 만한 시설 계획이 없는 까닭이다.

그런데 돌연 오늘에 와서 상공회를 배경 삼은 몇 명의 책동으로 상공회의소 설치 문제가 일어나 운동이 자못 맹렬하는 모양인데, 그 규정 내용을 대략 듣건대 마산부 내 거주하는 상공업자는 물론이고 창원군 내 서면 산호리, 회원리, 석전리 순 농촌 지역까지 1구역을 편성하여 영업세 7원 이상 부담자는 누구를 막론하고 회원을 만들어 경비 부담을 시킨다 하며, 설립 초년인 1932년도 예산액을 5,400원을 계상하여 회원 270인(조선인 96명, 일본인 174명)에 영업세 100분의 50 비례로 부가한다고 한다. 그러고 보면 현재 영업세 10원 부담하는 업자가 상공회의소비로써 그 반액을 첨부하여 15원을 부담하고야 말 것이다. 초년도 예산액이 5,400원이란 숫자를 가지고 현재 회원 270인에게 평균 배정한다면 1인마다 20원이 아닌가. 이로써 추산하면 제2, 제3년도의 예산액이 점증될 것을 알 수 있고, 회의소 신축 문제가 나고 보면 그 비용이 얼마이며 부담자는 회원이 아니고 누구일까.

보라. 부민의 부담이 얼마나 과중한가. 각종 세금은 해를 거듭해 증가되어 금년도 총액 7만 7,944원을 작년도 7만 116원에 비하면 금년에 증가액이 7,828원이 되었다. 이로써 부민 전 호수에 배정하면 1인마다 1년 부담이 14원의 평균이 된다. 따로 영업세 부담률을 보자. 금년도 총액 2만 1,595원으로써 각종 영업자 1,403인에 평분(平分)하면 사람마다 부담이 15원에 넘쳐난다. 이와 같이 부담이 과중한 반면에 부민의 실력은 얼마나 빈약한가. 마산부는 조선에 짝이 없이 빈약한 부일 것이다. 이러한 현실 마산을 정밀히 살피지 않고 상공회의소라는 빛 좋은 간판만 세운다 하면 부민의 경제 소장(消長)이 어떠하며, 따라서 민중의 향배가 어떠할까. 듣는 바에 의하면 이 상공회의소 설치 문제에 대하여 중소상공업자 다수가 반대하고 있다 하니 마산에 일반적 상공업을 발전시킨다는 표방에 얼마만한 반영을 일으킴인가. 우리는 마산 정세를 보아서 상공회의소는 아직 시기상조로 추단하는 동시에 중소 상공업자의 실력 배양에 노력이 있기를 바란다.

〈자료 176〉 상의(商議) 회두 유력 후보(매일신보, 1932.9.7.)

경성상공회의소의 의원 선거는 11월 1일인데, 은행 회사단 방면은 아직 후보자가 미정이나, 회두 후보로 일부에서 출마를 희망하는 사람은 조화사장(朝火社長) 다니 다키마(谷多喜磨) 씨, 조우사장(朝郵社長) 삼변차랑(森辨次郎) 씨, 상은 두취 박영철 씨, 불이(不二) 전무 삼정영장

(三井榮長) 씨 등 4인인데, 삼(森), 곡(谷) 양씨가 유망하다.

〈자료 177〉 경성상의 회원 실격자에 통지(매일신보, 1932.9.18.)

경성상공회의소에서는 영업세 변경, 기타의 이유로 회원 실격자 41명에게 통지를 발했는데, 9월 12일 현재 유자격 회원은 약 2,000명이다.

〈자료 178〉 경성상의 선거 미증유의 혼전, 정오까지의 형세(중앙일보, 1932.11.2.)

경성상공회의소 의원선거는 1일 오전 9시부터 공회당에서 거행하는바, 만유감이 없기까지 설비를 종료하였다. 2급 후보자는 조선호텔 앞에 천막을 치고, 사무소를 설치했다. 유권자를 머리를 조아려 출영한다. (중략) 정오까지의 2급 투표수는 일본인 403표, 조선인 및 법인 189표, 합계 589표이다. (후략)

〈자료 179〉 경성상공 의원 총선거의 결과(중앙일보, 1932.11.3.)

「조선상공회의소령」 발표 이후에 처음으로 있게 된 경성상의 선거전은 1, 2급이 모두 정원을 초과하여 의외의 격전을 보였으니 1일 오후 5시에 투표를 개시하였던바, 선거장이 2급 투표에 대하여 다음과 같이 보고하였다.

유권자 수 1,606표, 2급 총투표 1,208표, 기권 398표

이를 종료하고, 동 7시에 1급 투표 정리로 옮겨 선거장이 다음과 같이 투표 결과를 보고하였다.

투표수 169표, 기권 24표

그 결과에 의하면 조선인의 피선자는 1급 15명 중 3인이요, 2급 16명 중 2명으로 되었다.

〈자료 180〉 경성상공회의 의원 개선 결과, 조선인 불과 5인(동아일보, 1932.11.3.)

이미 보도한 바와 같이 경성상공회의소 의원의 개선 투표는 1일 오전 9시부터 거행하여 동일 오후 4시로써 끝냈다. 이 결과는 2급 유권자 1,792인 중 투표수 1,210명으로 기권자가 572명이며, 1급 유권자는 196표 중 총투표 169표로 기권자 수는 27표에 달한바 1, 2급으로 당선된 사람과 또는 낙선된 사람은 아래와 같다. (중략)

그런데 1급의 이동선 씨와 백석암(白石巖) 씨는 동표였으므로 상의의원 선거규칙에 의하여 추첨한 결과, 이동선 씨가 의원으로 당선되고 백석암 씨는 낙선되었다.

회두 문제 상금 관측 구구

별항과 같이 경성상의 의원이 개선되었으나 문제로 내려오던 동 회의소 회두는 그동안의 소식과 같이 가다(賀田) 씨로 결정될까 함에 대하여 아직도 관측이 구구한 터이다. 하전 씨는 2일 밤에 귀경(그동안 여행 중)할 터이므로 동씨의 의향도 모를 뿐 아니라, 도시마(戶島) 씨 일파의 책동이 잠행적으로 상당한 모양이므로 하등 파란이 없이 낙착을 고할는지 의문시한다. 그리고 회두가 무사히 결정된다 하더라도 부회두 문제에서 일본인 편도 용이히 결정키 어려울 것이며, 또 조선인 측으로도 전 부회두였던 박영근 씨와 원덕상 씨 간에 부회두 쟁탈전이 연출될 형세가 많아 보인다고 한다.

〈자료 181〉 상공회의소 전주에서 창립(동아일보, 1932.11.3.)

전북 전주읍에서는 상공회의소를 설치하고자 그간 창립 준비 중이라 함은 이미 보도한 바이거니와, 저간 유권자 측의 동의를 얻어 지난 30일 당지 공회당에서 창립총회를 개최한바, 원안이 일치 가결되어 불일간 당국에 인가 수속을 취하리라는데, 대략 유권자 수를 일별해 보건대 조선인 총 상공업자 호수 2,169호에 유권자 수효가 불과 143명이요, 일본인 상공 호수 440호에 180인이란 거의 반수가 유권자라는데, 이로 보아서도 조선인의 피폐한 상공업을 추측할 수 있다 한다.

〈자료 182〉 개성에 상공회의소 창립, 조선인 중심이 이채, 인가는 1월 중순경 (조선일보, 1932.12.31.)

개성상공회의소 창립 준비는 착착 진행되어 저간 총독부에 허가원을 제출하였던바, 서류에 불비한 점이 있어 각하(却下)되었었는데 그것을 수정하여 제출하였으므로, 늦어도 1월 중순경에는 허가의 지령을 받게 될 것이라 하며, 경비는 타처에 유가 없는 5,692원의 적은 경비라 하며 부과금의 할당 비례는 영업세에 대한 100분의 40으로 일반은 이 기관을 잘 이용해 주기를 바란다는데, 회원은 일본인 34인, 조선인이 195인으로 순 조선인 중심의 기관이 될 것이라 한다.

〈자료 183〉 새로 인가된 개성상의, 금월 중 사무 개시(조선일보, 1933.5.12.)

개성상공회의소 설립은 지난 8일부로써 총독부의 인가 지령을 받았는데, 사무의 개시는 5월 중순이 되겠지만 의원 선거는 6월이나 되어야 행할 터이며, 의원수는 20인이요, 1개년 사업 예산 총액은 5,692원으로 전 조선 상의의 6위다.

〈자료 184〉 부제(府制) 실시를 앞두고 상공회의소 준비, 현재 상공회를 승격키로, 인가 신청서 제출(매일신보, 1933.5.26.)

오랫동안 전 시민의 열망 중에 있던 전북 전주부 승격 문제도 1934년도부터는 틀림없이 그 실현을 보게 될 것이므로, 부제 시행 후의 상공기관으로 현재 상공회를 상공회의소로 할 안에 대하여는 상공회 관계자의 손으로 제반 수속을 진행 중이나, 그 인가 신청서에 첨부할 각종 상공 관계의 통계자료는 정밀을 요할 것이므로, 목하 서류는 도 주무과와 신청자에 내왕 중에 있는 모양인바, 이미 내년도에는 부제 시행을 보게 된 오늘 회의소 설립 사업도 조속 진척하지 않으면 안 된다는 여론이 전주 상공 관계자 간에는 자못 농후하여 전주의 여명도 가까이 닥쳐 있다고 한다.

〈자료 185〉 개성상공회의소 초대 의원선거, 격렬한 경쟁이 있은 후에 20인의 당선 발표(동아일보, 1933.7.13.)

지난 5월 8일부로 설립 허가된 개성상공회의소는 그동안의 제1대의 의원 선거를 준비 중이던바, 지난 11일 오전 10시부터 오후 4시까지에 시내 고려청년회관에서 선거가 결행되었다.

의원 정원이 20인인데, 후보자가 33명으로 맹렬하게 경쟁하여 근래의 선거로는 보기 드문 격전을 연출하고, 동 5시경에 개표한 결과 다음의 20인이 당선되었다.

그리고 유권자 총수가 329인인데, 이번 사건에 투표된 총 투표수는 전부 302표라 한다. (후략)

〈자료 186〉 정원 10명에 입후보 33명, 개성상의 첫 선거(조선일보, 1933.7.14.)

개성상공회의소의 첫 상의 선거 투표는 11일 오전 10시부터 오후 4시까지 부내 고려청년회관 대강당에서 시행되었다. 의원 정수는 10명인데, 입후자가 33명에 달하여 일대 혼전을 연출한바, 당선된 의원의 씨명은 다음과 같다.

◇피선 의원 박봉진(朴鳳鎭), 조용환(趙容煥), 이수현삼(伊壽賢三), 팔목우일(八木右一), 장희순(張熙淳), 김규승(金奎昇), 김재현(金在鉉), 임한선(林漢瑄), 전일영(全日永), 박재규(朴載珪)

〈자료 187〉 개성상공회의소 제1대 의원(매일신보, 1933.7.14.)

개성상공회의소 제1대의 의원 선거는 지난 11일 오전 10시부터 동 본정 고려청년회관 대강당에서 (중략) 진행되어 동일 오후 4시 정각에 투표를 마치고, 동 4시 반에 (중략) 개표하였는데, 유권자 총수가 329인 중에 302명이 출석, 투표하였고, 27명은 대개 다른 지방에 나가 있는 관계로 기권하였으며, 입후보자 33인 중에 정수인 20명이 당선되었고, 13명이 낙선되었는데, 당일 당선된 의원과 득표수는 아래와 같다. (후략)

〈자료 188〉 대전상공회의소 발기인회 개최(조선일보, 1933.12.3.)

대전상공회의소는 다년 현안 중으로 내려오다가 요전에야 인가를 얻게 된바, 동 회의소 발기인회에서는 오는 4일 오후 2시부터 읍 회의실에서 발기인 35명과 실업협회 역원 5명을 소집하고 다음에 관한 협의를 한 후 시내 모범 점원의 표창을 행할 터이라고 한다.

1. 역원 선거 기일

1. 창립 비용 지출 방법

1. 역원 선거에 이르기까지 사무 수행에 관한 건

1. 실업협회 해산의 건

〈자료 189〉 함흥상공회의소 발기회 종료(조선일보, 1933.12.3.)

함홍상공회의소 발기회는 27일 오후 5시부터 부내 영정 장기정에서 관사민 5, 60명의 열석하에 신전(信田) 신탁회사 사장의 사회로 개최되었데, 제반 토의는 만장일치의 찬성으로 원만히 진행되었고, 설립의원을 조선인과 일본인 각 6명씩 선거하고, 동 7시에 폐회하였는데, 설립위원 씨명은 다음과 같다더라.

설립위원

황항식(黃恒植), 김석현(金錫炫), 장윤하(張潤河), 김수근(金秀根), 고지영(高志英), 조재구(趙載球), 시오가와(鹽川濟吉), 신전진일랑(信田秦一郎), 고창영태랑(高倉榮太郎), 목촌중수(木村重樹), 전희대팔(田喜代八), 회산매희(檜山梅喜)

〈자료 190〉 대전상공회의소 발기인회를 개최, 모범 점원도 표창(매일신보, 1933.12.5.)

대전실업협회에서는 4일 오후 2시 읍 회의실에서 모범 점원의 표창식을 거행하고, 계속 상공회의소 발기인회를 개최, 다음의 제 안건을 심의한바, 회의소의 발기인은 35명으로 가사무소의 개설, 회칙의 제정, 의원의 선거 등 많은 중요 문제를 앞두고 또 7원 이상의 영업세를 납부하는 소위 유권자는 305명으로 그중 부인 유권자가 16명이다. 의원의 총수는 18명으로 총선거는 내년 봄 3월 중순이며, 심의 사항은 아래와 같다. (후략)

〈자료 191〉 상공회의소 아닌 각종의 상공단체, 59개소 회원 5,351인, 볼만한 사업이 없어 걱정(조선일보, 1933.12.15.)

총독부 조사=각도의 상공회 등으로서 상공회의소가 아닌 일반 임의 단체는 총수 59개소, 회원수 5,351인으로 각 단체의 최근 1사업연도의 수지 결산 및 사업의 상황을 보면, 이 59개

단체 중 결산 총액 1,000원을 넘은 것이 9, 1,000원 이하 500원을 넘은 것이 3에 불과한 상태이다. 그 사업으로서는 상공업에 관한 조사 및 진정, 대매출 등의 개최 또는 우량 점원의 표창 등을 실시하는 것도 있으나, 대체는 각별히 사업이 볼만한 것이 없는데, 각도별 개요는 다음과 같다.

도명	단체수	회원수
경기	3	509
충북	2	103
충남	5	339
전북	3	349
전남	12	711
경북	5	526
경남	8	469
강원	5	271
함남	4	67
함북	5	734
황해	5	532
평남	2	173
평북	-	-
계	59	5351

〈자료 192〉 여수상공회 정총(동아일보, 1935.6.5.)

여수상공회 제1회 정기총회를 지난 2일 오후 2시부터 서정 영관 내에서 개최한바, 다수 회원 출석하에 이(李) 부회두의 개회사와 문(文) 이사의 사업보고 등이 있었고, 평의원을 개선하였는바, 당선된 평의원은 다음과 같다. (후략)

〈자료 193〉 조상(朝商) 신상의원(매일신보, 1935.6.12.)

조선상공회의소의 상의원은 이번에 2명을 증원하기로 되어, 그 선거를 오는 정시총회에서 행할 터인데, 신상의원 회의소로는 대구, 청진, 군산이 유력시되는바, 그중 대구는 이에 일찍이 상의원으로 선거된 일이 있던 곳이다.

〈자료 194〉 통영상공회 발기총회 개최(동아일보, 1935.7.1.)

통영 상공계 거두들이 지난 27일 오후 4시경에 통영 해산회사 누상에서 통영상공회 창립 발기회를 개최하고, 규약 제정과 상공계 발전을 토의, 결정하고 실행 위원으로 임철규, 영부양(永富陽), 허기엽, 삼산무(森山茂) 제씨를 선정하고 폐회하였다 한다.

〈자료 195〉 경성상의 선거 유권자 수 결정(조선중앙일보, 1935.10.1.)

경성상공회의소의 9월 12일 현재 유권자 수는 다음과 같이 결정하였다.

1급 법인 170, 개인 87, 합 257명
2급 법인 342, 개인 1924, 합 2,266

이를 전회(前回)의 1932년도에 비교하면 총수는 535명의 증가이요, 1급의 출마 의원은 평균 50표를 획득해야만 될 셈이라 한다.

〈자료 196〉 서선상의연합회 발회식 성대히 거행(매일신보, 1939.8.28.)

서선상공회의소연합회의 발회식은 26일 오전 10시부터 평양공회당에서 거행하였는데, 이날은 본부로부터 상공과장, 사무관, 평남도로부터 지사, 산업부장, 평양부윤을 비롯하여 관민 다수의 내빈과 해주, 진남포, 신의주 각 상의 회두, 이사며 평남상의 관계자가 출석하여 궁성요배, 전몰 장사에 대한 묵도를 올린 후 창립위원장으로부터 인사가 있었으며, 좌장 추천에 들어 신의주 회두의 제의로 평양 회두가 좌장으로 추천되어 창립 취지와 규약 제정에 들어갔는데, 규약에서는 다소 자구의 정정을 행하고, 다음에 식산국장, 황해, 평남 양 지사와 평양부윤, 조선상의 회두의 축사가 있었고, 축전 피로를 행한 후, 오전 중에 창립총회를 마쳤다.

그리고 오후 2시부터는 각 회의소 제출 의안의 심의를 행하고, 27일은 오전 9시부터 본부 상공과장의 물동 계획을 중심으로 한, 또 사무관으로부터 금융 문제를 중심으로 한 강연이 있었고, 이어 이를 중심으로 좌담회를 행했다.

〈자료 197〉 조선상의 회두 아루가(有賀) 씨가 제1후보 결국 다니(谷) 조신사장 유력

(매일신보, 1939.11.12.)

조선상공회의소 회두 문제는 10일의 긴급 임시총회에서 회두 선임 제안을 철회하고 본부의 방침에 즉응하여 신중 검토하기로 만장일치 결정하고 산회하였는데, 총독부의 의향으로서는 전시경제의 통제 강화에 따라 조선상의 국가적 사무의 대행 기관으로서 더욱 긴요성을 더하고 있으므로, 조선상의 회두가 경성상의의 회두를 겸하는 것은 불합리하다는 견해를 가지고 있어 이번 기회에 분리함이 타당하다고 희망하고 있다.

그리하여 본부에서는 1940년도 예산에 조선상의에 대한 보조금 1만 5,000여 원을 계상하고 있으므로, 결국 상의 측에서도 이 본부의 희망을 충분 고려하여 회두의 선임을 하게 될 터이다.

그런데 회두 선임에 당하여는 본부에서 인선에 대하여 상의 측에 협력할 것을 명언하였으므로, 상의 측에서 본부에 인선 추천을 의뢰할 경우에는 본부에서 적당한 인물을 물색 추천하게 될 모양이다. 본부에서는 이미 아루가 미쓰도요(有賀光豊) 씨에게 교섭을 하는 중이나, 아루가 씨가 수락할지는 매우 의문이어서 아루가 씨의 회두 취임이 실현되지 못하면 히토미 지로(人見次郎) 씨, 다니다 키마(谷多喜磨) 씨 등에 교섭할 터로 보이는데, 한편 야나베 에이사브로(矢鍋永三郎) 씨도 고려하고 있는 듯하다. 그러나 이상 각 후보자의 개인적 사정 또는 조선 재계의 실정 등으로 보아 다니다 키마 씨의 회두 취임이 가장 유력한 모양이다.

경성상의는 본부 방침 찬성, 11일 총회에서

조선상의 회두 후임 문제에 대하여는 의연 난항을 계속하고 있는데, 10일 오후 3시부터 조선상의 임시의원총회 뒤를 받고 즉시 비밀 간담회를 열어 상공과장으로부터 총독부의 방침을 설명, 인재(人材)의 후임 회두 후보가 결정되기 전에는 역원 선거를 보류할 뜻을 약 30분간에 걸쳐 말하여 양해를 구한 바 있었으므로, 경성상공회의소에서는 11일 오전 10시 15분 회의실에서 의원총회를 열고 회두로부터 10일의 조선상의 의원총회 및 간담회의 경과를 보고, 이어 동 40분 비밀회에 들어가 이사가 총독부 방침을 설명한 후 동 50분 비밀회를 하여 총독부의 방침에 대한 찬부를 자문한 결과 각 의원 모두 이의 없이 찬성, 동 11시 10분 산회하였다.

〈자료 198〉 조선상의 회두 겸임은 불가, 이사카(井坂) 상공과장 언명(조선일보, 1939.11.12.)

조선상의의 회두 문제에 대하여 총독부 이사카 상공과장은 다음과 같이 총독부의 방침을 말하였다.

상공회의소는 시국하 경제통제 강화기관으로서 민간의 가장 유력한 역할을 가진 것으로, 현재 관청의 기능만으로써는 도저히 완전한 목적을 수행할 수 없으므로 민간의 협력에 의하여야 하는바 적지 않다. 지난번 「9·18 물가정지령」에 의한 물가의 정부 가격 등 통제령의 실시 등 그 내용 관계 범위가 다기(多岐), 광범하여 이에 대하여서는 상공회의소의 적절한 측면적 협력에 의하여야만 목적을 달성할 수 있는 것으로, 총독부는 도지사를 통하여 각 상공회의소를 지정 단체로 하고 업자의 협정 가격 등의 설정을 기하고 있다. 이러한 견지에서 조선상의를 비롯하여 각 지방 상공회의소의 역할은 현저히 가중되고, 이 같은 때에 조선상의 회두가 1지방 회의소의 회두도 겸한다는 것은 무거운 짐이다. 경성상의 회두는 조선상의 회두도 겸임한다는 종래의 불문율은 타파하고, 경성상의 회두는 경성의 상공업자의 유일한 자치기관으로서의 기능을 발휘하는 데 진력하고, 조선상의 회두는 전 조선상의의 통재기관(統裁機關)으로서 부여된 사명 달성에 노력할 것이다. 회두 인선에 당하여서는 총독부도 협력을 아끼지 않을 방침이다.

〈자료 199〉 청주, 진주, 회령 등에 상의 설립 계획, 기타 상공 도시에 상공회 설치 (조선일보, 1940.4.5.)

식산국에서는 경제통제에 대한 일반 민간의 협력을 꾀하기 위하여 조선상공회의소의 기구를 개혁, 강화하기로 결정하였는데, 이와 동시에 지방의 경제단체의 적극적 정비 강화를 진행할 방침을 결정하였다. 즉 상공회의소 소재지 이외의 유력한 상공 도시에도 상공회의소를 신설하고 혹은 상공회의 창설 등을 꾀하여 먼저 청주, 진주, 회령의 상공회를 회의소로 승격하고, 춘천, 기타의 유력지도 회의소의 설치 기운을 조성하는 동시에 상공회의 설치에 대하여도 정비할 방침이다. 그리고 당국으로서는 지방의 자발적 태도를 기다려 진행하기로 되었다.

〈자료 200〉 중부상공회의소연합회 결성 중, 상공계 번영책 강구(조선일보, 1940.4.14.)

경성상공회의소에서는 오는 18일 오후 2시부터 역원회, 동 3시부터 의원총회를 각각 개최하고

1. 정관 변경의 건
1. 제 급여 규정 중 개정의 건
1. 중부상공회의소연합회 결성에 관한 건을 각각 부의하는데, 중부상공회의소연합회에 대하여는 경성, 인천, 개성 등 3도시 상공회의소와 연휴(連携)하여 상공계의 번영책을 꾀하기로 되었다.

〈자료 201〉 중부상의연합회 경성 중심으로 결성(매일신보, 1940.4.14.)

경성상의총회 상공회의소에서는 오는 18일 오후 2시부더 역원회, 동 3시부터 의원총회를 각각 연다.

1. 정관 변경의 건
1. 제 급여 규정 중 개정의 건
1. 중부상공회의소 연합회 결성에 관한 건

을 각각 부의할 터이다. 중부상공회의소연합회에 대하여는 경성, 인천, 개성 등 3도시 상공회의소는 연휴(連携)하여 상공계의 번영책을 꾀하기로 되었다.

〈자료 202〉 경제국책 협력기관 중부상의연합회, 금월 30일에 결성(조선일보, 1940.4.19.)

경성상공회의소에서는 18일 오후 2시부터 역원회, 동 3시부터 의원총회를 열고

1. 정관변경의 건

1. 제 급여규정 중 개정의 건

1. 중부상공회의소 연합회 결성에 관한 건

을 부의, 결정하였는데, 정관 변경의 건에 대하여는 전시경제 통제강화에 의한 사무 증강을 위하여 이에 대응코자 종래 주사, 서기, 사무원의 3계급의 직원제를 주사, 주사보, 서기, 서기보, 사무원의 5계급제로 하고, 급료 및 여비 등을 적정화하고자 제 급여 규정을 개정하고, 중부상공회의소연합회 결성에 대하여는 경성, 인천, 개성의 각 상공회의소가 경제 국책에의 협력 및 중부 지역의 상공업의 개선·발달에 관한 긴밀한 제휴 및 가맹 상공회의소 의원 상호 간의 친목을 꾀하고자 이 연합회를 결성하여 회장 1인, 간사 1인을 두기로 결정한바, 이 결성회는 오는 4월 30일경 경성상공회의소에서 개최될 예정이다.

〈자료 203〉 상의연합회에 신의주 의안 결정(매일신보, 1940.5.2.)

지난 24일 평양에서 개최된 서선상의연합회 제1회 총회에 신의주상의안을 제출한 '군수공업 이주 요망에 관한 건'은 연합회에서 만장일치 가결되었으므로, 오는 6월 경성에서 개최할 조선상의연합의 의안으로서 제출하기로 되었다.

2) 활동, 통제

〈자료 204〉 구 부과금 체납도 신령을 적용 처분, 평양의 구령 체납 8,900원, 상공회의소 체납 문제(조선일보, 1931.9.19.)

상공회의소의 부과금은 신령 시행 후 즉 1930년 11월 25일 이후에 부과된 것은 그 체납 처분을 회두의 청구에 의하여 부윤이 국세의 예에 의하여 처분을 할 수 있게 되었는데, 그 이전인 구 상업회의소 시대의 체납자에 대해서는 신령의 해석상 다소 의문의 점이 있었던바, 총독부 통첩에 의하여 신령 시행 후 부과된 것과 마찬가지로 회두가 청구하면 부윤은 체납 처분을 집행할 수 있게 되었다는바, 구 상업회의 시대의 부과금 체납액은 8,988원 33전의 거액에 달하여 회의소에서는 머리를 앓고 있던 중 체납 처분권이 부윤에게 있게 된다면 동산·부동산은 물론 채권까지도 차압할 수 있게 되어 민사소송에 의하여 정리할 때보다 도리어 손쉽게 되었고, 따라서 부과금 체납자들의 공포시대를 형성하기에 이르렀다 한다.

〈자료 205〉 상공회의 총회 제1일 오후(동아일보, 1932.6.18.)

조선상공회의소 제1회 제1일 오후 2시 재개. 바로 의사(議事)에 들어가

제1호안 궁민구제사업의 계속을 요망함(군산)

가지(梶) 씨 제안 이유를 설명하여 2, 3질문이 있었고 바로 가결

제2호안 국영 제련소의 건설을 요망함(신의주)

가토(加藤) 씨 제안 이유를 설명, 질의응답 후 가결

제3호안 만주국 내에 조선 물산 알선기관의 설치를 요망함(경성)

후루시로(古城) 씨 제안 이유를 설명하고, 찬성론이 있어 만장일치 가결

이와 같이 제4, 5, 6호안은 본일 철도국 당국 임석 불가능한 사정이 있으므로 제2일에 의사를 연장하기로 하고, 지난번 당국의 자문에 관련된 대만(對滿) 수출 무역 촉진에 관한 각 회의소의 구체적 방책 의견의 답신안을 상정, 대구회의소의 답신부터 심의하여 결국 원안대로 가결, 확정 후 3시 지나 산회하였다.

〈자료 206〉 상공업자대회 개최, 조선상의 강화를 기회 삼아, 경제통제 강화 대처 (동아일보, 1939.12.10.)

조선상의에서는 오는 14일 임시총회를 개최하고 회두 선거, 기타를 부의 결정할 터로 히토미 지로(人見次郎) 씨의 회두 당선은 확정적인데, 동 상의는 신회두를 맞음을 기회로 민간에서의 전시경제 통제의 중추기관으로 시국의 표면에 나타나기로 되었다. 그리고 동 회의소에서는 이 신사태에 대응하여 구체안을 예의 연구 중인바, 우선 전 조선의 상공업자에게 시국하 경제통제의 중대성을 호소하고 가격통제, 기타 경제통제령의 준수 및 정부에 협력을 맹세하고 경제 곤란 극복을 위하여 적극적으로 진출케 되어 상의 알선하에 각지에서의 상공업자의 대회를 개최하기로 되었다.

〈자료 207〉 시국경제간담회, 관민일치 합리적 통제(조선일보, 1940.1.19.)

경성상공회의소 주최 시국경제대처간담회는 18일 오후 2시부터 경성상공회의소 제1회의실에서 총독부 측으로부터 호스미(穗積) 식산국장, 이사카(井坂) 상공과장 이하 야마모토(山本), 아베(阿部) 양 사무관, 경기도 측으로부터 이(李) 산업과장, 성출(星出) 경제경찰과장, 경성부 측으로부터 도원(稻垣) 총동원과장, 매목(梅木) 권업과장, 경상(京商) 측으로부터 다가와(田川) 회두, 이토(伊藤) 이사 이하 각 관계자와 각 업계 측으로부터 고정(高井) 조선면사상연합회장 이하 각 조합장 등 약 70명 출석으로 시국경제 대처책에 대하여 검토하였다. 즉 신동아의 장기 건설기(建設期)에 들어 우리나라 전시경제는 갈수록 통제 강화되고, 이들 국책을 완수하기 위하여서는 일반 상공업자는 모든 희생을 참고 국책선(國策線)에 상응한 영업정책 수립에 관하여 충분히 검토를 더하여 그 실천에 이바지하기로 되었는데, 당국에서도 민간업자의 의견을 청취하고, 어떤 정도의 협력을 주어 관민일치의 합리적 통제를 더할 것으로 보여 그 앞길은 주목된다.

〈자료 208〉 물자·물가 조정코자 경제통제협력회, 상의·상공회 산하에 결성, 3만 2,000원 보조 배분(조선일보, 1940.5.5.)

총독부에서는 금년도 예산에 3만 2,000원을 계상하고 물자수급조정 및 물가통제의 완벽을 기하고자, 상공회의소 소재지 및 각 도청 소재지의 상공회의 산하에 상공업자의 조합을 회원으로 하는 경제통제협력회를 조직시키고, 또 협력회를 회원으로 하여 조선상공회의소 산하에 조선경제통제협력연락회를 설치시키기로 되어, 준비시키기 위하여 조선상의에 통첩을 발하였는데, 동 상의에서는 하루 이틀 중에 전 조선 각지의 상의 및 상공회에 대하여 각각 의명(依命) 통첩을 발하여 경제통제협력회의 세포 분자인 조합을 조직시키게 되었다. 이 경제통제협력회 및 동 연락회에서는 일반 상공법의 취지 및 당국의 방침을 주지 철저케 하고, 또 경제통제의 운행 상황 및 그 효과 등에 관한 정보를 수집케 함으로써 경제통제의 원활을 기하기로 되었다. 총독부에서는 앞의 3만 2,000원을 시국대책 시설비 및 가격통제 제비(諸費)에 보조할 터인데, 그 분배액은 다음과 같이 결정되었다.

▲ 조선경제통제협력연락회 5,000원

▲ 경성경제통제협력회 2,500원

▲ 인천, 부산, 평양, 대구, 청진, 군산, 목포, 원산, 나진 경제통제협력회 각 1,500원씩, 계 1만 3,500원

▲ 개성, 대전, 전주, 광주, 해주, 진남포, 신의주, 마산, 성진, 함흥 경제통제협력회 각 500원씩 5,000원

▲ 춘천, 진주, 청진 경제통제협력회 각 2,000원씩 6,000원

〈자료 209〉 경제통제협력회 결성, 물자·물가의 조정을 목표, 총독부 지령·상의서 준비(동아일보, 1940.5.5.)

총독부에서는 본년도 예산에 3만 2,000원을 계상하여 물자 수급 조정과 물가 통제의 완벽을 기하고자 상공회의소 소재지 및 각 도청 소재지의 상공회의 산하에 상공업자의 조합을 회원으로 하는 경제통제협력회를 조직시키고, 또 협력회를 회원으로 하여 조선상공회의소하에 조선경제통제협력연락회를 설치하기로 되어, 이의 준비를 행케 하고자 조선상의에게 통첩을 발하였는데, 동 상의에서는 하루 이틀 중에 전 조선 각지의 상의 및 상공회에 대하여 각각 의명(依命) 통첩을 발하여 경제통제협력회의 세포 분자인 조합을 조직시키기로 되었다. 이 경제통제협력회 및 동 연락회에서는 일반 상공법의 취지 및 당국의 방침을 주지 철저시키고, 또 경제통제의 운행 상황 및 그 효과 등에 관한 정보를 수집시키고서 경제통제의 원활을 기하기로 되었다.

그러고 총독부에서는 앞의 3만 2,000원을 시국대책 시설비 및 가격통제 제비(諸費)에 보조할 터로, 이의 분배액은 다음과 같이 결정되었다. (후략)

〈자료 210〉 물가조정 목표로 경제통제협력회, 조선상의 결성 준비(매일신보, 1940.5.5.)

총독부에서는 본년도 예산에 3만 2,000원을 계상하고 물자수급 조정 및 물가통제의 완벽을 기하려고 상공회의소 소재지 및 각 도청 소재지의 상공회의 산하에 상공업자의 조합을 회원으로 하는 경제통제협력회를 조직하고, 또 이 협력회를 회원으로 하여 조선상공회의소 아래 조선경제통제협력연락회를 설치시키기로 되어, 이에 준비를 행하도록 조선상의에 통첩을 발하였는데, 동 상의에서는 하루 이틀 중에 전선 각지의 상의와 상공회에 대하여 각각 의명

(依命) 통첩을 발하고 경제통제협력회의 세포 분자인 조합을 조직하기로 되었다. 또 경제통제협력회와 동 연락회에서는 일반 상공법의 취지와 당국의 방침을 주지 철저히 하고, 또 경제통제의 운행 상황 및 그 효과 등에 관한 정보를 수집하여서 경제통제의 원활을 기하기로 되었다.

그리고 총독부에서는 앞의 3만 2,000원을 시국대책 시설비와 가격 통제비에 보조하는데, 이 분배액은 다음과 같이 결정되었다. (후략)

〈자료 211〉 경제통제협력회 간담회 개최, 설립 구체화를 협의(조선일보, 1940.5.15.)

조선상공회의소에서는 14일 오후 1시 반부터 경성상의 제1회의실에서 총독부 호스미(穗積) 식산국장, 야마모토(山本) 상공 사무관 이하 관계관 수 씨 임석, 히토미(人見) 회두, 이토(伊藤) 경성상의 이사 외 전선상의 및 상공회 이사 등 약 30명 출석하에 경제통제협력회 간담회를 열고 호스미 식산국장으로부터 당국의 방침 및 취지를 선명(宣明)하는 동시에 동 협력회의 설립 구체화에 대하여 여러 가지 협의를 하였는데, 전선 각 상의 및 상공회에서는 근간 총회를 열고 당국의 방침에 순응하여 그 설립을 급히 하기로 되었다.

〈자료 212〉 경제통제협력회(매일신보, 1940.5.28.)

물자수급 조정과 물자 통제의 강화, 확보를 강조하고자 대구상공회의소에서 경제통제협력회를 창설하고자 준비 중이던바, 오는 31일 공회당에서 부내 80여 조합을 총망라하여 창립총회를 개최하기로 결정하였다.

〈자료 213〉 경제통제협력회 구체적 준비 착수(조선일보, 1940.6.11.)

물자 수급 조정과 물가 통제의 강화를 기하기 위하여 전 조선 각 상공회의소를 중심으로 경제통제협력회를 조직키로 되었는데, 경성상공회의소에서도 지난 5월 중순 이래 그 준비를 진행코 있던바, 10일 현재 부내 각 업종·업태별 상공조합으로부터의 신청이 쇄도되어 이미 백수십 단체에 달하였으므로, 동 상의에서는 10일 오전 10시부터 이토(伊藤) 이사, 동목(桐木) 서무과장 등이 협의한 결과 오후 3시부터 개최되는 역원회에 부의하여 개최 일정, 기타에 대하여 검토키로 되었는데, 이 날짜는 오는 15일경으로 될 모양이다.

〈자료 214〉 경제통제협력회 구체적 준비에 착수, 신립 벌써 100여 단체
(매일신보, 1940.6.11.)

물자 수급 조정 및 물가 통제의 강화를 기하기 위하여 전선 각 상공회의소를 중심으로 경제통제협력회를 조직하기로 되었는데, 경성상공회의소에서도 지난 5월 중순 이래 이의 준비를 진척하여 왔는데, 10일 현재 부내 각 업종·업태별 상공조합으로부터 신립이 쇄도, 백수십 단체에 이르고 있는데 동 상의에서는 10일 오전 10시부터 이토(伊藤) 이사, 동목(桐木) 서무과장 등이 협의한 결과 오후 3시부터 개최되는 역원회에 부의, 개최 일정, 기타에 대하여 검토키로 되었는데, 이 일정은 오는 15일경으로 될 모양이다.

〈자료 215〉 경제통제협력회 16도시서 결성(조선일보, 1940.6.12.)

총독부에서는 1940년도 예산에 3만 2,000원을 계상하고, 지난 5월 상순 이래 조선상공회의소로 하여금 전 조선 각지의 상공회의소 소재지와 도청소재지에 각 그 경제통제협력회를 결성케 하는 중인 것은 이미 보도한 바와 같은데, 어제 10일 현재로 결성식을 거행한 지방이 지난 5월 23일에 행한 성진을 필두로 나진, 춘천, 청주, 인천, 개성, 대전, 군산, 목포, 광주, 대구, 부산, 마산, 해주, 신의주, 원산 등 16개소이고, 나머지 경성, 평양, 진남포, 전주, 청진, 함흥, 진주 등 7개소는 오는 16일까지 각 그 결성식을 거행하기로 되었다.

〈자료 216〉 경제통제협력회서 경제강조주간(동아일보, 1940.7.28.)

전시하 통제경제의 확립과 아울러 원활한 운영은 각파의 긴급한 요무이므로 관민 일체 경제 국책에 협력하여 오는 바인데, 금번 새로 성립된 부산경제통제협력회에서는 부산부와 각 경찰서, 정동부산연맹, 경남도, 부산상공회의소의 후원으로 8월 4일부터 10일간 통제경제강조주간으로 정하고 다음과 같은 요강에 의한 실시가 있을 것이라 한다. (후략)

〈자료 217〉 조선상의의 사무국 확충(매일신보, 1941.2.1.)

조선상공회의소에서는 경제통제의 강화로 사무 번망에 대처하고자 사무국 규정을 개정하여 사무국 기구를 확충, 강화하기로 되어, 오늘 새로이 서무 및 조사의 2과를 설치, 오는 2월 1일부터 업무를 개시하기로 되었는데, 동 소는 30일 각 상의원에게 이 뜻을 통첩하고 약식 서면으로 사무 승인을 구하였다.

그리고 이에 따른 인사이동을 서무과장에 관동기계제작소 경리과장, 조사과장에 현 사무국 주사가 임명되었다.

〈자료 218〉 상의 회원 자격의 납세액 인상 17일부 규칙 개정(매일신보, 1941.2.16.)

현재 조선 내 각 도시의 상공회의소 회원 자격의 기본인 납세액은 경성부 15원, 대구부, 부산부, 평양부 10원, 기타로 되어 있는데, 조선 경제계의 비약적 발전에 따라서 각지의 경제 실정과는 상당한 저어를 초래하고 있으므로 본부에서는 오는 17일부로써 「조선상공회의소령 시행규칙」을 개정하고, 회원의 자격 요건인 납세액을 다음과 같이 개정하게 되었다.

▲ 경성부에 사무소를 가진 자는 영업세 또는 광산세는 50원 이상, 거래소세 100원 이상을 납입하는 자

▲ 부산부 또는 평양부에 사무소를 가진 자는 25원 이상의 영업세 또는 광산세의 납세자

▲ 인천부, 군산부, 목포부, 대구부, 진남포부, 신의주부, 함흥부, 원산부, 청진부에 사무소를 가진 자는 15원 이상의 영업세 또는 광산세를 납부하는 자

▲ 기타는 7원 이상의 영업세 혹은 광산세를 납부하는 자

〈자료 219〉 공업청년도장 상공회의소에 설치(매일신보, 1941.10.30.)

부산상공회의소에서는 공장 종업원에 필수한 공업보국의 신념을 함양하고, 아울러 공업기술을 수련하여 생산력 확충에 추진력이 되게 하고자, 11월부터 공업청년도장을 상공회의소 안에 설치하고 매년 80명씩을 수용하고 연성하기로 되어 지금 제1회생을 모집 중이다. 입학 자격은 부산 시내에 있는 공장 종업원으로서 국민학교 졸업생으로 공장주의 추천한 중견청

년에 한하는데, 교수 과목은 공민, 공장 경영, 공업대의, 제도법, 공업 부기, 수양 강좌와 특별 강좌 등이며 교수진은 부산공립공업학교 및 부산제일상업학교 교수 및 종교가, 부산상공회의소 관계자 등이다. 이리하여 부산상공회의소에서는 상업청년도장과 아울러 이 도장을 개설하여 상공업의 발달에 이바지하고 있다.

3) 분규(민족차별, 파벌), 독직, 사건

〈자료 220〉 우부(又復) 파란이 우려되는 평양상의 사표 문제, 예산 편성에 의견 충돌로, 주목되는 금후 사태(조선일보, 1931.1.31.)

연래 평양에서 말썽이 되어 가끔 조선인들도 그 싸움 와중에 들어가게 되는 평양상공회의소에는 금번 평의원 나가토미 이치노스케(長富一之祐) 씨가 28일 사표를 제출한 것으로써 또한 파란이 일어남에 따라 상당한 파쟁과 모칙이 있을 것으로 예상되는데, 장부 평의원이 사표를 제출한 이유로는 26일 평의원회 예산회에 제출된 예산에서 부과율(賦課率)이 종래의 30퍼센트가 금년은 34퍼센트로 된 것을 반대하다가 소수의견이 패배한 것에 분개하여 그와 같이 사표를 제출한 것인데 그 결과 상공회의소 내에도 상당한 파문이 있을 것으로 예상된다고 하며 이면에는 감정적 관책이 있는 것으로 예상된다고 한다.

후지이(藤井) 의원 진정

26일 예산회의 석상에서 부과율의 과중을 반대하던 **후지이** 평의원은 29일 오전 예산 편성의 부담 과중의 부담을 지적하여 평양부윤, 평남도지사, 조선총독에게 각각 진정서를 제출하였다.

〈자료 221〉 평양상공회의소 부과율 증가, 일체를 축소하는 이때에 인가 반대운동 야기(동아일보, 1931.2.1.)

평양상공회의소에서는 금년도의 세입 감소를 예상하고 회원의 부과금을 올리기로 하여 종래 부과금 수입의 100분의 29를 100분의 34로 올려 가지고 이것을 26일 총회에 제안하였는바 의원의 반대가 있었으나 결국 다수에 따름으로써 원안의 가결을 보게 되었다. 총회에서 패배한 반대론자들은 국세 등 일체의 납세까지도 감액을 주장하는 오늘날 평양상공회의소만이 인상하는 것은 일반의 의사를 무시하고 시대에 역행하는 것이라 하여 일대 반대운동을 일으켜 가지고 이것이 총독부에 가서 인가되지 않도록 인가 반대운동을 야기하였는바 30일에는 일본인 측으로서 각 단체가 대책을 강구하고 도지사에게 진정하는 등 장차 일대 파란을 일으킬 것으로 주목된다.

〈자료 222〉 회두 문제의 해결과 금후의 회의소, 자칫하면 혼란을 난면(難免) (조선일보, 1931.4.7.)

경성상공회의소의 후임 회두 문제는 4일의 의원 간담회에서 아루가(有賀) 식은 두취를 후임 회두로 추천하기로 정무총감에게 진정하기로 결정하였으나, 이참에 아루가 회두의 승낙은 도저히 얻기 어렵다는 관측이 많아서 결국 문제는 현 의원 중에서 선임하기로 바뀐 듯하다. 실제 문제로 현재의 회의소는 상업 토목의 어느 편에도 편중치 않은 재계의 중심인물이 출마하지 않는 이상 의원의 통제가 없고, 토목, 상업 양파의 알력은 노골화하여 회의소의 기능은 파괴되고 나아가 상공계에 한층 열악한 공기(空氣)를 양성(釀成)하여 그 발전을 저지할 것은 명백하다는 점으로 당국에서도 아리가 두취의 출마가 필요하다고 하고, 아리가 두취는 종래의 입장에서 한 걸음 나아가 결국 승인할 것으로 보는 경향도 없지 않다. 그러나 차제 중심인물이 출마치 않는 이상 회의소는 상당히 혼란에 빠질 것으로 보고 있다.

〈자료 223〉 회두 문제 분규, 가시이(香椎) 씨 파가 책동(매일신보, 1931.10.23.)

조선상공회의소 창립총회 제2일은 22일 오전 10시에 개회케 할 예정인바, 역원의 선거(회두, 부회두)가 문제화하여 정각 개회에 이르러도 가시이(香椎) 일파와 경성 옹호파는 조선호텔에서 절충 중인데, 부산상공 회두 가시이 겐타로(香椎源太郎) 씨의 조선상공회의소 회두 운동은 상당 맹렬하다. 경성 측은 최초 이 점을 염려하고 의원 중 경계의 필요가 있지 않을까 하여 경고를 발한 바도 있다 하나, 역원은 문제로 하지 않고 총회에 임하여 오늘 아침에 이르러 비로소 그 진상을 알고 두루 낭패하여 각 의원에게 가시이 씨 출마의 정세를 통지하였다. 가시이 일파는 가시이 씨를 회두로, 진나이(陣內) 경성상의 회두를 부회두에 밀고자 하고, 만약 이 안이 용인되지 못하면 이토(加藤) 선은 총재를 회두로, 가시이 씨를 부회두로 밀고자 책동하는데, 경성 측은 과거 15개년간의 공적과 중앙회의소라 하는 면목 또 상도론(常道論)으로 당연 진나이 회두를 밀 것이라 하나, 최후의 타협안으로 이토 조선은행 총재를 회두로, 진나이 씨를 부회두에 추선(推選)할 의도로써 대치하여 10시 반에 이르러도 개회하지 못하였다.

〈자료 224〉 조선상의 회두 누가 될 것인가, 가시이(香椎) 씨 맹운동(조선일보, 1931.10.23.)

조선상공회의소 창립총회는 역원 및 상의원의 선거를 제2일에 연기하기에 이르렀는데, 부산상의 회두 가시이 겐타로(香椎源太郎) 씨는 회두의 맹운동을 개시하여 이미 11회의소 중 5회의소의 양해를 얻었고, 1개 회의소의 찬성을 얻을 필요가 있어 목하 획득코자 분주 중이라고 전하는 한편 경성 측은 가토(加藤) 선은 총재 또는 아루가(有賀) 식은 두취를 밀고자 하는 모양으로 제2일의 총회는 비상히 흥미시(興味視)된다더라.

〈자료 225〉 창립총회 제2일 정각에 개회 불능(조선일보, 1931.10.23.)

조선상공회의소 창립총회 제2일은 22일 오전 10시에 개회할 예정이었으나 역원의 선거(회두, 부회두)로 암초에 걸려 정각에도 개회하기에 이르지 못하고, 가시이(香椎) 일파와 경성 옹호파는 조선호텔에서 절충 중인바 형세가 평온치 않은 모양이다.

〈자료 226〉 조선상공의 역원 결정 진나이(陣內) 씨가 회두(조선일보, 1931.10.24.)

개회 전 역원 선거 문제로 암초에 걸려 있던 조선상공회의소 창립총회 제2일(22일)은 오후 2시에 간담회를 개최하였었고, 동 3시 30분에 겨우 개회되어

즉시 선거에 들어가 실(室) 씨(청진)의 동의(動議)로 역원 및 상의원의 전형위원을 동 씨의 지명에 일임한 결과, 동 씨로부터 진남포, 군산, 신의주, 평양, 원산 5회의소를 지명하였고, 동 35분 휴게, 동 40분 재개하여 스기노(杉野) 원산 위원장이 다음과 같이 전형한 결과를 보고하여 만장일치의 승인을 얻어 가이시파의 운동은 실패하였다.

▲ 회두 진나이 모키치(陣內茂吉)

▲ 부회두 요시다 히데지로(吉田秀次郎)

▲ 상의원 부산, 대구, 목포, 평양, 원산

〈자료 227〉 대구상의 역원 양파로 대립전(중앙일보, 1931.11.28.)

대구상공회의소의 선거 후 첫 회의를 25일 오전 11시 도서관 누상에서 개최하였다. 이 첫 회는 동소의 부서 때문에 선거 전부터 온갖 책동이 있었던 만큼 이날의 회의는 가지가지의 가관거리를 장만하는 날이다. 정원 30명에 후보자 30명으로 한 명의 경쟁자가 나오지 않는 만큼 상공업자의 관심이 이에 덜한 경향이 농후하게 보이는 그곳 의원으로 거기서 당파적 책동을 파벌로 나눠지기는 전기파(電氣派), 반전기파(反電氣派)로 선거 때부터 다수를 만들어 놓은 전기파는 총회 전에 벌써 부서를 짜 놓았던 것이라. 이날 회의에서 회두는 1분간, 부회두의 선거는 2분간에 수뇌부의 선거를 마치고 역원, 기타를 선거하였는데, 모든 중요한 자리는 대부분 전기파 우세로 마쳤다 한다.

〈자료 228〉 상의 회두 진나이 씨 사임? 의옥 사건으로(동아일보, 1932.6.23.)

경성상의 회두가 본정경찰서에 소환, 유치되었으므로 신의주에서 만주에 출장할 예정이던 이토 상의 이사는 22일 아침에 급거 귀경하였는데, 경찰서 취조 여하에 따라서는 회두를 사임할는지 모르고 상의 의원의 개선이 금년 11월이므로, 그때까지 그대로 가고 회두의 사무는 고성 부회두가 보게 될 듯도 하다.

〈자료 229〉 상공회의소 전 회두 와타나베(渡邊) 씨 돌연히 피신, 나카무라(中村) 서장 검사 방문코 밀의, 와타나베 씨 가족을 소환하여 취조를 개시, 검거 범위 예측 불허(매일신보, 1932.6.24.)

경성상공회의소 회두 와타나베 데이치로의 경영하는 토목조합의 복도(福島) 지배인을 그저께 21일에 후쿠시마 인치한 본정서에서는 오늘 23일에 돌연 곡박(谷迫) 형사부장 이하가 출동하여 시내 청엽정 1정목 123번지 와타나베 씨의 집을 수색하는 동시에 그의 집 가족을 전부 본서로 인치하였다 한다. 그는 사건이 난 이후부터 줄에 앉은 새와 같이 좌불안석으로 사건 진전을 주시하다가 결국은 자기의 신변에까지 미쳐 올 재화를 면하기 위하여 돌연 종적을 감추어 버린 까닭이라는데, 이와 같은 중요 인물이 돌연 종적을 감추어 버린 그 이면에는 한층 더 세상의 신경을 예민하게 만들고 있다. 동 서는 아직까지는 수배를 하지 않았으나 소재가 미경에 들어가는 때이면 검사국의 구인장으로 구인하게 될지도 모른다 하며, 동 서 나카무라 서장은 급속히 자동차로 검사국에 출두하였다.

〈자료 230〉 상공회 역원 당국에 진정, 불경기가 더욱 심하다고(조선일보, 1932.6.25.)

경성상공회의소와 조선상공회의소 회두인 진나이 모키치(陳內文吉)가 본정경찰서에 검속되고, 한편으로는 토목건축협회의 회원이 속속 검속되므로 토목업자 측에서 경성상공회의소에 향하여 이 사건이 ■■되면 조선 경제상 영향이 클 것이라고 대책을 강구하여 달라 진정하였으므로, 경성상공회의소에서는 23일 오전 10시 반에 가토(加藤) 선은 총재, 박·고성(古城)의 양 부회두, 고정(高井), 전중(田中), 다가와(田川), 백완혁, 이토(伊藤) 이사의 제씨 출석 아래 긴급 역원회를 열고, 외인의 출입을 엄금하면서 비밀히 협의하고 11시에야 끝을 낸 뒤 아래와 같은 결의 내용을 이토 이사가 발표하였다.

> 토목업자의 진정을 받고 오늘 아침에 역원회를 긴급히 열고 협의한 결과, 이 사건이 오래갈수록 조선 재계에 미치는 영향이 클 염려가 있다. 그러므로 될 수 있는 대로 이것을 빨리 해결하기를 총독에게 진정키로 하였다.

이와 같은 결의를 가지고 오늘 오후에 고성(古城) 부회두, 다가와, 전중(田中), 이토 5씨가 총독에게 진정하였다.

〈자료 231〉 경성상공회의의 회두 의자 쟁탈전, 진나이(陳內) 회두 검속이 원인(동아일보, 1932.6.26.)

토목업자의 담합 사건으로 인하여 경성상의의 진나이 회두가 검속되었으므로, 이 사건에 관한 대책을 강구하여 일면 총독부, 기타 각 방면에 진정하기에 분주한 터라 함은 어제 보도하였거니와, 이 상의 회두의 검속을 기회로 전부터 회두의 의자에 욕심을 가져오던 일본인

모 의원을 중심으로 한 일파는 24일 오전 의원 간담회에서 회두의 경질을 주장한 모양이며 앞으로도 회두 경질에 대하여 책동을 하려는 형세이다. 이와 같이 회두의 경질 운동이 생기므로, 토목업 측의 의원들은 이에 대하여 반대의 태도로 회두 경질 운동 측을 공박하고, 한편으로 각 방면에 향하여 회두 경질의 부당을 주장하는 터이다.

〈자료 232〉 회두 수감으로 경성상공의 내홍, 일파는 단연 개선을 주장, 일파는 판결 전 부당하다(조선일보, 1932.6.27.)

토목업자의 담합 사건으로 말미암아 경성상업회의소의 진나이(陣內) 회두가 검속되었으므로 이 사건에 관한 대책을 강구하며 일방 총독부, 기타 각 방면에 진정하기에 분주한 터인데, 금번 회두의 검속을 기회로 하여 전부터 회두의 자리에 욕심을 내고 있던 일본인 모 의원을 중심으로 한 일파는 지난 24일 오전에 의원 간친회에서 회두의 개선을 주장한 모양이며, 앞으로도 회두 개선에 대한 책동을 하려는 모양이나, 이와 같이 회두의 개선운동이 생기므로 현재 회두파인 토목업 측의 의원들은 이에 대하여 반대의 태도를 취하여 회두 개선운동을 공박하는 한편, 각 방면으로 회두 개선의 부당함을 주장하고 있는 중이다.

〈자료 233〉 진나이(陳內) 상의(商議) 회두 필경 정식 사임, 15일 후임 협의(동아일보, 1932.7.17.)

경성상의 회두 진나이가 형무소로부터 사임한다는 뜻을 이토(伊藤) 이사에게 전하였다 함은 이미 보도한 바이거니와 그 새 이토 이사는 총독부, 기타의 각 면과 회두 사임에 대하여 의견을 들어 왔는데, 필경 14일에는 경성상의 회두는 고성(古城) 부회두에게, 조선상의 회두는 고정(高井) 부회두에게 각각 사표를 보냈으므로

경성상의는 15일 오후 3시부터 개회하고, 후임 회두와 조선상의 회두 대책을 협의하고, 후임 회두를 결정하거나 혹은 선거 정기일인 11월 1일을 당겨서 하게 될는지도 모른다.

조선상의에서는 오는 19일 오전 10시부터 상의원회를 열고 회두 선임 문제를 협의할 터이라 한다.

〈자료 234〉 모 2급 상공회 의원 선거 추막 탄로, 유권자에 주식 공궤한 사실, 용산서 취조 진행(매일신보, 1932.11.8.)

본월 1일부터 시행하게 된 경성상공회의소 의원선거권에 2급 후보로서 용산으로부터 출마당한 선 모 의원의 선거운동에 관하여 여러 가지의 풍문이 돌게 되어, 소관 용산서 고등계에서는 5일 밤부터 장 형사 이하 총동원으로 모 의원의 운동원 및 유권자 십수 명을 불러다가 그날 밤 깊도록 엄중 취조를 한 결과, 전후 수회 ○○요정에서 유권자 이십 수 명에게 주식의 연을 베풀었었다는 사실이 발각되어, 용산서에서는 다시 제2단의 활동을 하게 되었다. 이 선거 위반 사건은 신 「상공회의소령」 시행 최초의 사건인 만큼 금후 어느 정도까지나 전개될는지 모르겠지만, 일반의 주목을 비상히 끌게 되었다.

〈자료 235〉 조선인 측을 무시, 역원을 임의 정리, 한마디의 상의도 없이, 대구상의의 괴태(동아일보, 1933.1.31.)

대구상공회의소에서는 4,000원의 세입 적자를 보전한다는 것으로, 동 회의소 주사 이응복 씨 외 일본인 서기 2명의 정리 문제가 일어나 평지에 파란을 일으켰다 한다.

사람에게서는 추호도 나무람이 없으나 다만 예산 관계로 어쩔 수 없는 노릇이라 하며, 하루 이틀 전 비밀리에 동 소 오타(太田) 이사로부터 요시다(吉田) 부회두 입회 아래 앞의 3씨에게 오는 3월 말까지 사표를 제출하도록 선고하였다 한다.

그런데 이 정리 문제에서 의외에 조선인 부회두, 조선인 의원 내지 조선인 회원 전체를 무시한 어떤 차별적 추태가 드러나, 동 소 의원 간과 회원 간은 물론 나아가 전 부민의 주목까지 끌게 된 일대 문제가 일어났다 한다.

종래 회의소와 조선인 상공업자 간에 하등의 연락이 없고, 오[17] 법령의 정함에 어쩌지 못하여 회비만 공연히 물어오다가, 지난 1930년에 당시 제도로 조선인 부서기장을 두어 그의 완화에 힘써 오던 것이라 한다.

그러므로 부서기장(지금은 법령의 개정으로 주사가 됨)의 임명은 보통 서기와도 달라, 회두 이하 역원 내지 조선인 측 의원 전부의 의견을 들어 결정하여 임명한 것인데, 이번의 정리에서는

17 오랜의 오식으로 보임.

역원과 평의원에게 하등의 문의가 없었음은 물론, 단, 두 사람의 부회두 가운데 한 명의 부회두에게만 상의한 위에 선고할 때에 입회까지 시키고, 조선인 측 부회두인 한익동 씨에게는 한마디의 알림이 없었다 한다.

이에 조선인 측 평의원 간에는 분개하기를 마지않는다는바, 이번 문제의 주인공인 전기왕국의 고구라(愴) 회두가 이러한 경거에 이른 이면에는 실로 여러 가지로 복잡한 당파 관계의 복수 의식의 발로가 아닌가 하여 앞으로 문제의 귀결은 자못 주목된다 한다.

예산 총회서 흑백을 다퉈, 배영덕 씨 담

【별항】 대구상공회의소의 정리 문제에 관련된 조선인 측 부회두, 평의원 내지 조선인 회원 무시 문제에 대하여 조선인 측 평의원 중 배영덕 씨는, "실로 괴이한 일입니다. 더욱 주사의 정리에서는 최초의 임명이 그렇지 않았을 뿐 아니라 여러 가지로 도저히 경시하지 못할 조선인 측의 중대 문제인 것이다. 불일간 예산 총회가 열린다 하니 그때에 흑백이 나누어질 것이다"라고 말한다.

〈자료 236〉 경성상의의 이면 폭로, 무성의한 조선인 의원, 회의마다 으레 결석, 상공업자 권익을 위할 책임 망각? 공직자 간판만 내세워(조선일보, 1933.12.22.)

상공업의 중심 도시 대경성에는 경성상공회의소가 있다. 그 의원에 피선된 자는 마땅히 3,300여 명(부과금 총액 7만 4,000원) 회원의 기대에 바스러지지 않도록 경성 상공업계, 한걸음 더 나가서 조선 상공업계를 위하여 그 발전을 꾀하고 번영을 위하여 진심(盡心) 갈력하여야 할 것이다. 특히 조선인 의원은 전 의원 30명 중 불과 5인으로 인수(人數)가 적은 만큼 배(倍)나 3배의 성의와 노력을 다하여 부진하는 조선인 상공업자를 위하여 도움이 되고, 힘이 되어야 할 것이다. 이 상공회의소 외에 조선인만으로 조직된 경성상공협회가 있기는 하나, 회비 강징력(强徵力)이 없고, 자원이 없어 마음은 있으나 업적으로서 많은 기대를 할 수 없는 만큼, 600 명 조선인 회원이 연 5,200원씩 납입하는 경성상의에 의지함이 많고 600명의 조선인 회원들이 자기들의 대변자를 신뢰하고 귀중한 1표를 던져 선거한 것이 즉 조선인 의원 제군이다. 이와 같이 책임이 소중함에 불구하고, 그들 의원의 태도는 자못 무성의하고 무책임하여 일반 회원의 기대에 부응하기는커녕 조선인 체면을 손상시키는 일까지 있고, 부회두 원덕상 씨와 금융부장 이동선 씨 외의 조선인 의원들은 대체로 안건을 토의하는 마당에 출석까지도 하지 않는다 하며, 근자 문제된 상권옹양(商權擁讓)[18], 소매진흥 등 중대 토의에 즈음하여서도 출석자가 앞의 양 군(兩君)에 불과하였다 한다. 성실히 출석하여 의안에 대하여 충분히 의견을 진술하고, 조선인 상공업자의 권익을 위하여 활동할 자격이 없으면, 차라리 당초에 의원이 되지 않음이 옳고 회의에 참석할 성의가 없고, 시간이 없거든 마땅히 사임하는 것이 신상(紳商)으로서의 당연히 취할 바 길이라 할 것이다. 이들 의원의 무성의는 결코 간과치 못할 일로 공직자의 간판만 생각하는 통폐를 하루바삐 제거하자는 소리가 많다고 한다.

연회만 출석타가 봉욕한 모 의원

조선인 의원들의 무성의하고 무책임함은 별항과 같거니와, 이보다도 더 기막히는 일이 있다. 모 의원(특히 익명)은 총회에는 한 번도 오지 않으면서, 상의 의원이란 공직자 바람에 공·사연회 초대에는 한 번도 거르는 일이 없다 한다. 이 꼴을 괘씸히 보던 모 의원 한 사람이 목전 모 연회석상에서 또 빠지지 않고 들어오는 모 의원을 향하여 "너는 총회에는 안 오면서 공술만 얻어먹으러 다니느냐, 빨리 나가거라"고 하였다 한다. 이것은 모 의원 개인 1인의 치욕에 그치는 것이 아니라, 일반 조선인에게 오명을 씌우는 자라 아니할 수 없다.

일본인 의원들도 무사주의 이이(而已), 다만 1, 2명의 의원이 주견 세우고 열심 토의

그다음으로 일본인 의원들은 어떠한가. 이들은 출석들은 하나, 총회마다 제법 자기 주견을 내세우고 안건을 토의하는 사람은 극히 적고, 대개는 회의소 이사자(理事者)들이 하는 대로 쫓아만 간다 한다. 식견이 낮아서 그런지, 무사태평주의로 나가서 그런지는 단언할 수 없으나, 명실 상별(名實相別)한 의원은 몇 명이 못 된다 한다. 역원회는 회두, 부회두 2명과 일본인 상의원 4명으로 조직된 것으로, 이 역원회가 말하자면 상의의 최고기관인데, 이 역원회에 이사자가 안을 제출하면 안건에 대하여 시비를 논하고, 열심히 토의하는 사람은 1, 2명에 불과하고, 그 외에는 대개가 꿀 먹은 벙어리 격으로 가만히 있어 가령 안건이 잘못된 것이라도,

18 상권옹호의 오식으로 보임.

1, 2명의 반대만 가지고는 힘이 부족하여 역원회를 통과케 되고, 의원총회에서도 무사주의의 의원들이 그냥 통과시킨다 한다. 더구나 의원 중에는 부과금을 체납하는 사람까지 있다 한다. 이러한 의원들이 무슨 일을 하며 이들에게 무엇을 기대할 수 있겠는가. 경성 상공계를 위하여 삼탄(三嘆)하여 마지않는다고 비난이 높다 한다.

출석 불량 유감되는 일, 부회장 원덕상 씨 담(談)

조선인 의원이 단, 다섯 사람밖에 안 되니까, 그중에 3인이 결석하여도 눈에 띄게 되는 것이오. 피차 각기 자기 영업에 분망하니까 의원들의 출석 성적이 불량한 것이 사실이나, 일본인 의원들도 결석이 많은 터이다. 그러나 이번에 크게 문제된 반 구매조합(反購買組合), 상권옹호, 소매 진흥 등 중대 안건을 토의할 때에도 나와 이동선 군만 출석하였고, 그 외는 시간이 없어서 그리하였는지 모르나 출석치를 않아서 유감으로 생각하였다 운운.

〈자료 237〉 '국에 요망'만 하는 조선상의의 행적, 제3회 총회 앞두고 일부에 비난, 방침 개선론 대두?(조선일보, 1934.6.16.)

조선상공회의소가 각 회의소의 제안을 신중 심의함이 적고, 어쨌든지 각 그 제안을 할 체면 관계에 치중하여 이것저것 요망만 하는 경향이 없지 않아, 이 같은 '요망' 회의소가 되기보다는 좀 더 권위 있고 성의 있어야 할 것이오. 회의소 자력(自力)으로 실행할 문제가 결코 적지 않을 것이니, 이에 주력하는 동시에 반드시 요망할 필요가 있는 것만에 한하여 요망함은 물론 이의가 없되, 일단 요망한 후에는 어디까지든지 목적 관철에 향하여 당국에 절충과 교섭을 게을리하지 않을 것이오. 한 걸음 나가서는 요망건 실현에 대하여서 회의소 자체로서도 열심한 노력과 분투가 있어야 할 것이라 하여, 조선상공회의소의 신방면 개척을 상공계 일부에서 희망하고 있다 한다.

〈자료 238〉 상의소 내분 악화, 최후의 타협도 필경 결렬되어, 간부 불신임? 의원 사직?(조선일보, 1935.11.22.)

조선인 주사 채용 문제로 인하여 함흥상공회의소 간부와 조선인 측 의원 김형성(金炯星) 등

6씨와의 간에 알력이 심하여 가고 있다 함은 이미 보도한 바거니와, 그 후 동 문제는 양편이 모두 강경한 태도를 지속하여 하등의 결말을 짓지 못하고 장차 어떠한 사태를 야기하게 될는지 크게 주목을 끌고 있던바, 20일 오후 2시 동회 최고 간부인 노부다(信田) 회두 이하 4, 5 간부가 앞의 조선인 측 6의원을 초치하고 무사히 타협하려고 회합하였는데, 회담 네 시간 동안 하등의 효과를 얻지 못하고 사태는 더욱 악화할 뿐이었는데, 동 회담 석상에서 박형일(朴亨鎰)씨는 최후로 동회 간부에 대하여 동회에서 임명한 말석 서기 습격[19]도 취소할 겸 조선인 측 의원들이 추천할 사람도 취소한 후 고쳐 다른 사람을 채용하기로 하자는 안도 결국 동회 간부의 일축으로 하등 성과를 얻지 못하고 동 5시경 조선인 측 6의원은 비장한 빛으로 산회하였다는데, 사태는 필경 간부 불신임안 제출 혹은 조선인 측 의원의 총사직이라는 상서롭지 못한 결과까지 내지 않을까 목하 극히 주목을 끌고 있다고 한다.

〈자료 239〉 인상 회두 대리 문제로 조선인 측 의원 강경, 순위를 무시하는 차별이라고 회두의 태도를 주목(매일신보, 1936.2.14.)

지난달에 집행한 인천상공회의소 부회두 보결선거에는 이마이(今井嘉三) 의원이 당선 취임하였는데, 종전 동 회의소 회두 사무 대리의 순위는 일본인 부회두를 제1로 하여 왔으므로, 당일 김상기 의원으로부터 "일시동인하에 인격, 수완의 차이가 없는 이상 당선 순서에 의하여 금번에는 심종섭 부회두를 회두 대리의 선위(先位)로 하라"는 제창이 있어서 적지 않은 센세이션을 일으켰었는데, 동 소 조선인 의원 일동은 11일 밤 부내 동양헌에 회합하여 김상기 의원이 제창한 회두 대리 순위 문제에 대한 협의를 행한 결과, 김씨의 주장을 절대로 지지하기로 일치되어 일동은 12일 오후 2시 대전(代田) 회두를 회의소로 방문하고 조선인 의원 일동의 의향을 개진하였던바, 대전 회두는 오는 15일에 개최되는 임시총회에서 정식으로 발표하기로 되었는데, "조선인 의원의 의향은 양해치 않는 바는 아니라"고 변명을 회피하므로 일동은 12일 밤에 모처에서 밀의를 거듭한 바 있었는데, 회두 대리의 순위 결정은 회두의 전권으로 결과에 의하여는 조선인 의원은 강경한 태도에 나서게 될 모양이다.

---

19 승격의 오식으로 보임.

〈자료 240〉 토목 담합 사건 피고 17명 상고 기각, 이로써 담합 취체의 철칙 확립, 고등법원의 최후 판결(조선중앙일보, 1936.2.18.)

전조선상공회의소 회두를 위시하여 조선 내 토목업계의 일본인 측 거두들을 망라한 대규모의 사기 사건인 소위 토목 담합 사건은, 오늘 17일 오전 11시 반 고등법원 재판장으로부터 상고 기각의 판결이 내렸다. 누차 보도한 바와 같이 이 사건은 검거 당시 143명의 검거자를 냈으며, 담합에 의한 청부금이 실로 4,300만 원이며, 또 사기 금액만으로도 200만 원의 거액에 달하는 공전 미증유의 대사기 사건으로, 1932년 6월 검거 당시의 검거자 총수 143명 중 대부분은 1933년 12월 27일의 1심과 1935년 2월 28일의 2심 판결대로 복역하였고, 고등법원에까지 상고한 피고는 17명뿐인데, 원래 조선에 한하여 토목 담합이 법률상 범죄를 구성하는 이유가 어디 있느냐고 법조계에서도 여론이 분분하여 멀리 도쿄에서 권위 있는 변호사들이 달려와서 극력 무죄를 주장하였으나, 재판장은 "상고 이래 숙려를 거듭한 결과 아무리 보아도 조선 내에서의 일체의 담합은 사기로 인정하지 않을 수 없으며, 따라서 지금 와서 원 판결을 전복할 아무 이유가 없다. 이리하여 담합 취체의 철칙이 확립된 것이라"고 하여 앞에 기재한 바와 같이 피고들의 상고를 모두 기각하는 동시에 다음과 같이 원심대로의 판결을 선고하게 된 것이라 한다. (명단 생략)

4) 각지 상공단체

각도의 상공단체에 대한 시설 및 의견

〈자료 241〉 『전선상공단체현세조사(全鮮商工團體現勢調査)』(1939년 10월(조사자료 16호), 조선상공회의소, 27~133쪽.)

상공단체 내용

경기도

소사발전조성회(素砂發展助成會)

지구 및 사무소 소재지

지구: 경기도 부천군 소사면 일원

사무소: 경기도 부천군 소사면 심곡리

목적 및 연혁

본회는 1935년 7월 회원의 친목 향상을 도모함과 동시에 지방의 발전을 기도할 목적으로 결성됨.

조직

회장제에 다음과 같이 역원을 설치한다.

회장 1인, 부회장 1인, 부장 3인, 부부장 3인, 위원 30인, 상담역 3인, 서기 1인

사업

(시설사업, 장래 시설사업)

소사시장(素砂市場) 설치, 경기도 농사시험장, 현재 원잠종제조소 등 공장의 유치운동 실현

앞으로 계속해서 다수 공장 등을 유치하는 것은 물론이거니와 현재 부천군청이 인천부 내에 있으므로 이를 소사에 유치하고, 시가지 계획도 소사 역전에 실시하기로 함.

경비

경비는 별도로 필요로 하지 않음에 따라 독지가의 기부를 받아 이를 충당함.

희망 사항

특기 사항 없음.

장애 사항

특기 사항 없음.

역원 씨명

회장　가베 마사오(神部正雄)　　부회장 최병희(崔炳熙)

부장　야나이 덴지로(柳井傳次郎), 원인상(元仁常), 스도 사다오(須藤定雄)

부부장 최원기(崔源基), 이성환(李聖煥), 야쿠시가와 칸(藥師川寬)

위원　마스노 토라오(增野虎雄) 외 29인

직업별 회원 수(56명)

곡물상 3, 견직물점(吳服店) 3, 의사 3, 운송업 2, 기타 45

오산상업조합(烏山商業組合)

지구 및 사무소 소재지

지구: 수원군 성호면 오산리

사무소: 수원군 성호면 오산리 59번지

목적 및 연혁

오산 상인의 공존공영 및 상업 발전을 도모하기 위해 오산상사주식회사를 설립함으로써 상호 자매관계를 맺는 사업을 진행하고자 함.

1935년 2월 조직되었을 당시 조합원 총수가 18명이었으며, 현재 조합원 수는 31명에 이르고 있음.

조직

오산상사주식회사 주주 또는 오산리 거주 상공업자 중 희망자를 활용하여 조직됨.

사업(시설사업, 장래 시설사업)

1935년 2월 조직한 이후 조합원 각자가 오산시에 매일 50전이나 1원을 1938년 12월까지 저축함으로써 오산상사주식회사의 주식 15주(1회 불입 12원 50전)로 인수해서 오산상사주식회사를 조직하였으며, 회사에서는 일반 상품을 부대하는 일체의 업무를 맡음.

경비

역원 위로금 및 사무비 75원

저축에서 발생하는 이자로 충당

희망 사항

이 지역은 약 5,000명 이상 거주하는 집단 지역으로 상공품의 수요 판로는 점차 발전해서 매년 상당액에 이르고, 현지 상공업자는 중산층 이하로 상공 자금의 부족으로 인해 상공업 발전상 영향이 크므로 개선 발달을 위해서 보조 기관으로써 일반 상공계의 발전을 촉구함.

장애 사항

각 산업 및 제 사업은 목하 당국의 방침과 통제력에 제압되어 중소 상공업자는 점차 위축되는 지경에 이르고 있는 것으로 인정됨.

참고 사항

현지 상공업 중 주요 상품은 곡물이 있음. 군농회 또는 금융조합으로부터 알선하고 있는 물산(곡물, 육지면 등)의 판매 또는 소금, 비료 종류 등을 공동 구입 및 배급하는 알선 기관을 위임 알선하려고 함. 더욱이 현지 부업품으로서 노끈과 가마니의 구입 대행 영업 등을 본 조합에서 위탁 대행하고 있음. 또한 각 통제기관에 속한 상품의 구입 및 판매 등의 알선을 대행하고 있음.

역원 씨명

조합장 임성욱(林盛郁)

이사 구연오(具然伍), 김헌봉(金憲鳳), 최환복(崔煥福), 김용식(金容式)

감사 최병국(崔秉國), 이철배(李哲培)

상담역 윤학영(尹學榮), 서상열(徐相悅)

직업별 회원 수

곡물상 5 면포상 5 잡화상 5 서양 및 일본과자 주류 통조림상 1

철물상 1 과어물(果魚物) 및 부엌용 잡화상 2 피혁상 1

매약(賣藥) 및 약종상 3 화양복상(和洋服商) 2

가구상 1 대서업(代書業) 1 요리업 1 농업 2 공리(公吏) 1

평택상공회

지구 및 사무소 소재지

경기도 평택군 평택읍 평택리

목적 및 연혁

이 지역은 종래 번영회로 지방 발전 향상에 공헌한 이래 시세의 진전을 동반하며 1938년 8월 평택상공회로 개칭하고, 상공업의 발전에 공헌하는 동시에 조직을 개편해서 상공업자 및 일반 유지를 회원으로 두고 회비로 1년에 2원을 징수함.

조직

조직은 회원 조직으로 회원 중에서 역원을 선거하고, 역원 중에서 회장 1명, 부회장 2명, 평의원 13명을 선출하고, 사업 수행을 강화해 나가고 있으며, 3개 부문으로 나누어서 (1) 공업부는 오로지 공업에 관한 발전을 위하고, (2) 상업부는 오직 상업에 관한 발전을 기하고, (3) 지방부는 지방 발전상 필요한 연구를 위한 것으로 각각 각 부문에 주사를 설치해서 각자 전문적으로 연구를 해서 매월 역원 월례회에 제출 연구함.

사업(시설사업, 장래 시설사업)

(ㄱ) 교통기관을 완비하기 위해 군읍 당국과 협력하고, 도로의 개수, 기성회를 조직해서 군내 주요 도로의 개수에 착수함.

(ㄴ) 공업 발전, 공장 유치를 위해 시가지 확장을 계획해서 군읍과 협력, 2만 5,000여 평의 매립공사에 착수함.

(ㄷ) 아산만의 수운 이용 계획을 세우고 현재 군당국에 이견서를 제출하고 실현을 기대하고 있음.

경비

경비 징수 방법 매년도 초에 회비를 징수함.

희망 사항

(ㄱ) 제 비용삭감 계획에 따라 아산만의 수운을 완비하여 평택읍에서 군내 팽성면 노양리 간의 도로 일부를 완비하고 안성천에 천교(淺橋), 기타 화물을 싣고 부리는 기관을 설치해서 오로지 인천 및 내지와의 거래상 편익을 도모할 연구를 진행 중.

(ㄴ) 음료수 및 공업용수 완비를 위해 상수도 설치를 요청하려고 읍 당국에 제안 중.

장애 사항

해당 사항 없음.

역원 씨명

회장 모리 겐키치(森賢吉) 부회장 안종철(安鍾喆), 나카무라 에이타로(中村英太郎)

고문 평택군수, 평택세무서장, 평택경찰서장, 곡물검사출장소장, 평택읍장, 평택역장, 이성렬(李成烈)

평의원 니시무라 오리타로(西村折太郎), 이민훤(李敏烜), 하시모토 유이치(橋本右一), 메라 고이치(目良廣一), 이와미 카메조오(石見龜藏), 시부타니 코오헤이(澁谷光平), 니시무라 요시오(西村義雄), 황경수(黃慶秀), 박병석(朴炳奭), 오카다 타케요시(岡田武吉), 정용운(鄭容

運), 신순호(申舜浩)

이사 정인창(鄭寅昌)

직업별 회원 수(85명)

포목상, 철공소, 잡화상, 농업, 미곡상, 부동산 임대업, 이발소(床屋), 요리점

안중상공조합(安仲商工組合)

지구 및 사무소 소재지

경기도 평택군 오성면 안중시장

목적 및 연혁

1935년 10월 안중시장 일원에서 상공업에 종사하는 사람들의 저축을 목적으로 조합을 조직하였으며, 조합의 가입자 증가와 함께 평택군 서부 일원으로 오성(梧城), 포정(浦井), 현덕(玄德), 청지(青地) 4개 면의 상공업 종사자를 가입시켜 상인이 희망하는 상품을 알선할 목적을 가지고 현재에 이르렀으며, 성적은 매년 5분의 배당으로 상품은 인천, 경성의 회사와 특약을 맺어 번성하고 있으며, 알선 중 자금의 융통을 원활하게 사무 처리하고 있음.

조직

출자 방법은 1구좌당 100원으로 200구좌를 출자금으로 함.

1. 상품의 공동 구입 알선, 2. 확실한 신용 대부, 3. 유리한 특약점 또는 대리점, 4. 확실한 담보 대부

당 조합의 존립 기간은 설립일로부터 만 20개년임.

사업(시설사업, 장래 시설사업)

장래에는 농업에 종사하는 중류층 이상의 사람으로 가입하게 하고, 각 부락에 구매, 판매로 하는 일반 농가의 필요품을 안정적인 가격으로 제공하기 위한 연구를 진행 중임.

명년도에는 정미업 및 쌀 매매를 하기 위해 현재 계획 중 이상 양 업종 공히 가능성을 가지고 있음.

또 가마니의 매입취급소를 개시하려는 희망이 있지만, 이전의 관계상 당분간은 가망이 없는 것으로 볼 수 있음.

경비

1938년도 경비 예산액 1,603원, 지불액 1,370.17원

희망 사항

일반적인 개량 농구 판매를 필요로 함.

종래 상품의 외상 매입을 위해 외상 매입한 액수가 많아 회수에 많은 수수료가 필요하고, 이를 위해 구입처 기일에 맞춰 회수금이 불발되어 결국 파산으로 이어져 유감스러운 상황이며, 최근에는 현금이 되는 경향임.

일반 협의 후 현금 판매를 연구 중.

장애 사항

희망 사항 참조.

역원 씨명

조합장 정양붕(鄭兩朋)

이사 나카와키 겐소우(中脇源藏) 서기 이복균(李福均) 감사 김안주(金安珠), 윤승봉(尹承鳳), 이재원(李載源)

평의원 김재익(金在翼), 이민성(李敏成), 이교헌(李教憲), 조영묵(趙寧默), 정태진(鄭泰鎭), 이정헌(李正憲)

직업별 회원 수(75명)

곡물상 3, 견직물점(吳服商) 3, 잡화상 5, 조운업(回漕業) 1, 해산물업 5, 자전거업 3, 요리업 1,

음식업 10, 이발업 3, 주조업 3, 매약업(賣藥業) 2, 한약업 3, 기타 농업 30

안성번영회(安城繁榮會)

사무소 소재지

안성군 안성읍 사무소 내 (기타 기재 사항 없음)

이천상공회

지구 및 사무소 소재지

지구: 이천군 일원

사무소: 이천군 이천읍 창전리

목적 및 연혁

1932년 4월 설립. 1926년 1월 이천상무협회 설립 후 1932년 4월 이천상공회로 개칭.

본회는 상공업 및 지방 생산의 개선 발달을 도모하는 것을 목적으로 함.

조직

이천군 내에 거주하는 상공업자 및 기타 영업자로 조직.

사업(시설사업, 장래 시설사업)

상공업의 개선 발달에 필요한 방법을 조사 연구.

관공서 및 상공업자의 위촉에 따라 상공업에 관한 사항을 조사하거나 자문에 응함.

우량 점원 표창

시민의 체육 증진 취지로 시민운동회 및 스케이트 대회 등 개최.

경비

657원, 회비 및 가마니 대행 수수료로 이를 충당

희망 사항

상공회의소 설치

상공업에 대한 조사기관 설치, 물산진열관의 설치

현재 운수기관으로 광궤 철도 확장

상공단체 연락 도모

장애 사항

특별히 기록할 사항 없음.

역원 씨명

회장(1명) 김병철(金炳哲) 부회장(1명) 시오모토 지로(鹽毛藤二郎)

의원(10명) 김홍식(金泓植), 김동수(金東秀), 오가와 네이시(小川貞次), 이조욱(李朝旭), 박노헌(朴魯憲), 김수돌(金守乭), 강규만(姜奎萬), 하계낙(河啓洛), 유완식(兪琬植), 이종재(李宗載)

직업별 회원 수(100명)

잡화상 22, 포목상 10, 곡물상 21, 음식점 6, 매약상(賣藥商) 3, 과자상 1, 공업 4, 견직물상(吳服商) 3, 금물상(金物商) 7, 대서사(代書士) 2, 운송업 1, 건축업 1, 기타 19

양곡상업조합(陽谷商業組合)

지구 및 사무소 소재지

김포군 양촌면 양곡리 431

목적 및 연혁

농촌경제의 완화, 생활 향상을 도모하기 위해 농촌의 일용백화 및 농구, 비료, 기타 산물

구입 판매

조직

익명 조합

사업(시설사업, 장래 시설사업)

조합 내에는 구분 없이 주로 판매를 함.

서무부, 포목부, 양품부, 식료품부, 농구부(農具部), 양복부

경비

경비 6,242원이고, 사업 이익금에서 충당함.

희망 사항

(기재하지 않음)

장애 사항

(기재하지 않음)

역원 씨명

조합장 강룡회(姜龍會) 이사 김필제(金弼濟)

감사 조영만(趙永萬), 임학규(林鶴奎), 신대균(申大均)

평의원 이건하(李健夏), 조동렬(趙東烈), 윤영섭(尹永燮), 김완풍(金浣豊)

서무주임 허봉(許鳳) 포목부 주임 서재성(徐載成)

양품부 주임 이규명(李圭鳴) 식료품 주임 민내성(閔內星)

직업별 회원 수(104명)

조합원은 다수가 농민이고, 직원은 거액의 출자자로 상직(商職)임.

전곡소매상조합(全谷小賣商組合)

지구 및 사무소 소재지

지구: 전곡(全谷) 일원

사무소: 연천군 영근면 전곡리 473번지

목적 및 연혁

1. 현 시국 정책에 순응하는 동업자 간 나날이 긴밀한 친목을 도모하고 함께 상업 도덕에 따라 시국에서 반영되는 물가 폭등의 형세를 억제하여 물가 균등을 도모해서 일반 소비자의 물품 구입상 십분 이해와 안심을 주고 문화적 상업상의 책략을 개척하는 것은 물론이거니와 후방 상인의 책무를 다하여 상업보국에 십분 임하게 하려는 목적임.
2. 가격이 다른 상태로부터 균등하게 암호 사용을 철폐하고 손님에 따라 부르는 가격에서 정가 제도로 함.

조직

곡물상, 포목상, 화양잡화상(和洋雜貨商), 고물상, 식료품상, 의사, 정미업, 운송업, 제조업 등으로 조직함.

사업(시설사업, 장래 시설사업)

기존 사업-곡물상조합(穀商組合), 포목상조합, 현재 소매상조합

장래사업-산업조합 혹은 상품공동매입조합까지 조직할 계획임.

경비

1. 조합 조직 이후 총 경비는 금월 15일까지 104원임.
2. 조합원은 매월 10원의 회비를 내기로 결정되었으며, 매월 30일까지 조합장 편에 납부하기로 함.

희망 사항

본 지방은 경원선 역 앞에 있으며, 동서남북으로 중앙을 통과하는 자동차 선로에 있어서 교통이 매우 편리한 것은 물론, 연천의 산물의 중심 집산지대로 관계상 매년 비약적인 발전을 이루고 있음. 현재에 이르러 총 호수는 400여 호이며, 상업에 있어서는 최대 적지라 할지라도 유감인 점은 금융기관을 완비하지 못해 금융상 큰 불편을 초래할 뿐만 아니라 지방 발전에 커다란 지장을 초래하기에 금융기관의 증설이 현지 발전에 가장 긴요한 희망 사항임.

장애 사항

금융기관 불완비 문제

역원 씨명

조합장 이상옥(李商玉)

이사 이종원(李鍾遠) 서기 김창식(金彰植) 감사 최중희(崔重熙), 심재종(沈在宗)

평의원 이흥규(李興珪), 현태구(玄泰具), 정헌섭(鄭軒燮), 황범성(黃範性), 윤종현(尹宗鉉), 이종건(李鍾健), 지상덕(池尙德)

직업별 회원 수(64명)

포목상 14, 곡물상 8, 고물상 8, 잡화상 7, 의사 4, 정미업 5, 운송업 4, 제조업 5, 식료품상 7

충청북도

청주상공회

지구 및 사무소 소재지

지구: 청주읍

사무소: 청주읍 본정 3정목

목적 및 연혁

회원 상호 친목을 목적으로 하며, 상공업의 개선 발달을 도모하고, 지방 발전을 조성하는 것을 목적으로 함.

1916년 창립(청주상업회), 1933년 개칭.

조직

1. 통상회원　　　2. 특별회원

통상회원은 청주읍 내에 존재하는 상공업자 및 기타 영업자로 하며, 특별회원은 동 지역 내에 영업소를 두고 있는 법인 또는 특정인으로 함.

사업(시설사업, 장래 시설사업)

1. 상공업에 관한 통보, 2. 상공업에 관한 중개 또는 알선, 3. 상공업에 관한 조정 또는 중재, 4. 상공업에 관한 증명 또는 감정, 5. 상공업에 관한 통계 조사 및 편찬, 6. 기타 상공업의 개선 발달을 도모하는 데 필요한 사업.

경비

경비 2,400원(1939년도) 부담액 갑년액 12원, 을년액 6원, 병특별회원부담금 상호협정에 따름.

부담금은 연액을 4기로 나누어 4월, 7월, 10월, 1월로 징수 시기를 정함.

특별회원 부담금은 상호협정에서 징수 기간을 정함.

희망 사항

해당 사항 없음.

장애 사항

해당 사항 없음.

역원 씨명

회두 안동정(安東正) 부회두 이토 타다히라(伊藤只平), 이중갑(李重甲)

상의원 마쓰모토 시게타로(松本茂太郎), 기타하라 마사이치(北原政市), 마에다벤지(前田辨治)

의원 미와 키로쿠(三輪喜六), 하라다 키조우(原田太喜造), 오다 세이조(小田制三), 쿠라하라 키자부로(倉原喜三郎), 카메이 세이치(龜井精一), 나카이소 오사무(中磯治), 마스다 구니미쓰(益田國光), 유운혁(柳雲赫), 이기영(李驥永), 송병근(宋秉根)

직업별 회원 수(142명)

양품잡화 9, 내선잡화 3, 약품(화장품) 6, 도자기 3, 견직물 포목류 9, 신발류(履物) 3, 가구 2, 자전거 2, 시계·축음기 9, 문구·지류·인쇄 8, 어류 3, 음료품·잡화 8, 과자류 8, 재목상 3, 금물상 4, 토목건축청부업 7, 철공업 3, 주장유상(酒醬油商) 5, 여관 4, 목탄·석탄 2, 구두 제조(靴製造) 1, 정미(곡물) 5, 운송업 7, 양복상 7, 음식점 및 요리집 11, 고물상 1, 기타 2

특별회원(11명)

조선식산은행 청주지점, 군시제사주식회사 청주공장, 조선상업은행 청주지점, 남선합동전기주식회사 영업소, 남북면업주식회사 청주조면공장, 충북자동차운수주식회사, 충북산업주식회사, 충북무진주식회사, 조선운송주식회사 청주지점, 청주주조주식회사, 청주금융조합

괴산상공회(槐山商工會)

지구 및 사무소 소재지

괴산군 괴산면 동부리

목적 및 연혁

괴산 읍내를 중심으로 지방의 개선, 발전을 촉진하고 회원 상호 친목을 획책할 목적임.

조직

1938년 7월 25일 지역 상공업자 중 20여 명이 발기하였으며, 1938년 8월 4일 창립총회를 개최하고 동시에 본 상공회를 조직함.

사업(시설사업, 장래 시설사업)

종래 사업에 관해서는 상공회가 새롭게 시작해서 물가균형 및 현지 상공업자 간의 친목을 도모할 수는 있고, 장래의 사업에 관해서는 향후 사업이 생길 때 실시하기로 함.

경비

경비에 관해서는 1개년당 100원을 표준으로 회원으로부터 매월 금 30전을 납부하기로 함.

희망 사항

현지 발전과 관련해서 경동선이 관통할 예정이었으나 사정으로 인해 중지된 것을 가능한 빨리 시설되기를 희망함.

장애 사항

(기재할 사항 없음)

역원 씨명

회두 박영래(朴永來) 부회두 이종오(李鍾伍)

평의원 하창용(河昌容), 김양수(金陽洙), 송영익(宋榮翼), 이윤수(李潤壽), 장태현(張泰鉉), 김수동(金壽童), 정팔복(鄭八福)

직업별 회원 수(48명)

포목잡화상 16, 철물상 4, 곡물상 7, 운반업 2, 식료품점 5, 고무업(護謨業) 4, 기타 10

충주상업조합

(「충주상업조합규약」 발췌)

목적

본 조합은 충주의 복리 증진 및 협동 일치, 실업의 발전을 기도하는 것을 목적으로 함(제2조).

조직

본 조합은 충주실업조합으로 칭하고, 충주에서 상공회를 하고자 하는 자로 조직함(제1조).

본 조합은 다음과 같이 역원을 설치함.

조합장 1명, 부조합장 1명, 평의원 13명, 이사 1명

역원은 명예직으로 하지만 이사는 유급으로 함(제3조).

본 조합에 고문 약간 명을 두지만, 고문은 조합장의 추천으로 함(제15조).

경비

본 조합은 조합원으로부터 다음의 조합비를 징수함. 단, 등급은 매상고에 따라 역원회에서 이를 사정(査定)하고 3개월 시한으로 부과함(제6조).

1기 분류

1급 1원 50전, 2급 1원, 3급 75전, 4급 50전, 5급 30전

사업

본 조합은 근면하고 부지런히 노력하는 데 정진하기 위해 점원의 행실과 근태 등을 조사해서 선행자(善行者)에 대해서는 이를 표창하는 일을 하고 있음.

사업 내용 개선(내규)

(1) 향후 외상 매입 대금 등의 정리를 요구하는 데에 있어서 수수료는 그때마다 협정함.

(2) 외상 매입 대금 정리의 경매 등에 있어서는 규정된 수수료로 인수할 것.

(3) 조합원에 대해 다른 방면에서 조회가 필요할 경우에는 약간의 수수료를 받을 것.

(4) 조합원의 입회금으로는 금 50전을 납입하고 기간 내 조합비 역시 동일함.

(5) 이유 없이 탈퇴한 자는 다시 입회를 허가하지 않음.

(6) 정기 휴업일을 매월 1일로 함. 단, 12월 1일은 제외함.

충청남도

공주상영회(公州商榮會)

지구 및 사무소 소재지

지구: 공주읍 일원

사무소: 공주군 공주읍

목적 및 사업

회원 상호간의 진복을 도모하고, 상공업의 발전을 도모함을 목적으로 함.

연혁: 1934년 4월 창립.

조직

회원 80명

경비

300원으로 회비 및 특지가(特志家)의 기부에 의함.

희망 사항

철도 부설에 의해 교통의 편리를 도모함.

장애 사항

없음.

역원 씨명

회장 1인, 총무 1인, 서무 1인, 재무 1인, 평의원 3인

조치원상공회(鳥致院商工會)

지구 및 사무소 소재지

충청남도 연기군 조치원읍 조치원리

목적 및 연혁

상공업의 개선 향상을 도모하고, 지방 발전을 조성해서 회원 상호 친목을 계획할 목적임.

연혁: 1914년 2월 설립, 조치원상업조합으로 칭할 당시에는 헌병파견소의 인가를 받았고, 1931년 1월 조치원상공회로 개칭함.

조직

통상회원과 특별회원으로 나누고 고문 약간 명을 설치함.

사업(시설설비, 장래 시설설비)

회칙에서 정하는 사업

1. 상공업에 관한 통보, 2. 상공업에 관한 중개 또는 알선, 3. 상공업에 관한 조정 또는 중재, 4. 상공업에 관한 조사, 5. 우량 점원 양성

경비

회비: 통상 회원은 1개년간 6원, 특별회원은 기부금으로 함.

1개년 경비 300원

희망 사항

이 방면에서 인정받는 권위를 가진 단체가 되기를 희망함.

장애 사항

눈에 띄는 사항 없음.

역원 씨명

회장 마스구치 쇼이치(益口正一) 부회장 기무라 칸지(木村勘次)

이사 시마다 요시후미(島田義文)

평의원 아마야 요시시게(天谷義繁), 요시다 쇼타로(吉田庄太郎), 아먀모토 세이타로(山本晴太郎), 나가토시 죠타로(永俊常次郎), 마스다 요시노리(益田慶則)

직업별 회원 수(45명)

재목상 3, 과자점 5, 약국 3, 식료·잡화 4, 문방구점 2, 양품·잡화 5, 주장유점(酒醬油店) 3, 고무신집 2, 인쇄소 1, 신발 1, 금물상농구(金物商農具) 2, 도기상 1, 음식점 3, 여관 2, 면포상 4, 운송업 2, 자전거점 1, 견직물상(呉服商) 1

강경번영회(江景繁榮會)

지구 및 사무소 소재지

지구: 강경읍 일원

사무소: 충청남도 논산군 강경읍 남정 81번지 3 강경읍사무소 내

목적 및 연혁

1. 목적: 본회는 강경의 번영을 도모하는 것을 목적으로 함(1932년 12월 강경실업협회를 해체, 본회에 합병하고, 강경번영회 상공부로 함).
2. 연혁: 1927년 6월 창립, 논산천 개수 공사, 조선미창고주식회사 지점 설치, 전선(全鮮)(제11회)

곡물상연합대회 개최, 기타 강경의 번영을 위해 활약하며 오늘날에 이름.

조직

강경읍 내 거주 상공업자로 조직.

사업

(기재 사항 없음)

경비

650원(1938년)

징수 방법: 일반회원의 회비로 하며, 경비의 부족분이 발생할 경우는 독지가의 각출로 함.

희망 사항

이 지역은 물자의 집산지로 오지의 도로를 완비하고, 현지에서 집산되는 물자로 생산공업을 달성하는 것이 긴요하다고 보는 본 단체는 장래 상당한 성적을 거둘 것으로 생각됨.

장애 사항

(기재 사항 없음)

역원 씨명 (1938년 12월 13일 현재)

회장 치사카 오자에몬(千坂雄左衛門)

부회장 니시시마 도라카치(西島寅吉), 윤길중(尹吉重)

간사 이가 와치(伊賀倭治), 이시모토 모리츠구(石本盛次), 나카하라 게이마사(中原計正), 김용한(金容漢), 김용호(金容浩), 임수보(林秀輔), 후지토 가이이치(藤戶改一), 소가베 모토슈(曾我部脩), 이은국(李殷國), 로잔 토시로우(路山敏郎), 야마모토 이시요시(山本石吉), 히로세 케이지로우(廣瀨繼次郎)

상공부장 츠지가와 모토스케(辻川元助)

위원　타니구치 쇼이치(谷口庄市), 오카노 분이치(岡野文一), 야마네 히코조우(山根彦藏), 박석규(朴碩圭), 김병윤(金炳允), 김원회(金元會), 미야모토 야사부로(宮本彌三郞)

직업별 회원 수(155명)

잡화상 21, 금물상(金物商) 8, 지류문방구상 4, 제작제조업 8, 제약식료품 6, 양복견직물상 8, 재목상 2, 약품상 4, 사진업 2, 비료상 3, 금은시계상 3, 신발상(履物商) 3, 청부상 7, 전당포(質商) 1, 기계상 2, 이발업 2, 신탄상(薪炭商) 2, 여관업 3, 양조업 5, 요리업 7, 농사경영 3, 미곡상 4, 석유판매업 3, 병원 4, 기타 7, 사법서사 3, 변호사 4, 회사원 17, 각 관공서 5, 학교 4

서산상공친목회(瑞山商工親睦會)

지구 및 사무소 소재지

지구: 서산군 서산면 읍내리, 동문리 일원

사무소 소재지: 서산군 서산면 동문리 930-1번지

목적 및 연혁

본회는 회원의 친목 및 상공업의 조장, 발전을 기도함을 목적으로 하며, 1925년 7월 창립한 이후 유명무실한 상태로 있다가 1938년 5월 혁신 확장해서 오늘날에 이르고 있음.

조직

본회는 서산읍 내에 주소를 두고 있으며, 상공업에 종사하고 있는 회원으로 조직되었으며 회장 1명, 부회장 1인, 간사 2인, 감사 2인, 평의원 9인의 역원을 두고, 본회의 목적 달성을 위해 부회장이 회무를 담당케 함.

사업(시설사업, 장래 시설사업)

본회는 혁신 후 경비 관계상 사업을 위해 1938년 5월 혁신총회 겸 회원 간친회를 열고, 같은 해 11월 1일부터 12월 12일까지 40일간 본회의 고문(현지 동척은행 지배인) 다카노부 겐(高信 源)

씨를 강사로 초빙해서 회원 및 점원 중 희망자를 상대로 상사의 중요한 사항과 상업부기의 강습회를 개최하였으며, 또한 장래 경비 자원을 확립하고, 차제에 다음과 같은 사업을 위해 그 목적을 달성함.

1. 상공품 및 상거래에 관한 각종 조사 및 조회
2. 상공업에 관한 도서, 기타 간행물 발행, 수집 및 공람
3. 상공업 발전에 적절한 시설
4. 점원 소질 향상에 필요한 교양 및 우량 점원 표창
5. 회원 간 애경 상조

경비(1938년도 경비)

일금 394원이고, 징수 방법, 매월 각 회원으로부터 회비를 징수하고, 부족분은 특지가(特志家)의 기부를 얻어 충당.

희망 사항

별도로 특기 사항 없음.

장애 사항

별도로 특기 사항 없음.

역원 씨명

회장 백낙선(白樂善) 부회장 나창헌(羅昌憲)

간사 조옥현(趙玉顯), 고대복(高大福) 감사 양흥렬(梁興烈), 최한양(崔漢陽)

평의원 이완복(李完福), 박우성(朴友性), 김승제(金昇濟), 석백희(錫百熙), 조원손(趙元孫), 최재근(崔在根), 박송화(朴宋和), 김용배(金容培), 조병구(曺秉龜)

고문 고신원(高信源), 이준영(李俊榮)

직업별 회원 수(66명)

정미업 2, 매약상(賣藥商) 4, 광유상(鑛油商) 2, 고무신상 3, 양복상 2, 철공업 1, 재봉업 5, 주단포목상(綢緞布木商) 6, 잡화상 10, 식료품 및 과자상 7, 금물상(金物商) 2, 해산물상 4 시계상 1, 목공업 1, 도기상 3, 금은세공 1, 기계상 1, 자전거상 3, 주조업 1, 운송업 1, 양철점(錻力屋) 1, 연초소매상 1, 인쇄업 1, 재봉기상 1, 소곡제조업(素麵製造業) 1, 여관업 1

천안상공회(天安商工會)

지구 및 사무소 소재지

천안군 천안읍 본정 3정목 363

목적 및 연혁

천안 발전 향상을 기도하고, 일치협력함으로써 회원 상호 간의 친목을 도모하여 상공업 및 제반 조사 연구를 위해 개선 발달을 꾀하는 것을 목적으로 함.

1932년 4월 1일 창립

조직

천안에 거주하는 상공업자 및 상공업에 찬동하는 자로 조직.

다음의 역원을 설치하고, 역원은 전체 명예직으로 하고, 선거에 의하고, 역원의 임기는 만 2개년으로 재선이 가능함.

회장 1명, 부회장 1명, 간사 3명, 평의원 8명

사업(시설사업, 장래 시설사업)

종래 시설사업은 없으며, 장래 시설에 대해서는 고려 중.

경비

금 200원, 회원 1명당 매월 30전 각출, 수금자가 징수

희망 사항

풍부한 수원지와 수질 양호한 상수도를 완비하고, 또한 교통이 편리한 사통팔달이어서 공업이 유망한 지역에 공장이 진출하기를 희망함.

장애 사항

군산, 인천, 경성에서 도매상이 직접 오지에 진출하는 가운데 도매업자는 엄청난 손실을 입음.

역원 씨명

회장 우에노 사키지로(上野㕝次郎) 부회장 에지마 토네리(江島舍人)

간사 가와무라 야스이치(河村保一), 사이토 유이치(齊藤唯一), 이노우에 고우이치(井上吳一)

평의원 이토 하치조(伊藤八藏), 이노우에 게이(井上啓), 남응원(南應元), 무라카미 이치로(村上市郎), 무라니시 세이이치로(村西政一郎), 마츠모토 카구지로우(松木覺次郎), 마쓰하라 고시로우(松原小四郎), 가타기리 다쓰지로(片桐辰次郎), 시미즈 시게히사타로(淸水茂久太郎), 요시노 코우조우(吉野鑛造)

서무 이소가이 마사오(磯貝正雄) 회계 미카미 젠키치(美上善吉)

고문 천안군수 천안경찰서장, 천안읍장, 천안역장, 동일은행 지점장, 금융조합 이사

직업별 회원 수(74명)

미곡비료 7, 농업지주 3, 식료품 4, 양복점 1, 라디오전기상 2, 약종상 2, 발동기상 3, 주장유류(酒醬油類) 6, 잡화견면류 2, 운송업 1, 견직물류(吳服類) 5, 금물류(金物類) 7, 과자류 2, 음식점 3, 양품화장품 5, 시계 2, 생선 3, 기타 11

온양상공회

지구 및 사무소 소재지

지구: 온양온천 시내 일원

사무소: 충남 아산군 온양면 온천리 66번지

목적 및 연혁

온양온천 및 인접 지역의 발전, 향상을 도모하고, 상공업의 번영을 촉진시키며, 나아가 회원 상호간의 친목을 기하고, 상공업 제반 조사 연구를 실시하여 개선, 발달을 도모함을 목적으로 함. 1938년 6월 1일 창립 조직함.

조직

총회에서 역원을 선거하고, 회무는 역원의 합의제로 다수결로 하고, 상공회의 운용 실행은 회장, 부회장, 이사가 담당함.

사업

(기재 사항 없음)

경비

약 300여 원, 회원에게 봄, 가을 징수함.

희망 사항

은행 지점 설치 문제는 현재 당국에게 청원 운동 중.

장애 사항

(기재 사항 없음)

역원 씨명

회장 요시다 지헤이(吉田治平) 부회장 남봉희(南鳳熙)

이사 모다 마사토시케이(模田政壽計), 권응호(權應鎬)

평의원 최용하(崔容夏), 심산철(沈產哲), 조남준(趙南俊), 이한상(李漢祥), 민영술(閔永述), 이한규

(李漢珪), 천성화(天成和), 이성규(李成硅), 후카야 사다요시(深谷定良), 심선창(沈宣昶), 요시노 요시마쓰(吉野吉松), 채인석(蔡仁錫), 하마이 슈우조우(濱井修藏), 니시노 이와오(西野岩雄), 윤성록(尹成錄) 이해경(李海景), 온양주조회사

직업별 회원 수(126명)

잡화상 87, 곡물상 6, 운수업 3, 견직물상(吳服商) 10, 기타 20

전라북도

이리상공회(裡里商工會)

지구 및 사무소 소재지

지구: 이리읍 일원

사무소: 이리읍 사무소 내

목적 및 연혁

본회는 이리 및 부근 거주 상공업자의 개선 발달을 계획하는 것을 목적으로 함. 업무 범위는 아래와 같음(회칙 제2조).

1. 상공업자 상호 간의 친목을 계획, 2. 상공업의 개선 발달에 필요한 사항을 조사 연구 또는 계획을 실행함, 3. 관공서 및 상공업자의 의뢰에 따라 상공업에 관한 사항을 조사하거나 자문에 응함, 4. 상공업에 관한 분쟁을 중재함.

조직

본회는 이리와 부근에 존재하는 상공업자와 법인의 상공업 운영에 관한 것을 조직함(회칙 제3조).

본회는 다음의 역원을 설치함(회칙 제6조)

회장 1명, 부회장 2명, 특별의원 약간 명, 상의원 25명 이사 1명, 서기 약간 명

사업

(기재 사항 없음)

경비

등급에 의함. 회원은 다음에 나와 있는 6등급으로 구별하여 연액 회비를 징수하고 연 2회 분납하도록 함(회칙 제4조).

특등급 50원 이상, 1등급 30원 이상, 2등급 15원 이상, 3등급 10원 이상, 4등급 7원 이상, 5등급 5원 이상, 6등급 3원 이상, 단, 사정(査定)은 역원회에서 결정함.

본회의 경비는 회비나 기부금으로 이를 충당함(회칙 제17조).

희망 사항

(기재 사항 없음)

장애 사항

(기재 사항 없음)

역원 씨명

회장 오오키 후사오(大木房夫) 부회장 에다 스미시게루(江田住繁), 조원(趙遠)

직업별 회원 수(209명)

인쇄 3, 음식점 4, 신발점(履物店) 3, 모자점 1, 미곡상 14, 토목건축청부 11, 시계상 5, 도기가구 5, 도료광유 1, 목공업 4, 다실(茶) 1, 요리 11, 여관 2, 극장 1, 기와벽돌제조(瓦煉瓦製造) 1, 금물상(金物商) 7, 과자 8, 지물(紙物) 5, 해산물 4, 화약 1, 악기 2, 지함(紙函) 1, 양품잡화(洋品雜貨) 15, 양복상 3, 무명상(疊商) 1, 무진(無盡) 1, 운송 1, 구두상(靴商) 3, 차(車) 제조 2, 약품 7, 문구상 3, 포목상 16, 견직물상(吳服商) 1, 방물상(小間物商) 3, 고무신양품잡화 5, 전기사업 2, 전기

기구상 1, 철공업 5, 유류(油類) 3, 청과 1, 재목상 4, 금융 5, 금은세공 1, 누룩 제조(麯子製造) 1, 어채(魚菜) 1, 목욕탕(湯屋) 1, 미싱 2, 주장유류(酒醬油類) 7, 활어(生魚) 1, 식료품 7, 자전거상 4, 사진업 1, 비료농구 2, 정미업 2, 조선잡화 1, 염료상 1

특별회원-이리무진회사, 조운이리지점, 조선합동전기회사, 남선수력전력회사, 동척 이리지점, 식산은행 이리지점, 상업은행 이리지점, 남선국자회사(南鮮麯子會社), 전북상사주식회사, 동산산업주식회사, 천일고무 이리공장

김제상공회

지구 및 사무소 소재지

지구: 김제읍

사무소: 김제군 김제읍 교동리

목적 및 연혁

(1) 김제 상공업 및 일반산업의 개선 발달을 도모하는 동시에 회원의 전진을 기하기 위한 목적임.

(2) 위 목적을 위해 1937년 6월 1일 설립.

조직

(1) 회원 상호 간의 친목을 도모함.

(2) 상공업의 개선 발달에 필요한 사항을 조사 연구하거나 계획 실행함.

(3) 상공업과 밀접하게 연관되어 있는 농업 생산의 개량 증식 및 교통의 발달에 관한 조사 연구.

(4) 관공서 및 상공업자의 위촉에 따라 상공업에 관한 사항을 조사하거나 자문에 응함.

(5) 상공업에 관한 분쟁의 중재에 응함.

사업(시설사업, 장래 시설사업)

(해당 사항 없음)

경비

852원. 회비 및 보조에 따름.

희망 사항

(1) 금융기관의 증설을 통해 금리를 인하하는 것

(2) 화재보험료, 전등전력료의 인하

장애 사항

앞의 기록된 사항

역원 씨명

회장　시신싱(池眞澄)　부회장 야기 시게지로(八木茂次郎), 김창호(金昌鎬)

평의원　20명　이사 스즈키 도시미치(鈴木得方)

명예회원　김제군수 조동민(趙東敏), 김제경찰서장 야마다 슈호우(山田守房), 김제세무서장 쓰루쿠 겐시로(鶴久半四郎), 김제읍장 사와다 다네하루(澤田種治), 김제부읍장 노경일(魯炅日), 김제금융조합이사 미즈노 세이지로(水野精二郎), 김제역장 금창정(今倉鼎), 김제우편소장 곤도 스테(近藤 捨), 동진수리조합장 하시모토 나카바(橋本央), 동진수리조합 이사 나가토미 단사쿠(長富彈作)

직업별 회원 수(201명)

인접곡물상(籾摺穀物商) 36, 토목건축 12, 포목상 9, 식료잡화 9, 자전거 2, 여인숙 6, 요리음식점 8, 양품잡화 8, 약종상 9, 농장농업 12, 연초판매 3, 의사 4, 인쇄 2, 과자상 6, 제면 2, 대서(代書) 3, 술양조(酒釀造) 4, 금융업 8, 시계 4, 양복 3, 종이문방구 3, 금물(金物) 3, 사진 2, 금은세공 2, 고무화 3, 도기 3, 염료 2, 운송 2, 기계상 2, 기타 27

정주상공회(井州商工會)

지구 및 사무소 소재지

지구: 정주읍 일원

사무소: 정주읍사무소 내

목적 및 연혁

1. 목적

상공업의 개선 발달을 도모하는 동시에 회원의 발전을 기하기 위한 목적임.

2. 연혁

1915년 5월 내지인 상업자로 소규모 상영회(商榮會)를 설립한 후 상공업의 진전에 따라 기구를 개정해 1932년 7월 정주상공회로 설립함.

정주읍에 거주하는 내선인이나 법인으로 상공업을 운영하는 자로 조직.

사업

1. 상공업자 상호 간의 친목을 도모.
2. 상공업의 개선 발달에 필요한 사항을 조사 연구하거나 계획, 실행함(본 항은 특별히 상공업의 발전상 긴요하다고 인정되는 만반의 사항에 부쳐 실시하고 있음).
3. 관공서 및 상공업자의 의뢰에 따라 상공업에 관한 사항을 조사하거나 자문에 응함.

경비

경비는 1939년도 경비 1,216원임.

회비 및 기부금으로 이를 충당함. 회비 중 5원 이상은 2회, 5원 미만은 1회 징수함.

희망 사항

저리자금의 융통, 2. 교통망 완비, 3. 공장 유치, 4. 운수공업의 설치

장애 사항

특별히 기록할 사항 없음.

기타 참고 사항

종래 회원은 100여 명 남짓에 불과하고, 현재 시국의 중대함에 비춰 물가조사의 필요에 따라 각 영업자의 자제를 촉구하는 국책에 협력하기 위해 광범위하게 각 업종별 조합을 조직해서 이를 세포적으로 지도 유치하려고 계획 중임.

역원 씨명

회장 야기 단지(八木團治) 부회장 은희상(殷熙相), 미야이 요시카즈(宮井義一)

평의원 스나다 마사케루(砂田正治), 미조구치 리키마(溝口力磨), 카츠마타 데이이치로(勝俣貞一郎), 박해용(朴海庸), 마쓰바 야스키치(松葉泰吉), 오카모토 지로(岡元次郎), 신태일(辛泰一), 고한중(高漢重), 후쿠다 야스토시(深田泰壽), 나카무라 스케이치(中村助一), 노세 요시사부로(能勢芳三郎), 이토 젠조(伊藤錬造), 이시다 히사시(石田壽), 정읍자동차주식회사, 정읍양조 주식회사, 허윤(許潤), 정우섭(鄭于燮)

이사 이토 곤베이(伊藤權兵衛)

상담역 정읍군수, 정주읍장, 식산은행 정주읍지점장, 정읍금융조합 이사, 초성금융주식회사(楚城金融株式會社) 이사, 서부금융조합 이사, 조선총독부 미곡검사소 군산지소 정읍출장소장, 정읍역장, 남선합동전기주식회사 정읍출장소장, 후카가와 토쿠이치(深川德一), 히라타 이치로(平田一郎), 정읍양조주식회사

직업별 회원 수(138명)

요리음식점 10, 인쇄업 2, 신발상(履物商) 2, 하차제조(荷車製造) 2, 대리업 2, 미곡비료 18, 인접(糿摺) 3, 도기 2, 토목건축청부 6, 시계 2, 내지조선주양조 4, 여관 3, 수육 1, 과자제조 3, 가마니 노끈(叺繩) 1, 가구 2, 금물 2, 해산물 3, 잡화 22, 재봉(仕立) 2, 다다미 제조(疊) 1, 운송업 2, 승합자동차 1, 약품 5, 문구 1, 고물 1, 견직물(吳服) 6, 고무화 2, 재봉(仕立) 1, 전기공급업 1, 누룩(麯子) 제조 1, 화물자동차 1, 광업 1, 산업조합 1, 철공 1, 재목 4, 은행 1, 목욕탕(湯屋) 2,

신문판매 3, 전당포(質屋) 3, 장유(醬油) 제조 1, 자전거 1, 교통 1, 사진 1, 염색 1, 라디오 1, 모자 1, 기타 2.

남원상공회

지구 및 사무소 소재지

지구: 남원읍 일원

사무소: 남원읍 내천거리

목적 및 연혁

남원 상공업의 개선 발달을 도모해서 회원 상호 간의 친목을 목적으로 함. 1931년 7월 20일 설립함.

조직

남원읍에 거주하는 내선인이나 법인으로 상공업에 종사하는 자로 조직.

사업

1. 종래에는 상공업자 친목을 꾀해 상공업자의 상업상 편리를 도모하고, 2. 종래에는 점원 부기 강습을 진행할 예정이며, 국어[20]가 통하지 않는 점원에게는 국어 보급을 실행함.

경비

1939년도 1개년 경비 866원, 영업세별로 1등에서 5등으로 구분함.

희망 사항

(기재 사항 없음)

---

20 일본어를 말함.

장애 사항

(기재 사항 없음)

역원 씨명

회장 이정근(李正根) 부회장 아카미 분노신(明見文之進), 정운학(鄭雲鶴)

평의원 호소노 모토스케(細野元助), 이용기(李庸器), 유순권(柳淳權), 이근상(李近相), 양순기(梁淳岐), 오오와타리 다케조(大渡竹三), 다카오카 키자부로(高岡吉三郎), 타무라 데이조(田村呈三) 마쓰나가(松永金舖), 후지나가 카메타로(藤永龜太郎), 김영용(金永用), 김양권(金養權), 박정식(朴政植), 히구치 토구마츠(樋口德松), 토시마 에이자부로(戶嶋榮三郎), 이기수(李祈秀)

이사 히로나카 도키스케(弘中時助) 서기 김석환(金錫煥)

직업별 회원 수(128명)

인쇄업 4, 요리업 7, 신발업(履物業) 2, 미곡상 2, 발동기 1, 전기백화점 1, 위탁판비업(委託販費業) 1, 도기업 4, 시계업 2, 토목건축청부 4, 축음기 1, 여관 3, 철물 2, 제면·과자 7, 어채중매업(魚菜仲買業) 10, 도량형기 판매 1, 선지업(鮮紙業) 3, 양복 1, 기와제조(製瓦) 1, 운송 4, 화물차 1, 문방구 2, 과수 2, 피혁 1, 다업(茶業) 3, 포목 6, 고무화상 4, 고물 2, 누룩 1, 철공 2, 재목 2, 주조(酒造) 3, 잡화 13, 이하 생략

줄포상공회(茁浦商工會)

지구 및 사무소 소재지

지구: 전라북도 부안군 줄포면 줄포리

목적 및 연혁

목적

1. 회원 상호 간의 친목 복지 증진

2. 상세(商勢) 조사

3. 거래 소개

4. 우량 점원 표창 및 소개

연혁: 1930년 2월 창립

조직

내지인 유지로 조직하고, 조선인 방면에 상우회(商友會)가 설립되었지만, 아직 합병 시기에 이르지 못하고 있음.

사업(시설사업, 장래 시설사업)

신사(神祠) 건립에 대한 기금 조성에 노력하고, 신사 건립을 이루었으며, 항만 개수에 노력을 할 예정임.

철도 부설, 항만 개수에 만전의 노력을 강구함.

경비

연 40원, 1호당 2원 40전을 매월 징수함.

희망 사항

항만 개수는 제1의 긴요한 사항임.

장애 사항

전북 트럭합동에서 배차가 적게 이루어지고, 운임이 많이 올라서 해산물 거래에 장애로 다가옴.

역원 씨명

1년 1회 간사 3명을 선거해서 전반 사항을 처리함.

직업별 회원 수(19명)

잡화상 9, 의사 1, 선구상(船具商) 1, 자전거상 1, 약국 2, 토목건축업 1, 회사원 2, 관리 1, 여관업 1

전라남도

영산포상공회(榮山浦商工會)

지구 및 사무소 소재지

지구: 전라남도 나주군 영산포읍 일원

사무소: 전라남도 나주군 영산포읍사무소 내

목적 및 연혁

목적: 상공업의 개선과 지방 발전을 계획하기 위한 목적임.

연혁

우리 영산포상공회는 멀리 1911년 현지를 개척하기 위해 사가노 기사부로(士河野喜三郎) 씨의 헌신적 노력에 힘입어 창립되었으며, 오로지 현지에 거주하는 내지인 상공업자에게만 의존하여 경영되던 당시 전남 중앙부의 교통이 요충인 지리적 이익과 행정제도 혁신의 물결을 타고 활동을 자각하게 되어 단지 상공업뿐만 아니라 일상적인 지방발전의 지도기관으로서 예의 활동을 지속시켜 나간 이래 스기모토 쓰레고로(杉本恒伍郎), 야마카미 토모사부로(山上友三郎), 사카모토 유조(坂本由藏), 야스다 신조(保田信三), 마쓰마에 다메노스케(松前爲之助), 모리자키 겐이치(森崎胖一), 오쓰카 이치로(大塚一郎), 고우쓰 야스지(光津保次), 이타야 몬이치(板谷紋一) 제씨로 서로 회장을 이어 갔으며, 그 기간 시대의 추이에 따라 허다한 부침이 있었음에도 지방 발전을 위해 진력하는 효과는 볼 수가 없었음.

조직

관내 상공업자, 기타 지방 유지로 조직함.

사업

(1) 상공업에 관한 통보, (2) 상공업에 관한 조정이나 중재, (3) 상공업에 관한 중개 또는 알선, (4) 상공업에 관한 증명 또는 감정, (5) 상공업에 관한 통계, (6) 상공업에 관한 건의 또는 답변, (7) 상공업에 관한 강습회나 강연회 개최, (8) 기타 상공업의 개선 및 지방 발달상에 관한 사항.

경비

1,264원(1939년)

징수 방법-회원 자력, 영업세액 및 생계 등을 헤아려 8등급으로 나누어 각 회비를 부과 징수함.

희망 사항

(1) 영산강 치수공사 촉진

영산포는 매년 우기에 이르면, 영산강이 범람하여 시가지 일부가 침수해서 상당한 피해를 입고 있어서 지방 발전에 저해가 되고 있음으로 치수공사의 촉진을 도모하는 것이 가장 긴요한 문제임.

(2) 상수도 개선

(3) 시가지는 일반적으로 음료수가 부족한 데다가 수질이 좋지 않아 보건위생상에 있어서 영향이 크기 때문에 이를 개선하기 위한 상수도 시설 역시 긴요함.

(4) 하수구 개선

(5) 시가지의 일부를 제외하고 하수구가 불완전해서 보건위생의 측면에서 개선 설치가 필요함.

장애 사항

매년 우기에 일어나는 영산강의 범람은 토지와 상공업의 발전상 가장 심대한 장애임.

역원 씨명

회장 아베 만키치(阿部万吉) 부회장 스즈키 교지(鈴木恭次), 하응갑(河應甲)

의원 모리자키 겐이치(森崎胖一), 오쿠보 쓰나요시(大久保綱賀), 이시다 기타지(石田喜太次), 오오타니 후미토시(大谷文利), 김봉기(金奉祺), 박갑봉(朴甲鳳), 조토원(曺土元), 김병주(金秉柱)(이상 상의원(常議員)), 이타야 몬이치(板谷紋一), 이창오(李昌吾)(이상 감사역), 기타지마 겐조(北島硏三), 가토 모리오(加藤盛雄), 구니시게 도미지(國重富治), 마에자키(前崎高造), 영산포운수창고주식회사, 토모키요(友淸議亮), 구마가이 모토엔(態谷元奄), 하타토리 고지로(畑鳥孝次郎), 서수배(徐水培), 윤성윤(尹成潤), 김신환(金幸煥), 김삼문(金三文), 이상회(李相繪), 장홍염(張洪琰), 이처홍(李處洪), 나기보(羅其寶), 이용우(李容佑)

고문 영산포읍장, 식산은행 영산포지점장, 쿠로스미 이타로(黑住猪太郎)

직업별 회원 수(193명)

은행 1, 우편소 1, 영농 22, 곡물상 32, 비료상 7, 연료 및 광유상 15, 보험대리업 10, 운수업 6, 창고업 1, 음식료품상 20, 건축재료상 2, 전기공급업 1, 요리집 2, 고물상 2, 가마니상 2, 주조업(酒造業) 2, 기계상 5, 금물상(金物商) 11, 승합자동차업 1, 화물자동차 1, 잡화상 18, 피복상 10, 피혁 및 고무상 5, 숙박업 19, 약종상 3, 지물상 3, 과자상 2, 장유양조업(醬油釀造業) 1, 해산물상 5, 피륙상(反物商) 7, 의사 2, 문가상 2, 음식점 10, 건축업 3, 축음기상 2, 전기기구상 2, 철공업 2, 자전거상 3, 인쇄업 1, 전당포 1, 신발상(履物商) 1, 제사업(製絲業) 1, 가구상 1, 조면업 2, 이발소 1, 안경점 1, 소면제조 1, 고중매상(苦仲買商) 1

(이상 직업별 합계는 1명에 2개 이상을 가지고 있는 것으로 그 수는 앞의 회원 수와 합치되지 않음).

나주상공회(羅州商工會)

지구 및 사무소 소재지

지구: 나주읍 일원

사무소: 나주읍 면정 17번지

목적 및 연혁

상공업계의 개선 발전

1938년 2월 6일 창립

조직

상공업자 및 상공업에 밀접한 관계가 있는 자.

본 지구 내에 계속해서 6개월 이상 본점과 지점, 기타 영업장을 두고 있는 자.

사업(시설사업, 장래 시설사업)

상공업에 관한 통보, 상공업에 관한 중개나 알선, 상공업에 관한 건의 또는 답신, 상공업에 관한 조정 또는 중재, 상공업에 관한 증명 또는 감정, 상공업에 관한 통계 조사 및 편찬, 상공업에 관한 강습회 또는 강연회의 개최, 기타 지방 발전에 중요한 사항

경비

1938년도 300원

1939년도 850원

희망 사항

당장은 없음.

장애 사항

당장은 없음.

역원 씨명

회장 오쿠무라(奧村伴作) 부회장 나가타 카츠노스케(長田勝之助), 허봉길(許奉佶)

이사 니시미 쇼조(西見省三)

의원 무라카미 쿠헤이(村上九平), 사와이 마사노스케(澤井政之輔), 다나카 히데요시(田中秀吉), 마쓰야마(松山意佐美), 호소야 사다오(細谷定), 고다이라 요시오(小平芳男), 사토 산조(佐藤三藏), 미야시마 겐타로(宮嶋源太郎), 김영화(金泳化), 이창수(李昌洙), 정우현(丁牛鉉), 정기철(丁其哲), 이재영(李載英), 정세면(鄭世勉)

고문 나주군수, 나주경찰서장, 나주읍장, 나주군 내무과장, 나주군 권업과장, 식산지점장, 야마자키 젠조(山崎善造), 허영규(許永奎), 정안민(鄭安民), 최승환(崔升煥)

직업별 회원 수(384명)

잡화상조합 167, 피복상 15, 피륙상(反物商) 8, 신발상(履物商) 10, 자전거상 12, 비료상(농구상 포함) 10, 약종상 13, 곡물상 57, 접객업 40, 기타 52

담양상공회(潭陽商工會)

지구 및 사무소 소재지

지구: 담양면 일원

사무소: 담양군 담양면 객사리

목적 및 연혁

1. 지구 내 상공업의 개선 발달을 도모하기 위한 목적
2. 원래 지방 상공업의 개선 발달 및 업자 간의 융화 친선을 도모하기 위한 목적으로 임의 단체로 실업회를 설립한 이래 그 방면의 목적을 조장하기 위해 힘쓰던 1937년 10월 18일

도내 전반에 상공회를 설립할 수 있도록 도령 제24호로 전라남도 상공회 규칙을 발포하여 종래의 실업회를 해산하고 1938년 10월 27일 상공회를 설립함.

조직

지구 내 상공업 및 상공업자와 밀접한 관계가 있는 자의 동의를 구해 창립총회를 개최하고 회칙을 제정해서 도지사의 인가를 받아 조직함.

사업(시설사업, 장래 시설사업)

1. 상공업에 관한 통보, 2. 상공업에 관한 조정 또는 중재, 3. 상공업에 관한 중개 또는 알선, 상공업에 관한 증명 또는 감정, 5. 상공업에 관한 통계 조사 및 편찬, 6. 상공업에 관한 건의 또는 답신.

경비

수입 예산 680원, 지출 예산 680원

부과 방법 1. 회원-회원 1인당 부과금 1원, 2. 영업세-영업세액 1원에 부과금 20전을 자기 명의로 상행위를 업으로 영업세 연액 2원 이상 납부하는 자에게 부과함.

징수 방법 납기를 연 2회로 정하고(매년 5월 11일) 납기 개시 전 10일까지 소정의 납입고지서를 발부하고 이를 징수함(단, 영업세 1원 이하일 때는 일시 징수함).

희망 사항

소상공업자에 대한 원호기관이 없기 때문에 각 지방의 소상공업자는 점차 타락하고 업적이 부진해질 때에는 이러한 자금 융통 또는 상품 배급을 원활히 해야 할 원호기관을 각도에 설립하여 미연의 방지에 노력할 것.

장애 사항

상공 배급 통제 또는 자금 융통할 기관이 없기 때문에 현지 상공업자의 실적이 부진함에 따라 지역의 수요자 측은 대부분 광주(4리 밖) 상인을 상대로 하는 관계상 지역 상공업의 발전상 큰 지장을 받는 실정임.

역원 씨명

회장 모리 헤이지(森平治) 부회장 정란모(鄭蘭謨), 한대련(韓大連)

평의원 강종률(姜宗律), 조동식(曺東植), 김황종(金滉鍾), 하세가와 요시지로(長谷川由次郎), 조희모(曺喜模), 우메네 도시지로(梅根時次郎), 히라이 시카지(平井鹿治)

이사 임덕룡(林德龍) 회계감사위원 김승식(金承植), 니시자키 요사부로(西崎與三郎)

서기 강영석(姜永碩)

직업별 회원 수(129명)

정미업 5, 비료상 4, 곡물상 19, 비단상(緞物商) 7, 양조업 3, 과자상 3, 식료품상 4, 요리업 11, 운수업 3, 약종상 5, 금물상(金物) 2, 도기상 1, 인쇄업 1, 석유상 2, 재목상 2, 자전거상 2, 제유상(製油商) 3, 염물상(染物商) 2, 주류상 2, 고무신상 2, 과일상 2, 제사업 1, 건축업 1, 여관업 1, 잡화상 15, 문방구상 2, 양복상 3, 영농 19, 기타 10

여수상공회(麗水商工會)

지구 및 사무소 소재지

지구: 전라남도 여수읍

사무소: 여수읍 동정 982번지 1

목적 및 연혁

여수상공업의 개선 발달을 도모하는 것을 목적으로 함.

1938년 2월 8일 도령 제24호에 따라 여수상공회를 설립하고 마시키치 마코토(政吉 信) 여수상공회장이 취임함.

1938년 9월 14일 사무소를 서정(西町) 127번지에서 동정(東町) 982번지로 이전함.

1939년 1월 19일 마시키치 마코토 회장 사임함.

1939년 4월 1일 김영준(金英俊) 여수상공회장 취임함.

조직

다음의 조건을 갖춘 상공업자로서 밀접한 관계가 있는 자로 조직함.

1. 제국 신민 또는 제국 법령에 따라 설립한 회사일 것.
2. 본회가 있는 지역 내에서 계속해서 1개년 이상 본점 기타 영업소를 두고 있을 것.
3. 자기 명의로 상행위를 하면서 영업세를 납부할 것.

사업(시설사업, 장래 시설사업)

1. 상공인 명부의 조제
2. 주산경기회의 개최
3. 점원 표창
4. 외래 시찰단 접대
5. 토목출장소 인부 임금 지불 대행 사무
6. 점원 등록
7. 업태별 명부 작성
8. 강습회 개최
9. 상공제(商工祭)·운동회 개최
10. 기본금 조성

경비

세입 14,904원, 세출 14,904원

등급별에 따라 부과금 및 토목출장소 인부 임금 지불 대행 수수료 의거함.

희망 사항

관려연락선(關麗連絡船)의 개선 및 경성-여수 간 직통열차 운전

장애 사항

교통운수통신기관 갖추지 못함.

역원 씨명

회장 김영준(金英俊) 부회장 가와사키 카메자부로(河崎龜三郎), 혼다 코이치(本田孝一)

고문 바바 히데조(馬場秀藏), 가와노 마스미치(河野益一), 마사키치 마코토(政吉信)

이사 사토 시즈오(佐藤鎭夫)

상의원 모리 요로쿠(森 與六), 마쓰모토 마사요시(松本政良), 오치미도우 겐지(內御堂鎌二), 명창순(明昌淳), 무로 후쿠조(室福藏)

감사원 정태식(丁台湜), 요시다 유타카(吉田穰)

직업별 회원 수(156명)

곡물비료상 9, 해산업 17, 주장유양조(酒醬油釀造) 4, 일용·식료·잡화 4, 잡화·화장품상 7, 견직물상(吳服商) 4, 포목상 11, 양복상 2, 고무신 4, 과자·일용·잡화 8, 약종상 5, 문방구·인쇄 5, 선구어구(船具漁具) 5, 광유(鑛油) 2, 금물(金物) 5, 토목·건축 3, 재목 4, 기계·철공 4, 가구지물 4, 금융 2, 운수창고 9, 여관 7, 요리음식점 6, 남루(襤褸) 1, 골동 1, 시계·귀금속 2, 라디오·미싱·축음기 4, 중개 주선 1, 전당포 1, 석탄상 1, 사진 1, 면화 1, 다다미업(疊業)1, 조선 1, 도기 2, 기타 8

영광상공회(靈光商工會)

지구 및 사무소 소재지

지구: 영광면 일원

사무소: 영광군 영광면 무영리 영광면사무소 내

목적 및 연혁

1. 상공업에 관한 통보, 2. 상공업에 관한 조정 또는 중재, 3. 상공업에 관한 통계 조사 및

편찬, 4. 상공업에 관한 증명 또는 감정, 5. 상공업에 관한 중개 또는 알선, 6. 상공업에 관한 건의 또는 답신, 7. 상공업에 관한 강습회 또는 강연회 개최, 8. 기타 상공업의 개량, 발달 및 지방 번영에 관한 사항.

조직

1. 제국 신민 또는 제국 법령에 의해 설립된 회사
2. 본회 지구 내에서 계속해서 1년 이상 본점, 지점, 기타 영업 장소를 두고 있거나 상공업자와 밀접한 관계가 있는 것으로 조직.

사업(시설사업, 장래 시설사업)

지방 번영 사업 제반, 물가 조정

경비

1939년도 예산액 930원, 회원 1인당 연액 2원, 법인은 특별 1개소당 연액 20원을 부과하며, 소득액에 따라 회원의 소득액의 2리 2모 비율로 징수함.

희망 사항

철도 부설이 긴요 사항임.

장애 사항

교통이 불편함.

역원 씨명

회장 조병모(曺秉謨) 부회장 김흥근(金興根), 목준(牧駿)

상의원 김용호(金容澔), 우메다 쿠마타로(梅田熊太郎), 정동식(鄭東植), 마쓰오카 사키치(松岡佐吉), 이인(李忍)

직업별 회원 수(73명)

미곡상 10, 포목상 7, 잡화 20, 영농 21, 기타 15

송정상공회(松汀商工會)

지구 및 사무소 소재지

광산군 송정읍 송정리

목적 및 연혁

1938년 7월 설립

상공업에 관한 사항을 조사 연구하고, 상공업의 진보 발달을 기함과 더불어 지방의 공익을 도모하는 것을 목적으로 함.

조직

송정읍에 거주하는 상공업자, 기타 유지사로 소식함.

사업(시설사업, 장래 시설사업)

(1) 종래 시설 중인 제 사업

1. 공업실습학교의 승격, 2. 시내 도로 포장공사, 3. 농업실수학교(農業實修學校) 설립

(2) 장래 시설 예정인 제 사업

공회당 설립

경비

800원, 회비로 이를 충당함.

희망 사항

(1) 광산군청의 이전, (2) 등기소 설립, (3) 송남선 도로 승격

장애 사항

없음

역원 씨명

회장 미야와키 죠하치(宮脇丈八) 부회장 정순조(鄭純朝), 기무라 센조(木村千藏)

상의원 다나카 이와지로(田中岩次郎), 홍우진(洪禹鎭), 이성태(李成泰), 이두성(李斗星), 마츠카미 야소헤이(松上彌三平), 아오야마 니헤이(青山仁平), 사토 사다오(佐藤 定)

감사위원 에노우에 사다지로(江上貞次郎), 최영한(崔英漢)

의원 노다 쓰메키치(野田梅吉), 미네무라 쇼지로(峯村庄太郎), 최윤도(崔潤道), 이상순(李相舜), 이성방(李成芳), 사토 이와오(佐藤 嚴), 가와사키 료조(川崎良造), 장안섭(張安燮)

고문 광산군수, 송정읍장, 경찰관 주재소 수석

직업별 회원 수(191명)

은행 1, 곡물상 27, 운반업 5, 견직물상(吳服商) 7, 의사 3, 양복점 3, 이발업 3, 요리점 5, 여관업 13, 재목상 2, 시계상 2, 금물상(金物商) 3, 노끈·가마니점(繩叺商) 2, 장유상(醬油商) 1, 양조업 3, 주물상 2, 과자상 2, 문방구 2, 박하물상(薄荷物商) 2, 피물상(皮物商) 3, 자전거상 3, 고무신상 5, 약종상 9, 지물상 2, 청부업 5, 표구사 1, 비료 3, 유지 11, 잡화상 61

임곡번영회(林谷繁榮會)

지구 및 사무소 소재지

전남 광산군 임곡면 임곡리

목적 및 연혁

지방 번영

조직

(기재 사항 없음)

사업(시설사업, 장래 시설사업)

전등 및 도로의 완비

경비

1개년 30원, 경비는 회원 1명으로부터 1개월 10전으로 나누어 징수함.

희망 사항

도로 시설

장애 사항

도로가 없어 교통이 불편함.

역원 씨명

고문	김남종(奇南鍾)	회장	모리와키 하치로(森分八郎)
부회장	하나오카 사키치(花岡佐吉)	이사	하마다 분스케(濱田文助)

직업별 회원 수

(기재 사항 없음)

벌교상공회(筏橋商工會)

지구 및 사무소 소재지

지구: 벌교읍

사무소: 벌교읍사무소 내

목적 및 연혁

연혁-종래 벌교번영회라 일컬어지는 것이 1938년 7월 다음의 번영회로 해산되고 본회가 설립되어 금일에 이름.

목적-상공업자의 복리 증진을 도모함과 동시에 지방 발전을 목적으로 함.

조직

벌교읍 내에 거주하는 상공업자로 조직.

사업(시설사업, 장래 시설사업)

설립 후 1년이 경과했으나 아직 사업 등은 없음.

경비

1939년도 예산 300원, 1. 국세인 영업세의 100분의 10을 부과, 2. 영업세를 납부하는 회원에게는 연액 50전.

희망 사항

벌교만에서 항만 개수

장애 사항

(별도로 승인 사항 없음)

역원 씨명

회장　다카하시 나오타로(高橋直太郎)

부회장 가와니시 야사부로(川西彌三郎), 구치형(具致馨)

상의원 미나토 마쓰타로(湊松太郎), 아카마쓰 노부지로(赤松逑次郎), 서삼조(徐三早), 박근우(朴根佑), 김순환(金淳煥)

직업별 회원 수(261명)

잡화 14, 식료·과자·야채·주제조(酒製造), 수육 판매 40, 비료 4, 금물·주물·단야(鍛冶)·유리(硝子)·도기 타면기·시계 27, 자전거·고물전당포·금은세공 14, 인쇄지류 5, 목재·양가구·지물(指物)·건축농구 17, 정미·미곡 14, 피륙면사·군수·모자 제조(製帽) 19, 교통운송·조운업(回漕業) 9, 양복·기성복(既製服) 7, 약종·매약(賣藥)·의사·치과(入齒) 17, 해산물 8, 요리점·여인숙 음식점 4, 가죽신·고무신·피혁 5, 석유 목탄 1, 기타 20

강진상공회(康津商工會)

지구 및 사무소 소재지

전라남도 강진군 강진읍 동성리

목적 및 연혁

지방 번영 및 상공 발전을 도모하기 위해 1917년 강진번영회가 성립되었으며, 강진의 번영과 상공업의 발전을 도모하려고 1939년 3월 11일 도의 인가를 받아 강진상공회로 개칭함.

조직

1939년 3월 5일 조직.

사업

상공업 발전 지도

경비

회원 할당 208원, 1인당 2원, 계 104인분

영업소 할당 636원, 그 외 7원, 계 851원임.

영업세 및 소득세를 가계 상태를 참작해서 부과하며, 매년 5월 1일부터 같은 달 말일까지 징수함.

희망 사항

(기재 사항 없음)

장애 사항

(기재 사항 없음)

역원 씨명

회장 김충식(金忠植) 부회장 차종채(車鍾彩), 이마무라 도쿠지(今村德次)

평의원 세코 게이지(瀨古惠治), 무라타 카츠사부로(村田勝三郎), 후쿠나가 다타로(福永田太郎), 가타베 하쓰지로(片部初次郎), 모토무라 시게지(本村茂治), 조권환(曺權煥), 유재의(劉載義), 김안식(金安植), 김명리(金鳴璃), 김종섭(金鍾燮)

직업별 회원 수(104명)

견직물상(吳服商) 5, 운수업 2, 곡물상 2, 잡화상 40, 황물상(荒物商) 55

해남상공회(海南商工會)

지구 및 사무소 소재지

지구: 전라남도 해남군 해남면 지구

사무소: 전라남도 해남군 해남면사무소 내

목적 및 연혁

목적-본회는 다음의 사업을 실행함.

1. 상공업에 관한 통보, 2. 상공업에 관한 조정 또는 중재, 3. 상공업에 관한 중개 또는 알선, 4. 상공업에 관한 증명 또는 감정, 5. 상공업에 관한 통계 조사 및 편찬, 6. 상공업에 관한 건의 또는 답신, 7. 상공업에 관한 강습회 또는 강연회 개최, 8. 기타 상공업의 개선, 발달에 관한 사항.

연혁-1939년 1월 19일 상공업 유지회를 합쳐 위원을 두고, 같은 해 3월 2일 위원회를 열어 상공업자의 동의를 얻어 설립하기로 결정함. 3월 18일 다케모리 스에조(竹森末藏) 외 12명이 설립 발기인으로 도지사에게 인가를 신청하고, 같은 해 4월 14일 인가를 받아 같은 해 6월 15일 의원 선거를 실시해서 의원 20명을 선거하고, 6월 23일 의원총회를 개최해서 역원을 선임하고, 해남상공회를 설립하기에 이름.

제국 신민 또는 제국 법령에 따라 설립한 회사이며, 본회의 지구 내에서 계속 6개월 이상 본점, 지점, 기타 영업소를 두고 있는 상공업자 및 이와 밀접한 관계를 가지고 있는 자로 조직함.

사업(시설사업, 장래 시설사업)

기존 사업은 없음.

장래 시설할 예정인 사업

상공업에 관한 상황·기타 조사, 1. 상공업에 관한 강습·기타 조성, 1. 물가 조정의 협력

경비

1939년도 예산 세입 411원, 세출 411원, 징수 방법별 회원의 1년간 매상고에 따라 7등급으로 나눔.

1등급 14원, 2등급 11원, 3등급 8원, 4등급 4.05원, 5등급 2원, 6등급 1원, 7등급 0.5원, 연 2회로 나누어서 부과, 징수함.

희망 사항

현재 연구 중

장애 사항

현재 연구 중

역원 씨명

회장 다카하시 케이치(高橋敬一) 부회장 다케모리 스에조(竹森末藏), 조종운(曺鍾運)

상의원 마쓰오 세이스케(松尾清助), 가타야마 요조(片山洋三), 오쿠보 스테지로(大久保捨次郎), 우진옥(于珍玉), 김주식(金周植), 황영철(黃英哲), 남상준(南相俊)

고문 해남군수, 해남경찰서장, 해남권업과장, 해남면장, 해남경찰서 경제주임, 도회의원 민영욱(閔泳旭)

직업별 회원 수(110명)

여관 3, 잡화업 19, 정미업 2, 재목업 1, 매약업(賣藥業) 5, 신발상(履物商) 1, 자전거업 6, 요리업 3, 금물업(金物業) 2, 카페업 1, 과자업 8, 운송업 3, 금융업 1, 음식업 12, 문방구상 1, 양철업(鉽力業) 2, 인쇄업 1, 지물상 4, 비료상 1, 미싱업 1, 식료품상 4, 철공업 1, 기름상(油商) 1, 견직물점(吳服店) 8, 세탁업 1, 양복업 2, 이발업 1, 시계상 1, 양품상 3, 수육상 1, 과일상 2, 주조업(酒造業) 3, 고무신상 1, 청부업 2, 지물업(指物業) 2, 고물상 1

장성상공회(長城商工會)

지구 및 사무소 소재지

지구: 전남 장성군 장성면의 내성산, 수산, 유탕, 냉천, 단광리, 장성군 황룡면 월평리

사무소: 전남 장성군 장성면 영천리 1067의 3

목적 및 연혁

1938년 5월 11일 마쓰모토 료사쿠(松本良作)을 설립위원장으로 하고 동인 외 18명의 발기인으로 설립인가를 신청해서 6월 10일 도지사로부터 설립 인가를 받음. 7월 5일 의원 선거, 같은 달 14일 역원 선거를 거쳐 설립함.

같은 해 12월 17일 상공회 내에 물가조정협력위원회를 설치함.

1939년 5월 8일 전남상공회연합회에 입회하고, 본회 회장은 상의원이 됨.

조직

지역에서 영업하는 상공업자의 임의 입회자 및 동 지역 내에 거주하는 신망 있는 지주 등

의 특별 입회자로 조직함.

사업(시설사업, 장래 시설사업)

1. 상공업에 관한 통보, 2. 상공업에 관한 조정 또는 중재, 3. 상공업에 관한 중개 또는 알선, 4. 상공업에 관한 증명 또는 감정, 5. 상공업에 관한 통계 조사 및 편찬, 6. 상공업에 관한 건의 또는 답신, 7. 상공업에 관한 강습회 또는 강연회 개최, 8. 기타 상공업의 개선 발달에 관한 사항 등의 수행을 주로 함.

물가조절에 협력하기 위해 작년 12월 장성물가조절협력위원회를 본회 내에 조직하고 활동한 바 있으며, 밖으로 교통운수 방면을 진전시키는 사건 및 상공업의 습관 교정, 점원, 직공의 위안, 소질 향상을 위해 노력하고 있음.

내년도 사업으로 이에 협력해서 시가지 정리를 실행할 예정임.

경비

697원, 부과금, 회원 할당-1인 1개년 1원 50전 평등

영업세 할당 영업세액의 100분의 10을 매년 5월과 11월 2회 징수.

희망 사항

멧누에(山繭)의 가공기관과 임산물의 통제사업회사의 설립을 기대함.

장애 사항

(기재 사항 없음)

참고 사항

물가 등귀 억제하에 있는 소매상인으로 그 안에 안주하기 위해서 도시 도매상 측의 공영 관념이 발휘되기를 간절히 기대하고 있음.

역원 씨명

회장　마쓰모토 료사쿠(松本良作) 부회장 김윤회(金允會), 삼광상회 대표자

상의원　도쿠오카 가메키치(德岡龜吉), 김봉섭(金琫燮), 손석주(孫奭周), 모토야마 시게노부(本山重信), 김종진(金宗鎭), 조종화(趙鍾華)

회계감사원　토모모토 히로타카(友本博隆), 김규환(金奎煥)　이사　사토 야스조(佐藤安藏)

고문　군수 박창욱(朴昌昱), 경찰서장 이하라 요시토(井原義人), 요시타케(吉武) 금융조합 이사, 김(金) 호남은행 지점 지배인

직업별 회원 수(175명)

잡화 33, 곡물·가마니 비료 17, 채종(菜種) 12, 요리음식 9, 여관 8, 피복·재봉 5, 포목 8, 주류 판매 5, 양조 5, 자전거 5, 운송 4, 가구목공 4, 전당포 4, 이발 3, 과자 3, 인쇄 3, 농사 4, 금물철공 6, 지물 3, 시계 3, 금융 2, 각종 판매 15, 업무 14

장흥상공회(長興商工會)

지구 및 사무소 소재지

전남 장흥군 장흥면사무소 내

목적 및 연혁

본회는 장흥상공회로 칭하고, 상공업의 개선 또는 지방 발달의 도모를 목적으로 함.

조직

장흥면 일원의 각 상공업자로 조직함.

사업(시설사업, 장래 시설사업)

창립 2년째를 맞아 기존에 시설한 사항은 없음.

장래 시설하려고 하는 사업은 1. 상공업에 관한 통보, 2. 상공업에 관한 조정 및 중재, 3. 상

공업에 관한 중개 또는 알선, 4. 상공업에 관한 증명 또는 감정, 5. 상공업에 관한 통계 조사 및 편찬, 6. 상공업에 관한 건의 또는 답신, 7. 상공업에서 하는 강습회 또는 강연회 개최, 8. 지방 발달상 필요한 조사 또는 연구 및 이를 위한 목적 촉성(促成) 등에 관한 사항, 9. 기타 상공업의 개선 발달에 관한 사항.

경비

1939년도 장흥면 상공회 세출입 예산-금 476원, 세입고-일금 476원, 세출고, 공제 잔고는 없음.

징수 방법-회원에게 5월과 11월 2회에 걸쳐 고지서를 발부하고 부과금을 징수(연액 2원 미만은 1회 전액 징수).

희망 사항

없음

장애 사항

없음

역원 씨명

회장 김자섭(金子暹) 부회장 고창석(高昌錫), 아마노 게이타로(天野桂次郎)

상의원 김우술(金祐述), 김중기(金仲基), 김남식(金南植), 김창봉(金昌鳳), 우에노 히데지로(上野秀二郎), 미모리 기아치(三森義一), 토다 키쿠유키(戶田菊之), 다노우에 젠지(田上善二), 김봉보(金俸寶)

회계감사역 다케노우치(竹內梅藏), 김봉보(金俸寶)

의원 김중기(金仲基), 김남식(金南植), 김주빈(金柱彬), 고창석(高昌錫), 천흥길(千興吉), 김봉보(金俸寶), 김봉술(金俸述), 김자섭(金子暹), 김창봉(金昌鳳), 우에노 히데지로(上野秀二郎), 다노우에 젠지(田上善二), 정삼진(鄭三珍), 아마노 게이타로(天野桂次郎), 이대보(李大寶), 무로 후쿠이치(室 福市), 토다 키쿠유키(戶田菊之), 미모리 기이치

(三森義一), 다케노우치(竹內梅藏), 마사오카 야타로(正岡彌太郎), 이봉래(李鳳來)

이사　오카미 다미하치로(大神大八郎)

직업별 회원 수(153명)

곡물상 5, 견직물상(吳服商) 4, 의사 5, 운수업 3, 접객업 12, 잡화상 77, 영농 47

순천상공회(順天商工會)

지구 및 사무소 소재지

지구: 순천읍

사무소: 순천읍사무소 내

목적 및 연혁

(1) 목적 사업-순천상공업자의 협조 융화를 보장하고, 일반 상공업의 개선 발달을 기하기 위한 목적으로 다음의 사업을 실행.

1. 상공업에 관한 통보, 2. 상공업에 관한 조정 또는 중재, 3. 상공업에 관한 중개 또는 알선, 4. 상공업에 관한 증명 또는 감정, 5. 상공업에 관한 통계 또는 편찬, 6. 상공업에 관한 건의 또는 답신, 7. 상공업에 관한 강습회 또는 강연회 개최, 8. 기타 상공업의 개선 발달에 관한 사항.

(2) 연혁-1938년 2월 24일 설립

조직

순천읍에 거주하는 상공업자 및 본회 취지에 찬동하는 자로 조직.

사업

설립 초기에는 특별히 기재할 사항으로 인정되는 것이 없으나 장래에는 상공업 방면의 발전에 필요한 방법을 조사 연구하고, 이에 적응할 수 있는 시설을 위해 도시의 번영을 기하고 있음.

경비

최근 1개년간의 경비, 금 1,340원, 회비를 부과 징수하고 이를 충당함.

희망 사항

1. 용두항(龍頭港) 설치를 속성으로 해서 해상운수에 편리하게 할 것.
2. 경전북부선(진주-순천 간) 부설 촉진.
3. 전력요금 인하(현행 요금 고율로 지나치게 공장 유치에 지장이 있음).
4. 방적공장 설치

장애 사항

1. 지가 및 임차지 비용의 폭등
2. 소규모 운송 취급제도를 갖추지 않음.

기타 참고 사항

1. 지방 소상공단체에 적응하는 상공회령을 제정하고 상공회 강화를 도모하는 것.
2. 읍 소재지에는 상공회의소를 설치하고, 상공업 발전을 기함.

역원 씨명

회장　가와나오 마쓰베에(川置松兵衛)　　부회장　이동표(李東杓), 야마다 요네키치(山田米吉)

상의원 세토 신이치(瀨戶信一), 곤도 도라오(近藤虎雄), 송정영(宋正瑩), 김병수(金秉洙), 기자키 요시오(木崎義男)

감사원 구로카와 기요마쓰(黑川喜代松), 양재련(梁在連)

직업별 회원 수(234명)

곡물비료업 18, 양품잡화 22, 견직물·면마직물(吳服太物) 7, 문방구·지류 9, 음식물·잡화 35,

광식물유·화장품 9, 신발·고무신 10, 가구공요업·금물 23, 농구·종자 4, 약종·시계 30, 연료 5, 운송 8, 청부 5, 잡업 16, 음식요리 25, 기타 8

제주상공회(濟州商工會)

지구 및 사무소 소재지

제주읍

목적 및 연혁

목적-상공업의 개선 발달

연혁-1938년 4월 16일 설립

조직

제주읍 재주 상공업가로 조직.

사업(시설사업, 장래 시설사업)

1. 상공업에 관한 통보, 2. 상공업에 관한 조사 또는 중재, 3. 상공업에 관한 중개 또는 알선, 4. 상공업에 관한 증명 또는 감정, 5. 상공업에 관한 통계 조사 및 편찬, 6. 상공업에 관한 건의 또는 답신, 7. 상공업에 관한 강습회 또는 강연회 개최, 8. 기타 상공업의 개선 발달에 관한 사항.

경비

680원, 회원에게 연 3원을 징수하고, 기타는 기부금으로 충당.

희망 사항

현재 합명회사 아마가사키기선부(尼崎汽船部)의 경영과 관련된 제주도-오사카(大阪) 간 항로는 1개월 3회 왕복으로 운항하고 있는 수하물환증권이 있는 입하 화물을 취급하지 않기 때문에 상공업의 발전상 타격이 매우 크므로 수하물환증권이 있는 화물 취급을 실시하는 것이 긴요하다고 봄.

장애 사항

해당 사항 없음.

역원 씨명

회장　박종실(朴宗實)　　　부회장　가쿠 겐스케(角健輔)

상의원　고인도(高仁道), 고창현(高昌炫), 고희석(高熙錫), 고창기(高昌基)

직업별 회원 수(154명)

잡화상 31, 식료품상 16, 견직물(吳服) 및 면포상 13, 미곡상 6, 약품상 9, 여관 및 요리업 9, 인쇄업 3, 철물상 2, 기계업 2, 양철업 1, 완구상 1, 모자상 2, 서적문구상 1, 주조업 4, 주류상 3, 운송업 5, 토목청부업 2, 건축업 4, 재목상 2, 시계상 3, 사진업 2, 자전거상 3, 임업 2, 어선구상 2, 양복점 5, 정미업 4, 세공업 2, 전기공급업 1, 변화업 1, 다다미업(疊業) 1, 얼음상 1, 신목탄상(薪木炭商) 1, 석탄상 1, 고무제품·석유도매상 1, 기타 상공업 8

경상북도

경주상공회(慶州商工會)

지구 및 사무소 소재지

지구: 경주읍 일원

사무소: 경주읍 노서리 77번지

목적 및 연혁

회원 상호 간의 친목을 도모시켜 상권의 옹호 발전을 기도하려는 목적임.

지금부터 약 5개년 전 내선 상공업자가 협동한 것임.

조직

회장 1명, 부회장 2명, 평의원 20명

사업(시설사업, 장래 시설사업)

1. 담수어 사육, 1. 종업원 표창식(연 1회), 1. 회원 및 점원 위로 운동회

경비

경주읍에서 연 1회 200원 보조금을 받는 것 외에 회비 등을 모아 경비로 사용. 징수 방법으로는 특별회원 월 2원을 징수하고, 정회원은 1등급에서 5등급까지 제한하고 1등급은 월 50전, 5등급은 월 10전을 징수함. 매월 서기가 이를 징수함.

희망 사항

1. 공장 유치, 1. 국립공원 건설 촉진, 1. 중등학교의 설립, 1. 금융기관 증설

장애 사항

(기재 사항 없음)

역원 씨명

회장　나카시마 가타지로(中島形次郎)　　부회장　가와지 고키치(川路幸吉), 최기준(崔基準)

평의원　윤창은(尹彰殷), 하가 마사오(芳賀政夫), 손영탁(孫永卓), 윤상금(尹相金), 고무라 하지메(古村一), 와카마쓰 가이헤이(若松改平), 왕홍락(王興洛), 이문해(李汶海), 정영업(鄭永業), 무라카미 우키치(村上卯吉), 구리하라 도요조(栗原豊藏), 가게야마 시게하루(蔭山茂治), 기노시타 기요시(木下清), 스에나가 히사지로(末永久次郎), 이의성(李義星), 최섭규(崔燮

奎), 다케우치 히로카즈(竹內弘和), 스즈키 토미히코(鈴木富彦), 조규수(曺奎壽), 김종석(金鍾奭)

직업별 회원 수(167명)

음식점 6, 약종상 10, 청부업 2, 토산품 3, 다다미, 신발(履物) 2, 자전거 5, 제화 3, 양복 3, 지물(紙物) 5, 잡화 18, 고무신 5, 과자류 6, 세탁 2, 미곡 6, 여관 8, 면포, 포목류 9, 식료품류 7, 재목상 3, 과일(果物) 2, 사진 3, 시계 2, 금물(金物) 5, 요리 5, 인쇄 2, 철공업 2, 재봉 2, 서적류 2, 도기류 3, 기타 24

특별회원 11(경상합동은행 경주지점, 남선전기주식회사 경주출장소, 경주양조주식회사, 경주권번, 경주자동차주식회사, 경주물산합자회사, 경주흥업주식회사, 조선운송대행영업소, 경주운송주식회사, 공영자동차부 경주대행소, 경북무진주식회사 경주출장소, 경주금장주조장)

포항상공회(浦項商工會)

지구 및 사무소 소재지

지구: 포항읍 일원

사무소: 경북 영일군 포항읍 포항동

목적 및 연혁

목적-회원 상호 간의 화친을 도모해서 협동 일치를 기하고, 상공수산업의 개선, 발달을 도모하려는 목적임.

연혁-1933년 7월 25일 개칭, 1924년 포항상공회가 설립된 후 포항번영회, 포항상우회 등으로 조직을 개편하였으나 기초를 확립하지 못했고, 1933년 7월 25일 현 상공회의 확립을 보게 됨.

조직

포항읍 내에서 상공수산업에 종사하거나 본회의 취지에 찬동하는 자로 조직함.

사업(시설 사항, 장래 시설 사항)

1. 상공수산업의 개선 발달을 도모할 필요로 하는 방안을 조사 연구하고, 또한 의견을 행정청, 기타 관계 관청에 개진함.
2. 상공수산업자의 위탁에 따른 일반 상공수산업의 사항에 관한 조사, 회답을 위함.
3. 상공수산업자의 상권 확장, 판로의 조사 등을 위함.
4. 관공서의 위탁이 있는 경우에는 상공수산업에 관한 사항을 조사하고, 그 자문에 응함.
5. 관계인의 청구에 따라 상공수산업에 관한 분쟁 중재.
6. 상공수산업자의 위탁에 따라 상공수산품의 산지 가격 등을 증명하거나 소개함.
7. 상공수산업에 관한 중개 알선을 위함.
8. 상공수산업의 상황 및 통계를 조사하고 발표함.
9. 우량 상공수산업원 표창.
10. 기타 상공수산업의 개선, 발달을 도모하는 데 필요한 사항.

경비

최근 1개년간 경비 2,600원

징수 방법-회비, 기부금 및 포항읍의 보조금으로 충당.

희망 사항

1. 항만 확장 및 철도망 완비, 2. 화물운임의 저감과 운수 신속화, 3. 중소 상공업자에 대한 자본 조달의 원활, 4. 상공회의소 설립

장애 사항

도시의 대도매상의 지방 출장 판매

기타 참고 사항

상공회의 법적 강화

역원 씨명

회장 다나카 미쓰구(田中貢) 부회장 오카베 요이치(岡部與一), 김두하(金斗河)

고문 영일군수, 포항읍장, 포항경찰서장, 포항역장, 포항우편국장, 포항세관출장소장, 포항이출우검역소장(浦項移出牛檢疫所長), 경상북도수산회 주사, 경상북도어업조합연합회 이사장, 영일어업조합 이사, 나카타니 다케사부로(中谷竹三郎), 시모무라 시게히데(下村重英), 오오카미 류조(大上留造)

상의원 하라다 카즈오(原田一夫), 이백원(李栢源), 김동덕(金東德), 주식회사 나카야 다케사부로(中谷竹三郎)상점, 김용주(金龍周), 와키무라 다쓰구라(脇村辰藏)

직업별 회원 수(140명)

무진업 1, 곡물상 15, 인쇄업 3, 견직물상(吳服商) 3, 제함업(製函業) 2, 전기공급업 1, 운수업 6, 수산업 15, 은행업 2, 제재업 1, 양조업 7, 노끈·대자리·빈깡통 사업(繩筵空罐業) 2, 요리업 5, 대서업(代書業) 7, 철공업 3, 신문업 2, 여인숙 7, 농구제조업 1, 약종상 4, 제약업 3, 제유업(製油業) 5, 잡화상 21, 전당포 2, 도매상(問屋) 3, 고물상 6, 무역상 2, 금융업 2, 양복제조품 1, 제 비료상 1, 시계상 2, 조선업 1, 문방구상 1, 지물상(紙物商) 1, 왜나막신상(下駄履物商) 2

안동상공회(安東商工會)

지구 및 사무소 소재지

지구: 안동읍 일원

사무소: 안동읍사무소 내

목적

회원 상호 간 화친을 도모하고, 협동 일치해서 상공업의 개선 발달을 기도함을 목적으로 함.

연혁-1924년 안동실업회를 설립하였으나 내용이 완전하지 못해 1934년 해산하고 현재의 안동상공회를 설립함.

사업(시설사업, 장래 시설사업)

1. 기존 시설사업

(1) 상공업의 개선 발달을 도모하는 데 필요한 조사.

(2) 상공업자의 위촉에 따라 상공업에 관한 조사, 증명, 소개, 알선 및 분쟁 중재.

(3) 상공업에 관한 통계 및 편찬

(4) 관공서의 위촉에 따라 상공업에 관한 사항을 조사하거나 자문에 응함.

(5) 기타 시민운동회 개최, 상공제(商工祭) 주최, 점두장식(店頭裝飾) 경기회 개최, 연말 연합 대매출 주최, 점원 실무강습회 개최, 우량 종업원 표창 등 상공업자에 대한 유리한 사업.

2. 장래 시설사업

지방물가위원회를 설립하고 경제에 관한 제 사업을 계획함.

경비

세입출 1,050원(1939년 예산액)

경비 징수 방법-회비 750원(영업세 연액에 대한 백분의 24), 보조 300원(안동읍 지정 보조)

희망 사항

1. 사철 경북선을 신속하게 국철 영업으로 할 것.

2. 산업 통로를 긴급 개발할 것(비고-안포선(安浦線) 도로, 경북선 연장 안-강구(江口) 간, 안동-삼척 간 도로)

장애 사항

1. 대도시의 도매상 출장 판매, 2. 전력 사용료 앙등, 3. 제 관서에서 형무소 사업부를 일반 상공업자로 등등 취급.

참고 사항

상공업자로 하여금 법적 행동을 하게 하는 도령(道令) 또는 부령(府令)으로 법령을 시급히 제정할 것(1938년도에서 현재까지 회원수 및 예산(경비) 감소의 이유가 여기에 있음).

비고

상공회령 제정의 건에 즈음해 경북상공회연합회의 명의로 현재 경상북도에 진정 중에 부연 신청.

역원 씨명

회장 오오이 지사부로(大井利三郎) 부회장 권태성(權太星), 사토 도모타로(佐藤共太郎)

고문 안동군수, 안동읍장, 안동경찰서장

의원 장규섭(張奎燮), 김무식(金武植), 모리오카 슈이치(森岡收一), 니시무라 노리오(西村憲郎), 권영훈(權寧薰), 이종원(李鍾元), 김형진(金瀅鎭), 이순서(李順瑞), 사와이 유이치(澤井唯一), 김명인(金明仁), 가와카미 고이치(河上幸市), 박정순(朴正純), 서병로(徐丙老)

특별회원 경상합동은행 지정, 다카자키합명회사(高崎合名會社) 지점, 조선운송주식회사 출장소, 삼성정미소

직업별 회원 수(137명)

인쇄업 3, 음식점 7, 의사 2, 신발상(履物商) 6, 우육상 5, 도기상 3, 시계상 4, 요리점 5, 여인숙업 6, 이발업 1, 해산물상 4, 과자상 4, 금물상 3, 가구상 3, 지물상(紙物商) 1, 양복점 3, 양잠업 1, 대서 1, 운송 2, 약종상 5, 과일상 2, 미곡상 10, 재목상 4, 고물상 2, 전기업 1, 잡화상 15, 금융업 3, 기계상 2, 양조업 2, 식료품상 3, 포목상 9, 자전거상 3, 기타 12

김천상공회(金泉商工會)

지구 및 사무소 소재지

지구-김천읍 일원

사무소-김천읍 남산정 2번지

목적 및 연혁

상공업의 개선, 발달을 도모하기 위한 목적임.

1923년 9월 조직된 이래 오늘날에까지 이르렀으며, 1939년 사무소를 건축함.

조직

명예회원 및 정회원으로 조직함.

사업(시설사업, 장래 시설사업)

종래 내부적으로는 집회일을 일정하게 했으며, 현금 매매를 장려함.

또 종업원의 소질 향상, 모범 점원의 표창에 노력하였으며 외부적으로는 지방 경제 도로의 개수, 교통기관의 발전 방향으로 진력함. 이후에는 동업 조합 조직 장려, 공동 구입 등에 대하여 전력을 경주할 예정임.

경비

1개년의 경비 2,500원 내외, 등급별로 매월 회비를 징수함.

1등 5원, 2등 3원, 3등 2원, 4등 1원, 5등 50전, 6등 30전.

희망 사항

삼천포-김천 간 철도 부설로 1929년 이후 기성회를 조직해서 당국에 요망하고 있음.

장애 사항

해당 사항 없음

참고 사항

1935년부터 점원 위로, 고객 사은 목적으로 연중행사로서 2일간 상공제(商工祭)를 거행하고 있음.

역원 씨명

회장 고자키 헤이키치(高崎平吉) 회장 타치가와 오토고로(立川音伍郎), 조희갑(趙熙甲)

이사 후지야마 쇼조(藤山庄三), 고츠카 가즈에(小塚主計), 고덕환(高德煥), 후지타 긴지(藤田近治), 김성문(金聖文), 오가와 후키오(小川不羈雄), 야마노우치 미에(山上三榮)

고문 요자 도요지로(余座豊次郎), 하야우마 쥬이치(早馬十一)

직업별 회원 수(198명)

곡물상 13, 견직물상(吳服商) 18, 운수업 11, 해산물상 22, 잡화상 38, 기타 96

상주상공회(尙州商工會)

지구 및 사무소 소재지

지구: 상주읍 일원

사무소: 상주읍 성하정 11 회장 자택

목적 및 연혁

1. 상공업의 개선 발달에 필요한 사항
2. 각종 산업의 개량 진보에 필요한 사항
3. 지방 시사 문제를 적절하게 처리하고, 사회에 필요한 사항
4. 연혁-상주상공회의 설립은 이전에는 번영회였지만, 1927년경부터 계획이 되어 1929년 1월 5일 드디어 점차 형세가 무르익어 창립총회를 열어 오늘에 이르고 있음.

조직

상주읍 내 상공업자 및 은행금융조합과 함께 지주회사 등의 유지로 조직함.

사업(시설사업, 장래 시설사업)

창립 당시는 회보 발행을 하였으며, 근년에는 휴간 중임. 우량 점원의 표창. 상공제(商工祭)

를 1년에 1회 집행. 회원의 친목을 도모하기 위해 매년 4, 5월경 야유회를 시행하고 있으며, 작년과 올해는 비용을 헌금해서 야유회를 폐지함.

장래-제 공장 유치 운동, 인접군의 도로 개통 진정, 회보 발행 계속, 각 점원의 품위 향상을 도모할 목적으로 1개년 1회 이상의 강연회 개최 등 제 시설 실행.

경비

1938년도 경비 1,493원 92전, 특별회원 1개월 50전, 정회원 1개월 20전 매월 징수.

1939년도는 시가지 전등 대금을 특별회계에서 분리하고, 본회의 예산은 1,349원으로 서기장을 두고 시대에 뒤쳐질 수밖에 없도록 매진할 계획.

희망 사항

상공회에서는 여러 공장의 유치 운동 또는 진정 등과 같은 유치 모임인 만큼 비용 지출이 많을 때는 생각처럼 활동할 수 없어서 꼭 상공회령의 발령을 기대함.

장애 사항

유치 모임에는 가입자와 미가입자가 있어서 회비 징수에 있어서 강제징수권이 없음. 상공업 발전을 이루는 데에 있어서 회비 징수의 고심이 있기 때문에 조속히 재단법인 상공회 설립를 요망하고 있음.

역원 씨명

회장　이나가키 도쿠사부로(稲垣德三郎)

부회장　오카자키 미쓰요시(岡崎光儀), 최상선(崔尙善)

상임의원　후쿠마 구하치(福間九八), 바바 료조(馬場良三), 스가와라 데이스케(管原貞助), 와다 타이치(和田泰一), 이나가키 세이타로(稲垣政太郎), 김일수(金日洙), 문종화(文鍾華)

회의원　고목신(高木信), 야마시타 미사부로(山下味三郎), 사이카 요시쓰구(西下芳次), 야마모토 에이지(山本榮次), 다카자키 합명(합명회사란 의미)지점(高崎合名支店) 오쿠보 마사오(大久保政雄), 사누키 주조회사(讚岐酒造會社)) 요시무라 기쿠지로(吉村菊次郎), 상

주주조회사(尙州酒造會社) 차창섭(車暢燮), 박정민(朴正民)

서기장 고야나기 조반(小柳常盤)

직업별 회원 수(19명)

약종 5, 운송 4, 서적·문방구 2, 과자 9, 여관 4, 요리 3, 음식점 9, 곡물 9, 포목 8, 견직물(吳服) 1, 금물(金物) 4, 자동차 9, 고물 1, 염료 1, 의사 4, 치과의 3, 철공 2, 양품 5, 잡화 6, 전기구 1, 시계 6, 서사(書士) 6, 보험 1, 지주 6, 금융 3, 청부 4, 가구 5, 종이(紙) 5, 생선(鮮魚) 3, 해산물 2, 목수(大工) 1, 주조(酒造) 5, 교통 1, 정미 1, 목탄 1, 목재 1, 사진 3, 변화사 1, 다다미방(疊屋) 1, 신발(履物) 1, 신문지국 2, 일용품 3, 양복 4, 이발 5, 인쇄 2, 전기공급업 2, 도장(印判) 2, 구두(靴) 3, 장유(醬油) 1, 연초 3, 미싱점 1, 양철(錻力) 1, 묘목 1, 광유 1, 기계 1

경상남도

울산상공회(蔚山商工會)

지구 및 사무소 소재지

지구: 울산읍 일원

사무소: 울산군 울산읍 본정 2정목

목적 및 연혁

동업자의 친목을 도모하고, 상공업상의 폐해를 교정해서 공동으로 일치된 진보를 이뤄 상권을 확장시켜 발전하는 것을 목적으로 하며, 기타 상공업의 개선 발달을 이뤄야 할 필요가 있는 사업을 실행시키려고 함.

1926년 10월 울산상업조합으로 설립해서 1929년 울산상공회로 개칭, 오늘날까지 이름.

조직

울산읍 내에 상공업을 운영하는 자로 조직함.

사업

(기재 사항 없음)

경비

금 200원, 1급에서 5급까지의 등급에 따라 회비를 징수해서 이를 충당함(1급 50전, 2급 40전, 3급 30전, 4급 20전, 5급 10전, 매 1개월 단위이지만 등급의 사정은 매년 3월 역원 협의 위에 결정함).

희망 사항

1. 중앙선의 지선으로 울산-장생포 간 철도 부설, 1. 물산진열소의 설치, 1. 금융기관의 증설

장애 사항

합동통제사업의 진전에 따른 업장의 압박.

역원 씨명

회장 마쓰시게 아사타로(松重淺太郎) 부회장 이채일(李埰一), 토모나리 기이치(友成義一)

평의원 이이다 쿠이치(飯田九一), 니시야(西谷康禧), 야스나리 치요고로(安成千代伍郎), 안원근(安元根), 울산상사주식회사, 서용규(徐鎔圭), 김동주(金東湊), 송원수(宋元壽), 사이토 카메키치(西藤龜吉), 구스노기(楠木仙司)

직업별 회원 수(80명)

잡화상 15, 포목·주단 10, 양조업·동판매상 6, 고무류 취급업 5, 양복·양품점 4, 시계·귀금속점 4, 약종상 3, 미곡상 3, 화양과자상(和洋菓子商) 3, 자전거 수선업 2, 운송업 2, 식료품상 2, 유류상 2, 건축재료상 2, 인쇄업 2, 기타 15

동래상공회(東萊商工會)

지구 및 사무소 소재지

지구: 동래읍 일원

사무소: 동래군 동래읍 수안동

목적 및 연혁

상공업의 개선 발달을 도모할 목적임

1925년 3월경 동래상무회를 설립, 1932년 5월 동래상공회로 변경.

조직

동래읍 거주 상공업자로 조직함.

사업(시설사업, 장래 시설사업)

(기재 사항 없음)

경비

경비는 필요에 응하는 회원 각자 부담으로 징수함.

희망 사항

(기재 사항 없음)

장애 사항

(기재 사항 없음)

역원 씨명

회장 1, 부회장 1, 총무 1, 서기, 1, 회계 1, 평의원 7

직업별 회원 수(105명)

면포상 15, 잡화상 35, 운송업 3, 양복상 3, 공업 7, 곡물상 5, 비료상 5, 정미업 3, 인쇄업 3, 세탁업 2, 매약상(賣藥商) 5, 시계상 1, 사진업 2, 기타 16

창녕상공회(昌寧商工會)

지구 및 사무소 소재지

지구: 창녕면 일원

사무소: 창녕군 창녕면 송현동, 포춘낙원 내

목적 및 연혁

목적

1. 상공과 시국과의 유기적 관계 및 물자통제책을 강조, 인식함으로써 국가 경제의 공고화를 도모함.
2. 저축을 장려하고 회원 상호 간의 친목을 도모해서 창녕 상공업의 발전에 노력을 다함.

연혁-1938년 7월 29일 창립총회

조직

본 구역 내에서 상공업을 경영하는 자를 조직 단위로 해서, 회장제, 총회 및 역원회를 두고, 총회의 일을 상공회의 결의로 실행하며, 전 역원의 임기는 만 2개년으로 함.

사업(시설사업, 장래 시설사업)

별도로 시설은 없으며, 회원에게 의무저금을 제공함.

장래 시설은 미정.

경비

매년 100원 정도.

매월 1인당 20전 각출 필요에 응하는 회원에게서 징수.

희망 사항

교통이 불편하며, 차마(車馬) 임차료가 비싸 철도 부설을 크게 요망함.

장애 사항

없음.

역원 씨명

회두(1인) 김성수(金性守) 부회두(1인) 김상수(金尙守)

간사(2인) 서기 김용학(金用學) 회계 김영완(金永完)

평의원(7인) 유상훈(柳尙薰), 허종(許鍾), 하학룡(河鶴龍), 하명구(河明九), 하창규(河昌圭), 안경호(安炅浩), 신삼봉(辛三奉)

고문 모리 유오(森 龍雄), 미타니(三谷尙乙), 노영환(盧泳奐)

직업별 회원 수(34명)

포목업 8, 약업(藥業) 2, 인쇄업 1, 식료품업 6, 요리업 3, 양품·잡화 4, 비료상 2, 시계 1, 자전거 2, 전기상 1, 자동차업 2, 백미업 1, 지물상(紙物商) 1

하동상무회(河東商務會)

지구 및 사무소 소재지

지구: 하동읍 일원

사무소: 하동군 하동읍 내동 1326-5

목적 및 연혁

하동시장 일반 상업자 지도, 2. 상업상의 필요 제반 통계 조사, 상업의 성쇠(消長) 연구.

1882년 7월 좌우 보부상사 개혁과 폐지 후 상민조합을 조직하고 1921년 4월에 하동상무회로 개칭함.

조직

하동시장 상업 종사자, 만 20세 이상 남자로 조직함.

사업(시설사업, 장래 시설사업)

상업 지식 보급을 위해 노동야학회를 설립하였으나 현재에는 폐지함.

운수업 및 창고업을 경영함.

경비

지출 1개년 200원. 경비 징수는 회원 1인당 1원 또는 상무회 소유 가옥 임대료로 보충함.

희망 사항

경남선 철도 진주-하동 간의 속성 부설.

장애 사항

해당 사항 없음.

참고 사항

장래 상공회의소 설치를 연구 중.

역원 씨명

회장 이성영(李成榮) 부회장 성낙린(成樂璘)

총무 김학성(金學性) 서기 김두찬(金斗贊) 간사 김인식(金仁植)

평의원 김태익(金泰益), 진영환(陳永煥) 외 15인

직업별 회원 수(97명)

농업 50, 상공 38, 공업 9

진교상우회(辰橋商友會)

지구 및 사무소 소재지

지구: 진교리 일원

사무소: 진교리

목적 및 연혁

친목 및 공존 공영

조직

상공업자

사업(시설사업, 장래 시설로 하는 사업)

(기재 사항 없음)

경비

금 50원 8전. 회원 매 사람당 매월 말일 50전임(단, 2개년에 한해서).

희망 사항

하물 운반 교통의 불편 때문에 하천공사에 이르는 것이 긴요하다고 인정됨.

다음은 하천 공사의 조건임.

장애 사항

하물 운반 교통이 불편한 것이 장애로 인정됨.

역원 씨명

회장 정두식(鄭杜湜) 부회장 이완실(李完實)

총무 김상권(金尙權) 감사 김병숙(金炳淑), 김영수(金榮守)

간사 김삼권(金三權), 박갑수(朴甲洙), 정남식(鄭楠湜), 심주홍(沈柱洪), 서진득(徐辰得)

회계 이완실(李完實) 서기 심식홍(沈植洪)

직업별 회원 수(32인)

미곡상 5, 비료상 2, 견직물점(吳服店) 3, 노끈·가마니상(繩叺商) 1, 잡화상 14, 이발업 2, 금물상(金物商) 2, 약종상 2, 철공업 1

통영상공회(統營商工會)

지구 및 사무소 소재지

지구: 통영읍 일원

사무소: 통영읍 길야정

목적 및 연혁

상공업의 개선 발달을 도모하는 것을 목적으로 함.

조직

통영읍 내에 주소가 있는 영업소 사무소를 두고 있는 상공업자와 함께 본회의 취지에 찬성한 자로 조직함.

사업(시설사업, 장래 시설사업)

특기할 만한 것이 없음.

경비

1, 215원, 회비로 연 2회에 나눠 징수함.

희망 사항

1. 내지와의 직통 항로 개시, 1. 임항철도(臨港鐵道) 부설, 1. 항만 설비

장애 사항

1. 용수 수원의 풍부하지 않음(공업 개설의 곤란).

역원 씨명

회장 후지타 구마키치(藤田熊吉) 부회장 데라니시 요시하루(寺西義治), 탁동조(卓同朝)

평의원 30명(씨명 생략). 이 안에서 호선으로 회장 1, 부회장 2, 상의원 7명을 선출.

고문 약간 명, 주로 관공서장을 추천.

직업별 회원 수(191명)

해산물 45, 미곡·비료 12, 어구(漁具)·선구(船具)·노끈·가마니(繩叺) 13, 광유·석탄·신탄 4, 술·장유(醬油)·조미료(酢)·청량음료·양제조 5, 약종화장품 3, 견직물·면마직물·양품잡화(吳服太物洋品雜貨) 12, 주단·포목(綢緞布木) 6, 일용잡화 8, 식료품·과자 12, 금물·가구·칠기·신발 7, 서적·잡지·문방구·지류(紙類) 3, 인쇄 4, 시계·귀금속·축음기·약기·라디오 4, 건축자재·제재·토목건축 7, 조선·철공업 7, 운수창고 7, 여관·요리점 8, 금융무진 6, 토지 경영 6, 기타 12

입좌공우회(入佐工友會)

지구 및 사무소 소재지

지구: 경상남도 통영군 장승포읍

사무소: 경상남도 통영군 장승포읍 장승포리

목적 및 연혁

연혁-1933년 1월 16일 설립

목적-회원 상호 간의 이익 증진을 도모해서 생활 안정을 확실히 하고 능률의 증진을 목적으로 하며 오로지 사회봉사 및 구제정신을 수양으로 함.

조직

장승포읍에서 직공 및 본회의 취지에 찬동하는 자로 조직함.

사업(시설사업, 장래 시설사업)

1. (1) 회원 상호 경조 시에 적극적으로 부조하는 기관, (2) 시내 폭풍, 화재, 기타 재난 방지 기관 및 이재자의 원조, 우량 점원의 표창.
2. 운송업의 발전을 촉진시켜 해산물 및 육산물 집산을 하는 기관의 설치.

경비

금 200원, 회원에게 징수하는 회비 및 사업으로 여기서 발생하는 이익금, 기타 특지가의 기부금으로 충당함.

희망 사항

1. 공설시장의 설치, 2. 육상교통의 발달을 촉진, 3. 어민 실무 양성소 설치, 4. 오락기관(극장)의 설치

장애 사항

육상교통의 불편

기타 참고 사항

물가통제는 정부의 사업에 따라 이에 순응할 만한 말을 기대할 수 없더라도 일반 사업자가 받는 타격이 매우 크고 일방적인 불편이 매우 심해서 적당한 활로를 찾을 수가 없음.

역원 씨명

회장 시마모토 마스타로(島本増太郎)) 부회장 오다 요시마츠(小田吉松)

간사 다카마쓰 쇼이치(高松照一), 윤은근(尹恩根) 회계 사토 다이사쿠(佐藤大作) 서기 가와 마사미(河 正實)

평의원 이나가키 고지(稲垣弘次), 마쓰나가 마쓰조(松永松藏), 가쿠다 슌지(角田春次), 후지타 마쓰지(藤田松次), 한영발(韓永發), 이성봉(李性奉), 김재홍(金在洪), 박학래(朴學來)

고문 이타쿠라 히로시(板倉浩), 가네마루 겐이치(金丸源一), 오오타 사다무(大田勘)

직업별 회원 수(33명)

잡화상 3, 조선업 5, 미장업(左官業) 6, 건축업 8, 운반업 2, 철공 2, 양철공(錻力工) 3, 소목장이(指物) 1, 사진업 1, 양복업 1, 기타 1

생초상우회(生草商友會)

지구 및 사무소 소재지

지구: 생초면 일원

사무소: 생초면 어서리

목적 및 연혁

생초면 시장은 수백년 전 시장을 개설했으며, 동 시장을 중심으로 동면의 상업은 오늘날 상당한 발전을 나타내므로 앞으로 이의 향상, 발전을 계획하는 단체가 일반 상업자를 대상으로 상업자 상호 간의 친목을 도모함은 물론이거니와 사업의 진흥, 발달을 철저히 할 목적으로 1938년 8월 30일 생초상우회를 조직함.

조직

본회 지구 내 거주하면서 상업을 운영하는 자로 조직함.

사업(시설사업, 장래 시설사업)

1. 시설사업

(1) 물가 협정, (2) 구매 알선, (3) 자금 융통 알선

2. 장래 시설사업

(1) 금융기관의 설립, (2) 상업 안내(인쇄물 간행)

경비

1개년간의 경비

세입	기본금 이자 수입	116원(2,900원에 대한 연 4분)
	월부금(月掛金)	69원 60전
	계	185원 60전
세출	인건비	140원
	수요비	30원
	계	170원

희망 사항

구매조합의 설립

경영 사업

(1) 상품의 공동 매입, (2) 자금 융통

장애 사항

운수사업 개선. 진주를 중심으로 한 운수업자 통합 이후 운임이 증액된 것뿐만 아니라 운송 횟수가 반감된 것으로써 오지에서 상업에 종사하는 사람들이 입은 손해는 물론이거니와 일반 수요자의 손해가 막대함에 따라 이에 대한 개선이 긴급한 사항임.

역원 씨명

회장 고인원(瑀仁元) 총무 고광호(高光浩)

회계 송중익(宋重翼) 서기 김인봉(金仁奉)

감사 홍중우(洪重宇), 정도근(鄭道根) 간사 정순근(鄭順根), 유삼문(劉三文), 박청전(朴晴田)

직업별 회원 수(29명)

견직물상(吳服商) 2, 잡화도매상 3, 주단포목상(綢緞布木商) 6, 잡화상 3, 곡물상 2, 공업 2, 의사 1, 매약(賣藥) 및 비료상 1, 해산물산업 3, 고무신상 1, 자전거상 1, 식료품상 3, 고물상 1

진해상공회(鎭海商工會)

지구 및 사무소 소재지

지구: 진해읍 일원

사무소: 진해읍 말광통 9번지

목적 및 연혁

진해상공회원의 발전과 진해읍 일반에서 전체 상공업자에 대한 목적임.

조직

진해 거주 상공업자를 가입시켜 조직함.

사업

전등 요금의 인하와 관련해서 교섭, 실시하고, 매월 5일의 회수일을 월말로 고쳐 연말 증정품과 답례품을 통제해서, 근속 5개년 이상의 점원 표창식 매년 1회, 장래 각 상조합을 조직하기 위해 교섭 중.

경비

경비 1개년 120원 정도, 1개년 회비는 2원 징수.

희망 사항

(기재 사항 없음)

장애 사항

(기재 사항 없음)

역원 씨명

회장 시바 히데오(紫芝英雄) 부회장 미쓰나리 히사키치(光成久吉)

명예이사 가와나미 진이치(川浪甚一) 이사 스기모토 신지(杉本新治), 모리와키 도쿠노스케(森脇德之助)

평의원 아이카와 슈지로(相川修次郎), 가와노 죠지(河野上次), 후타나리 구메지(二成久米次), 이와미 아키사부로(岩見明三郎), 오오모토 우이치(大本宇市), 히라이 요네조(平井米三), 오다 고운(小田宏遠), 오오자키 마타사부로(大崎又三郎), 오카모토 세키노신(岡本關之進), 오오아미 소시로(大綱宗四郎), 나카시마 다카토시(中島孝俊), 요시자와 에이키치(吉澤榮吉)

직업별 회원 수(71명)

곡물상 3, 견직물상(吳服商) 4, 전기 1, 운수 2, 주류상 16, 장유·양조 2, 주조 1, 정미소 3, 제재소 2, 기타

회사(조선상업은행 진해 지점, 동양제사주식회사 진해 공장, 진해주조주식회사, 조선가스전기주식회사 진해 출장소)

진주번영회(晉州繁榮會)

지구 및 사무소 소재지

지구: 진주읍

사무소: 진주읍사무소 내

목적 및 연혁

지방 번영을 꾀하는 것을 목적으로 함.

다이쇼(大正) 초기 진주번영회를 설립, 중도에 진주상공회로 개칭한 바 있으며, 1935년 다시 번영회로 복구함.

조직

읍내 유지로 조직함.

사업(시설사업, 장래 시설사업)

현재 상공회의소 설립 준비 중.

경비

회비로 충당함. 회원당 1개년 1원 2회로 나누어 징수함.

희망 사항

경전남부선 연장, 김삼철도 부설, 공장 유치

장애 사항

기존에 설치된 마산-진주선의 개량 공사

역원 씨명

회장　시미즈 사타로(清水佐太郎)

부회장 김동이(金東弌), 기타가와 시게자부로(北川戌三郎)

고문　진주읍장, 진주경찰서장

평의원 각 정구장(井區長)

직업별 회원 수

회원 수 400여 명 남짓. 현재 정확한 조사가 없음.

황해도

연안상공협회(延安商工協會)

지구 및 사무소 소재지

지구: 연안읍

사무소: 연백군 연안읍 관천리

목적 및 연혁

1938년 7월 지역의 실업가 유지의 발기에 따라 상공회의소를 대신할 기관으로 같은 해 11월 5일 창립되어 동업자의 향상, 발전을 도모하여 사업에 관한 상업적 기세의 운용을 연구하고, 회원의 친목을 도모함을 목적으로 함.

조직

연안읍에 주소 또는 영업소를 두고 있는 상공업자 및 영업 대표로 조직함.

사업(시설사업, 장래 시설사업)

1. 매입 지역에 대해 상공회의소 및 도매상조합 또는 상권단 등과 연락하여 부정상품 수입

방지, 무모한 가격 및 불량 품질의 조사, 2. 교통기관, 선박, 차량 운임율 등의 교섭 및 조정, 3. 상단원의 시찰 및 견본시장 등에 있는 경우의 응접, 알선, 4. 우량 점원 및 장기 근속 점원의 표창, 5. 불량 점원에 대한 처벌, 6. 회원 상호 간에 발생하는 분쟁 조정 및 화해 알선, 7. 기타 각항에 부대적으로 발생하는 업무.

경비

300원, 회비를 징수해서 이를 충당.

희망 사항

특별히 기록할 사항 없음.

장애 사항

특별히 기록할 사항 없음.

역원 씨명

회장(1명)	모리오카 규타로(森岡九太郎)	부회장(1명)	송선일(宋善日)
상무이사(1명)	스즈키 가오루(鈴木馨)	회계이사(1명)	장명창(張命昌)
감사(2명)	송창배(宋昌培), 다니구치 이치지(谷口市二)		
평의원(11명)	이경승(李敬承), 임택호(林宅鎬), 고응권(高應權), 김흥권(金興權), 김상득(金上得), 박운서(朴雲緒), 고영준(高泳俊), 이회건(李會建), 우치다 마스오(內田增雄), 김용태(金能泰), 이효승(李孝承)		

직업별 회원 수(105명)

건축업 2, 정미업 9, 운송업 4, 비료업 1, 면포업 18, 재목업 2, 금물업(金物業) 5, 잡화업 25, 약종업 8, 운수업 4, 주류업 4, 어물업 8, 식료품업 7, 고물상 3, 인쇄업 1, 지물업(紙物業) 2, 제분업 2

장연상공회(長淵商工會)

지구 및 사무소 소재지

지구: 장연읍 일원

사무소: 장연군 장연읍 읍내리

목적 및 연혁

장연에서 상점의 향상과 발달을 도모하려는 목적으로 1938년 10월 설립.

조직

장연에 거주하는 상점주로서 상공회의 취지에 찬성해서 입회하는 자로 조직.

경비

경상비 880원, 회비 징수에 의함.

희망 사항

(기재 사항 없음)

장애 사항

(기재 사항 없음)

역원 씨명

회장(1명)	오성근(吳成根)	부회장(1명)	김성률(金成律)
간사(8명)	생략	평의원(6명)	생략

직업별 회원 수(130명)

사리원상공회(沙里院商工會)

지구 및 사무소 소재지

지구: 사리원읍 일원

사무소: 봉산군 사리원읍 동리 121번지

목적 및 연혁

회원 상호 간의 화친을 도모하고, 일치 협동해서 상공업의 개선 발달을 기도함을 목적으로 1935년 5월 설립.

조직

특별회원-은행회사 18명, 통상회원-상공업자 212명, 회장 1명, 부회장 2명, 특별평의원 3명, 평의원 14명, 간사 1명

사업(시설사업, 장래 시설사업)

1. 상공업의 개선 발달을 도모할 필요가 있는 방안을 조사해서 이를 실시함. 2. 상공업에 관한 이해관계를 고찰해서 연구함. 3. 상공업에 관한 사항에 대해 관청에 의견을 개진하거나 명령에 따라 각종 조사를 하여 자문에 응함. 4. 관계인의 청구에 따라 상공업에 관한 분쟁을 조정, 5. 상공업의 공로자, 점원, 직원을 표창하거나 장려. 6. 다른 상공단체와 연결해서 채용하거나 다른 지방의 상공업을 시찰해서 사업의 발달에 이바지함.

경비

1개년 경비 예산 1,297원 50전. 도비(道費) 보조 200원. 읍비(邑費) 보조 200원. 그 외 전부 회원의 등급에 따라 징수.

희망 사항

상수도 설치, 공업용수 조사, 대규모 공장 유치, 상공회의소 설립.

장애 사항

고율의 전기 동력 요금과 철도 화물 운임.

기타 참고 사항

상공회는 하등의 법적 근거를 가지고 있지 않는 임의 단체임으로 회비 징수 권한이 없음. 기능 발휘라는 측면에서 적지 않은 지장을 초래함으로 특별 법령으로 회비 징수 권한을 인정함과 동시에 도별로 상공회연합회를 조직해서 통제할 수 있기를 간절히 요망함.

역원 씨명

회장 곤도 치카시(近藤 近) 부회장 안민헌(安敏憲)

특별평의원 동척지점, 동양제사공장, 조선운송출장소

평의원 스즈키 도쿠헤이(鈴木德平), 오다 곤이치(小田良一), 네모토 쓰에마쓰(根本末松), 야마베 겐이치(山邊健一), 사토 사지로(佐藤佐次郎), 스즈키 모헤이(鈴木蒙平), 박원윤(朴元潤), 홍룡진(洪龍鎭), 안군일(安君一), 정재수(鄭在洙), 박근성(朴根成), 양재하(楊在夏)

간사 임봉환(林鳳煥)

직업별 회원 수(230명)

재목상 3, 시계상 3, 운반업 5, 양화점 3, 잡화 25, 철공업 25, 제과점 7, 건축 5, 곡물상 20, 식료품 5, 목공 8, 자전거 7, 비료 6, 여관 6, 요리점 4, 문방구 8, 해산물 7, 약종상 10, 철물상 6, 고물상 4, 금융업 7, 잡업 66

평안남도

안주소매상조합(安州小賣商組合)

지구 및 사무소 소재지

지구: 안주읍 일원

사무소: 안주읍 건이리 389번지

목적 및 연혁

1. 국산품 및 대용품의 보급을 도모해서 상업보국을 기함.

2. 조합원 및 고용인의 경제적 이익, 지덕(智德) 향상, 상호 간의 친목을 기함.

조직

안주읍 일원의 소매상인으로 조직.

사업(시설사업, 장래 시설사업)

조합원 금융 융통 및 공동 구입

경비

1. 1개년 경비 100원.

1. 조합원 1인 매년 기금으로 10원 징수, 매월 월례금으로 50전 징수.

희망 사항

쇼와수리조합(昭和水利組合) 부활

장애 사항

1. 외상 판매(掛賣) 감정 연 1회의 악습 존재.

1. 할인 습관 존재.

역원 씨명

조합장 강준현(康俊賢)　　　　부조합장 정준영(鄭俊英)

간사　문태원(文泰元), 김찬빈(金贊彬), 문태영(文泰永)

회계　유운섭(劉雲涉) 서기 박세훈(朴世勳) 고문 데라사카 마사오(寺坂正男), 김병규(金秉奎), 현규홍(玄奎弘)

직업별 회원 수(35명)

잡화상 15, 축음기상 1, 식료품상 7, 약종매약상 6, 금물상(金物商) 3, 도기상 3

개천상무조합(价川商務組合)

지구 및 사무소 소재지

지구: 개천군 개천면 군우리

사무소: 개천읍 내

목적 및 연혁

현재 국가 통제경제에 입각해서 물가 균일과 국산품 및 대용품의 보급을 도모하고, 상업 보국을 기하기 위해 경찰 당국과 밀접한 연계를 계획하며, 조합원들에게 관계 법령을 철저히 주지시키고, 조합원 상호 간의 친목을 꾀할 목적으로 1939년 1월 31일 본 조합을 창립함.

조직

1. 조합원은 개천읍 내의 상인임. 1. 조합의 재정적 기초를 공고히 하기 위해 가입금 1원 및 기본금 3원을 불입.

사업

(기재 사항 없음)

경비

1개년간 경비 약 420원, 조합원으로부터 월례금으로 판매고를 표준으로 매월 30전 이상 1원까지 징수.

희망 사항과 관련해서

통제품과 관련해서 당 조합에게도 주선을 요청하고, 상공업자에게도 필요한 사항을 지도 및 통지를 요청.

장애 사항

해당 사항 없음.

역원 씨명

조합장 백래순(白來淳) 부조합장 오오니시 사부로(大西三郎)

서기 최준태(崔俊泰), 이흥성(李興成) 회계 김광무(金光武)

감사 박윤근(朴潤根), 이응모(李應模)

간사 다카하시 사카리(高橋 盛), 아리마 마사아키(有馬正明), 이정수(李廷秀), 김봉상(金鳳商), 이화수(李華洙), 최윤섭(崔允燮), 강제용(姜濟鏞), 빙립영(馮立榮)

상임이사 이신민(李信敏)

직업별 회원 수(118명)

북창상업조합(北倉商業組合)

지구 및 사무소 소재지

평남 맹산군 옥천면 북창리

목적 및 연혁

상업자금 융통

조직

1935년 4월 8일 조직

사업(시설사업, 장래 시설사업)

금전 대부

경비

1938년도 경비 867원.

징수 방법-대부금 이자로 경비 충당.

희망 사항

해당 사항 없음.

장애 사항

해당 사항 없음.

역원 씨명

조합장 정영찬(鄭永贊) 이사 조두순(趙斗淳)

감사 이찬하(李贊夏), 김의순(金義淳) 서기 조명국(趙明國)

평의원 야호증(夜浩增), 최병렬(崔丙烈), 이영두(李永斗), 이금록(李金祿), 김영찬(金永燦), 갑경용(甲京鏞), 김병계(金炳啓), 안선학(安善學), 김홍하(金弘夏). 김치민(金致珉)

직업별 회원 수(197명)

잡화상 및 제 소매상 100, 농업 97

평안북도

정주상공회(定州商工會)

지구 및 사무소 소재지

지구: 정주읍 일원

사무소: 정주읍 성외동 274번지

목적 및 연혁

정주상공회 회원 상호 간 친목과 융화, 공통의 이익을 확보하고 업계의 개선 발달을 목적으로 설립됨. 1938년 9월 판매업자만으로 정주번영회의 설립을 보게 되었으며, 시운에 따라 시국이 진전되면서 상공업자 일반의 합동이 필요하여 같은 해 12월 결성을 보게 됨.

조직

정주읍 내 거주 상공업자로 조직.

사업(시설사업, 장래 시설사업)

공휴일의 통일. 평북철도 사무소 유치 운동. 장래 시설하고자 하는 사업은 많이 있어서 일일이 열거할 여백이 없음.

1. 가로(街路) 미화 정비, 2. 점원의 교양사업, 우량점 표창

경비

창립 1년을 채우지 못했기 때문에 명확하지 않지만 약 300원 예정임.

회비는 월액 50전 매월 징수함.

희망 사항

1. 정주, 삭주를 잇는 평북철도 완성과 다시 만주의 보고 동변도(東邊道)에 종관철도(縱貫鐵道)의 완성을 보게 되었으며, 장래 수출입항으로 정주 외항을 요망함.
2. 산금지대(産金地帶)의 현관문으로서의 제반 시설을 원해서 광공업 교육기관의 설치를 희망함.

장애 사항

1. 현재 공사 중인 수도가 하루 빨리 완성되기를 바람. 이 시설이 없는 것을 이전부터 유감으로 생각하고 있음.
2. 철도국 배급소라는 존재는 지방 도시로서는 상당히 업계의 암과 같음.

역원 씨명

회장　소혼 시게요시(宋本重吉) 부회장 박문규(朴文奎)

평의원　오오타 유지(太田隆二), 마에야마 고타로(前山小太郎), 선간훈(鮮干勳), 노영근(盧泳根), 미야케 모토쓰구(三宅基次), 권상덕(權商德)

회계주사　가지노 게이지로(梶野敬次郎), 사사키 가키치(佐々木嘉吉)

직업별 회원 수(65명)

식료잡화 7, 운송업 4, 문방구 3, 금물상(金物商) 3, 곡물상 4, 견직물상(吳服商) 2, 비료상 1, 양품상 3, 철공업 2, 요리업 3, 양복상 3, 인쇄업 3, 청부업 3, 여관업 3, 기름상(油業) 2, 석탄상 1, 외 18

선천상공회(宣川商工會)

지구 및 사무소 소재지

지구: 선천읍지(宣川邑地)

사무소: 선천읍 본정 237번지

목적 및 연혁

본회는 선천읍 내에서 상공업의 개선 발달을 도모하려는 것으로 목적을 삼음.

1938년 10월 6일 설립.

조직

본회는 선천읍 내에 거주하는 상공업자 또는 본회의 취지에 찬동, 입회하는 자로 조직됨.

사업

(1) 양품잡화상조합, 시계상공조합, 약업상조합(藥業商組合) 등을 조직함.

(2) 각 동업자조합 조직의 완성과 함께 하나가 되어야 할 상공연합을 결성하여 본회의 지휘하에 두고, 나아가 장기전하에서 질서 정연히 생업보국의 결실을 거둘 수 있도록 만전을 다하고 있음.

경비

1,300원.

경비는 회원 전원을 통해 의원회에서 적당히 계산하고 다음의 등급 기준으로 일단 정해서 불평 또는 이의를 피하기 위해 자진해서 본인의 승낙을 받는 것과 동시에 매월 징수하여 경비로 충당함.

희망 사항

당읍 내에서 어떠한 법적 근거도 없는 상태에서 유통되고 있는 만주국은행 발행의 통화와 지폐가 아마도 월액 20만 원 내지 30만 원의 거액이 일반 민간에 항상 통용되고 있는 것에 반해, 우편국, 은행, 철도국의 다른 관공서 등은 시정을 거부하는 사태 가운데 있는 까닭에 당읍 상계는 정말로 어려움을 금치 못할 것으로 여겨 행정당국은 신속하게 온화책을 강구함과 동시에 바로 이러한 정책이 실행에 이르게 된다면 당읍 상공업계는 더욱더 번영으로 나아가게 되는 것임을 알게 될 것임.

장애 사항

전항의 만주국 통화와 지폐를 우편국, 은행, 철도국, 기타 관공서에서 시정을 수용하는 것에 대해 거부함.

역원 씨명

회장 우다 도요카쓰(宇田豊勝) 부회장 송의정(宋義禎), 강일현(康日鉉)

이사 문흥선(文興善), 노연풍(魯淵豊)(회계역), 히오키 마사노스케(日冲政之助), 김정하(金禎河), 시바타 야이치로(紫田彌一郎), 전효경(田孝京), 계준은(桂俊圻), 김주흥(金酒興), 노덕상(盧德商), 기시모토 요시오(岸本吉尾)

서기 강신정(姜信晶)(상무) 고문 14명 직원 20명

직업별 회원 수

상업부 73명, 공업부 13명, 기타 27명, 계 113명

영변상공회(寧邊商工會)

지구 및 사무소 소재지

지구: 영변면 일원

사무소: 영변면 서부동

목적 및 연혁

영변에서 상공업의 개선 발달을 도모하는 것을 목적으로 1938년 12월 18일에 창립.

조직

영변면에 거주하는 상공업자 또는 본회의 취지에 찬동, 입회하는 자로 조직함.

사업

상공업에 관한 통보, 조사, 통계, 편찬, 중개, 알선, 분쟁의 중재, 증명, 강연회, 좌담회 등.

앞의 사항 이외 자금 융통 강구.

경비

1939년도 예산 800원.

회원을 5등급으로 나누어 매월 등급에 따라 징수함.

희망 사항

중소상공업자에게 자금 융통을 강구함.

직물공업자의 원료 부족난을 방지하기 위해 원료 견사(繭絲) 또는 생사(生絲)를 구입해서 이를 원활하게 공급하려고 시도하는 일.

장애 사항

교통이 굉장히 불편해서 화물의 반입, 반출이 자유롭지 못하기 때문에 발전상 엄청난 지장을 초래하는 것이 유감스러운 점임.

역원 씨명

회장 홍재량(洪在梁) 부회장 김학준(金學俊)

이사 김기하(金基夏), 차남주(車南周), 여정선(余靖善)

고문 영월군수, 영월면장, 영월경찰서장, 영월세무서장, 영월우편소장

의원　정원 20명 감사 이희정(李熙楨), 아사노 슈조(淺野秀造)

직업별 회원 수(167명)

면포 13, 잡화 26, 식료품 13, 요리음식점 20, 직물 18, 금융업 8, 금물(金物) 8, 중개 8, 양복 8, 금은시계 6, 목공 5, 여관업 9, 미곡 3, 약종상 3, 산물(産物) 3, 청부·기타 16

희천상공회(熙川商工會)

지구 및 사무소 소재지

지구: 희천군 일원

사무소: 희천군 희천면 읍하동 392(전화 24번)

목적 및 연혁

군내 상공광업자 상호 간의 친목과 번영을 도모하고, 또한 업자 상호 간의 원조를 위해 희천군에서 상공광업계의 발전을 촉진해서 상공광업자의 외부 교섭단체를 목적으로 함.

연혁-종래 군내에 이와 같은 종류의 단체를 위해 1939년 2월 11일자로 본회의 결성식을 거행하였기에 연혁이 없음.

조직

희천군 내에 거주하는 상공업 및 광업자로 조직되었으며, 또한 본회의 취지에 찬동하는 자는 상공업 또는 광업에 종사하는 회원이 될 수 있음.

사업(시설사업, 장래 시설사업)

(1) 본 회원은 1인당 20원의 기금을 각출하고, 현재 기금을 조성 중이며, 장래 기금 5만 원을 목표로 진행 중임.

(2) 공동 구입, 매입, 판매 알선, 운임 톤급의 교섭 등 기타 정관 제33조의 사업.

○ **정관 제33호** 본회의 사업 개요는 다음과 같음.

1. 회원의 희망에 따라 거래지의 상공회의소 또는 상공회, 기타 기관의 이용 알선, 2. 회원 거래 지방의 제조업자 또는 도매상, 기타 은행 회사 등에의 회답 알선, 3. 각 거래 관계자 또는 관청, 단체 방면에 대한 교섭 또는 진정, 청원 등, 4. 상공광업에 관한 통보, 5. 물자 통제, 배급 또는 경제경찰에 관한 사항, 6. 상공광업에 관한 조사 통계 및 편찬, 7. 회원업자의 위촉에 따라 상공광업에 관한 사항 조사, 8. 관공서 또는 기타 단체에서 위촉이 있을 때 조사 또는 그 자문에 응할 것, 9. 상공광업자 간 분쟁의 중재, 10. 상공광업자의 증명 또는 감정, 11. 상공광업에 관한 강연 또는 좌담회, 12. 기타 상공광업의 개량, 발달에 필요한 사항: (1) 공장 유치 시설, (2) 자본가의 유치 문제, (3) 물자통제상의 대책, (4) 경제경찰에의 협력, 기타 정관 제33조의 사업.

경비

세입 855원, 세출 855원, 방법: 매월 갑 회원으로부터 1원, 을 회원으로부터 50전을 징수하고, 갑을의 구별은 경영 상황에 따라 결정함.

희망 사항

현재 청원 중인 중공업 또는 화학공업의 공장 유치와 함께 자본가의 유치 문제가 있음. 청천강의 이용, 하천 이용 발전 사업, 5만 내지 10만 킬로의 전력이 충분함. 금산도로의 확충·강화, 원산초산선 도로 공사의 조기 착공. 상업은행 또는 식산은행의 지점 설치. 군내 1개년의 어음(手形) 취급고 300만 원 내외, 금융조합의 대출 한도 확장안. 화물 차량의 배급 확충 요망.

장애 사항

희천군 희천면에 있는 발전소는 중유로 운전을 하고 있으며, 산금전력선(山金電力線)을 연장해서 주간 전력 공급을 필요로 함. 주간 전력을 위해 동력을 사용하는 제재소, 기타 공업은 발전상 지장을 크게 받음. 특히 주간선의 연장을 요망하는 동시에 만포선(滿浦線), 구현령(拘峴嶺)의 전화기차(電化汽車) 운전을 요망함.

기타 참고 사항

1. 올해 9월을 기해 만포선은 신경(新京)까지 개통되어 항만은 진남포 또는 원산항 중 어느 쪽으로 개보수를 할 것인지가 화물 운송에서 가장 유리한 측면에서 최대 급선무로 인정됨.
2. 물자의 배급상 특별히 전선(全鮮)상공회의소 일원이 되어 원활하게 돌아가기를 희망함.
3. 이후 상공업에 관해서는 각 지역의 상공회 등으로부터 의견을 받아 다시 조선상공회의소 주최로 각 지역의 상공회를 소집해서 시국대책상의 의견 교환의 기회를 만들려고 함.

역원 씨명

회장 가와무라 요시키치(川村襲吉) 부회장 오카타 덴타로(岡田傳太郎), 송계원(宋啓源)

간사 하야카와 하지메(早川肇), 박원송(朴元松), 박병실(朴秉實), 최창현(崔昌現)

평의원 요시무라 치가사다(吉村親定), 다키타니 리타로(瀧谷利太郎), 박중양(朴重陽), 김승훈(金承壎), 김석련(金錫鍊), 강태익(姜泰益), 우성공(禹成功), 백세용(白世用), 양도현(梁度玹), 김의봉(金儀鳳), 이학린(李學麟)

상담역 히라카와 야스히코(平川保彦), 고바야시 마모루(小林衛), 기희준(紀喜俊), 요시무라 치가사다(村親定), 김승훈(金承壎)

직업별 회원 수(68명)

곡물상 5, 잡화상 12, 면포상 12, 해산물상 1, 광산업 5, 총포화약상 1, 철금물상 3, 목재상 5, 여관업 3, 토목건축청부업 4, 운송업 4, 요리업 3, 회사원 2, 주양조업 1, 기타 7

운산상공회(雲山商工會)

지구 및 사무소 소재지

지구: 운산군 운산면 읍내

사무소: 운산군 운산면 읍내동 운산시 문선당 내

목적 및 연혁

목적-회원 상호 간의 친목을 취지로 하여 사업의 개선 발달을 도모함. 경제경찰의 취지를 받들어 총후보국의 사명을 기하기 위함.

연혁-1939년 2월 24일에 성립되어 착실히 목적 사항을 수행하고 있음.

조직

운산시내에서 점포를 두고 있으며, 상공업을 운영하는 자로 조직함.

사업

(1) 상공업의 진보 발달에 관한 연구회

(2) 상호 간의 협조, 친선에 관한 타합회(打合會)

(3) 경제통제에 관한 제반 법령 사항 주지 철저.

(4) 당국의 지시 명령의 전달

(5) 통제 경제경찰 운용에 관한 당국과의 연락.

(6) 상래: 수시로 개정함.

경비

1. 경비는 매월 10전으로 회원들이 갹출함.

2. 매년 3월과 9월에 6개월 분을 일시에 갹출함.

최근 1개년의 경비(설립 후 오늘날에 이르기까지 경비 7원 50전)

희망 사항

시구(市區)를 개선할 것.

장애 사항

각 관공서에 공동구입, 공동판매함.

역원 씨명

회장 이태완(李泰完) 부회장 이준명(李俊明)

고문 각 관공서장에게 촉탁함

간사 상무 문기선(文基鐥), 이강섭(李康涉), 강재영(康栽泳)

직업별 회원 수(50명)

곡물상 5, 견직물상(吳服商) 7, 문방구 1, 잡화 6, 식료품 13, 약종상 1, 목공 및 기계업 7, 고물상 5, 지물상(紙物商) 1, 금은상 1, 기성복상 1

철산상무조합(鐵山商務組合)

지구 및 사무소 소재지

지구: 철산읍내, 동부동, 중부동, 서부동

사무소: 평북 철산군 읍내 중부동

목적 및 연혁

목적-상공업에 종사하는 자는 대동단결, 협조 연구해서 상공회의 개선을 도모하고 공존공영의 결실을 맺기 위함.

연혁-1921년 창립(이하 생략)

조직

철산읍 내에서 상공업에 종사하는 자로 조직함.

사업

생략

경비

1. 1년간 경비 100원
2. 입회비로 충당. 임시 필요가 발생하는 경우 또는 다액의 경비를 필요로 하는 경우는 역원회의 결의에 따라 조합원에게서 징수함.

희망 사항

생략

장애 사항

생략

역원 씨명

회장 안종학(安宗學) 부회장 김장준(金長俊)

고문 선우(鮮于) 철산군수, 아이자와(會澤) 철산경찰서장, 정(鄭) 철산면장, 후쿠나가(福永) 철산금융조합장, 정익(鄭翊)

직업별 회원 수(41명)

포목잡화상 26, 금물 및 철류상 3, 곡물상 1, 자전거상 3, 식료품 3, 석유상 1, 도자기상 3, 고물상 1

벽동상우회(碧潼商友會)

지구 및 사무소 소재지

지구: 벽동군 일원

사무소: 벽동군 벽동면 압강 상점 내

목적 및 연혁

목적-본 지방의 상업 발달을 기하고 동시에 회원 상호 간의 친목을 기함.

연혁-1938년 8월 이전의 상무회를 부활시켜 상우회로 개칭함.

조직

회장, 부회장 각 1인, 간사 5인, 회원 32명으로 조직함.

사업

지방에서 오락, 운동회 등을 개최하고 시국에 호응해서 물가통제에 협력하여 각 관공서와 함께 목적 수행을 계획함.

압록강 수력전기사업이 대규모 저수지에 영향을 미쳐 본 읍의 주변이 전부 침수되어 타격이 커서 도리어 이를 위해 가장 좋은 위치에서 교통의 중심지와 승경지로서의 가치를 충분히 발휘할 수 있도록 여러 시설을 계획하고 있음.

경비

(1) 1개년간의 경비는 약 680원임.

(2) 징수법-매월 회비 각 사람당 20전. 임시 염출액 각 인당 20전. 특별 기부 500여 원.

희망 사항

장래 시설 사항에 기록한 바와 같이 압록강 대규모 저수지에 본 지방의 가장 좋은 위치를 점하고 있는 이상 이것이 교통, 수운, 임산, 동력 이용의 경공업 등 자본가의 손을 기다리고 있어 다양한 종류의 사업이 유망할 것으로 고찰되기를 차제에 희망하고 있음.

장애 사항

(기재 사항 없음)

역원 씨명

회장 황선형(黃善亨) 부회장 김준익(金俊翊)

간사 차두환(車斗煥), 강진칙(康珍則), 김명하(金明河), 승금섭(承金涉), 공병구(公炳球), 안양태(安養泰)

고문 군수, 서장

직업별 회원 수(32명)

곡물상 4, 견직물상(吳服商) 10, 잡화상 4, 식료상 3, 운수업 1, 기타 10

위원상공협회(渭原商工協會)

지구 및 사무소 소재지

평안북도 위원읍 내

목적 및 연혁

지방 상업의 발전 및 폐해 교정을 목적으로 함

연혁-1925년 2월 조직됨.

조직

읍내 상공경영자로 조직함.

사업

(기재 사항 없음)

경비

연 20원 이내, 회원에게서 징수함.

희망 사항

만포선(滿浦線) 철도 지선을 강계-위원 간에 부설하기를 희망.

장애 사항

화물운송의 지연.

역원 씨명

회장 박희원(朴熙元) 부회장 김낙표(金洛彪)

총무 임인영(林仁永) 회계 박홍철(朴鴻哲)

평의원 이성택(李成澤), 임상룡(林相龍), 오기련(嗚器璉), 문하룡(文河龍), 이택원(李澤源)

강계상무회(江界商務會)

지구 및 사무소 소재지

지구: 강계군 일원

사무소: 강계읍 서부동 77번지

목적 및 연혁

사업

(기재 사항 없음)

경비

최근 1개년 사업연도의 경비 예산 1,500원

희망 사항

(기재 사항 없음)

장애 사항

(기재 사항 없음)

기타 참고 사항

강계 사립 양성유치원을 경영함.

역원 씨명

회장 김신현(金莘鉉) 부회장 김용종(金龍宗)

총무 최덕성(崔德星), 김창거(金昌巨) 회계 강병주(姜炳柱), 전종화(田種禾) 서기 김이협(金履浹), 송은주(宋殷柱)

평의원 궁창선(弓昌宣). 류기정(劉基貞), 박상수(朴相秀), 류상우(劉相禹), 전용환(田龍煥), 오윤진(吳允珍), 박용헌(林容憲), 전형락(田亨洛), 윤창수(尹昌洙), 김응태(金應泰)

직업별 회원 수(720명)

상업 130, 공업 10, 농업 580

강계상공회(江界商工會)

지구 및 사무소 소재지

지구: 평안북도 강계군 강계읍 일원

사무소: 강계군 강계읍 서부동 247

목적 및 연혁

상공업자의 상호 친목, 공조

상공업의 발전에 필요한 제반 시설의 계획 및 촉진

연혁-1927년 2월 11일 창립

조직

지구 내 거주하는 상공업자로 회원 선거를 통해 회장, 부회장, 평의원 8명을 설치함. 간사 2명(회계, 서무).

사업

저축부를 설치하고, 회원이 매월 10원 이상의 각출 저축을 하고, 필요에 따라 회원에게 저리 융자를 함.

경비

등급을 설정해서 회원에게서 연 2회로 나누어 징수함.

연 경비 2,400원.

희망 사항

강계-중강진 간(강중선(江中線)) 철도의 조속한 완성.

강계-강계역 간의 강계천 대교는 철재 부족으로 공사가 반만 진행되고 중지되어 있으며 도선에 의해 역과 교통의 상태가 없기 때문에 가교를 조속히 완성시키는 일이 긴급한 사항임.

장애 사항

조선인 상공업자의 가맹이 없는 것은 유감스러운 바이며, 현재 내선인을 하나로 하기 위해서 조직을 개편할 수 있도록 준비 중임.

역원 씨명

회장 아노(阿野[illegible]若) 부회장 아베 시게오(安部繁雄)

간사 하시모토 쥰타로(橋本潤太郎), 야나기사와 미쓰노부(柳澤光信)

평의원 아다치 나가요시(足立長吉), 사카모토 도미지로(坂本富次郎), 야마모토 히데타카(山本英孝), 이마이 무쓰오(今井六男), 후지히로 시게요시(藤廣重吉), 우에쓰기(植月業雄), 하시모토 무네즈미(橋本宗澄), 결원

직업별 회원 수(39명)

견직물상(吳服商) 2, 양조업 2, 과자상 1, 건축청부업 4, 토목건축청부업 2, 문방구상 1, 목축업 1, 카페 2, 요리점 2, 철공업 2, 흑선업 1, 여관 1, 인쇄업 1, 목재상 4, 금물상(金物商) 1, 잡화상 2, 기타 8

토성상업조합(土城商業組合)

지구 및 사무소 소재지

지구: 자성군 장상면 토성동 시내 일원

사무소: 자성군 장상면 토성동 시내

목적 및 연혁

본 조합은 국가가 실행하고 있는 통제경제에 관한 제반 법령의 준수와 경제경찰 운영의 원조를 위해 산업의 발달과 물자 수급의 원활을 도모함으로써 물가정책에 협력하며 상업보국의 결실을 거두려는 목적을 가지고 있음.

연혁-1939년 2월 9일 설립하고 즉일 사무를 개시함.

조직

(기재 사항 없음)

사업

경제에 관한 제 발간물 중 필요한 것을 구독하여 통제경제에 관한 제 법령을 조합원에게 주지시킴.

군, 경찰로부터 나온 지시 명령을 조합원에게 전달.

원활한 물자 수급을 위해 산업 발달에 관해 조합원에게 계몽 지도를 위한 노력을 하고 있음.

경비

조합원으로부터 조합비로 매년 3월에 금 3원을 조합으로 납부하도록 함.

희망 사항

일반 도매상의 물가표 및 변동은 즉시 송부해 주기를 희망함. 이 지역은 벽촌인 관계로 물가 변동을 재빨리 알아차리지 못하기 때문에 매우 곤란한 처지임. 오히려 현 지역의 생산물인데도 구매처 무역은 알지 못한 까닭에 가격 등에 있어서 엄청난 손해를 입을 경우가 적지 않으므로 연락처를 알려 줄 것을 요청함.

장애 사항

현지는 운송업자가 없으므로, 상품은 가장 가까운 역까지는 신속하게 도착하지만 역의 운송업자가 태만해서 상업상 상당한 지장을 받고 있음.

역원 씨명

조합장 최병선(崔炳璿)　　　간사 이태원(李泰元)

직업별 회원 수

면포, 식료, 일용품 잡화상 계 8명(전부 겸업임).

중강진상공업조합(中江鎮商工業組合)

지구 및 사무소 소재지

지구: 평안북도 자성군 중강면 중평동 일원

사무소: 자성군 중강면 중평동 토수선랑방(당분간)

목적 및 연혁

1. 본 조합은 국가가 실행하고 있는 통제경제에 관한 제반 법령의 준수와 경제경찰 운영을

원조하면서 산업 발달과 물가 수급을 원활하게 하려는 시도로 물가정책에 협력해서 상업 보국의 결실을 거둘 목적임.

2. 이상의 목적에 따라 1939년 2월 7일 소재지 상공업회합협의 위에서 조직함.

조직

중강진(중평동) 소재지에서 상공업을 운영하는 자로 조직함.

사업

창립 직후 현재에는 경제경찰 관련 법규의 전달, 이에 대한 실시를 철저하게 지도하고 있음.

경비

1. 경비 최대한도 1,504원으로, 조합원을 5등급으로 나누고 조합비를 징수해서 조합을 유지함. 1등 10원, 2등 8원, 3등 6원, 4등 4원, 5등 2원(단, 금년도에만).
2. 조합비를 연 4회에 나눠 징수함.

희망 사항

산간 벽지에는 교통이 불편해서 꺼리고 있음. 현재 만주 지역의 광산 개발 사업에 따라 건너편 만주 지역은 철도 부설 등이 이루어지고 있어서 교통기관이 병행적으로 완비되는 것은 토지 발전에 있어서 국책 수행에 커다란 영향을 끼치고 있는 것으로 여겨지기 때문에 즉각적인 교통기관인 철도 부설이 서둘러 필요하다는 점은 인정됨.

장애 사항

이번 만주 지역의 광산 개발 사업 발전에 이어 장래 만주 측의 거래가 빈발할 것으로 사료됨으로 관세 및 통제기관(일시적임)이 점점 거래상으로 지장을 초래할 수 있어 개선 완화를 요망함.

역원 씨명

조합장 도테 센로(土手仙郎) 부회장 이희동(李熙東)

평의원 마쓰모토 겐지로(松本健次郎), 와기(和氣義姫), 후루야 겐타로(古屋兼太郎), 사쿠라이 신지(櫻井信次), 무카이 게이이치(向井慶一), 김수락(金壽洛), 강병선(姜炳善), 이의선(李義善), 주경원(周慶元), 왕경지(王經之)

서기 조합장 겸임(무급)

고문 중강면장, 중강경찰서장, 중강진영림서장, 중강금융조합 이사, 기업가 이토 카메오(伊藤龜雄)

직업별 회원 수(43명)

도기금물 3, 백화상 1, 잡화상 8, 인쇄업 2, 양품상 1, 자전거업 2, 시계상 1, 면포상 6, 약품점 1, 양복상 1, 과자상 2, 어물상 6, 목공 3, 목탄상 1, 사진업 2, 세탁상 2, 완구 1

중강진동일시상공업조합(中江鎭洞日市商工業組合)

지구 및 사무소 소재지

지구: 자성군 중강면 중상동

사무소: 평안북도 자성군 중강면 중상동

목적 및 연혁

통제경제에 관한 제반 법령을 준수하고 경제경찰 운영에 대한 원조를 위해 산업 발달과 물자의 수급을 원활하게 함으로써 물가정책에 협력해서 상업보국의 결실을 거두려는 목적을 가지고 있음.

연혁-1939년 2월 5일 중강경찰서의 지도에 따라 설립.

조직

중강면 중상동에서 상공업을 운영하는 자 60여 명으로 조직해서 조합장 1, 부조합장 1, 평의원 5, 서기 1명으로 구성됨.

사업

1. 조합원에게 통제경제에 관한 제반 법령을 철저히 기하도록 하기 위해 필요 사항에 대한 인쇄 배포.
2. 군청 또는 경제경찰로부터의 지시 명령 전달.
3. 물자 수급의 원활을 계획하기 위해 조합원을 계몽 지도.

경비

조합원을 1등에서 5등까지 등급으로 정해서 소정의 조합비를 징수함.

희망 사항

1. 철도 설치(중강선(中江線))

1. 은행 설치　　　　　　　　1. 우편국 설치

1. 만주국 화폐 교환소 설치

1. 전화 구역을 시내로 편입

1. 전화 증설

장애 사항

철도 미개통.

만주국 화폐 통용되지 않음(각 관공서).

기타 참고 사항

만주국에 수출품 대금 70만 원

만주국에서 수입품 대금 8만 원

우편국이 없는 서류 2일간 지연.

역원 씨명

조합장 우황섭(禹凰燮)　　　　　부조합장 강유점(姜裕漸)

평의원 이방명(李方明), 정문삼(鄭文三), 한도준(韓道俊), 마영재(馬永財), 김진화(金鎭華)

서기 이익한(李益漢)

직업별 회원 수(67명)

주조 1, 잡화상 3, 면포상 26, 해산물 6, 운송업 2, 고물상 6, 고무신 3, 식료품 3, 곡물무역 8, 약품상 6, 모피상 2, 의사 1

진평상업조합(陳坪商業組合)

지구 및 사무소 소재지

지구: 만흥동 일원

사무소: 진평시

목적 및 연혁

본 조합은 국가가 실행하는 통제 경제경찰 운영의 원조를 산업 발전과 원활한 물자 수급을 도모함으로써 물가정책에 협력하여 상업보국의 열매를 거두기 위한 목적을 가지고 있음.

연혁-본 조합은 1939년 2월 15일 당지 경찰서의 지시 하에 별지에 기재된 회원으로 단체를 만들어 금일에까지 이르러 경제경찰과 연락을 취하고 있음.

조직

본 조합은 만흥동(晩興洞) 내에서 상업을 경영하는 자로 조직함.

사업

(기재 사항 없음)

경비

1939년도의 경비를 200원과 예상되는 예산으로 편성함.

징수 방법-각 조합원의 재산 정도에 따라 등급을 정하고 배당 징수함.

희망 사항

(기재 사항 없음)

장애 사항

(기재 사항 없음)

역원 씨명

조합장 이원길(李元吉) 부조합장 이동근(李東根)

평의원 김병호(金柄浩), 최호섭(崔虎涉), 이인설(李寅偰), 백학송(白鶴松), 봉일석(奉一錫), 필도문(畢度文)

평의원 겸 서기 박필화(朴弼華)

직업별 회원 수(62명)

곡물상 10, 면화 및 잡화 24, 고물상 2, 어업 24, 도자기업 2

후창상무회(厚昌商務會)

지구 및 사무소 소재지

지구: 후창면

사무소: 후창군 후창면 군내동 화신연쇄점 점포 내

목적 및 연혁

본회의 목적은 국책으로 순응하는 물가, 물자통제에 관한 제반 법령의 준수 확보를 위해 자발적으로 경제경찰 운영 앙양을 도모하고 상무(商務)의 개선 발달에 기여하고자 하는 목적을 가지고 있음.

연혁-1939년 4월 9일 창립총회를 개최하기 위해 협의 결정을 통해 1939년 4월 10일부터 개회함.

조직

본회는 후창읍 내에 거주하는 상업에 종사하는 자로 조직.

사업

1. 물가, 물자 통제에 관한 간행물을 구매하고, 조합원의 열람에 이바지하는 것 외에 공정한 가격 및 기타를 직접적으로 준수하기 위해 필요 부분을 인쇄 반포함.
2. 경찰서, 군수의 조합에 대한 지시 명령 전달.
3. 회원의 법령 준수 상태 감시
4. 물가의 이동 및 수급 상태 조사
5. 사업경영상 필요한 자료 수집
6. 기타 상업도덕의 앙양 또는 업무 개선 발달상 필요한 사항

경비

1939년도 후창상무회 세입출 예산액 909원.

징수 방법-회비는 등급별로 정해 매월 각 회원에게서 징수함.

희망 사항

(기재 사항 없음)

장애 사항

(기재 사항 없음)

역원 씨명

회장 아리타 유키치(有田雄吉) 부회장 양인길(梁仁吉)

평의원 김장환(金章煥), 현명호(玄明浩), 마쓰이 모토지로(松井本治郎), 요시모토 미쓰구(吉元貢), 쓰야마 요시마쓰(津山義松), 김재순(金在淳), 고영국(高永國), 백정신(白鼎臣)

고문 카사하라 히로이치(笠原廣一), 김덕현(金悳鉉), 마쓰이 모토지로(松井本治郎), 김장환(金章煥)

직업별 회원 수(80명)

고물상 5, 양복상 4, 미곡상 19 연초소매상 4, 시계상 2, 식료품상 17, 잡화상 21, 금물상 1, 제과상 1, 약종상 1, 도자기상 2, 양조업 2, 견직물상(吳服商) 1

강원도

이천상공회(伊川商工會)

지구 및 사무소 소재지

강원도 이천군 읍내

목적 및 연혁

국책에 순응하는 상공업의 개선, 발달을 도모하려는 목적을 가지고 있음.

연혁-1935년 1월 1일 설립되었으며, 현재에까지 이르고 있음.

조직

이천군읍 내에 거주하는 상공업자로 조직.

사업

1. 현재 이렇다 할 시설은 없음.
2. 장래
   (1) 상공업자의 금융기관 설치
   (2) 상공회 전용 운동장 설치
   (3) 상공회관 건축
   (4) 시가지 상점 및 주택 개선
   (5) 상공회 하물(荷物) 자동차 경영

경비

650원을 일반회원에게 부과함.

회비는 매월 20전으로 기타 상공회의 경비 및 사업비로는 별반 필요 없는 것을 징수함.

희망 사항

1. 북부 중앙선 시설 촉진
2. 물품의 공동 구입
3. 본 회원 이외에는 도매상(卸屋)에게 물품을 판매하지 않는 것임.
4. 은행 지점 유치
5. 상공업자 교육기관 설치

장애 사항

1. 복계(福溪)-이천(伊川) 간 고율의 화물 운임
2. 물품 구입 방법의 결함
3. 중소상공업자의 자금난
4. 불합리한 운송점의 관계

역원 씨명

회장 김호병(金昊炳) 부회장 양재동(梁在東)

이사 박순성(朴順成), 박범수(朴凡秀), 임종호(林宗浩), 후쿠다 헤이자부로(福田平三郎)

감사 설영동(薛永東), 이준병(伊俊炳)

상업부장 노순진(盧淳鎭) 공업부장 김한병(金漢炳)

고문 군수 황탁린(黃鐸麟), 서장 우지마 가즈마(牛島一馬), 금융조합 이사 강오황(姜俣榥)

직업별 회원 수(71명)

면포상 10, 고물상 5, 견직물점(吳服店) 3, 금물상 3, 이발점 3, 약종상 2, 신발상(靴物商) 5, 식료품상 11, 주류상 7, 잡화상 5, 양조업 2, 문구점 3, 목공업 5, 금융업 2, 전기배급 1, 곡물 무역 2, 완구점 2

고성상공회(高城商工會)

지구 및 사무소 소재지

지구: 고성군 고성면 일원

사무소: 고성면 사무소 내

목적 및 연혁

목적-국책을 따르는 상공업의 개선 발달을 도모함.

연혁-1936년 2월 현 회장 모리 헤이고로(森 平五郎)가 기획한 고성상영회(高城商榮會)를 창립하였으나 가입자가 적은 관계로 다시 1939년 4월 12일 다시 모리 헤이고로가 기획해서 고성상업회를 조직함. 회원 30여 명을 확보해서 사업을 착수하는 가운데 당국의 지시에 따라서 5월 6일 고성상공회를 조직, 6월 10일 회원 120명을 확보하여 제1회 총회를 열고 기초를 다짐.

조직

고성면 내에 영업장을 두고 있는 상공업자 및 본회의 취지에 찬동하는 자로 함.

사업

조합을 만든 뒤 별도로 시설한 사업은 없음. 장래에는

1. 물가 협정 조절
2. 공동구매 알선
3. 공동판매 알선
4. 거래선 알선
5. 상공업에 관한 조정 또는 중재
6. 상공업 금융 알선
7. 상공업에 관한 시설
8. 상공업에 관한 통보 통계 조사
9. 경제통제 제반 법령의 주지 및 물가 억제
10. 직업 알선
11. 기타 국책을 따르는 상공업 개선책을 도모하는 데 필요한 사업

경비

결성 초기부터 불분명한 회비는 1인당 1개년 2원을 징수해서 충당함.

희망 사항

1. 현지 거래선은 주로 원산, 부산에 극단적으로 몰려 경성에서 들어오는 철도 운수와 관련해서 고율의 운임이 되는 것에 대한 대책으로 안변(安邊) 중단에 대해 연구
2. 현 지역의 고성역 배급소의 혼란스러운 지방 판매에 대해 시장 가격을 교란시키는 것이 있어서 이에 대한 대책 강구
3. 현지를 중심으로 인근 군면을 통과하는 도로 개설.

장애 사항

1. 안변역의 적체

2. 고성역 배급소의 혼란스러운 지방 판매

3. 오지로의 교통로 미개설

4. 봉극리(烽極里) 어항의 개수

역원 씨명

회장 모리헤이 고로(森平伍郎) 부회장 박여운(朴如雲), 김용향(金容鄕)

이사 이용덕(李容德), 최해집(崔海集), 장시중(張時仲), 노다 겐이치(野田健一), 야마다 게이조(山田敬三郎), 박용한(朴容漢), 고영준(高永俊), 정의섭(鄭義燮), 정선화(鄭善和), 박유순(朴有順)

감사 도쿠모리 긴조(德森金藏), 서복성(徐福星) 공업부장 세키네 다다오(關根忠良)

고문 고성군수, 고성면장, 경찰서장, 세무서장, 금융조합 이사

서기 이장원(李長元), 태윤식(太允植)

직업별 회원 수(122명)

금물상(金物商) 3, 고무신상 2, 잡화상 20, 방물상(小間物商) 1, 재봉점(仕立屋業) 4, 황물상(荒物商) 1, 운송업 3, 어상(魚商) 1, 청부업 2, 세유업(製油業) 1, 비료상 2, 만년필상 1, 매약상(賣藥商) 5, 대장장이업 3, 식료품점 32, 엿가게 1, 미곡상 8, 문구상 1, 면포상 11, 사진업 1, 자전거 2, 정미 1, 고물상 2, 목수업(大工業) 3, 시계상 3, 양화점(靴屋) 1, 과자점 2, 견직물상(吳服商) 3, 지물상(指物商) 2

금강산번영회(金剛山繁榮會)

지구 및 사무소 소재지

지구: 금강산 일원(당분간 온정리(溫井里) 일원임).

사무소: 외금강 온정리

목적 및 연혁

본회는 금강산의 발전을 촉진하고, 회원의 공동이익을 증진하려는 목적을 가지고 있음(규약 제2조).

연혁-1937년 12월 22일 창립

조직

본회는 금강산 일원에 거주하는 호주 또는 기타 대리인을 회원으로 한다(규약 제4조).

본회는 동일 직업의 회원으로 구성된 다음의 직업부를 설치한다(규약 제9조).

1 여관부, 1 사진부, 1 노동부, 1 안내부, 1 상공부

사업

본회는 본회의 목적을 달성하기 위해 다음의 사업을 수행한다(규약 제6조).

1. 금강산 토산품의 생산, 개량, 통제상 필요한 사업.
2. 금강산을 선전하는 데 필요한 사업.
3. 탐승객 안내업의 개선 통제에 관한 사업.
4. 금강산 탐승 기념 사진촬영업의 통제에 관한 사업.
5. 기타 본회 목적 달성에 필요한 사업.

본회에는 사업 수행을 위해 다음의 기관을 설치한다(규약 제7조).

금강산 공예품 제작소, 선전부

㈜ 금강산 공예품 제작소 규정-사업세칙 1

제1조 금강산 공예품 제작소에는 다음의 각 부를 설치한다.

목기부, 1. 악소부(樂燒部), 1. 보석세공부, 1. 타월부, 1. 토산품 통제부

㈜ 선전부 규정-사업세칙 2

제1조 선전부는 다음의 사업을 수행한다.

1. 직업 각 부의 통일적 선전
2. 금강산 공예품 선전
3. 선전 출판물의 간행

착수 진행 중

경비

2만 2,946원(1939년도 경비 예산)

수입부	경상부 예산액	1만 4,796원
	임시부 예산액	8,150원
지출부	경상부 예산액	1만 5,216원
	임시부 예산액	7,730원

희망 사항

1. 별지 사업 계획을 통해 금강산 토산품(목기, 보석 세공, 기타 조각 제품)을 제작, 생산하기에 충분함.
2. 현 지방에서도 최근 많은 선전 중에도 회지를 비롯한 기타를 통해 적극적 선전, 소개를 바람.

장애 사항

시국 관계

1. 시가 정리 미착수, 2. 금강산 내 도로 수리 및 기타 미화 사업 보류, 3. 온천 시굴 사업 지연 등

기타 참고 사항

1. 동해선 전체 개통 당시에는 선내 유수의 상공지대가 될 것이라 믿을 수 없어서, 금강산을 수수방관하고 있던 관계상 장래에는 나날이 발전의 길에 있음.
2. 토산품 생산과 맞물려 온천, 수원이 풍부한 절경은 일약 조선 내 비견할 데가 없는 유원지대이다.

역원 씨명

회장 문명진(文明鎭) 부회장 세타 류키치(世田留吉)

상무 박승식(朴承植)(겸임) 회계 윤이열(尹三悅)

서기 김정주(金定州) 간사 박승식(朴承植), 이병구(李炳九)

이사 우에다 도미지로(植田富次郎), 이진석(李鎭奭), 김이룡(金二龍), 오쿠라 쇼타로(大藏庄太郎), 쿠니모토 이치로(國本一郎), 우토 기사오(宇土喜佐雄), 서광락(徐光樂), 최돈근(崔燉瑾)

고문 고성군수 박영무(朴永珷), 고성서장 사사키 히사오(佐々木尙雄)

상담역 11명 (씨 생략)

직업별 회원 수(270명)

곡물상 2, 잡화상(견직물(吳服), 식료를 포함) 8, 의사 1, 상업(토산품상점) 16, 운수업 1, 여관업 15, 요리업 7, 사진 14, 안내업 16, 노동 139, 공무 및 자유업 51

철원상공회(鐵原商工會)

지구 및 사무소 소재지

지구: 철원읍 지구 범위(단, 상공업 상황에 따라 필요한 경우에는 읍의 경계 밖에까지 걸치기도 함).

사무소: 철원읍사무소 내에 위치(규약 제4조)

목적

본회는 국책을 따르는 상공업의 개선 발달을 도모하는 것을 목적으로 함(규약 제1조).

조직

본회는 지구 내에 영업장을 두고 있는 상공업자 및 본회의 취지에 찬동하는 자로 조직함(규약 제5조).

사업

본회는 다음의 사업을 실행한다(제14조).

1. 가격 협정 조절
2. 공동구매 알선
3. 공동판매 알선
4. 거래선 알선
5. 상공업에 관한 조정 또는 중재
6. 상공업 금융의 알선
7. 상공업에 관한 시설
8. 상공업에 관한 통보 통계 조사
9. 경제통제 제반 법령의 주지 및 물가 억제
10. 전업 알선
11. 기타 국책을 따르는 상공업의 개선 발달을 도모하기 위해 필요한 사업

앞의 사업에 관해서는 별도로 정하는 바에 의거해서 수수료를 징수함.

단, 특별히 비용을 필요로 하는 것에 대해서는 별도로 실비를 징수하는 것을 방해하지 않고, 사업 집행 방법은 총회의 의견을 구해서 회장이 별도로 이를 정함.

경비

본회의 회비는 연액 금 3원으로 신규 가입자는 가입 연(年)에서 이를 부담함(규약 제42조).

희망 사항

(기재 사항 없음)

장애 사항

(기재 사항 없음)

역원 씨명

(기재 사항 없음)

직업별 회원 수(250명)

울진상공회(蔚珍商工會)

지구 및 사무소 소재지

지구: 울진읍내리

사무소: 울진군 울진면 읍내리 469번지

목적 및 연혁

1926년 설립

상공업에 관한 향상, 진보의 강구, 지방 발전의 융성을 꾀하고, 회원 상호 간의 친목을 도모함.

조직

울진읍 내에 주소를 두고 있는 상공업자로서 본회의 취지에 찬동하는 자로 조직.

사업

예정하고 있는 기본금을 축적해서 현재 울진항의 선박 계류장 구축을 촉진하는 것에 관한 노력을 하고 있으며, 연중에 벌이고 있는 사소한 사업들에 대해 열거하는 것을 생략함.

경비

최근 1개년의 경비는 75원임.

회비 및 회원 거래항 취급 하물(荷物)에 대한 하물 할부 과금으로 이를 충당하고, 징수 방법은 각 운송업자에게 의뢰해서 징수함.

희망 사항

1. 도시 상업은행 지점 설치

2. 금융조합에 대한 자금 대부 한도 확대

3. 울진항 선박 계류장 구축

4. 울진 충주 간 2등 도로 개통 촉진

5. 동해안선 철도 부설

6. 왕피천(王避川) 가교 촉진

7. 일본 사카이 미나토(境港)와 죽변항(竹邊港) 간의 항로 개선

장애 사항

1. 관공서의 단체에 대한 상행위.

2. 전항에서 언급된 시설 정비가 없음.

역원 씨명

회장 구로다 진쥬로(黑田甚十郎) 부회장 장성학(張成鶴)

평의원 사이사 카즈요시(佐伯和吉), 야기 히코지로(八木彦次郞), 모리(森覺定), 호리타 니헤이(堀田仁平)), 장원오(張元伍), 이상렬(李相列), 류영준(劉永畯), 장향두(張亨斗)

이사 안승렬(安承烈)

직업별 회원 수(46명)

잡화상 10, 주류판매업 2, 면포상 5, 제면업 3, 비료상 1, 의사 1, 양복점 2, 자동차 운송업 1, 음식점 2, 전기공급사업 1, 고물상 1, 주조업 1, 건축청부업 2, 자전거점 3, 시계점 1, 문방구인쇄업 1, 미곡상 1, 금은세공업 1, 철공업 1, 대장간(鍛冶業) 1, 식료품상 5

평해상공회(平海商工會)

지구 및 사무소 소재지

지구: 평해리

사무소: 평해면사무소 내

목적 및 연혁

1. 목적

(1) 가격 협정 조절

(2) 공동구매 알선

(3) 공동판매 알선

(4) 거래선 알선

(5) 상공업에 관한 조정 또는 중재

(6) 상공업 금융 알선

(7) 상공업에 관한 시설

(8) 상공업에 관한 통보 통계 조사

(9) 경제통제 법령의 주지 및 물가 억제

(10) 전업 알선

(11) 기타 국책을 따르는 상공업의 개선 발달을 도모하기 위해 필요한 사업

2. 연혁은 없음

조직

지역 내에 영업장을 두고 있는 상공업자 및 본회의 취지에 찬동하는 자로 조직함.

사업

종래의 시설이나 수행한 사업 없음.

본 상공회는 종래 상공조합이었던 것을 금회 관공서 지시에 의해 상공회로 조직을 바꿨으

나 아직까지 일천한 상태인 데다 일반 상공계의 부진으로 인해 현재 하등의 시설이라 할 만한 것이 없음.

경비

전항에서 기술한 것처럼 앞으로 조직하는 것은 경비 수입이 없지만 회원 1명당 회비로 가입 당시 2원을 징수한다고 결정함.

희망 사항

이 지역은 동해안의 한 구석에 위치해 있어서 교통이 매우 불편한 데다 종래의 제반 시설이 늦게까지 향상되지 못하고, 때때로 상공계도 부진함에 따라 금융이 갖추어지지 못한 것이 원인으로 작용한 바가 있어서 금융기관의 설치를 크게 희망함.

장애 사항

없음.

역원 씨명

회장 김석용(金釋容) 부회장 박완득(朴完得), 김용걸(金容杰)

이사 황덕출(黃德出), 이영춘(李永春) 간사 안종현(安鍾鉉), 황서청(黃瑞淸), 서상주(徐相周)

서기 겸 회계 권복선(權福先)

고문 평해면장, 평해경찰관 주재소 수석, 평해금융조합 이사, 고토 신타로(後藤新太郞)

직업별 회원 수(41명)

잡화상 7, 면포상 13, 양복점 2, 약종상 3, 과자상 3, 식료품상 3, 무역상 3, 공업 2, 재목상 2, 고물상 3

춘천번영협회(春川繁榮協會)

지구 및 사무소 소재지

지구: 춘천읍 일원

사무소: 춘천읍 대화정 2정목

목적 및 연혁

목적-지방의 발전과 번영을 일으켜서 각종 기관의 설치나 유치 운동, 지방 경제 및 산업 개발에 관한 기도, 조사 연구 및 실현 운동. 회원 상호 간의 공존공영, 융화 협조.

연혁-1925년 2월 도청 이전 방지책을 강구하기 위해 설립되었으며 오늘날에까지 이름.

조직

춘천읍 소재 사법인(私法人) 또는 조합단체 및 춘천읍에 점포를 두고 영업을 하면서 본회의 취지에 찬성하는 자로 성립됨.

사업

1. 종래 시설의 제반 사업
   (1) 중학교, 여학교, 사범학교 등의 설치운동(실현)
   (2) 경성-오리진선(京城-五里津線) 도로 개수 신속하게 진행
   (3) 교량의 가설 운동(실현)(신연교(新延橋), 조양교(照陽橋), 무진교(拇津橋) 등)
   (4) 시가지 구획 정리 및 포장
   (5) 도로 시공, 도청 이전 저지, 공회당 건설
   (6) 경춘철도의 실현 운동
   (7) 비행장 설치, 제사 공장 유치
2. 장래 시설 사업
   (1) 도청사 신축 조속히 추진
   (2) 경춘철도의 동해안 연장 조속히 추진

(3) 은행 유치, 제 공장 유치

희망 사항

(기재 사항 없음)

장애 사항

(기재 사항 없음)

경비

1939년도 수지 예산 총액 2,602원

징수 방법-부담 등급에 의해 징수

역원 씨명

회장 무라카미 구하치로(村上九八郎) 부회장 가와사키 이사무(川崎 勇), 정은섭(丁殷燮)

상담역 이와모토(岩元正施) 외 38명 간사 이와모토(岩元正施) 외 13명

감사 데라다 사다오(寺田貞雄), 이한복(李漢復) 이사 산고삼폐(山塙三癈)

고문 도 산업과장, 춘천군수, 춘천경찰서장, 춘천읍장, 춘천금융조합 이사, 춘천우편국장, 식산은행 춘천지점

직업별 회원 수

경춘철도 춘천지점, 경성전기회사 춘천지점, 춘천주조주식회사, 강원식산주식회사, 강원정미주식회사, 강원약업주식회사, 동선인쇄주식회사, 강원인쇄합자회사, 조선식산은행 춘천지점, 조선국자주식회사(朝鮮麯子株式會社) 춘천지점, 춘천정미소, 강원도토목협회, 춘천상공회, 춘천요리옥조합, 춘천목공조합, 춘천잠사종업조합

평창번영회(平昌繁榮會)

지구 및 사무소 소재지

지구: 강원도 평창읍 내

사무소: 평창읍 내하리

목적 및 연혁

지방 발전에 노력하는 회원의 친목을 계획하려는 목적.

조직

회장 1인, 부회장 1인, 평의원 약간, 고문 10인, 간사 3인, 회원 250인

사업

종래-(1) 평창세무서 유치, (2) 시내 전화 가설, (3) 전등 가설, (4) 평창교, 주진교(舟津橋) 가설

장래-1. 도돈교(道敦橋) 가교, 2. 체송(遞送) 개선, 3. 공장 유치

경비

경비는 유지의 기부에 의함.

희망 사항

1. 평창-제천 간 3등 도로를 2등 도로로 승격, 3개소 도선장 가교하고 동시에 노선 개량 희망.
2. 영월탄을 지원(地元)에도 배급해 줄 것을 희망.
3. 지방에서 생산하는 대마(大麻)를 그대로 팔지 않고, 지방에서 가공 판매하는 방법을 강구.

장애 사항

(기재 사항 없음)

역원 씨명

회장 치야 세이치(地家清一) 부회장 결원

간사 정한기(鄭僩基), 목순균(睦舜均), 류인택(柳寅澤)

직업별 회원 수(68명)

제 사업 1, 여관 5, 의사 1,운송업 2, 곡물상 3, 정미소 1, 사법대서 3, 잡화상 21, 전기업 1, 요리음식 30

영월상공회(寧越商工會)

지구 및 사무소 소재지

지구: 영월면 일원

사무소: 강원도 영월군 영월면 영흥리

목적 및 연혁

국책을 따르는 상공업의 개선 발달을 꾀할 목적.

조직

고문 3명, 회장 1명, 부회장 2명, 이사 2명, 감사 2명, 서기 2명, 기술원 2명, 회원 약 80명

사업

본회의 사업은 다음과 같음.

1. 물가 협정 조절

2. 공동구매 알선

3. 공동판매 알선

4. 취재선 알선

5. 상공업에 관한 조정 또는 중재

6. 상공업에 관한 시설

7. 상공업 금융의 알선

8. 상공업에 관한 통보, 통계 조사

9. 경제통제 제반 법령의 주지 및 물가 억제

10. 전업 알선

11. 기타 국책을 따르는 상공업 개선 발달을 시도할 필요가 있는 사업

경비

1. 1개년간 경비 176원

2. 징수 방법-회원 1명당 회비 연액 2원으로 징수하고 연 2회에 걸쳐 납부함.

희망 사항

(기재 사항 없음)

장래 희망

(기재 사항 없음)

역원 씨명

회장 최준성(崔俊成) 부회장 노세(野瀨喜曾平), 엄희환(嚴喜煥)

고문 군수, 영월경찰서장, 금융조합 이사

이사 다케우치(竹內長八), 고열주(高烈柱) 감사 박순갑(朴順甲), 영월해운주식회사 사장

직업별 회원 수

(기재 사항 없음)

삼척상공회(三陟商工會)

지구 및 사무소 소재지

지구: 삼척읍 일원

사무소: 삼척읍 내

목적 및 연혁

본회는 국책에 따라 상공업의 개선 발달을 도모하기 위한 목적임.

1939년 5월 14일 창립.

조직

삼척읍 내에 영업장을 두고 있는 상공업자 및 본회의 취지에 찬동하는 자로 조직.

사업

설립 초기에 했던 사업은 없음. 내용 충실을 도모하는 질적 발전을 계획 중에 있음.

경비

1개년 경비 720원. 회비 1개년 5원 50전, 매월 징수.

희망 사항

동해북부선 삼척 개통을 촉진하고, 부산 일원 거래주의를 방기하며, 경성과 거래 개시를 희망함. 삼척 무연탄 반출 및 산업선 삼척철도의 신속한 영업 개시를 희망함.

역원 씨명

회장　오오노 쓰네키치(大野常吉)

부회장 박준룡(朴準龍), 아라키 기쿠조(荒木菊藏) 이사 강석명(姜錫明)

(평의원 생략)

직업별 회원 수(65명)

양품잡화상 12, 식료잡화상 15, 고무신상 7, 금물상(金物商) 7, 미곡상 6, 면포상 6, 지물상(紙物商) 5, 약종상 4, 조운업(回漕業) 3

북평상공회(北坪商工會)

지구 및 사무소 소재지

지구: 강원도 삼척군 북삼면 일원

사무소: 북삼면사무소 내

목적 및 연혁

1938년 10월 20일 설립

회원 상호 간의 친목을 도모하고, 협동 일치, 상공수산업의 개선 발달을 기도해서 북삼면의 발전을 기하려는 목적으로 다음의 사업을 수행함(사업 참조).

조직

북삼면 내에서 상공업에 종사하거나 본회의 취지에 찬동해서 입회하려는 자로 조직. 회원 96명으로 다음의 부서를 설치하고 관계 사항을 심의 조사함.

1. 상업부, 2. 공업부, 3. 교통부, 4. 금융부

사업

1. 상공수산업의 개선 발달을 도모할 필요가 있는 방책을 조사 연구하고 의견을 행정청, 기타 관계 관청에 개진함.
2. 상공업자의 상권 확장 판로의 조사 등.
3. 상공업자의 위촉에 따라 일반 상공업에 관한 조사, 회답함.
4. 관공서의 위촉이 있으면, 상공업에 관한 사항을 조사하고, 자문에 응함.
5. 관계인의 청구에 따른 상공업품에 관한 분쟁의 중재.

6. 상공업자의 위촉에 따른 상공품의 산지 가격 등을 증명하거나 소개함.

7. 상공업에 관한 중개 알선.

8. 상공업의 상황 및 통계를 조사 발표함.

9. 우량 상공업 취업자의 표창.

10. 기타 상공업의 개선 발달을 도모하는 데 필요한 사항.

경비

1년 경비, 500원 20전

경비는 회비와 임시비의 보조금 또는 기부금으로 충당.

희망 사항

금융기관의 설치, 극장 설치, 북평항(北坪港)을 축수(築修)하고 기항으로 삼기를 희망함.

토지건물 회사의 설치, 각 공장의 설치 및 유치.

장애 사항

금융기관 미비, 주택 품절, 북평 축항 문제 미해결, 도시제 시가도로 미비

역원 씨명

회장 마쓰무라 히코스케(松村彦祐) 부회장 최돈신(崔燉信)

감사 김현동(金顯東), 최봉희(崔鳳熙)

상의원 히가시 아키라(東覺), 오오모리 쓰토무(大森力), 김재영(金在榮), 김형대(金炯大), 김진성(金振聲), 백운기(白雲基)

이사 오가와 다키치(小川太吉) 고문 약간 명

직업별 회원 수(91명)

포목상 9, 재목상 5, 고물상 4, 미곡상 4, 식료상 23, 양복점 2, 잡화상 15, 수산업 2, 연초상 4, 사진어 1, 인장업 1, 운송업 2, 매약업(賣藥業) 2, 문방구 2, 양조업 1, 기타 20

임원상공회(臨院商工會)

지구 및 사무소 소재지

지구: 강원도 삼척군 원덕면 일원

사무소: 강원도 삼척군 원덕면 임원항

목적 및 연혁

1. 본회는 회원 상호 간의 친목을 도모하기 위해 상공업의 진보 발달을 기하고 아울러 판매 방법의 합리적 개선을 시도하려는 목적임.
2. 본회는 1939년 4월 1일 창설되어 현재까지에 이름.

조직

본회는 역원으로 회장 1명, 감사 3명을 두고 있음. 단, 감사 3명 중 1명은 상무감사임.

사업

특기 사항 없음

경비

1. 본회는 창립일이 얼마 되지 않음으로 연간 소요 경비 산정이 불능임.
2. 보통 회비로 회원에게서 월액 금 1원을 징수하고, 기타 필요에 따라 수시 경비를 징수함.

희망 사항

1. 외환 거래는 자칫하면 원만하지 못하고, 좋지 않은 상태에 빠질 수 있기 때문에 본회에서는 항상 이 점을 중시하고 있음.
2. 교통의 불편은 상거래상 지대한 관계가 있으며, 더욱이 이 지역과 같이 교통이 굉장히 불편한 땅이 있는 경우, 특별히 교통기관의 시급한 설비를 통감함(지난번 동해안 철도 기성회의 촉진운동에서는 본회로서는 심심한 사의를 표함).

장애 사항

1. 최근 출하품의 하조(荷造)가 조잡함으로 인해 파손이나 취급 등의 사고가 속출하고 있어 유감임. 장래 완전한 하조를 이루어 출하하는 형태를 취해야 함.
2. 근래 운송의 원만함이 결여되어 출하 후 수일이 경과되어 화물이 도착하는 사례가 적지 않아서 선박회사와 교섭하면서 신속하고 확실한 운송을 기해야 함.
3. 시골(田舍)에서 보내는 상품은 불량품을 보내는 것이 있어서 좋지 않은 소리를 듣게 되므로 도회지가 시골과 관련된 좋은 상품을 유리하게 송부받아야 함.

기타 참고 사항

본회는 매월 15일을 정례 집회일로 정하고 사무소에 참집해서 상공업에 관한 협의, 결정을 하며 개선, 진보를 도모함.

역원 씨명

회장 고쿠보 류지로(小久保隆次郎)

상무감사 장봉기(張鳳基) 감사 홍성갑(洪性甲), 김상호(金相浩)

직업별 회원 수(9명)

곡물상 1, 잡화상 5, 식료품상 3

강릉상영회(江陵商榮會)

지구 및 사무소 소재지

지구: 강원도 강릉읍 일원

사무소: 강릉읍 본정 12번지

목적 및 연혁

회원 상호 간의 화친을 도모해서 협력 일치, 상업의 개선 발달을 기도하기 위한 목적임.

연혁-1925년 2월 창립.

조직

강릉읍 내에 거주하는 상업자 및 이와 밀접한 관계가 있는 자로 조직.

사업

종래 도로의 개수 등을 위한 노력을 하고 있으며, 장래에는 공장을 유도하려고 함.

경비

1개년 경비, 1,000원

강릉항(안목) 출입 화물에 대한 축항 적립금으로 과금하며, 1개년 약 5,000원의 수입이 있음. 경비에 잔액을 매년 적립금으로 삼음.

희망 사항

동해북부선은 가까운 시일에 강릉까지 개통할 것으로 사료되며, 동해선 전 구간 개통이 하루라도 빨리 되기를 희망함.

동해선 전 구간 개통과 동시에 경부선 조치원에서 분기되어 충주를 경유하는 조철선(朝鐵線), 즉 횡단선이 강릉으로 연장되고 동해선과 연계되도록 조속하게 추진되기를 희망함.

강릉항(안목)의 축항이 조속히 추진되기를 희망함.

장애 사항

(기재 사항 없음)

역원 씨명

회장 이데 가메(井出龜) 부회장 류명순(劉明順)

평의원 최준집(崔準集), 하야시 도요지료(林豊次郎), 하타노 시게루(波多野繁), 하세베 고치부로(長谷部小三郎), 사타케 사무헤이(佐武作平), 김문수(金文洙), 김석호(金奭鎬), 권중옥(權重玉)

감사　요시다 유우시로(吉田祐四郎), 최찬윤(崔燦允)

업종별 회원 수(137명)

면포상 21, 문방구상 2, 견직물상(吳服商) 2, 인쇄업 2, 수산업 1, 고무신상 4, 전당포업(質屋業) 1, 여관업 6, 고물상 2, 식료품상 8, 요리업 5, 시계상 3, 음식점 4, 잡화상 13, 자동차업 3, 비료상 3, 조운(回漕) 및 운송업 4, 전기공급업 1, 약종매약상 6, 주류양조 2, 과자상 4, 장유양조 1, 금물상(金物商) 4, 청부업 4, 목재상 4, 무역상 2, 제자업 1, 곡물상 6, 잡업 18

주문진번영회(注文津繁榮會)

지구 및 사무소 소재지

지구: 주문리 및 유항리 일부를 구역으로 함.

사무소: 강원도 강릉군 주문진면 주문리 312-33

목적 및 연혁

회원 상호 간의 친목을 도모하고 향토 발전, 향상에 투자하려는 목적을 지님.

연혁-1926년 창립한 이후 중단되었다가 1933년 5월 5일 규약을 개정해서 현재까지 이름.

조직

구역 내의 주민 전부를 회원으로 현재 회비를 징수하고 있으며, 주문진항에서 하역하는 화물과 적출 화물에 대해 임의적인 기부금을 징수해서 축적하고 있음.

사업

본회는 주문진항 제2기 축항공사의 조속한 완공 및 경성-주문진 간 통로의 개수 속성(速成)을 제1의 목표로 삼고 있으며, 속성에 관한 진정, 청원을 하고 있음. 지방 발전에 이바지하기 위한 사항에 관한 활동 외에 특별한 본회의 시설 사업은 없음.

아래 양 공사의 신속한 성공을 위해 필요한 것은 자금의 축적이며, 이를 위해 노력하고 있으며, 현재 1만 6,000원 이내의 현금을 보유하고 있음.

경비

매년 경비는 진정비, 사무비 등으로 1년 약 100원이 필요함. 본회의 수입 중에서 지불(支辨)함.

희망 사항

1. 주문진항 제2기 축항을 신속하게 완성하기 위해 어항 및 상공의 결실을 거두는 것이 긴급하게 필요함.
2. 현 강릉-경성 간 통로 중 월정가(月精街)에서 분기해서 주문진으로 이르는 통로의 개축이 없어 오지의 화물을 주문진항으로 집합시키는 일이 시급히 필요함.

장애 사항

없음

역원 씨명

회장 가스야 하루노스케(粕谷春之助) 부회장 함원호(咸元鎬)

평의원 20명 상담역 3명

직업별 회원 수

타 지역의 번영회와 다르게 특수한 목적을 가지고 있어서 상공업 발전을 제1목적으로 하고 있으므로 본 항은 해당 사항으로 기입할 것이 없음.

옥계면번영회(玉溪面繁榮會)

지구 및 사무소 소재지

지구: 옥계면 일원

사무소: 강릉군 옥계면 현내리

목적 및 연혁

목적: 지방 번영을 목적으로 함.

연혁: 1936년 7월 10일로부터 시설함.

조직

본회의 구역은 옥계면 일원으로 본회의 회원은 옥계면에 거주하는 호주로 조직함.

사업

종래 제반 사업

1. 토목부: 호안공사, 제방공사, 금진(金津) 축항, 임항선(臨港線), (노선 연장 1600m rotn) 등 외 도로 개수, 면내 각 등외 도로 개수(노선 연장 800m)
2. 교육부: 옥계심상소학교 교사 증축, 교사 2동 증축, 산계리 간이학교 건축

경비

672.10원

회원 1명당 30전 6월(제1기분)

회원 1명당 20전 10월(제2기분)

납입 통지서를 발행 징수함.

희망 사항

철침류 및 정(釘) 등이 우선적으로 필요함.

장애 사항

금진리(金津里) 축항 축조가 이루어지지 않은 것.

역원 씨명

회장　도쿠히사 교지로(德久恭二郎)　부회장 최종명(崔鍾鳴), 김형배(金亨培)

고문　최진태(崔鎭泰), 오하라 가이치(小原嘉一), 나카소에 도라조(中副虎城), 강태식(康台植), 아리사와 요소키치(有澤與三吉)

평의원　정연정(鄭然鼎), 정완교(鄭完敎), 최원철(崔元澈), 박용대(朴容大), 우윤성(禹潤聲), 유종순(兪從淳), 박재근(朴在根), 김종한(金鍾漢), 김형철(金烱哲), 김형숙(金烱淑)

간사　이인종(李麟鍾), 무라카미 게이노스케(村上溪之助), 최재섭(崔在燮), 최종화(崔鍾和), 최부길(崔富吉), 윤상범(尹相範), 정필화(鄭必和), 최돈모(崔燉謨), 최석규(崔錫圭), 이문학(李文學), 정연곤(鄭然坤), 윤좌병(尹佐炳), 김재석(金在錫), 김진석(金振錫), 노병호(盧炳虎), 안현국(安顯國), 신재을(辛在乙), 김은배(金恩培), 김필삼(金弼三), 이상범(李相範), 김시규(金是奎), 심광하(沈光夏), 김삼용(金三用), 신재명(辛在明), 금동보작(今桐輔作), 정규봉(丁奎琫), 김시경(金時慶)

서무부장 신재명(辛在明) 회계부장 이인종(李麟鍾) 서기 최인광(崔燐光)

직업별 회원 수(구역 내 주민 전부)

곡물상 6, 견직물상(吳服商) 8, 의사 1, 전기공급업 1, 운수업 3 등

양양상공회(襄陽商工會)

지구 및 사무소 소재지

지구: 양양면

사무소: 양양면사무소 내

목적 및 연혁

1. 국책을 따르는 상공업의 개선 발달의 도모를 목적으로 함.

2. 1939년 6월 상순경 처음으로 설립되었음.

조직

지구 내에 영업장을 두고 있는 상공업자 및 본회의 취지에 찬동하는 자로 조직함.

사업

설립 후 새롭게 시설하지 않았으며, 장래 계획도 진행 중인 것이 없어서 기입할 사항이 없음.

경비

경비는 회원 1인당 2원 내외 징수하고 예상되는 것으로는 아직 확정된 것이 없음.

희망 사항

특기 사항 없음

장애 사항

특기 사항 없음

역원 씨명

회장 서정환(徐禎煥) 부회장 전광경(全光敬), 도미마쓰 세이조(富松清造)

이사 이동균(李東均), 사쓰가 이사오(佐塚雄男), 최용복(崔容復)

감사 요시이 신키치(吉井新吉), 이광묵(李光默)

고문 군수 전재우(全在禹), 서장 도미마쓰 도도무(富松乙)

직업별 회원 수

회원 수는 확정되지 않았으며, 대략 상공업자로 곡물상, 잡하상, 운수업자, 목공, 철공 등 회원 명부는 아직 확정되지 않아 작성이 불가능함.

속초상공회(束草商工會)

지구 및 사무소 소재지

지구: 강원도 양양군 속초면 일원

사무소: 양양군 속초면사무소 내

목적 및 연혁

국책을 따르는 상공업의 개선 발달을 도모하려는 목적임. 1929년 5월에 본회를 조직해서 오늘에까지 이름.

사업

1. 가격 협정 조절
2. 공동구매 알선
3. 공동판매 알선
4. 거래선 알선
5. 상공업에 관한 조정 또는 중재
6. 상공업 금융 알선
7. 상공업에 관한 시설
8. 상공업에 관한 통보, 통계 조사
9. 경제통제 제반 법령의 주지 및 물가 억제
10. 전업 알선
11. 기타 국책을 따르는 상공업의 개선 발달을 도모하는 데 필요한 사업

경비

1939년도 세입 204원

동 세출 204원

징수 방법-회원에게서 연 3원을 회비로 징수.

희망 사항

1. 동해안 철도 전체 개통
2. 경춘철도의 속초로의 연장
3. 해운업의 발전(선박 부족 및 회수가 심각하게 적은 현 상태임)

장애 사항

특기 사항 없음

역원 씨명

회장 호리우치 도모후미(堀內朋文) 부회장 김동기(金東起)

이사 서모현(徐慕賢), 다니가와라 스테마쓰(谷川原捨松), 이학규(李鶴奎), 조만제(趙萬濟), 전덕수(全德守), 박증락(朴曾洛), 제철(除哲)

고문 박상희(朴祥喜)

직업별 회원 수(80명)

곡물상 5, 견직물상(吳服商) 8, 잡화상 50, 고물상 5, 해산물상 5, 기타 7

통천상공협회(通川商工協會)

지구 및 사무소 소재지

지구: 통천면 읍내 일원

사무소: 통천면사무소 내

목적 및 연혁

국책을 따르는 상공업의 개선 발달을 도모하려는 목적임. 본회는 통천읍 내에 거주하는 상공업자가 1936년 10월 4일 통천상공협회를 설립하고 금일에까지 이름.

조직

지구 내에 영업장을 두고 있는 상공업자 및 본회의 취지에 찬동하는 자로 조직함.

사업(종래, 장래)

1. 종래 시설하는 제 사업
   (1) 석유 및 기타 상품의 공동구입 배급
   (2) 시민 대운동회 개최
   (3) 선유회(船遊會) 개최
   (4) 간담회 개최
   (5) 이중 과세 폐지에 대한 선전
2. 장래 시설하는 제 사업
   3과 5의 사항은 연중행사로 하고, 특수사업은 그때마다 시설한다는 계획이 아직 없음.

경비

1938년도 세입 1,332원 51전, 세출 863원 25전

회비 1인 연액 3원 60전 징수

기타는 배급 수수료 및 할려(割戾) 수입에서 충당함.

역원 씨명

회장 김선득(金瑄得) 부회장 송인혁(宋寅赫)

이사 김석윤(金錫允), 김순구(金淳龜), 최종자(崔鍾偖)

감사 류석요(劉錫堯), 류봉암(劉鳳岩)

평의원 김식득(金息得), 이영순(李永淳), 이키 모지아키(壹岐守章), 노중석(盧重錫), 김정언(金珽

彦), 이봉권(李鳳權), 채서병(蔡瑞秉), 조문환(趙文煥), 이종암(李鍾巖)

서기 김제남(金濟南)

직업별 회원 수(72명)

양조업 2, 면포상 4, 식료품상 14, 곡물상 10, 양복 3, 잡화 4, 금물(金物) 4, 시계 2, 음식요리점 6, 기타 23

고저상공회(庫底商工會)

지구 및 사무소 소재지

지구: 고저읍

사무소: 고저읍 하고저리 181번지

목적 및 연혁

국책을 따르는 상공업의 개선 발달을 도모하려는 목적임.

연혁-1939년 1월 2일 창립.

조직

고저읍 내에 영업장을 두고 있는 상공업자 및 본회의 취지에 찬동하는 자로 조직.

사업

1. 가격 협정 조절
2. 공동구매 알선
3. 공동판매 알선
4. 거래선 알선
5. 상공업에 관한 조정 또는 중재
6. 상공업 금융 알선

7. 상공업에 관한 시설

8. 상공업에 관한 통보,통계 조사

9. 경제통제 제반 법령의 주지 및 물가 억제

10. 전업 알선

11. 기타 국책을 따르는 상공업의 개선 발달을 도모하는 데 필요한 사업

경비

다음의 연 매상고를 준거로 1, 2, 3, 4 등급별로 징수.

등급별	표준 매상고별	회원 부담 연액
1	매상고 1만 원 이상	12.00
2	매상고 5,000원 이상	6.00
3	매상고 1,000원 이상	3.60
4	매상고 1,000원 이하	1.80

희망 사항

해당 사항 없음

장애 사항

해당 사항 없음

역원 씨명

회장 후지이 후쿠시치(藤井福七) 부회장 이선구(李善求)

이사 이종문(李鍾文) 감사 엔도우 스에키치(圓道末吉), 공병룡(公丙龍)

평의원 이시다 히데조(石田秀藏), 김경환(金景煥), 아카바네 슈이치(赤羽秀一), 김일선(金一善), 사카모토(坂本壓台郎), 심상현(沈尙賢), 시미즈 겐지(淸水憲次), 이승철(李陞哲), 히라카와 규자부로(平川休三郞), 김창성(金昌成), 김병철(金丙哲), 김룡호(金龍浩)

직업별 회원 수(108명)

곡물상 14, 잡화상 13, 식료상 40, 면포상 5, 정미업 5, 철공업 5, 양조업 2, 양복업 6, 목공업 4, 자전거상 5, 도자금물상(陶磁金物商) 4, 기타 5

평강상공회(平康商工會)

지구 및 사무소 소재지

지구: 평강읍 내 일원

사무소: 평강읍 서변리 화신연쇄점 내

목적 및 연혁

1938년 12월 설립

회원의 친목을 도모해서 협동 일치를 기하고, 상공업의 개선 발달을 목적으로 설립함.

조직

평강읍 내에 거주하는 상공업자로 본 회칙에 찬동하는 자로 조직함.

사업

1. 상업자의 위촉에 의해 상품의 산지 가격을 조사 소개함.
2. 관계자의 청구에 의해 상업에 관한 분쟁을 조정함.
3. 관공서와 연락을 취해야 하는 상공업에 관한 사항을 조사 보고하고, 일반업자에게 협정 가격을 주지시킴.
4. 기타 발전상 필요하다고 인정되는 사항을 실시함.

경비

1개년간 200원

입회금 2원으로 징수하는 것 외에 월례금(月例金)으로 매월 20전을 징수하며, 또한 기부금으로 경비를 충당함.

희망 사항

평강 회양(淮陽)-난곡(蘭谷) 간 자동차 도로를 개설하고, 해당 지대의 용약원 및 농림학교를 신속하게 설치할 일.

금융기관의 정비

장애 사항

교통금융기관의 미비. 각 관공서의 공동판매, 공동구매를 완화시켜야 함.

회원 씨명

회장	이회명(李會明)	부회장	김종수(金鍾秀)		
평의원	7명	이사	3명	고문	약간 명

직업별 회원 수(63명)

곡물상 9, 잡화상 15, 식료품 9, 과자점 3, 생선상 2, 시계점 2, 양복상 3, 철물상 2, 도기상 3, 청부업 2, 운송업 3, 비료상 1, 주류업 2, 문방구 1, 피혁상 1, 유리상 1, 매약상(賣藥商) 1, 인쇄업 1, 고물상 3

양구상공회(楊口商工會)

지구 및 사무소 소재지

지구: 양구면 일원

사무소: 양구면사무소 내

목적 및 연혁

종래 양구상공조합으로 있었으나, 비상시국을 맞아 어떠한 활동도 보이지 않았으며, 이에 따라 이를 해산하고 당국의 지시에 따라 전시체제하에서 중소 상공업자의 물가통제로 인한 상품 구매난을 타개하고, 이의 발전을 도모함과 동시에 건실한 보조로서 공존공영의 결실을 거두기 위해 설립함. 또한 법령을 주지함은 물론이거니와 장래에는 본 상공회로써 수이출입(輸移出入)의 통제 및 기타 모든 사업에 걸쳐 지도, 알선을 목적으로 함.

조직

양구면 내 제 상업자 및 공업자로 조직함.

사업

없음.

경비

약 150원을 계상해서 아직 징수하지 않음. 연간 1인당 3원을 일시에 징수하려고 함.

희망 사항

상품의 구입을 원활하게 하기 위해 귀 회의소와 긴밀하게 연락을 취하려고 함.

장애 사항

같은 금액으로 상품을 구입하고자 하는 일부 상점 같은 경우는 종래 자기 상점의 단골 고객에게 우선권을 부여하는 폐해를 보이고 있어서 이러한 것에 대해 귀사에게 충분히 협조하여 누구라도 쉽고 원만한 거래가 이루어지도록 조치해 주기 바람.

회원 씨명

회장 최방혁(崔昉爀) 부회장 히라다 요스케(平田與助), 김성련(金聲鍊)

이사 명동수(命東洙), 가사하라 소헤이(笠原宗平)

감사 김익환(金翼煥), 신명순(申命淳), 사카타케(坂竹久昌)

서기 김영일(金榮日), 최장손(崔章孫) 고문 각 관공서장으로 함

직업별 회원 수(39명)

잡화상점 29, 식료품상 5, 주조업 1, 금물상 1, 고물상 3

함경북도

흥남상공회(興南商工會)

지구 및 사무소 소재지

지구: 함주군 홍남읍 일원

사무소: 홍남읍 천교리 81-13(읍사무소 내)

목적 및 연혁

목적: 회원 상호 간의 친목을 도모해서 협동 일치, 상공수산업의 개선 발달을 기도하여 홍남의 발전을 기함.

연혁: 1935년 11월 24일 창립해서 현재에 이름.

조직

홍납읍에서 상공수산업에 종사하거나 본회의 취지에 찬동해서 입회하는 자로 본회에 소정의 회비를 부담하는 자. 회원을 구분하면 명예회원과 정회원으로 나눔. 단, 명예회원은 본회에 공로가 있는 자와 본회에 경비 연액 60원 이상을 기부하는 자로서 의원회가 추천한 자.

사업(시설사업, 장래 시설 예정 사업)

1. 시설사업

(1) 상공수산업의 개선 발달에 필요한 방책의 조사 연구 및 그 의견을 행정관청, 기타 관계 방면에 개진.

(2) 상공수산업자의 상권 확장, 판로 조사.

(3) 상공수산업자의 위촉에 따라 일반 상공수산업에 관한 조사 회답.

(4) 관공서의 위임이 있는 경우 상공수산업에 관한 사항 조사 및 자문, 답신.

(5) 관계인의 청구에 의한 상공수산품의 산지, 가격의 증명 또는 소개.

(6) 상공수산업의 중개 알선.

(7) 상공수산업의 상황 및 통계 조사.

(8) 우량 상공수산 종사자의 표창.

(9) 상공 상담소의 경영.

(10) 기타 상공수산업의 개선 발달을 도모하는 데 필요한 사항의 연구 조사.

2. 장래 시설 예정 사업

(1) 제1항 각호의 계속 철저, (2) 국민정신총동원에 기초한 물자 활용의 철저, (3) 교통기관의 정비로서 함중철도 부설 촉진, 항만 수축, 일본과의 직통 항로 개시와 함께 상공수산업의 발달에 기여해야 할 여러 기관의 유치에 관한 조사 연구, (4) 중소상공업에 대한 지도.

경비

5,900원(1939년도 예산)

징수 방법-회비 10등급으로 나누고, 대략 영업세에 따른 등급을 정해 매년 이를 징수함.

1등 월액 5원, 2등 원액 4원, 3등 월액 3원 50전, 4등 월액 3원, 5등 월액 2원 50전, 6등 월액 2원, 7등 월액 1원 50전, 8등 월액 1원, 9등 월액 50전, 10등 월액 30전

희망 사항

공업도시로서 시설사업 완비, 항만 설비 완성, 함중철도(咸中鐵道) 부설 조기 완성, 금융기관 증설

장애 사항

없음

기타 참고 사항

홍남읍은 인구 7만 9,841, 호수 1만 7,827(4월 1일 현재)로서 도시계획령에 따라 시가지 계획 시행 중임.

역원 씨명

회장 하야미 겐지(速水源治) 부회장 고이케 테츠조(小池哲三), 최주성(崔周星)

상의원 오가와 마쓰요시(小川松義), 닛다 데이지(新田貞二), 야마모토 후지오(山本不二雄), 마에다 나가타로(前田長太郎)

고문 나가노 고로(長野伍郎), 류○(柳○), 타키 기조(瀧儀三)

특별회원 하야미 겐지(速水源治), 한재겸(韓在謙), 노기타 히로히코(野北裕彦)

의원 오가와 마쓰요시(小川松義), 야시 아키라(壓司昌), 류재근(劉在根), 닛다 데이지(新田貞二), 도충호(都忠浩), 최주성(崔周星), 마에다 나가타로(前田長太郎), 고이케 테츠조(小池哲三), 우에노 유리카즈(上野百合一), 야마모토 후지오(山本不二雄), 안용철(安容哲), 아야베 구마키치(綾部熊吉), 모리 모토키(毛利元記), 후루사와 단이치(古澤團一), 아키야마 토시로(秋山敏朗)

직업별 회원 수(263명)

회원은 홍남읍 상공 영업자의 약 5할임.

화양잡화(和洋雜貨) 34, 식료잡화 8, 과자업 11, 요리 및 카페 7, 음식점 11, 유곽(貸座敷) 7, 약품 판매(賣藥) 6, 미곡 20, 해산물 5, 견직물(吳服) 5, 주단포목(綢緞布木) 10, 도자기 6, 금물(金物) 1, 연초 5, 주류 8, 축음기, 시계, 안경상 5, 신발(履物) 2, 모자 2, 가구 2, 다다미(疊), 여행 물품 1, 전기기구 1, 고무신 1, 석탄 연탄 1, 신탄(薪炭) 3, 자전거 3, 완구 문방구 3, 정미 5, 간장(醬油) 3, 두부 2, 육류 4, 야채 2, 목재 4, 제재 1, 철공 2, 도료 유리(硝子) 2, 고물 3, 목욕탕(湯屋) 2, 제화 3, 인쇄 1, 우유 2, 토목건축 8, 운송 4, 신문 판매 2, 이발 3, 장의사 1, 사진 4, 양복 8, 전당포(質屋) 5, 영화 3, 청량음료 1, 무명(綿) 및 얼음 1, 기타 7, 소계 252, 명예회원 11, 합계 263

신포번영회(新浦繁榮會)

지구 및 사무소 소재지

지구: 신포읍 일원

사무소: 신포읍사무소 내

목적 및 연혁

본회는 신포 번영을 도모하기 위해 필요한 계획 조사 및 시설을 수행하고, 더불어 주민의 공존공영의 결실을 거두기 위한 목적임.

조직

본회의 회원은 신포항 주민으로 조직함.

사업(시설사업, 장래 시설 예정 사업)

종래 시설사업은 없지만, 장래 시설을 할 사업은 은행 설치, 신포항 축항, 신포 상수도 등이 주된 사업으로 있음.

경비

1939년도 예산은 다음과 같음. 세입 3,826원, 세출 3,826원, 경비 징수 방법으로는 각종 하물에 부과 징수함.

희망 사항

식산은행 지점 설치는 현재 긴요하다고 인정됨.

장애 사항

현재 상공업 발전상 장애로 인정되는 사항은 없음.

역원 씨명

회장 모리 유타로(毛利由太郎) 부회장 박남현(朴南鉉), 다나베 가오루(田邊馨)

고문 사토 히코시치(佐藤彦七), 우탕률(禹湯律), 김진형(金進亨) 이사 이주환(李柱煥)

감사 니시무라 카메이치(西村龜一), 박영석(朴永錫), 김정종(金貞鍾)

평의원 김영길(金榮吉), 야마자키 다쓰미(山崎巽), 다테이시 데쓰조(立石鐵造), 안병인(安炳仁), 김경환(金庚煥), 포위국삼랑(布爲國三郎), 이정식(李貞植), 아스케(足助武連), 결원 5명

직업별 회원 수

회원은 읍내 주민 전부로 생략함.

신포상우회(新浦商友會)

지구 및 사무소 소재지

조선 함남 신포읍

목적 및 연혁

국책에 순응함으로써 중대 시국을 타파하고, 회원 공동의 이익을 증진시켜 상호 간의 친목을 도모하는 것을 목적으로 함.

조직

신포리 일원에서 상업을 경영하는 자로서 본회의 취지에 찬동하여 가입 신청을 한 자로 조직함.

사업(시설사업, 장래 시설 예정 사업)

기존의 사업-경제경찰과의 연락 및 후원을 직간접으로 실시함. 장래 시설로 하고자 하는 사업은 미결정임.

경비

1개년 경비 500원으로, 경비 징수 방법은 매월 징수함.

희망 사항

특급열차의 정차

장애 사항

없음

회원 씨명

회장 남충환(南忠煥) 부회장 하상형(河相亨)

이사 김명근(金明根) 감사 사토 히코시치(佐藤彦七), 이성주(李成珠)

평의원 윤태묵(尹泰默), 스미 도자부로(鷲見藤三郎), 가노 마사유키(加納政之), 주환조(朱煥祖), 김종세(金鍾世), 김룡수(金龍洙), 공영산(孔英山)

직업별 회원 수(95명)

견직물상(吳服商) 10, 금물상 5, 식료품 25, 일용 잡화 55

신포상무협회(新浦商務協會)

지구 및 사무소 소재지

북청군 신포읍 신포리 967번지

목적 및 연혁

지방 상공업의 발전과 회원 상호 간의 친목을 도모하고, 육영사업을 목적으로 함.

조직

신포읍 신리 내의 거주민 중 본회의 목적에 찬동하는 자로 조직함.

사업(시설사업, 장래 시설 예정 사업)

1. 종래 시설사업
   사립 신포유치원, 신포의성학술강습회
2. 장래 시설 예정 제 사업
   신포의성학술강습회를 승격시켜 심상소학교로 만들 계획임.

경비

기본 재산(토지대부료)에서 발생하는 수입으로 경영하며, 1개년 경비는 약 7,000원 이상임.

희망 사항

수도 설치

방파제 축조 및 매립

장애 사항

해당 사항 없음.

역원 씨명

회장(1명) 우정률(禹鼎律) 부회장(1명) 하상락(河相洛)

총무(1명) 김정종(金貞鍾) 평의원(7명)

직업별 회원 수(63명)

어업 3, 온유비료(鰛油肥) 공장 16, 무역 2, 중매업(仲買業) 5, 음식점 4, 의사 1, 농업 5, 생선장수(魚商) 2, 잡화상 8, 미곡상 7, 고물상 2, 간유(肝油) 제조 1, 창고 1, 운송 1, 목재상 1, 공무원 2

풍산상무회(豊山商務會)

지구 및 사무소 소재지

지구: 풍산군 풍산면 신풍리 일원

사무소: 풍산군 풍산면 신풍리 일원

목적 및 연혁

회원 상호 간의 친목 및 상업 번영

1938년 9월 15일 신규 창립

조직

풍산군 풍산면 신풍리에 거주하는 상업자로 조직함.

사업(시설사업, 장래 시설 예정 사업)

1. 연중 행사로 시민운동회 개최
2. 물자 상품의 공동구입
3. 월례 사업으로 매월 15일은 휴업과 수양(修養)

   장래-은행에서 저리자금 공동차입

경비

1. 입회금 5원을 증식해서 이자로 경비를 충당함
2. 최근 1개년간 경비 50원

희망 사항

저리자금 차입

장애 사항

해당 사항 없음

역원 씨명

회장　홍순의(洪淳義)　　　　부회장　전익(全翊)

평의원　오다 마타이치(小田又一), 김광택(金光澤), 김형은(金衡殷), 강수일(康壽日), 이만석(李萬錫), 김정형(金正衡)

회계 겸 서기　김원직(金圓直)

직업별 회원 수(72명)

곡물상 30, 견직물 가게(吳服屋) 30, 기타 10

안수상무회(安水商務會)

지구 및 사무소 소재지

함경남도 풍산군 안수면 장평리

목적 및 연혁

1. 회원의 상호 부조, 2. 상무번영책

시국 아래 상공업의 개량 발달을 도모함을 목적으로 1937년 9월 창립하여 오늘날까지 이름.

조직

안수면 내 중소 상공업자를 망라해서 회원을 이룸.

사업(시설사업, 장래 시설 예정 사업)

상품의 공동구입을 도모함과 동시에 지방 산물의 공동판매 등을 실행하여 시국 아래 직업보국의 의무를 계획하는 데 있음.

경비

경비는 1개년 600원~1,200원 내외로 하고, 구입 판매와 거래에 충당하며, 징수 방법은 해당 업체에 대해 적당한 액수를 징수하며, 그 위에 일부는 모임에서 부담함.

희망 사항

전선(全鮮) 대중소 상공업자와의 연락을 기해서 지방 발전에 이바지하는 일에 종사함.

장애 사항

교통의 불편, 운송 지연

역원 씨명

회장 고시갑(高始甲) 부회장 이홍년(李洪年)

평의원 이재민(李在珉), 이황우(李晃禹), 김영표(金永豹)

감사 겸 서기 주상복(朱尙福)

직업별 회원 수(29명)

곡물상 6, 견식물상 16, 식료품상 5, 약종상 2

신고산상무조합(新高山商務組合)

지구 및 사무소 소재지

함경남도 안변군 위익면 신고산리(경원선 고산역전)

목적 및 연혁

1938년 9월 창립

본 조합은 조합원의 친목을 돈독하게 해서 상업의 발전을 도모함.

조직

회원 38명(상점 수 36)

사업(시설사업, 장래 시설 예정 사업)

종래 사업은

1. 회원 간 애경사의 경우 물자를 원조함, 2. 각 상점 공정가격을 협의함, 3. 점원의 지적·육체적 훈련을 부여하기 위해 솔로벤 경기회 및 등산회, 운동회를 개최함, 4. 회원은 연 1회(7월 15일) 야유회를 개최하고, 당일은 전부 폐점 휴업함.

경비

수입 약 200원임.

희망 사항

중소상인의 저리자금 금융기관의 필요.

장애 사항

광산을 배경으로 하는 것은 있지만, 농산물 배경으로는 빈약하지 않음.

역원 씨명

조합장 최창식(崔昌植) 부조합장 변석희(邊錫熙)

중요 역원 경병식(庚炳植), 강영균(姜英均), 박광진(朴光鎭), 김원길(金元吉), 김승옥(金昇玉)

직업별 회원 수(38명)

포목양품상 23, 식료품상 13, 금물상 2

단천상공협회(端川商工協會)

지구 및 사무소 소재지

지구: 단천군 일원

사무소: 단천군 단천면 하서리 2-58

목적 및 연혁

목적-지방 상공업의 향상 발달, 상공도덕의 앙양 강화, 회원의 복리 증진을 도모해서 지방 발전을 기하는 것을 목적으로 함.

연혁-1925년 8월 15일 단천상우회 창립, 1930년 10월 21일 단천상공협회로 개칭.

조직

단천군 내에 거주하는 상공업자 및 본회의 취지에 찬동하는 자로 조직함.

회원 수 350명

사업(시설사업, 장래 시설 예정 사업)

1. 지방상공업의 개량 발달에 관한 조사 연구 및 이를 지도 장려, 2. 상거래의 개선 및 상권 확장에 관한 사업, 3. 회원의 정신 수양 및 체육 증진에 관한 시설, 4. 강습, 강연회의 개최, 5. 상공업에 관한 조정 또는 중재, 6. 행정관청의 자문에 응하거나 의견 제출 및 건의, 7. 상공업에 관한 소개 또는 알선, 8. 우량 점원 또는 단체 표창, 9. 기타 상공업의 진흥, 지방 발전상 필요한 사항

경비

최근 1개년의 경비 금 800원

회원의 회비, 기부금 및 기타 수입으로 이를 충당

희망 사항

식산은행 지점 유치와 함께 화재보험료 인하, 읍제(邑制) 실시, 도시계획 촉진, 단혜선(端惠線) 연장, 어항 수축(修築), 우편소 승격과 동시에 통신 원활, 중등실업학교·상공회의소 설치

장애 사항

고율의 품삯(勞銀)과 집세(家賃), 산악지대 방면의 교통 도로 및 교량 미비, 주택 부족(拂底), 함남 공업도시 단천항 축항 지연, 누에고치(蠶繭)·대두(大豆) 공동판매 일괄 매수제(買收制)

기타 참고 사항

음력과 양력을 병용함에 따라 거래가 불편하며, 함남의 공업도시인 단천항 축항에 따라 토지건물 회사가 약진하고, 금융기관이 정비됨.

역원 씨명

회장 결원 중 부회장 천종건(千重健), 와타나베 마사노스케(渡邊政之助)

이사 윤병주(尹丙周) 외 2명

평의원 양병남(梁丙南), 이성록(李成祿, 1559~?), 우정봉(禹正鳳), 원정규(元貞圭) 외 16명

고문 단천군수 외 1명 상담역 함남도회 의원 외 7명

직업별 회원 수(350명)

미곡상 47, 면포상(綿布商) 30, 식료품상 45, 잡화상 60, 금물상(金物商) 5, 의사 5, 운송업 6, 목재상 10, 여관업 12, 양주업 2, 약종상 5, 고물상 10, 대금업 3, 음식점 40, 해운업 1, 주류 판매 20, 제화업 2, 제유업 3, 정미업 4, 재봉업 6, 과자상 3, 과수원 3, 이발업 5, 사진업 5, 목탄업 3, 서적상 2, 요리업 3, 은행 1, 회사 5, 기타 5

혜산진상공회(惠山鎭商工會)

지구 및 사무소 소재지

지구: 함남 혜산읍 내 일원

사무소: 혜산읍 혜산리

목적 및 연혁

상공업자의 통제와 단결 및 지방의 번영을 목적으로 1937년 10월 설립

조직

일반 상공업 목재사업을 하는 집 이외 일부 관계 관공리로 조직함.

사업(시설사업, 장래 시설 예정 사업)

시내 일반에 땔감(薪材) 공급, 「폭리취체령(暴利取締令)」의 주지 철저, 상공업의 번영책 연구, 생산 부업의 장려, 우량 점원 및 종업원 표창, 지방 문제의 진정, 번영 운동

경비

1938년도 결산 보고에 따름. 1939년도 예산은 5,194원 13전으로 하고, 회원의 회비 및 운송업자의 취급 수하물 1개당 1전씩 납입해서 기타 잡수입으로 매월 고지서를 발행 징수함.

희망 사항

길림-혜산 간 철도 부설과 더불어 만포진(滿浦鎭)으로의 연장과 단풍선(端豐線)을 연장시켜 본 지역으로 연결하는 철도 촉진.

장애 사항

특기할 만한 내용 없음.

역원 씨명

회두 가와다 슈고로(川田秀伍郎) 부회두 오카모토 히사오(岡本久雄), 김석우(金錫禹)

회계위원 고주흘(高柱屹), 나카무라 기조(中村喜三) 상무이사 후카야 바이고(深谷梅香) 서기 조순걸(趙循傑)

의원 주채희(朱埰熙), 미야하라 겐하치(宮原健八), 장원봉(張元鳳), 박기호(朴基鎬), 이마노 토쿠이치(今野德一), 김동호(金東虎), 이원모(李元謨), 김재혁(金在赫), 모리 도시히사(森利久)고문 경찰서장 미즈노 다쿠사부로(水野宅三郎), 혜산읍장 후쿠다 마사오(福田政雄), 영림서장 하야세 도시야스(早瀨利康), 혜산역장 오오바(大場好), 세무서장 기무라 쵸조(木村長藏), 세관출장소 나가타(長田中惠)

상담역 금융조합 이사 구바 후지타로(久芳藤太郎), 상은 지점장 나가스기(長杉岡具雄), 다카세 게이조(高瀨敬藏), 스기야마 이쿠다로(杉山幾次郎)

직업별 회원 수(121명)

곡물 4, 견직물(吳服) 21, 의사 2, 전기공급 1, 운송 5, 목재 15, 접객 9, 잡화 18, 양복 4, 대서(代書) 2, 여관 3, 전당포(質屋) 2, 시계 1, 양철 2, 청부 4, 대금업(金貸) 1, 신문 2, 방물(小間物) 1, 공직 1, 관리 1, 자전거 2, 은행 1, 어물(魚物) 3, 술(酒) 2

함경북도

함북상공연합회(咸北商工聯合會)

지구 및 사무소 소재지

청진부 항정 16번지 청진상공회의소 내

목적 및 연혁

1928년 5월 설립, 함북 및 간도 지방에서 상공업 개발에 관한 사항을 연구 심의해서 그에 관한 가결 사항의 실행 도모를 목적으로 함.

조직

함북 및 간도 지방의 상공단체로 조직함.

사업(시설사업, 장래 시설 예정 사업)

상공업 발전에 관한 문제 토의 및 각 상공단체와의 연락 협조 및 당국에 대한 각종 시설과 개선 요망 진정 또는 이의 실현 운동. 장래는 거래에 관한 알선 조정 및 조사 등.

경비

경비 징수 방법에 다음의 등급별에 따라 총회 때 각자 지참함.

1등급 연 50원(상공회의소), 2등급 연 30원(상공회), 3등급 연 10원(상업조합)

희망 사항

해상과 육상 교통기관의 정비 충실, 항만 확장 및 축조

장애 사항

선만 국경 및 조선 내 해항(海港) 진출, 만주세관 관리의 비상식적이고 까다로운 관세 검사

역원 씨명

회장 청진상공회의소 회두 요쓰모토 가헤이지(四元嘉平次)

상임위원 나남상공회장 사코 요시지로(迫吉次郎)

나진사공회장 나카무라 고로(中村伍郎)

회령상공회장 마에다 마사시(前田政)

웅기상공회장 미쓰나가 기시치(光永喜七)

성진상공회의소 회두 나쓰메 쥬로베에(夏目十郎兵衛)

삼봉상공회장 쓰다 이사무(津田勇)

훈계상공회장 무라타 테츠노스케(村田哲之助)

함북토목건축협회장 스기노 마사요시(杉野政吉)

청진목재상조합장 구니유키 겐스케(國行健輔)

청진곡물상조합장 우에마쓰 키요시(植松淸)

청진잡화상조합장 무라세 스즈타로(村瀨鈴太郎)

청진하주협회장 구니유키 겐스케(國行健輔)

직업별 회원 수

기재 사항 없음

나진상공회(羅津商工會)

지구 및 사무소 소재지

지구: 나진부 지구 내

사무소: 나진부 말광정 2정목 48번지

목적 및 연혁

회원 상호 친목을 주지시켜 상공업의 개선과 발달을 도모하는 것을 목적으로 함.

1933년 8월 19일 설립

조직

나진부 소재 상공업자로 조직함.

사업

상공회의소 승격의 건

경비

최근 1개년간의 경비 7,693원

징수 방법은 영업세 본세에 대한 40%를 부과함.

희망 사항

1. 금융기관 설립, 2. 공장 유치 건, 3. 만주 특산물 거래소 설치 건, 4. 무역상 및 투자자 유치 건, 5. 청진-나진 간 철도 조기 부설(促成), 6. 시내버스 횟수 증설 건, 7. 일본해 정기선 나진항 기항 건

장애 사항

부재지주가 많고, 지가(地價)와 차지료(借地料)가 상대적으로 높으며, 토지건물에 대한 금융기관의 결제(缺除)

역원 씨명

고문　다나카(田中禎憙), 오자와 노부요시(小澤宣義)

회장　나카무라 고로(中村伍郎) 부회장 이나가키 후쿠조(稲垣福造), 김기택(金琪宅)

특별의원　후루에 사토시(古江智), 와다 마사키(和田正基), 히라오카 다쓰노스케(平岡辰之助)

의원　이나가키 후쿠조(稲垣福造), 기타무라 규시치로(北村久七郎), 아카키 준로(赤木俊郎), 오오타 노부오(太田信夫), 나카모토 타로(仲基太郎), 나가이 신지(長井信治), 우메다(梅田嘉十郎), 다카하시 가쥬로(高橋嘉一郎), 나카무라(中村光矩), 나카시마 히코사쿠(中島彦作), 다케시다 요시유키(竹下善之), 홍길송(洪吉松)

이사　나카무라 나오키치(中村直吉) 감사 기타무라 규시치로(北村久七郎)

직업별 회원 수(185명)

특수회사 3, 은행 및 금융 5, 약종화장품(藥種化粧品) 5, 토목건축청부 7, 미곡상 7, 시계상 2, 인쇄 및 인판(印版) 3, 무역상 8, 자동차업 4, 요리옥 11, 음식점 3, 카페 4, 여관업 2, 포직업(布織業) 2, 화양잡화상(和洋雜貨商) 8, 과자 제조 판매 5, 야채·과실 도매 4, 문방구상 3, 기름 및 선

구상(船具商) 2, 견직물상(呉服商) 3, 어구제조업(漁具製造業) 2, 등사판업 2, 토지가옥 중개업 3, 도기만년칠기·철물류(金物類) 4, 창호철물류(建具金物類) 9, 가구상 5, 유리점 2, 과일상 2, 해산물상 4, 양복상 3, 다다미제조업 2, 벽돌(煉瓦) 및 석탄 4, 운송업 2, 술 된장(味噌)·간장(醬油)상 7, 식료품상 12, 간장(醬油) 된장(味噌) 양조업 2, 술양조업 2, 목재업 3, 전당포업(質屋業) 2, 잡화상 2, 미장재료점(左官材料店) 2, 전기업 3, 철공업 2, 목탄상 2, 기타 11

웅기상공회(雄基商工會)

지구 및 사무소 소재지

지구: 웅기읍 일원

사무소: 경흥군 웅기읍 웅기동 270번지 1

목적 및 연혁

웅기의 발전뿐만 아니라 상공업의 개선 발달과 회원 상호 간의 친목을 도모하는 것을 목적으로 함. 1933년 6월 17일 창립함. 이후 동북만(東北滿)의 개발과 북선(北鮮) 3개 항의 중요성이 널리 선전됨과 동시에 해가 거듭될수록 본 회의 세력 향상이 오늘에까지 이름.

조직

본회의 취지에 찬동하는 자로 조직하고, 평의회에서 법인 개인의 자산, 기타를 사정하여 회비를 징수, 일반 기부금과 합하여 회의 경비를 처리함.

사업(시설사업, 장래 시설 예정 사업)

항만의 확장 운동, 어항의 수축(修築) 운동, 상공업의 거래 개선 및 발전 향상에 대해 점원, 기타 상거래 등의 알선, 경제경찰에 대한 협력, 공정가격 등의 주지 철저 등 목적 달성에 대한 제 사업.

경비

4,500원, 회원에 대한 회비 부담액을 평의회에서 사정해서 1개년을 4분기로 나누어 이를 징수함.

희망 사항

공장지대로서 최적지라는 점을 선전. 나진-웅기 간 도로 개수 및 기관차 운행. 나진청(羅津廳) 실현 후 동일 지대로 트럭, 기타 운행. 수산 가공장 지대의 설정. 국제 어항 웅상동(雄尙洞)과의 도로 개수.

장애 사항

정기선의 기항 감소. 만주 재목의 수출 금지. 고율의 화재보험 및 전등료, 고율의 일본해 선박 운임.

기타 참고 사항

조만간 나진청 실현과 동시에 나진과 웅기를 합쳐서 본회가 상공회의소로 승격될 예정임. 웅상(雄尙) 어항은 1940년 가을까지 준공될 예정임. 만주탄 적출을 위해 가까운 만철에서 웅기항으로 기계화 설비 계획 중임.

역원 씨명

회장 미쓰나가 기시치(光永喜七)　　부회장 히라사와 기스케(平澤喜介), 김대원(金大元)

평의원 후지이 다이키치(藤井大吉), 마에다 세쓰조(前田節三), 이무라 시카이치(井村鹿一), 아사노 시게오(淺野茂夫), 시마모토 구마이치로(島本熊一郎), 안도 가쓰요시(安藤勝吉), 나가시마 도모쓰구(中島友次), 다카키 노리이치(高木矩一), 무라카미 데이유(村上貞祐), 요시다 이조(吉田伊藏), 김광헌(金光憲), 김종섭(金宗燮), 도동수(都東洙), 박영권(林英權), 박용수(朴容洙), 김종원(金宗瑗), 김용규(金容圭)

고문 사이토 읍장(齊藤邑長), 마루오(丸尾) 세관지서장(稅關支署長), 기시모토(岸本辦公) 서장(署長), 나카무라 나오사부로(中村直三郎), 메가타 스테조(目加田捨三)

상담역 나가무라(中村) 선은지점장(鮮銀支店長), 카메이(龜井) 식은지점장(殖銀支店長), 우네쿠사(植草) 국제지점장(國際支店長), 스토우 겐조(須藤健三), 박준학(朴俊鶴)

직업별 회원 수(246명)

인쇄 2, 의사 3, 음식점 5, 신발(履物) 2, 육류 1, 무역 14, 미곡 11, 시계귀금속류 3, 토목건축 청부 7, 도자기·칠기 5, 토지건물 경영 2, 두부 1, 차 2, 이발 3, 여관 8, 요리 7, 화양잡화(和洋雜貨) 8, 철물(金物) 5, 회사 중역 8, 과자 4, 유리(硝子) 3, 가구 2, 해산물 3, 카페 3, 완구 2, 목욕탕(浴場) 3, 양복 6, 다다미 1, 대서(代書) 4, 조선 2, 측량 2, 중개업(仲立業) 5, 새끼줄, 대자리, 가마니(繩筵叺) 1, 운송 및 운송 취급 조운업(回漕業) 11, 약종 및 화장품 5, 야채 과일 6, 건축 재료 2, 문방구·서적·잡지 4, 고무신 4, 얼음 1, 견직물(吳服商) 3, 전기 1, 철공업 2, 재목 6, 금융업 3, 유희업(遊戱業) 1, 무명실 및 천·비단실 및 천(綿絹糸布) 잡화 2, 식료 잡화 11, 주류·간장(醬油) 6, 전당포(質屋) 1, 자동차 2, 저전거 3, 양조업 3, 사진 1, 땔감(薪炭) 1, 신문 및 통신업 4, 신불구(神佛具) 및 장례 용구 2, 선박 도구 2, 석탄 1, 정미업 1, 제염(製鹽) 1, 생선(鮮魚) 2, 수정(水晶) 1, 기타 15

회령상공회(會寧商工會)

지구 및 사무소 소재지

지구: 회령읍 일원

사무소: 회령읍 2동 394번지

목적 및 연혁

1928년 4월 개칭, 1922년 2월 공영회 설립을 보게 되었으며, 1925년 4월 상업회로 개칭, 다시 1928년 4월 회령상공회로 개칭해 현재에 이름.

사업

회령에서 상공업의 개선 발달을 도모함을 목적으로 다음의 사업을 수행하고 있음. 1. 상공업에 관한 통보, 2. 상공업에 관한 중개 또는 알선, 3. 상공업에 관한 조정 또는 중재, 4. 상공업에 관한 증명 또는 감정, 5. 상공업에 관한 통계, 조사 및 편찬, 6. 상공업에 관한 영조물(營造物) 설치 및 관리, 7. 기타 상공업의 개선 발달을 도모하는 데 필요한 사업 부칙 7항 부대사업의 하나로 올해 6월 이후 해당 지방의 특수한 사정에 비추어 만주국 화폐의 교환을 실시하고 있음.

조직

회령에 거주하는 상공업자로 조직함. 1. 상업부, 2. 산업부, 3. 교통부, 4. 금융부 4개 부회가 있음.

경비

금 5,514원 69전(1938년도 결산액)

회비 1개년 72원 이하 최저 3원 60전까지 월할 징수

희망 사항

1. 회령-무산 간 철도 신속 부설, 2. 회령역 확장, 3. 공업학교 신설 요망

장애 사항

해당 사항 없음

기타 참고 사항

본년도에 상공회의소 설립 준비에 매진 중

역원 씨명

회두(1명) 마에다 마사시(前田政)

부회두(2명) 고지마 산키치(小島三吉), 김서중(金瑞仲)

상의원(6명) 의원(21명) 특별의원(4명) 회계감사위원(2명) 고문(12명)

직업별 회원 수(212인)

그중 23명 중국인 입회임.

삼봉상공회(三峰商工會)

지구 및 사무소 소재지

종성군 남산면 상삼봉

목적 및 연혁

삼봉상공업의 발달과 회원 공통의 이익을 증진시켜 견실한 발전을 도모하는 것을 목적으로 함.

조직

삼봉 거주 상공업으로 조직함.

사업

(기재 사항 없음)

경비

500원. 회비 및 기부금.

희망 사항

만주국 통관 간이화에 관한 건. 북선조개선(北鮮朝開線)[21] 경유에 따라 경성-신경 간 급행열차 증설 방향 요망.

21 조양천-개산툰선(朝開線)

장애 사항

본 지역 북선철도 관리국 소비조합의 부당 배급에 관한 선처.

역원 씨명

회장 쓰다 이사무(津田勇) 부회장 이희철(李熙哲), 오익룡(吳益龍)

고문 니시자와 타즈루(西澤田鶴) 외 10명 역원 쓰다 이사무(津田勇) 외 23명

직업별 회원 수(134명)

포목상 8, 잡화상 76, 식료잡화상 6, 기성복 2, 여인숙 6, 이발소 3, 운성점 3, 양철점 1, 사진업 1, 수육업 3, 어물상 8, 양복점 4, 도기점 4, 과일점 3, 자전거포 1, 임업 1, 통관업 2, 토목업 2

나남상공회(羅南商工會)

지구 및 사무소 소재지

지구: 나남읍

사무소: 나남읍 본정 89번지

목적 및 연혁

회원 상호 친목을 주지시켜 상공업의 개선 및 지방의 개발과 번영을 도모하는 것을 목적으로 함.

1909년 설립.

조직

나남읍에서 영업소 또는 사무소를 두고 있는 상공업에 종사하고 있는 자로 조직.

사업(시설사업, 장래 시설 예정 사업)

종래 겨울철에 점원을 교양할 목적으로 월 1회 소집하여 강연, 기타 연 1회 6월 1일에 회원

및 종업원의 체육 향상을 위한 운동회를 실시하고 있음.

경비

2,406원. 회원의 각출에 의함

희망 사항

특별히 기록할 사항 없음

장애 사항

특별히 기록할 사항 없음

역원 씨명

회장(1명) 사코 요시지로(迫吉次郎) 부회장(1명) 미즈코시 도자에몬(水越藤左衛門)

평의원(12명) 특별평의원(9명)

직업별 회원 수(179명)

식료품상 12, 토목건축청부업 12, 과자상 11, 화양잡화상(和洋雜貨商) 9, 육군용달상 7, 미곡상 6, 인쇄업 5, 요리점업 7, 여관업 5, 양복상 5, 약종상 5, 석탄상 4, 목공·가구제조업 5, 문방구상 4, 자전거상 4, 견직물상(吳服商) 4, 간장제조업(醬油製造業) 4, 철물상(金物商) 4, 주류상 4, 고물상 4, 서적상 3, 귀금속시계상 3, 철공업 3, 신발상(履物商) 3, 도기상 3, 운송업 2, 토지경영업 2, 대금업(金貸業) 2, 당구업(撞球業) 2, 라디오전기구상 2, 중개업 2, 화포상(靴鞄商) 2, 다다미상 2, 소주양조업 2, 악기상 2, 유리상(硝子商) 2, 두부제조업 2, 은행 2, 상호신용회사(無盡會社) 1, 전기회사 1, 사설시장 1, 창고업 1, 자동차업 1, 활어상(生魚商) 1, 유가증권매매 1, 목장 1, 술양조업 1, 미장재료상(左官材料商) 1, 염색물상(染物商) 1, 완구상 1, 도검상 1, 소물상(燒物商) 1, 장례도구상 1, 모피상 1

어대진상공회(漁大津商工會)

지구 및 사무소 소재지

함경북도 경성군 어랑면 송신동 120번지 10

목적 및 연혁

목적(어대진상공회 정관 제2조)

본회는 상공업의 개선에 관한 제반 사항을 힘써 연구하여 사업의 진보 발달을 도모하고 어대진(漁大津)의 발전을 기하는 것을 목적으로 함.

조직(정관 제5조)

본회 회원은 송신동(松新洞), 송흥동(松興洞)에서 영업소 또는 사무소를 두고 있는 상공업에 종사하는 자 및 본회의 취지에 찬동하는 자로 조직함. 회원 회사가 되거나 회원이 현주에 거주하지 않을 때에는 대표자를 신고해야 함.

사업(시설사업, 장래 시설 예정 사업)

1938년도에 항구 내의 준설(경비 6,000원), 하역장 신설(공사비용 6,500원), 교량 보수공사(경비 10,000원), 본 교량은 수해 복구 공사임.

사업이 상공 본연의 사업에 나타나더라도 해당 지역은 면과 원격지에 있는 자치적으로 지방 발전을 위해 중심 단체로서 활동을 하고 있음.

장래의 시설로는 시가지 계획으로 있는 상수도임.

경비

1938년도 일금 2,241원, 1939년도 일금 4,533원, 경비 징수는 연액 5원 미만은 1회, 5원 이상은 네 번 또는 6회에 징수함(납입 고지서를 발행).

희망 사항

해당 지역 상공회는 임의 단체로서 회비 징수에 대해 강제력이 없어서 징수에 있어 어려움이 있으므로 현재의 「상업회의소령」에 의하거나 특별법에 의하거나 어느 쪽이든 법인격을 부여받을 수 있기를 갈망함.

장애 사항

상공회의 사명의 결실을 맺으려면 외부 교섭이 많아서 이의 사명을 완수하려면 상당한 경비가 필요하고, 또 외부에 대한 권위 있는 단체로 만들 필요가 있기 때문에 임의 단체로 만드는 것은 상공회 발전상 커다란 장애가 됨.

참고 사항

본 지역의 본 면(어랑면(漁郎面))은 면내 유일한 어업 및 정어리(鰮) 가공 지대로 내지인 중 거주자가 많아서 상업과 번창하고 있는 면사무소 소재지와 거리상 멀리 떨어져 있어 불편함으로 지방 발전과 수반해서 각종 시설 사항이 어려운바 현재 읍의 분립을 운동 중에 있음.

역원 씨명

회두　노미(能美猪勇武)　부회두　안영근(安永根)

이사장　미즈하시 시게루(水橋繁) 감사 이일병(李日炳), 타이키 테츠다로(大旗鐵太郎)

고문　경찰서장, 경무주임, 어랑면장, 어대진소학교장, 중앙소학교장, 어랑단등대장, 우편소장, 무선전신국장 사카구치 고키치(坂口幸吉)

특별회원　검사소 주임, 금융조합 이사, 전매국 판매소장, 수산조합 지부장, 어업조합 이사

상임의원　최지환(崔知煥), 사이토 카메키치(西藤龜吉), 오오타 쇼키치(大田承吉), 나카가와 쥰페이(中川淳平), 오가와 신키조(小川深貴三), 김리성(金利聖), 우에다 마사키(上田正喜), 김순봉(金舜鳳), 안병모(安炳模) 의원 칸다 아키요시(神田秋良), 모리치 미노스케(森地己之助), 구마모토 신키치(熊本新吉), 장우중(張友仲), 가와사키 겐조(川崎源藏,), 김동섭(金東燮), 최승만(崔承萬), 김영호(金璟鎬), 정백룡(鄭白龍)

직업별 회원 수(346명)

미잡곡상 13, 식료품·잡화 32, 과자줄 49, 식육 판매 6, 제과상 2, 연초 4, 선구어구(船具漁具) 3, 양철 유리 도기 7, 양품잡화·기성제복류(旣製服類) 17, 포목점 4, 양복점 7, 제화점 4, 전기 및 기구 2, 시계상 2, 사진점 2, 자전거점 4, 인쇄업 2, 의사 6, 약종상 4, 이발점 4, 목욕탕 1, 세탁점 1, 전당포(質屋) 1, 요리점 8, 음식점 37, 여관 7, 운송업 3, 조운점(回漕店) 2, 토목건축 청부업 8, 제재소 3, 가구 2, 조선소 2, 철공소 9, 대바구니(籠) 제조 1, 노끈 제조업 2, 간판점 1, 타면소(打綿所) 1, 소개업 2, 유비(油肥) 제조공장 13, 기타 68

남양상공회(南陽商工會)

지구 및 사무소 소재지

지구: 함경북도 온성군 유포면 남양동

사무소: 함경북도 온성군 유포면 남양동

목적 및 연혁

목적-회원 공통의 이익을 증진시킴과 동시에 남양 상공업의 발전을 도모하는 것을 목적으로 함.

연혁-남양은 예전부터 두만강을 따라 일개 한촌(寒村)에 지나지 않았지만, 1932년 7월 12월 이후 축차적으로 북선선(北鮮線), 경도선(京圖線), 도가선(圖佳線) 각 철도가 개통된 이후 일약 국제적 교통의 요충지에 위치하여 1934년 12월 말 현재 호수 약 1600여, 인구 7,000에 달하여 국방산업, 기타 각 방면에 걸쳐 중대한 사명을 갖게 되는 데 이르렀으며, 1935년 1월 19일 남양상공회 창립의 의결로 다음 달 23일 성대한 발회식을 거행하기에 이르렀고, 현재 회원은 103명을 두고 있음.

조직

회장 1명, 부회장 2명, 평의원 약간 명, 상무이사 1명, 이사 약간 명, 고문 약간 명

사업(시설사업, 장래 시설 예정 사업)

1. 종래 시설사업
   (1) 남양 도선장(渡船場) 복구
   (2) 국제교의 화물 간이 통과
   (3) 인도교 가설
   (4) 가축시장 설치
   (5) 남양-온성 간 도로 부설
2. 장래 시설 예정 사업
   (1) 남양-동관(潼關) 간 2등도로 부설
   (2) 만주국 화폐의 국경 지대 유통에 관한 건

경비

최근 11개년간 경비 450원.

징수 방법-회비 190원, 급송품 수수료 250원, 의자 사용료 10원

희망 사항

조선은행이나 식산은행의 지점을 설치하고, 이 은행 지점에서 만주국 화폐를 무료로 환전하기를 희망함.

장애 사항

기재 사항 없음

역원 씨명

회장 히야시 시게토(林茂人) 부회장 조기욱(趙琪郁)

직업별 회원 수(103명)

식료잡화 11, 음식점 4, 운송업 4, 여관 3, 재목 1, 이발 1, 견직물(吳服) 26, 연초 2, 요리점 2, 가구 1, 문방구 1, 신문 1, 양복 3, 생과(生菓) 4, 수육 1, 땔감(薪炭) 1, 시계 1, 목수(大工) 1, 기타 35

1) 중요 사업일지 (1) (1887년~1915년)

『경성상공회의소 25년사』, 경성상공회의소, 1941년, 1~18쪽.

1887년	2월 23일	경성상업의회 설립	2월 10일 나카무라 사이조(中村再造), 야나기 다케사다(柳武貞) 양씨 건의, 12일 거류민회의, 규칙 편제, 20일 출원, 23일 인가, 3월 7일 소개정. 회원 17명, 의원 10명. 임시 사무소 야나기 다케사다 씨 자택.
	3월 10일	상업의회 기능 개시	우노 야타로
	4월 13일	의회 설회식 거행	우노 야타로(宇野彌太郎) 씨 집에서 거행
	5월 17일	의회 규칙 개정 지령	(1) 유지자 조직할 것, (2) 기능을 무역상의 이해로 국한할 것.
	6월 5일	야나기(柳) 회두 사망	11일 이차가와 이시이사오(市川石勳) 씨 회두 선임
	6월 18일	의회 규칙 개정	(1) 의원 정수를 20명으로 할 것, (2) 의원회·총원회 2종류로 설치하고, 전자는 매월 15일, 후자는 6개월마다 개회할 것
	7월 1일	의회 가옥 매입의 건을 위한 위원 선임	이것은 실현되지 않았으나, 1890년 신축 당시는 민가의 임차였음.
	8월 1일	사무소 이전	나카타니 세이베에(中谷清兵衛) 씨 댁으로 이전
	8월 15일	재류 영업자 맹약 규칙 제정	(1) 경매 방지·가격 균일을 위해 매월 1회 동업자 집회를 열 것, (2) 중개인에게 도기를 판매할 때는 입도선매를 금지할 것, (3) 조선인에게 판매할 때는 외상 판매를 폐지할 것
	8월 16일	규칙 개정	역원 중, 부회두 외 회계 2인을 설치하고, 상업상황조사위원 2명 증원.
	10월 28일	규칙 개정	역원 선거 수속에 관한 것
1888년	2월	이마리(伊萬里) 및 아리타(有田) 도기 수입방 알선	후년 규슈(九州) 도기 판로 개척 시작
	5월 29일	총대 사무소 및 상업의회소의 경비 합병	1개월 경비 예산 합계 80원 중 30원 분담금(分頭金), 35원 상의회원 부과금
1890년	4월 16일	규칙 개정	의원 정원 15명으로 함
	6월	사무소 이전	현 수정(壽町) 4번지에 총대 사무소와 함께 신축 이전. 건축비 800원, 건평 24평.
1891년	2월 9일	동업조합(同業組合) 조직 권장	회의소의 결의를 선도하여 주장한 결과, 5월 들어 과자상·서양의류상 조합 성립됨. 경성에서 동업조합의 효시가 나타남.
	12월	총대 사무소와 분립 논의	유지로부터 총대 사무소로 건의서 제출
1892년	1월 13일	경인가도(京仁街道) 개수 건의	총대 사무소와 공동으로 영사에 건의하였으나 경비 관계로 불성립

	5월 12일	명의 개칭	총대 사무소와 분립한 결과, 재경성일본인상업회의소로 개칭하여 새로이 조례 제정
	5월 28일	경인-원산 간 육로편 파발편(飛脚) 제정	회의소 간 맹약에 따라 해상편의 때를 보아서 매월 1회 또는 2회 쌍방으로부터 육상편으로 발송할 일. 1회 비용 6원.
1893년	3월 29일	상업 보호를 위해 순사 증원 청원	전년 11월 28일부 영사 앞 건의를 확충하고 외무대신에게 직접 송달
	4월 29일	회의소 규칙 개정	(1) 『조례』로 칭한 것을 규칙으로 개정, (2) 회원 선거법 보충, (3) 상황조사위원의 설정 등.
	7월 10일	선철전(銑鐵錢) 주조 정지 건의	평양전(平壤錢) 주조 중지운동 실행, 영사에게 건의해서 청국 상업계와 연결하고, 또 재류 상민 간의 거래 금지 규약 설립, 마침내 화폐 주조를 중단케 함.
	10월 20일	농업 상황 시찰위원 파견	경기 북부·황해·평안 3도 지방으로
	10월 30일	「방곡령(防穀令)」 해제 청원	삼남 지방 한해(旱害)에 따라 「방곡령」 철폐 운동 일어나 인천·원산·부산 등 회의소와 호응, 마침내 조선정부는 곡종(穀種)을 쌀로 하고, 실시 시기를 1개월 연기할 것을 약속함.
	12월 12일	제일은행 지점 설치 방법 청원	경성의 제일은행 출장소가 대장성달(大藏省達) 1889호에 따라 지점과 같은 절차에 따르지 않고 폐지 인상을 위할 때 계속 당국 등에 청원, 목적을 달성함.
	4월 4일	일본원 은행권의 위조화폐 증가에 부쳐 거류민에 경고	아울러 위조화폐의 판별법도 지시함.
1895년	3월 12일	육의전(六矣廛) 징세소 철회 운동	이조시대 전매특권자 육의전의 징세권의 물품 판매권을 얻은 자에 대해 반대, 청원 운동의 결과, 28일 한성부윤은 그 징세 금지를 포고하기에 이름.
	4월 4일	규칙 개정	회원 자격 인상
	6월 7일	일한통상협회 설립 원조	
	9월 17일	금융 타개 등의 건의 진정	(1) 수하물환 요금 및 송금수수료의 저렴화, (2) 은행대부 인하, (3) 지폐의 은화 교환 수수료 폐지, (4) 내지와의 전보료 인하, (5) 내지와의 소포우편물 취급 개시, 이상 이노우에(上井) 공사 귀국 당시 진정. 어느 쪽이든 청국 상인에 비해 불리한 점을 지적하는 데 근거함.
1896년	4월	계림장업단(雞林奬業團) 조직 원조	내지행 상단 조직. 오는 9월에 입국하는 동 단체는 국내 여행을 위한 신원보증을 세워 영사에게 인가해 줄 것을 청원하고, 이듬해 2월 10일에 단발령 이래 지방 소요에 비추어 보호를 조장하는 진정서를 내각 앞으로 제출함.

	5월 19일	경부철도 부설 촉진 운동	동 철도 부설권 소멸에 임박해서 궐기. 대표위원을 내지에 파견해서 운동한 결과, 7월 상순 발기인회를 조성함으로써 외부 인사의 수중에 떨어지는 것을 저지함. 1898년 9월 경부철도 합동조약 체결, 같은 해 11월 회의소는 야마구치(山口), 와다(和田), 겐조(建三) 세 사람을 촉성위원으로 천거하고, 각 방면으로 운동해서 1900년 3월 15일 철도위원회 규칙 제정, 다시 1900년 2월에 이르러 본국 정부 기타에 신속하게 성립될 수 있는 방향으로 청원 실시하였으며, 본국에서는 운동의 형세가 충분히 정비가 되어 동 3월 발기인 대표가 한국으로 와서 선로를 실측하기에 이름. 1901년 기공, 1905년 1월 1일 전 구간 개통의 결실을 거두기에 이름.
1897년	3월 24일	규칙 개정	규칙 일부를 개정하여 별도로 정관을 정하고, 선거 규칙, 의사 규칙, 직무권한 등을 상세하게 함.
	5월 13일	일본 일문전(一文錢)[11] 밀수 방지	일본 내지로부터 일문전 및 과전(鍋錢)을 수입 통용하려고 기도하는 자를 탐지해서 방지함과 동시에 인천상의, 우편지점 등에 통보, 장래 예방책을 강구함.
	7월 2일	부산·원산 간 전신 중계	경부간의 일본전신과 신설된 경원간의 조선전신과의 연결이 이루어지지 않아 세 지역 상의 간 협의 위에서 경성상의에서 중계하게 됨.
	11월 3일	신축 회의소 낙성식	총대역장과의 공동 사무소가 협소함을 알리고자 공동으로 신축하는 일로 경성우체국 인접 지역으로 5월 기공, 12월 이전을 완료함.
1898년	6월 16일	경성상품진열소 설치	본국 물품 판로 확장을 위해 영사관에 창립위원회를 개최하고, 회의소 부속으로 장동 제1호지(현 욱정(旭町) 1정목 입구)에 설치하기로 결정. 10월 15일 개관, 11월 3일 개장식 거행. 이 진열관은 나중에 농상무성의 보조를 받고, 1900년 1월 15일 회의소에서 독립해서 우미우라 가쓰야(海浦勝彌) 개인경영으로 됨.
	7월 5일	정관 개정	경비 부과자에 관한 것.
	12월 19일	경성·평양 간에 우편 개통 방안 건의	종래의 해로는 결빙 중 두절이 되는 일이 많아서 육로편 개설을 건의하고, 각종 자료를 제공할 목적을 달성함. 편도 5일이 필요하는 것으로 예정.
1899년	9월 5일	노량진 정거장 설치 방안 건의	경인선 공사를 독려해서 노량진까지 연장하는 방안 건의. 오는 12월 9일에는 객차를 운전시킬 것을 요망함.

11 조선 시대 말기 동전의 한 가지. 질이 매우 낮아서 종래의 일문전 상평통보의 3분의 1에도 미치지 못한 악화.

	9월 13일	백동화(白銅貨) 과잉 주조 정지 및 세관으로의 징수 방안 건의	백동화 시세 하락에 대비할 것과 해관(海關)이 멕시코 은화(墨銀) 및 엔은(圓銀) 이외를 수령하지 않고 동 화폐의 유통구역이 협소한 것에 대한 대책으로 건의. 백동화 문제는 이로써 종식되지 않고, 과잉 주조·사적 주조가 점점 더 심해져 1901년 12월 9일로 재건의하게 되어, (1) 한국의 화폐제도 확립 때까지 백동화 주조를 정할 것, (2) 화폐의 유통구역을 확장하기 위해 조세 수납을 백동화로, 또 지방 관리의 봉급에는 백동화를 지급할 것, (3) 백동화 시세 변동에 있어서 한국 화폐 거래소를 일본인 간으로 설치할 것을 인정할 것 등을 청원함. 더욱이 1902년, 1903년 거듭해서 대책을 건의할 수밖에 없는 상황임.
	12월 13일	경인 간 야간우편 설치 방안 건의	경인철도의 우편물 취급은 1900년 7월에 이름. 종래의 주간편 중 하나를 할애해서 야간 체송(遞送)으로 하고, 불편을 보완하려고 이듬해에 실시함.
1900년	1월 19일	도한(渡韓) 여권 수속의 간이화 방안 건의	한국 도항은 일반적으로 외국 여행과는 사정이 다름으로 그 수속 절차를 간소하게 해야 함으로 작년에 영사 등에 청원하여 그 실현을 보게 됨. 하지만 일시적인 일로 다시 엄중한 단속을 하게 되었으므로, 1901년 9월 21일 다시 건의를 하여 미침내 도한여권의 철폐라는 성과를 얻게 됨.
	7월 28일	경인철도 화물 운임 인하 운동	경인철도는 5월 전에 구간 개통을 하게 되었으며, 운임은 인천·노량진 간 운전(한강 도선) 당시와 큰 차이가 없기 때문에 영사에게 건의하거나 관계자에게 교섭 운동을 벌여 인하시킴.
	10월 23일	한국화폐거래소 설립에 관한 영사 자문 답신	거래소 설립은 한국 화폐의 가치 동요를 저지하는 효과를 보지 못함. 본 결정은 당시 거래소 내에서도 이론이 있어서 이듬해 12월에는 스스로 그 설립을 건의하여 1902년 5월 탄생을 보게 됨.
1901년	8월 2일	「방곡령(防穀令)」 포고 해제 건의	7월 이후 각 회의소 연락 실행. 결국 기간을 추수기까지로 하고, 쌀만 방곡하는 데 그침.
	11월 16일	제1회 재한국 일본인상업회의소 연합회 개최	연합회 개최는 1894년 말 부산상의가 주도하는 유산으로 끝났지만, 현재 목포회의소가 주도하고 인천상업회의소에서 개최하여 부산, 목포, 경성, 인천 4개 회의소가 참석함(원산 결석). 16일 개회식, 18~20일 회의. 본 회의소에 제출된 의안은 (1) 1900년 법률 제82호 「세관임시설치장법」 제5조 화물 임시 보관(藏置) 기간은 만 3개월 이내로 하고, 어떤 것을 만 6개월 이내로 개정할 것인가에 대해서는 그 절차로 건의하며(숙제), (2) 백동화 과잉 주조를 방지

			하는 것을 일본국 공사에게 건의(가결), (3) 쌀의 수출 금지령 해제에 부쳐 연합회의 명의로써 일본국 공사에게 사의를 표할 건(가결), (4) 연합회 본부를 경성에 두는 건(철회), (5) 1896년 이후 신체, 재산에 대한 우리 상인 본래의 손해배상을 긴급히 해결하도록 일본국 영사에게 건의(가결).
	12월 9일	백동화 폭락 방지책에 대한 건의	이 문제는 다음 해로 이월하거나 영사에게 자문하고, 회의소에게도 누차 건의를 반복함.
1902년	1월 27일	한화(韓貨)교환소 설립 건의에 대한 회의	와다 쓰네이치(和田常市) 외 5명의 합의 규약안이 제출되어, 교환소 설립을 논의하고, 찬성에 대해 가결함.
	4월 17일	일한통상장정(日韓通商章程)에 관한 영사 자문 답신	하야시 공사의 동 장정 중 세관 규정 개정의 포부에 이바지하기 위해 영사로부터의 자문에 대한 답신. (1)「방곡령」의 1 항목 삭제, (2) 전 단계와 호응하는 곡물류 수입세 전부 폐지, (3) 조계 외 10리(일본 이정(里程)) 이내의 토지 가옥소 유상 권리 취득, (4) 경성 부근에 묘지 공여, (5) 함흥·원주·대구·진주·개성·전주·공주·강경·의주·해주에 시장을 개설할 것, (6) 한국과 내지에서 일한인 협동사업의 공인, (7) 철도 연로(沿路)의 내지 여행권의 불필요, (8) 철도 수하물의 통관세 즉납, (9) 연안 하천 항행 선박 화물은 통상항과 비통상항을 자유롭게 이용할 수 있도록 할 것, (10) 재수출품 과세 수속의 간이화, (11) 위험물의 대여 창고 설치, (12) 검사장·대여창고의 증설 및 무역규칙 제11, 23항의 실행, (13) 화물검사 수속의 간이화 및 수매가격의 사정 수속에 관한 것, (14) 해관세금(海關稅金)에 한국화폐 수령, (15) 해관(海關)의 영수증 발급, (16) 해관의 화물 인수(引取) 기한 개정, (17) 홍삼 자유매매. 이것들은 모두 당시 체류하고 있는 상인들의 불만 결정이라고 볼 수 있음.
	5월 18일	재한국 일본인상업회의소 제2회 연합회 개최	부산 일본상업회의소에서 24일까지 개최, 경성·인천·목포·원산·부산 참석. 본 회의소에 제출된 의안은 전항 일한통상장정(日韓通商章程)에 관한 답신 중 (4), (6), (9), (12), (13)을 제외한 것과 동일하게 대체로 가결됨.
	7월	제5회 일본국 권업박람회 출품 알선	오사카(大阪)에서 1903년 개최. 이번 달 이후 오사카상의와 연락 알선.
	10월 23일	농상공 상황 시찰원 파견	제1회 경기 북부·충청·강원도 지방.
	12월 1일	소 전염병 유행에 대해 조사원 파견	영등포·수원 지방.

	12월 5일	백동화 문제에 관한 건의서 제출	(1) 전환국(典圜局)의 주조 정지, (2) 화폐제도를 확립하고, 1개년을 기간으로 현재 유통되고 있는 백동화(관 주조)를 법정 액면으로 교환할 것을 영사에게 건의. 1903년을 넘겨 중앙은행 설립 계획의 풍문이 있어서 11월 2일부로 위 중앙은행의 조직 내용을 천명할 희망과 함께 위의 2항과 같은 건의를 공사 앞으로 반복해서 보냄.
1903년	2월 7일	제일은행권 통용 금지 항의	영사·공사·외무대신 등 앞으로 최대한 경쟁해야 한다는 취지로 건의.
	5월 6일	제3회 재한일본인상의연합회 개최	경성일본인상업회의소에서 16일까지 개최, 인천·목포·원산·경성 4개 회의소 참집. 본 회의소가 제출한 의안은 (1) 한국에 재류하는 자 징병 면제의 건(그 주소에서 징집하는 일과의 수정 가결), (2) 청원에 따라 배치하는 순사 충원 규칙 제정을 청원하는 건(가결), (3) 우편선·상선 양 회사에 교섭하여 집무 시간을 해관(海關)과 같이 하는 건(폐안).
	6월 23일	정관 제정	종래의 회의소 규칙을 폐지하고, 1902년 상업회의소법에 준거해서 신설 정관 제정.
	10월 28일	경성·수원 간 객차 화차 운전 방안 요망	경부철도 공사의 진척에 수반해서 여객화물 취급의 촉진을 요망하고 실현시킴.
	11월 12일	쓰시마·부산 간 해저전신 부실 방안 청원	1882년 대북전신회사(大北電信會社)의 경영으로 돌아간 동 선로의 부진에 따라 고장이 속출함으로써 이를 매수하거나 비상준비선 가설권의 획득을 전선상의임시회 결의로 외무대신에게 청원.
	12월 7일	대 러시아 교섭 촉진 방안 건의	아주 강경한 수단에 호소하는 한편, 대러시아 교섭을 급속히 진전시키도록 연합회 임시 결의를 통해 내각에 전신 청원함.
1904년	4월 28일	제4회 재한일본인상의연합회 개최	인천일본인상업회의소에서 5월 5일까지 개최, 경성·부산·인천 3개 회의소 참집. 본 회의소가 제출한 의안은 (1) 일본정부 및 외교당국자의 일한의정서 장려에 관한 건(가결), (2) 일본 연합함대에 대한 감사장 송부에 관한 건(가결), (3) 식산흥업에 투자하는 금융기관 설립의 건(수정 가결), (4) 한국전보국에 일본문자를 서구 문자와 함께 병용할 건(수정 가결)
	5월 9일	경인 간 전화선 증설 건의	바로 실현.
	8월 20일	경부 간 전화선 가설 운동	양 지역 간 장거리 전화 부설 방안 체신대신 등에게 건의.
	9월 15일	소유 토지 가옥 매각	경성 일본인 거류민 관서와 공유하는 토지가옥을 인접 경성우체국에 매각하는 계약 성립.
1905년	1월 1일	경부철도 개통	

1월 20일	한국화폐제도 개혁에 관한 법률 공포	
1월 26일	남대문역에 보세창고 설치 및 경부철도 운임율 저감 운동	상경하는 나가이(長井) 거류민장에게 교섭 방안 위임.
5월 7일	민간, 관공서 사무소 분리	종래 같은 사무소에서 처리해 온 민관청을 분리하기로 결정되어 동 사무소를 이전.
5월 16일	상인집합소를 사무소 내에 설치	
6월 26일	백동화 교환 방법에 대한 탁지부령 발포에 관한 교섭	25일 회두·부회두·이사는 제일은행 지점을 방문, 교환 방법을 교섭.
7월 1일	백동화 교환 개시	
7월 8일	백동화 교환 촉진 방안 진정	교환 청원에서 그 교환 지정일까지 시일이 소요되어 금융계의 타격이 큼에 따라 이를 촉진시켜 하루 최소 10만 원 이상으로 할 것.
7월 8일	경인선 운임율 복구 문제	경부철도회사가 경인선에 한해 대화물 취급을 정지시키는 것이 부당하다고 인정하여 이후 수차례 인천상의와 연합회의를 함. 18일 당국과 타협점 발견.
7월 29일	한국 측 상의로부터 화폐제도 개혁에 관한 교섭	화폐제도 개혁의 결과 어음(手形) 불통 대책에 대해 교섭해 왔으며, 연말에 걸쳐 구제책을 강구함.
9월 20일	재한상의 제5회 연합회(10월 8일~14일에 원산) 제출 의안	(1) 일한관세동맹 체결로 양국 수입세를 철폐할 건, (2) 권업적 은행 설립, (3) 신규 보조화폐의 건, (4) 경의선의 완성 방안 청원(이상 가결), (5) 요코하마 기점 항로 설정(철회), (6) 재한상의에 법인자격 부여할 건(가결), 부산·목포·경성·인천·원산 참석.
10월 23일	「백의(白衣) 금지령」에 대한 의견 보고	
11월 17일	일한보호조약 체결	
11월 29일	복색(服色) 변경의 건	한국정부에서 백의 변경 훈령과 관련해서 교토·오사카·고베 상의 앞으로 내지 직물의 판로 개척 방안 고려를 희망함.
12월 7일	재정금융 문제 연구를 위해 경제연구회를 설립(백동화 교환 문제를 중심으로)	조사 결과, 원인으로 (1) 구 백동화 사용 가격 변동의 결과 한국인의 재력을 감쇄시키는 건, (2) 재정 개혁과 수반해서 경제계가 예전 관습이 일시적으로 변화를 가져올 건, (3) 구 백동화 교환의 결과 유통화의 부족, (4) 통화 부족을 메울 수 있는 어음의 통용 감소. 따라서 구제안으로 (1) 유통 화폐의 점진적 증가, (2) 5전 이하의 소액 보조화폐 발행, (3) 주요 지방에 금융기관을 설치해서 지방 금융을 완화할 것, (4) 조세의 중앙 금고 회수 제도 변경, (5) 자금 유입의 방법을 강구할

			것, (6) 권업적 은행 설립을 결정. 18일 영사관 당국, 20일 메가타(目賀田) 고문을 방문, 의견 개진.
	3월 31일	정관 개정	회원 자격의 변경 및 이사를 서기장으로 할 건. 4월 10일 인가.
	7월 13일	회의소 신축 논의	협의회에서 결정.
	10월 13일	임시전국상의연합회(15일) 제출 의안	(1) 시모노세키-부산 연락선을 관영으로 할 건(당시 산요철도회사(山陽鐵道會社)), (2) 수출 여세(戾稅)를 일반 직물에 적용할 건, (3) 경원철도 신속 부설, (4) 일본정부 전매품의 만한행(滿韓向) 불하 수속 간이화 건. 출석위원 없음.
	11월 11일	임시협의회	어음 조례의 건, 차륜폭원(車輪幅員) 통일의 건, 기타.
1907년	1월 10일	경원철도 신속 부설 청원	2월 2일을 경과해서 본 문제에 관한 인천상의와 연락함. 6월 거류민회장 상경할 때 운동 방안 위촉.
	1월 12일	야마구치(山口) 회두·오무라(大村) 서기장 남선 상황(商況) 시찰	21일까지 10일간. 부산·마산·김천 등 각지.
	1월 22일	도쿄권업박람회로 출품 알선	통감부 원조.
	5월 14일	관부연락선(關釜連絡船) 증가건 건의	종래 2척을 3척으로 할 건.
	6월 10일	경의선 화물 운임 인하 방안 진징	타 선로에 비해 배액에 가까운 고율의 사유를 통감 이하에 진정.
	6월 14일	정관 개정	선거 규정에 관한 건. 17일 인가.
	7월 13일	회의소 공법인화의 건	각 회의소와 연락하는 건으로 위원 선임.
	7월 19일	한국 황제 양위 조칙	부내 각 지역에서 폭동이 일어남.
	8월 19일	금융 핍박 대책	소요 결과 금융 핍박을 알리기 위해 제일은행 경성 지점에 교섭하여 특별융자 구제법을 강구.
	8월 23일	회의소 기초공사 착수	
	9월 15일	경성박람회 개최 원조	9월 15일부터 2개월간 황금정 부근에서 개최. 내지 39도부현과 참가.
	9월 23일	회의소 마크 제정	협의회에서 소가씨(曾我)가 다음의 안을 제시, 만장일치 가결이기는 하지만 실제로 사용된 것은 보지 못함. 
	10월 22일	제6회 재한상의연합회 개최	인천·부산·목포·원산·군산·대구·진남포·평양·경성 9개 회의소 참석. 경성부인회 사무소 내에서 26일까지 개최.

			본 회에 제출된 의안은 (1) 재한일본인상업회의소를 공법인 조직으로 할 것을 건의, (2) 일한관세동맹 건의, (3) 권업적 특수은행 신속 설립 건의, (4) 청국 한국 연락철도 긴급 부설 건의, (5) 재한일본인 상공업자 중의 폭도 피해자에 대한 배상 방안 건의, (6) 내지 수입품의 조제(粗製) 제조 남발에 관한 개량 방안을 각 생산지 상업회의소에 통고. (2)항 이외 가결.
	11월 28일	재한상의연합회 사무소 상설 설치	향후 사무소를 당 회의소 내에 설치, 또 원칙으로 연합회 개최지를 당 사무소로 하는 사안 결정.
	12월 4일	회의소 본관 공사 낙성 이전	10일 낙성식 거행. 8월 기공, 목조 2개 건물 40여 평, 공사비 6,600여 원.
1908년	1월 15일	지불기일 통일 운동	전년 8월 이후 본 회의소에서도 문제가 되어 연합회의 결의를 보고, 11월에도 실시 방법이 논의되었지만, 실제적 조치로 (1) 매출 대금은 그달 말 이틀에 한해 마감할 것, (2) 다음 달 5일까지 지불할 건의 2항을 각 상점에 통보. 본 건은 이후에도 몇 차례 제창되었지만 끝내 조심해서 지키는 것을 볼 수 없었음.
	2월 3일	철도 임금 인상에 대한 진정	금년 1월 원거리 체감법을 채택한 곳에 대해 각 노선을 통해 왕래가 빈번해지는 근거리 구간에 왕복 할인표 제도를 적용하여, 원거리 체감법에 따른 부담을 완화하는 건.
	2월 29일	금융 완화 방안 요망	작년 이후 각지의 폭동 때문에 지방보다 회수금이 적고, 중국 무역의 부진, 미국의 공황 등과 맞물려 공황이 닥칠 수 있는 우려가 있다며, 각 은행 지점장 앞으로 대출 회수에 대한 연기 및 금융 완화 방안을 요망함.
	3월 2일	화재보험료율 인하 방안 진정 조회	올해 1월의 보험료율 인상은 과다한 손실을 가져와 각사와 교섭한 결과 요율의 인하를 보게 됨.
	6월 15일	정관 개정	의원 정수 18명을 24명으로 함. 17일 인가.
	7월 23일	제 관아(官衙) 하도금 지연에 관한 진정	건축 공사 부담금·물품 구입 대금 등의 지급이 긴급하게 이루어질 수 있도록 진정.
	10월 24일	조선상의 제7차 연합회(26일~29일) 제출 의안	(1) 재한국일본인상의를 법인 조직으로 할 건, (2) 만·한(滿韓) 연락철도 긴급 부설의 건. 모두 가결.
	12월 1일	야마구치 세이(山口精)·경성문고 설립에 부쳐 회의소의 일부 무료 대여	처음 『경성도서구락부』 설치로 출원함. 사설도서관으로 독지가의 도서 기증을 받아 열람자에게 제공함. 1911년 남대문통으로 이전, 경성도서관으로 칭해졌으며, 이후 경성부에 기증되었고, 이관도서 중 일부는 감리교회 및 종로 분실에 이관됨. 부립도서관의 전신이라고 할 수 있고, 또한

			회의소 도서실의 발단을 이루고 있는 것으로 여겨짐. 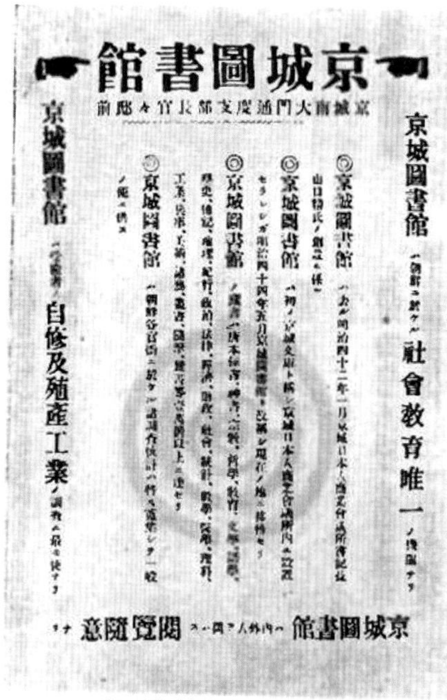 山口精「朝鮮產業誌」所載
	12월 26일	관제어음에 관한 의견서 제출	한국 어음 조례에 따른 어음 용지는 민간 제품을 허용하지 않고 관에서 제작하는 것으로 하여 1장에 2전으로 하기 때문에 이용자는 극히 국한되는 양상으로 소기의 효과를 거둘 수 없음. 이에 (1) 회의소에도 제작권을 부여하거나, (2) 그 매도 대가를 100장당 1원 이하로 하고, 매도소를 각지에 넓게 설치하는 것에 대한 의견을 개진하여 제2안이 수용될 수 있게 됨.
1909년	5월 19일	경룡[12] 간 전화통화료 폐지 청원	그 빈도에 비추어 철폐 방안 청원, 병합 후 실현을 보게 됨.
	6월 23일	토지건물 매매·증여·교환·전당에 관한 주의	토지건물 증명 규칙에 따라 이사관의 사증(査證)을 받을 경우 제3자를 위해 권리를 침해할 우려가 있는 사실에 대해 재류민의 주의를 환기시킴.
	8월 9일	토지건물·매매·전당에 관한 진정	(1) 관리를 증원하여 절차를 조속하게(5일 이내) 완료시킬 것, (2) 이번의 사법권 위임을 계기로 한성

12 경성-용산

			부의 증명, 이사관의 사증이라는 이중 절차를 폐지하여 지역 재판소가 취급하고, 한 차례 등기 증명에 의한 권리를 보전하도록 할 것.
	8월 12일	과금 미납에 관한 진정	회의소 경비의 팽창에 대한 과금의 미납은 예산의 절반에 달하는 상태이므로, 이사관에게 청원한 결과, 30일부로 납부 방법에 관한 고지가 공포됨.
	9월 9일	조선상의 제8차 연합회(15일~18일) 제출 의안	(1) 오는 1911년 조약 개정에 대해 일한 양국을 관세상 하나의 구역으로 할 것, (2) 일본에서 관세 개정에 관한 곡물 수입세 인하 요망, (3) 한국 토지 정리에 대해 민단 시행지 부근을 1910년 1월부터 착수, 철도 연선, 기타 일본인 거류지는 가능한 신속하게 착수할 것, (4) 재한일본인상의 자격에 관한 이전 결의의 촉진, (5) 한국 내 전화 구역에 관한 건의. (5) 이외 어느 쪽이든 가결함.
	10월 13일	경원·호남 양 철도 동시 부설 운동	경원·삼남(三南) 양 철도기성회를 회의소 내에 설치하고, 민단(民團) 및 은행 회사 등 발기인으로 기부금을 모집하여 위원을 상경시켜 적극적으로 운동하게 해서 목적을 관철.
1910년	2월 5일	일본 내지의 곡물 수입세율 인상안의 저지 운동	연합회의 결정에 따라 대표자를 상경시켜 저지에 성공함.
	2월 19일	관리 수하물 및 소포우편물 무관세 통관 철수 방법 청원	지난 1906년 이후 통감부 및 소속 관서 관리의 수하물의 무관세 통관 특권은 현지 상공업자에 대한 공격과 동시에 관직명 남용이라는 폐단이 생겨나고 있는 것은 여러 가지 숫자가 나타내고 있는 바로서 이에 대한 철폐를 청원하는 일이 성공을 거두고 있음.
	3월 22일	한국인 연초상 폐점 사건 중재	남대문·동대문 양 시장 연초상이 한성재무서 관리의 처분을 부당한 것으로 폐점에 이르게 된 것에 대해 양자 사이를 알선하고, 한편으로 문을 열도록 함과 동시에 재무서 측으로 하여금 전년도 연초세의 추징을 중단케 하여, 4월 26일에 이르러 원만하게 해결을 보게 됨.
	3월 29일	정관 변경	(1) 종래의 보결 의원제 폐지, (2) 특별의원을 5명으로 증원, (3) 3급 선거제를 2급으로 개정, 기타. 4월 6일 인가.
	5월 31일	거래소 설치에 관한 이사관의 자문 답신	경성에 거래소 설치의 필요, 동시에 유지 가능하다는 견해로 답신.
	9월 20일	내선회의소 간친회 개최	양 회의소 회두 주최, 경성호텔에서 의원 약 50명 참석.
	11월 4일	조선상의 제9차 연합회(12일~18일) 제출 의안	(1) 회의소법 발포 청원, (2) 수이출세 전부 폐지 건의, (3) 신속한 통관 수속 요망, (4) 긴급한 도시 부근 토지 조사 방안 요망, (5) 철도운임율 저감, (6) 조합법규의 발포, 기타(모두 가결).

	11월 6일	내선회의소 병합의 건	각지 조선인회의소에서 내지인 측과의 병합 희망 청원을 총독부에 제공하도록 하는 제안.
	12월 23일	전차궤도를 도로의 중앙에 부설하는 방법 청원	한미전기(韓美電氣)가 일한가스전기회사가 되어서 남대문선보다 순차적으로 복선 부설을 시행하면서 도로 중앙에 부설하도록 하는 것을 당국이 기존대로 한쪽 부설을 명령하는 것은 상점의 번영과 도시의 미관상 타당하지 않다며, 중앙 부설설을 청원함. 그러나 당국은 여전히 한쪽 부설을 고수하면서 허가를 하지 않음. 따라서 본 건에 관해서는 종로 조선인 측 회의소와도 같은 의견으로 서로 연락이 되어 공동 행동을 취한 것임.
1911년	2월 16일	회의소 지구 확장 문제	전년도 7월 용상민단의 폐지, 경성민단으로의 합병에 수반해서, 용산 상공업자도 본 회의소에 가입시키려는 논의가 일어나서 위원 천거를 위해 용산 유지와 간담회를 갖고 가입시킴. 1911년 제1기부터 실시하기로 3월 7일 결의.
	2월 26일	가스 및 전등 요금 인입료 인하 교섭	위원을 두고, 회사와 교섭하게 되었지만, 부득이하게 10월에 들어서(16일부) 관계 당국에 진정이 됨.
	3월 11일	정관 변경	회원 자격에 관한 것 등.
	4월 20일~22일	조선상의 제10차 연합회 제출 의안	조선 곡물 수이출 및 모국 이입세 철폐 운동을 위해 본 회의에서 위원 파견하는 건(가결).
	4월 25일~30일	전국상의연합회 (경성에서) 개최	남대문통 조선상업은행 건물 광통관에서 개최, 내지 42 상의, 조선 10 상의 대표자 약 100명 참가. 조선 관계 제 문제를 통의 후 각지 시찰.
	7월 19일	야마구치 다베에(山口太兵衛) 씨 회두 사임	회두 경쟁이 치열하게 진행되어 수습이 되지 않아 본 회기가 마침내 결원 상황에서 진행됨.
	9월 13일	회의소 내에 상공조사회 설치	의원 외 각 동업조합에서 1명 또는 2명, 기타 대표적 상공업자를 조사원으로 촉탁해서 상공업의 조사 연구를 시행할 것. 10월 17일 발회식 거행.
	9월 13일	조선 미곡류 근량(斤量) 수립 채용 반대	오사카·고베 미곡상조합의 신청으로 전국상의연합회 결정의 미곡류 근량(斤量) 수립은 내선 각 회의소와도 조회한 후 시기상조이기 때문에 반대함.
	9월 13일	도로 확장에 관한 조사원 선정	거류민단에서 조사 중인 본 문제에 참가하지 말 것. 12월 20일 총독 앞으로 도로 확장 청원서 제출.
	9월 22일	미곡 수이출입 관세 철폐 운동	쌀값 폭등에 대처하여 금년 4월의 조선연합회 및 경성에서 개최된 전국상의연합회는 공동으로 본안을 결의하였지만, 이번 일본 무역협회 및 오사카조선무역상조합에서의 전신 청원이 있었고, 경성, 인천 양 상의 연합 간담회의 결과, 다시 전국상의연합회장을 편달하고, 금년 가을 10월 도쿄에서 열린 전국연합회에는 조선 내 각 회의소

			모두 위원을 도쿄에 상경시켜 운동하기로 결정함. 이후에도 본 문제는 전 전선연합회의 문제로 1913년 목적이 관철될 때까지 수차례 상경하여 운동을 계속하기로 함.
	10월 12일	내지 거래소 대용 쌀로 조선쌀 채용 방안 운동	지난 1908년 중 농상무성 등에 진정이 있었고, 이번에 농상무성에 그 계기로 운동함으로써 더욱 적극적으로 교섭 진정을 수행하게 됨.
	11월 28일	토지건물 증명 및 사증(査證)에 관한 진정	관리를 증원하여 사무의 촉진을 도모하도록 할 것. 취지는 일찍이 1909년 8월 한성부 시대에 청원하여 관계 관원의 증가를 보았지만, 그 후 감소되어 이 청원을 하게 됨. 관리 증원에 대한 의지가 관철되지 못해서 1912년 10월 재차 청원이 이루어짐.
1912년	1월 25일	제1회 점원 근속자 표창 수여식 거행	
	2월 13일	점원 개선 방안	(1) 매월 1회 이상 실업 강습회를 개최해서 실업 지식을 양성시키고, 수양에 이바지할 것, (2) 점원 명부를 회의소에 비치시켜 점원의 이동 및 그 원인을 분명하게 밝혀, 불량 점원의 고용을 방지할 것.
	2월 15일	내선인 간 거래 방법 개선	우선적으로 조선인 간에 약속어음 기일 이행을 조선 측 상의 등과 교섭하고, 경우에 따라 경기도 및 경성부의 협력을 구할 것.
	3월 20일	관영사업에 관한 청원	(1) 가스·기와·토관(土管) 제조 중단, (2) 인쇄업은 민간 사업에 영향을 주지 않는 범위에서 경영. 모두 앞의 상공조사회 결정안을 기초로 함.
	3월 20일	서대문 용산 간 철도 간선 건 청원	간선을 통해 서대문·남대문 사이를 통과시켜 기존의 남대문에서 용산까지 특별히 돌아가는 번거로움을 피할 건.
	3월 27일	농공은행 기타 조선 측 은행 주식 소유권에 관한 청원	조선 측 은행 주식은 내지인에게 그 소유를 허가하는 것으로 내부적으로 정하고 있지만, 실제로는 조선인 명의로 10의 6, 7까지 내지인이 소유하는 상황에 비추어 오히려 공개적으로 내지인의 소유를 인정할 것을 청원함. 1913년 11월에 이와 같은 일이 일어남.
	7월 17일	조선상의 제11차 연합회(22일~25일) 제출 의안	(1) 조선 미곡 내지 이입세 철폐에 관해 위원을 동경에 보낼 건(가결 8월 22일, 오카자키(岡崎) 회두·야마구치(山口) 서기장 도쿄행, 당국에 청원 운동을 수행), (2) 조선생산품공진회를 1913년 4월 경성에서 개최할 건(가결).
	10월 2일	전국상의연합회(15일) 제출 의안	조선쌀 관세 철폐에 대한 청원 건(가결).

	10월 20일	용산세관출장소 또는 파출소 설치 청원	한강 수운 이용의 편리를 증대시키기 위함. 단, 채택까지는 이르지 못함.
1913년	5월 27일	조선상의 제12차 연합회(6월 4일~7일) 제출 의안	(1) 경성박람회 개최 건, (2) 동척 금융부를 확장시켜 부동산은행과 같은 기능을 기할 건, (3) 부군도청을 경유하는 서류의 지연에 관한 청원 건(모두 가결).
	9월 16일	시 번영책의 강구-경성 개시 30년 기념 연합 대매출	본 건은 역원회·총회·위원회 등 수 차례 회합 후 금일 회의소 의원·상공조사회원 및 각 조합장·주요 상점 측 대표 등의 협의회를 열고, 10월 중순에 경품부 연합 대매출 개최의 건을 결정.
	11월 4일	세관에 관한 청원	작년 4월 개정한 종가세(從價稅)의 실적에 비추어 종량세(從量稅) 복구 방법, 영업자와 협의 후 청원하는 건.
	11월 4일	농공은행 주권 소유에 관한 건	전년 3월 청원의 증상으로, 이번 한호농공은행(漢湖農工銀行)의 정관 개정 시 그 주식 중 2만여(약 4분)는 내지인의 소유로 귀속시키는 것에 구애받지 않고, 그 소유 자격을 '경기·충청·강원도에 정주하고 있는 내지인 농업인'으로만 한정하는 것은 부당하며, 이 기회를 통해 일반에게 자유 매매를 허가해 줄 것을 청원하는 건.
	11월 4일	전기가스요금 인하 방안 청원	왼쪽의 요금은 총독부 각 청사·관사 및 육군 등이 콜브란 시대의 할인 요율에 균점하는 것 외에 일반 민간에는 고율로 적용되어 인하 방안을 청원함.
1915년	2월 22일	정관 변경	민단(民團) 영업세가 부(府) 영업세로 대체된 결과 기준 세액의 변경 및 기타 회의소 회원 자격에 관한 개정 등.
	4월 24일	내선인 합동 경성실업가 춘계 대운동회 주최	
	10월 15일	전국상의 및 만주 실업단체 연합 간담회 개최	시정 5주년 기념 공진회 개최 중을 계기로 조선 사정의 주지와 선전을 목적으로 함. 내지 25개 회의소, 만주 2, 조선 8개 회의소, 합계 63명 출석.
	10월 22일	신규 회의소 창립 문제	「상업회의소령」에 의거 신규 회의소 설립은 내선회의소의 합병에 따른 방침이지만 양자 자산 관계가 상이하는 등의 이유로 일단 해산하고, 새롭게 발기인을 설치하고, 신설하기로 함. 본회의 해산 후 협의회에서 창립발기인의 인선은 개인 자격으로 회두 하라타(原田) 씨로 일임하기로 결정.
	12월 26일	경성일본인상의 해산	

2) 중요 사업일지(2) (1915년도~1940년도)

『경성상공회의소 25년사』, 경성상공회의소, 1941년, 19~66쪽.

1915년	7월 14일	「조선상업회의소령」 공포	10월 1일부터 시행
	10월 29일	제1회 창립발기인회	출석자 내선 신사 59명. 창립준비위원 7명을 추천, 이어서 창립위원회 개최.
	11월 1일	제2회 창립발기인회	위원회 결정의 내선별 역원 배당 수·정관·제 규칙·예산안 등을 승인하고, 회의소 설립 인가 신청서 날인.
	11월 9일	인가 신청서 제출	
	12월 4일	설립 인가	
	12월 15일	평의원 선거 시행	
	12월 30일	제1회 평의원 개회	창립비 승인, 역원 선거
	1월 29일	외상 거래(掛賣) 개선책	본 건에 관해서는 달리 부내 유지로 이루어진 경성실업회에 의해 개선이 주장된바, 이에 수차례의 평의원회·위원회를 거쳐 다음과 같이 의결을 하게 됨. (1) 각 상점의 판매대금 지연 거래의 경우, 특수한 거래를 제외하고, 가능한 약속어음으로 수수할 것, (2) 어음의 지불 장소는 가능한 주거래은행을 지정할 것, (3) 보통 외상 거래 대금은 각 상점이 적절한 시일에 마감이 늦어도 지불일 2일 이전에 청구서를 거래처에 배포하고, 해당 월말까지 결제를 완료하도록 개선을 기할 것.
1916년	4월 20일	가내공업 실시 방법에 관한 현상(懸賞) 모집	11월 8일 심사 결과, 응모자 6명 중 2등 진구 신자부로(神宮新三郞), 3등 아쿠타가와 데쓰노스케(芥川鉄之助) 입상으로 결정.
	4월 20일	상공금융기관 이율에 관한 답신	탁지부장관 자문에 대한 판매·계약·조합·전당포(質屋)·대금업자, 기타 유사기관에 관한 조직·경영 방법·사업 상황 등을 조사 답신.
	4월 22일	상점원 수양 강습회 개최	주류상(酒商)·식량품 도매상조합의 의뢰에 의해 알선. 이후 매월 개최.
	9월 12일	회의소 분과 규정 제정	조사 자문의 상설 설치 기관으로 상업·공업·금융의 4부로 설치하고, 각 상의원을 위원장(1922년 7월 이후 부장으로 개칭)으로, 각 평의원을 위원(이후 부원)으로 촉탁. 위원회(이후 부회)는 오늘날까지 활동을 계속하고 있음. (이후 금융부를 이재부(理財部)로 개칭, 무역부를 신설, 상의원과 부장을 분리)
	9월 20일	동부 러시아령 아시아로 상품 소개 및 시찰	조선물산 소개를 위해 가토 쥰키치(加藤順吉)를, 무역 정황 시찰을 위해 오무라(大村) 서기장을 파견하기로 하고, 일행은 10월 6일부터 11월 16일까지 약 1개월에 걸쳐 시찰과 판로 개척을 수행

			함. 그 결과 11월 21일 역원회가 대러 수출품의 중개와 품질 검사에 임할 것을 의결하였다. 시기적으로는 러일협약이 성립된 직후이며, 계속되는 대러 관심이 일시적으로 앙양되었지만 얼마 되지 않아 소비에트정권의 수립을 보고 이 희망은 무위로 돌아감.
1917년	6월 26일	약속어음 지불 장소 지정	기존 약속어음의 지불 장소를 자택으로 하는 관습을 버리고, 거래 은행을 지정하여 간단하고 신속한 결제를 도모하고자 하는 것으로, 이를 위해 한편으로는 내선 상업자와의 간담회를 열어 경성 화상총회(華商總會)의 협력을 요구하는 동시에, 다른 한편으로는 경성은행 집회소에 은행 지정 어음의 우대를 요망했고, (1) 장래에 부득이할 경우 외에는 은행을 지불 장소로 하지 않는 어음 할인에 응하지 않고, (2) 은행을 지불 장소로 하는 어음은 사정이 허용되는 한에서 할인 이자를 저감하는 보장을 얻음(8월 13일).
	7월 19일	「미곡검사규칙」 개정 및 「대두(大豆)검사규칙」 제정에 관한 농상공부장관 자문 답신	그 요지는 (1) 신식 정미소에서 나오는 정백미(精白米)는 그럴 필요가 없으며, 농가의 절구로 빻은 중백미(中白米)와 한백미(韓白米)만 검사를 함. 단, 불합격 쌀도 수이출 이외에는 타 도 반출을 허가함. (2) 대두(大豆)에 있어서는 일반적으로 검사를 실시하거나, 불합격 콩이라 하더라도 수이출을 허용할 것. (3) 가마니는 5두입(斗入)을 편의적으로 함. 9월 8일부 「곡물검사규칙」 개정, 「대두검사규칙」의 제정이 있었으며, 위의 주문은 대체로 받아들여지지 않음.
	10월 26일	정관 변경	회계 처리상 일시 차입금의 방도를 넓힘.
	11월 11일	사무소 이전	부청 건물에서 동척 관내로. 약 1개년 예정.
	1월 18일	조선에서 무순탄(撫順炭)의 수급 원활 요망	지난해 이후 탄의 가격이 앙등해서 톤당 20원 내지 25원을 호가함. 이로 인해 탄 가격의 인하, 수송의 원활호, 수입세 철폐 등을 총독부에 진정.
	1월 18일	조선토목건축청부업조합 조직 방법 알선	바로 뒤에 조선토목건축협회가 있음.
	3월 12일	「선만상업회의소연합회 규칙」 제정	12일부터 3일간 서기장회의를 경성에서 개최, 초안 결정.
1918년	4월 15일	경성운송업조합 대 경성식량품경성주류상조합(酒商組合) 간 화물 운송 취급 수수료 및 임금에 관한 분규 조정	운송업조합의 운임 인상에 대항해서 상인 측에서 운송회사 설립 계획이 일어나고 있는데, 회의소의 조정에 의해 재정(裁定) 운임에 있어서 타협이 성립됨.
	5월 23일	농·공·상 사업계획안 모집	자본금 50만 원 이상으로 조선에 적당한 사업계획안 모집. 12월 마감, 이듬해 4월 결과 발표. 응모 15건, 그중 모집 조건을 구비한 것은 9건. 2등 1, 3등 2건의 입상.

	5월 23일	경성공설시장안에 관한 건	명치정(明治町) 광장을 예정지로 하고, 그 소유자인 이왕직에게 수지 계산 설계 등을 제시하여 고려해줄 것을 요구하고, 동시에 시장 경영에 관한 조사 초안은 참고로 경성부에 제공하여 시장 출현을 촉진하기로 함.
	7월 19일	쌀값 등귀 대책	최근의 출병 문제 결정 및 내지의 쌀값 대책으로 농상무성의 보조하에 고베 스즈키(鈴木) 상점의 매점으로 인해 그 대책으로서 총독부에 진정하였으며, 요지는 다음과 같음. (1) 지방 대지주가 보유하고 있는 쌀의 공출 수단을 강구할 것, (2) 정부 배급 외 쌀의 수용(需用) 장려, (3) 출병 문제에 동반되는 쌀값의 향후 추이를 정밀 조사 발표하여, 비축미에 대한 해당 업자의 과도한 희망을 완화할 것. 쌀값 폭등, 시민 곤궁 대책으로 경성부의 요구에 따라 이에 대해 협력해서 경성구제회를 설립하고, 독지가의 기부로써 구휼미 지원 및 염가 판매를 실행함.
	7월 24일	제1회 조선상의연합회(9월 19일~21일) 제출 의안	「상업회의소령」을 개정하고, (1) 회의소의 사무 권한을 확장할 건, (2) 회의소 부과금 징수에 국세 징수법의 규정을 준용하고 강제권을 부여할 건(가결).
	7월 24일	제1회 선만상의연합회(9월 25일~27일, 다롄) 제출 의안	(1) 조선에서 무순탄(撫順炭)의 공급에 관한 건(보류), (2) 안둥(安東)·잉커우(營口) 등 재만주 해관사무의 담당자에 일본인을 채용하는 건(가결).
	11월 16일	북만(北滿) 및 시베리아 경제·산업 무역 조사	평의원 도마베치(苫米地造酒彌) 씨가 출장위원이 되어, 이듬해 1월 17일에 모토오카(本岡) 농상공부 사무관과 함께 시찰.
	2월 10일	약속어음의 지불 장소 통일	다년간 축적된 적폐가 아직 혁신되지 않아서 일반 상업자에게 어음 지불 장소인 은행을 지정하는 일은 철저하게 도모하는 동시에 은행 집회소에 대해, 개략적인 은행 지정 어음의 할인율 경감 방안 실행을 이행할 것을 거듭 요망하여 동의를 얻음.
	3월	조선 상인 폐점 사건	3월 1일 이태왕 국장일을 기해 경성부 내 소요가 발생하였으며, 나아가 9일부터 종로를 중심으로 조선 상인이 폐점과 영업 중지를 하기에 이르렀음. 이에 오무라 서기장은 조선 상인 사이를 백방으로 분주하게 다니며, 수차례 회합을 요구하며 알선에 노력했던바 4월 초에 이르러 점차 개점의 기운으로 나아감.
1919년	4월	주식회사 경성주식현물거래시장 창립을 알선	

5월 23일	고상(高商) 설립 건의	본 회의소의 제안에 따라 조선상의연합회 회장 명의로 조선총독에게 건의.
6월 8일	임시조선상의연합회 의제	명령 항로의 증가·만철 이관·철도 보급 촉진 등을 청원.
6월 22일	신축 사무소 정초식(定礎式) 거행	
6월 22일	제26회 전국상의연합회 제출 의안	조선 서남 해안 각 항 대 한신(阪神), 요코하마(橫浜), 기타 제 항구 간 명령 항로 개시에 관한 건.
7월 2일	관세 개정에 관한 탁지부장관 자문에 대한 답신	병합 당시의 구 세율 존치 기간 만기에 수반해서, 회의소는 오로지 이입관세에 관하여 조선 내 산업 보호라는 입장에서 의견을 답신함. 즉, 철폐로 인해 영향을 받는 산업은 목면사, 생사(生絲), 마사(麻絲) 제조 및 염직업, 화양지(和洋紙) 제조업, 도자기 제조업, 술·된장(味噌)·간장(醬油) 양조업, 제염업, 칠기제조업, 제혁 및 피혁제조업, 해산물가공업, 전분제조업, 착유업(搾油業), 비누제조업, 메리야스제조업, 버드나무세공업 등임에도 오히려 그 발달 단계와 함께 소비자의 상태를 고려하여 이입세(移入稅)를 존치해야 할 것으로는 과자, 기타 당과류, 청주, 소주, 맛술(味淋), 백삼(白蔘), 도자기, 버들고리(柳行李), 신발, 기타 여행도구, 피혁류 등을 중지시켜야 함. 오히려 수입관세는 내지와 통일해서 관세를 실시하는 것으로 이를 배제하더라도 대중국 무역에서 삼베(麻布), 비단(絹布), 식염 및 소주에 있어서는 특별히 수입세 부과를 요망함.
8월 29일	시염 수급에 관한 진정	칭다오(青島) 환급에 앞서 전선회의소(全鮮會議所)의 동의를 얻어, 조선 내 수급을 위해 칭다오 소금의 확보를 연합회장의 명의로 진정서를 관계 대신 및 총독 앞으로 제출함.
9월 23일	제2회 조선상의연합회(10월 9일~11일) 제출 의안	(1) 전신·전화의 설비 및 취급 방법의 개선을 당국에 요청할 건, (2) 개간조성법을 조선에 적용할 건, (3) 거래소법 발포 요청 건, (4) 종합대학 이하 각종 전문학교 설립 요청 건, (5) 목탄의 용량 및 포장을 통일할 건. (5)항 이하 가결.
9월 23일	제2회 선만상의연합회(10월 13일~15일, 경성)	(1) 만철(滿鐵)의 봉천(奉天) 이전 요청 건, (2) 만주에서 채탄량을 증가시켜 조선 공급량의 증가를 만철에 요청할 건(가결).
10월 23일	도량형 및 공업품 규격 조사회 자문에 대한 답신	도량형은 모두 프랑스식과 간단한 비례를 유지하는 단위를 제정해야 하는 것을 골자로 하고, 예컨대, 1미(米)의 30분의 10을 척(尺), 2립(立)을 승(升)으로 하는 것과 달리 일일이 이를 구체적으로 제시함. 공업품 규격도 마찬가지로 신규 법률을 기

			준으로 하여 이와 간단한 비율을 유지하는 단위 호칭으로 통일해야 한다고 함.
	1월 16일	정관 변경	주로 절차 규정의 변경임.
	1월 26일	이입관세 철폐 촉진 운동	1920년도에 실현을 기대하고 있는 이입관세의 철폐가 재정상 연기되는 것은 조선 산업계를 위해 유감스러운 일로써, 그 실현을 촉진할 것을 요청하고, 특별히 조선 이입 내지 공업원료품의 관세 면제 및 조선 가공 생산품의 내지 이입세의 철폐는 더욱더 초미의 급선무로서 각 회의소의 동의를 얻어 조선상의연합회장의 명의로 건의함. 따라서 조선의 관세제도는 금년 8월 28일 거치 기간 만료와 함께 약간의 특별한 경우를 제외하고 내지 관세로 통일하게 되었으며, 내지에서의 이입화물에 대해서는 재정상 내년 3월까지 거치하게 됨(더욱 연기 상황에 이름).
	2월 28일	상공업자 공휴일 설정	부내 각 상공조합과 협의해서 특수 사정을 제외하고, 매월 제1회 일요일을 공휴일로 정하고, 오는 3월부터 실시.
	3월	경성상공조합연합회 조성 방안 알선	내선 상공업자의 친목 및 공통 이익 증진을 위해 기존에 설립된 상공조합을 규합 결성하였으며, 본회는 이후 두 차례에 걸쳐 조직을 개편하였지만, 결국에는 회의소의 별동대와 같은 임무를 수행하고 있음.
1920년	4월 24일	금융 간담회-금융 완화 청원	재계 동요 대책에 대해 주로 실업가 대표자와 은행업자와의 간담회 개최. 주요 빈객 31명 회동. 성과에 비추어 회의소는 28일 넘겨 금융완화 방도에 대해 총독부 및 조합은행 앞으로 청원함.
	7월 10일	회의소 신축 낙성식 거행	
	8월 26일	경성상공업 지구의 개량 시설에 관한 조사	도시계획의 전제로 상공업 지구의 설정을 필요하다고 인정해서 조사위원을 설치함. 본 위원회는 1921년 9월, 경성도시계획연구회의 설립을 기회로 폐지함.
	9월 21일	제3회 조선상의연합회(9월 27일~29일) 제출 의안	(1) 조선철도의 개수 및 신규 선로의 긴급 부설상 건설비의 내실을 요청하고, 1개년에 최소한도로 4,000만 원 이상을 투입할 것이며, (2) 광업의 진흥 및 연료 문제 해결을 위해 총독부에 석탄시굴 조사기관을 설치해서 전 조선의 각 광상(鑛床)의 시굴을 수행할 것을 요청(가결).
	9월 21일	제3회 선만상의연합회(경성) 제출 의안	(1) 전신 취급 시간을 내지·만주와 같이 획일적인 시한으로 개정 요청할 건, (2) 조선인을 보호하는 데 있어서 유감이 없도록만주에서 정당하게 생업에 종사하는 당국자에게 희망하는 건.
	10월 24일	조선사설철도협회 성립	

12월	경성전기주식회사의 사업 실태에 대한 개선 요망	앞서 전기 동력 요금 인상을 계기로 부내에 동 회사에 대한 불만이 폭발해 회의소는 실행위원을 천거하여 각 방면과 회견을 하고, 조사를 한 결과, 업무 집행 전반에 걸쳐 실제 사례를 들어 개선을 요청하였으며, 아울러 전등 요금의 인하도 요구함(전력요금의 일부는 11월 중 회사 측과 전력수요자위원과의 절충에 따라 개정 인하를 보게 됨).
12월 21일	임시조선상의연합회 개최—철도 및 이입세 철폐 문제	1. 조선산업철도 해산 문제를 경성상의에 부의시킴에 따라 동 철도의 해산은 총독부의 철도정책의 불확실성과 내지 재계의 핍박에서 기인하고 있음. 이때 여러 조선 사설 철도회사로의 파급은 우려할 만한 것이어서 협의한 결과, (1) 조선총독은 동 회사 사장에게 최선의 노력으로 해산과 주주의 반성을 촉구하고, 필요에 따라 그 지분을 사장, 중역 등으로 하여금 매수하게 할 것, (2) 조선사철회사 주식에 최대 규모의 금융을 가능하도록 할 것, (3) 8주 이상 그 지불이 계속 신속하게 보급될 수 있도록 할 것의 이상 3개 항의 요청으로 선후대책에 해당하는 것으로 하고, 다시 사철의 근본 대책으로 현재 각 사철회사를 하나의 반관반민의 형태의 큰 회사로 개편할 것, 그리고 척식철도법을 이번 회의에 제출해서 조선에서 사설 철도의 기초를 확립할 것의 두 가지를 청원하기로 의결함. 2. 평원철도 예산 부활 요망. 그것은 제1회 연합회 이후, 또 선만연합회에서도 가결한 문제이며, 일단 1920년도 예산에 계상되어 삭제되고, 다시 이번 1921년도 예산에 있어서도 삭제될 운명에 있으므로, 신속하게 부활을 요망하는 바임. 3. 이입세 철폐 연기 문제. 1920년도 한에서 폐지를 공포한 이입세가 예산 관계상 1개년 더 연기 존속하기로 결정됨에 따라 당국의 식언을 유감으로 생각하며, 예정대로 실시될 수 있기를 요망함. 이들 의제는 산업정책뿐만 아니라 총독 위신에 관련된 문제로 격렬한 논의가 오감.
2월 7일	정관 변경	부세(府稅) 영업세 부과 표준의 개정에 수반해서 회원 납세 자격의 인상임.
2월 23일	임시조선상의연합회 의제—산업조사회의 설치	원래 산업 근본정책 수립을 위해 조사회 설치 요망을 의제로 삼았지만 당국에 그 계획이 수립되어 있고, 예산에도 계상되었기 때문에 그 구성에 관한 민간 대표의 참가 요청에 그침.

	2월 31일	조선사설철도 보조법 발포	동 시행 규칙은 오는 4월 1일부로 공포되며, 즉시 시행. 설립등기 후 10개년간 불입자본금액의 연 8분에 달할 때까지 부족액을 보급.
1921년	4월 12일	산업조사에 관한 식산국장 자문에 대한 답신	산업개발상 가장 중요하다고 인정되는 계획 사항. (1) 운수교통기관의 완성, (2) 윤택한 저리자금, (3) 수리관개, (4) 임업정책의 수립, (5) 수력 전기사업의 실현, (6) 양잠·면화의 장려. 그 외에 내지 미곡법이 조선미에 미치는 영향 내지는 대책에 관한 자문에는 답신하지 않음.
	5월 1일	경성 생산품 품평회 주최	출품 수 717점, 인원 184인. 기간 7일간.
	9월 2일	제4회 조선상의연합회(10월 12일~14일, 평양) 제출 의안	신속하게 산업조합법을 제정 공포할 것을 요망함(가결).
	9월 2일	제4회 선만상의연합회 제출 의안	(1) 거듭 조선과 만주를 통해 철도화물의 톤급 시행 방안을 만철 및 관계당국에 요청하는 건, (2) 거듭 조선에서 전보 취급 시간을 내지·만주와 동일하게 같은 시간으로 개정해 줄 것을 관계당국에 요청하는 건.
	9월 21일	전선실업가유지간담회	각지에서 유지 46명 참가. 3일에 걸쳐 산업 제반의 문제에 대해 토의.
	2월 11일	임시조선상의연합회(2월 17일) 제출 의안	워싱턴회의(華府會議) 군축 결과 발생될 것으로 예상되는 2억 원의 세계(歲計) 여유분 중 일부를 조선 개발을 위해 투입할 것을 요청하기 위해 부산상의의 주창으로 개최. 그 제안으로 본 회의소는 조선철도정책 2대 요강을 제창함. (1) 국유철도 경비 1922년 이후 10개년 계속 연액 5,100만 원, (2) 사설철도 보조 한도를 연액 500만 원 이상으로 할 것. 이렇게 협의한 결과 철도의 건설, 수산의 개발, 이입세 철회, 산미증식의 4대 강목 결정. 경성의 시키(支岐), 부산의 가시이(香椎), 평양의 후쿠시마(福島) 3대표 도쿄에 상경(2월 23일~3월 23일), 각 방면에 운동함. 앞으로 조선문제에 관해서도 민간보다 중앙에 운동을 더 많이 함.
	3월 13일	무다세누회(むだせぬ會) 조성	전년 11월 오사카에서 임시전국상의연합회의 합의에 기초. 전후 사회생활 긴축에 일조.
	3월 20일	식산국장 조회 백미 검사 실시에 관한 건	찬성 의견 답신.
1922년	5월 8일	운수문제실행위원회	운수부회는 예정대로 (1) 경인선에 전철 병용, (2) 철도화물 톤급제 부활, (3) 철도 대화물 근량제(斤量制) 개정 등을 연구 요청 중이었지만, 이에 대해 평의원회는 실행위원회를 설치해서 그 문제의 해결에 매진함. 위원회는 (1)항에 따라 인천상의와 서로 호응하여 연합사무소를 경성에 설

			치하게 하고, 7월 14일 당국 앞으로 진정서를 제출하였으며, 한편 운임 문제에 관해서도 여러 당국과 간담회를 거듭하여 7월 17일 전선상의연합회에 의안으로 제출 가결시킴.
	5월 27일	지불일 통일	본 건은 누차 조사 연구를 거듭한 결과, 경성상공조합연합회와도 협조하여 매월 월말을 지불일로 지정하고, 1923년 1월부터 실시하고, 전 평의원이 실행위원으로서 또 10명의 실행상무위원을 천거하는 노력을 들이는(1915년의 결의 다시 발생) 일이 될 수 있지만 그 후 경제계의 실제 상황에 비추어 보았을 때 당분간 연기하게 됨.
	6월 10일	조선철도협회 발회식 거행	지난번 조선사설철도협회의 흡수 확대.
	7월 17일	임시조선상의연합회 제출 의안	조선박람회에 필적할 공진회를 1924년도에 개최하는 방안 요망의 건(가결).
	8월 25일	제5회 조선상의연합회(9월 15일~16일) 제출 의안	조선총독부 및 소속 관서에서 사무 취급 방법의 간소화 요망의 건(가결).
	8월 26일	제회 선만상의연합회 제출 의안	재만 조선인에 대한 정신적 교화의 보급 및 경제적 보호 시설 요청의 건(독촉안).-본 대회는 콜레라(虎疫) 유행으로 연기함.
	8월 29일	경성물가조절간담회	물가조절에 관해서는 중앙정부에서 19항목의 대책이 발표된 (총독부도 이에 호응해서 9월 14개 항목의 요강을 발표) 것에 비추어 회의소도 이에 협력할 생각으로 경기도·경성부에 호소하고 이와 공동으로 상공업자의 조합 대표자 54명을 한자리에 모이게 해서 각 방면의 의견을 교환한 후 협력 물가 인하에 노력할 것을 결의함.
	9월 8일	미노베(美濃部) 회두 사임. 구기모토 도지로(釘本藤次郎) 씨 회두 선임.	특수은행 총재의 기능상 부적당한 이유임.
	9월 24일	시키(志岐) 상의원 도쿄 상경 운동	인천, 부산 대표와 함께 연합회 결의의 산업개발 문제에 대해 나흘에 걸쳐 각 방면으로 운동 중.
	10월 1일	조선 식료품 품평회 주최	출품점 수 924점, 관람 인원 53,178인, 기간 8일 간.
	10월 1일	경성전기회사에 대한 개선 요망	오하시(大橋) 경성전기회사 사장의 경성 방문을 계기로 가스·전등·전동력 요금 인하, 전차선로 연장, 차체 증가, 동력선 사고의 방지 등에 대해 간담을 나누고 교섭해서, 목적의 일부를 관철시킴.
	12월	러시아 피난민 구조	경성 위문회를 해당 지역 내에 설치, 위문금품 거두어 모으고, 기타 제반 시설을 알선함.
1923년	4월 20일	광고자료전람회 주최	내지·선만(鮮滿)·외국 포스터, 팸플릿·상표 등 1만여 점 전시. 기간 5일.
	5월 16일	제6회 조선상의연합회 개최	기간 2일간. 경성에서 제출한 의안 없음.

7월	무역통계사무촉탁원 설치	세관 관리의 감원에 따라 종래 발표해 온 무역통계사무의 중지를 우려해 미쓰이물산(三井物産) 지점 및 스즈키상점(鈴木商店)의 동의를 얻어 부산세관에 촉탁사무원을 설치하고, 그 비용을 분담하기로 함.
9월 10일	관동대지진 대처	부청에서 착수 중인 이재민 구휼사업에 참가함과 동시에 회의소로서는 본년도 예산 계상의 상공 장려 시설비 5,000원 전액을 도쿄상의에 위탁하여 일반 상공업 부흥을 위해 적절한 비용에 충당해주기를 요망함. 따라서 위 자금은 도쿄상의의 도서실의 부흥비로 충당되고, 같은 장소의 도서실 입구에는 이를 기념하기 위해 본 회의소의 사진이 게시되기에 이름. 1929년 10월에 이르러 도쿄회의소에서는 부회두 이하 감사장 및 부흥기념품을 가지고 본 회의소를 내방함.

東京商工會議所圖書館入口の
京城商工會議所全景寫眞
(昭和15年8月27日)

10월 16일	창문 장식(窓飾) 경기회 주최	조선부업품공진회 개최 중을 계기로, 경성상공조합연합회 신청과 관련된 것임. 참가자 70여 명, 기간 1주일.
10월 23일	임시조선상의연합회(25일까지) 개최	관동대지진의 영향 대책 협의를 주제로 함. 조선사업공채의 계속, 철도망 계획의 수행, 금융 완화책 등에 관한 각 방면에서의 요망. 특히 특수은행에 대한 최후의 안건은 상당히 구체적으로 거론됨. 본 회의의 결과, 대표위원으로 경성의 스즈키(鈴木), 평양의 후쿠시마(福島), 인천의 요시다(吉田) 각 회두 11월 초에 도쿄에 상경해서 각 방면에 진정을 수행함.
2월 12일	경성부윤 조회의 조선 내 공업의 보호 장려에 관한 건	청주·간장(醬油) 양조업, 피혁업, 직물공업 3개로 장래성이 있는 것으로 추천함(뒤의 두 개에 관한 세목은 8월 답신).

	2월 12일	채무 회피를 위해 개인 상점을 회사 조직으로 변경하는 것에 대한 방지책	이와 관련해서 사기로 손해를 입히는 사해행위(詐害行爲)로서 소추할 수 있다는 판례도 있으므로 신문지, 기타에 경고함.
	3월 13일	외국무역부와 합명회사 조선 무역조합	회의소가 유럽과의 직거래 소개 기관으로 설치한 외국무역부와 직거래의 대행 실행기관으로 구기모토(釘本) 회두 등 약간 명으로 조직된 조선무역조합과의 관계가 논의되고, 특히 후자가 사무소를 회의소 내에 두고, 월보에 이름을 올려 광고를 하는 등의 측면에서 공사(公私)가 혼란스러운 의혹을 일으키고 있음. 상업부회와 역원회는 실제 운용상 양자 간 긴밀한 연락의 필요성을 인정하여 상용상 기타에서 양자의 소속을 분별하는 수단을 강구하고 있으며, 한편으로는 무역조합 출자 사원을 공개함으로써 적절한 방안을 인정했지만, 평의원회는 석연치 않아 일단 숙제로 남겨 두고 해산함. 이후 8월 10일에 이르러 무역조합은 자발적으로 사무소를 회의소 바깥에 이전하였으며, 본 문제는 자연스럽게 소멸하게 됨.
	3월 25일	임시 전국상의연합회 제출 의안	조선산업 개발 4대 요항 중, 철도망의 신속 부설(가결).
	3월 17일	만주 및 남북지나 실업시찰단 주최	도시마(戶島) 평의원 단장, 오무라(大村) 서기장, 도쿠이에(德家) 서기 동행, 일행 17명. 4월 11일까지 봉천(奉天)·북경(北京)·한구(漢口)·남경(南京)·상해(上海)·대련(大連) 등 시찰.
1924년	4월 10일	제7회 조선상의연합회(5월 15일~17일) 제출 의안	조선 산업 개발에 필요한 사업 공채 및 보조금을 유감스럽게도 멈출 것을 요구함(가결).
	4월 19일	상업은행과 실업은행의 합병 알선	지방은행 합동의 첫걸음으로 상은과 실은의 합동의 기운이 무르익기에 이르러 양 은행 당사자, 관계당국 등의 의견을 타진한 후, 양자 합동 촉진의 평의원회 결의를 실행함과 동시에 알선에 임하여 조선은행에 의뢰해서 마침내 8월에 들어 그 성립을 보게 됨.
	4월 19일	동민회(同民會) 창립 알선	내선융화를 목적으로 함.
	5월 2일	철도 보급 속성 촉진 운동	1925년도 예산에 대해 (1) 사업공채 모집을 부활시켜 보충금을 증액하고, (2) 사설철도 보급금을 1할로 증액(종래는 8분)할 것을 요청하고, (3) 이를 위해 실행위원을 선정.
	5월 19일	조우(朝郵) 상해 첫 항해 기점 문제	다음 달 초 실시하는 상해 항로 첫 항해가 부산 기점으로 발표된 결과 평의원 간에 경인 지방 무시 논란이 일어나 평의원 간에 분규가 발생하였으나, 결국 조우(朝郵) 대표자와 당국자 의원 간에 인천·부산 간 무임 수송, 부산 환적으로 타협이 이루어지게 됨.

	6월 3일	구기모토(釘本) 회두 사임	신병으로 인한 이유.
	7월 1일	사업공채 부활 등 진정을 위해 도쿄 상경 운동	헌정회 내각 성립 때에 와타나베(渡邊) 부회두 등 조선사업공채 부활 등 운동을 위해 22일까지 도쿄에 상경.
	7월 22일	경성 납량시장(納凉) 및 창문 장식 경기회 주최	동시에 납량 야시장 및 상점 창문 장식 경기회 개최. 기간 15일간.
	8월 13일	와타나베 데이이치로(渡邊定一郎) 씨 회두 선임	
	9월 15일	오사카에 조선미 별건(別建) 문제에 관한 총독부 자문 답신	조선미의 호가 유지와 지방의 이해 관념 반대 등의 견지에서 반대 의견을 답신.
	9월 30일	임시조선상의연합회(10월 18일까지, 도쿄) 개최	회의와는 달리 제7회 연합회 협정 사항으로서 연합회의 형태로 도쿄에 참가하여 산업 개발 문제에 관해 요로에 대한 연합 진정을 요청함. 이 내용은 철도 건설 개량비 2,000만 원, 사설철도 소요비 1,000만 원, 도로항만 수축비 300만 원, 치수사업비 200만 원, 산미증식수리사업비 1,500만 원. 그리고 실제 운동 참가자는 경성, 대구 2개 회의소뿐임.
	11월	조선물산협회 창립 알선	
	1월	조선 재정문제를 위해 회두, 서기장 등 도쿄 상경	1월 말부터 1개월간.
1925년	4월 15일	제31회 전국상의연합회(6월 17일~19일, 도쿄) 및 제8회 조선상의연합회(8월 11일~13일, 원산) 제출 의안	철도망의 보급 속성을 요망하고, 중요 계획선을 제시하였으며, 사철에 대한 보조금 이자를 1할로 증액 요청(전선연합회 가결, 전국상의는 이것을 지방 문제로 결정).
	4월 18일	은행 금리 인하	시중은행 대출금리 인하를 전제로 조선은행에 대해 일본은행 이자 인하를 계기로 금리 인하 방안을 요청.
	4월 24일	텐만시(天滿市)에 보조금 지출	경성상공조합연합회 주최. 금액 2,000원. 기간 1주일.
	5월 26일	와타나베 회두 사임	신병 이유. 평의원 개선 기일이 많이 남아 있어서 회두는 당분간 결원으로 결정함.
	6월 23일	철도 건설 자금 획득 운동	내지의 비모채주의(非募債主義) 타파, 기타 방법으로 철도 자금 획득 방법을 찾기 위해 위원을 선출, 정무총감과 회견. 이어 9월 조 부회두 및 오무라 서기장을 도쿄에 상경시킴. 와타나베 전 회두, 평양·군산 상의위원과 시민대회 대표 위원과 함께 각 방면에 양해를 구함.
	6월 23일	대련권업박람회 조선 특설관 협찬	오는 3월 개최하는 동 박람회 내 조선관을 위해 400원을 분담 원조함.
	7월	조선 수해 이재민 구제회 후원	조선 중부, 기타 각도에서 수해 이재민 구제의 동회 사무소를 회의소 내에 설치, 제반 원조 알선함.

	11월 18일	가을 대시(大市)에 보조금 교부	경성상공조합연합회 주최. 일부 상업자에 편중해서 가부에 대해 논의가 비등, 간담회 후 가결. 약 1,900원.
	1월 13일	산업경제간담회	당국자·각 실업단체 대표자 등 25명 및 회의소 평의원 회동
	1월 22일	상품진열관 이전 건의	왜성대의 총독부 청사 터가 불편하여 부내의 상공업 중심 구역으로 이전하기를 희망함. 본 문제는 그 후에도 자주 거론되어 왔으며, 특히, 1927년 봄 이후 주로 경성상공조합연합회가 열심히 절충한 결과 민간으로부터 기부금을 받아 해결할 수 있는 전망을 얻기에 이르렀으며, 1927년 10월 동 연합회장 및 경성상의 회두 연명으로 신축 이전비 24만 원 중에서 금 7만 원을 이듬해 9월 말일까지 갹출 기부하는 청원을 제출한 결과, 1929년에 이르러 남대문 부근의 현 위치로 이전함. 회의소 분담으로는 1928년 8월 말 1만 원 기부 방안을 결정, 그 후 부족액 1, 200원을 추가 기부함.
	1월 22일	와타나베 회두 등 철도 문제를 위해 도쿄 상경	제국철도협회에서 조선철도망 보급 달성에 관한 건의 및 일반 조선산업의 개발에 관한 양해를 구하기 위함. 2월에 걸쳐서 경성에 체류.
	2월 27일	조선신문사 주최 조선 박람회 보조	금년 중 회의소가 주최하는 품평회 혹은 공진회의 개최를 예정하고 있지만, 경비 관계로 인해 고심한 끝에 동 신문사의 계획 신청을 접하고, 보조금 7,000원을 지급하기로 결정.
1926년	4월 24일	조선철도망 속성 기성회 결성	이후 도쿄에서 기성회가 성립됨에 따라 지부가 됨.
	4월 24일	텐만시 보조	경성상공조합연합회 주최. 보조금 2,000원. 기간 3일간.
	6월 29일	남부 간선도로 조기 완공 요망	본정통(本町通)의 현 상황에 비춰 경성부 도시계획과 분리되어 대부분을 수익자 부담으로 해서 조기 완공하는 방향으로 요청.
	7월 23일	조선철도 촉진 기성회 결성	7월 초순부터 와타나베 회두, 오무라 서기장 도쿄 상경, 철도망 촉진 운동에 몰두. 재경찬조단체로 23일 시부사(澁澤)와 자작을 명예회장, 고마쓰 겐지로(小松謙次郎) 씨를 회장으로 하고 도쿄에서 기성회를 결성. 조선의 기성회는 지부로 함.
	9월 9일	법인소득세 간담회 주최	9일, 10일에 걸쳐 부내 각 은행, 회사 본점 및 지점 당사자와 도청·부청·세무 관계 관리 등 참석자 약 100명. 마노(馬野) 경성부윤, 미키(三木) 경기도 이사관이 강연함.
	10월 12일	국세 영업세 설정 문제	산업의 개발 사업 진행 과정에서 필요하다고 인정되지만 세율에 따라 점진적인 것을 요망하고, 각 회의소의 찬성을 얻으면 연합회의 이름으로,

		그렇지 않으면 본 회의소 단독으로 청원하는 것으로 결정됨.
10월	경성생산품전람회 및 가을 대시(大市) 보조	모두 경성상공조합연합회 주최. 전자는 동월 23일부터 9일간, 후자는 같은 날부터 5일간 개최. 전자는 지난해 시모오카(下岡) 총감의 조선산 상품 충당과 이용을 장려, 통첩 1주년을 계기로 후자는 연례 대매출로. 보조금 5,000원.
10월 18일	철도 문제를 위해 와타나베 회두 도쿄 상경	다년간의 문제 해결을 맞아 11월 8일 퇴경함.
10월 27일	제9회 조선상의연합회(11월 17~8일, 목포) 제출 의안	지방관공서 및 제 학교 등의 지불기일을 정확하게 정할 것을 요망함(가결).
12월	가내공업 조사	본년도 중 미야코자와 마사아키(都澤正章) 씨에게 촉탁하여 가내공업에 관한 조사를 실행하고, 1926년 말 완료하였으며, 그 결과는 간행함. 또한 차년도에는 조선 고유의 가내공업에 관한 조사를 실시하기 위해 7월에 이종익(李鍾翼) 씨에게 촉탁함.
1월 16일	철도망 계획 운동을 위해 회두 등 도쿄 상경-의회 통과	본 목적 달성을 위해 의회가 개회 중인 것을 기회로 4월 1일까지 2개월여 와타나베 회두 등이 도쿄에 상경하여 각 방면에 마지막까지 양해를 구한 결과, 동 안은 3월 24일 의회를 통과해서 성립했으며, 부대 사항인 조선사업공채법안은 3월 18일 가결되어 1922년 이후에 현안 해결을 보기에 이름.
2월 9일	외국쌀 관세 철폐 방법 진정	
2월 28일	경성부윤 조회 산업장려시설에 관한 의견 회답	그 제1항 상공업 발전책에 대해서는 (1) 공업지구를 설정하여 운수 교통의 정비를 도모할 것, (2) 식은의 공업 금융 및 일반은행의 공업원료 및 공산품 금융에 대한 최선의 편의를 도모할 것, (3) 경성고공(京城高工) 및 경성공업학교를 충실하게 확충시켜 공업기술원 양성에 노력하고, 중앙시험소의 연구 결과를 기업화해서 적당한 편의 또는 원조를 부여할 것, (4) 중앙도매시장을 적당한 장소에 설치해서 일용 필수품 수급의 원활함을 도모할 것, (5) 상품진열관을 시내의 편리한 위치에 이전할 것, (6) 경성 생산품 품평회를 개최할 것. 다음으로 제2항 부업 장려에 관해서는 (1) 그 종류 및 방법은 본 회의소 본년도의 가내공업 조사에 따라 차년도에 속행한 조선 고유의 가내공업 조사 결과, 적절한 것은 모두 추가적으로 보완해서 답신하며, (2) 부업의 보급 조장에 대해서는 기술자 양성을 급선무로 하기 때문에 적당한 보

			조를 부여하여 견습기술생을 내지에 파견하고, 아울러 적당한 도제양성소를 설치하고, (3) 생산품의 판로 개척 수단으로 산업조합 및 도매업의 발달을 조장할 것.
	3월 7일	설탕소비세 인하 요망	조선에서 설탕소비세는 1918년도에 시작하여 내지 세율의 반액이 과세되었으며, 1922년도에는 같은 비율이 됨. 금회 내지에서 동 세법 개정 후에는 균형을 맞추는 데 있어서 당연히 조선에도 같은 금액의 인하가 타당하다는 취지로 당국에게 요청. 4월 1일부터 2할 이상의 인하를 보게 됨.
	3월 11일	조(粟) 수입 관세 철폐 요망에 관한 하얼빈 일본상업회의소로부터의 조회 찬부	불찬성 결정. 그 이유는 (1) 종례의 사례에서 보건대, 일시적인 철폐는 조선 내 가격에 영향이 미미하며, (2) 조선 내에서 자급 계획 실시 관계상 불가하며, (3) 조선 재정의 재원으로 중요하기 때문임.
	3월 11일	제2회 조선물산전람회 출품 알선	조선물산협회 주최, 오사카 미쓰코시(三越)에서 10일간 개최.
	3월 22일	조선산업박람회 보조	『조선일일신문』 주최, 6월 1일부터 1개월간 개최. 본 회의소 예산 상공장려 시설비의 부기 항목을 수정해서 1,500원을 지출 원조하기로 결정.
	3월 22일	동아권업박람회 조선관 특설 보조	후쿠오카시(福岡市) 주최, 3월 25일 개회. 금 1,000원 지출.
	3월 22일	전선공업자대회 후원 보조	조선공업협회 주최, 4월 23일, 24일 개최. 금 1,500원 지출.
	3월 22일	전기 조사 보고	본년도 특별조사로서 마루야마 유조(丸山莠三) 씨에게 위촉 중이며 완료됨. 보고서는 인쇄되어 붙임.
1927년	4월 11일	조선 산업개발 기본사업계획의 수립-제10회 조선상의 연합회(5.12, 3일) 제출 의안	산미증식, 철도망 부설, 이입관세 철폐 3대 계획의 관철을 기회로 다시 당국의 산업개발상의 긴급한 임무로서 조림 촉성(促成), 하천 정비, 공업 진흥, 광업 개발, 수산업 진전 및 어항 수축, 주요 항만 완비 등 6개 항목을 게시해서 당국에게 요망하는 것을 조선연합회에 제의하는 사무국 안 찬성 결정(가결)
	4월 19일	세제 개정 간담회 주최	이번 개정의 국세·영업세와 함께 인지세에 대해서 관계 관과 부민과의 질의 응답에 진력함. 부민관 측 출석 약 300명. 오시마 경기도 재무부장 강연.
	4월 22일	지불유예령 실시 대책	내지에 있어서의 지불유예령 시행이 조선 재계에 미치는 파급과 동요를 방지하는 것에 관해서 총독부 및 조선은행 당국에 선처 방안을 요망.
	5월 17일	조선박람회 후원 보조	『경성일보』 주최. 도쿄에서 7월 1일 내지 8월 31일. 금 1,000원 지출.

6월 17일	시정 20년 기념 박람회 개최 방안 당국자에게 희망함을 진정	1929년 중 좋은 시기에 개최할 것.
7월 11일	경춘가도 신연강 가교 요망	1928년도 예산에 가교비 계상 방안 요망.
7월 23일	정관 개정	회원 자격이 있는 세액의 변경, 특히, 거래소세의 명시.
7월 26일	운송점 합동 간담회 주최	철도 당국과 운수업자의 참가를 구하는 간담.
8월 8일	석유 수입세율 특례 철폐에 관한 정무총감 자문 답신	특례 철폐가 가능함. 그 이유는 (1) 모국과 식민지국 공통 세율의 적용은 회의소가 연래 하는 주장이며, (2) 조선 민심에 부응하는 취지로 석유관세를 특례로 저하하고 있음에도 불구하고 그 시장가격이 내지·타이완·만주 등보다도 더 비싸지는 것은 외국 기름의 독점적 지위를 보장하여 내지 석유의 자유경쟁을 저해함으로써 얻고, (3) 이렇게 얻은 관세의 증가는 산업개발 자원을 충족하게 함.
10월	경성 생산품 품평회 및 상품 견본 시(見本市) 보조	경성 상공조합연합회 주최. 금 5,000원 지출.
11월 18일	곡물 운임 인상 문제 조정	조선 항회(航會) 대 조선곡물상조합연합회 간의 문제에 대해 전선상의 대표자로 경성, 인천 양 상의 회두의 거중 조정에 의해 18일 원만하게 해결함.
11월 22일	상품 견본을 수하물로 취급하는 방안에 관한 철도국장 조회에 대한 회답	당업자 휴대 상품 견본을 수하물로 탁송할 때, 그 증명 책임자의 건에 대한 조회임. 동업 조합에 속하지 않는 업자가 있는 실정에 비추어 경성상공업조합연합회장·경성도매연맹회장 및 회의소 회두 어느 쪽에서도 취급이 가능하다는 취지의 회답임.
12월	재조선 중국인 대 조선인 간 불상 사건 수반 조선 중국 상 거래상 장애 완화 방안 알선	
2월 15일	운송점 합동 문제-임시조선상의연합회(15, 16일) 의제	철도화물 취급 운송점 합동 문제는 작년 가을 이래 현안으로 합동파 및 반대 화물주파가 대립하였고, 본 회의소에서도 누차 회합을 거듭하였으나 종국적인 의견에 도달하지 못함. 한편, 지방회의소 중에는 절대 반대를 표명하는 곳도 있어서, 이번달 7, 8일 양일에 전선상의 대표자는 하주(荷主) 측 철도 당국 회동의 간담회를 개최한 결과, 15일 정식으로 연합회를 열어 철도 당국에 대한 합동 문제에 관한 이해에 따라 미리 전선회의소에 자문 방안을 요망하게 됨. 이것은 정식 연합회 개최 전에 당국의 자문 절차를 기대하였지만 당국은 정식 결의 이전에 자문 여부를 결정해야 하기 때문에 회의는 비등하고, 처음부터 본

			안의 부정 논리로 나타났지만 점차 위 자문 요청을 금명간에 시한부로 함으로써 일단 결정을 지켜보고, 당국에 신청하였으며, 총독부는 관청의 자문 사항은 행정상의 변혁에 관한 경우에 해당하는 것으로서 그 경우에는 위에 해당하지 않으며, 관계당국과 간담하는 것은 가능하다고 해도 자문의 범위를 넘어서지는 않음. 따라서 이틀째 회의에서는 오무라(大村) 철도국장이 출석해서 질의응답에 나섰으며, 대다수 7개 회의소는 처음의 뜻을 번복하지 않고, 1역 1점주의 합동을 그 당시에 하지 않는 긴급동의를 제출하고, 나머지 경성, 인천, 목포, 원산 4개 회의소 대표는 찬반 결정에 참여할 권한이 없다면서 조사회 설치를 제의하였으나 논란이 크게 일어나 이에 대한 동의는 다수결로 하여 총독부에 상신됨. 이에 경성상의는 20일 역원회의 논의를 거쳐 회두 개인 자격으로 운송 합동 간부에 대하여 중지를 권고하였으나 수용되지 않아 마침내 24일 평의원회를 개최하여 소규모 운송(小運送)의 개선은 긴요한 시무라고 인정하나 이번에는 합동 문제 결정의 시기에 맞지 않는 취지의 역원회안을 부의하기에 이름. 따라서 같은 의안은 평의원 측 유지에서도 동의가 되었으나 양자 협정의 결과, '조선에서 소규모 운송의 개선을 필요로 하는 것은 가장 긴요한 시무라고 믿지만, 현재 계획 중인 운송업 합동회사의 현실에 대해서는 임시전선상의연합회(臨時全鮮商議聯合會)의 결의와 일반 여론에 비춰 적당한 소치에 맞지 않는 것'이라는 취지로 결의됨.
1928년	5월 4일	제11회 조선상의연합회(5월 30일, 31일) 제출 의안	관부연락선(關釜連絡船)에 우수 선박을 배치하여 수송력을 증대시키고, 연락 시간의 단축을 도모하기를 요망(가결).
	5월 17일	대중국 문제에 관한 관계 실업단체협의회(도쿄) 참가	17, 18일 양일, 와타나베 회두, 오무라 서기장 출석. 재만 조선인 문제에 대해 연설.
	5월 17일	벳푸(別府), 다카마쓰(高松), 오카야마(岡山) 박람회 시찰단 주최	
	6월 27일	북선 지방 상황(商況) 시찰	오는 9월 함경선 개통 전에 동 지방의 상업 정황 시찰을 위해 약 2주간을 예정으로 평의원 2명, 서기 1명을 파견.
	6월 27일	홋카이도(北海道) 및 혼슈(本州) 상공업 시찰단 주최	7월 중에 실행. 참가 인원 15명.
	6월 27일	자전거 세율 감소 방안 청원	현재 자전거의 승용이 상공업자에게는 필수적인 것이 되는 시대에 이전의 사치품이었던 시대의 세율 답습은 불합리하다고 해서 도 지방세, 부가

			세 모두 반감 방안 요청. 그 결과 1929년도 경기도 예산에 대한 사정(査定)에서 3분의 1로 감세가 결정됨.
	7월 25일	은행 토요일 반휴제 실시 반대	
	9월 1일	정관 개정	회의소의 실시 사항의 범위와 실시 절차를 명확하게 정함.
	9월 1일	북선 간도 지방 여상대(旅商隊) 조직 원조	함경선 개통을 계기로 신규 상권 획득 운동. 경성도매상연맹회 주최. 금 1,000원 지출 보조.
	11월 9일	식산국장 자문 현행 「회의소령」 개정 의견 답신-임시조선상의연합회(11월 12일) 의제	(1) 명칭을 상공회의소, (2) 평의원을 의원으로 개칭, (3) 임기는 3년, (4) 지구 내 중요 상공업 대표의 의원은 둘 필요가 없으며, (5) 여자 회원의 투표권은 인정할 것, (6) 2급 선거제에 의한 것을 얻는 일, (7) 특별회원을 두고, 전부 회의소의 선임으로 하고, (8) 경비의 징수 방법은 국세 징수 방법에 준거할 것 등. 본 의안은 11월 12일 개최하는 임시상의연합회에 부의하고, (9) 연합회를 법인으로 인정하는 방안을 강구할 것, 기타를 부가해서 경성안대로 결정.
	11월 13일	한쪽 인도에 접하여 부설할 수 있는 전차 궤도를 중앙에 부설 교체하는 방안을 요망	특별히 남대문·경성역 간을 내년 대박람회 개최 기간까지 완성해 줄 것을 요망함. 본 건에 관해서는 경성전기 측은 그 비용 관계에서 난색을 표명하고 있어 감독관청인 철도국은 내년 3월 15일의 평의원회에서 현재 도로 폭원에 대해서는 교통사고 방지상 현재 상태가 가능하다고 하는 의견을 표명함.
	11월 13일	근속 점원 표창 규정 제정	1933년 3월 31일 상공 종업원 표창 규정을 제정.
	12월 14일	정무총감 자문 불황 대책에 관한 답신	실업가 유지 간담회(7일) 및 역원회의 의견을 종합 답신.
	2월 7일	만주에서 중국 수출 부가세 증액 징수 문제-임시선만상의연합회 의제	조선 수입품에도 영향이 있는 부당 과세로 각 요로에 반대 의견을 전신 청원. 다음에는 3월 9일 안둥(安東)에서 개최하는 선만상의연합회(鮮滿商議聯合會)에 출석하여 이를 강조함.
	3월 2일	평의원 내선인 별도 선출제 존폐 문제	이것은 이미 전년 11월의 「회의소령」 개정 답신에 관한 연합회 석상에서 문제가 되었던 바이며, 오늘 역원회에서 심의한 결과, 이상적으로는 철폐를 인정하나, 종래 선거의 실정 및 역원 선임상의 관례 등을 종합하여 아직 시기에 맞지 않는다고 결정함.
1929년	6월 5일	시황(市況) 진흥 시설 보조	경성상공조합연합회 주최. 이번달 20일부터 5일간, 회의소 부근에 특가시(特價市)를 개최함에 있어 보조금 2,000원 지출.
	7월 1일	조선박람회 경기도협찬회로 기부	총독부 주최, 9월 12일 내지 10월 31일 개회. 금 2,000원 지출.

7월 15일	조선 주요 항구 대 하카타(博多)항 간을 명령항로로 지정 방안 요망	내년도부터 실시할 모양으로, 하카타회의소의 요망에 원조 청원.
7월 19일	하마구치(濱口) 신내각 긴축 방침의 조선 산업개발계획에의 파급 저지 운동(임시조선상의연합회)	신내각의 시정 방침에 의한 조선사업공채 및 보조금의 감액과 함께 신규 사업의 중지, 이미 결정된 사업의 연장 등을 유감으로 하고, 이것의 만회 운동을 위해 와타나베 회두는 9월 도쿄에 상경하였으며, 이어 인천·신의주·진남포 회두 등도 참가하여 선철기성회(鮮鐵期成會)와 서로 호응, 각 방면의 이해를 구하기 위해 노력하였으나 다시 22일 임시상의연합회를 열어 그 결의로 각 대신, 기타에게 진정함.
9월 4일	조선박람회 경성협찬회 보조	금 1만 원 지출.
9월 4일	조선박람회 기념 전시장 특가 대매출 주최	경성상공조합연합회·경성도매상연맹과 협동해서 9월 20일부터 10월 29일까지 개최. 회의소는 금 5,000원을 지출, 선전·경품교부소 설비·상품의 가격고 조사를 담당함.
9월 26일	제12회 조선상의연합회(10월 14, 15일) 제출 의안	(1) 1930년도 조선사업공채는 가능한 한 기존에 결정된 금액을 감소시키지 않는 형태를 요망함. (연합회는 "가능한 한"이라는 어구를 삭제해서 가결) (2) 중소상공업자에 대한 저리자금 융통 방안 요망(철회).
11월 14일	사단법인 전선공업협회(10월 창립) 사업비 보조	금 5,000원 지출.
11월 14일	쇼와제강소(昭和製鋼所) 공장의 조선 내 설치 문제	신의주 설치를 예상하였으나 근래 광동주 내 설치 운동이 있어 반대와 항의로써 각 회의소의 찬동을 거쳐 조선 내 어딘가에 설치될 수 있도록 연합회 대표로서 본 회두가 분주하게 됨.
11월 14일	와타나베 회두 도쿄 상경 안건	조선미 이출 통제 문제, 쇼와제강소 문제, 조선사업공채 연도 할인 부활.
1월 24일	타이완실업시찰단 주최	경비 1,500원을 한도로 2월 중 실행.
2월 24일	공동 백화장 자라헤(ザラヘ) 염가 판매 시장 보조	경성상공조합연합회·중앙번영회 주최. 2월 23일부터 5일간. 보조금 500원.
3월 25일	구매조합 문제	구매조합 반대 논의는 재계가 불황일 때마다 매번 반복되었는데, 당 회의소에서는 1925년 7월 상업부회의 결의에 따라 구매조합을 본래의 관청회사 내 직원이 아닌 자에게 개방하는 것을 반대하여, 부회장 등으로 하여금 여기에 해당하는 식산은행 구매조합 수뇌와 간담회를 한 것을 시작으로, 나아가 1928년(昭和 3)의 불황 수난기에도 동 12월 13일 상업부 결의는 철도국 공제조합에서 국비로 지불하는 종사원의 충당, 매입 상품에 대한 특혜 운임 및 식은행우회(殖銀行友會) 구매조합의 행원 외에 대한 조합원 확장 등을 지적 비

			판하고, 정무총감이 와타나베 회장 등 유력자에 대한 불황 대책 자문에 대한 답신 속에도 이 점이 제시되었으나, 아무런 결과를 얻지 못했다. 당해 1월 18일 일본 문제 조사위원이 설치되었고, 이 위원회는 주요 조합의 내용조사표를 작성하여 3월 25일 평의원회에 보고했다. 그 비판의 요점은 여전히 공사의 구분이 없는 것과 조합원 확장의 범위이다. 그 외에 (경성-편역자)부 내 가맹 상점이 조합 전표에 대한 할인을 꺼리고 있다. 본 건은 다시 행원회(行員會)의 손으로 넘어가, 조합 당사자와도 절충이 계속되었지만 쉽게 해결되지 못하고 오히려 불황의 심화, 특히 관리에 대한 감봉 여파는 소비조합 설립 기운을 부추겨 1931년 6월 9일 상업부회는 오히려 자위책으로 물가 인하, 고객 흡인책 개선 등을 업자에게 종용하고 있는 모양이다. 위와 같은 경위를 거쳐 1933년 말 내지와 호응하여 상권옹호운동으로까지 발전하였다(후단 참조).
	3월 25일	「영업세령」에 관한 간담회 주최	동령 개정에 관한 의견 청취를 위해 부내 유력자 및 주요 단체 대표자 회동.
1930년	4월 16일	제13회 조선상의연합회(5월 5, 6일) 제출 의안	1931년도 이후 조선철도망의 기존 연도 건설계획 부활 요망, 긴축 방침에 의한 사업공채 반감(半減) 부활 운동(가결).
	4월 21일	중소상공업자 금융 완화 대책	도시금융조합의 현행 한도 1,000원(특종 3,000원)을 적정하게 인상할 것과 금융조합에 5인 연대보증에 의한 대인신용대부제도를 열어 줄 것을 요망.
	5월 10일	「조선상공회의소령」 공포	
	5월 22일	식산국장 자문 1931년도 명령항로 개정에 관한 답신	서조선-천진(天津)선의 신설·조선-상해선의 변경·대만, 조선, 만주선 개설·북선-니가타선(北鮮新潟線) 신설·하카타(博多) 정기 항로 요망.
	6월 5일	「노동조합법」 제정에 대한 의견	본 문제에 대한 일본상의로부터의 조회에 대해 조선은 각종 산업의 발달이 미숙하고, 특히 대규모 공장이 적어 내지 자본과 함께 사업가를 유치하는 데 부심해야 할 시기이기 때문에 해당 법의 제정은 시기상조라고 인정하는 취지의 회답.
	6월 14일	여름용 물품 백화점 염가 구매시장 보조	경성상공조합연합회·중앙번영회 주최. 6월 24일부터 6일간. 보조금 1,000원.
	6·7월	쇼와제강소 문제에 대해 와타나베 회두 재차 도쿄 상경	센고쿠(仙石) 만철 총재에 의해 안산(鞍山)설이 유력해짐. 즉, 6월 및 7월 다시 상경. 7월에는 공직자시민대회 대표 박영철 씨와 동행. 인천의 요시다, 신의주의 가토 양 회두도 참가. 일시 사태가 호전될 것으로 예상함.

7월 17일	시내·시외 전차 운임 공통 균일제 채택 방안 요망	이 문제는 선로에 접해 있는 주민에게는 3년 전부터 구역철폐기성회를 설치하여 요구하였음, 시민운동까지도 기획하고 있음. 교통운수부회에서도 지난 3월 이후 고민스러운 과제임. 마포·왕십리·청량리 3개 기존 노선에 관한 것으로 이를 결의함. 이후에 교외선 발달을 저해하지 않으려는 배려임. 당일 평의원회에서는 전등·전력 가격 인하 요구와 함께 보류설도 제기되어 상당 부분 논쟁하였으나 다수결로 결정됨.
8월 20일	전등·전력 등 요금 인하 요망	부민대회는 3할 인하 요구를 결의 중. 이 요청은 회사 배당의 저하, 물가 하락, 수요 증가에 의해 누진적으로 이익률 등에서 추산해 2할 1푼 인하하려고 하는 것임.
9월 17일	경성 상품 견본 시 보조	경성상공조합연합회·경성도매상연맹회 공동 주최. 회기 10월 15, 16일. 금 1,500원 지출.
9월 20일	경성 생산품 전시회 주최	총독부가 주최하는 상공장려관에서 내외 상품을 비교하는 전람회의 개회를 계기로 이것과 병행해서 2주에 걸쳐 개최하였으며, 아울러 현장에서 판매를 실시함. 비용 예산 3,000원. 출품자 145 공장, 출품점 수 2,700여 점, 입장자 10만 돌파.
9월 26일	「영업세령」 개정 문제·쌀값 대책-임시조선상업연합회(10월 13, 14일) 의제	제13회 연합회의 결의에 근거해 「영업세령」 개정 문제 조사를 위해 6월 14일 부내 주요 영업자 간담회를 열었는데, 그 의견을 요약하자면 현행 세율 경감설과 영업수익세에 대한 개정설이 다수임. 본 회의소는 이후 역원회·평의원회·조사위원회 등을 거듭한 결과 연합회에 제출해서 결성 난선은 조선의 현재 정세에 비추어 전자의 입장으로 (1) 평균 반감 정도의 세율 인하, (2) 물품판매업, 기타 과중한 부담을 안고 있는 자의 세율 조정, (3) 면세점의 인상 등을 요청하게 되었는데, 연합회 결의도 영업수익세의 개정이 상당한 시일을 소요하는 것이기에 이러한 노선에 따라 자문기관의 설치 요청을 부가하는 데 그침. 오히려 본 연합회에 대해 본 회의소는 쌀값 폭락 대책으로 관청 및 기타 일반 제 공사의 조기 시행 및 신규 사업의 촉진 방안을 긴급 의안으로 제출, 가결됨.
10월 11일	일본상공회의소 정기총회(10월 1일) 제출 의안	통신제도 및 요금의 내선 간 통일 방안 요청.
10월 20일	상업강습회 개최	소매점주의 점주 및 종업원을 대상. 강사 『상점계(商店界)』 사장 시미즈 마사미(清水正己) 씨. 기타. 경비 예산 500원. 회기 5일간
11월 11일	조선상공회의소 설립	신법령에 따라 설립 결정.

	11월 14일	상품진열관 신축 찬조회 추가 기부	금 1,200원 지출.
	11월 17일	경성백화점 염가 구매시장 보조	경성상공조합연합회·중앙번영회 주최. 기간 11월 21일부터 7일간 상공장려관에서, 그리고 12월 중순 일주일간 종로청년회관에서 개최. 보조금 1,500원 지출.
	11월 25일	쌀값 폭락 대책 건의	(1) 야적한 벼에 대한 철저한 저리자금 융통, (2) 미창회사(米倉會社) 이외에도 미곡을 저장하는 창고업자·미곡상·대량생산자 또는 미곡을 원료로 하는 제조업자에게 저리자금 융통 또는 보조, (3) 만주좁쌀(粟) 수입 제한. 이 논의는 연합회의 명의로써 건의하도록 각 회의소와 연락함.
	1월 21일	정관 제작	상공회의소로서의 재출발과 관련해서 근본적인 개정을 실시함. 감독관청의 의견에 따라 2월 16일 다시 수정.
	1월 27일	회계주임 이인용(李仁用)의 공금 횡령 사건	회계주임 경질에 따라 사무소 증축 준비 적립금, 직원 퇴직급여 적립금 거의 전부와 당좌예금의 일부 및 회두 명의의 약속어음 발행 등 합계 약 10만여 원을 과거 수년간에 걸쳐 탕진한 사실이 판명됨. 조사위원을 선정하여 진상 조사를 진행함. 회두, 부회두는 책임을 지고 사임하였으며, 횡령액에 대해서는 최대한 본인의 자산을 추징함과 동시에 신원보증인의 출금(3,000원), 의원 등의 기부금 등에서 일부 회수하였으나 적립금 대부분은 결국 결손 처리될 수밖에 없음.
	1월 27일	와타나베 회두 도쿄 상경 안건	거래소 문제, 도청 이전 문제, 실업구제사업비 문제 등에 대해 양해 운동을 위함.
1931년	4월 4일	와타나베 회두·도시마 부회두 사임	회계주임 부정 사건의 책임을 짊.
	4월 11일	진나이 모키치(陣内茂吉) 씨 회두 선임	
	5월 5일	제10회 조선상의연합회(5월 25일) 제출 의안	사설철도 보조금 한도의 증액 요청. 50만 원 내지 100만 원 정도의 복안(가결).
	6월 3일	조선 생산품 충용 방안 요청	빈민구제공사에 사용되는 기계 기구 및 여러 재료는 부득이한 경우를 제외하고 조선에서 생산하는 상품에 한정하기를 요청함. (1) 토목사업 및 공업과 관련되어 차용을 위해 수입하는 기구·기계의 면세, (2) 무연탄 수입세의 신설을 요청.
	9월 1일	중소상업진흥대책위원회 설치	상공장려관 주최의 위원 30명과 회의소 의원 전원으로 하는 위원과 상호 협동해서 상거래 개선, 물가 조절, 상점 경영 개선 3개 부문으로 나누어 재계 불황 시 대책을 연구하고자 하는 것임. 본 위원회는 11월 6일에 이르러 12개 항목으로 구

		성되는 타개책을 결정함.
9월 9일	산금정책(産金政策) 신속 수립 방안 건의	시각을 다투는 이때의 경제적 위기를 타개하는 방책의 하나로서, 예컨대, 특수회사의 설립 등으로 인해 산금(産金) 증가를 유도하지 않음.
10월 11일	경기도 내 공산품 품평회 주최	총독부, 경기도, 경성부 후원. 상공장려관에서 5일간 개최하며, 현장 구매도 병행해서 실시함. 경비 5,000원. 출품 인원 871명, 출품점수 2,541점, 입장자 14만여 명.
10월	제4회 경성 상품 견본시 보조	경성상공조합연합회, 경성도매상연맹회 공동 주최. 금 1,000원 지출. 이후 경비 부족으로 금 55원 80전 추가 보조.
10월 19일	식산국장 자문 조선에서 공업동력 및 운수에 관한 개선 구체적 대책에 대해 답신 결정-임시조선상의연합회(10월 21일, 22일) 의제	작년 5월 이후 공업협회와 협동해서 조사한 결과를 인쇄하고, 오는 10월 21일, 22일 개최되는 임시상의연합회에 부의하기로 결정.
10월 21~22일	조선상공회의소 창립총회 개최	회두는 경성상의 회두, 부회두는 인천상의 회두로 결정. 이듬해 1932년 1월 1일부로 인가.
11월 2일	중앙시험소 폐지 문제	공업발전의 도상에 있는 조선에서 본 시험소의 폐지, 축소에 반대하여 목적을 관철시키기 위한 노력을 경주하기로 결정함. 이에 따라 타격을 입은 공업가 측과 시험소 측의 의견을 청취하여, 축소 후에도 실시해야 할 항목과 불가능한 항목 등을 상세하게 조사하고, 때마침 내각이 경질된 것에 맞춰 부활 운동을 맹렬하게 일으킴.
11월 13일	화재보험료 인상 대책	11월 1일부터 실시되는 요율 대폭 인상에는 합리적 근거가 없으므로 절대 반대 철회를 요구하기로 결의. 이 문제는 전 조선 각지에서도 반대하여 연합회의 문제로 거론됨. 회의소로서는 당국 및 화재보험협회 간부와 간담회를 가져 부내 각 방면의 의견을 청취(12월 들어 좌담회 개최)하였으며, 경성상공조합연합회 외 실업 3단체 주최 시민대회에 비용을 보조(250원)하고, 총독 앞으로 인상 중지 방안을 진정하는 등의 수단을 강구한 결과, 일부 조선 내 보험회사와 같은 탈퇴 기운을 초래하여 화재보험협회 측도 양보하여, 이듬해 4월 15일부터 다소 완화하는 개정 요율을 실시하기에 이르렀으므로 회의소 측도 일단 적극적인 운동을 중지하고, 향후에는 다음으로써 철회를 하기로 함(4월 19일).
12월 22일	마포 축항 공사 계속 방안 요청	마포는 현재 해당 방면에서 유일한 하역장(荷揚場)으로 잡화류의 반출과 농산물, 땔감(薪炭)의 반입으로 연간 약 300만 원, 1일 평균 약 50척이 출입

			함. 그 축항 공사 연장은 부적당한 이유임. 이후 대방수제 공사는 시행되었지만, 위 요청은 실현되지 않았고, 1934년 8월 여러 차례 피항장(船溜場) 설치 방안을 요청함.
	3월 13일	만몽경제시찰단 주최 결정	회두 이하 12명, 그밖에 실업계 신문기자 등을 더해 25명, 기간 약 2주간, 비용 4,000여 원.
1932년	4월 11일	만주국 내에서 조선물산 알선 기관 설치 방안 요청	본 건은 이어서 6월 16일, 17일 조선상의 제1회 총회에 제출, 가결됨.
	5월 4일	점두장식회(店頭裝飾會) 보조	경성상공조합연합회 주최. 금 300원 지출.
	5월 10일	국제관광협회 입회	유지회원으로 입회.
	5월 18일	경성 토산품 전람회 및 운송 짐 포장 개선 전람회 주최	상공장려관에서 개최. 기간 7일간. 전자는 출품자 466명, 출품점 수 1,788점, 즉석에서 구매 병행해서 실시. 후자는 총독부, 경기도, 경성부, 철도국, 조선철도, 조선운송, 조선우선(朝鮮郵船) 제 회사 후원하에 거행. 출품자 81명. 이어서 6월 3일 이후 26일까지 전 조선 12개 도시에서 열차전람회를 개최.
	6월 13일	식산국장 자문 만주로의 수출무역 촉진 구체적 대책에 대한 의견 답신	(1) 만주국 내에 조선물산 알선기관 설치, (2) 일만(日滿) 화폐제도 통일, (3) 운임 저감, (4) 호혜관세 설치, (5) 조선 내 각 지방에 출하단체를 설치, 통제, (6) 출하단체 대한 저리자금 융통.
	6월 14일	조선상공업자 구제 좌담회 주최	상공 및 금융 관계 유력자의 참가를 요구하여 조선호텔에서 개최. (1) 조선에서 저리자금 융통의 필요, (2) 영업세의 경감에 대해 의견 교환.
	6월 23일	토목 담합 사건	본 건의 의혹을 받는 전 조선 주요 토목업자 다수가 유치되어 그 영향이 없었으며, 6월 22일부로 그 거래업자로부터 회의소에 대한 대처 방안의 진정이 있었으며, 다음 날인 23일 역원회는 고조(古城) 부회두의 이름으로 총독 앞으로 상공업자에 대한 타격과 재계에 미치는 영향을 호소하여 빠른 해결을 요청하는 상황임.
	7월 14일	경성 견본 시 보조	경성도매상연맹 회장 신청. 금 1,500원 지출.
	7월 20일	조선미 옹호-조선상의 임시 총회 의제	중앙에서 미곡 통제 법령 발포를 앞두고 조선 내 제 단체의 동요가 심하고, 조선미의 지위 옹호를 위해 전선대회(全鮮大會)가 개최되거나 조선상의 상의원회의 움직임이 있음. 본 회의소에서도 조선미 차별대우 반대를 결의하였으며, 중앙 요로에 전신 청원하여 이에 호응하게 됨. 동시에 오는 7월 21일 개최하는 임시조선상의총회에서도 조선미 옹호 운동을 지지하고, 운동원 내지 파견을 제의하게 됨. 이에 정부는 일단 미곡법 부칙에 따라 당장의 의회를 벗어날 수 있었지만, 근본 대책은 아직 결정을 보지 못해 조선미의 앞날이 암담하기에 이름.

7월 26일	경인간 운수 개선 좌담회 주최	경성, 인천의 교통 운수 관계 대표자의 참가를 요구하여 (1) 전용차의 사용제도 개정 필요, (2) 화물열차 운수 회수 증가, (3) 안벽(岸壁) 적재 도매 임금 인하 문제에 대한 의견을 교환함.
8월 3일	일본상의 임시총회와 조선미 옹호 문제를 위해 고조(古城) 부회두 도쿄 상경	일본인 상인 총회 의제인 중소상공업자 구제 건의안을 조선에도 미치게 하는 방법을 평의원회에 제의해서 가결시킴. 또한 고조 부회두는 이토 이사와 요시다 인천 회두, 미즈노 부산 부회두와 함께 조선상의 대표로 각 방면에 조선미 옹호 문제에 관한 진정 양해 운동을 수행함.
8월 18일	중소상공업자 구제 대책	지난 단계와 같은 취지를 별도로 당국에 건의함. 즉, 금융 대책으로 (1) 3,000만 원 정도의 장기 저리자금의 융통, (2) 상공업자 단체를 통해서 또는 담보를 받은 경우는 개인에게도 대부할 것. 일반 구제책으로는 (1) 상업조합령의 제정, (2) 구매조합의 단속 및 그 합리화, (3) 백화점의 부당경쟁 금지 등.
8월 18일	신흥만몽박람회협찬대매출회 보조	금 3,000원 지출.
9월	순회 견본시 주최	충청남북도와 전라북도 지방, 약 10일간, 경비 1,500원.
10월 31일	진나이(陣內) 회두 사임, 별도로 평의원 총 사직	회두는 토목담합 문제를 위함. 의원은 11월 1일의 개선(改選) 기간 변경에 따르기 위함.
11월 11일	가다 나오지(賀田直治) 씨 회두 선임	
11월 16일	미곡통제 문제 대책-임시조선상의총회(11월 18일) 의제	(1) 조선미 이출 강제 관리 반대, (2) 산미증식계획의 변경을 가져오는 것과 같은 생산 통제 반대. 조선상의총회의 결정도 다음과 같이 조선미의 강제관리안을 강경하게 부정하고, 미곡법의 운용을 통해 선처해야 한다고 각 대신 및 기타에게 전신 청원함. 따라서 일상총회(日商總會)를 겸해서 가다 회두-이토 이사 도쿄에 상경해서 본 문제를 위해 운동함.
11월 26일	경인 운수 개선 좌담회	7월에 계속해서 제2회를 인천회의소 주최로 인천에서 개최. 의제 전회와 동일.
12월 16일	경성에 만주국 영사관 설치 요망	
2월 14일	홋카이도 혼사미(混砂米) 이입 금지 대책	조선상의의 문제로 홋카이도 청령의 개정 또는 취급상 완화 방안에 대해 총독 앞으로 청원.
2월 17일	조선무역협회 창립의 사무 취급	

	3월 4일	경제 좌담회 주최	부내 재계 유력자의 참가를 요구하고, (1) 경성을 중심으로 한 상공업 발전책, (2) 내지 자본 및 기업의 유치 방법, (3) 선만 양 지역의 연결 융합에 이바지해야 할 경제적 시설 등에 대해 의견 교환.
	3월 7일	북선·간도 지방 상공업 시찰	의원 4명, 직원 1명. 북선(北鮮)·간도·신경(新京), 봉천(奉天). 여정 2주간.
1933년	4월 7일	조선무역협회 보조	금 1,200원 지출.
	4월 22일	미곡상 대회 보조	22, 23 양일 개회. 금 500원 지출.
	5월 7일	외국환관리법 연구 간담회 주최	관계 관청 및 직접 관계업자 참가.
	5월 9일	경성상공조합연합회 보조	금 1,000원 지출.
	5월 15일	도량형기 가격 인하 요청	총독부 전매의 도량형기 구매 가격 및 수복(修覆) 요금의 인하 등을 요청.
	5월 24일	방공전람회 보조	금 300원 기부.
	5월 24일	조선상의 제2회 총회(6월 21, 22일) 제출 의안	도시 계획 및 시가지 건축물에 관한 법규 제정 방안 건의(가결).
	5월 31일	공업 기본 조사 착수	가타야마 이와오(片山嵒) 씨 의뢰.
	6월 1일	내지상공업 시찰	도쿄, 오사카, 나고야 지방. 의원 5명, 직원 1명. 여정 18일간.
	6월 8일	중소상업진흥 간담회 주최	출석 당업자 13명. 구매조합 문제가 가장 열심히 거론됨.
	6월 28일	경인간 철도 복선화 방법 요망	인천상의 요청에 대한 원조 요청.
	7월 8일	중앙시험소에 미술공예과 설치 방안 요청	1938년 10월까지 공예부를 신설하고, 공예품의 디자인 도안에 관한 연구 지도를 하기로 결정.
	7월 31일	순회 견본시 주최	8월 11일까지 12일간, 북선 및 간도 지방.
	8월 1일	만몽 경제 조사	만주, 간도 지방. 의원 4명, 직원 1명. 여정 15일간.
	8월 20일	다롄(大連)박람회 시찰	의원 5명, 여정 6일간.
	9월 5일	상품 견본시 보조	경성상공연합회 주최. 금 1,500원 지출.
	9월 27일	일만무역 간담회 개최	만주동북산업협회와 협동 개최.
	10월 14일	조선무역촉진전람회 주최	예산 8,000원, 상공장려관에서. 회기 10일간.
	11월 1일	조선생산품진흥전람회 보조	조선공업협회 주최. 금 1,000원 지출. 회기 5일간.
	11월 6일	경성 전시 연말 대매출 보조 결정	경성상공연합회 주최. 금 1,500원 지출.
	11월 18일	일만실업협회 성립	조선 측 이사 2명은 가다(賀田) 조선상의 회두 및 히라이(平井) 경성상의 부회두.
	11월 18일	일만무역 간담회 개최	만주시장 소개전람회 파견원의 방문을 계기로 조선무역협회 및 경성부와 공동 주최.
	12월 20일	상권 옹호 및 소매상업 진흥 성명	조선에서 구매조합 대책은 이후 불황 때마다 논의되어 왔으며, 본 회의소에서도 1926년 이래 수

			차례 논의의 석상에 올랐고, 또한 전선연합회(全鮮聯合會)로서도 자주 거론되었던 문제임(1930년 항목 참조). 가깝게는 1932년 8월 중소상공업자 구제 대책의 건의 중에도 거론되었는데, 올해 11월 일본상의총회가 '상권 옹호 운동'을 벌이기에 이르러 경성에서도 해당 요구가 갑자기 활기를 띠어 이번달 15일의 의원총회에서 이에 대한 전원위원회를 거쳐 오늘 다음의 성명이 결의됨. 상권 옹호의 건 「산업조합령」에 따른 구매조합의 단속 및 장래의 증가 확장에 대해서는 당국의 고려를 촉구할 것. 「산업조합령」에 따라 소비조합은 해산을 희망하며, 긴급하게 해산하기 어려운 경우에는 (1) 관공리의 관여 금지, (2) 조합사업의 과세, (3) 토지건물 등 공기(公器) 사용 및 편의 제공 금지, (4) 배급품 제도, (5) 조합원 외 배급 금지, (6) 운임의 감면, 기타 특전 철폐. 소매상업 진흥의 건 (1) 상업조합제도 설치, (2) 공동시설 확충, (3) 내부 개선의 실시, (4) 소매상의 통제 및 설비 남용 방지책의 강구, (5) 소규모 금융의 원활화.
	2월 5일	조선미 이입 제한 대책-조선상의 임시총회(6일) 의제	전해 오는 바와 같이 조선미에 대한 이입 허가, 관리, 과세, 전매 등과 같은 차별적 제도를 마련하여 제한을 가한다면, 내선 공존공영의 취지에 부합하지 않는 것으로 반대함. 오는 7일, 가다(賀田) 회두는 조선상의 대표로서 반대 진정을 위해 도쿄에 상경하였으며, 조선상의는 4명의 위원을 도쿄에 상경시킴.
	2월 17일	외국 금융기관 조사	조선금융조합연합회 교육부장 야마네(山根) 씨의 구미 출장을 계기로 구미 제국 중소상공업 금융기관의 상황 조사를 의뢰.
	3월 7일	공업용수도 요금제 설치 방안 요청	지하수의 이용성이 부족하고, 소규모 공장이 많은 경성의 현 상황에 비추어 낮은 요금을 설정할 수 없다는 취지로 부윤에게 청원.
	4월 19일	무진금융(無盡金融) 좌담회 주최	무진(無盡) 이용의 원활을 기하기 위해 금융업자 측·이용자 측 및 관청 측·회의소 측 28명이 회동. 이어서 같은 취지로 금융조합 좌담회를 개최함.
1934년	4월	일만무역에 관한 간담회 주최	일만실업협회 간사 시노자키 요시로(篠崎嘉郎) 씨를 중심으로 주최.
	5월 4일	경성관광협회 보조	금 800원 지출.
	5월 5일	업무과 설치	간사국 기존의 서무, 회계, 조사 3과 외에 업무과를 설치, 조사 사무로부터 독립시켜 산업상 중개 알선, 증명 감정 등의 사무를 전담케 함.

5월 14일	규슈(九州) 방면 경제 상황 조사	의원 2명, 직원 1명 출장. 여정 11일간.
5월 21일	꽃축제 전시(全市) 대매출 보조	경성상공연합회 주최. 금 1,000원 지출.
5월 25일	조선상의 제3회 총회(6월 20일~21일) 제출 의안	공업 장려를 위해 (1) 자원 조사 기관의 설치 및 공업연구기관의 확충, (2) 가내공업 및 부업에 대한 지도기관 설치, (3) 중소공업의 자금, 특히, 저리자금의 융통(가결).
6월 1일	내지 중앙도매시장 조사	의원 3명, 직원 1명을 10일간 나고야와 교토, 한신, 고베 지방으로 파견.
6월 7일	경성상공연합회 경비 보조	금 1,000원 지출.
6월 13일	상업실무원 학력검정시험 규정 제정	6월 15일부터 시행. 명문 규정에 따른 상업교육을 받을 능력이 없는 자를 위해 5년제 상업학교 졸업 정도의 학력을 표준으로 회의소에서 매년 1회 검정시험을 실시하고, 등제자에게는 회의소에서 증명서를 수여함.
6월 13일	총독부 자문 상업조합 및 공업조합 제도 운용에 관한 답신	이에 대한 조선상의 결정의 답신안에 대해 미리 요청하는 대로 중소상공업자 구제 대책의 일환으로 찬성함.
7월 7일	자전거세 경감 방안 요청	
7월 13일	회의소 마크 현상 모집	마감 9월 30일, 10월 20일 발표.
8월 15일	제2회 조선공업전람회 보조	조선공업협회 주최. 금 1,500원 지출.
8월 28일	경성 견본시 보조	경성상공연합회 주최. 금 1,500원 지출.
9월 1일	순회 견본시 주최	경성부 후원, 예산 750원. 남선(南鮮) 호남선 여러 읍 순회. 기간 13일간. 참가 점포 20, 거래액 11만 5,000원.
9월 20일	회의소 증축 공사 완성	
9월 27일	경성 부근 공업용수 조사 시행 방안 요청	총독부, 경기도, 경성부 앞.
9월	마주 문제에 관한 간담회 주최	일만실업협회 간사 시노자키 요시로(篠崎嘉郎) 씨의 경성 방문을 계기로 만주국 관세 및 철도운임 문제에 관한 의견 교환
10월 9일	임시조선상의총회 의안	(1) 조선산업심의회 설치 건의, (2) 일본상의총회에 제안-조선산업자원의 적극적 개발 종용의 건.
10월 21일	비공식 일정으로 일본 상공업 및 무역 상황 시찰	의원 2, 직원 1 출장. 마쓰에(松江), 사가이(境), 마이즈루(舞鶴), 쓰루가(敦賀), 후쿠이(福井), 가네자와(金澤), 다카오카(高岡), 후시키(伏木), 나오에쓰(直江津), 니가타(新潟). 여정 2주간.
12월 8일	연말 전 시장 대 매출 보조	경성상공연합회주최. 금 4,000원 지출.
1월 19일	중소상공업진흥조사위원회 조직 결정	경기 호전에 부응하여 업자의 자주적인 개선을 진작하고 지도 계발을 목적으로 회의소 외에서도 인사를 구하기 위해 조직. 일찍이 반(反)구매

			조합운동, 특히 1933년의 상권 옹호 운동, 소매상 개선안 성명의 연속이라는 점에서 눈여겨봐야 함. 2월 8일 초 위원회, 이후 수차례 개최. 3월 7일 제2회 회합에서 상·공·금융의 3개 특별위원회로 분할하고, 전문적으로 분담하여 구체안 수립에 노력을 기울이고, 이듬해 3월 말일 답신 결정.
	2월 14일	상품 견본 증명에 관한 좌담회 주최	철도 측 4명, 상점 측 12명 외 회의소 측 참가. 주제 개선에 관한 의견 교환.
	3월 20일	북선 및 동만주 경제 조사	청진 내지 봉천. 의원 2명, 직원 1명. 여정 12일간.
	3월 20일	일중무역에 관한 간담회 개최	중화민국 외교부 고찰 전문위원 장가주(張嘉鑄) 씨 경성 방문을 계기로 개최.
1935년	4월 1일	상공상담소 개설	업무과 내에 설치, 절대 비밀 준수 아래 상공 경영의 상담 지도에 임할 것.
	4월 16일	조선무역협회 보조	금 1,200원 지출.
	4월 16일	조선산업박람회 협찬 전 시장 대매출 보조	경성상공연합회 주최. 금 3,000원 지출.
	5월 11일	경성관광협회 보조	금 800원 지출.
	5월 18일	조선상의 제4회 총회(6월 24일) 제출 의안	조선에서 무역 관계 기관 확충 요청(가결).
	5월 20일	전기동력요금 저감 방안 요청	경성전기 요금 개정 시기를 기회로 당국의 선처를 희망. 특별히 경성의 현재 상황에서 볼 수 있는 소량 사용 요금의 인하가 급선무임.
	5월 20일	경성역 화물홈 확장 방안 요청	화물 폭주를 긴급하게 처리하기 위해 홈을 확장 또는 화물역 신설을 요청.
	6월 15일	경성상공연합회 경비 보조	금 1,000원 지출.
	6월 15일	제5회 경성 순회 견본시 주최	북선·북간도 지방. 예산 1,600원. 기간 16일간.
	8월 19일	우량 상공종업원 선발 표창 후원	『경성일보』, 경성상공연합회 주최. 금 700원 보조.
	8월 21일	철도화물 운송 취급 개선 문제	조선상의(朝鮮商議) 조회에 대한 회답으로 이전에 합동 설립된 지정 운송 취급인 제도의 운용상 결점인 기타 하주 측의 불편하고 불리함을 지적하여 근본적 재검토를 희망함.
	8월 29일	제7회 경성 견본시 보조	경성상공연합회 주최. 금 1,500원 지출.
	9월 17일	상점 경영 강습회 개최	경성부와 공동 주최. 강사 도쿄시 촉탁 사토 덴에이(佐藤傳衛), 소노다 리이치(園田理一) 양씨. 아울러 부내 10여 상점에 타진해서 비판회를 실시함. 회기 4일간. 따라서 제2회를 산업능률연구소장 우에노 요이치(上野陽一), 나고야시 주사 가네코 유조(金子有造) 씨를 강사로 이듬해 1월 개최.
	9월 19일	조선공업자원전람회 보조	조선공업협회 주최. 금 1,500원 지출.

	9월 26일	정관 변경	(1) 상의원 4인을 6인으로, (2) 무역부 신설, (3) 금융부를 이재부(理財部)로 개칭, (4) 부회에 부부장 설치. 10월 22일 인가. 제(4)항은 이전에 제의되었으나 부결되었고, 연장자로 이를 충원하기로 되어 있음.
	11월 20일	소매상업진흥 표어 현상 모집	이듬해 1월 25일 심사 발표, 수상자 10명. 표어가 들어간 달력을 인쇄해서 업자에게 배포.
	12월 9일	연말 전 시장 대매출 보조	경성상공연합회 주최. 금 2,000원 지출.
	1월 27일	안봉선(安奉線) 개정 화물 운임 인하 방안 요청	개정 규칙은 2월 1일 실시될 예정.
	2월 7일	경성공장 타진 주최	공장주의 희망에 따라 각 전문가에게 위임하여 실지 조사를 하는 가운데 설비, 작업, 기술, 경영, 기타에 관한 개선의 지침을 보여 주는 것을 목적으로 하여 상설기관으로 함.
	2월 7일	경성청년실업가 제1회 좌담회 주최	건전한 후계자 배출의 희망으로. 제회는 3월 10일 개최.
	2월 12일	토산품전람회 보조	경성관광협회 주최. 금 300원 지출.
	2월 18일	소매상업부기 제1회 강습회 주최	또한 제2회를 3월 중에 개최. 강사 경성고상(京城高商) 교수 야마구치 다케오(山口武夫) 씨. 회기 5일간.
	3월 2일	북지(北支) 경제 시찰	대련(大連) 내지 북경(北京). 의원 6명, 직원 1명. 여정 20일간.
1936년	4월 20일	제3회 소매상점부기강습회 개최	제4회 및 제5회를 11월에, 다시 이듬해 2월과 3월에 제6, 7호를 개최. 모두 5일간. 강사 경성고상 교수 야마구치 다케오 씨.
	4월 27일	도시 문제 회의 원조	27, 28일 양일간 경성에서 개최. 금 1,000원 지출.
	5월 1일	규슈(九州) 경제 상황 시찰	하카타항(博多港)기념박람회 시찰을 겸해서 12일간. 의원 9, 직원 1 출장. 고쿠라(小倉) 내지 가고시마(鹿児島).
	5월 1일	제6회 지방순회 견본시 주최	서선(西鮮) 지방 5개 도읍.
	5월 14일	조선무역협회 및 경성관광협회 보조	양 협회에 금 1,200원과 금 800원 지출.
	5월 25일	조선상의 제5회 총회(6월 16일) 제출 의안	공예지도소 설치 방안 건의. 대구와 공동 제안(가결).
	6월 8일	「중요산업통제법」 외지 시행에 관한 좌담회 주최	내각조사관 후지타 구니노스케(藤田國之助) 씨 경성 방문을 기회로 관민 회동. 관청 측 8명, 민간 측 18명 및 회의소 측 출석.
	6월 19일	경성상공연합회 보조	금 1,000원 지출.
	6월 23일	전기동력 사용 강습회 주최	제2회를 7월 중, 동일하게 3일간 개최. 강사 경성전기 기사 우에하라 데쓰키치(上原徹吉) 씨.
	6월 23일	공예상품 제작 방법에 관한 좌담회 주최	상공성 공예지도소장 도오이 기타로(遠井喜太郎) 씨 초빙.

	7월	기관사 지도 강습회 개최	기간 5일간, 경성부와 공동 주최. 강사 오사카제국대학 강사 쓰지모토 겐노스케(辻元謙之助), 오사카부 기사 도노무라 시게사부로(殿村繁三郎) 양씨.
	8월 28일	무역진흥전람회 보조	조선무역협회 주최. 금 1,500원 지출.
	8월 28일	경성 견본시 보조	경성상공연합회 주최. 금 2,500원 지출.
	9월 7일	소매상점 경영 지도 상담회 및 임시상점 타진 좌담회	경성부와 공동 주최. 도쿄시 촉탁 소노다 리이치, 사토 덴에이 양씨 지도. 회기 5일간.
	9월 11일	경성상공연합회 조직 개칭	경성상공조합연합회는 회의소의 별동대로 1920년 창립하여 이후 개인도 가입시켜 상공연합회로 칭함. 현재 다시 조합 및 유사 단체만을 회원으로 하여 조직을 고쳐 이전 명칭으로 돌아감. 가입단체 140, 가맹자 수 9,000으로 늘림.
	9월 21일	북선(北鮮) 및 동만주 경제 시찰	의원 5, 직원 1. 여정 15일간.
	10월 1~5일	경성공예가구전람회 주최	
	11월 11일	경성부 신규 편입 구역의 도로 및 통신기관 개선 방안 요망	도로·배수·전화·우편물 집배 등의 시내 동일 취급 요망.
	11월 11일	전 시장 연말 대매출 보조 결정	경성상공조합연합회 주최. 금 3,500원 지출.
	11월 27일	조선 생산품 선전 전시회 참가	조선무역협회 주최, 하얼빈. 비용 500원 지출.
	12월 19일	경성중앙도매시장 설치에 관한 요청	본 문제는 이미 회의소 스스로도 열심히 연구한 것이며, 내지에도 시찰위원을 파견하여 다시 11월 28일에는 특별히 본 문제를 위해 관계업자와 간담회를 열어 의견 교환을 실시하였는데, 경성부 위원회 결정안을 송부받음에 따라 충분히 심의한 가운데 도매인회사 창립을 맞아 관계 영업자를 포용하는 데 세심한 배려를 기울일 것을 요망함.
	1월 21일	공업 경영 지도 강습회 및 공장 타진 개최	경성부와 공동으로 3일간 주최. 강사 일본능률연합회 상임이사 핫토리 도이치(服部東一) 씨.
	1월 26일	정관 변경	주사 정원 증가. 2월 18일부 인가.
	1월 26일	「외국환 관리령」에 관한 간담회 주최	총독부 사무관 오쿠무라 시게마사(奧村重正) 씨 초빙.
	2월 6일	부내 전차 조조할인제 실시 방안 요청	종래 자주 거론된 문제임. 이에 처음으로 표면화됨.
	2월 27일	영등포에 은행 지점 신설 요망	동 방면의 공업 발전에 응해서, 특별히 외국환 거래 가능의 은행 지점을 설치하기를 요망함.
	3월 29일	건축용재 부족에 대처하는 원목 불하 요망	
1937년	4월 10일	나고야 및 긴키(近畿) 지방 경제 시찰	의원 5명, 직원 1명. 여정 9일간.

4월 17일	조선무역협회·경성상공조합연합회·경성관광협회 보조	각각 1, 200원, 1,500원, 1,000원을 지출.
4월 17일	관광 대매출 보조	경성상공조합연합회 주최. 금 500원 지출.
5월 15일	경성건축재료품전시회 주최	출품자 40명, 출품점 수 562. 회기 5일간.
5월 24일	상품 장식 지도 강습회 개최	경성부와 공동으로 주최. 강사 이토 교스케(伊藤京介) 씨. 회기 4일간. 오전 중 강습, 오후는 부내 상점가의 실시 지도. 청강 신청자 135명.
5월 27일	경성상공조합연합회 사업 보조	서비스 및 능률 증진 주간과 지방 순회 견본시에 각 300원 수신 보조.
5월 31일	조선상의 제6회 총회(6월 18일) 제출 의안	중소 상공업 진흥 시설 실행 촉진 건의. (1) 경영 개선 지도 시설의 확충, (2) 상업조합·공업조합 제도의 실시, (3) 중소 상공업 생산품 무역에 특별 지도 조성을 제공할 것, (4) 중소 상공업 금융 개선, (5) 기타. 본 의안은 조선상의총회에서 (5) 각종 산업단체의 부당한 진출을 저지하는 것을 수정 가결.
6월 21일	공장 원가 계산 강습회 주최	부내 공장주 또는 사무원을 대조로 함. 강사 경성고상 교수 요시카와 요시히로(吉川義弘) 씨. 제2회 6월 28일부터, 제3회 7월 5일부터 각 6일간 개최.
7월 15일	중일전쟁 결의	북지사변 발발은 자위상 부득이한 것으로 인정하고, 근본 해결 방안을 요로에 전신 청원과 동시에 실업계의 결속과 합의를 결의.
7월 24일	경성 견본시와 더불어 시국에 대한 성명서 및 포스터 인쇄비 보조	경성상공조합연합회 주최. 각각 금 1,000원 및 260원 지출.
8월 20일	북지사변 「특별물품세령」에 관한 간담회 주최	경성세무서장 이하 계원 및 관계업자 75명 참가. 덧붙여서 전당포 관계업자는 23일 간담회 개최.
9월 7일	소매상점 경영 지도 상담회 및 임시상점 지도 개최	경성부와 공동 주최. 도쿄부 촉탁 소노다 리이치, 사토 덴에이 양씨 지도. 회기 5일간.
9월 17일	상공 종업원 수양 및 위안영화회 찬조	경성상공조합연합회주최. 금 1,200원 지출.
9월 20일	연료전람회 주최	출품자 25명, 출품점 수 217점. 회기 1주간.
9월 20일	가다(賀田) 회두 조선상의 북지(北支) 장병 위문행	10월 10일 귀성.
9월 20일	북지 견본시 참가	조선무역협회 주최. 예산 1,500원. 무역협회는 텐진에 주재원 3명 상시 설치 알선.
10월 24일	북지 무역 시찰	의원 4, 직원 1. 11월 8일 귀성. 일행 중 도시마 단장 봉천에서 순직.
10월 25일	제8회 소매 상점 부기 강습회	강사 야마구치 경성고상 교수. 또한 제9회는 11월 1일, 제10회는 다음 해 1월 24일, 제11회는 2월 14일부터 각 5일간 개최.
10월 25일	발명전람회 찬조	조선공업협회 주최. 금 1,000원 지출.

	11월 8일	공업지도강습회	경성부와 공동 주최. 회기 4일간.
	11월 8일	산업정신 작흥 주간	경성부와 공동 주최. 1주간. 기간 중 핫토리 도이치 씨를 초빙하여 각 회의소에 강연회 개최.
	11월 9일	전 시장 연말 대매출 보조	경성상공조합연합회 주최. 금 3,000원 지출.
	12월 13일	회의소 증축 낙성	
	1월 12일	금 및 백금 사용 제한에 관한 간담회 주최	관계업자 127명 참석.
	1월 15일	인천 기점 톈진 및 칭다오 간 정기 보조항로 확충 방안 요망	북지 무역의 새로운 사태에 즉시 응하려는 것.
	1월 28일	수출입 임시조치 및 수입화물 대금 결제에 관한 간담회 주최	관계업자 92명 참석.
	2월 12일	경인 화물 연락 수송 설비 개선 조사	직원 5명 인천 출장.
	2월 14일	양복 기술 강습회 보조	경성상공조합연합회 주최. 금 200원 지출. 본 강습회는 스테이블 와이버 지질(地質)을 응용하려고 하는 것.
	3월	중일전쟁 특별물품세령에 관한 간담회 주최	관계업 조합장 등 94명 참가.
	3월 2일	경성 견본시(12, 13일) 보조	경성상공조합연합회 주최. 금 1,000원 지출.
	3월 22일	임진강 가교 건의	
1938년	4월 4일	제7회 경성 순회 견본시 주최	철원, 춘천, 대전 등 중앙선 지방. 기간 13일간. 참가점 14, 거래고 12만 7,000원.
	4월 11일	북지 경유 시찰	의원 5명 파견. 여정 20일간.
	4월 25일	신설 물품세에 관한 간담회 주최	4일간에 걸침.
	4월 29일	폐품 갱생자원 애호 전람회 참가	5월 10일까지 경성부·경성발 물자 이용보국회와 공동 주최 금 1,000원 지출. 출품점 수 760점.
	5월 6일	조선무역협회·경성상공조합연합회 보조	각각 금 700원 및 1,500원 지출.
	5월 13일	선철·동 및 동합금 사용 제한에 관한 간담회 주최	
	5월 21일	직물전람회 보조	조선직물협회 주최. 금 200원 지출.
	5월 25일	조선상의 제7회 총회 제출 의안	국방·산업·교통상 중요 도로 개량 보급 촉진 건의(가결).
	6월 14일	중원(中元) 대매출 보조	경성상공조합연합회 주최. 금 2,200원 지출.
	6월 14일	경성관광협회 보조	금 1,000원 지출.
	6월 14일	점포 구조 및 장식 진열 강습회	17일까지 경성부와 공동 주최. 실지 지도 및 간담회 병행 실시. 강사 가와키타(川喜田) 능률연구소장.
	6월 21일	공업부기강습회 주최	강사 요시카와(吉川) 경성고상 교수. 회기 8일간.

7월 12일	북지 경제 사정 좌담회 주최	가와기시(川岸) 중장을 중심으로.
7월 16일	중지(中支) 경제 시찰	의원 7, 직원 1. 상하이, 난징, 항저우.
7월 26일	폭리 단속에 관한 간담회 주최	2일간.
8월 2일	무역실무강습회 주최	강사 시부야 레이지(渋谷禮治) 씨 외. 회기 4일간. 다음 회는 8월 9일부터 12일까지 개최.
8월 26일	법무국장 자문「이자제한령」 개정의 답신	(1) 대체로 다음 정도로 인하해야 함. 원금 100원 미만 연 2할 5푼 이내, 100원 내지 1,000원 연 2할 내외, 1,000원 이상 연 1할 5푼 이내. (2) 개인 금융업자의 차금(借金) 조건 제한 규정의 제정. (3) 금전 채무 임시 조정법과 같은 것을 두고, 성실한 채무자를 구제할 길을 열어 놓는 것.
9월 14일	조선공업협회 보조	금 100원 지출.
9월 14일	조선발명장려전람회·경성 견본시 보조	각각 제국발명협회 조선지부 주최 및 경성상공조합연합회 주최. 금 500원 및 1,500원 지출.
9월 19일	정관 변경	부회두·상의원 선거에는 연기투표로 함. 10월 6일부 인가.
10월 21일	제13회 소매상점부기 강습회 주최	강사, 야마구치 경성고상 교수. 제14회 2월 5일부터, 제15회 2월 13일부터 각각 5일간 개최.
11월 21일	시국 대응 공업지도 강습회	경성부와 공동 주최. 강사 핫토리 도이치 씨. 4일간 주요 조합별로 실시.
12월 1일	전 시장 연말 대매출 보조	경성상공조합연합회 주최. 금 3,000원 지출.
12월 13일	소매상업 간담회 주최	
12월 16일	중소 상공업 응급 구제에 관한 건의-조선상의임시총회 의안	1937년 조선상의 제6회 총회에서 본 회의소는 중소상공업 진흥의 건의안을 제출했는데, 다음 취지는 올해 8월 5일부로 실시하는 조선상의 상의원회의 건의안에도 반복되어 현재 다시 당면의 물자 조달의 불편함에 자극받아 긴급대책으로 거론됨. 또한 조선상의로서는 1933년의 상공업조합령의 제정을 요망하며, 1934년 도시금융조합의 상품담보 대부제도의 강화 요망 모두 본건과 관련하여 1936년 이후 매년 청원 건의를 반복하고 있음. 본 회의 결의를 필요로 하는 항목은 (1) 상업조합제도의 신속한 설치, (2) 손실보상제의 실시, (3) 도시금융조합 대부 한도 확장, (4) 상공상담소로의 보조, (5) 군수품 생산의 중소공업 참여, (6) 수출 장려금 및 수출 보상제의 실시, (7) 희생 산업 경영자의 전업 또는 합동에 대한 보조금 및 지도비를 1939년도 예산에 계상할 것.
2월 16일	상공 종업원 수양회 보조	경성상공조합연합회 주최. 금 800원 지출.
2월 21일	중북지(中北支) 산업경제 조사	가다(賀田) 회두 및 직원 1명. 여정 20일간.

	3월 7일	조선상의임시총회-경제회의소 법안 건	지난 2월 24일 일본상의 임시총회는 내지 경제회의소 법안 요강에 대한 희망 조항을 결의해서 그 성립을 일찍이 조선상의도 이에 가입할 수 있도록 배려해 줄 방안을 총독부에 청원.
1939년	4월 1일	상공상담소 승격	1935년 이후 업무과 내에 설치된 상공상담소의 중요성에 비춰 이를 승격시켜 과에 준하도록 하고, 이어 6월에는 종로·영등포·삼각지·서대문 4개소에 출장소를 설치, 매월 일정일에 지도원이 출장 나가서 업자의 상담 지도에 응함.
	4월 6일	물품세에 관한 간담회 주최	
	5월 11일	북선(北鮮) 지방 순회 견본시(4월 중 개최) 보조	경성상공조합연합회 주최. 금 1,000원 지출.
	5월 11일	회의소 내 국책 대용품 진열소 상설	작년 12월부터 준비 중인 것으로 점수 900여 점에 달하며, 6월부터 공개.
	5월 23일	조선상의 제8회 총회(6월 21일) 제출 의안	석탄의 수급 조정에 관한 건의를 상의원회에서 제출할 것(가결).
	6월 12일	조선무역협회 보조	금 700원 지출.
	6월 19일	조선공업협회 보조	금 500원 지출.
	6월 19일	대용품 전람회 보조	제국발명협회 조선지부 주최. 금 500원 지출
	6월 19일	시국대응좌담회 보조	경성상공조합연합회 주최. 금 300원 지출.
	6월 21일	전시 하 공장 경영 강습회	경성부와 공동 주최. 강사 아라키(荒木) 능률연구소장. 기간 4일간.
	6월 23일	대용품 진흥 전람회 참가	총독부 주최. 금 500원 지출. 기간 5일간.
	6월 26일	북선 및 동북 만주 경제 시찰	회두 이하 의원 9, 직원 1. 북선·목단강·가목사(佳木斯) 3반으로 나누어 12일간 시찰.
	7월 5일	내지 중소상공업 금융제도 조사	의원 2명 파견. 19일 귀성.
	7월 20일	임시국세조사에 관한 간담회 개최	경성상공조합연합회와 공동 주최.
	7월 24일	경성관광협회·경성상공조합연합회 보조	각각 금 1,000원 및 1,500원 지출.
	7월 24일	상공 종업원 수양 도장 실시 보조	경성상공조합연합회 주최. 금 1,200원 지출.
	8월 2일	상점 경영 통계 강습회	경성부와 공동 주최. 강사, 메이지대학 강사 아와야 요시즈미(粟屋義純) 씨. 기간 4일간.
	8월 21일	일본 및 홋카이도 경제 조사	의원 2명. 9월 3일 귀성.
	8월 25일	일본해경제연맹 제1회 총회 제출 의안	북선 측 항만의 개수에 병행해서 일본 측, 특히 니가타(新潟), 쓰루가(敦賀) 항의 적극적 개수 신속하게 시설 요망.
	9월 20일	상공 종업원 대운동회 보조	경성상공조합연합회 주최 금 500원 지출.

	9월 25일	시국하 상점 경영 강습·간담회 개최	경성부와 공동 주최. 제1, 2일은 점주, 제3일 상점주부(商店主婦), 제4일 제2세 점주, 제5일 상점 경영 지도원에 대한 것으로 함. 강사 오사카부립 산업능률연구소장 소노다 리이치(園田理一) 씨.
	9월 25일	금융상담부를 신설	
	10월 19일	수출 조정에 관한 간담회 주최	
	10월 23일	제16회 소매상점부기 강습회 주최	강사 야마구치 경성고상 교수. 제17회는 10월 30일부터, 제18회는 2월 5일부터, 제19회는 2월 12일부터 각 5일간 개최.
	11월 2일	가다(賀田) 회두 사임	자격 소멸을 위함.
	11월 6일	다가와 쓰네지로(田川常治郎) 씨 회두 선임	
	11월 7-12일	제1회 공장 낭비 배제 주간 제창	경성부와 공동 주최. 이에 앞선 5일간 낭비 배제 강습회 개최. 강사 체신성 촉탁 핫토리 도이치 씨.
	11월 10-16일	조선수출공예품전람회 참가	조선수출공예협회 주최. 금 500원 지출.
	11월 11일	한강 수운 이용 조사	교통부원 2, 3명을 파견하여 한강의 수운 상황 및 한강 수력 전기의 발전 공사를 시찰 조사하도록 함.
	12월 11일	폐품 회수 데이 개최	경기도폐품회수협회·경성폐물이용보국회와 공동 주최. 3일간.
	12월 14일	조선상의 임시총회-정관 변경	지난 11월 가다 회두의 퇴임 이후, 조선상의의 기관 확충과 관련해서 분규를 거듭하였으며(11월 10일 임시총회는 유회되었으며, 간담회가 됨), 본 문제는 부회두 정원을 2인으로 증가시키고, 전임 회두를 설치하기로 함. 이에 사실상 조선상의 회두와 경성상의 회두의 불가분의 관계가 단절되게 됨. 동시에 이사도 전임자를 두게 되어 다음 해 6월 25일에 이르러 이토(伊藤) 경성상의 이사의 겸임이 해제됨.
	12월 15일	신흥 국책품 진열 경기회	경기도·경성부상담소와 공동 주최.
	1월 18일	시국대처간담회 주최	
	2월 1일	단기점원양성소 개설	기간 2개월. 부내 청소년 점원의 재교육. 생도 수 80명. 졸업생 61명.
	2월 21일	중부 지나 경제 조사	다카와(田川) 회두 이하 의원 3, 직원 1. 칭다오, 상하이, 난징 등. 3월 7일 귀성.
	3월 5-6일	금속제품 가격에 관한 간담회 주최	5일은 수요자 측 30명, 6일은 판매업자 측 50명 참석.
1940년	4월 1일	물가조정과 신설	
	4월 1일	일본상의 상의원 취임	
	4월 8일	제5회 원가 계산 강습회 주최	강사 요시카와 요시히로(吉川義弘) 씨. 기간 6일간.

4월 12일	개정 「물품세령」에 관한 간담회	이어서 24일 개정 세령 일반에 관한 간담회 개최.
4월 18일	정관 변경	주사보, 서기보 설치. 직원 우대 취지임.
4월 18일	흥아일본전람회 경성 참고관 설비 보조	
4월 30일	중부상의연합회 결성 첫 회의	경성, 개성, 인천 3개 회의소의 지구적 협동체
5월 13일	조선상의 제9회 총회(6월 18일) 제출 의안	중소상공업 금융의 개선 방안 건의. 작년 8월 실시한 중소상공업 자금 융통 손실 보상제도도 아직 균형의 범위가 협소함으로써 대출 조건의 완화·대인 신용의 중시 등에 의해 보편적으로 이용하기에는 도움이 되기가 어려움(가결).
5월 25일	상점 경비 인하 주간 실시 및 강습회 개최	낭비의 배제, 포장, 기타 소모품 절약, 상점 업무 합리화 등을 강조하고, 아울러 이를 주제로 강습회를 개최. 강사 소노다(園田) 오사카부립산업능률연구소장. 기간 1주간.
6월	경성경제통제협력회 결성	총독부의 종용에 따라 회의소 자체의 사무로 수행하도록 함. 예산 5,000원.
6월 18일	조선경제통제협력연락회 결성	조선상의총회에 이어 창립총회를 열고, 회장에 히토미(人見) 조선상의 회두, 다카와(田川) 회두는 후쿠시마 평양 회두와 함께 부회장에 취임.
6월 26일	경성상공조합연합회·조선무역협회·경성관광협회 보조	연합회 경비에 4,000원. 연합회 사업인 여자상공 실무원 강습소 비용에 2,100원. 연합회 상공 종업원 하기 강습회비에 2,000원. 시국대응조합연락협조회비에 200원. 무역협회에 700원. 관광협회에 1,000원.
7월 11일	포장 하조(荷造) 강습회 주최	강사, 오사카포장하조협회 주사 마쓰모토 미쓰오(松本光雄) 씨. 기간 2일간.
7월 31일	단기 점원 양성소 개설	2개월 수업. 생도 수 57명, 졸업생 48명.
8월 3일	폭리 단속 및 사치품 제조 판매 제한 규칙에 관한 좌담회	관계업자 100명 참가.
8월 5일	아동생도 창안품 전람회 보조	제국발명협회 조선지부 주최. 금 500원 지출.
8월 5일	조선공업협회 보조	500원 지출.
8월 10일	정관 변경	사무국에 부이사 신설.
8월 20일	발하(拔荷) 방지 간담회	인천상의·조선무역협회와 공동 주최. 관계관·경인 하주 등 100명 출석.
8월 24일	경성일보 주최 조선대박람회 보조	동 박람회는 경성일보가 총독부를 대행해서 계획하고 있는 것으로 인정되고 있으며, 경성일보에 3,000원, 동 박람회 경기도협찬회에 3,000원을 지출함. 9월 1일부터 53일간 개최.
9월 12일	「사치품 금지령」 영향 대책 간담회	

9월 20일	경성상공조합연합회 사업 보조	동 회 주최 상공종업원 수양 시국강연회에 600원. 상공종업실무연마경기회에 400원.
9월 24일	공장 경영 강습회 개최	경성부와 공동 주최. 강사, 도쿄 아라키(荒木) 능률연구소장. 회기 4일간.
10월 16일	조선수출공예협회 보조	금 500원 지출.
10월 16일	경제 신체제안 심의	조선상의에서 연구 중인 동 안에 관해 취지에는 이론이 없으나 구체적인 참고안을 결정하는 데에는 별도의 날짜를 정해 연구할 것으로 결정함.
10월 23일	직장 양성 강습회	경성부와 공동 주최. 강사, 일본능률연합회 상무이사 이노우에 고이치(井上好一) 씨. 회기 3일간.

4. 「조선상공경제회령」(1944년) 등 시행

1) 시행 준비

(1) 통제 계획

〈자료 242〉 산업 개발코자 상공단체를 통제, 상공과에서 고안 중(조선일보, 1933.10.5.)

조선의 도시 단체는 전 조선 12부에 상공회의소가 있는 외에, 각지에 상공회 또는 번영회 등이 있어 각각 그 사명에 따라 상공업의 발달을 도모하며 경제 사정을 조사하여 상공업에 관한 지식 보급에 진력하고 있는데, 상공회의소와 상공회, 번영회 등 사이에는 하등 연락 통제가 없어 산업개발상 유감한 점이 적지 않으므로, 총독부 상공과에서는 이와 같은 상공 단체의 대단결을 도모하여 그 연락 통제를 완성하려고 목하 기초적 조사를 하고 있는데, 될 수 있으면 전 조선 상공단체의 연합회를 조직하고 싶다는 의향이다. 또한 홋카이도(北海道)에서는 이미 상공회의소와 상공회와의 연합회를 조직하여 극히 유력한 상공단체로서 활약하고 있고, 각 부현(府縣)에도 일부 연합회를 조직한 데도 있으며, 대만(臺灣)에는 상공회의소는 없으나 상공회 연합회를 설치하였으므로 이러한 것을 참고로 하여 그 통제를 하기로 되었다 한다.

〈자료 243〉 전 조선상공회의소 회두, 전 경성상공회의소 회두 가다 나오지(賀田直治), 「새로운 상도(商道)에 대하여」, 『경제월보』 1942.11.)

강연

이 자료는 지난 7월 28일 당 회의소 주체 간부 점원 연성(鍊成) 강좌 내용의 속기록이다.

경성상공회의소의 간부 점원 육성 강좌를 지난 6월 1일부터 2개월에 걸쳐서 실행하였는데 모든 분들이 시종일관 서로 공부하시고 오늘도 원기 왕성하게 출석해 주신 것을 저는 진심으로 기뻐합니다. 몸도, 지식도, 정신도 두루 갖추고 계신 지도자 여러분에게 기대하면서 그리고 후방의 물자 배급을 나라를 대신하여 대행하고 있는 분들을 만들려고 하는 것이 이 연성강좌의 목적이라고 알고 있습니다. 정말로 '연성'이라는 것은 시국을 돌파함에 있어 매우 긴요한 것입니다. 오늘날 혁혁한 전승을 올리고 있는 우리 황군은 천황의 위광 아래 충렬하고 의열한 정신과 기능을 발휘하고 있습니다만, 군대의 규율하에서 연성하고 연습을 반복한 효과도 많아서 전장에서 매우 좋은 성적을 올리고 있음은 명확한 사실입니다. 이것은 하나의 일화입니다만, 저 워싱턴 회의의 5 : 5 : 3의 결정을 받고서 가토 칸지(加藤寬治) 대장이 도고(東郷) 원수가 '5 : 5 : 3이라는 매우 유감스러운 결과입니다'라고 한 것이 도고 원사는 '군함의 수에는 제한이 있지만, 훈련에는 제한이 없다'고 하면서 훈시하였습니다. 그로부터 제국 해군에서는 수적으로는 이길 수 없지만 질적인 면에서는 반드시 이긴다는 커다란 결의를 가지고 훈련을 진지하게 하였습니다. 그 외에 연구에서도 커다란 강점을 가지고 있었습니다. 그리고 일본 해군은 매우 잘 갖추어져 있습니다. 이러한 점에서 연구를 제외하더라도 군함이면 군함, 비행기면 비행기, 잠수함이면 잠수함이 잘 정비되어 있는 것은 물론이지만, 해군의 표어 '월월화수목금금'이라는 맹렬한 일요일도 토요일도 없는 연성이 이번의 훌륭한 전과를 올린 커다란 원인이라고 생각합니다. 한편 육군에서도 동일한 사실이 있습니다. 이처럼 황군이 맹렬한 훈련에 임하고 있기 때문에 커다란 힘이 전선에서 타나났다고 한다면, 후방에서도 동일한 전쟁을 치르고 있는바, 총력전을 실행하고 있는 만큼 우리들 민간의 노력도 역시 군과 보조를 맞추지 않으면 서로 어울리지 않는다고 생각합니다. 이러한 상황이므로 최근 여러 방면에서 훈련이라든가 연성이라는 것이 발흥하고 있는 것은 정말로 시의적절한 것이라고 생각합니다. 이번의 연성 강좌도 이러한 시의성을 가진 것이라고 생각합니다.

제게 주어진 제목은 '새로운 상도(商道)'입니다. 저는 이 강연을 수락하고서 여러 가지 서책을 읽고 다행스럽게 일본에 다녀올 기회도 있었습니다. 이 사항에 관련하여 많이 연구하고 생각했습니다만, 저의 결론은 상도라는 것에는 결코 바뀐 것이 없습니다. 옛날이나 지금이나 바뀐 것이 아니고 특히 '새로운 상도'라고 하지 않아도 된다고 생각합니다. 그러나 지금은 전쟁 중입니다. 경제계의 환경도 많이 바뀌었으며 국가의 경제 신체제는 단연코 자유경제적 이기주의 경제를 배제하고 공익우선, 멸사봉공의 이념을 기조로 하지 않으면 안 됩니다. 서로 한 사람 한 사람의 장사가 아니라 국가 본위로 국가의 요청에 따라서 국가를 대행하는 것이 아니면 국가의 통제경제는 운영되지 않기 때문에 이러한 바에 있어서 '새로운 상도'라는 명칭을 사용하는 것도 좋지 않을까 하고 생각합니다. 그러나 기조가 되어야 할 정신은 다행히도 우리 일본에는 고유의 도덕 즉 황도(皇道)라고 하는 훌륭한 것이 있으니 이것이 곧 바로 상도의 기본이 되어야 하는 것은 지금도 예전에도 변함이 없습니다. 새로운 상도라고 해서 완전히 새롭게 창조하는 것이 아니라 오히려 고유한 도덕으로 되돌아가서 고유한 황도로 되돌아가는 것입니다. 최근 그 중간에 외국, 특히 영미의 경제를 따라하거나 의존하거나 혹은 이기주의 유대인 경제 등이 흘러들어왔는데 부정한 점이 있다는 사실을 단연코 불식하고 고유의 빛나는 정신으로 돌아가서 이러한 지금의 환경에 어울리는 시대의 상황에 적응하려는 것이 '새로운 상도'라고 생각합니다. 참고로 한 가지 일본의 황도, 오래된 고유의 도덕에 대해 말씀드리면, 여러분은 다녀오신 적이 있을 것이라고 생각합니다만, 이즈모에 커다란 신사가 있습니다. 여기에는 대국주명(大國主命)[13]을 제사지내고 있습니다. 그리고 세키(關)의 고혼마쓰(五本松)라는 곳에 있는 것이 그 자식인 사대주명(事代主命)으로 대국주명은 속칭 오쿠로(大黑)라 하고 사대주명은 에비스(恵比須)라고 부릅니다. 이 이즈모의 신들이 일본의 시초를 개척하였습니다. 여기에 천손이 이 땅에 내려와서, 이것을 봉환하려는 희망이 있을 때 이 사재주명의 에비스가 하나를 봉환하는 편이 좋겠다는 의견을 내어서 원만하게 나라를 이양할 수 있었습니다. 이 사대주명의 에비스가 그 후에 여러 나라를 돌아보며 그리고 농업이라든가 수산업이라든가 상업을 지도해 주었습니다. 그리고 이즈(伊豆)의 나라로 건너가서 미시마(三島)라는 곳에 하나의 신의 흔적을 남기시는데 이것이 바로 도카이도(東海道) 미시마의 관폐대사인 미시마신사라는 사대주명을 모시는 곳입니다. 그리고 산업 및 장사의 신이 되었습니다. 오사카(大阪) 주변에서도 미아미야(今宮)의 에비스라든가 니시노미야(西の宮)의 에비스는 장사꾼들이 존경하고 믿고 있습니다. 고래부터 에비스는 상가의 주신이었습니다. 이처럼 일본의 신대(神代)의 에비스는 장사의 본존이었습니다. 이전에 저는 시가현(滋賀県)의 요카이치(八日市)에 갔었던 적이 있습니다. 히코네(彦根)에서 전차로 40분 정도의 거리입니다. 이곳은 성덕태자가 이름을 지어 준 곳이라고 합니다. 왜 이러한 이름을 붙였는가 하면, 이 마을은 비와호(琵琶湖)에서 3리 정도 안쪽으로 당시의 비와호는 커다란 곳이라는 관념이 있었으며, 그 호수의 여러 가지 수

13 일본 신화에 나오는 신.

산물과 비와호의 배후 지역의 산에서 나오는 산물의 교환소로 당시에는 강을 통해서 왔던 것 같으며 여기서 가지고 온 물자의 교역을 하자고 8일 장을 열었다고 합니다. 그래서 요카이치라는 이름을 붙였다고 합니다. 지금은 시구(市區) 개정으로 변화하였지만, 가 보면 물이 맑고 역시 그렇구나라는 생각이 드는 곳입니다. 여기서 성덕태자가 에비스의 초상을 세운 것을 본존으로서 이 나라의 무역 신사로 참배하고 이치가미(市神)신사로 참배가 끊이지 않습니다.

성덕태자는 야마토에 법륭사라든가 여러 가지 사찰을 만들었으며, 오사카에 천왕사를 만들고 그리고 사회사업을 시행하였습니다. 병원도 만들고 의약품도 만들었습니다. 그리고 한편으로 국방에 대해서도 여러 가지 생각하여 배도 만들고 도로도 만들고 수전을 위해 저수지도 만들었습니다. 농업의 원조일 뿐만 아니라 다른 한편으로 공예에 뜻을 두었기 때문에 산업의 신이기도 하며 토목건축의 태자라고도 합니다. 그리고 이 야마토에서 오사카의 뒤쪽에 비와호를 둘러싼 오우미국(近江の国)을 이른바 병참기지로 삼았습니다. 즉 배후지로 삼은 것입니다 그리고 3,100년 전에 이미 이른바 화폐를 매개로 하지 않는 물물교환 무역을 8일 장으로 개최하였습니다. 나아가 이 요카이치에서 기와를 굽고 사찰(기와굽는 사찰이라 칭함)을 만들었으며 천황사의 기와를 여기서 구웠다고 합니다. 이와는 별도로 오우미 하치만(八幡)이라는 곳의 비와호 부근에 장명사(長命寺)라는 시코구(四国) 31번 관음상을 세웠습니다. 그리고 중국 사절을 나니와즈(浪花津)[14]를 열고 야마토에 맞이하였다. 이렇게 하여 외교상으로도 국방상으로도 외국에 조금도 뒤지지 않고 국위를 선양시킨 것입니다. 이러한 것을 살펴보면, 오늘날의 장사 이념이 아주 오랜 옛날부터 일본에 존재했었다고 생각합니다. 즉 상도란 것은 우리나라 고래의 매우 오랜 옛날부터 존재한 것은 분명한 사실이라 생각합니다.

와타나베 카산(渡邊華山)[15]이란 사람은 매우 애국정신이 두터웠던 무사로 서도에도 유명한 사람입니다. 어떤 사람이 카산 선생에게 뭔가 교훈이 될 만한 것을 적어 달라고 부탁했습니다. 그러자 카산 선생은 '상인 8훈'이란 것을 중장한 필체로 적어 주었습니다. 그 상인 8훈은 여기에 있습니다만, 그 의미를 살펴보면 오늘날에도 생각되는 바가 있는 8훈입니다. 그 제1

---

14 옛날에 오사카 부근에 개창한 항구 이름.

15 에도 시기 후기의 무사이자 화가.

훈은 우선 아침에는 손님보다 일찍 일어나라. 제2훈은 10냥(拾兩) 손님보다 100문(百文)[16] 손님을 소중히 하라. 제3훈은 손님이 마음에 들지 않아 물리러 왔을 때는 팔았을 때보다 정중히 하라. 제4훈은 번창함에 따라 점점 더 검약하라. 제5훈은 용돈은 1문부터 적어 두라. 제6훈은 개점할 때를 잊지 말라. 제7훈은 동일한 장사치가 부근에 왔거든 대접을 후하게 하고 서로 격려하라. 제8훈은 가게를 열었으면 3년간은 식량을 보내라. 이것이 장사치도 아닌 와타나베 카산 선생이 상인에게 바란 '상인 8훈'이라고 적어서 준 것입니다. 그 의미를 잘 생각해 보십시오. 지금도 장려하는 8훈이지 않습니까. '친절 주간'이라든가, '삼사 주간'이라든가 '사의 주간'이란 것이 최근에 행해지고 있는 듯합니다만, 이러한 것은 물론 이른바 일본 상도의 진수이여야만 하는 것으로 이러한 사람조차도 일본의 상도를 잘 파악하고 있었습니다. 이것은 일본의 경제는 황도정신이며 익찬의 길이며 역시 황도를 익찬해 가는 분명한 황도정신의 장사를 옛날부터 진행해 온 것입니다. '10혼 상재'라는 단어가 있습니다만, 이 단어는 현재의 통제경제를 단행시킨 것으로 매우 재미있고 상응하는 단어로 옛날부터 회자되는 것이라고는 하지만 현재를 더 잘 보여 주는 것입니다. 오늘날 영리 관념, 이기주의를 벗어난 황도경제에 기초한 국가의 역할에 서기 위해서는 역시 상인 개인이 확고한 정신을 가지고 공부하여 봉사익찬하는 것으로 이러한 상매(商賣)에 즈음하여 창의적인 공부에 매진하지 않으면 안 됩니다. 신불(神佛)을 중심으로 보은감사와 친절을 다하여 전통을 지키고 옛날의 황도경제를 불러일으켜 현재의 시국에 어울리는 상도를 이행하는 것이 '새로운 상도'라고 할 수 있습니다.

서론에서 사가현에 갔을 때 어떻게 오우미 상인은 각지에서 성공할 수 있었던가를 들은 적이 있습니다만, 이것도 확실히 납득이 갑니다. 즉 성덕태자가 요카이치라는 것을 일찍부터 시작했기 때문에 상매의 사상은 오우미의 사람들이 옛날부터 가지고 있었습니다. 그리고 경제사상을 가지고 있었고 여기에 지금은 도쿠가와(德川) 집안의 진영인 이 히코네 성을 이이나오마사(井伊直政)라는 사람이 쌓았습니다. 이 사람은 도쿠가와 집안에서 신뢰하는 후다이다이묘(譜代大名)[17]의 필두였는데 이것이 각 방면에서 효과를 발휘하였다. 도쿠가와 집안의 재정이 악화되었을 때는 에도의 상인이 가장 장사 재능이 뛰어나다고 하는데 경제에 밝은 사

16 文은 몬이라고 읽고 1관(貫) 1/1000의 단위. 1량(兩)은 1/100관.

17 후다이 다이묘는 에도 시대의 다이묘 격식 중 하나로, 세키가하라 전투 이전부터 도쿠가와 가문에게 복속한 다이묘를 말한다. 본래 후다이는 밖에 대해서 안이라는 뜻으로, 주종관계에서 가까운 쪽을 의미한다.

람이 도쿠가와 집안의 재정을 맡았습니다. 이러한 관계에서 도쿠가와 집안에서는 다른 나라(지역)[18]에 장사하러 가도 좋다는 특권을 주었습니다. 이러한 이유로 행상을 할 때마다 성공하는 사람들이 많았습니다. 이렇게 하여 이것을 가지고 돌아와 향토를 개선한 것입니다. 오우미 상인이 다른 지역에서 성공한 예가 매우 많습니다. 이것은 도쿠가와의 정책으로 한편으로는 행상을 하는 한편 도쿠가와 집안의 재정에 진력하였습니다. 즉 도쿠가와 쪽에 다른 마음을 가지는 것은 아닌가 하는 후다이다이묘의 정찰, 즉 스파이 역할을 시켰습니다. 원래 이러한 상매의 소질을 가지고 여러 지역을 견문하였기 때문에 점점 더 장사의 재능을 발휘하였고 서로 힘을 합쳐서 다른 지역에서 성공하였습니다. 이러한 오우미 상인은 반드시 성공한다고 믿게 되었던 것입니다.

조선에서도 개성 상인은 오우미 상인과 비슷한 점이 있다고 합니다. 개성 상인은 조선과 거리를 두고 고려의 유신으로 조선에는 그다지 순종적이지 않았습니다. 여기서 지속적으로 압박받았기 때문에 어쨌든 바깥으로 나가서 민간적으로 성공할 수밖에 없었기 때문에 혹은 금융 혹은 상매라는 것을 조선의 여기저기로 가서 행하였습니다. 이것이 또한 되돌아와서 개성부기라는 것을 쌓아올리는 정도로 서로 신용과 신용으로 결합되었습니다. 이러한 것으로 개성 상인은 성공했습니다. 그리고 최근에는 상매뿐만 아니라 토지의 경영도 행하고 있기 때문에 개성 상인은 상당히 탄탄한 기초를 쌓고 있으며 정말로 오우미 상인과 매우 비슷한 점이 있다는 것을 알 수 있습니다.

이러한 것들은 여담입니다만, 어쨌든 일본은 옛날부터 뛰어난 상도가 있었다. 그것이 오히려 최근에 영미의 자유적이고 이기적인 사상에 물들어 흐트러지고 있는 것을 먼저 불식하고 당연히 고유한 길로 돌아가는 것이 오늘날 요구되고 있습니다. 즉 황도경제, 익찬경제가 되어야만 합니다. 물론 당시와 지금은 환경이 완전히 다르며, 대전쟁을 수행하고 있는 시기로 이 상도가 단지 우리들 동지들뿐만 아니라 이후 동아 공영권의 다양한 민족을 지도하지 않으면 안 되는 도의적 상도가 되어야만 합니다. 따라서 서로 좋은 것뿐만 아니라 상대의 것을 옹호하고 신뢰하는 상도가 되지 않으면 안 됩니다. 물론 새로운 체제, 새로운 길, 즉 경제 도

18 근대 이전의 일본은 각 지역마다 구니(國)라는 단위로 나누어져 있었다. 이때의 구니는 지금의 지방자치단체와 비슷한 것으로 생각하면 된다. 개인들은 자신이 소속된 구니를 넘어서 다른 지역의 구니로 이동하는 것은 원칙적으로 금지되었으며, 이동할 때는 관의 허가를 받아야만 했다.

덕을 가져야만 한다고 생각하면서 새로운 상도는 이후 시국의 진전과 함께 그리고 전쟁에 점차로 건설과 함께 점점 발전하는 것이 되어야만 합니다. 그렇다면, 지금 어느 것을 취하여 새로운 상도를 확립할 것인지 말한다면, 아직 확립되지 않았기 때문에 완전히 지금부터입니다. 원컨대 훌륭한 실력을 갖춘 멋있는 새로운 상도가 건설되기를 바랍니다. 그리고 이를 해결하기 위하여 동아공영권의 지도 상인으로서의 실적을 올리지 않으면 안 된다고 생각합니다. 예를 들면, 오늘날 남방의 일을 생각해 보면, 그곳에 있는 토착민족은 유치하지만, 600만 혹은 800만이라는 중국인이 가서 성공하였습니다. 이 화교가 상당히 강한 힘을 가지고 있습니다. 그리고 그들 사이에는 신용으로 연결되어 있기 때문에 이러한 화교를 심복시키고, 아니 심복까지는 아니더라도 이쪽에 머리를 숙이고 경의를 표하도록 하기에는 매우 뛰어난 새로운 상도를 가지지 않으면 쉽지 않다고 생각합니다. 따라서 동아공영권 건설의 앞날을 생각하면, 새로운 상도는 점점 더 연마하고 연성하여 생생하게 발전시켜야 합니다. 여기서 비로소 확고한 새로운 상도가 가능하며 지금은 구식의 상도 즉 이기 영리, 자유경제라는 사념을 버리고 공익 우선의 황도경제로 본연의 고유한 빛나는 도덕을 현재의 환경에 맞추어 적용하여야 하는 과도기라고 생각해도 좋을 듯합니다.

이상은 서론으로 이 문제를 설명하기 위하여 저는 3가지로 나누어서 보고자 합니다. 우선 첫 번째는 왜 새로운 상도가 필요한가, 두 번째는 새로운 상도란 어떠한 것인가, 세 번째는 새로운 상도를 건설하는 영광에 감사하고 기뻐할 것이 3개로 나누고자 합니다.

이상의 3개를 좀 더 상세하게 말씀드리고자 합니다. 첫째 왜 새로운 상도가 필요한가. 이것은 시국을 해석해 보면 알 수 있습니다. 시국은 전시이며 전시통제경제는 반드시 필요합니다. 통제경제를 실행하고 이미 중일전쟁 이래 5년입니다만, 처음에는 이리저리 헤매기도 했습니다만 최근에는 통제경제도 대부분 궤도에 올랐습니다. 즉 당국이 노력해 왔습니다. 이에 대하여 대상이 되는 민간도 상당히 노력하였으며 얼마간 진척된 것도 사실입니다만 어쨌든 이것은 어렵습니다. 완전하다고 할 수는 없으며 이른바 굴곡은 피할 수 없습니다.

그러나 일본이기 때문에 통제경제가 5년간 상당히 진전되어 온 것입니다. 이것을 게이오(慶應) 대학 가다(加田) 박사가 '저 미국인들에게 통제경제가 가능할까. 전쟁에는 통제경제를 실시하지 않으면 안 된다. 미국 국민이 통제경제를 견뎌 낼지 어떨지가 문제이다'고 하였습니다만, 이것은 상당히 어려운 문제입니다. 독일 등은 20년 전에 1차 세계대전 이후 완전히 바닥에 떨어져서 여기에서 벗어나기 위하여 견뎌 내지 않으면 안 되는 고통을 경험하였기 때문에 20년에 걸쳐서 통제경제에 익숙해져 지금은 상당히 비교적 잘 행하고 있습니다. 일본은 겨우 5년 경과했으므로 상당히 어려우며 비교적 최근에는 잘 되어 가고 있는 것도 사실입니다. 그리고 민간에서도 잘 시국을 인식하고 생활방식 등도 시국에 맞추고 있으며, 이미 명확한 관념을 가지고 불평불만을 말하지 않습니다. 이러한 것은 이전에 일본에서 행한 것으로 잘 알 수 있습니다. 조선은 지금까지 편안했습니다. 지금부터 상당히 어려워지기 때문에 지금부터는 계속해서 견디고 인고하여 생활하지 않으면 안 됩니다. 불평불만을 말하면 바로 손해가 됩니다. 일본은 계속 어려운 시기를 지냈습니다. 그러나 이것은 시대적 상황입니다. 시국입니다. 이것이야말로 전쟁을 치른다는 것으로 견디고 일하고 있는 일본의 사실은 정말로 훌륭한 것이라고 생각합니다. 조선은 지금까지 일본보다 아주 편했습니다. 지금부터 곤란해질 듯합니다. 그래서 불평불만을 말하면 일본에 살고 있는 일본인에게 부끄러워해야만 합니다.

대동아전쟁을 완수해야 하는 이상 통제경제를 실행하는 것 이외에는 없기 때문에 지금까지는 아직 불완전한 바도 있고 굴곡도 있었지만 서로 견디고 상인도 소비자인 민간도 서로 협력하여 점차 내용을 강화하여 실행해 갈 수밖에 없습니다. 그렇지 않으면, 원만한 실행이 불가능하다고 생각합니다. 전시경제, 통제경제에서는 모든 자유를 만끽할 수는 없습니다. 이러한 구조는 오늘날 피할 수 없는 실상이기 때문에 이 실상에 적응하여 어떻게 해서든 상도라는 것은 진화하지 않으면 안 됩니다. 우리 상인으로서의 입장은 각자의 상매가 아니라 국가의 상매를 대행하는 것입니다. 국가의 배급기구이기 때문에 서로는 배급전사라고 생각하지 않으면 안 됩니다. 자유경제의 화려한 영리주의, 이윤추구는 오늘의 전시경제, 통제경제에서는 생존할 수 없는 것이기 때문에 여기서 이 경제의 변화, 환경의 변화에 적응하여 새로운 상도의 발생을 일으켜야 하는 것입니다. 지금부터 말씀드리는 것처럼 일본 국내뿐만 아니라 일본의 내외지에 한정되지 않고 원대한 구상 아래서 대동아공영권 전국을 실행해야 하는 만큼 다수의 여러 가지 다른 민족이 여기에 존재합니다. 이것을 지도적인 지위에 서서 인심을 파악하고 이것을 능숙하게 가르치고 일하도록 선도하는 위치에 일본 국민, 특히 제1선에 접촉자로서 상인이 서 있어야만 합니다. 그렇게 하면, 이러한 방면에 대한 운용력 있는 새로운 상도를 일으킬 수밖에 없기 때문에 새로운 상도가 시국과 함께 일어나는 것은 자명한 이치이자 결과라고 생각할 수밖에 없습니다.

다음으로 그러면 새로운 상도란 어떤 것인가. 즉 새로운 상도의 요소는 어떠한 것이 있는가. 저는 이렇게 생각합니다. 이전의 경제는 상인 한 사람의 재능만 있어도 괜찮았지만 통제경제는 결국은 단체적인 것이 됩니다. 개인성에 단체성이라는 보조를 맞추지 않으면 존재할 수 없습니다. 지금부터는 단체적인 생활 혹은 단체라는 훈련에 노력하지 않으면 안 됩니다. 이러한 것이 결국 총력이며 즉 국가의 총력이란 것이 지금부터 발생하는 것입니다. 단체적인 훈련이 매우 필요하게 되었으나 단체라고 하더라도 각 개인은 역시 개개의 인간이므로 개개의 노력이 긴요하며, 또한 이것이 근본입니다. 개개의 노력이 모여서 비로소 단체의 노력이 되는 것이므로 개개의 노력을 대단한 각 개인의 교련(教鍊)이라고 할까요, 그렇게 노력하지 않으면 안 된다고 생각합니다. 개개의 우리들에게 필요하다고 생각되는 바는 예나 지금이나 변하지 않았는데 역시 친절, 감사, 책임의 수행……책임을 다하고 약속을 지키는 것 즉 신의라는 것 이것은 역시 고금을 막론하고 필요한 상도라고 생각합니다.

지금부터는 건강한 체격을 만들고, 그리고 충분한 활동을 하지 않으면 안 됩니다. 건강과 활동이 새로운 상도의 요소라고 생각합니다. 그리고 연구와 기능, 특히 최신 기술이라든가, 과학이라든가, 과학하는 마음이라든가, 여러 가지 말이 생겨났습니다만, 기술자가 기술만을 가져서는 안 됩니다. 누구라도 기술을 알지 못하면 물건을 적당하게 이용할 수 없습니다. 아까운 자원을 유효하게 사용할 수 없습니다. 그리고 고물을 완전하게 사용할 수 없습니다. 따라서 기술과학은 기술자이든 기술자가 아니든 조금은 이러한 것에 의식적으로 노력하지 않으면 안 됩니다. 즉 '기술하는 마음', '과학하는 마음'으로 궁리하고 그래서 쓸모없는 것을 유효하게 사용할 필요가 있으며 기술과 과학의 요소를 우리들은 매우 중요하게 다루지 않으면 안 된다고 생각합니다.

이러한 것이 동아공영권에서 일본인이 뛰어난 점이며, 중국의 화교는 매우 실리에 밝지만, 기술과 과학이라는 힘은 역시 부족합니다. 남방의 토착민도 이러한 면에는 거의 힘이 약합니다. 일본의 뛰어난 점은 물론 황도정신이라는 일본정신이지만, 정신이라든가 도덕이라는 것은 그들도 상당한 것을 가지고 있으나 이것만으로는 부족합니다. 일본인이 가지고 있는 기술과 과학에 대해서는 그들은 매우 머리를 숙입니다. 지금부터 대동아공영권을 훌륭하게 활보시키기 위해서는 기술과 과학이란 것을 서로가 모두가 이 방향을 향해서 노력하지 않으면 안 된다는 것을 마음에 새겨야 한다고 생각합니다.

결국 강한 신념을 가지고 실천, 실행해야 합니다. 무엇보다 이념은 심원한 이념이 필요하지만 귀결되는 곳은 현실에 입각해서 성실하게 실천하고 실행하는 것이 새로운 상도의 요체라고 생각합니다. 예를 들면 고이소(小磯) 신총독이 "내선일체에는 이견이 없다. 바로 그대로이다. 단, 내선일체를 강조하는 근본은 즉 본의는 어디에서 온 것인가에 대하여 국체의 연원이라는 점을 국민 전체가 더욱더 연구하고 인식하지 않으면 안 된다. 이 국체의 연원을 연구하면, 내선일체는 반드시 가능하다. 깊은 곳의 오래된 근본을 구하지 않으면 안 된다"라는 말을 역설하고 있습니다. "현실에 안일해서는 안 된다. 하나하나 실행에 옮기고 현실에 입각하여 행하지 않으면 안 된다. 광활한 국체의 연원에서 발판을 삼고, 현실의 실행이라는 것을 더욱 파고들어서 생각하고, 이것을 실천, 실행하는 것에 매진하자"라는 것이 이번 신총독의 훈시라고 저는 해석하고 있습니다. 그 결과 새로운 상도라는 것도 원래 옛날의 상도라는 것을 잘 파악하고, 여기로 돌아가서 혼합되지 않고 사악하지 않는 황도상도(皇道商道)라든가 황도경제(皇道經濟)라든가 사혼상재(士魂商才)라는 곳까지 되돌아가고 싶습니다. 그러나 실행 전에 쓸모없는 것을 제거하고 물자를 유효하게 사용하도록 기술화합니다. 과학화한다는 일본인의 장점을 만들어 내고, 그 현실을 잘 처리하는 것에 대해 용맹하고 과감하게 실행하는, 이념은 깊고 멀리 생각하고, 실행은 강하고 굳세게 현실에 입각하는 실천과 실행이 새로운 상도의 귀착점이라고 생각합니다.

여기서 새로운 상도의 현상이 어떠한지 말하자면, 오늘날은 아직 과도기로 이제부터 더욱 발전할 것으로 아직 어떤 학자도 새로운 상도란 이러한 것이라고 확실하게 서적에 적어 놓은 것을 보지 못했습니다. 상당히 설명하기 어렵습니다. 그러면 새로운 상도란 것이 훌륭히 만들어지고 훌륭히 실행되고 있는가 하면, 반드시 그렇다고 할 수는 없습니다. 아직 시국이 어떻게 될지 모르는 혼란도 있으며, 그리고 법망을 피하여 음지에서 행해지는 것도 있어서, 이것 때문에 물자가 부족해집니다. 옛날에는 구입하려고 했지만, 지금은 팔려고 하는 친절하지 않은 주객전도가 되어 버린 현상도 있는 것은 아닌지요. 사람들의 마음씨도 많이 험악해졌으며 보은이라든가 감사라는 관념이 부족해진 것은 아닌가 하는 걱정스러운 현상도 많이 보이기 때문에 여기서 친절이란 것을 제창하는 주간을 개설하든가, 감사일 주간을 개설하든가 하는 것도 어쩔 수 없는 것입니다. 사실 새로운 상도는 아직 일어나지 않았으며 지금까지의 옛 상도 이하로 떨어진 것은 아닌가 하고 생각되는 만큼 결코 낙관할 시기는 아닙니다. 반드시

이 새로운 상도라는 것을 한번 앙양하고 국민이 희망하는 새로운 상도를 향하여 실행력 있는 새로운 상도의 확립과 실행을 바라마지 않는 시기라고 할 수 있습니다. 새로운 상도의 해설 혹은 보급, 선정은 오늘날 매우 시급하며 그중에서도 친절의 날이라든가 감사의 날이 실행되고 있으며 혹은 실행하려고 합니다. 이것은 반드시 진심으로 노력하지 않으면 안 되는 시기입니다. 물론 손님도 이전과 같은 손님이여서는 안 되며, 팔고자 하는 쪽도 고압적인 태도가 아니라 친절히 물건을 파는, 양쪽 모두 이렇게 하지 않으면, 친절이 실행되지 않으므로 ……교통기관으로서도 옛날에는 돈을 내고 탄다는 것을 고압적으로 타고, 이렇게 하여 상당히 서비스를 요구하기도 했으나 최근에는 차표를 제한하거나 한 줄로 서게 해서 태워 준다는 태도를 보이는 사람이 없는가 하면, 반드시 그렇지는 않다. 태우는 쪽도 가능한 친절히 하며, 봉사 서비스를 한다는 마음이 없으면 안 되지만, 정말로 여유가 없는 점을 손님도 알고서 옛날처럼 해서는 안 된다는 점을 알아 주지 않으면, 새로운 상도란 것은 이루어지지 않는다.

그리고 그 위에 서 있는 단체 혹은 관청이 독선적이어서는 원만한 성공은 불가능합니다. 그 아래에서 일하고 있는 사람은 상당히 참고 있기 때문에 깊은 동정을 가지고 관청이라든가 단체라든가 역시 친절한 태도로 대해야 합니다. 그리고 상인들도 혹은 동업자도 손님도 소비자도 혼연일체가 되어 협력합니다. 서로가 동정하고 협력해 가지 않으면, 이 새로운 상도는 이루어지지 않으며 결국 공존공영이라는 단어는 서로 신의라는 단어로 귀착됩니다. 이것이 즉 새로운 상도의 실천 요체입니다.

여기서 이와 같은 새로운 상도를 실행하는 것은 영광이며, 명예란 것을 말해 본다면, 새로운 상도야말로 즉 이것이 국책의 일부입니다. 국가의 배급기구로서 그리고 배급전사로서 수행해야 할 바의 길입니다. 전시에 물자가 부족한 것은 어쩔 수 없습니다만, 그러한 경우에 잘 배급하고 혹은 들쭉날쭉한 것이 없도록 하는 행위는 매우 기민하고 근면한 노력을 하는 상인의 행위가 필요한 것으로 이것을 수행하는 것은 즉 후방의 일선에서 싸우는 바이며, 상도보국, 상업보국의 행위에 합치하는 것이라고 생각합니다. 그리고 장사에 종사하는 자는 이러한 전쟁 중에 어떻게든 국가에 봉공 봉사를 하지 않으면 안 되는 시기에 이 새로운 상도를 서로가 연구하고 쌓아 올려서 앙양하여 이것을 실행하는 것이야말로 즉 전쟁에 나가서 전장에 출전한 것과 동일한 것으로 이것이 정말로 국가를 위한 명예로운 것이며 영광스러운 것이란 점은 말할 필요도 없다고 생각하기 때문에 새로운 상도를 실행하는 상인은 매우 영예로운 자라고 생각해 마땅하다고 생각합니다. 어찌되었든 지금부터는 공영권이 크게 전개될 것으로 아직 전쟁의 결과가 얼마나 확대될지 알 수 없습니다. 추축국(樞軸國)의 독일과 이탈리아도 상당히 혁혁한 전과를 올리고 있습니다. 소련도 충분히 궁지에 몰려 있고, 영국도 매우 약체화되어 있는 실정이며, 미국도 놀라서 자그마한 일에는 움직이지 않을 것이라고 강조하고 있던 미국도 상당히 약해져 있습니다. 서반구의 남미만이 자신의 자유로……오히려 미국의 입장에서 말하자면, 미국이나 독일, 소련은 약해지는 것이 좋습니다. 그 유산을 자신들이 가져간다는 기분으로 있으며 오히려 자신들에게 불이 붙은 양상입니다. 돈으로 묶여 있기 때문에 멕시코 혹은 남미의 일부는 따라가고 있습니다만 마음속으로는 납득하고 있지 않습니다. 아르헨티나 혹은 칠레는 이미 반항의 표시를 나타내고 있습니다. 서반구조차 지키지 못하는 미국의 앞길은 점차 기울어질 것입니다. ABCD 포위상태라든가 제2전선이라는 것을 말하고 있습니다만 아직 실행하고 있지 않습니다. 이처럼 부끄러운 것은 없다고 생각합니다. ABCD 포위진은 지금은 역의 방향으로 봉쇄되어 식량에 대해서도 소련 등에서는 매우 염려하고 있습니다. 영국도 마찬가지의 걱정스러운 눈으로 보고 있으며, 무엇보다 선박이 매우 공격당하고 있기 때문에, ……배를 만드는 것보다 공격당하고 있는 것이 훨씬 더 많기 때문에, 영미가 선박의 숫자를 회복하기에는 그리 쉽지 않기 때문에, 이기고 있는 기세로 독일과 이탈리아는 우크라이나의 곡창지 그리고 코카서스 곡창지, 그리고 소련 석유의 60~70%를 공급하고 있는 코가서스 유전을 장악한다면, 소련도 견딜 수 없을 것입니다. 북아프리카도 독일과 이탈리아에게 매우 유리한 상황이며 수에즈를 장악하고 인도에서 일본과 악수하든가 아니면 소아시아에서 악수하든가 추축국이 악수하는 것도 어쩌면 기대하지 못할 것도 아닙니다. 전쟁은 오히려 정말로 이념의 추축국에는 좋은 상황으로 전개되고 있습니다. 따라서 사도(邪道)를 움직이고 착취를 일삼아 온 영미인의 운명도 상당히 악화되었다고 보는 것은 조금도 틀리지 않았다고 생각합니다. 그러나 영미소 모두 원래 실력이 있고 근성이 강한 민족인 만큼 언제 재정비할지도 모릅니다. 결코 추단(推斷)해서는 안 됩니다. 두려워할 것은 없지만 후회해서는 안 됩니다. 그들이 재정비하기 전에 우리들의 건설과 준비가 급무라고 믿고 있습니다.

지금 인도는 국정이 혼란합니다. 일본이 인도에 접근하는 것이 좋을지 나쁠지 이것은 잘 생각해야 한다고 봅니다. 영국에 대해서 인도가 매우 반항적인 태도인 것은 분명하지만 일본이 돕는다고 하더라도 쉽지 않기 때문에 시기가 올 때를 기다려 일본이 인도 민족에게 지원

하는 것을 생각하지 않으면 안 된다고 생각합니다.

그리고 호주는 매우 중요한 곳입니다. 만약 미국이 호주를 좌지우지하는 경우, 우리 남방의 여러 섬이 위협받기 때문에 기회를 봐서 호주를 일본이 제어하지 않으면 안 됩니다. 호주는 공업이 발달되어 있고 기후가 좋기 때문에 다양한 사람들을 보낼 수 있습니다. 호주를 제어하는 것이 그동안 쌓아 올린 남방 여러 지역을 안전하게 하는 바입니다. 그런고로 기회를 봐서 호주는 일본이 뭔가 하지 않으면 안 되는 곳이라고 생각하는데 이것도 시기의 문제입니다. 어쨌든 일본의 해군이 이미 태평양 인도양의 요소요소에 진을 치고 세력을 유지하고 있기 때문에 우리는 의지를 강력히 하여 남방 경영에 노력하지 않으면 안 된다고 생각하고 있습니다.

최근 남방에 매력을 가진 사람들이 많습니다만, 기후가 덥고 풍토병이 있는 지역이라 그리 쉽게 갈 수 있는 곳이 아닙니다. 여기에 가는 자는 상당한 결심을 하고 가지 않으면 안 됩니다. 여기에 있는 화교는 강고한 마음을 가지고 있기 때문에 앞에서 말한 것처럼 기술하려는 마음, 과학하려는 마음으로 토착민도 화교도 이쪽으로 끌어들여 협력하도록 하기에는 여전히 쉽지 않다고 생각합니다.

북쪽 방어가 남쪽을 진전시킨다고 자주 회자되고 있습니다만, 정말 말 그대로 북쪽이야말로 오랜 시간에 걸쳐서 개발한 전통을 가지고 있으며 점차 지금부터 본격적으로 행하려고 하는 만큼 남쪽을 위해서 북쪽을 잊어버릴 수는 없습니다. 우리들이 보는 바로는 북쪽은 아직 충분하지 않습니다. 여기서 충실히 북방을 강고히 하고 그리고 북쪽의 힘을 위대하게 발휘하도록 노력하는 것이 우선적인 사명이라고 생각합니다. 남쪽은 전국의 결과에 따라서는 어떻게 될지 모르겠습니다만, 기획원의 스즈키(鈴木) 총재가 얼마 전에 '그 대강을 중앙에서 장악하면, 실제적인 일은 현지의 사람들이 창의를 가지고 하는 대로 맡기는 것이 좋다'라고 했는데, 이것은 중앙에서 가능하지만 남방에서 무엇을 하면 좋을지에 대해서, 가령 남방의 수력전기를 일으켜 공업을 일으킨다는 것은 그 결과는 성가시지 않겠습니까? 남방의 천연자원을 잘 이용하는 것으로…… 지금까지 남방의 여러 지역은 영국과 네덜란드에 의해 착취당하고 각지에서 국가의 독립이 불가능하도록 자원을 생산하고 판매해 왔다. 이것을 이번에는 쌀을 재배한다든가, 면화를 재배한다든가, 설탕의 과잉을 정리한다든가, 고무라면 널리 이용할 방법을 강구한다든가 자원의 불균형 상태를 시정하는 것, 이들 원료를 일본 국내로 운송하고 더욱이 남방 및 중국 주변으로 보내는 것은 물론이지만, 적성국의 영미로 보내서는 안 됩니다. 그리고 점차 수에즈와 그 외의 개통이 이루어진다면, 주축국에는 보냅니다. 이러한 매우 다양한 일이 있기 때문에 여기서 새롭게 전력을 일으킨다거나 혹은 공장을 이중으로 일으킨다는 공업정책보다는 역시 농광업을 중심으로 천연자원을 채취하고 그 공평한 분배를 잘 하는 것에 노력하는 것이 선결과제라고 생각합니다.

남방으로 진출하려면 우선 배가 필요합니다. 배를 어떠한 항로로 해서 어떻게, 예를 들면 작은 배, 중간 정도의 배, 큰 배 등 그 배치를 연구하고 그리고 조선을 왕성하게 합니다. 배를 만드는 것이 역시 가장 중요한 요점이 아닌가 하고 생각합니다.

북방에 공장을 완성하는 것은 지금부터 매우 필요하지만, 남방에 공장을 짓기 시작하는 것보다도 선박을 많이 만들고 항로를 정비하는 것이 가장 급선무라고 생각합니다.

물론 호주가 손에 들어온 경우는 호주는 공업국으로 석탄, 철도가 있습니다. 기후도 좋은 호주는 남방의 공업지로서는 좋지만 지금의 남방 여러 섬은 이전부터 존재하던 공장을 …… 혹은 발전 등도 지금 운행 중에 있는 것을 정비하는 정도가 좋으며 적극적으로 공장에 진출할 시기는 아닙니다.

정말로 남방으로 진출하고 싶은 젊은이들이나 혹은 일본의 주변부에서 정리된 중소 상공업자들 중 진중한 정신을 가진 지도민족이 될 수 있는 사람…… 지금까지 만주라든가 북중국에 가서 고생을 한 사람들은 결코 가서는 안 되며, 이권을 노리는 자들은 해서도 안 되며, 정말로 자각한 마음을 가진 자들을 잘 훈련시켜서 해야 합니다. 그렇지 않으면 화교를 선도할 실력을 갖추지 않았다고 생각합니다.

중소상공업자가 남방에 가는 경우에는 결의를 새롭게 하고 기술을 가진 본토인들이 없는 곳에서 승부할 필요가 있습니다. 그러한 의미에서도 기술의 보급이 기술자뿐만 아니라 중소상공업자들에게도 더욱 향상시키지 않으면 안 됩니다. 그러한 공장은 상매(商賣)와 함께 남방에서 많이 나타날 여지가 있습니다. 그러나 남방에 가서 남쪽에 없는 재료가 필요한 경우 모두가 곤란하기 때문에 남방에서는 단연코 현지조달로 중소 상공업자가 국가의 지도하에서 작은 공장을 유지하고 발전시키는 정도의 것을 일으키고 그리고 실력을 키울 필요가 있다고 생각합니다. 이것은 지금부터 해결해야만 하는 문제이며 아마도 그러한 요청이 나오고 있습니다만, 저로서는 그러한 의미로 남방의 것을 생각하고 있습니다.

선박을 어떻게 운용할 것인가, 그리고 조선은 어떻게 할 것인가 하는 것에 가장 힘을 쏟아야 한다고 생각하고 있으며, 북방은 하등 남방을 위하여 손해를 감수할 필요는 없으며, 지금까지 불충분했던 것을 채우고 충실을 강화하지 않으면 안 됩니다. 북방과의 교류는 오히려 남방을 위해서도 힘을 쏟아야 합니다. 배가 운행할 수 있으면 남방의 자원을 이쪽으로 가지고 와서 제조할 때가 올 것입니다. 작지만 추축국…… 독일 이탈리아 등의 방면으로는 역시 공급하지 않으면 안 됩니다. 실제로 현재 그러한 것이 시작되고 있습니다. 무역…… 그러한 시기가 점차 도래할 것이기 때문에 역시 남방의 원료를 북으로 운반하고 이것을 제조하여 그곳으로 되돌려 보내는, 국내의 용도에 사용하고 그리고 추축국을 지원하여 무역도 실행한다는 구상을 가지지 않으면 안 된다고 생각합니다.

이러한 견지에서 우리 조선이 매우 희망적이라고 생각하는 것은 상당히 공업도 발흥하고 있으며, 전력이 동아에서는 가장 조선이 유리합니다. 전력이 중화학공업 등의 생명이 되기 때문에 남방의 자원인 경금속……보크사이트는 상당히 전력이 필요하고 조선과 같은 곳으로 가지고 오지 않으면 안 됩니다. 혹시 형태를 만들어서 가지고 오는 것도 있을 수도 있지만 그 처리는 조선이 담당해야 한다고 생각합니다.

그 외에 고무라든가 혹은 야자유가 있습니다. 그리고 생선 기름 이외에 식료품으로 상품화할 수 있는 방향으로 하지 않으면 안 됩니다. 남방을 얻기 위해서 조선의 공업에 이변이 발생하지 않을 수 없으니 전체적으로 말하면 남방을 획득함으로써 북방, 특히 조선의 주변은 더한층 공업과 광업이 강화되고 그리고 북을 풍부하게 할 뿐만 아니라 남도 풍부하게 되도록 노력할 필요가 있는 시기가 되었습니다. 우리들에게 매우 영광스러운 책임이 있다고 생각하고 있습니다.

물론 만주국의 장래도 많은 희망이 있으며, 석탄이나 노력이나 자원도 상당히 있는 북중국에서도 장래의 개발은 상당히 기대되는 바가 있다고 생각합니다. 제가 관계하고 있는 몽골과 조선의 무역 등에도 장래 상당한 희망이 있다고 생각하기 때문에 북방의 대륙은 지금부터 정말로 발전하고 웅비할 것이라고 생각합니다. 남방은 오히려 자극제가 되어서 북방이 왕성하게 활약하지 않을까 하고 생각하면서 우리들은 남북 쌍방을 지켜봐야 한다고 생각합니다. 상인의 활약 무대는 반드시 있기 마련이므로 우리끼리가 아니라 이민족을 잘 구슬리고 신뢰할 수 있는 새로운 상도를 여기에서 쌓아올려서 이것을 강력하게 실행하고 실천하는 것이 우리들이 기획해야 할 요체 즉 안목이 아닌가 하고 생각하는 바입니다. 그러나 남북 모두 일본만의 무대라고 낙관해서는 안 됩니다. 어떠한 방해물이 나타날지 모릅니다. 중경(重慶)도 아직 접수하지 못했습니다. 미국은 강력한 군사력으로 일본에 반격할 일에 열중하고 있습니다. 남북 모두 아직 안정되어 있지 않습니다. 이 시기에 전 국민의 상당한 분투와 궐기를 요하는 시기라고 각오하지 않으면 안 된다고 생각합니다.

시간도 많이 지났기 때문에 그리 충분하다고 생각하지는 않습니다만, 제가 생각하는 '사회훈(社會訓)'과 '새로운 상도훈(商道訓)'이란 인쇄물을 드린 만큼 제가 한 이야기와 이 두 가지를 읽어 봐 주시면 더 잘 이해할 수 있을 것이라 생각합니다.

즉 새로운 상도란 우리나라 고유의 빛나는 황도경제에 입각한 것과 동시에 대동아 전국에 즉응한 전시경제와 건설경제의 조화를 극복하고 국가의 배급기구로서의 책무를 다하는, 이를 위해서는 창의와 노력과 훈련에 진력하고 이기심, 자아적인 사상을 버리고 조직적이고 단체적으로 규율 있는 일치된 행동을 다하고 보은감사, 성의친절을 발휘하는 봉사봉공을 실천하는 것입니다.

새로운 상도란 어떠한 어려움을 만나더라도 희망적인 장래를 믿고 굴하지 말고 왕성한 정신력을 발휘하여 '혼과 기술'을 발휘하여 노력분투하고 향상 매진하는 상업전사의 길을 가리키는 것입니다.

저로서는 여러분이 진심으로 유위다망(有爲多望)한 상업전사라고 기대하며 이 시기에 시국의 중대성을 잘 생각하시고 양 어깨에 무거운 사명과 책임을 지고 있으며 분발하고 분투할 것을 기대해 마지않습니다. 이것으로 본 강연을 마치고자 합니다.

(2) 상공경제회 설립 계획

〈자료 244〉 조상 기구 개혁 문제 상공경제회로, 명춘에는 실시(매일신보, 1943.7.25.)

상공회의소의 기구 개혁에 의한 상공경제회의 설립에 대하여는, 일본은 이미 지난 6일 일상(日商)이 발전적 해소를 수행한 것을 위시하여 각 지방 상의도 오는 10월까지 일제히 발전적 해소를 하고 신기구하에 힘 있게 발족하는데, 조선도 이에 순응하려고 목하 총독부에서 예의 구체안을 강구 중이다. 그리고 문제의 조선상의에 대하여는 반도 특수 사정으로 일본과는 반대로 조선상공경제회로서 법인화하려고 이미 상공과장이 앞서 도쿄에 갔을 때 상공성 당국의 양해를 얻어 현재 식산국이 이 점에 대하여 각도 상공경제회와 아울러 검토 중이다. 그래서 신기구의 발족은 예정보다 지연되어 내년 봄쯤이 될 모양이다.

〈자료 245〉 상공경제회에 대한 민간 측 의견 청취(매일신보, 1943.11.25.)

상공회의소의 상공경제회에의 개혁은 일본에는 이미 완료되고, 관동주, 대만 등의 여러 외지도 곧 단행될 예정으로 되어서 조선에서도 연구 중이었는데, 총독부에서 동 제령의 요강을 작성하였으므로, 요즘 경성상공회의소 역원실에 조선상의 이사를 비롯하여 경성, 부산, 평양의 4상의 이사의 회동을 구하고 총독부로부터 사무관이 출석하여 동 사무관으로부터 이 요강을 제시, 설명한 후 네 이사로부터 민간 측으로서의 희망과 의견을 청취하였다. 이것은 총독부가 내년도에는 이것을 실시하려고 활발하게 이 문제를 연구하고 있는 것을 말하는 것이다.

〈자료 246〉 「조선상공경제회령」, 5월에나 공포될 듯(매일신보, 1944.3.26.)

「조선상공경제회령」은 오는 4월 1일 공포하고, 5월 1일부터 전선 상공회의소의 상공경제회에의 개조·신발족할 예정으로, 관계 관리가 도쿄에 가서 내무성 및 법제국과 절충 중인데, 현재 지난 13일부터 내무성과의 절충이 개시되었을 뿐으로, 법제국과의 절충은 되지 못하고 동 국의 심의를 거쳐 공포하기까지는 금후 상당한 시일을 요할 것으로 보이며, 순조로 나아가 5월 1일에 공포되지 않는가 보다.

2) 「조선상공경제회령」(1944년) 시행과 폐지

〈자료 247〉 「상공경제회령」 공포, 현재의 상의제도를 개정, 내(來) 20일 실시
(매일신보, 1944.8.18.)

총독부에서는 전시하 산업경제의 원활한 진전을 기하고자 상공회의소 제도를 근본적으로

개정하고, 조선상공경제회제도를 확립하여 공공적 성격을 강제로 부여하고, 업계의 연락 협조를 강화하고자 예의 준비 중이던바, 18일부로써 「조선상공경제회령」(제령)과 동령 「시행규칙」(부령)을 공포하고, 오는 20일부터 실시하기로 되었다. 이에 의하여 상공회의소령은 폐지를 보게 되어 각지에 상공경제회가 신설, 개편될 터이다. 상공경제회의 조직 기구는 각도에 도상공경제회를 설치하여 당해 지구 내의 영업소, 공장 또는 사업장을 가지고 상업, 교역업, 공업, 광업, 금융업, 전기사업, 교통운수업, 토목건축업을 경영하는 자와 상기 업자로써 조직한 단체 또는 당해 지구 내에 사무소를 가지고 있는 산업경제에 관한 단체로써 회원으로 하고 다시 각 도상공경제회와 조선총독이 지정한 업자 단체를 회원으로 하여 중앙기관으로서 조선상공경제회를 설치하여 산업경제에 관한 통제에 대한 협력, 산업경제의 운영 또는 정비에 관한 연락, 산업경제의 개선·향상에 관한 시설, 조사 연구, 기타의 지도 연락을 하기로 되었다.

〈자료 248〉 설립 본지 관철, 호즈미(穗積) 상경회두 담(매일신보, 1944.8.18.)

10월 1일에 신 발족할 각 도 상공경제회 회두 임명은 25일부로 발령되었는데, 경기도 상공경제회 회두에 임명된 수적진육랑씨는 신임의 포부를 다음과 같이 이야기하였다.

종래의 상의는 순 민간체로서 창립 이래 반도 경제 발전에 공헌한바 비상히 컸었다. 그런데 지나사변(중일전쟁-편역자) 이래 전시경제 통제에 협력한바 지대하여 상의 최근의 활동은 금번의 경상회 목적과 거의 접근을 보게 되었다. 이것은 당연한 추세로서 금후 상경회는 현하 시국이 요청하는 바에 좇아 설립 본지에 입각하여 동회 목적 관철을 위해서 노력할 각오이다.

(3) 「조선상공경제회령」 시행과 폐지

〈자료 249〉 「조선상공경제회령 공포에 즈음하여: 1944년 8월 18일 조선총독부 농상국장 시라이시 고지로(白石光次郎)」(『상공회의소 90년사』, 269쪽)

시국 진전에 따라서 「중요산업단체령」, 기타 경제법령이 시행되어 각 업종, 업태별로 소위 종적(從的) 통제기구가 정비되고 있는데 이와 병행하여 국민경제의 총력을 전력증강 목적에 직결해서 그 기능을 가장 유효하게 발양시키기 위하여 횡적 연결기관 창설의 필요성을 인정하고 신중한 검토를 가한 결과, 종래의 상공회의소 제도에 근본적 개변을 가하여 강도(强度)의 공공적 성격을 부여하고 국책에 협력하여 산업경제의 원활한 운영의 연결 협조를 강화시키며, 또 개선 향상을 도모하기 위하여 지역별 종합 경제단체로서 도(道)의 구별에 의한 상공경제회(商工經濟會) 및 전선(全鮮)을 구역으로 하는 조선상공경제회(朝鮮商工經濟會) 제도를 창설하기로 하여 오늘 이에 「조선상공경제회령(朝鮮商工經濟會令)」 및 동 「시행규칙」의 공포를 본 터이다.

따라서 상공경제의 통제에 대한 협력, 이의 운영 정비에 관한 시설 등 현저히 국가 공공 성격을 깊게 하기 위하여 그 운영에 당해서도 회두 이하 역원의 임면은 행정관청이 행하는 외에 여러 가지 점에서 관청의 감독을 강화하는 동시에 선거된 의원으로 조직하는 의원총회 중심주의가 폐지되고 회두의 자문기관으로서 평의원회를 설하여 회두, 이사가 중심이 되어 민속(敏速), 원활(圓滑)히 그 사무를 수행할 수 있도록 고려한 터이다.

특히 생산 지배의 근간이 되는 상공조합의 지도 감독 사업은 종래 산업조합중앙회(產業組合中央會) 및 공업조합중앙회(工業組合中央會)에서 실시하여 왔는데 금후는 상공경제회에서 실시하기로 하고 다시 상공조합에 준하는 단체의 지도 감사도 아울러 행할 수 있도록 한 결과, 전력 증강, 국민생활 확보에 기여하는 바 다대할 것으로 생각한다.

그러나 그 결과의 발양은 오로지 금후 운영 여하에 있음은 말할 것도 없는 바로서 감독관청의 지도를 강화함은 물론, 역원으로 임명된 여러분은 본 제도 창설의 취지 및 본 회가 현시국하에 부담하는 중요 사명을 충분히 인식하여 일반업자, 관민(官民)과 함께 가열(苛烈)의 도(度)를 가하고 있는 성전(聖戰) 목적 완수를 위해서 사명 달성에 매진 협조하시기를 간절히 바라는 바이다.

〈자료 250〉 「조선상공경제회령」(『조선총독부관보』, 1944년 8월 18일)

[시행 1944. 8. 20.] [조선총독부 제령 제30호, 1944. 8. 18., 제정]

제1장 총칙

제1조 상공경제회는 도상공경제회 및 조선상공경제회로 한다.

제2조 상공경제회는 법인으로 한다.

제3조 ① 상공경제회는 조선총독이 정하는 바에 의하여 등기를 하여야 한다.

② 전항의 규정에 의하여 등기하는 사항은 등기를 한 후가 아니면 제3자에게 대행할 수 없다.

제4조 ① 상공경제회는 그 명칭 중에 상공경제회라는 문자를 사용하여야 한다.

② 상공경제회 또는 상공경제회로써 조직하는 단체가 아닌 자는 그 명칭 중에 상공경제회라는 문자를 사용할 수 없다.

제5조 상공경제회는 조선총독의 명령에 의하여 해산한다.

제6조 상공경제회의 해산 및 청산에 관하여 필요한 사항은 조선총독이 정한다.

제7조 이 영에서 산업경제라 함은 제11조 제1호에 기재하는 사업에 관한 산업경제를 말한다.

제2장 도상공경제회

제8조 도상공경제회는 국민경제의 총력을 가장 유효하게 발휘하도록 하기 위하여 국책에 협력하여 산업경제의 원활한 연락을 도모하고 그 개선·향상에 힘쓰는 것을 목적으로 한다.

제9조 도상공경제회의 지구는 도의 구역에 의한다.

제10조 ① 도상공경제회는 그 목적을 달성하기 위하여 다음 각호의 사업을 행한다.

1. 당해 지구 안에서의 산업경제에 관한 통제에 대한 협력
2. 당해 지구 안에서의 산업경제의 운영 또는 정비에 관한 연락
3. 당해 지구 안에서의 산업경제의 개선·향상에 관한 시설
4. 산업경제에 관한 조사 및 연구
5. 전 각호에 기재한 것 외에 도상공경제회의 목적을 달성하는 데 필요한 사업

② 도상공경제회는 전항에 기재한 사업 외에 당해 지구 안의 상업조합·상업조합연합회·공업조합 및 공업조합연합회와 이에 준하는 단체로서 도지사가 지정하는 것의 사업 및 재산의 상황에 대하여 감사를 할 수 있다.

제11조 도상공경제회의 회원 자격은 다음 각호의 자로서 도지사가 지정한다.

1. 당해 지구 안에 영업소·공장 또는 사업장을 두고 상업·교역업·공업·광업·금융

업·전기사업·교통운수업 또는 토목건축업을 경영하는 자

2. 전호에 규정한 사업을 경영하는 자로써 조직된 단체로 당해 지구 내에 사무소를 둔 자

3. 전호에 규정한 단체 외에 당해 지구 내에 사무소를 둔 산업경제에 관한 단체

제12조 ① 조선총독은 그 정하는 바에 의하여 전조의 규정에 의하여 회원 자격을 가진 자에게 도상공경제회의 설립을 명한다.

② 전항의 규정에 의한 설립의 명령이 있은 때에는 조선총독이 정하는 바에 의하여 창립총회를 열어 정관, 기타 도상공경제회의 설립에 필요한 사항을 정하여 조선총독의 인가를 받아야 한다.

③ 제1항의 규정에 의하여 설립을 명받은 자가 조선총독이 지정하는 기한까지 설립인가를 신청하지 아니한 때에는 조선총독은 정관의 작성, 기타 설립에 관하여 필요한 처분을 할 수 있다.

제13조 도상공경제회의 정관에는 다음 각호의 사항을 기재하여야 한다.

1. 명칭
2. 지구
3. 사무소의 소재지
4. 회원에 관한 규정
5. 사업 및 집행에 관한 규정
6. 임원에 관한 규정
7. 회의에 관한 규정
8. 회계에 관한 규정
9. 지부에 관한 규정

제14조 도상공경제회는 조선총독이 정하는 바에 의하여 설립 등기를 함으로써 성립한다.

제15조 도상공경제회가 성립한 때에는 회원 자격을 가진 자는 모두 도상공경제회의 회원으로 한다.

제16조 ① 도상공경제회에는 다음 임원을 두어야 한다.

회두 1인

이사 약간 명

감사 약간 명

평의원 약간 명

② 도상공경제회에는 전항의 임원 외에 정관이 정하는 바에 의하여 부회두 2인 이내 또는 이사장 1인을 둘 수 있다.

제17조 ① 회두는 도상공경제회를 대표하며 회무를 총리한다.

② 부회두는 회두를 보좌하고 사전에 회두가 정한 순위에 의하여 회두에게 사고가 있을 때에는 그 직무를 대리하며 회두가 결원인 때에는 그 직무를 행한다.

③ 이사장은 회두 및 부회두를 보좌하고 회무를 장리하며 회두 및 부회두가 함께 사고가 있은 때에는 회두의 직무를 대리하고 회두 및 부회두가 함께 궐원인 때에는 회두의 직무를 행한다.

④ 이사는 회두·부회두 및 이사장을 보좌하고 회무를 분장하며 사전에 회두가 정한 순위에 의하여 회두·부회두 및 이사장이 함께 사고가 있는 때에는 회두의 직무를 대리하고 회두· 부회두 및 이사장이 함께 궐원인 때에는 회두의 직무를 행한다.

⑤ 감사는 도상공경제회의 업무 및 재산의 상황을 감사한다.

⑥ 평의원은 회두의 자문에 대하여 답신하거나 회두에 대하여 의견을 구신한다.

제18조 ① 회두는 당해 도상공경제회의 지구 내에서의 산업경제에 관하여 경험 및 학식이 있는 자 중에서 도지사의 의견을 수렴하여 조선총독이 임명한다.

② 부회두·이사장 및 이사는 당해 도상공경제회의 지구 내에서의 산업경제에 관하여 경험 및 학식이 있는 자 중에서 회두가 추천한 자에 대하여 도지사가 임명한다.

③ 감사는 회원 및 회원인 법인의 업무를 집행하는 임원 중에서 도지사가 임명한다.

④ 평의원은 회두가 임명한다.

제19조 도상공경제회의 임원의 임기는 다음과 같다.

회두 3년

부회두 3년

이사장 3년

이사 3년

감사 2년

평의원 2년

제20조 ① 도상공경제회에 총회를 둔다.

② 통상총회는 매년 1회 회두가 소집한다.

③ 회두가 필요하다고 인정하는 때에는 임시총회를 소집할 수 있다.

제21조 다음 각호의 사항은 총회의 의결을 거쳐야 한다.

1. 정관의 변경
2. 수지 예산
3. 제28조의 규정에 의한 부과금의 부과, 징수 방법
4. 기타 조선총독이 정하는 사항

제22조 회원은 총회에서 각 1의 의결권을 가진다. 다만, 제11조 제2호의 회원에 대하여는 정관이 정하는 바에 의하여 1인에 대하여 10을 초과하지 아니하는 범위 안에서 2인 이상의 의결권을 가지게 할 수 있다.

제23조 총회의 의장은 회두로 한다.

제24조 ① 총회는 회원의 3분의 1 이상이 출석하지 아니하면 개최할 수 없다.

② 총회의 의결은 출석자의 의결권의 과반수에 의하고 가부 동수인 때에는 의장이 결정한다.

③ 정관 변경의 의결은 회원의 반수 이상이 출석하고 출석자의 의결권의 3분의 2 이상으로 한다.

④ 회원은 대리인으로써 의결권을 행사할 수 있다. 이 경우에는 이를 출석으로 본다.

⑤ 전항의 대리인의 자격, 기타 대리인에 관한 사항은 정관으로 정한다.

제25조 ① 도상공경제회는 정관이 정하는 바에 의하여 총회에 갈음할 총대회를 설립할 수 있다.

② 전 5조의 규정은 전항의 총대회에 준용한다.

제26조 ① 도상공경제회는 산업경제에 관한 사항에 대하여 행정관청에 건의할 수 있다.

② 도상공경제회는 행정관청의 자문에 대하여 답신하여야 한다.

제27조 도상공경제회는 그 회원 및 회원인 단체를 조직한 자에 대하여 산업경제에 관한 사항의 조사를 하기 위하여 필요한 자료의 제출을 요구할 수 있다.

제28조 도상공경제회는 정관이 정하는 바에 의하여 그 회원에 대하여 경비를 부과할 수 |있다.

제29조 도상공경제회는 정관이 정하는 바에 의하여 정관에 위반한 회원에 대하여 과태금을 부과할 수 있다.

제30조 ① 제28조의 규정에 의한 부과금 또는 과태금을 체납한 자가 있을 경우에 도상공경제회의 청구가 있는 때에는 부읍면은 국세의 예에 의하여 처분한다. 이 경우에 도상공경제회는 징수 금액의 100분의 5를 부읍면에 교부하여야 한다.

② 전항의 규정에 의한 징수금의 선취 특권의 순위는 부읍면의 징수금의 다음이고 시효에 대하여는 국세의 예에 의한다.

제31조 ① 도상공경제회는 정관이 정하는 바에 의하여 사용료 및 수수료를 징수할 수 있다.

② 전항의 사용료 및 수수료의 징수에 관하여는 민사소송을 제기할 수 있다.

제32조 도상공경제회는 그 지구 안의 필요한 지역에 지부를 두고 사업의 일부를 분장하게 할 수 있다.

제33조 ① 도상공경제회의 지부에 지부장을 두고 필요에 따라 참여를 둔다.

② 지부장은 지부의 사무를 장리한다.

③ 참여는 지부의 사무에 참여한다.

④ 지부장은 도상공경제회의 감사 이외의 임원 중에서 회두의 의견을 수렴하여 도지사가 임명한다.

⑤ 참여는 회두의 승인을 얻어 지부장이 임명한다.

제34조 정관의 변경·수지 예산 및 제28조의 규정에 의한 부과금의 부과 징수 방법은 도지사의 인가를 받지 아니하면 효력이 없다.

제35조 ① 도상공경제회는 제10조 제2항의 규정에 의한 감사의 사업을 하는 경우에는 감사원을 두어야 한다.

② 감사원의 선임 및 해임은 도지사의 인가를 받지 아니하면 효력이 없다.

③ 감사원은 제10조 제2항에 규정하는 조합, 기타 단체의 사무소·창고, 기타 장소

에서 금전·물품·장부, 기타 물건을 조사하고 통상조합, 기타 단체의 사업 및 재산의 상황을 감사할 수 있다.

④ 감사원 및 감사에 관하여 필요한 사항은 조선총독이 정한다.

第36조 행정관청은 도상공경제회 또는 감사원에 대하여 제10조 제2항의 규정에 의한 감사상 필요한 명령을 할 수 있다.

第37조 행정관청은 도상공경제회에 대하여 산업경제에 관한 사항의 조사를 명할 수 있다.

第38조 행정관청이 당해 지구 내에서의 산업경제의 통제 운영상 필요하다고 인정한 때에는 도상공경제회에 대하여 필요한 사업의 시행을 명하거나 정관의 변경, 기타 필요한 사항을 명할 수 있다.

第39조 ① 행정관청은 도상공경제회에 대하여 업무 및 회계에 관하여 감독상 필요한 명령 또는 처분을 할 수 있다.

② 행정관청이 필요하다고 인정한 때에는 감사로 하여금 감사의 결과를 보고하게 할 수 있다.

第40조 행정관청이 필요하다고 인정한 때에는 도상공경제회로부터 그 사업에 관하여 보고를 하게 하거나 도상공경제회의 업무 상황 또는 장부·서류, 기타 물건을 검사할 수 있다.

第41조 ① 회두·부회두·이사장·이사 또는 감사의 행위가 법령, 법령에 의한 처분 또는 정관에 위반하거나 공익을 해한 때, 기타 도상공경제회의 사업 수행상 회두·부회두·이사장·이사 또는 감사를 부적당하다고 인정한 때에는 조선총독은 회두를, 도지사는 부회두·이사장·이사 또는 감사를 해임할 수 있다.

② 도지사는 평의원의 행위가 법령, 법령에 의한 처분 또는 정관에 위반하거나 공익을 해한 때에는 해임할 수 있다.

第42조 총회 또는 총대회의 의결이 법령, 법령에 의한 처분 또는 정관에 위반하거나 공익을 해한 때에는 행정관청은 그 의결을 취소할 수 있다.

제3장 조선상공경제회

第43조 조선상공경제회는 국민경제의 총력을 가장 유효하게 발휘하도록 하기 위하여 국책에 협력하여 산업경제의 원활한 연락을 도모하고 개선·향상에 힘쓰고 도상공경제회, 기타 회원의 연락의 도모를 목적으로 한다.

제44조 조선상공경제회의 지구는 조선의 구역에 의한다.

제45조 ① 조선상공경제회는 그 목적을 달성하기 위하여 다음 각호의 사업을 행한다.

1. 산업경제에 관한 통제에 대한 협력
2. 산업경제의 운영 또는 정비에 관한 연락
3. 산업경제의 개선·향상에 관한 시설
4. 산업경제에 관한 조사 및 연구
5. 도상공경제회, 기타 회원의 지도 및 연락
6. 전 각호에 기재한 것 외에 조선상공경제회의 목적을 달성하는 데 필요한 사업

② 조선상공경제회는 전항에 기재한 사업 외에 상업조합·상업조합연합회·공업조합 및 공업조합연합회로서 그 지구가 2도(道) 이상에 달하는 것과 이에 준하는 단체로 조선총독이 지정하는 것의 사업 및 재산의 상황에 대하여 감사를 할 수 있다.

제46조 조선상공경제회는 다음 각호의 자를 회원으로 한다.

1. 도상공경제회
2. 제11조 제2호 또는 제3호에 기재한 단체로서 조선총독이 지정하는 자

제47조 ① 조선상공경제회에는 다음 임원을 두어야 한다.

회두 1인
이사 약간 명
감사 약간 명
평의원 약간 명

② 조선상공경제회에는 전항의 임원 외에 정관이 정하는 바에 의하여 부회두 2인 이내 또는 이사장 1인을 둘 수 있다.

제48조 ① 회두는 산업경제에 관하여 경험 및 학식이 있는 자 중에서 조선총독이 임명한다.

② 부회두·이사장 및 이사는 산업경제에 관하여 경험 및 학식이 있는 자 중에서 회두가 추천한 자에 대하여 조선총독이 임명한다.

③ 감사는 회원 및 회원인 법인의 업무를 집행하는 임원 중에서 조선총독이 임명한다.

④ 평의원은 회두가 임명한다.

第49조 제12조·제13조 제1호 내지 제8호·제14조·제15조·제17조·제19조 내지 제21조·제22조 본문·제23조·제24조 제1항 내지 제3항·제26조 내지 제29조·제31조 및 제34조 내지 제42조의 규정은 조선상공경제회에 준용한다. 다만, 제21조 및 제34조 중 제28조는 제49조에서 준용하는 제28조로 하고 제34조·제35조 제2항 및 제41조 중 도지사, 제36조·제38조 내지 제40조 및 제42조 중 행정관청은 조선총독으로 하고 제35조 제1항 및 제3항과 제36조 제10조 제2항은 제45조 제2항으로 한다.

제4장 벌칙

제50조 제4조 제2항의 규정에 위반하여 명칭 중에 상공경제회라는 문자를 사용하는 자는 1,000원 이하의 과료에 처한다.

제51조 이 영에 의한 명령에 위반하여 등기를 태만히 하거나 부정으로 등기를 한 때에는 회두·부회두·이사장 또는 이사를 1,000원 이하의 과료에 처한다.

제52조 제10조 제2항 또는 제45조 제2항에 규정하는 조합, 기타 단체의 임원 또는 청산인이 제35조 제3항의 규정(제49조에서 준용하는 경우를 포함)에 의한 감시를 거부한 때에는 500원 이하의 과료에 처한다.

제53조 감사원이 제36조(제49조에서 준용하는 경우를 포함)의 명령에 위반한 때에는 300원 이하의 과료에 처한다.

부칙 〈조선총독부 제령 제30호, 1944. 8. 18.〉

제54조 이 영 시행기일은 조선총독이 정한다.

[「조선상공경제회령」은 1944년 8월 20일부터 시행. 〈1944. 8. 18. 조선총독부령 제300호〉]

제55조 「조선상공회의소령」은 폐지한다.

제56조 ① 「조선상공회의소령」·「조선상업조합 또는 조선공업조합령」에 의하여 설립된 이

영 시행 당시에 존재하는 상공회의소·조선상공회의소·조선상업조합중앙회 및 조선공업조합중앙회는 이 영 시행 후라 하더라도 존속하는 것으로 한다.

② 전항의 상공회의소·조선상공회의소·조선상업조합중앙회 또는 조선공업조합중앙회에는 종전의 규정을 적용한다.

第57조 전조 제1항의 상공회의소는 그 지구에 속하는 도(道)에서 도상공경제회가 성립한 때, 조선상공회의소·조선상업조합중앙회 및 조선공업조합중앙회는 조선상공경제회가 성립한 때 해산하는 것으로 하고 그 권리·의무는 당해 도상공경제회 또는 조선상공경제회가 승계한다. 이 경우에는 종전의 규정 중 청산에 관한 규정은 적용하지 아니한다.

第58조 제56조 제1항의 상공회의소의 의원으로 1944년 12월 30일로 임기가 만료하는 자의 임기는 1944년 12월 31일까지 연장한다.

第59조 ① 이 영 시행 당시 명칭 중에 상공경제회라는 문자를 사용하는 자는 이 영 시행 후 6월 이내에 그 명칭을 변경하여야 한다.

② 제50조의 규정은 전항의 기간 내에 동항에 기재한 자에게 적용하지 아니한다.

第60조 상공경제회가 성립한 때에 「조선상공회의소령」에 의한 이의 신청으로서 현재 신청 중인 것 또는 신청기간이 만료하지 아니한 것, 동령에 의한 부과금 또는 과태금으로서 현재 체납된 것 등의 처리에 관하여 필요한 경우에는 조선총독은 필요한 사항을 정할 수 있다.

第61조 「조선상업조합령」 중 다음과 같이 개정한다.

제92조 내지 제101조를 삭제한다.

제103조 제16호를 삭제한다.

제104조를 삭제한다.

제105조 중, "제91조 및 제101조"를 "및 제91조"로 한다.

제62조 「조선공업조합령」 중 다음과 같이 개정한다.

제76조 내지 제84조를 삭제한다.

제85조 제16호를 삭제한다.

제86조를 삭제한다.

제87조 중, "제75조의 10 및 제84조"를 "및 제75조의 10"으로 한다.

제63조 「조선등록세령」 중 다음과 같이 개정한다.

제4조의 8 상공경제회가 「조선상공경제회령」 제57조의 규정에 의하여 승계한 부동산에 관한 권리의 취득에 대하여 등기를 받을 때에는 다음의 등록세를 납부하여야 한다. 다만, 다른 규정에 의하여 산출한 세액이 이 조의 규정에 의하여 산출한 세액보다 적을 때에는 그 세액에 의한다.

부동산 가격 1000분의 3

제7조 제7호 중 "조선공업조합중앙회," 및 "조선상업조합중앙회,"를 삭제한다.

〈자료 251〉 「조선상공경제회령 시행기일의 건」(『조선총독부관보』, 1944년 8월 18일)

[시행 1944. 8. 18.] [조선총독부령 제300호, 1944. 8. 18., 제정]

「조선상공경제회령」은 1944년 8월 20일부터 시행한다.

부칙 〈조선총독부령 제300호, 1944. 8. 18.〉

이 영은 공포한 날부터 시행한다.

〈자료 252〉 「조선상공경제회령 시행규칙」(『조선총독부관보』, 1944년 8월 18일)

[시행 1944. 8. 20.] [조선총독부령 제301호, 1944. 8. 18., 제정]

제1조 ① 조선총독은 「조선상공경제회령」(이하 영이라 한다) 제12조 제1항의 규정에 의하여 도상공경제회의 설립을 명하는 경우에는 다음 각호의 사항을 지정하여 고시한다.

1. 지구
2. 설립의 인가를 신청하여야 하는 기한

② 전항의 경우에 조선총독은 회원의 자격을 가진 자 및 회원의 자격을 가진 단체의

업무를 집행하는 역원 중에서 설립위원을 명하고 그 성명 및 주소를 고시한다.

③ 전항의 고시가 있은 때에는 설립위원은 지체 없이 창립총회를 소집하여야 한다.

제2조 ① 창립총회를 소집하기 위하여는 회원 자격을 가진 자에 대하여 적어도 2주간 전에 회의의 목적 사항·일시 및 장소를 알리는 소집의 통지를 발하여야 한다.

② 전항의 통지는 신문지에 공고하여 대신할 수 있다.

제3조 다음 각호의 사항은 창립총회의 의결을 거쳐야 한다.

1. 정관
2. 도상공경제회의 부담으로 귀속하여야 하는 창립비 및 그 상각 방법
3. 초년도의 수지 예산 및 초년도의 영 제28조의 규정에 의한 부과금(이하 부과금이라 한다)의 부과 징수 방법

제4조 ① 창립총회의 의결은 회원의 자격을 가진 자로서 출석한 자의 과반수에 의하여 의결한다.

② 창립총회에서 회원의 자격을 가진 자는 대리인에게 의결권을 행사하게 할 수 있다. 이 경우에는 출석으로 본다.

③ 대리인은 대리권을 증명하는 서면을 제출하여야 한다.

제5조 ① 창립총회가 종결한 때에는 설립위원은 지체 없이 도상공경제회의 설립인가를 신청하여야 한다.

② 설립인가 신청서에는 정관·창립총회의 의사록의 등본과 제3조 제2호 및 제3호에 기재한 사항을 기재한 서면을 첨부하여야 한다.

제6조 ① 도상공경제회의 설립의 등기는 설립인가가 있은 날부터 2주간 이내에 사무소의 소재지에서 하여야 한다.

② 등기하여야 하는 사항은 다음 각호와 같다.

1. 목적
2. 명칭
3. 지구
4. 사무소
5. 회두·부회두·이사장·이사 및 감사의 성명 및 주소

③ 전항에 기재한 사항에 변경이 생긴 때에는 2주간 이내에 변경의 등기를 하여야 한다.

제7조 도상공경제회가 사무소를 이전한 때에는 구 소재지에서는 2주간 이내에 이전의 등기를 하고, 신 소재지에서는 3주간 이내에 전조 제2항에 기재한 사항을 등기하여야 한다. 다만, 동일한 등기소의 관할구역 안에서 사무소를 이전한 때에는 그 이전의 등기를 하는 것으로 족하다.

제8조 ① 도상공경제회의 등기에 대하여는 사무소의 소재지를 관할하는 지방법원 또는 지청이나 출장소를 관할 등기소로 한다.

② 각 등기소에 상공경제회 등기부를 비치한다.

제9조 ① 도상공경제회의 설립의 등기는 회두의 신청으로 인하여 한다.

② 전항의 등기의 신청서에는 정관 및 신청인의 자격을 증명하는 서면을 첨부하여야 한다.

제10조 ① 제6조 제3항의 규정에 의한 등기는 회두의 신청으로 인하여 한다.

② 전항의 등기의 신청서에는 등기사항의 변경을 증명하는 서면을 첨부하여야 한다.

제11조 「조선민사령」에 의할 것을 정한 「비송사건수속법」 제142조·제143조·제147조 내지 제149조·제150조의 2, 제151조 내지 제151조의 4, 제151조의 6 및 제154조 내지 157조의 규정은 도상공경제회의 등기에 준용한다.

제12조 도상공경제회의 회두·부회두·이사장·이사 또는 감사가 사망하거나 성명을 변경한 때에는 도상공경제회는 지체 없이 그 취지를 도지사에게 신고하여야 한다.

제13조 도상공경제회의 부과금은 다음 각호의 표준에 의하여 부과하여야 한다.

1. 영 제11조 제1호에 기재한 자 중에서 회원으로 지정된 자에 대한 부과금은 사업세액에 대하여는 그 100분의 50 이내, 특별사업세액에 대하여는 그 100분의 100 이내. 다만, 그자가 사업세 및 특별사업세의 부과를 받지 아니하는 자 또는 그 사업세액 또는 특별사업세액이 정관에 정하는 사업세액 또는 특별사업세액 미만인 자인 때에는 그 불입완료 자본금액 또는 불입완료 출자금액의 1만 분의 3 이내

2. 영 제11조 제2호에 기재한 단체 중에서 회원으로 지정된 단체에 대한 부과금은

불입완료 출자금액의 1000분의 2 이내(그 구성원에게 출자를 하게 하지 아니하는 것인 때에는 그 전 1년간의 지출 예산액의 1000분의 1 이내). 다만, 그 산출액이 10원 미만인 때에는 10원

3. 영 제11조 제3호에 기재한 단체 중에서 회원으로 지정된 단체에 대한 부과금은 200원 이내

제14조 ① 회원의 자격에 관계되지 아니하는 사업을 운영하는 자에 대하여는 전조 제1호의 사업세액 및 특별사업세액은 그 사업에 관한 부분을 공제한 액으로 한다.

② 당해 도상공경제회의 지구 밖에 영업소·공장 또는 사업장을 가진 자에 대하여는 전조 제1호의 사업세액은 도세인 사업세·부가세 부과의 과세표준인 본 세액으로 하고, 동 조 제1호 및 제2호의 불입완료 자본금액 또는 불입완료 출자금액은 그자가 당해 도상공경제회의 지구 안에서 투하한 자본액과 지구 밖에서 투하한 자본액의 비율에 의하여 불입완료 자본금액 또는 불입완료 출자금액을 안분한 것으로 한다. 다만, 투하한 자본액의 비율에 의하기 어려운 때에는 전항의 불입완료 자본금액 또는 불입완료 출자금액은 그자가 당해 도상공경제회의 지구 안에서 가진 영업소·공장 또는 사업장의 수와 지구 밖에서 가진 영업소·공장 또는 사업장의 수의 비율에 의하여 불입완료 자본금 또는 불입완료 출자금을 안분한 것에 의할 수 있다.

③ 전조의 사업세액·특별사업세액 또는 불입완료 자본금액·불입완료 출자금액은 부과기일까지 결정이 있은 최근 1년간의 사업세액·특별사업세액 또는 부과기일의 불입완료 자본금액·불입완료 출자금액으로 한다.

제15조 도상공경제회의 사업연도는 매년 4월 1일에 시작하여 익년 3월 31일에 종료한다.

제16조 ① 도상공경제회는 수지 예산 또는 부과금의 부과 징수 방법의 인가를 받고자 하는 때에는 총회 또는 총대회의 의사록의 등본을 첨부하고 연도 개시 전 1월 전에 도지사에게 신청하여야 한다.

② 수지 예산 또는 부과금의 부과 징수 방법의 변경의 인가를 받고자 하는 때에는 총회 또는 총대회의 의사록의 등본을 첨부하여 지체 없이 도지사에게 신청하여야 한다.

제17조 도상공경제회는 차입 기간 1년 이상의 차입금 또는 정관에 정한 액을 초과하는 차입금을 행하고자 하는 때에는 총회 또는 총대회의 의결을 거쳐야 한다.

제18조 도상공경제회는 매년 7월 말일까지 전년도의 수지 결산 및 사업 성적을 도지사에게 신고하여야 한다.

제19조 ① 도상공경제회는 정관의 변경인가를 받고자 하는 때에는 변경하고자 하는 사항 및 그 이유를 기재한 신청서를 도지사에게 제출하여야 한다.

② 전항의 신청서에는 총회 또는 총대회의 의사록의 등본을 첨부하여야 한다.

제20조 도상공경제회는 영 제10조 제2항에 규정한 조합, 기타 단체의 사업 및 재산의 상황에 대하여 감사의 사업을 하는 경우에는 다음 각호의 사항을 정하여 도지사의 인가를 받아야 한다. 이를 변경하거나 폐지하고자 하는 때에도 같다.

1. 매 사업연도의 감사 계획
2. 감사에 관한 규정
3. 감사원의 자격·복무 및 급여에 관한 규정

제21조 감사원의 선임인가 신청서에는 이력서를, 해임인가 신청서에는 그 해임의 사유를 기재한 서면을 첨부하여야 한다.

제22조 감사원은 도상공경제회의 사무에 종사하는 외에 다른 직업에 종사할 수 없다. 다만, 도지사의 인가를 받은 경우에는 그러하지 아니하다.

제23조 감사원 또는 그 직에 있는 자는 업무에 관하여 지득한 영 제10조 제2항에 규정한 조합, 기타 단체 및 그 구성원의 업무상의 비밀을 누설할 수 없다.

제24조 도상공경제회는 감사원을 그 복무에 관한 규정이 정하는 바에 의하여 징계 처분에 부칠 수 있다.

제25조 도지사는 감독상 필요하다고 인정하는 때에는 도상공경제회에 대하여 감사원의 해임을 명할 수 있다.

제26조 도상공경제회는 감사원에게 감사 시에 감사원임을 나타내는 증표를 휴대하게 하여야 한다.

제27조 도상공경제회는 감사원이 감사 시에 영 제10조 제2항에 규정한 조합, 기타 단체의 업무 또는 재산에 관하여 중대한 사항이 있는 것을 알게 된 때에는 지체 없이 그

사실을 도지사에게 보고하게 하여야 한다.

제28조 ① 도상공경제회는 감사원이 감사를 한 영 제10조 제2항에 규정한 조합, 기타 단체에 대하여 감사서를 교부하여야 한다.

② 도상공경제회는 전항의 감사서의 사본을 도지사에게 제출하여야 한다.

제29조 조선상공경제회의 부과금은 다음 각호의 표준에 의하여 부과하여야 한다.

1. 도상공경제회에 대한 부과금은 최근 그 경비 부과의 표준이 된 사업세액 및 특별사업세액의 총액의 100분의 5(특별사업세액에 대하여는 100분의 10) 이내. 다만, 경비의 2분의 1을 한도로 도상공경제회의 전년도 예산액을 표준으로 하여 부과할 수 있다.
2. 전호 이외의 회원에 대한 부과금은 500원 이내

제30조 제1조 내지 제12조 및 제15조 내지 제28조의 규정은 조선상공경제회에 준용한다. 다만, 이들 규정 중 도지사는 조선총독으로 한다.

제31조 제23조의 규정을 위반한 자는 200원 이하의 벌금 또는 과료에 처한다.

부칙 〈조선총독부령 제301호, 1944. 8. 18.〉

제1조 이 영은 「조선상공경제회령」 시행일부터 시행한다.

제2조 「조선상공회의소령 시행규칙」·「조선상공회의소 의원선거규칙」·1939년 조선총독부령 제38호 및 1941년 조선총독부령 제317호는 폐지한다.

제3조 영 제56조 제1항의 상공회의소·조선상공회의소·조선상업조합중앙회 및 조선공업조합중앙회에는 종전의 규정(영 제57조의 경우에는 청산에 관한 규정을 제외)을 적용한다.

제4조 ① 제13조·제14조 및 제29조 중 사업세액은 영업세액·광산세액 및 취인소세령을, 특별사업세액은 특별사업세의 부과를 받아야 하는 자에 대하여는 도세(道稅)인 영업세 부과세액을 포함하는 것으로 한다.

② 제13조·제14조 및 제29조 중 사업세액은 「조선사업세령」 제47조 또는 제49조의 적용을 받는 자에 대하여는 당해 공제액을 가산한 것으로 한다.

③ 전항의 규정은 특별사업세액에 준용한다.

제5조 「조선상업조합령 시행규칙」 중 다음과 같이 한다.

제47조 중 "제1호 양식"을 "별기 양식"으로 한다.

제59조 내지 제69조를 삭제한다.

제70조 제1항 내지 제3항 중 "및 제101조" 및 "또는 조선상업조합중앙회"를 삭제하고, "동령 제83조"를 "또는 동령 제83조"로 한다.

제71조 및 제72조를 삭제한다.

"제1호 양식"을 "별기 양식"으로 하고, 제2호 양식을 삭제한다.

제6조 「조선공업조합령 시행규칙」 중 다음과 같이 한다.

제32조 중 "제1호 양식"을 "별기 양식"으로 한다.

제40조를 삭제한다.

제40조의 2 내지 제40조의 10을 삭제한다.

제41조를 삭제한다.

제42조 제2항 및 제3항 중 "및 제84조" 및 "또는 조선공업조합중앙회"를 삭제하고, "동령 제75조"를 "또는 동령 제75조"로 한다.

제43조 및 제44조를 삭제한다.

"제1호 양식"을 "별기 양식"으로 하고, 제2호 양식을 삭제한다.

제7조 조선소득세령시행규칙 중 다음과 같이 한다.

제21조 중 "조선공업조합중앙회·" 및 "조선상업조합중앙회·"를 삭제하고, "상공회의소"를 "상공경제회"로 한다.

〈자료 253〉 지역별을 도시 단위로 새 출발하는 상공경제회(수산경제신문, 1946.7.27.)

경기도 상공경제회에서는 지난번 이래 그 조직과 운영에서 아직 남아 있는 일제 잔재를 일소 청산하여 신조선 상공업계에 대표기관으로서 진정한 경제 건설을 위하여 기구 개혁을 계획하여 오던 차, 지난 24일 군정청 상무부의 허가를 얻어 지역 단위로부터 도시 단위로 재출발하게 되었다. 그리고 지금 회원은 새로 모집 중인데, 머지않아 발기인회와 역임원 선거에 관한 사무적 준비에 착수하리라 한다.

〈자료 254〉 상공경제회를 상공회의소로(가정신문, 1946.7.30.)

일정시대 전시통제 협력기관의 유물이던 경기도 상공경제회는 해방 후 신정세에 대처하여 순연한 상공업자의 중추기관인 경성상공회의소로 조직을 변경하기로 인가 신청 중이던 바, 지난 10일부로 경기도지사로부터 인가 지령이 하부되었다는데, 동회에서는 회원 가입에 대한 문호 개방과 사업 부문의 혁신 등에 면목을 일신하여 건국 경제에 이바지하리라 한다.

IV

부록 1

상공인명록

해제

다음 표와 같이 14개 지역의 상업회의소 또는 상공회의소에서 발행한 각 지역별 상공인명록 중 가장 대표적인 내용을 선별하여 1건씩만 정리하였다.

지역	자료명	연도	건수
평남 평양	平壤商工案內: 商工人名錄	1917	325
경북 대구	最近大邱要覽: 大邱商工人名錄	1920	702
전남 목포	木浦案內: 商工人名錄	1921	273
경기 인천	仁川港: 仁川商工人名錄	1931	756
함북 청진	淸津商工人名錄	1932	344
황해 해주	西鮮三道商工人名錄: 黃海道外	1932	595
경기 개성	開城商工名錄	1936	453
경남 부산	釜山商工名錄	1937	1,581
평북 신의주	新義州商工人名錄	1938	475
전북 전주	商工の全州: 全州府商工人名錄	1938	377
함남 원산	元山商工人名錄	1940	1,337
경기 경성	京城商工名錄	1940	7,003
평남 진남포	伸び申く鎭南浦: 會社一覽表	1940	202
경기 수원	水原商工人名錄	1942	861
	합계		15,284

먼저 발행 시기를 보면, 1910~1940년대에 이르기까지 장기간이고 다양하다. 그중 1930년대(1931~1940) 발행된 인명록이 10개로 가장 많다. 지역별로는 당시 13개 도 중 충남·북과 강원도를 제외한 나머지 10개도에 걸쳐 광범위한 지역 분포를 보인다. 그중 경기도는 경성부·인천부·개성부, 수원군 등 4개로 가장 많다. 수록 인명 건수로 볼 때는 경성부가 전체의 절반에 가까운 압도적 비중을 차지한다. 이어 부산과 원산 순이다. 이들 지역은 1876년 강화도조약에 따라 개항한 항구로 일찍부터 일본인 상인의 이주가 두드러졌던 곳이다.

다만 인명록에 따라 일정 금액 이상의 영업세를 납부한 상공업자만을 수록한 자료도 있고,

영업세 납부 실적 기준 적용 없이 모든 상공업자를 망라하여 수록한 자료도 있기 때문에 수록 건수만을 상공업 성쇠의 판단 기준으로 삼는 것은 무리이다.

경성부의 상공인명록은 다대한 건수와 더불어 다음 표에서 보는 바와 같이 다른 지역 인명록에서 볼 수 없는 상세한 분류 기준을 과시한다.

항목	건수	선별
제1류 식료품	1,431	
제2류 음료품	127	
제3류 포백(布帛), 동 원료 및 제품	378	○
제4류 염료 및 염색	33	
제5류 복장품 및 장신구	655	
제6류 가정용품	235	○
제7류 오락 기구 및 운동 기구	112	
제8류 연료품(燃料品)	171	○
제9류 종이, 문구, 도서, 인쇄, 지제품(紙製品)	252	
제10류 약품 및 의료기	214	
제11류 기계 기구	253	○
제12류 토목건축 재료	243	○
제13류 청부업	339	○
제14류 운수 및 운수용품	194	
제15류 거래소	1	
제16류 유가증권	29	
제17류 금융	436	
제18류 보험	43	
제19류 여숙업(旅宿業)	184	
제20류 요리 및 음식점	608	
제21류 광업 및 광산물	19	
제22류 기타	349	

위 표에서 보듯이 『경성상공인명록』은 압도적 분량을 차지한다. 또 전체 14개 지역 상공인명록에 수록된 건수는 1만 5,000건 이상의 방대한 분량이다. 이 자료를 전부 보여 주는 것이 독자에게 도움이 되겠지만, 그럴 경우 부록만으로 책을 만들어도 2권 이상 분량이 된다. 그래서 부득이 선별·발췌할 수밖에 없었다. 선별 기준은 우선 상업 부문에서는 잡화상을 최우선 고려했고, 공업에서는 제조업자를 추렸다. 이들이 상공업자의 토대가 된다고 생각했기 때문이다. 『경성상공인명록』에서도 전체 22개 업종 가운데 '○' 표시를 한 6개 업종을 선별했다. 상업과 공업의 업종을 안배하고, 또 발췌 인명록 구성 중 『경성상공인명록』, 나아가 나머지 13개 인명록에서 차지하는 비중 등을 고려한 결과이다.

제13류 토목 청부업자를 포함시킨 이유는 다음과 같다. 그들은 식민지 조선에서 상공회의소에 관여하였을 뿐만 아니라 많은 이권을 챙겨 조선인에게 직접 피해를 입힌 장본인들이었기 때문이다. 경성상공회의소 회두가 토목업자 짬짜미(담합) 사건을 주도하여 법적 심판을 받은 사례가 있다. 1932년 6월 경성상공회의소 회두 와타나베 데이치로(渡邊定一郎)가 경영하는 토목조합의 지배인이 체포되고, 수색을 받는 사건이 일어났다.[1] 이어 경성상공회의소와 조선상공회의소 회두인 진나이(陳內茂吉) 모키치는 본정경찰서에 검속되었다.[2] 토목업자의 짬짜미 사건이 발각되었기 때문이었다.[3] 그 결과 진나이 모키치는 상공회의소 회두에서 정식 사임할 수밖에 없었다.[4]

일본 토목 청부업자들이 조선에서 합법·비합법 방법을 동원하여 부당 이익을 얻고, 그 과정에서 한국 토목 청부업자와 조선인 노동자들에게 피해를 입힌 과정은, 도리우미 유타카의

1 『매일신보』 1932년 6월 24일.
2 『조선일보』 1932년 6월 25일.
3 『동아일보』 1932년 6월 26일.
4 『동아일보』 1932년 7월 17일.

『일본학자가 본 식민지 근대화론』[5](지식산업사, 2019) 제1~3장에 상세하다. 그 내용을 요약하면 다음과 같다.

일본 청부업자들은 조선 철도 건설을 계기로 조선에 정착했다. 철도부설권이 일본에 넘어간 상태였기 때문에 한국 토목 청부업자는 소멸되었다.(제1장) 또 일제 강점기 조선총독부의 재정 지출의 약 20%의 금액이 영선비·토목비·철도 건설 개량비·토지 개량비·사방 사업비 등에 쓰였다. 조선총독부는 공정한 토목 정책을 표방하기는 했으나 일본인 청부업자들만을 보호하는 방침을 택해 조선인 청부업자는 성장하지 못했다.(제2장) 재조 일본인 청부업자들은 일본 본국 정치인들에게 로비를 하여 수리조합사업과 철도 12년 계획이 제국의회를 통과하도록 했다. 한편 조선인 노동자들은 저임금 상태에 놓여 있었다. 조선총독부가 파악하여 작성한 통계에 비해 30~50% 수준만을 지급받았고, 그 차이만큼 청부업자가 합법적으로 착취했다. 그럼에도 불구하고 토목업자들은 조선인 노동자의 임금을 지불하지 않는 경우도 많았다. 또 강제 무임노동도 있었다. 이렇게 비합법 착취를 통해 부당 이득을 얻기도 했다. 일본인 토목 청부업자는 담합을 통해 이윤을 창출하기도 했다. 수리조합사업을 통해 조선인 지주의 땅이 일본인 지주와 일본인 청부업자에게 부당한 방법으로 대량 유출되었다. 이는 조선인 지주 토지의 구조적 수탈이다.(제3장)

마지막으로 부록 자료 배치는 크게 1915년 「조선상업회소령」 시행 이후, 그리고 1930년 「조선상공회의소령」 시행 이후로 구분한 데 따랐다. 그리하여 평양·대구·목포의 인명록은 전자에 속하고, 나머지 13개 지역의 자료는 후자에 속한다.

5 도리우미 유타카, 『일본학자가 본 식민지 근대화론』, 지식산업사, 2019.

I. 「조선상업회의소령」 시행 이후 상업회의소 발행

1. 평양(1917)

상호/회사명	영업 종목	영업소	영업주	비고
	신발 판매	大和町 6	本田用藏	
	신발 판매	南門町 45	山本末吉	
織居時計店	시계상	大和町 17	伊藤芳彌	귀금속, 사진 겸업
福田時計店	시계상	大和町 11	福田密太郎	귀금속 겸업
中本商店	도기상	舘後里 89	中本政吉	잡화 겸업
	도기상	巡營里 2	大原清作	
秋鹿陶器店	도기상	南門町 19	秋鹿藤市	칠기류 겸업
	도기상	舘後里 87	佐藤芳兵	연초 겸업
	도량형기상	本町 10	村井正明	가마니, 노끈 겸업
히도쓰(一ツ)屋	차(茶) 판매	本町 7	松本哲	농구, 비료, 토목건축 청부 겸업
自神洋行出張所	금물업(金物業)	旭町 9	原田覺三郎	
岩田留楠商店	금물업(金物業)	本町 5	岩田留楠	
大沼金物店	금물업(金物業)	南門町 37	大沼宇之輔	유리(硝子) 겸업
天	금물업(金物業)	水玉里 1	福田又兵衛支店	
丸一商店	가구 제조	壽町 32	松下一衛	
	가구 제조	南門町 32	林友一	
	가구 제조	泉町 15	村田茂太郎	양가구
堤家具店	가구 제조	旭町 12	堤政七	양가구
	가구 제조	壽町 22	長谷川善次郎	청부업 겸업

森岡文具店	지상(紙商)	大和町 12	森岡久次郎	문구 겸업
三宅組	기와 제조	港町 6	三宅吾臘	갱목(坑木), 땔감 겸업
丁字屋支店	양복점	南門町 41	伊藤久次郎	면포(綿布), 모자 겸업
遠忠	양복점	旭町 25	遠藤忠次郎	모직물(羅紗) 판매
龜屋支店	서양식품 판매	大和町 3	玉眞茂次郎	
	다다미상	大和町 9	中村種三	
	다다미상	旭町 13	尋木廣吉	가마니, 노끈 제조 판매
小町 屋	일본버선(足袋)상	大和町 1	酒井常次郎	셔츠류 판매
百花園	종묘상	南町 37	內田錄雄	묘목, 농구, 농산물, 비료
京谷商會	연와(煉瓦) 제조	大和町 3	京谷萬藏	토관(土管), 목재류 판매
稻葉組出張所	연와(煉瓦) 제조	黃金町 33	稻葉常松	토관, 토목건축
平壤農業組合	절임업(漬物業)	壽町 103	平澤攝太郎	채소 겸업
	양철세공(洋鐵細工)	南門町 52	山田淺次郎	
	고금물상(古金物商)	南門町 31-6	廣原幸太郎	농구 겸업
都商會	견직물, 면직물 도소매	大和町 4	河合安兵衛	서양잡화
丸橋吳服店	견직물, 면직물 도소매	大和町 14	平井勇吉	
三吳服店	견직물, 면직물 도소매	本町 6	竹中佐治郎	
近江屋	견직물, 면직물 도소매	大和町 10	久川平吉	
盛昌洋行	잡화, 서양물건상	大和町 6	毛利辰次郎	
戶井小間物店	잡화, 서양물건상	大和町 9	戶井德七	화장품 겸업
淸水小間物店	잡화, 서양물건상	大和町 14	淸水平吉	
八洲國屋	잡화, 서양물건상	巡營里 39	在間行太	
廣島屋本店	잡화, 서양물건상	大和町 17	廣島彦市	화장품 겸업
廣島屋支店	잡화, 서양물건상	大和町 11	廣島彦十郎	
	잡화, 서양물건상	南門町 33-1	荒木武雄	
	잡화, 서양물건상	大和町 15	廣田次郎	양복, 잡화

廣田商店	잡화상	履門里 85	廣田鐵次郎	잡화, 서양물건
桑田本店平壤支店	잡화상	大和町 17	桑田信助	주식회사
江口郁一郎支店支配人	잡화상	大和町 14	森本義高	
サ'	잡화상	大和町 1	佐藤幸平	흑연, 광업
ヤ'商店	잡화상	大和町 1	島本彌作	
	잡화상	本町 27	石本定次郎	
	잡화상	櫻町 67	上田卯之助	양주류 판매
	잡화상	釵貫里 129	美馬增次郎	
	잡화상	幸町 7	石井廣造	
	잡화상	南町 慈惠醫院內	藤井吉之助	
	잡화상	南門町 8	小西豊年	
	잡화상	竹園町 1	森本義高	
	잡화상	旭町 17	赤岩要作	
	잡화상	旭町 9	原筆吉	술(酒), 장유(醬油), 채소
シンガ-ミンン出張所	기계 판매	大和町 16	千國德重	미싱기계
高瀨支店	면사포상	舘後里 138	寺島彌太郎	
寺正支店	면사포상	舘後里 8	北澤泉輔	
	면사포상	履鄉里 82	淺海新太郎	서양잡화
	신탄업(薪炭業(	壽町 98	人見作藏	
	신탄업(薪炭業(	黃金町 51	黑川廣助	
	피혁상	壽町 94	大上萬吉	
野路 商店	칠기상	南門町 29	野路 增吉	도기류
	목재상	壽町 74	宮田晉二	
	목재상	港町 15	淺見淺吉	
	목재상	壽町 144	大鶴文三	토목건축 청부
宗像林角支店	목재상	壽町 134	河崎淺一	

	목물(木物) 판매	巡營里 23	禹致薰	
	목물(木物) 판매	巡營里 90	金東平	
	목물(木物) 판매	衙廳里	李鎬慶	
	목물(木物) 판매	衙廳里	安國保	
	철물(鐵物) 판매	巡營里 20	李兮南	
	철물(鐵物) 판매	巡營里 48	崔宗錫	목물(木物)
	철물(鐵物) 판매	巡營里 3	鄭基恒	포목, 과자, 연초
	지류(紙類) 판매	舘後里 180	李鼎濬	
	서적 판매	釵貫里 147	鄭益魯	
平壤染織所	염직업	鏡齋里	李德煥	
	면(麵), 맥분(麥粉) 판매	南門町 98	盧榮祿	
	면(麵), 맥분(麥粉) 판매	竹典里	張時연(王然)	음식점
	면(麵), 맥분(麥粉) 판매	水玉里 52	崔亨杰	음식점
	면(麵), 맥분(麥粉) 판매	新倉里 192	金廷勳	
	면(麵), 맥분(麥粉) 판매	鹽店里 94	金仁敬	음식점

2. 대구(1920)

상호/회사명	업태	영업 종목	영업소	영업주	비고
		잡화상	元町 1丁目	佐藤良平	
丸島商會		잡화상	京城町 1丁目	山田梅次郎	
		잡화상	元町 1丁目	友永治	
		잡화상	本町 1丁目	小川淸五郎	
		잡화상	本町 2丁目	中村平四郎	
주식회사 長光商店	주식회사	잡화상	本町 2丁目		면사포 겸업
		잡화상	田町	村部鹿之助	
		잡화상	東城町 1丁目	越智和助	
		잡화상	元町 1丁目	志村長平	
米力商店		잡화상	幸町	二木英三	자동차 겸업
二三商會		잡화상	本町 1丁目	高橋卯助	
		잡화상	元町 1丁目	野老山直治	
		잡화상	元町 1丁目	山下金之助	
		잡화상	元町 1丁目	荒井淸美	
		잡화상	上町	皃山留次郎	
		잡화상	南町	藤岡七治郎	
		잡화상	本町 2丁目	鄭應斗	
		잡화상	京町 2丁目	朴章銑	
		잡화상	京町 1丁目	金祐鉉	
		잡화상	本町 1丁目	李聖一	
		잡화상	本町 1丁目	吳鎭東	
		잡화상	本町 1丁目	李英煥	

		잡화상	本町 1丁目	鄭元奎	
		잡화상	京町 1丁目	李恒	
		잡화상	壽町	張萬榮	
		잡화상	本町 1丁目	李成奎	
		잡화상	京町 2丁目	金聲遠	
합자회사 杉原商店	합자회사	연와 제조	元町 2丁目		
		연와, 기와 제조	新町	田邊唯四	
		기와 제조	新町	荒木六太	
		기와 제조	新町	田邊美加太郎	토기류 겸업
		연와 제조	德山町	李春景	
		잡화, 화장품상	元町 1丁目	石井種吉	
夏川分店		잡화, 화장품상	元町 1丁目	富江仲次郎	
		잡화, 화장품상	東城町 2丁目	奥野幸八	
		잡화, 화장품상	大和町	奥野鶴一	
합자회사 杉原商店	합자회사	기계, 철공업	元町 2丁目		목재 겸업
千代田洋行		철공업	上町	稻垣宗次郎	자전거 겸업
합자회사 共立社	합자회사	기계, 전기용품상	西城町 2丁目		
大邱機械製作所		철공업	七星町	小原爲	
합자회사 前田商店	합자회사	철공업	元町 2丁目		철물 겸업
		가마니, 기계 제조	大和町	中村甚兵衛	
		가마니, 새끼기계제조	東城町 2丁目	船津常嗣	
		철공업	錦町 1丁目	下條榮太郎	차제조 겸업
		철공업	錦町 1丁目	三重野成美	
		철공업	幸町	岡部親	
		철공업	西城町 1丁目	上野半十郎	차제조 겸업
		철공업	錦町 1丁目	宇川柳助	차 제조 겸업

		철공업	堅町	高須賀專一	차 제조 겸업
		철공업	幸町	高須賀孫一	차 제조 겸업
		일용식품, 잡화	東本店	勝丸常吉	
		일용식품, 잡화	東城町 1丁目	甚川寬三郎	
주식회사 明治屋支店	주식회사	일용식품, 잡화	元町 1丁目		
합명회사 金谷商店	합명회사	일용식품, 잡화	元町 1丁目		
龜屋支店		일용식품, 잡화	元町 1丁目	福岡一二郎	
		일용식품, 잡화	元町 1丁目	赤樫市太郎	
岩永商店		일용식품, 잡화	元町 1丁目	緒方貞吉	
		일용식품, 잡화	本町 1丁目	森崎鹿松	
		일용식품, 잡화	元町 1丁目	若政市	
		일용식품, 잡화	幸町	神谷千歲	
		일용식품, 잡화	大和町	居村全吉	
		일용식품, 잡화	東城町 2丁目	太田垣久次	
		일용식품, 잡화	元町 1丁目	重松與八	
		일용식품, 잡화	元町 1丁目	吉田政五郎	
		일용식품, 잡화	上町	松林隆吉	
		일용식품, 잡화	本町 1丁目	山岸宇吉郎	
		일용식품, 잡화	東城町 1丁目	中村常藏	
		일용식품, 잡화	幸町	行车件吉	
		일용식품, 잡화	大和町	木村庄三郎	어(魚) 겸업
		일용식품, 잡화	東雲町	秋元周平	
		일용식품, 잡화	大和町	山木政夫	
		일용식품, 잡화	市場北通	前川善三郎	
		일용식품, 잡화	上町	前田嘉藏	
賣品舘		일용식품, 잡화	元町 1丁目	田村重久	

		일용식품, 잡화	本町 1丁目	藤田吉次	
		일용식품, 잡화	本町 2丁目	三橋千代太郎	
		일용식품, 잡화	錦町 1丁目	奧田龜三	
		일용식품, 잡화	上町	北見德藏	연초 겸업
		일용식품, 잡화	元町 1丁目	小原ミヨシ	
		일용식품, 잡화	東城町 3丁目	益永萬藏	
		일용식품, 잡화	本町 2丁目	福田善九郎	
		일용식품, 잡화	市場町	河原岩吉	
		일용식품, 잡화	元町 1丁目	古川勝次郎	
		일용식품, 잡화	西城町	明石富三郎	
		일용식품, 잡화	村上町	枌松次郎	약 겸업
		일용식품, 잡화	南城町	大石國太郎	인삼 겸업
		일용식품, 잡화	東千代町	水谷文三郎	
		일용식품, 잡화	東城町 2丁目	橫光要平	
		일용식품, 잡화	幸町	中村クマ	
丸島商會		화약, 총포	東城町 1丁目	山田梅次郎	서양잡화 겸업
		토목건축 청부	東本町	山中通 博	
		토목건축 청부	東門町	山根吉太郎	
		토목건축 청부	三笠町	三島辰二	
		토목건축 청부	東本町	世良朝吉	규조토(硅藻土) 겸업
		토목건축 청부	村上町	上野金太郎	대나무, 석회, 시멘트
		토목건축 청부	元町 2丁目	吉原軍太郎	
		토목건축 청부	東城町 1丁目	梅根代吉	대나무, 신탄, 곡물
		토목건축 청부	南旭町	渡部勘一	
		토목건축 청부	八雲町	切田早苗	
		토목건축 청부	京町 1丁目	福田善三郎	

		토목건축 청부	南旭町	岩本松	
		토목건축 청부	元町 2丁目	坂野喜一郎	토관 겸업
		토목건축 청부	東城町 2丁目	澁澤周藏	석재 겸업
		토목건축 청부	八雲町	紫垣七郎	
		토목건축 청부	村上町	河野岩吉	
		토목건축 청부	錦町 2丁目	中西彦三郎	
		토목건축 청부	南龍岡町	關本小三郎	
		토목건축 청부	弓町	志賀末馬	
		토목건축 청부	元町 2丁目	河口又吉	
		토목건축 청부	南龍岡町	田村源造	
		토목건축 청부	北內町	長谷禎三	
		토목건축 청부	榮町	橋本萬次郎	
		토목건축 청부	東本町	椎橋四郎	
		토목건축 청부	元町 1丁目	松尾四郎	
		토목건축 청부	堅町	郡司德昇	
		토목건축 청부	村上町	渡部友八	잡화 겸업
		토목건축 청부	京城町 2丁目	佐野平藏	
		토목건축 청부	德山町	惣門明二	
		토목건축 청부	榮町	坪井盛大	
		토목건축 청부	村上町	桑野源藏	
		토목건축 청부	上町	山本善吉	
		토목건축 청부	元町 1丁目	二宗秀三郎	
		토목건축 청부	田町	中谷嘉藏	얼음 겸업
		토목건축 청부	村上町	村本茂房	
		토목건축 청부	京城町 2丁目	三木梅吉	
		토목건축 청부	田町	加茂儀作	

		토목건축 청부	村上町	池田万次郎	
		토목건축 청부	元町 2丁目	坂民治郎	
		토목건축 청부	本町 1丁目	福田忠太郎	
		토목건축 청부	元町 2丁目	中村常三郎	
		토목건축 청부	東門町	野元靜之助	

3. 목포(1921)

상호/회사명	영업 종목	구별	영업세액(엔)	영업소	영업주	비고
	신발 제조 판매		10	務安通	崔公三	
	신발 제조 판매		10	大正町	咸希豊	
	토목건축 청부		28	京町	岡田松三郎	
	토목건축 청부		28	柳町	河本一	
	토목건축 청부		28	曙町 3丁目	本村好松	
	토목건축 청부		21	務安通	岩谷小市	
石見組	토목건축 청부		17	湖南町 3丁目	岡田嘉平	
	토목건축 청부		14	大和町 3丁目	中村三四郎	석재 판매 겸업
	토목건축 청부		14	常盤町	石川三太郎	시멘트 겸업
	토목건축 청부		10	本町 1丁目	市山峯太郎	
	잡화상	도매	173	福山町	松井邑次郎	맥주, 연초 겸업
	잡화상	도매	173	大和町 1丁目	件諒輔	연초, 식료품 겸업
	잡화상		173	榮町 1丁目	朝倉惣之輔	철물 겸업
	잡화상		173	幸町 2丁目	波多野龍介	
	잡화상		143	大和町 1丁目	松前義三	
	잡화상	도매	56	榮町 2丁目	彌富道雄	
	잡화상		56	賓町 2丁目	野老山勝藏	
	잡화상		56	賓町 2丁目	山本庄太郎	
	잡화상	서양, 일본잡화	56	榮町 1丁目	長生順	
	잡화상	서양, 일본잡화	41	大和町 1丁目	衛藤房次郎	
萬盛號	잡화상	서양, 일본잡화	34	榮町 2丁目	趙文漢	무역 겸업
	잡화상	서양, 일본잡화	14	櫻町	金子嘉吉	

	잡화상	서양, 일본잡화	14	櫻町	玉木卯三郎	잡화 겸업
	잡화상	조선잡화	14	幸町 1丁目	品川貞助	
	잡화상		12	大正町	中島平太郎	철물 겸업
加福屋	잡화상		10	幸町 2丁目	上田三郎	주류 겸업
	잡화상		10	務安通	山崎辰次郎	
	잡화상		10	壽町 2丁目	高岡春吉	
	잡화상		10	福山町	山本理八	
	잡화상		10	本町 2丁目	中村勘次郎	
	잡화상		10	海岸通	金子卯三郎	
	잡화상		10	港町	矢田具熊次郎	
	잡화상	조선잡화	10	南橋洞	大西直松	
	잡화상	조선잡화	10	大成洞	郭載化	

Ⅱ. 「조선상공회의소령」 시행 이후 상공회의소 발행

1. 인천(1931)

상호/회사명	영업 종목	구별	영업 세액(엔)	영업소	영업주	비고
奉仕社	식료, 잡화, 건어물	소매	45.86	本町 4-8	伴康衛	
	식료, 잡화, 건어물	소매	35.8	本町 4-2	永井桃吉	
	식료, 잡화, 건어물	소매	33.76	本町 1-21	小南彦十郎	
	식료, 잡화, 건어물	소매	10.8	本町 3-2	廣川房次郎	
	식료, 잡화, 건어물	소매	10.32	濱町 7	灘波彌一	
	식료, 잡화, 건어물	도소매	127.6	新町 36	中村嘉兵衛	
	식료, 잡화, 건어물	소매	13.6	新町 9-2	矢田部庄吉	
	식료, 잡화, 건어물	소매	15.9	寺町 10-3	河添太一	
	식료, 잡화, 건어물	소매	15.84	花町 2-44	古川梅吉	
	식료, 잡화, 건어물	도소매	35.2	內里 215	松永勝次郎	
	식료, 잡화, 건어물	소매	23.76	內里 215	加茂タキ	
	식료, 잡화, 건어물	도소매	53.84	花房町 2-1	豊田梅吉	
	식료, 잡화, 건어물	도소매	41.4	支那町 46-5	槇利市	
合資會社杉本商店	식료, 잡화, 건어물	소매	25.2	內里 215		
義生盛	식료, 잡화, 건어물	판매	9.7	支那町 11-1	周學林	
	식료, 잡화, 건어물	판매	16.2	內里 209-2	林常津	
	가구, 실내용품, 부엌용(荒物) 잡화	판매	12	宮町 4-3	畑文次郎	
	가구, 실내용품, 부엌용(荒物) 잡화	판매	12.1	宮町 18	河本德高	
合資會社津田兄弟商會	가구, 실내용품, 부엌용(荒物) 잡화	판매	16.63	新町 26		

	가구, 실내용품, 부엌용(荒物) 잡화	제조 판매	18	外里 239	趙炳澤	
	가구, 실내용품, 부엌용(荒物) 잡화	제조 판매	10.8	外里 237	成樂賢	겸업
	토목, 건축, 청부업	청부업	15.6	仲町 2-8	光田新太郎	
	토목, 건축, 청부업	청부업	13	本町 3-2	田中又太郎	
	토목, 건축, 청부업	청부업	10.4	本町 2	日名子若吉	
	토목, 건축, 청부업	청부업	10.4	濱町 25-7	柴田織造	
	토목, 건축, 청부업	청부업	13	濱町 18	森甚次	
	토목, 건축, 청부업	청부업	13	宮町 19	川邊多介	
	토목, 건축, 청부업	청부업	13	宮町 19	高岡春次	
	토목, 건축, 청부업	청부업	26	宮町 16	久保哲一	
	토목, 건축, 청부업	청부업	18.2	新町 11	長谷川勇吉	
	토목, 건축, 청부업	청부업	36.4	寺町 36	泉川八白藏	
	토목, 건축, 청부업	청부업	26	花町 1-94	楢崎辰之助	
	토목, 건축, 청부업	청부업	11.05	花町 1-29	野口卯八	
	토목, 건축, 청부업	청부업	14.96	花町 1-12	山本要助	
	토목, 건축, 청부업	청부업	50.08	萬石町 17	天野秀一	
	조선, 단야, 철공업	철공업	12.74	濱町 25-2	絆谷道平	
	조선, 단야, 철공업	철공업	23.4	濱町 35	阿閉孝十郎	
	조선, 단야, 철공업	철공업	22.1	花町 2-33	二宮定五郎	
合資會社朝鮮造船鐵工所	조선, 단야, 철공업	철공업	130.29	濱町 7-22		
	조선, 단야, 철공업	철공업	19.5	海岸町 3-3	李河永	
朝鮮燐寸株式會社	성냥 제조 판매			金谷里 32		
朝鮮鹽業株式會社	소금 제조 및 판매			多朱面長意里		

2. 청진(1932)

상호/회사명	영업 종목	영업소	영업주	비고
	잡화상	敷島町	中村京平	
	잡화상	敷島町	保坂マサエ	
	잡화상	敷島町	中島成一	
	잡화상	敷島町	戶所他吉	
	잡화상	明治町	西村卯一	
	잡화상	明治町	浦木彌楠	
上田麻商店	잡화상	明治町	松岡茂藏	
	잡화상	彌生町	奥村初次郎	
	잡화상	彌生町	白木リキ	
	잡화상	彌生町	石橋數高	
	잡화상	彌生町	籔武治	
	잡화상	浦項洞	岩塚桂三	
	잡화상	浦項洞	吉田則高	
	떡제조	彌生町	貞富淺吉	잡화, 연초 겸업
	완구상	北星町	島本重三	잡화 겸업
	가구상	彌生町	大田尾清八	제작 겸업
	가구상	敷島町	吉竹松太郎	제작 겸업
	가구상	明治町	大村福市	제작 겸업
	양복상	敷島町	本田次郎次	제작 겸업
	양복상	大和町	中谷七郎	제작 겸업
	다다미상	敷島町	林儀一	제작 겸업
合資會社山下組	청부업	浦項洞	山下坂次郎	

合資會社伊丹組	청부업	浦項洞	伊丹龜八	
	석공청부업	榮町	今井靜太	잡화 겸업
	청부업	壽町	黑河貫二	
	청부업	壽町	木內要吉	미장이재료 겸업
	청부업	幸町	橋脇音五郎	
	청부업	祝町	柳原休太郎	미장이재료 겸업
	청부업	祝町	有吉笹一	
	청부업	朝日町	藤村米八	
	청부업	目賀田町	下市八重治	
	청부업	富貴町	大西伴次郎	
	청부업	福泉町	小栗定平	
	청부업	北星町	大浦千代藏	
	청부업	入船町	日高茂佐吉	
	청부업	北星町	糸川菊藏	
	청부업	浦項洞	水田又藏	
	청부업	浦項洞	船井清太郎	
	청부업	浦項洞	中村鹿藏	
	청부업	浦項洞	安田鐵治	
	청부업	浦項洞	村上喜代藏	
	청부업	浦項洞	國米豊	
	청부업	浦項洞	島田多喜男	
	청부업	浦項洞	長田新藏	
	청부업	浦項洞	東石庄太郎	
	청부업	浦項洞	西村松之助(주임)	
	구두 제조	敷島町	生柄長太郎	
幸田鐵工所	철공업	榮町	幸田常吉	

西田鐵工所	철공업	浦項洞	西田常次郎	
	식료품, 잡화상	壽町	山本安市	연초 겸업
	식료품, 잡화상	壽町	島田爲市	연초 겸업
	식료품, 잡화상	曙町	坂井龜一	연초 겸업
	식료품, 잡화상	大和町	稻川恒次郎	
	식료품, 잡화상	幸町	都ソヨ	연초 겸업
	식료품, 잡화상	敷島町	中山茂	
	식료품, 잡화상	大和町	藤井年子	
	식료품, 잡화상	敷島町	近藤利三郎	
	식료품, 잡화상	敷島町	濱田芳雄	
	식료품, 잡화상	敷島町	鈴岡典一	연초 겸업
	식료품, 잡화상	明治町	多田羅森之助	
	식료품, 잡화상	明治町	服部注連太郎	연초 겸업
	식료품, 잡화상	明治町	清家松之助	
	식료품, 잡화상	彌生町	高橋幾太郎	
	식료품, 잡화상	彌生町	服部國一	
	식료품, 잡화상	寶町	平田力藏	연초 겸업
	식료품, 잡화상	彌生町	森內喜一郎	
	식료품, 잡화상	北星町	中山喜熊	
	식료품, 잡화상	北星町	福永寛一	일용잡화 겸업
	식료품, 잡화상	北星町	岡崎安次郎	
	식료품, 잡화상	北星町	伊藤正治	전당포 겸업
	식료품, 잡화상	浦項洞	小田小六	
	식료품, 잡화상	寶町	田口久平	음식점 겸업
	식료품, 잡화상	新岩洞	國西常次郎	
東海鐵工所	철공업	幸洞	姜道先	

工友鐵工所	철공업	浦項洞	黃致三	
	면포잡화상	壽町	金鎬珍	
	면포잡화상	新岩洞	金昌華	맞춤양복 겸업
	면포잡화상	新岩洞	黃子正	
	면포잡화상	新岩洞	金昌一	
	면포잡화상	新岩洞	趙伯元	
	잡화상	新岩洞	金春景	일본, 서양잡화
	잡화상	新岩洞	李炳植	일본, 서양잡화
	식료잡화상	新岩洞	李成實	
	식료잡화상	壽町	趙炳王	
	식료잡화상	新岩洞	李敬模	

3. 해주(1932)

상호/회사명	업태	영업 종목	영업소	영업주	비고
		잡화 판매	茄佐面菊峰里	金聖雄	
		잡화 판매	茄佐面菊峰里	金貞浩	
		잡화 판매	茄佐面翠野里	金黃祿	
		잡화 판매	茄佐面翠野里	金亨福	
		잡화 판매	茄佐面翠野里	吳世賢	
		잡화 판매	茄佐面翠野里	李種淳	
		포목, 잡화 판매	茄佐面翠野里	徐忠憲	
		포목, 잡화 판매	茄佐面翠野里	李瑢鎬	
		식료,잡화 판매	茄佐面翠野里	佐藤寬治	
		잡화 판매	茄佐面翠野里	趙錫俊	
		포목, 잡화 판매	檢丹面溫泉里	金炳祚	
		포목, 잡화 판매	檢丹面溫泉里	姜星熙	
		연초, 잡화 판매	檢丹面溫泉里	金炳燦	
		잡화 판매	檢丹面溫泉里	金正敏	
		포목, 잡화 판매	檢丹面溫泉里	許爀	
		잡화 판매	檢丹面溫泉里	金禮斗	
		잡화 판매	檢丹面溫泉里	黃金一	
		잡화 판매	東雲面德達里	安承曄	
		연초, 포목, 잡화 판매	羅德面通 山里	朴昌根	
		포목, 잡화 판매	羅德面通 山里	趙斗璵	
		연초, 잡화 판매	羅德面通 山里	許重賢	
		잡화 판매	西邊面東陽里	張淳安	

		잡화 판매	西邊面龍塘里	野村淸造	
		연와 제조	西邊面龍塘里	榊原喜三郎	
		잡화 판매	西邊面龍塘里	大西福藏	
		잡화 판매	日新面生旺里	張壽鉉	
		잡화 판매	壯谷面竹川里	朴興晃	
		포목, 잡화 판매	壯谷面竹川里	徐泰淳	
		포목, 잡화 판매	壯谷面竹川里	崔承根	
		연초, 잡화 판매	泉決面葛山里	李圭培	
		연초, 잡화 판매	泉決面長芳里	李濟鳳	
		잡화 판매	秋花面藥峴里	崔元東	
		잡화, 비료, 소금 판매	秋花面藥峴里	李大奎	
		포목, 잡화 판매	秋花面藥峴里	李鍾軾	
		미곡, 잡화, 술 판매	秋花面藥峴里	李觀培	
		연초, 잡화 판매	秋花面鰲川里	堀長三郎	
		연초, 잡화 판매	秋花面鰲川里	松下仁三	
		잡화 판매	秋花面鰲川里	蔡元命	
		청부업	秋花面鰲川里	成津吉彌	
		잡화 판매	秋花面鰲川里	康泰化	
		석유, 비료, 잡화 판매	秋花面月鶴里	白南明	
		잡화 판매	秋花面月鶴里	申正善	
		포목, 잡화 판매	秋花面月鶴里	馬華亭	
		잡화 판매	秋花面月鶴里	車陽均	
		포목, 잡화 판매	海州面廣石町	朴景鎬	
		염어, 염, 잡화	海州面廣石町	朴良根	
		미곡, 잡화 판매	海州面廣石町	尹相錫	
		잡화 판매	海州面廣石町	姜永洙	

		잡화 판매	海州面廣石町	姜順成	
		잡화, 문방구	海州面南本町	崔昌文	
		잡화 판매	海州面南本町	金世榮	
		목공예 제조	海州面南本町	河野松吉	
		잡화 판매	海州面南本町	金漢祚	
		포목, 잡화 판매	海州面南本町	孫鶴齡	
		잡화 판매	海州面南本町	金效彦	
		잡화 판매	海州面南本町	金良圭	
		잡화 판매	海州面南本町	車允泳	
		연초, 잡화 판매	海州面南本町	勝部カツ	
		포목, 잡화 판매	海州面南本町	李奉植	
		건축 청부	海州面南本町	迫口万太郎	
		잡화 판매	海州面南本町	金應壽	
		연초, 포목 판매	海州面南本町	安龍珠	
		토목 청부	海州面南本町	松田熊太郎	
		토목 청부	海州面南本町	林慶助	
		해산물 판매	海州面南本町	洪清明	
		양품, 잡화 판매	海州面南本町	村田縫殿助	
		해산물 판매	海州面南本町	崔承烈	
		포목, 잡화 판매	海州面南本町	元方浩	
		잡화 판매	海州面南本町	金裕俊	
		잡화 판매	海州面南本町	金永振	
		잡화 판매	海州面南本町	重見尙	
		건축 청부	海州面南本町	河野芳見	
		토목, 건축 청부	海州面南本町	三上爲輔	
		포목, 잡화 판매	海州面南本町	金東奎	

		양복, 잡화 판매	海州面南本町	金德壽	
		포목 판매	海州面南本町	朴應根	
		포목, 잡화 판매	海州面南本町	孔成韶	
		잡화 판매	海州面南本町	深町 末吉	
		잡화	海州面南本町	萩平龜楠	
		잡화 판매	海州面南旭町	崔洪植	
		양화, 잡화 판매	海州面南旭町	朴景範	
		건축 청부	海州面南旭町	黃壽福	
		잡화 판매	海州面南旭町	洪在祐	
		토목, 건축 청부	海州面南旭町	濱田源治	
		잡화 판매	海州面南旭町	李基煥	
		포목, 잡화 판매	海州面南旭町	崔承俊	
		포목, 잡화 판매	海州面南旭町	金孝植	
		포목, 잡화 판매	海州面南旭町	陳成根	
		연초, 잡화 판매	海州面南旭町	張世祿	
		잡화, 과자 판매	海州面南幸町	全德鉉	
		잡화 판매	海州面南幸町	金鳳伊	
		포목, 잡화 판매	海州面東榮町	方圓象	
		편리화(便利靴) 판매	海州面東榮町	咸俊永	
		연초, 잡화 판매	海州面東榮町	崔鐘麟	
		포목, 잡화 판매	海州面東榮町	朴容震	
		잡화 판매	海州面東榮町	吳世映	
		피혁류 판매	海州面東榮町	崔昌健	
寺尾組		토목, 건축 청부	海州面北本町	松田寬	
		잡화 판매	海州面北本町	山崎小六	
		목공예 제조	海州面北本町	松井貫一	

		목공예 제조	海州面北本町	宮永力藏	
		잡화, 면직물 판매	海州面北本町	中島茂三郎	
		토목, 건축 청부	海州面北本町	貴志新五郎	
		잡화 판매	海州面北本町	萬代龍助	
		식료잡화 판매	海州面北本町	豊島三造	
		양품 잡화	海州面北本町	李孝元	
		토목 청부	海州面北本町	後藤節太郎	
賞美堂		잡화, 과자 판매	海州面北本町	福永健三	
		토목, 건축 청부	海州面北本町	今村惣吉	
		토목 청부	海州面北本町	高尾宗一	
		토목, 건축 청부	海州面北本町	渡邊眞藏	
		건축 청부	海州面北本町	梅木源林	
		연초, 잡화 판매	海州面北本町	荒谷誠之助	
		잡화, 면직물 판매	海州面北本町	田邊眞一	
		페인트 청부	海州面北本町	丸屋芳太郎	
		잡화 판매	海州面北本町	金炳麟	
朝比奈組		토목 청부	海州面北旭町	赤松彦二	
		토목 청부	海州面北旭町	金中芳治	
		잡화 판매	海州面北旭町	遠藤圓五郎	
		토목 청부	海州面北旭町	藤本龜藏	
		잡화 판매	海州面北旭町	金東斌	
		포목, 잡화 판매	海州面北旭町	朴容卨	
		잡화 판매	海州面北旭町	柳殷成	
		토목, 건축 청부	海州面北旭町	下川潔	
		건축 청부	海州面北旭町	矢吹常吉	
		건축 청부	海州面北旭町	朱玉	

		포목, 잡화 판매	海州面北幸町	方在淳	
		잡화 판매	海州面北幸町	吳澤寬	
		잡화 판매	海州面北幸町	梁成潤	
		토목 청부	海州面上町	小野万吉	
		토목 청부	海州面上町	寄下次作	
		건축 청부	海州面上町	吉村利三郎	
		건축 청부	海州面西榮町	朴致革	
		잡화 판매	海州面西榮町	金斗永	
		잡화 판매	海州面西榮町	橋本平次郎	
		잡화 판매	海州面西榮町	尹興寬	
		토목 청부	海州面中町	工藤金平	
		토목, 건축 청부	海州面中町	島井利一	
		토목, 건축 청부	海州面中町	廣田之男	
		토목 청부	海州面中町	安西辰造	
		잡화 판매	海州面中町	森田實次	
		식료, 잡화 도기 판매	海州面中町	垣內禧議	
		토목 청부	海州面中町	森田實次	
		토목 청부	海州面中町	朴成燮	
		토목, 건축 청부	海州邑	榎園庄一郎	

4. 개성(1936)

상호/회사명	업태	영업 종목	영업소	영업주	비고
高昌烈商店		잡화도매	南本町 16	高昌烈	
馬鍾濡工務所		청부업	北本町 399	馬鍾濡	
渡邊組		청부업	西本町 46	渡邊位政	
		청부업	大和町 177	龜子庄市	
		청부업	大平町 177	都築尙文	
		청부업	大和町 211	岡村茂四郎	
久我工務所		청부업	西本町 26	久我幸兵衛	
		청부업	西本町 186	藤原甚助	
共信商會		잡화업	南本町 141	朴聖圭	고무화 제조 겸업
六合商會		잡화업	西本町 58	張基昶	
松一屋洋品店		잡화업	大和町 49	李璟植	
鷄林商會		잡화업	北本町 105	李秀南	
		잡화업	西本町 341	李雨均	연초 겸업
		잡화업	東本町 663	林道相	
		잡화업	宮町 312	柳冀賢	제면(製麵) 겸업
相馬商店		잡화업	大和町 244	相馬保	
久保田雜貨店		잡화업	大和町 12	久保田之助	
		잡화업	東本町 496	金聖孫	소주 겸업
		잡화업	南本町 183	金泳源	금대(金貸) 겸업
申昌祿商店		잡화업	滿月町 299	申昌祿	곡물 겸업
주식회사 松高實業場	주식회사	직물 제조	高麗町 127	법인	
開城釀造株式會社	주식회사	소주 제조	南山町 818	법인	

中央靴店		양화(洋靴) 제조	北本町 105	李泰容	
		양철 제조	大平町 176	岡田斧吉	
松都燒酎工場		소주 제조	西本町 218	韓明德	
		제면업	京町 649	金興培	
		제면업	北本町 141	金貞淑	
殖産釀造所		소주 제조	池町 206	金永煥	
松京釀造場		소주 제조	南山町 329	金永煥	
兩城鐵工場		철공업	大和町 256	姜今龍	
森山釀造所		장유(醬油) 제조	滿月町 754	森山右平	
松來釀造場		소주 제조	南山町 253	薛明東	

5. 부산(1937)

옥호	영업자명	업태	영업 종목	영업세액	영업소
	合資會社幸組	합자회사	토목건축	117	富平町 4-28
	合資會社中村組	합자회사	토목건축	13	中島町 1-20
	合資會社中西組	합자회사	토목건축	39	土城町 2-22
	合資會社小原組	합자회사	토목건축	34	水晶町 1010
	合資會社米田組	합자회사	토목건축	118	福田町 84
	合資會社田中組	합자회사	토목건축	40	草梁町 83
	合資會社中谷組	합자회사	토목건축	173	草梁町 134
	合資會社松岡組	합자회사	토목건축	15	幸町 2-35
	合資會社清水工務店	합자회사	토목건축	107	水晶町 541
	合資會社昭三組	합자회사	토목건축	63	草梁町 43
	合資會社森安組	합자회사	토목건축	68	佐川町 1007
	合資會社千歲組	합자회사	토목건축	576	富平町 1-27
	合資會社多田工務店出張所	합자회사	토목건축	112	草梁町 53
	合資會社清水組出張所	합자회사	토목건축	553	榮町 1-23
	朝鮮米穀倉庫株式會社釜山支店	주식회사	토목건축		大橋通 り1
	西田卯一		토목건축	39	幸町 1-21
	西島實		토목건축	26	大新町 374
	北條與四郎		토목건축	27	南富民町 26
	時計勘一		토목건축	19	大新町 405
	小澤鎌太郎		토목건축	39	水晶町 390
	織田太藏		토목건축	49	草梁町 637
	渡邊時知		토목건축	78	土城町 1-17

	加賀山百一		토목건축	32	草梁町 295
	田中嘉三次		토목건축	26	寶水町 3-53
	田中武四郎		토목건축	13	寶水町 2-54
	田川悅次		토목건축	26	大新町 696
	竹本熊次代·竹本一市		토목건축	225	水晶町 116
	久米川吳市		토목건축	10	南濱町 2-25
	津村代一		토목건축	261	水晶町 658
	築谷忠熊		토목건축	10	寶水町 3-66
	岡田恒		토목건축	14	昭和通 2-20
	野本榮太郎		토목건축	35	草場町 2-29
	信畑兼太郎		토목건축	13	草場町 2-29
	倉橋定藏		토목건축	97	大廳町 3-23
	彌重守弘		토목건축	39	大新町 476
	丸岡半八		토목건축	56	大新町 1008
	松岡源太郎		토목건축	84	西町 4-24
	前川庄三郎		토목건축	13	富平町 1-39
	藤井幸三郎		토목건축	16	瀛仙町 2026
	木村熊市		토목건축	136	草梁町 308
	幸又五郎		토목건축	62	富平町 4-28
	三谷德太郎		토목건축	13	西町 3-33
	三宅斐夫		토목건축	13	大新町 261
	森田郁之助		토목건축	78	佐川町 1007
	朝鮮運送株式會社釜山支店	주ᄉ회사	토목건축		榮町 1-37
	森田已代吉		토목건축	26	瀛州町 609
	專頭謹		토목건축	47	寶水町 2-11
	宇田時之助		토목건축	26	富平町 2-47

	井上康量		토목건축	52	寶水町 2-89
	岩崎貞一		토목건축	78	草梁町 390
	濱崎卯一		토목건축	19	水晶町 470
	長谷辰次郎		토목건축	13	富平町 4-6
	土井淸兵衛		토목건축	65	本町 5-27
	大橋留藏		토목건축	15	大廳町 3-1
	大野松五郎		토목건축	65	草梁町 282
	大島重次郎		토목건축	13	寶水町 2-89
	岡山宇三郎		토목건축	28	溘州町 46
	渡邊政司		토목건축	65	大新町 980
	田村彌七		토목건축	13	草梁町 57
	大村安太郎		토목건축	19	草梁町 806
	岩澤伊三郎		토목건축	19	水晶町 257
	尾川貞夫		토목건축	26	草梁町 533
	長弘小三郎		토목건축	15	寶水町 3-67
	竹內新一		토목건축	15	佐川町 143
	立花定		토목건축	45	富平町 1-66
	內田梅治		토목건축	14	土城町 1-8
	山田寅衛		토목건축	20	草梁町 46
	山中德一郎		토목건축	13	凡一町 62
	藤井熊市		토목건축	30	幸町 5-44
	宮路 盛衛		토목건축	67	大新町 915
	杉山賢太郎		토목건축	26	大新町 388
	高藤國太郎		토목건축	24	福田町 82
	西本利三郎		토목건축	17	水晶町 210
	山本小次郎		토목건축	13	本町 5-44

	上野重盛		토목건축	14	富民町 1-18
	守谷八右衛門		토목건축	14	南濱町 2-3
	山本足穗		토목건축	13	大廳町 2-24
	松下國之		토목건축	15	大新町 355
	大野峰次郎		토목건축	39	大廳町 3-10
	株式會社澤山兄弟商會	주식회사	토목건축		大倉町 3-9
	株式會社田中造船鐵工所	주식회사	조선(造船)	226	瀛仙町 1-977
	株式會社釜山鐵工造船所	주식회사	조선(造船)	84	瀛仙町 1-913
	池本杢平		조선(造船)	16	瀛仙町 83
	西中新吉		조선(造船)	11	瀛仙町 2036
	富森彌太平		조선(造船)	26	瀛仙町 1-848
	段上敬三		조선(造船)	10	瀛仙町 83
	田村鎌治		조선(造船)	26	瀛仙町 2036
	林富士之進		조선(造船)	13	瀛仙町 83
	中村高次		조선(造船)	40	瀛仙町 1-997
	中本兼吉		조선(造船)	80	瀛仙町 2-005
	宇都宮來		조선(造船)	27	瀛仙町 1-889
	栗山福太郎		조선(造船)	11	瀛仙町 1-148
	百合野又五郎		조선(造船)	37	瀛仙町 83
	城崎藤次		조선(造船)	18	瀛仙町 1-260
	武部忠一		조선(造船)	15	瀛仙町 2-034
	松藤重太郎		조선(造船)	20	瀛仙町 2004
	大和護謨合資會社	합자회사	고무신	282	佐川町 86
	三和護謨株式會社	주식회사	고무신	2,889	凡一町 942
シマサ護謨工業釜山販賣所	島野長平		고무신	97	本町 3-30
	合資會社金森商會	합자회사	고무신	10	大廳町 3-7

	合名會社宮崎商店出張所	합명회사	고무신	11	中島町 1-64
	內外工業藥品合資會社出張所	합자회사	고무신	32	水晶町 355
	白石工業株式會社朝鮮營業所	주식회사	고무신	23	榮町 3-63
	西村化學合名會社支店	합명회사	고무신	26	草梁町 292
	金珍守		고무신	27	佐川町 576
	金聲五		고무신	117	佐川町 680
	林吉雨		고무신		草梁町 569
	釜山化粧品合資會社	합자회사	방물(小間物)	387	本町 3-36
	丸百クラブ化粧品販賣株式會社	주식회사	방물(小間物)	44	大廳町 1-38
	資生堂朝鮮販賣株式會社釜山配給所	주식회사	방물(小間物)	58	富平町 1-1
	白崎喜三次		방물(小間物)		寶水町 1-140
	吉川義治		방물(小間物)	24	大倉町 3-13
	加藤義勝		방물(小間物)		本町 3-35
	富原研二		방물(小間物)	18	本町 4-3
	井上玄一		방물(小間物)	12	綠町 2-3
	明石佐吉		방물(小間物)	11	幸町 1-38
	加納功		방물(小間物)	19	大倉町 3-13
	中江重三郎		방물(小間物)	44	辨天町 1-9
	夏川義信		방물(小間物)	128	辨天町 2-41
	酒井幸平		방물(小間物)	14	辨天町 2-46
	出口平太		철공	10	水晶町 1
	福川十太郎		철공	11	西町 3-29
	合資會社伊福鐵工所	합자회사	철공	11	幸町 2-7
	合資會社北西鐵工所	합자회사	철공	26	幸町 2-21
	井邊久吉		철공	11	溘仙町 1971
	伊藤茂三郎		철공	44	溘仙町 2041

	伊勢田八彦		철공	10	草梁町 173
	西岡利平		철공	20	瀛仙町 1763
	北條政一		철공	46	瀛仙町 1938
	戶村伊助		철공	25	土城町 1-7
	越智元吉		철공	16	榮町 2-28
	片桐正吉		철공	91	佐川町 401
	武田二郎		철공	39	瀛仙町 1929
	中西音吉		철공	115	榮町 3-39
	福田秀吉		철공	10	水晶町 63
	福原熊太郎		철공	22	富平町 1-21
	市川正武		철공	37	榮町 2-27
	下條茂三郎		철공	23	幸町 2-26
	杉尾謙治		철공	29	瀛仙町 1-942
	株式會社出口鐵工所	주식회사	철공	292	水晶町 150
	前田誠二		잡화		本町 4-8
	青木清一		잡화	20	大倉町 4-31
	合資會社近藤商店	합자회사	잡화	1,047	本町 3-3
	株式會社明治屋	주식회사	잡화	218	大廳町 1-38
	加藤義勝		잡화	25	本町 3-35
	中野元介		잡화	14	本町 3-18
	德丸合名會社	합명회사	잡화	24	大倉町 1-21
	合資會社高村商店	합자회사	잡화	15	本町 3-29
	株式會社和信釜山配給所	주식회사	잡화	239	榮町 1-27
	西尾角藏		잡화	14	大倉町 3-4
	大場萬太郎		잡화	11	幸町 1-8
山口屋	桶谷吉藏		잡화	243	辨天町 1-17

浪花屋	川人門吉		잡화	64	辨天町 1-38
	吉岡四良平		잡화	10	大倉町 1-22
	杉村英男		잡화	10	富平町 2-81
	可兒常七		잡화		西町 2-26
	三宅忠藏		잡화	18	綠町 1-2
	森脇トミ		잡화		西町 1-13
美喜屋	田口初		잡화	11	富平町 2-81
	高岡光次		잡화	17	辨天町 1-10
十字屋	上杉源太郎		잡화	17	辨天町 2-24
	松井キヌ		잡화	12	富平町 2-26
	松本ヤスノ		잡화	48	富平町 2-76
	福田周一		잡화	13	大倉町 1-22
	淺野岩次		잡화	27	大倉町 4-39
	淺海ツネ		잡화	48	辨天町 2-43
岡村洋品店	貞末慶一		잡화	43	凡一町 136
	島崎滿		잡화	10	富平町 2-52
	平井卯三郎		잡화	19	大倉町 1-23
	砂田宗吉		잡화	27	富平町 2-76
	加藤ろく		잡화	13	大倉町 4-31
丸美屋	渡邊滿彌		잡화	10	大倉町 4-29
	澤野井甚之助		잡화	10	佐川町 333
	西村良作		잡화	26	草梁町 174
	合資會社村上タオル商會	합자회사	잡화	217	辨天町 1-36
	三和護謨株式會社	주식회사	잡화		凡一町 942
宮中商會	宮地儀一		잡화	55	本町 1-4
西村洋襪工業社	西村良作		잡화	22	草梁町 174

マルエス工場	福島一喜		잡화	88	瀛州町 616
	宮道喜久夫		잡화	18	大倉町 2-7
	伊藤莊次郎		잡화	30	南濱町 1-41
	原武千代		잡화	13	水晶町 397
	岡崎伊之助		잡화	20	草梁町 42
	田中友次郎		잡화	25	大新町 339
十錢ストアー	竹內茂		잡화	40	辨天町 2-32
	竹內三木三郎		잡화	13	大倉町 4
	中村力治		잡화	11	瀛仙町 2008
	村井繁松		잡화	30	草梁町 200
	寺田商店		잡화	12	本町 1-1
	仁志サト		잡화	11	大橋通 リ1-10
	西岡勇一		잡화	10	辨天町 2-44
	後後源吉		잡화	15	凡一町 300
	森近治三郎		잡화	98	佐川町 344
	郭明茂		잡화	10	瀛仙町 235
	鄭學先		잡화	12	瀛州町 26
	朴邦祐		잡화	21	瀛州町 33
福本洋襪工場	金成祐		잡화	38	榮町 2-10
	尹相元		잡화	11	榮町 2
	崔命九		잡화	17	大橋通 リ1-1
	大池源二		기계	245	大倉町 2-9
	大野富一		기계	22	西町 4-16
滿留産商會	梶川吉彦		기계	123	大倉町 2-38
朝日商會	山口龍平		기계	45	大倉町 1-23
	株式會社佐藤商會釜山支店	주식회사	기계	165	榮町 3-3

	加藤幾太郎		기계	309	大倉町 2-24
	一丸繁		기계	23	水晶町 189
	森本藤馬		기계	21	大倉町 3-12
	勝矢定		기계	80	大倉町 1-23
朝鮮勸農商會	山縣庄一		기계	41	大倉町 3-3
	山名吉之助		기계	23	大倉町 1-22
	齊田久雄		기계	12	大倉町 2-50
	坂本登喜三		기계	19	榮町 3-64
	森田嘉四郎		기계	20	大倉町 4-48
	杉村宗兵		기계	11	南濱町 1-9

6. 신의주(1938)

상호/회사명	업태	영업 종목	영업세액(엔)	영업소	영업주	비고
圓大商店		식료잡화	35	老松町 14	金信王	맥분, 주류, 통조림, 연초
貝沼食料品店		식료잡화	31	常盤町 9	白石茂一	통조림, 연초
萬興商店		식료잡화	49	老松町 23-6	金致鉉	연초
東順商會		식료잡화	24	雲井町 3	朴順道	
保錄商店		식료잡화	22	老松町 6-24	金世球	약품, 연초
永泰洋行		식료잡화	8	老松町 7	韓禎福	
橫山支店		식료잡화	13	眞砂町 2	岩原巖	
毛利商店		식료잡화	14	櫻町 10	毛利好彦	장유, 주류
大五商會		식료잡화	8	旭町 1	大迫源五	
貨源商店		식료잡화	12	老松町 7	崔孝降	
		식료잡화	12	老松町 15	咸鎭奉	
明德商店		식료잡화	8	初音町 12	李官善	연초
益興成		식료잡화	15	初音町 13	劉樹益	
藤本洋品店		양품잡화	36	常盤町 8	藤本嘉三治	
渡邊洋品店		양품잡화	17	常盤町 6	渡邊賀代	
森德商店		양품잡화	28	眞砂町 6	森德次	석유, 과자, 기타 잡화
普信商會		양품잡화	7	眞砂町 6	金元龜	기성복, 연초
高麗洋行	도매	양품잡화	21	眞砂町 3	車均輪	
大昌洋品店		양품잡화	21	眞砂町 5	白學燁	사진 재료, 축음기, 포목류
白頭商會		양품잡화	11	老松町 8	白弘基	
共昌商會		양품잡화	30	眞砂町 6	全敬善	메리야스, 모자
太陽商會支店	도매	양품잡화	13	眞砂町 7	李英學	석유

		양품잡화	7	老松町 5	宋炳煥	
四北商會		양품잡화	19	老松町 9	安興善	목재
新興支店	도매	양품잡화	174	老松町 6-35	金道埈	
大衆商會		양품잡화	8	眞砂町 5	鮮于炳樞	기성복
牧一商會		모사(毛絲)	15	眞砂町 7	張慶益	
西谷小間物店		잡화, 수예품	15	眞砂町 7	西谷良次郎	장신구, 양품잡화, 화장품
國境婦人商會		잡화, 수예품	12	眞砂町 4	李昌媛	양품잡화, 화장품류
		모르타르		榮町 2	松浦三之助	토목건축 청부
新義州窯業株式會社	주식회사	연와(煉瓦)	96	本町	加藤鎮治郎	제조 판매
		연와(煉瓦)	10	眞砂町	劉義順	모르타르기와, 토관 제조
山下商會		연와(煉瓦)	30	常盤町 7	山下治重	점토아스팔트, 색사(色土), 색토(色砂)
주식회사常盤洋行	주식회사	철물잡화	234	常盤町 6	竹重明衛	석유 겸업
旭洋行		철물잡화	99	常盤町 7	岩本金作	청부업 겸업
松村洋行		철물잡화	107	常盤町 5	松村保治	
東亞金物商		철물잡화	27	眞砂町 5	林鳳元	보험대리업 겸업
新一金物商		철물잡화	24	梅枝町 8-2	金魯完	
直手號		철물잡화	67	老松町 7	白敬普	철공업 겸업
합자회사榮工作所	합자회사	각종 기계 제조	29	榮町 1	東島要作	
주식회사新延商會	주식회사	각종 기계 제조		眞砂町 1	朴龍水	자동차 및 부품
新義州鐵工所		각종 기계 제조	23	濱町 1	中込精一	제재기(製材機), 제미기(製米機), 공장설비
池鐵工所		각종 기계 제조	9	榮町 7	池一郎	
浦川鐵工所		각종 기계 제조	31	榮町 7	浦川友吉	
池田製作所		각종 기계 제조	38	眞砂町 2	池田達夫	광산기계, 난방공사 청부
龍新鐵工所		각종 기계 제조	7	彌勒洞154	郭孝仁	

西川疊店		다다미 제조	11	常盤町 9	西川助松	
王子製紙株式會社朝鮮工場	주식회사	종이, 펄프 제조	4,698	麻田洞 385	平田吉之助	공장장, 목재 겸업
新義州窯業株式會社	주식회사	기와 제조	96	本町 1	加藤鉄治郎	
日本製袋株式會社新義州出張所	주식회사	제대(製袋)	60	綠町 2	篠原稔政	주임, 지대(紙袋), 시멘트·포대
朝鮮燐寸株式會社支店	주식회사	성냥, 축목(軸木)	48	鴨川町 1	內原武雄	목재업
朝鮮穀物工業社		제분업	126,200	敏浦洞416	吳禎洙	
合資會社吉野組	합자회사	토목건축	1,158	常盤町 3	吉野留吉	
合資會社大村組出張所	합자회사	토목건축	175	麻田洞 385	中牟田定造	
鈴木組詰所		토목건축	10	濱町 1	久保正吳	
		토목건축	21	濱町 2	竹內官二郎	미장이
		토목건축	24	旭町 1	森田留吉	
		토목건축	36	常盤町 7	吉田伊七	자전거
野崎組		토목건축	73	常盤町 2	野崎與七	
		토목건축	16	榮町 4	石崎善一郎	
		토목건축	16	榮町 7	松浦三之助	기와, 몰타르
森本組		토목건축	8	榮町 1	森本龜次郎	
		토목건축	26	榮町 5	山本市太郎	
荻本組		토목건축	13	眞砂町 1	荻本綾彦	
		토목건축	13	眞砂町 2	山口力次	
山三電氣商會		토목건축	19	老松町 8	金文景	전기용품
味村組		토목건축	58	綠町 1-20	味村米太郎	해륙운송 대리업
合資會社川村組	합자회사	토목건축	202	綠町 7	川村信次郎	
北方組		토목건축	16	麻田洞	北方捨吉	사리(砂利), 운송
		조선	14	鴨川町 1	堤田クマ	
河原造船所		조선	9	鴨川町 1-1	河原高一	

木村電氣商會		전기공사	26	本町 3	森本定治部	전기용 기계, 기구
橫山電工社		전기공사	39	本町 1	橫山傳九郎	
		건축	16	櫻町 10	泉小太郎	
		도공(塗工)	8	櫻町 4	幸夏藏	
金太郎屋		건축	17	常盤町 7	淸本伊之吉	완구

7. 전주(1938)

상호/회사명	영업 종목	영업세액(엔)	영업소	영업주	비고
若江鑄工場	주물 청부	17	高砂町	小林信一	
全北ボテー製作株式會社	소쿠리 제작 수선	53	相生町		
	미곡, 일용잡품	20	完山町	金煥祖	
	미곡, 일용잡품	9	完山町	柴澤烈	
	토목건축 청부	33	本町 3	小川與作	
	토목건축 청부	59	高砂町	小川新作	
	토목 청부	175	高砂町	上野茂雄	
	건축 청부	10	花園町	森喜與	
	건축 청부	17	大正町 6	森口伊三郎	
	건축 청부	96	高砂町	牛島忠吳	목공 겸업
	건축 청부	10	大正町 3	杉本準一	
합자회사野中組	토목 청부	47	本町 4	染矢實	
	건축 청부	12	本町 4	內田清藏	
	건축 청부	26	高砂町	市原孝一	
	토목 청부	16	華山町	河內幸三郎	
	건축 청부	65	高砂町	藤井太市	신발 겸업
	토목 청부	35	相生町	清水源之助	
	건축 청부	52	高砂町	秋吉四藏	
	건축 청부	52	高砂町	安部勘四郎	
	토목 청부	78	高砂町	谷口甚松	
	건축 청부	75	高砂町	村元友次郎	하숙 겸업
	토목 청부	33	本町 4	加藤米作	

	건축 청부	10	高砂町	花田芳市	
	토목 청부	47	本町 3	椰林作松	
	토목 청부	228	高砂町	井筒常次郎	
	토목 청부	39	本町 4	茶山實太郎	
	토목 청부	8	高砂町	村川勝藏	
全州土木建築請負合名會社	토목 청부	20	高砂町		
	미장이 청부	8	高砂町	田村爲七	
長谷川支店	도자기, 철물, 잡화	10	大正町 1	長谷川友雄	
小山金物店	철물	15	大正町 1	小山時治	유리 겸업
井内金物店	철물	23	大正町 1	川崎喜三郎	
山崎金物店	철물	19	大正町 2	山崎貞一	
淺野支店	철물	49	大正町 2	淺野魯一	금융업 겸업
中村世帶道具店	철물	12	大正町 3	中村勇一	
大木金物店	철물	29	大正町 3	大木龍一	
川崎金物店	철물	11	大和町	森利三郎	
	철물, 유리	14	本町 1	大木好一	금융업 겸업
山大金物店	철물, 도자기	13	本町 1	林明淑	
朝鮮紙業株式會社	조선지	315	八達町		
南昌紙物舖	조선지	25	本町 2		
世昌號紙物舖	조선지	22	本町 2	崔泳善	금융업 겸업
完興泰紙物商會	조선지	10	大正町 1	陳錫漢	
東亞婦人商會全州支店	양품잡화, 주단, 포목	128	大正町 3	崔楠	
	잡화양복	8	本町 2	大上銀三郎	
上田洋服店	양품잡화	57	大正町 3	吉武悅治	
	양품잡화	9	大正町 3	田中定二	

マルヤ洋品店	양품잡화	52	大正町 3	藪田靜磨	
高橋洋品店	양품잡화	12	大正町 3	高橋行元	
河村洋品店	양품잡화	11	大正町 1	河村千代一	
ホテイ屋	양품잡화	13	大正町 3	窪田仁市	
フジヤ	양품잡화	9	大正町 2	藤井政雄	
細川百貨店	양품잡화	15	大正町 3	細川敏雄	
河邊洋品店	양품잡화	8	大正町 2	河邊さみ	
橫山洋品店	양품잡화	8	大正町 3	橫山三郎	
三善商會	양품, 일용품잡화	53	大和町	樋渡宗榮	
	양품잡화	13	大和町	鄭興	
합자회사百洋商會	양품잡화	9	本町 2		
합자회사興信商會	양품잡화, 주단, 포목	21	本町 2		
	다다미 제조	9	大正町 3	本田繁藏	
島鐵工所	철공, 도량형, 총포, 수선	9	大正町 1	島鐵工所	
長谷川鐵工所	철공, 총포, 수선	12	本町 1	합자회사長谷川鐵工所	
李奉根鐵工所	철공	16	本町 1	李奉根	
키(キ)	철공	20	曙町	金奉大	
合名會社英油販賣所	광유(鑛油), 기타 유류	196	本町 2	合名會社英油販賣所	
國宗商店	식료품, 잡화	61	本町 2	國宗多吉	
中柴支店	식료품, 잡화	118	大正町 1	明川彌二	
합자회사 大濱屋	식료품, 잡화	32	大正町 4	법인	미소(味噌)
京泉支店	식료품, 잡화	21	大正町 4	京泉節夫	미소(味噌)
入間屋	식료품, 잡화	23	大正町 6	入間川耕造	미소(味噌)
藤木屋	식료품, 잡화	11	大正町 2	藤木齊	미소(味噌)
주식회사永豐商會	식료품, 잡화	46	大和町	법인	
	식료품, 잡화	15	高砂町	朴承佑	

	식료품, 잡화	24	本町 1	金守連	
玉屋	식료품, 잡화, 채소	8	大正町 1	金喜同	
辰美屋	식료품, 잡화, 채소	7	大正町 4	金甲同	
片倉製絲株式會社全州製絲所	제사(製絲)	745	上生町	법인	
全北製絲株式會社	제사(製絲)	389	老松町	법인	
湖南製絲所	제사(製絲)	54	淸水町	藤原彦九郎	
鈴木製絲所	제사(製絲)	8	淸水町	鈴木市藏	
日獨染料商會	염료, 일용잡화	22	本町 1	金善山	

8. 원산(1940)

	영업 종목	구별	영업세액(엔)	영업소	영업주
小野本店	식료품잡화상	판매	621.54	京町	小野文吉
笠井商店	식료품잡화상	판매	117.51	本町 4	笠井勇馬
小田村商店	식료품잡화상	판매	326.55	本町 4	小田村正忠
福田商庄	식료품잡화상	판매	27	本町 5	福田博行
安富商店	식료품잡화상	판매	164.7	本町 2	安富甚一
合資會社吳鄉商店	식료품잡화상	판매	21.82	仲町 2	吾鄉吉二郎
合資會社下本商店	식료품잡화상	판매	194.9	本町 4	下本筆吉
大阪屋	식료품잡화상	판매	86.4	旭町 3	井上仁之助
濱屋商店	식료품잡화상	판매	104.34	仲町 2	堀定吉
明治屋	식료품잡화상	판매	34.2	仲町 2	齊藤秀雄
小山商店	식료품잡화상	판매	64.8	本町 3	小山鬼子夫
	식료품잡화상	판매	43.53	榮町	徐炳濟
	식료품잡화상	판매	27.9	上里2洞	韓德模
	식료품잡화상	판매	24.6	海岸通 6	姜貞熙
	식료품잡화상	판매	32.64	海岸通 6	金京祚
	식료품잡화상	판매	26.91	旭町 1	小林榮
	식료품잡화상	판매	18	春日町	齋內トミ
大阪屋支店	식료품잡화상	판매	90.03	旭町 2	竹本善人
松岡商店	식료품잡화상	판매	28.05	幸町	松岡トメ
	식료품잡화상	판매	17.22	榮町	大岡力藏
	식료품잡화상	판매	16.5	海岸通 5	坂井芳一
	식료품잡화상	판매	8.52	旭町 2	實藤ミサオ

	식료품잡화상	판매	72.78	海岸通 6	金洙日
	식료품잡화상	판매	11.94	海岸通 6	貝原吉光
田村屋漬物店	식료품잡화상	판매	8.28	仲町 3	佐藤繁松
	식료품잡화상	판매	10.32	明治町	指方文左衛門
	식료품잡화상	판매	12.6	綠町	杉本絹江
合資會社宇田罐詰所	식료품잡화상	판매	29.02	春日町	宇田繁
	식료품잡화상	판매	14.76	臥牛里	李敬祚
	식료품잡화상	판매	15.12	榮町	朴陽弼
	식료품잡화상	판매	13.74	松興里	林元玉
	식료품잡화상	판매	8.58	橋下洞	崔興斗
	식료품잡화상	판매	10.8	新村洞	崔景南
	식료품잡화상	판매	20.52	北村洞	金南奎
	식료품잡화상	판매	15.48	北村洞	黃貞奎
	식료품잡화상	판매	13.26	榮町	梁永淳
	식료품잡화상	판매	12.96	海岸通 6	金俊鶴
	식료품잡화상	판매	72.45	北村洞	車齊林
	식료품잡화상	판매	10.08	南村洞	金陵庸
	식료품잡화상	판매	11.25	本町 5	柏谷久藏
	식료품잡화상	판매	12.6	仲町 3	岡崎鼎一
	식료품잡화상	판매	27.92	京町	小泉昇三
	식료품잡화상	판매	10.8	榮町	皮今蓮
	식료품잡화상	판매	19.44	榮町	崔廷翊
	식료품잡화상	판매	7.2	榮町	金承哲
	식료품잡화상	판매	7.2	榮町	劉敏相
	식료품잡화상	판매	7.2	榮町	朴永春
	식료품잡화상	판매	7.2	榮町	黃順福

	식료품잡화상	판매	8.1	本町 5	李致剛
	식료품잡화상	판매	8.64	臥牛里	姜泰燮
	식료품잡화상	판매	8.55	上里 2洞	姜命煥
	식료품잡화상	판매	27.27	上里 1洞	金鍾奎
	식료품잡화상	판매	13.32	上里 1洞	朴承雨
	식료품잡화상	판매	7.74	上里 1洞	孫德富
	식료품잡화상	판매	12.18	綠町	咸昌烈
	식료품잡화상	판매	9.72	綠町	朴枝化
	식료품잡화상	판매	21.24	綠町	南承祚
	식료품잡화상	판매	7.44	銘石洞	趙誠學
	식료품잡화상	판매	9	銘石洞	張基欽
	식료품잡화상	판매	25.62	銘石洞	崔四鎭
	식료품잡화상	판매	8.46	南山洞	崔完植
	식료품잡화상	판매	8.64	海岸通 6	鄭翼塾
	식료품잡화상	판매	7.92	海岸通 6	尹鍾近
	식료품잡화상	판매	7.92	海岸通 6	金應祚
	식료품잡화상	판매	11.88	海岸通 6	李成植
	식료품잡화상	판매	7.92	海岸通 6	尹鍾訓
	식료품잡화상	판매	13.32	海岸通 6	申吉女
	식료품잡화상	판매	14.58	海岸通 6	金載潤
	식료품잡화상	판매	9.72	海岸通 6	洪兆述
	식료품잡화상	판매	10.8	海岸通 6	李根祥
新興工場	식료품잡화상	판매	80.4	海岸通 6	金晶賢
元山雜貨商會	식료품잡화상	판매	72.12	海岸通 6	朴興緖
	식료품잡화상	판매	174.4	海岸通 6	裵祥福
	식료품잡화상	판매	15.84	海岸通 6	李玟洙

	식료품잡화상	판매	7.56	上洞	韓箕東
明治屋出張所	식료품잡화상	판매	91.14	浦下洞	山口シオリ
	식료품잡화상	판매	36	浦下洞	金益聲
	식료품잡화상	판매	12.96	榮町	李基成
	식료품잡화상	판매	9.72	海岸通 6	李秉烈
新興工場	소면(素麵) 제조업	제조, 판매	80.4	海岸通 6	金品賢
合資會社元豊商店	소면(素麵) 제조업	제조, 판매	32	榮町	劉根源
永福商店	소면(素麵) 제조업	제조, 판매	257.31	上里 1洞	趙錫勳
	소면(素麵) 제조업	제조, 판매	16.11	大和町	金昌根
	소면(素麵) 제조업	제조, 판매	19.8	大和町	金潤珏
	소면(素麵) 제조업	제조, 판매	8.1	上洞	崔瑞鳳
	소면(素麵) 제조업	제조, 판매	7.02	新興洞	李應台
	소면(素麵) 제조업	제조, 판매	12.96	榮町	兪東俊
	소면(素麵) 제조업	제조, 판매	10.62	榮町	李在寅
飯山洋品店	일본·서양(和洋)품, 잡화상	판매	1699.92	本町 3	飯山喜三郎
双合商會	일본·서양(和洋)품, 잡화상	판매	165.42	本町 3	菊本源治
合資會社キリンヤ商店	일본·서양(和洋)품, 잡화상	판매	196.92	本町 2	倭霜一
鶴屋洋品店	일본·서양(和洋)품, 잡화상	판매	70.38	仲町 2	中村芳純
鮮光洋品店	일본·서양(和洋)품, 잡화상	판매	98.46	榮町	崔益用
二興商店	일본·서양(和洋)품, 잡화상	판매	57.6	南村洞	蔡洛奇
三百洋貨店	일본·서양(和洋)품, 잡화상	판매	337.17	上里1洞	金鴻涓
	일본·서양(和洋)품, 잡화상	판매	57.78	本町 4	金錫憲
	일본·서양(和洋)품, 잡화상	판매	17.22	榮町	大岡力藏
	일본·서양(和洋)품, 잡화상	판매	28.98	本町 4	任聖哲
	일본·서양(和洋)품, 잡화상	판매	117.52	本町 4	笠井勇馬
	일본·서양(和洋)품, 잡화상	판매	18.99	榮町	李仁鉉

	일본·서양(和洋)품, 잡화상	판매	19.44	榮町	金銀順
	일본·서양(和洋)품, 잡화상	판매	19.44	榮町	韓泰植
	일본·서양(和洋)품, 잡화상	판매	108.81	本町 5	姜壽岳
	일본·서양(和洋)품, 잡화상	판매	34.02	本町 5	金慶坤
	일본·서양(和洋)품, 잡화상	판매	17.28	本町 5	李相燮
	일본·서양(和洋)품, 잡화상	판매	24.66	上里 1洞	朴泰燮
	일본·서양(和洋)품, 잡화상	판매	60.84	本町 5	金宗鉉
	일본·서양(和洋)품, 잡화상	판매	15.66	北村洞	金龍熙
	일본·서양(和洋)품, 잡화상	판매	7.92	北村洞	丈宗煥
	일본·서양(和洋)품, 잡화상	판매	23.4	北村洞	尹德星
	일본·서양(和洋)품, 잡화상	판매	12.96	海岸通 6	金完劉
	일본·서양(和洋)품, 잡화상	판매	7.74	榮町	鄭榮喆
	일본·서양(和洋)품, 잡화상	판매	12.96	榮町	邊盧壽
	일본·서양(和洋)품, 잡화상	판매	7.74	榮町	三錫俊
	일본·서양(和洋)품, 잡화상	판매	14.58	本町 5	黃德奎
	일본·서양(和洋)품, 잡화상	판매	11.52	榮町	邊泰根
	일본·서양(和洋)품, 잡화상	판매	44.1	本町 5	崔潤鏞
	일본·서양(和洋)품, 잡화상	판매	9.36	本町 5	鄭熙斗
	일본·서양(和洋)품, 잡화상	판매	15	本町 5	金利衡
	일본·서양(和洋)품, 잡화상	판매	13.38	大和町	朴永麟
咸南工業株式會社	게다(靴下) 제조 및 판매	제조, 판매	104.61	本町 5	金浩鉉
	게다(靴下) 제조 및 판매	제조, 판매	61.65	本町 5	李根杓
	게다(靴下) 제조 및 판매	제조, 판매	60.84	本町 5	金宗鉉
	게다(靴下) 제조 및 판매	제조, 판매	8.1	本町 5	洪鍾泰
田中百貨店	일용(日用) 부엌용(荒物) 잡화	판매	95.13	仲町 2	田中庄七
	일용(日用) 부엌용(荒物) 잡화	판매	7.8	榮町	李永洙

	일용(日用) 부엌용(荒物) 잡화	판매	8.52	榮町	朴炳河
	일용(日用) 부엌용(荒物) 잡화	판매	7.8	南山洞	姜成宅
	일용(日用) 부엌용(荒物) 잡화	판매	49.38	南山洞	尹秉一
	일용(日用) 부엌용(荒物) 잡화	판매	15.48	上里 1洞	金基浩
	일용(日用) 부엌용(荒物) 잡화	판매	8.28	上里 1洞	李世鍾
	일용(日用) 부엌용(荒物) 잡화	판매	7.47	本町 4	金昌鉉
	일용(日用) 부엌용(荒物) 잡화	판매	7.56	海岸通 6	李基鍾
	일용(日用) 부엌용(荒物) 잡화	판매	7.56	海岸通 6	金基浩
	일용(日用) 부엌용(荒物) 잡화	판매	21.6	海岸通 6	李世鍾
	일용(日用) 부엌용(荒物) 잡화	판매	14.64	海岸通 6	李鍾煥
	일용(日用) 부엌용(荒物) 잡화	판매	61.02	北村洞	李龍淳
澤井鐵工造船所	철공, 기계공업	제조	150.6	春日町	山内定一
本村鐵工造船所	철공, 기계공업	제조	87.8	春日町	本村定一
春日鐵工造船所	철공, 기계공업	제조	61.4	春日町	佐古和夫
富岡鐵工所	철공, 기계공업	제조	52	海岸通 6	富岡正男
三玉鐵工所	철공, 기계공업	제조	1102.4	明治町	後閑玉代
金岡鐵工所	철공, 기계공업	제조	62.6	海岸通 5	金岡幾郎
原田鐵工所	철공, 기계공업	제조	59.4	明治町	原田壽一郎
前田鐵工所	철공, 기계공업	제조	39.2	榮町	前田近治
杉本鐵工所	철공, 기계공업	제조	27	榮町	杉本末一
元山工務所	철공, 기계공업	제조	174	本町 5	村谷稔
鶴見工作所	철공, 기계공업	제조	331	場村洞	後谷明次郎
	철공, 기계공업	제조	47.25	上里2洞	金昇錄
	철공, 기계공업	제조	11	上洞	李根浩
	철공, 기계공업	제조	12.24	上洞	金利洙
宮崎鐵工所	철공, 기계공업	제조	132.8	海岸通 4	宮崎多郎一

	철공, 기계공업	제조	10	場村洞	金鍾允
	철공, 기계공업	제조	16.56	本町 5	黃仁洙
三玉鐵工所	기계및농구	제조, 판매	1102.4	明治町	後閑玉代
澤井造船鐵工所	조선업	제조	150.6	春日町	山內定一
木村造船鐵工所	조선업	제조	87.8	春日町	本村定一
春日造船鐵工所	조선업	제조	61.4	春日町	佐古和夫
大屋造船所	조선업	제조	72	海岸通 5	大屋兵太郎
海崎造船所	조선업	제조	23.4	海岸通 5	海崎藤治
金岡製船所	조선업	제조	62.6	海岸通 5	金岡幾郎
山岡造船鐵工所	조선업	제조	17	海岸通 5	山岡幸助
合資會社西川組	토목, 건축, 청부업	청부	149.18	海岸通 4	長島巖
合資會社大橋組	토목, 건축, 청부업	청부	295.18	綠町	大橋小太郎
山下組出張所	토목, 건축, 청부업	청부	51.4	本町 5	篠原理宗太
鶴田組	토목, 건축, 청부업	청부	643.2	明治町	鶴田善吉
	토목, 건축, 청부업	청부	280	大和町	板橋國助
	토목, 건축, 청부업	청부	272.4	本町 5	八木宗十郎
	토목, 건축, 청부업	청부	141.7	壽町	梅田市治郎
岡村工務店	토목, 건축, 청부업	청부	232	壽町	岡村鬴一
	토목, 건축, 청부업	청부	31.8	壽町	近藤馬太郎
原田商工社	토목, 건축, 청부업	청부	43	京町	原田輝信
谷口組	토목, 건축, 청부업	청부	19.6	京町	井野元三次郎
	토목, 건축, 청부업	청부	88.75	泉町 4	鹽入清八
	토목, 건축, 청부업	청부	75.2	明治町	田代新五郎
	토목, 건축, 청부업	청부	41.8	旭町 3	土田勝
	토목, 건축, 청부업	청부	63.4	榮町	鄭基弘
	토목, 건축, 청부업	청부	115.2	南村洞	金秉武

東島商會	전기공사, 건축기구(建具), 간판, 가구, 페인트칠 인부 공급	청부	248.4	仲町 3	東島二郎
東洋商會	전기공사, 건축기구(建具), 간판, 가구, 페인트칠 인부 공급	청부	54.6	春日町	上野常祐
東洋電工舍	전기공사, 건축기구(建具), 간판, 가구, 페인트칠 인부 공급	청부	19.4	泉町 4	禹善模
井上商店	전기공사, 건축기구(建具), 간판, 가구, 페인트칠 인부 공급	청부	64.08	仲町 2	井上九市
長澤電氣商會	전기공사, 건축기구(建具), 간판, 가구, 페인트칠 인부 공급	청부	21.4	本町 2	長澤太三郎
	전기공사, 건축기구(建具), 간판, 가구, 페인트칠 인부 공급	청부	158.6	本町 5	菊池筆松
	전기공사, 건축기구(建具), 간판, 가구, 페인트칠 인부 공급	청부	125.9	本町 5	宇野民藏
	전기공사, 건축기구(建具), 간판, 가구, 페인트칠 인부 공급	청부	70.4	海岸通 5	石川庄平
	전기공사, 건축기구(建具), 간판, 가구, 페인트칠 인부 공급	청부		本町 4	中上政次郎
	전기공사, 건축기구(建具), 간판, 가구, 페인트칠 인부 공급	청부	21.6	壽町	吉田昇
	전기공사, 건축기구(建具), 간판, 가구, 페인트칠 인부 공급	청부	11.6	幸町	岡野豊
	전기공사, 건축기구(建具), 간판, 가구, 페인트칠 인부 공급	청부	35	京町	半田末次郎
	전기공사, 건축기구(建具), 간판, 가구, 페인트칠 인부 공급	제조, 청부	14.22	南村洞	金洙善
	전기공사, 건축기구(建具), 간판, 가구, 페인트칠 인부 공급	제조, 청부	23.6	本町 5	矢野久義

笠原看板店	전기공사, 건축기구(建具), 간판, 가구, 페인트칠 인부 공급	제조, 청부	99.8	仲町 2	笠原樹義
	전기공사, 건축기구(建具), 간판, 가구, 페인트칠 인부 공급	제조, 청부	12.06	幸町	後藤明
村井ペイント工舍	전기공사, 건축기구(建具), 간판, 가구, 페인트칠 인부 공급	제조, 청부	23.6	壽町	村井淺八
	전기공사, 건축기구(建具), 간판, 가구, 페인트칠 인부 공급	제조, 청부	24.12	松興里	近藤誠一
山九運輸株式會社元山出張所	전기공사, 건축기구(建具), 간판, 가구, 페인트칠 인부 공급	제조, 청부	437.84	浦下洞	早水藤太
小田商店	토목, 건축, 재료상	제조, 판매	196.6	本町 4	小田勘三
千葉商店	토목, 건축, 재료상	제조, 판매	59.56	明治町	千葉勘之亟
中村商店	토목, 건축, 재료상	제조, 판매	31.3	本町 3	中村孝三
	가구 및 차(車) 제조	제조, 판매	17.28	上洞	郭海潤
	가구 및 차(車) 제조	제조, 판매	15.12	上里1洞	朴明洙
山下製車場	가구 및 차(車) 제조	제조, 판매	170.1	本町 4	田中正一
立石製車場	가구 및 차(車) 제조	제조, 판매	91.52	榮町	立石清輔
吉村洋家具店	가구 및 차(車) 제조	제조, 판매	20.88	本町 4	吉村德次郎
	가구 및 차(車) 제조	제조, 판매	14.22	南村洞	金洙善
	가구 및 차(車) 제조	제조, 판매	12.96	北村洞	夫濟植
	가구 및 차(車) 제조	제조, 판매	27	北村洞	全永善
大久保家具店	가구 및 차(車) 제조	제조, 판매	9	仲町 2	大久保喜男
矢野家具店	가구 및 차(車) 제조	제조, 판매	23.6	幸町	矢野久義
	가구 및 차(車) 제조	제조, 판매	12.96	海岸通 6	朴順玉
	가구 및 차(車) 제조	제조, 판매	13.86	上洞	禹範九
	가구 및 차(車) 제조	제조, 판매	7.2	上洞	鄭龍洙

	가구 및 차(車) 제조	제조, 판매	7.2	上洞	李聖初
	가구 및 차(車) 제조	제조, 판매	7.56	上洞	吳永泰
德永洋靴店	가죽신(皮靴), 피혁, 고무신, 고무 제품	제조, 판매	33.84	本町 4	崔永德
韓興洋靴店	가죽신(皮靴), 피혁, 고무신, 고무 제품	제조, 판매	30.62	南村洞	元錫圭
佐藤靴專門店	가죽신(皮靴), 피혁, 고무신, 고무 제품	제조, 판매	22.86	仲町 3	佐藤五郎
合資會社山下商店	가죽신(皮靴), 피혁, 고무신, 고무 제품	제조, 판매	7.62	本町 4	山下惣三郎
瀨尾商店	가죽신(皮靴), 피혁, 고무신, 고무 제품	제조, 판매	380.25	本町 4	瀨尾欣彌
	가죽신(皮靴), 피혁, 고무신, 고무 제품	제조, 판매	112.05	本町 5	金益燦
	가죽신(皮靴), 피혁, 고무신, 고무 제품	제조, 판매	45.45	本町 5	金演韻
	가죽신(皮靴), 피혁, 고무신, 고무 제품	제조, 판매	58.5	海岸通 6	鄭允明
	가죽신(皮靴), 피혁, 고무신, 고무 제품	제조, 판매	15.12	北村洞	宋星明
	가죽신(皮靴), 피혁, 고무신, 고무 제품	제조, 판매	72.54	本町 4	朴承晩
正昌ゴミ工業元山支店	가죽신(皮靴), 피혁, 고무신, 고무 제품	제조, 판매	166.5	本町 5	韓孝善
	가죽신(皮靴), 피혁, 고무신, 고무 제품	제조, 판매	136.98	本町 5	洪秉國
	가죽신(皮靴), 피혁, 고무신, 고무 제품	제조, 판매	85.14	本町 5	金泰吉
	가죽신(皮靴), 피혁, 고무신, 고무 제품	제조, 판매	20.7	本町 4	李守吉
	가죽신(皮靴), 피혁, 고무신, 고무 제품	제조, 판매	19.26	本町 4	溫白龍
	가죽신(皮靴), 피혁, 고무신, 고무 제품	제조, 판매	52.28	本町 5	洪祐鳳
	가죽신(皮靴), 피혁, 고무신, 고무 제품	제조, 판매	13.5	本町 5	崔弘溢
	가죽신(皮靴), 피혁, 고무신, 고무 제품	제조, 판매	25.12	北村洞	任聖贊
	가죽신(皮靴), 피혁, 고무신, 고무 제품	제조, 판매	16.74	北村洞	崔鳳弼
	가죽신(皮靴), 피혁, 고무신, 고무 제품	제조, 판매	7.56	本町 5	梁世煥
	가죽신(皮靴), 피혁, 고무신, 고무 제품	제조, 판매	7.02	本町 5	李俊器
	가죽신(皮靴), 피혁, 고무신, 고무 제품	제조, 판매	13.32	榮町	許運五
	가죽신(皮靴), 피혁, 고무신, 고무 제품	제조, 판매	254.97	本町 5	盧時益
宮崎商店	선구상(船具商)	제조, 판매	61.02	旭町 1	宮崎英一郎

9. 경성(1940)

항목	건수
제3류 포백(布帛), 동원료 및 제품	378
제4류 염료 및 염색	33
제5류 복장품 및 장신구	655
제6류 가정용품	235
제7류 오락기구 및 운동기구	112
제8류 연료품(燃料品)	171
제9류 종이, 문구, 도서, 인쇄, 지제품(紙製品)	252
제10류 약품 및 의료기	214
제11류 기계기구	253
제12류 토목건축 재료	243
제13류 청부업	339
제14류 운수 및 운수용품	194
제15류 거래소	1
제16류 유가증권	29
제17류 금융	436
제18류 보험	43
제19류 여숙업(旅宿業)	184
제20류 요리 및 음식점	608
제21류 광업 및 광산물	19
총계	7,003

1) 제3류 포백, 포백 원료 및 제품

상호/회사명	영업 종목	구별	1940년도 영업세액(엔)	영업소	영업주	비고
青山絲店	재봉실(縫絲)	도소매	117.00	本町 3-12-1	青山重吉	단추 겸업
帝國カタン絲販賣株式會社京城駐在所	재봉실(縫絲)	도매	81.42	旭町 1-76		
李俊煥	재봉실(縫絲)	도소매	117.09	鍾路 2-62	李俊煥	단추 겸업
伊藤忠商事株式會社京城支店	면사포(綿絲布)	도매	7,696.22	南大門通 2-133		
加藤物產株式會社京城出張所	면사포(綿絲布)	도매	963.60	長谷川町 74 近澤빌딩		
加藤要商店	면사포(綿絲布)	도매	590.34	長谷川町 86	加藤要	
韓昌商店	면사포(綿絲布)	도매	302.04	北米倉町 140	韓泳完	
株式會社義濟堂京城出張員	면사포(綿絲布)	도매	175.60	黃金町 1-185		
金鳳商店	면사포(綿絲布)	도매	607.59	黃金町 1-119	金鳳天	
具永根	면사포(綿絲布)	도매	75.00	鍾路 1-35	具永根	
京城紡織株式會社	면사포(綿絲布)	제직	7,560.29	永登浦町 441		
江商株式會社京城出張所	면사포(綿絲布)	도매	1,832.20	黃金町 2 日生빌딩		
合資會社廣興商會	면사포(綿絲布)	도매	186.64	南大門通 4-9		설탕, 석유, 잡화 겸업
鈴木政種	면사포(綿絲布)	중개	41.70	西小門町 130-3	鈴木政種	매약(賣藥) 겸업
孫奎大	면사포(綿絲布)	도매	153.00	武橋町 4	孫奎大	
泰昌織物株式會社	면사포(綿絲布)	제직	1,390.47	徽慶町 189		
高木商店	면사포(綿絲布)	도매	422.10	北米倉町 47	高木正一	
高瀨合名會社京城支店	면사포(綿絲布)	도매	9,934.08	南大門通 3-95		
竹村綿業株式會社京城出張所	면사포(綿絲布)	도매	1,188.07	南大門通 2-134		
株式會社田村駒商店京城出張所	면사포(綿絲布)	도매	2,398.07	長谷川町 80		
朝鮮紡織株式會社京城出張所	면사포(綿絲布)	도매	79.57	本町 1-53 旭빌딩 내부		

義泰洋行	면사포(綿絲布)	도매	1, 252.44	長谷川町 82	寺本傳三助	
東洋染織株式會社	면사포(綿絲布)	도매	32.27	南大門通 1-113		
東洋綿花株式會社京城支店	면사포(綿絲布)	도매	8,682.39	明治町 1-59		금융 겸업
株式會社富永商店京城出張所	면사포(綿絲布)	도매	759.24	南大門通 2-25		
合資會社中江商會	면사포(綿絲布)	도매	214.98	北米倉町 52		
合資會社日東商會	면사포(綿絲布)	도매	20.00	旭町 1-71		
日本綿花株式會社京城支店	면사포(綿絲布)	도매	2,593.07	南大門通 2-1		
能澤廣作	면사포(綿絲布)	중개	21.00	光化門通 85	能澤廣作	
長谷川瀧十	면사포(綿絲布)	중개	18.00	延禧町 498-2	長谷川瀧十	
丸和商會	면사포(綿絲布)	도매	2,409.00	永樂町 2-88	馬場源四郎	
廣瀨嘉藏商店	면사포(綿絲布)	도매	707.46	太平通 2-67	廣瀨嘉藏	금융 겸업
廣田商店	면사포(綿絲布)	도매	180.00	北米倉町 157	廣田鹿藏	
藤田登志夫	면사포(綿絲布)	도매	384.00	明治町 1-59	藤田登志夫	
株式會社丸井商店	면사포(綿絲布)	도매	700.00	南大門通 2-135		
株式會社丸紅商店京城支店	면사포(綿絲布)	도매	1,554.46	北米倉町 14		
丸宮商事株式會社	면사포(綿絲布)	도매	10,440.03	長谷川町 72		
又一株式會社京城出張所	면사포(綿絲布)	도매	1,674.52	南大門通 2-1 日生빌딩 내부		
株式會八木商店京城出張員	면사포(綿絲布)	도매	1,336.37	北米倉町 14		금융 겸업
山田庄三郎	면사포(綿絲布)	도매	70.02	北米倉町 94	山田庄三郎	
山田猶	면사포(綿絲布)	도매	450.00	北米倉町 17	山田猶	
山本商店	면사포(綿絲布)	도매	482.43	長谷川町 50-3	山本勝店	
碓井商店	누에 및 생사	도매	33.30	漢江通 6-15	碓井太一郎	
大久保商店	누에 및 생사	도매	45.00	漢江通 11-177	大久保謙太郎	
大林勝已	누에 및 생사	도매	68.40	明治町 2-25	大林勝已	
片倉製糸紡績株式會社京城製絲所	누에 및 생사	제사(製絲)	453.25	杏村町 209		
蠶鐘淵紡績株式會社東大門工場	누에 및 생사	제사(製絲)	472.72	新設町 61		

合資會社京城蠶糸商會	누에 및 생사	도매	345.34	岡崎町 5		
吳允泳	누에 및 생사	도매	34.18	仁寺町 76	吳允泳	
住友製絲場	누에 및 생사	제사(製絲)	236.61	昌信町 157	住友三四郎	건견(乾繭) 겸업
東亞蠶絲株式會社	누에 및 생사	제사(製絲)	63.44	漢江通 15		건견기(乾繭器) 겸업
東光製絲株式會社	누에 및 생사	제사(製絲)	603.97	崇仁町 181		찌끼고치(屑繭) 겸업
合資會社南海蠶絲商會	누에 및 생사	제사(製絲)	108.89	漢江通 11		
星野友治	누에 및 생사	도매	45.00	古市町 14	星野友治	
渡邊儀平	누에 및 생사	제사(製絲)	119.01	元町 1-138-6	渡邊儀平	건견(乾繭) 겸업
海東織物株式會社	비단(絹布)	제직	279.19	昌信町 197		
鍾紡サ―ビス株式會社京城支店	비단(絹布)	도소매	3,088.95	本町 1-32		
岡本手藝店	털실(毛絲)	소매	159.48	本町 1-51	岡本三郎	
柴田毛絲店	털실(毛絲)	도소매	130.59	本町 4-134	柴田佐逸	
サ―ウル商店	털실(毛絲)	소매	36.00	明治町 1-70	陶山唉子	
丁賢淑	털실(毛絲)	소매	18.00	安國町 165	丁賢淑	
花本商店	털실(毛絲)	도소매	230.49	若草町 84	寺原氾	
潤玉商會	털실(毛絲)	소매	19.80	大峴町 129-7	盧潤玉	메리아스 겸업
肥後屋絲店	털실(毛絲)	도소매	154.08	南大門通 3-18	渡邊信三	단추 겸업
帝國製麻株式會社京城支店	마사포(麻絲布)	도매	237.11	黃金町 2-180		
東洋麻絲紡績株式會社京城出張所	마사포(麻絲布)	도매	177.81	南大門通 5-1 日華빌딩		
西川商店麻糸部出張店	마사포(麻絲布)	도매	798.21	黃金町 1-205	西川甚五郎	
丸仁染織合資會社	마사포(麻絲布)	제직	45.78	惠化町 111		
林商店	마사포(麻絲布)	도매	153.18	蓬萊町 1-27-20	李聲雨	
愛國洋行	마사포(麻絲布)	도매	324.00	黃金町 2-159	鈴木恭四郎	재봉면실(綿縫糸) 겸업
高尾商店	마사포(麻絲布)	도매	252.99	黃金町 2-143	高尾庄吉	부역용 잡화(荒物雜貨) 겸업
市原羅紗店	나사(羅紗)	도매	487.80	明治町 2-91	市原六三郎	
伊藤忠三郎	나사(羅紗)	소매	45.00	櫻井町 1-31	伊藤忠三郎	

株式會社植村商店京城店	나사(羅紗)	도매	252.03	明治町 2-107		
イズミヤ商店	나사(羅紗)	도매	1,337.40	太平町 2-358	奥捨吉	
株式會社大瀧兼藏商店京城支店	나사(羅紗)	도매	398.98	黄金町 1-100		
角田被服株式會社	나사(羅紗)	도매	831.54	鍾路 1-19		양복 겸업
株式會社京屋商店	나사(羅紗)	도매	253.24	鍾路 3-3		
株式會社三公商會	나사(羅紗)	도매	540.97	永染町 2-60		
合資會社大同商店	나사(羅紗)	도매	47.62	黄金町 2-70		
朝鮮被服合資會社	나사(羅紗)	도매	24.20	永登浦町 466		
鶴田羅紗店	나사(羅紗)	도매	446.31	明治町 2-68-1	鶴田松次郎	
株式會社平戶商店	나사(羅紗)	도매	514.32	本町 2-34		
二神商店	나사(羅紗)	도매	117.00	北米倉町 20	二神シネ	
株式會社マルフイ羅紗店	나사(羅紗)	도매	492.45	長谷町 7		
滿蒙毛織株式會社京城出張所	나사(羅紗)	도매	3,013.48	南大門通 3-28		
株式會社滿毛商事部	나사(羅紗)	도매	334.08	南大門通 3-12		
株式會社睦羅紗店	나사(羅紗)	도매	438.10	南大門通 2-144		
株式會社リファイン羅紗商店	나사(羅紗)	도매	183.62	鍾路 2-82		
九赤	오복(吳服)	소매	64.80	旭町 1-1	赤塚靖三郎	
株式會社荒川益次郎商店京城出張所	오복(吳服)	도소매	196.05	旭町 2-75		
有馬君子	오복(吳服)	소매	37.95	本町 4-68	有馬君子	
石川吳服店	오복(吳服)	행상	41.58	大和町 2-14	石川正	
秩父屋	오복(吳服)	소매	59.40	古市町 14	今井松吉	
京屋	오복(吳服)	소매	33.88	漢江通 11-12	上田兵三郎	경염(京染) 겸업
梅澤吳服店	오복(吳服)	소매	251.31	明治町 2-61	梅澤友七	
圓城吳服店	오복(吳服)	소매	27.18	櫻井町 1-27	圓城庄太郎	
大綱吳服店	오복(吳服)	소매	84.60	本町 2-52	大綱直之	
平田吳服京染店	오복(吳服)	소매	41.50	古市町 43	大道藤友	

まる榮吳服店	오복(吳服)	소매	134.04	西四軒町 15	甲斐喜益	
加藤京染吳服店	오복(吳服)	소매	18.00	大島町 8-100	加藤健市	
香山一郎	오복(吳服)	소매	64.80	本町 2-50	香山一郎	
紀商店	오복(吳服)	소매	81.18	三坂通 244	紀マシ	
岸田豊	오복(吳服)	소매	21.60	旭町 1-76	岸田豊	방물(小間物) 겸업
まるや京染吳服店	오복(吳服)	소매	171.50	明治町 2-71	北澤達五郎	경염(京染) 겸업
木本吳服店	오복(吳服)	소매	33.60	元町 1-120 시장	木本伊三郎	
小林吳服店	오복(吳服)	소매	86.70	本町 2-39	小林勘次郎	
小林吳服店	오복(吳服)	소매	27.00	漢江通 3-50 廉買시장	小林俊雄	
小林吳服店	오복(吳服)	소매	28.80	義州通 2-171 太田商會내부	小林正一	
株式會社コマヤ吳服店京城支店	오복(吳服)	소매	174.70	元町 2-83-1		
坂本豊太郎	오복(吳服)	소매	212.40	南大門通 5-48	坂本豊太郎	
櫻井薫	오복(吳服)	소매	34.00	花園町 51	櫻井薫	경염(京染) 겸업
佐藤吳服店	오복(吳服)	소매	183.60	旭町 3-5	佐藤賀郎	
さのや吳服店	오복(吳服)	소매	82.90	本町 4-1	佐野音次郎	세탁, 염색물 겸업
白木屋京染店	오복(吳服)	소매	18.80	櫻井町 1-2	白木喜助	경염(京染) 겸업
みのや吳服店	오복(吳服)	소매	199.34	本町 2-37	末重種	경염(京染) 겸업
高木屋吳服店	오복(吳服)	소매	261.36	本町 2-92	高田畑造	
竹原吳服店	오복(吳服)	소매	48.24	新堂町 398-4	竹原勇市	
大森屋	오복(吳服)	소매	48.60	黄金町 2-148	田中利雄	
ゼエム商會	오복(吳服)	소매	16.20	本町 3-54	田中平三	
田中吳服店	오복(吳服)	소매	61.20	義州通 1-46	田中孫市	
都濃屋吳服店	오복(吳服)	소매	54.00	吉野町 1-91	田中彌吉	
月森吳服店	오복(吳服)	소매	40.95	本町 4-30	月森作市	
伏見屋	오복(吳服)	소매	36.00	義州通 1-40	中坊敏一	
中村德太郎	오복(吳服)	소매	27.00	黄金町 4-156	中村德太郎	

中村吳服店	오복(吳服)	소매	115.95	本町 4-135	中村力造	
中山德弘	오복(吳服)	소개	27.00	本町 4-133	中山德弘	
丸十吳服店	오복(吳服)	소매	111.60	本町 5-36-12	長野幸太郎	
株式會社成宮喜兵衛商店京城出張所	오복(吳服)	소매	124.76	明治町 2-26		
合資會社博多屋商店	오복(吳服)	소매	22.62	本町 2-75		
橋詰吳服店	오복(吳服)	소매	145.32	本町 3-43	橋詰庄太郎	양품 겸업
つたや	오복(吳服)	소매	217.52	本町 1-20	花山香一	세탁 겸업
濱田吳服店	오복(吳服)	소매	54.80	本町 2-12	濱田嘉一郎	칠기 겸업
藤田潔	오복(吳服)	소매	165.30	本町 3-97	藤田潔	
末廣屋	오복(吳服)	소매	112.70	本町 5-36-22	藤原馬次	염색실 취급
株式會社細田商店京城出張所	오복(吳服)	도매	60.70	旭町 1-33		
堀井吳服店	오복(吳服)	소매	153.00	大和町 2-4-8	堀井榮一	
ちゝぶや本店	오복(吳服)	소매	358.20	本町 2-1	堀內滿輔	
三和屋吳服店	오복(吳服)	소매	39.24	本町 2-61	前川猛郎	
松岡シル	오복(吳服)	소매	16.20	櫻井町 2-181-39	松岡シル	
松下權吉	오복(吳服)	소매	56.70	大和町 1-4	松下權吉	
松島屋吳服店	오복(吳服)	소매	40.50	漢江通 13-56	松島吉太郎	
丸井林作	오복(吳服)	소매	72.00	本町 3-81	丸井林作	
宮崎商店	오복(吳服)	소매	45.00	永樂町 1-26	宮崎官平	
宮崎吳服店	오복(吳服)	소매	55.80	蓬萊町 1-28	宮崎竹次郎	
うさか屋吳服店	오복(吳服)	소매	18.00	三坂通 105-16	宮崎諭	
ますや吳服店	오복(吳服)	소매	110.40	本町 1-18-8	宮本彦左衛門	
三好近文	오복(吳服)	소매	19.80	櫻井町 2-223	三好近文	
柳谷京染店	오복(吳服)	소매	84.60	旭町 1-57	柳谷繁昌	
矢野吳服店	오복(吳服)	소매	23.40	新堂町 370-52	矢野タケ	
失野吳服店	오복(吳服)	소매	70.74	北米倉町 156	失野祐太郎	

やま京染店	오복(呉服)	소매	40.92	漢江通 3-6	山本志己雄	경염(京染) 겸업
吉岡衣裳店	오복(呉服)	소매	47.62	本町 2-71	吉岡勘次	
吉富商店	오복(呉服)	소매	52.20	若草町 40	吉富伊三郎	
吉村捨之助商店	오복(呉服)	소매	45.00	新堂町 398	吉村捨之助	
吉行呉服店	오복(呉服)	소매	35.46	櫻井町 2-170-5	吉行眞喜男	
和田呉服店	오복(呉服)	소매	36.00	旭町 3-6	和田五作	
渡邊勇	오복(呉服)	소매	17.73	明治町 3-13	渡邊勇	
漢城布木店	포목(布木)	소매	190.02	堅志町 13	安禹東	
安光護	포목(布木)	소매	136.80	內需町 153	安光護	
安尙祜布木商店	포목(布木)	소매	38.40	光熙町 1-207	安尙祜	
松京商會	포목(布木)	소매	175.80	鍾路 2-33	安泰仁	
安明圭商店	포목(布木)	소매	150.00	通義町 49	安明圭	
安明圭商店	포목(布木)	소매	48.00	黃金町 7-1	安明圭	
安瑢瑾	포목(布木)	소매	68.40	崇仁町 187-9	安瑢瑾	
三光布木店	포목(布木)	소매	31.00	明倫町 2-188	尹應求	
光榮商會	포목(布木)	소매	20.40	本洞町 211	尹孝源	
尹景喜商店	포목(布木)	소매	84.00	龍頭町 218	尹自斤成	
尹相鶴商店	포목(布木)	소매	720.00	鍾路 5-127	尹相鶴	
尹秀炳布木店	포목(布木)	소매	15.60	明倫町 2-197	尹秀炳	
綢緞布木店	포목(布木)	소매	27.60	和泉町 204	尹政燮	
尹重龍	포목(布木)	소매	28.80	永登浦町 442	尹重龍	
風岡雅材	포목(布木)	소매	84.00	永登浦町 425	風岡雅材	
德昌商會	포목(布木)	소매	114.00	鍾路 3-19	韓泳璿	
白水商會	포목(布木)	소매	109.50	鍾路 3-26	韓相福	
合資會社九鼎商會	포목(布木)	도소매	334.55	鍾路 1-54		
共同貿易株式會社	포목(布木)	도소매	73.19	南大門通 1-103		도량형기(度量衡器) 겸업

大善商會	포목(布木)	소매	31.20	新設町 13	姜振洙	
我國商會	포목(布木)	소매	60.00	鍾路 1-39	姜福馨	
興仁布木商店	포목(布木)	소매	248.22	昌信町 208-1	許泰根	
金海織物合資會社	포목(布木)	도소매	105.44	鍾路 2-19		
白花商會	포목(布木)	소매	147.24	鍾路 3-9	金寅業	
金豊商會	포목(布木)	소매	334.17	南大門通 1-125	金瀅圭	
西一布木店	포목(布木)	소매	16.20	竹添町 2-7-2	金永壽	
東仁布木商店	포목(布木)	소매	126.00	橋南町 151	金永碩	
金榮布木商店	포목(布木)	소매	30.00	青葉町 2-104-6	金榮祚	
漢雨織物製作工場	포목(布木)	소매	27.00	光熙町 1-272	金漢雨	
金熙俊商店	포목(布木)	소매	2,940.00	鍾路 1-60	金熙俊	
三友商會	포목(布木)	소매	75.00	孔德町 280	金希彦	금융 겸업
金教命	포목(布木)	소매	113.31	樂園町 209	金教命	식료잡화 겸업
金璟洙商店	포목(布木)	소매	22.80	龍江町 48	金璟洙	
金元龍	포목(布木)	소매	63.00	鍾路 3-36	金元龍	
瑞昌商會	포목(布木)	소매	66.00	鍾路 3-86	金顯柱	
東光商會	포목(布木)	소매	204.54	鍾路 2-9	金光春	
壽東	포목(布木)	소매	54.00	清進町 92	金淳悅	
京城商會	포목(布木)	소매	48.00	南大門通 1-127	金潤秀	
金龍商會	포목(布木)	소매	162.00	長橋町 60	金時用	
金鍾晚商店	포목(布木)	소매	100.32	鍾路 4-51	金鍾晚	
金鍾喆商會	포목(布木)	중개	22.50	通仁町 58	金鍾喆	
元昌商會	포목(布木)	소매	1, 273.65	鍾路 4-9	金仁基	
金仁基	포목(布木)	소매	21.00	杏堂町 280	金仁基	잡화, 고무신 겸업
光明綢緞布木商會	포목(布木)	소매	21.60	光熙町 1-205	金仁俊	
金晋成	포목(布木)	소매	114.00	和泉町 207	金晋成	

大昌布木店	포목(布木)	소매	18.00	昌信町 170-3	金成煥	
金石男	포목(布木)	소매	28.08	惠化町 126-3	金石男	
金千龍商會	포목(布木)	소매	144.00	新堂町 16	金千龍	
鮮滿商事織物部	포목(布木)	중개	225.00	南大門通 1-101	金瑞洪	
德信商店	포목(布木)	소매	24.00	蓬萊町 3-214	金相杓	
金鎭芩	포목(布木)	소매	123.60	桂洞町 148	金鎭芩	
惟東社	포목(布木)	소매	356.04	鍾路 3-13	金喆洙	
金斗玉	포목(布木)	소매	81.00	瑞麟町 13	金斗玉	
金東洙商店	포목(布木)	소매	478.71	南大門通 4-17	金東洙	
金豊號	포목(布木)	소매	48.00	昌信町 269	金德濟	
金得龍	포목(布木)	소매	18.00	崇仁町 107-3	金得龍	
日光商店	포목(布木)	소매	39.00	昌信町 174	金日培	
共信商店	포목(布木)	소매	48.00	彌生町 9-17	金範成	
永順福	포목(布木)	소매	1,369.47	鍾路 3-89	金丙益	
正元商業社	포목(布木)	소매	154.74	鍾路 3-53	金秉浩	
金鎔觀商店	포목(布木)	소매	309.60	南大門通 4-65	金鎔觀	
金龍漢	포목(布木)	소매	28.80	新堂町 248-5	金龍漢	
金龍俊商店	포목(布木)	소매	102.00	永登浦町 495	金龍俊	곡물 겸업
二五商會	포목(布木)	소매	139.80	橋北町 115	具泰和	
株式會社廣昌商會	포목(布木)	도매	7,900.16	南大門通 1-109		
株式會社廣澤商會	포목(布木)	도매	1,530.02	茶屋町 89		
西興布木店	포목(布木)	소매	18.24	橋南町 107	康貞斗	
順泉商店	포목(布木)	소매	411.12	鍾路 2-101	黃漁順	
大京商店	포목(布木)	소매	15.60	永登浦町 474-1	黃仁鍾	잡화 겸업
黃龍壽商店	포목(布木)	소매	42.60	回基町 84	黃龍壽	잡화 겸업
德昌商會	포목(布木)	소매	35.40	永登浦町 466	高勳相	잡화 겸업

高成商會	포목(布木)	소매	39.00	蓬萊町 4-228	高成根	
廣成商會	포목(布木)	소매	52.80	青葉町 1-187	吳夏善	
東一商會	포목(布木)	도매	1,428.00	鍾路 3-5, 鳳翼町 138	吳重燮	금융 겸업
丸三商會	포목(布木)	소매	325.00	勸農町 44-2	吳昌烈	
興龍商會	포목(布木)	소매	48.00	蓬萊町 4-232	吳鳳濟	
洪權杓	포목(布木)	도매	648.00	貫鐵町 227	洪權杓	
義昌商會	포목(布木)	소매	21.90	橋北町 118	孔義鏞	
權重根商店	포목(布木)	소매	15.00	回基町 78	權重根	
京南布木商店	포목(布木)	소매	28.20	義州通 2-171	權泰國	
富興商會	포목(布木)	소매	42.00	阿峴町 233-10	崔淵雨	
熙昌商店	포목(布木)	소매	16.20	大興町 140-2	崔熙昌	종이, 잡화 겸업
崔光天布木商店	포목(布木)	소매	17.40	杏堂町 268	崔光天	
崔在根	포목(布木)	소매	219.36	鍾路 2-71	崔在根	
崔讚奎	포목(布木)	소매	19.80	徽慶町 315	崔讚奎	
崔順天	포목(布木)	소매	78.00	下往十里町 957	崔順天	고무신, 종이 겸업
第一商會	포목(布木)	소매	707.61	寬勳町 112	崔相悳	금융 겸업
崔昌培	포목(布木)	소매	96.00	永登浦町 469	崔昌培	잡화 겸업
韓青商會	포목(布木)	소매	159.00	鍾路 4-44	崔斗鎬	
合資會社崔相仁商店	포목(布木)	도소매	99.14	南大門通 1-127		
崔東翼	포목(布木)	소매	30.00	鍾路 5-262	崔東翼	
東順德東亞婦人商會	포목(布木)	도소매	7,510.62	鍾路 3-10, 鍾路 2-31	崔楠	화잡(和雜) 겸업
左左木軍一	포목(布木)	소매	225.00	北米倉町 47	左左木軍一	
車永薰商店	포목(布木)	소매	186.00	鍾路 5-6	車永薰	
同益商會	포목(布木)	소매	114.60	阿峴町 4-9, 本洞町 161	車圭鴻	잡화 겸업
廣元商會	포목(布木)	소매	40.50	蓬萊町 3-85	車東輪	
澤田常七	포목(布木)	소매	138.06	鍾路 2-50	澤田常七	

裕生商會	포목(布木)	소매	132.00	鍾路 3-97	朱金錫	
株式會社壽南商會	포목(布木)	도매	765.83	鍾路 1-55		
大龍商店	포목(布木)	소매	15.60	阿峴町 565	徐上龍	
徐相翊	포목(布木)	소매	186.00	南大門通 4-72	徐相翊	
申敬植商店	포목(布木)	소매	127.20	永登浦町 492	申敬植	곡물, 부업용 잡화(荒物) 겸업
德昌號	포목(布木)	도매	2,484.84	南大門通 1-127	申德鉉	
金城布木店	포목(布木)	소매	16.80	橋北町 4-69	辛利默	
株式會社仁昌商會	포목(布木)	도매	316.94	鍾路 4-160		
合資會社西大門布木商店	포목(布木)	소매	50.00	竹添町 2-2		
千鍾喆	포목(布木)	중개	294.00	茶屋町 11	千鍾喆	
東明商會	포목(布木)	소매	156.69	茶屋町 13	千種敏	
鮮滿綢緞株式會社	포목(布木)	도매	1, 212.61	長谷川町 21 富士빌딩		
宋享暾	포목(布木)	소매	40.50	貫鐵町 221	宋享暾	
永老布木店	포목(布木)	소매	16.20	新堂町 248-15	宋昌達	
錦字布木商會	포목(布木)	소매	33.00	新堂町 248-8	宋炳權	
豊商店	포목(布木)	소매	315.00	鍾路 1-61	孫熙豊	
孫性敎布木商店	포목(布木)	소매	78.00	崇仁町 280	孫春植	
孫鍾洙商店	포목(布木)	소매	270.06	鍾路 3-20	孫鍾洙	
太應善商店	포목(布木)	소매	150.30	鍾路 6-126	太應善	
高木博	포목(布木)	소매	54.00	鍾路 2-8 長安빌딩	高木博	
玉川省三	포목(布木)	소매	45.60	竹添町 2-2	玉川省三	
池延錫	포목(布木)	소매	180.00	瑞麟町 28	池延錫	
張永樂商店	포목(布木)	중개	135.00	鍾路 2-91	張永樂	
英華商會	포목(布木)	소매	15.60	鍾路 5-19	趙英進	
趙煥軫	포목(布木)	소매	24.00	崇仁町 183-34	趙煥軫	
日興商店	포목(布木)	소매	22.20	鍾路 5-258	趙在善	

趙仁錄商店	포목(布木)	소매	136.50	本洞町 199	趙仁錄	곡물, 정미 겸업
正昌商會	포목(布木)	소매	54.00	通義町 134	趙正桓	
天一商會	포목(布木)	소매	19.20	花洞町 138-21	趙炳善	
心漢燮商店	포목(布木)	소매	39.00	蓬萊町 4-225	沈漢燮	
昌德布木店	포목(布木)	소매	24.00	新設町 137-14	沈昌燮	
順興商店	포목(布木)	소매	55.20	麻浦町 3	池眞童	
鄭榮泰商店	포목(布木)	소매	63.00	鍾路 5-90	鄭榮泰	
隣興商店	포목(布木)	소매	24.00	阿峴町 300-18	鄭僖	
鄭斗煥	포목(布木)	소매	72.00	龍頭町 219	鄭斗煥	
雨林商會	포목(布木)	소매	16.80	新堂町 247	鄭千萬	
東亞織物販賣株式會社	포목(布木)	도매	928.04	瑞麟町 1		
合資會社德和商會	포목(布木)	소매	98.50	鍾路 2-44		
內外織物合名會社	포목(布木)	소매	172.61	鍾路 3-13		
合資會社二五商會	포목(布木)	소매	88.55	鍾路 3-7		
白商會	포목(布木)	소매	437.28	南大門通 1-118	白聖和	
海東織物工場	포목(布木)	소매	15.30	黃金町 4-108	白慶汝	
合資會社閔泳鎭商店	포목(布木)	소매	19.09	本洞町 221		곡물, 잡화 겸업
文田成	포목(布木)	소매	18.60	桃花町 1-1	文田成	
邊相昊	포목(布木)	소매	318.00	鍾路 2-82 永保빌딩	邊相昊	금융 겸업
世豊商店	포목(布木)	소매	30.00	西氷庫町 143	朴應澤	
信昌布木店	포목(布木)	소매	18.60	鍾路 5-64	朴應秀	
同昌商會	포목(布木)	소매	88.80	西大門町 1-15	朴基燦	
丸善商會	포목(布木)	중개	75.00	三角町 31	朴熙善	
朴亨鎭	포목(布木)	중개	22.50	蓮池町 35	朴亨鎭	
九龍商會	포목(布木)	소매	39.00	新堂町 228-14	朴珪煥	
朴光鎭	포목(布木)	소매	60.00	和泉町 125	朴光鎭	금융 겸업

新興婦人商會	포목(布木)	소매	33.60	永登浦町 168-21	朴周錫	
協和商會	포목(布木)	중개	105.00	瑞麟町 61	朴承昊	
株式會社朴承稷商店	포목(布木)	도소매	2,557.05	鍾路 4-15		
朴昌善	포목(布木)	소매	27.00	北阿峴町 193-2	朴昌善	
錦成商會	포목(布木)	도매	890.01	鍾路 1-57	朴承鳳	
朴聖勳商店	포목(布木)	소매	84.00	永登浦町 502	朴聖勳	잡화 겸업
竹添布木店	포목(布木)	소매	57.00	阿峴町 1-6	朴德吉	
おたふくわた代理店常富商店	포목(布木)	소매	31.50	西小門町 50	朴炳先	
朴榮商會	포목(布木)	소매	31.80	永登浦町 474	朴龍人	
睦旭相	포목(布木)	소매	40.68	黃金町 4-14	睦旭相	
森本商店	포목(布木)	소매	540.00	長橋町 27	森本粼	
明桂景	포목(布木)	소매	225.90	鍾路 2-34	明桂景	
李海善	포목(布木)	소매	48.00	永登浦町 466	李海善	
李漢奉	포목(布木)	소매	27.00	徽慶町 320	李漢奉	
李龜鉉布木商店	포목(布木)	소매	78.00	昌信町 363	李龜鉉	
南洋商店	포목(布木)	중개	777.15	鍾路 2-45	李吉榮	
大光商店	포목(布木)	소매	102.72	南大門通 1-3	李源瑛	
李建夏	포목(布木)	소매	289.14	鍾路 4-40	李建夏	
興一社	포목(布木)	도매	1,980.00	南大門通 1-113	李賢在	금융 겸업
李浩鍾商店	포목(布木)	소매	72.00	上往十里町 755	李浩鍾	종이, 고무신 겸업
李詞新	포목(布木)	소매	603.00	茶屋町 118	李詞新	
李昶雨	포목(布木)	소매	24.00	阿峴町 383-4	李昶雨	
李彰夏商店	포목(布木)	소매	685.50	南大門通 4-66	李彰夏	
永信商會	포목(布木)	소매	48.00	昌信町 545	李昌俊	
德仁百貨店	포목(布木)	소매	18.60	清涼里町 129	李鍾律	잡화 겸업
李進雨商店	포목(布木)	소매	308.28	鍾路 2-45	李進雨	

陽城商會	포목(布木)	소매	43.00	通義町 121	李善鎭	
校南商會	포목(布木)	소매	30.00	鍾路 3-100	李聖昌	
元光織物工場	포목(布木)	소매	16.20	上往十里町 258	李正鉉	
京都商會	포목(布木)	소매	29.70	鍾路 2-15	李澤禾	
斗榮商店	포목(布木)	소매	242.58	鍾路 2-76	李斗榮	
三昌商會	포목(布木)	소매	36.00	敦岩町 458-409	李得雨	
李德裕商店	포목(布木)	소매	185.16	鍾路 2-99	李德裕	
三成商會	포목(布木)	중개	150.00	貫鐵町 51	李範敞	
李炳周	포목(布木)	소매	184.05	橋南町 139-2	李炳周	
王成商會	포목(布木)	소매	87.00	鍾路 3-18	李明淳	
普晟商會	포목(布木)	소매	39.00	鍾路 4-140	李明鉉	
三兄弟商會	포목(布木)	소매	39.00	阿峴町 305	柳寅建	
柳寅淳	포목(布木)	소매	16.10	阿峴町 4-6	柳寅淳	
劉永熙	포목(布木)	소매	72.00	通義町 147	劉永熙	
劉昌壎	포목(布木)	소매	23.80	鍾路 5-235	劉昌壎	
劉聖權	포목(布木)	소매	63.00	新設町 141-2	劉聖權	
梁春文商店	포목(布木)	소매	43.00	青葉町 2-90-1	梁春文	
青壽商店	포목(布木)	소매	21.60	青葉町 3-19	梁壽昌	
三友商會	포목(布木)	소매	114.00	內資町 1-4	梁炳瓚	
西信商會	포목(布木)	소매	89.40	橋南町 61-2	林東協	
淺野綿店	목화솜(棉)및 이불(布團)	도소매	234.25	南大門通 2-14	淺野傳吉	
岩見製綿所	목화솜(棉)및 이불(布團)	제면	223.21	本町 4-10	岩見ヨシノ	
漢城製綿株式會社	목화솜(棉)및 이불(布團)	제면	354.30	新設町 280		

京城製綿所	목화솜(棉)및 이불(布團)	제면	127.60	公平町 121	金振鏞	
朝鮮製綿株式會社	목화솜(棉)및 이불(布團)	제면	385.12	元町 1-104		
中澤星雄	목화솜(棉)및 이불(布團)	소매	20.60	明治町 1-43	中澤星雄	
中島勘次	목화솜(棉)및 이불(布團)	소매	50.40	本町 4-123	中島勘次	
西野豊治	목화솜(棉)및 이불(布團)	소매	75.15	黃金町 2-65	西野豊治	
石丸製綿出張所	목화솜(棉)및 이불(布團)	소매	31.50	南大門通 1-56	松井芳三	
三浦次郎	목화솜(棉)및 이불(布團)	소매	21.60	本町 4-127	三浦次郎	
合資會社京城眞綿製造所	견면(絹綿)	제조	32.87	黃金町 2-148		
芥川商店	자수(刺繡)	제조	38.20	苑南町 78	芥川和敏	
田論商店	삼노끈(麻繩)	도소매	72.00	太平通 2-210	新開明雄	
森政商店	삼노끈(麻繩)	도소매	375.51	本町 2-28	森政吉	
紅葉屋平紐工場	서어나무끈(シデ紐)	제조	137.40	舟橋町 264	秋場辰男	
辰巳屋支店	서어나무끈(シデ紐)	도소매	25.20	永樂町 2-18	兼久文夫	
康貞鉉	서어나무끈(シデ紐)	도소매	16.20	樂園町 1-8	康貞鉉	
東一텐트商會	천막	제조	33.00	黃金町 1-218-1	金明俊	
京一텐트商會	천막	제조	31.05	南大門通 5-68	張興鉉	
鄭順萬	천막	제조	24.60	太平通 2-82	鄭順萬	

中西텐트商會	천막	제조	70.38	南大門通 5-59	中西四郎	
李周璜	천막	제조	23.80	大島町 123	李周璜	
崔丙益	자투리(端切)	소개	53.82	鍾路 1-82	崔丙益	
永末作藏	자투리(端切)	소매	24.30	本町 3-24	永末作藏	
丸三毛布店	모포(毛布)	소매	15.20	櫻井町 2-109	杉浦光一	

2) 제6류 가정용품

상호/회사명	영업 종목	구별	1940년도 영업세액(엔)	영업소	영업주	비고
井上芳太郎商店	부엌용 잡화(荒物雜貨)		315.81	旭町 1-199-2	井上芳太郎	
井原荒物店	부엌용 잡화(荒物雜貨)		67.50	元町 2-26	井原荒太郎	
岩井商店	부엌용 잡화(荒物雜貨)		33.60	本町 2-73	岩井康平	양철(鉞力) 겸업
丸美屋商店	부엌용 잡화(荒物雜貨)		89.10	岡崎町 71	大西和三	
梶原藤造	부엌용 잡화(荒物雜貨)		98.64	本町 3-101	梶原藤造	
北園商會	부엌용 잡화(荒物雜貨)		96.72	永樂町 2-79-12	北園庄七	
齊木商店	부엌용 잡화(荒物雜貨)		52.11	岡崎町 69-24	齊木德太郎	
迫荒物店	부엌용 잡화(荒物雜貨)		25.20	漢江通 3-50 公市	迫シモ	
長川金物店	부엌용 잡화(荒物雜貨)		28.98	漢江通 3-50	長谷正春	
ツル屋	도자기	소매	27.90	本町 2-90	伊藤鎗太郎	
岩宮庄兵衛	도자기	소매	180.18	本町 2-99	岩宮庄兵衛	
雲泉商店	도자기	도매	168.39	鍾路 4-150	禹潤基	
奥川商店	도자기	소매	21.60	漢江通 13-60	奥川トメ	
加藤愛岐商會	도자기	소매	53.46	元町 1-129-56	小田垣喜一	
金昌商店	도자기	소매	21.01	體府町 51	金奎昌	

金商哲	도자기	소매	25.20	鍾路 3-102	金商哲	
金相逸	도자기	소매	16.20	蓬萊町 4-229	金相逸	
金文昶	도자기	소매	21.60	青葉町 3-17	金文昶	
久保田陶器店	도자기	소매	54.90	本町 2-15	久保田勝司	
徐廷漢商店	도자기	소매	16.20	阿峴町 204-9	徐廷漢	
石川物産商會	도자기	소매	103.41	本町 2-81	藏長太郎	
日本硬質陶器株式會社京城販賣所	도자기	도매	87.75	西大門町 1-61		
野村陶器店	도자기	소매	120.69	本町 2-16	野村勝	
橋本陶器店	도자기	소매	77.40	南大門通 3-19	橋本周輔	
藤富國義	도자기	소매	21.60	本町 4-28	藤富國義	금물(金物) 겸업
三浦商店	도자기	도매	495.00	太平通 2-213	三浦辛一郎	
吉原商店	도자기	소매	94.86	鍾路 2-22	李圭璇	
青木洋家具店	일본/서양식 가구(和洋家具)	제작	300.40	黃金町 3-141	青木定雄	실내장식품 겸업
安達洋家具店	일본/서양식 가구(和洋家具)	제작	82.44	本町 2-28	安達金德	
鶴龜屋中村工場	일본/서양식 가구(和洋家具)	제작	44.00	永樂町 1-29	井村久造	
上木洋家具工場	일본/서양식 가구(和洋家具)	제작	135.00	若草町 58	上木清助	
岡田家具製作所	일본/서양식 가구(和洋家具)	제작	82.40	漢江通 11-168	岡田淺次郎	
小澤洋家具店	일본/서양식 가구(和洋家具)	제작	54.00	黃金町 2-35	小澤豊五郎	
尾川和洋家具製作所	일본/서양식 가구(和洋家具)	제작	40.00	黃金町 3-60	尾川壽三	
北村洋家具工場	일본/서양식 가구(和洋家具)	제작	38.40	若草町 36	北村健三郎	
金永根家具商店	일본/서양식 가구(和洋家具)	제작	168.12	仁寺町 145	金永根	
和進家具支店	일본/서양식 가구(和洋家具)	소매	19.80	仁寺町 22	金學烈	
金昌商店	일본/서양식 가구(和洋家具)	소매	21.60	內需町 16	金圭昌	자기(磁器) 겸업
龍昌木工販賣部	일본/서양식 가구(和洋家具)	소매	41.40	仁寺町 53	金元龍	
金鍾洙	일본/서양식 가구(和洋家具)	소매	20.00	黃金町 2-143	金鍾洙	
永盛號家具店	일본/서양식 가구(和洋家具)	소매	78.48	太平通 1-34	金相奎	

金德俊	일본/서양식 가구(和洋家具)	소매	16.20	蓮建町 195-8	金德俊	
紋昌家具店	일본/서양식 가구(和洋家具)	제작	30.60	黃金町 1-29	金明燮	
永成家具店	일본/서양식 가구(和洋家具)	제작	23.40	鍾路 4-91	金茂山	
金煉浩家具店	일본/서양식 가구(和洋家具)	제작	23.22	西大門町 1-121	金煉浩	
玄榮燦和洋家具店	일본/서양식 가구(和洋家具)	제작	25.20	西大門町 1-128	玄榮燦	
玄榮燦和洋家具商會	일본/서양식 가구(和洋家具)	제작	51.84	西大門町 1-121	玄榮燦	
小島家具店	일본/서양식 가구(和洋家具)	제작	72.72	本町 4-133	小島秀太郎	
崔載仁	일본/서양식 가구(和洋家具)	제작	23.40	寬勳町 17	崔載仁	
紋昌商店	일본/서양식 가구(和洋家具)	제작	231.03	仁寺町 131	崔成淵	
佐伯家具店	일본/서양식 가구(和洋家具)	제작	362.00	本町 2-9	佐伯富太郎	
白水家具製作所	일본/서양식 가구(和洋家具)	제작	16.20	京町 11-20	白水庄吉	
徐起澧家具商店	일본/서양식 가구(和洋家具)	제작	242.10	仁寺町 63, 林町 89	徐起澧	금융 겸업
吉田商業部	일본/서양식 가구(和洋家具)	제작	18.40	明治町 2-35	申原均	
砂本喜一商店	일본/서양식 가구(和洋家具)	제작	45.18	本町 2-17	砂本弘子	실내장식 겸업
關根商店	일본/서양식 가구(和洋家具)	제작	33.66	黃金町 3-337	關根金作	
天一欌廛	일본/서양식 가구(和洋家具)	제작	90.00	鍾路 4-99	孫聖武	
孫聖文	일본/서양식 가구(和洋家具)	제작	21.60	鍾路 4-71	孫聖文	
三中家具店	일본/서양식 가구(和洋家具)	제작	21.60	西大門町 1-129	太錫斗	
株式會社高島屋京城出張店	일본/서양식 가구(和洋家具)	제작	185.58	黃金町 2-1 日生빌딩		
高田家具店	일본/서양식 가구(和洋家具)	제작	40.00	漢江通 11-118	高田易英	
津村繁彌	일본/서양식 가구(和洋家具)	제작	17.00	本町 4-51	津村繁彌	
寶井洋家具店	일본/서양식 가구(和洋家具)	제작	112.40	笠井町 229	寶井態次郎	
池善章	일본/서양식 가구(和洋家具)	제작	19.08	寬勳町 6	池善章	
泰興號	일본/서양식 가구(和洋家具)	소매	18.00	西大門町 1-25	趙文奎	
永本商店	일본/서양식 가구(和洋家具)	제작	100.35	鍾路 1-48	鄭濟永	
富永家具指物陳列場	일본/서양식 가구(和洋家具)	제작	15.30	新堂町 421	富永孝太郎	

中村家具店	일본/서양식 가구(和洋家具)	제작	32.40	旭町 1-3-8	中村芳太郎	
西島商店	일본/서양식 가구(和洋家具)	제작	27.00	黃金町 3-336	西島福敬	
西中製作所	일본/서양식 가구(和洋家具)	제작	68.00	黃金町 2-84	西中米儀	
西村家具店	일본/서양식 가구(和洋家具)	제작	27.00	黃金町 3-344	西村金之助	
合資會社西山商店	일본/서양식 가구(和洋家具)	제작	16.26	若草町 106-5		
東華商店	일본/서양식 가구(和洋家具)	제작	18.00	漢江通 13-119	萩原庄三郎	
三成家具店	일본/서양식 가구(和洋家具)	제작	18.00	昌信町 302-1	馬元俊	
氷見製作所	일본/서양식 가구(和洋家具)	제작	42.00	若草町 105	氷見侃一	
藤木商店	일본/서양식 가구(和洋家具)	제작	307.71	南大門通 3-28	藤木利左衛門	실내장식품 겸업
永俊家具店	일본/서양식 가구(和洋家具)	제작	23.40	徽慶町 220	朴永俊	
朴喜榮家具商店	일본/서양식 가구(和洋家具)	제작	59.94	仁寺町 148, 仁寺町 37	朴喜榮	
新興工作所	일본/서양식 가구(和洋家具)	제작	16.20	西大門町 1-148	朴彦容	
永信商會	일본/서양식 가구(和洋家具)	제작	18.00	鍾路 4-105	朴大琥	
合資會社松田洋家具製作所	일본/서양식 가구(和洋家具)	제작	56.31	舟橋町 328		
山下洋家具製作所	일본/서양식 가구(和洋家具)	제작	116.80	新堂町 217	山下松次郎	
山本家具店	일본/서양식 가구(和洋家具)	제작	75.60	本町 2-100	山本卯一郎	
山本新作	일본/서양식 가구(和洋家具)	제작	64.00	旭町 1-72	山本新作	
吉井家具製作所	일본/서양식 가구(和洋家具)	제작	179.60	西四軒町 162	吉井芳兵衛	
吉田善次郎	일본/서양식 가구(和洋家具)	제작	46.00	明治町 2-92	吉田善次郎	
光興工作所	일본/서양식 가구(和洋家具)	제작	16.00	蓮池町 101	李漢雨	
文明商店	일본/서양식 가구(和洋家具)	제작	203.04	太平通 1-50	李禧燮	골동(骨董) 겸업
光福商會	일본/서양식 가구(和洋家具)	제작	84.60	水標町 58	李熙璇	
李撥祥	일본/서양식 가구(和洋家具)	제작	50.40	黃金町 1-32	李撥祥	
李遵穆	일본/서양식 가구(和洋家具)	제작	32.40	光熙町 1-1	李遵穆	
洪九容製作所	의자	제작	50.00	黃金町 1-210	洪九容	
洪在沼	의자	제작	48.00	北米倉町 54	洪在沼	

李和三工場	의자	제작	48.00	明治町 2-105	李和三	
星洋燈硝子店	유리 제품(硝子製品)	도소매	104.49	太平通 2-17	越智清彌	
合資會社小野硝子製造所	유리 제품(硝子製品)	제조	28.50	林町 162		
加學キヨウ	유리 제품(硝子製品)	소매	25.11	太平通 2-111	加學キヨウ	
岩見硝子店	유리 제품(硝子製品)	제조	39.60	本町 2-35	河北好藏	
元田硝子店	유리 제품(硝子製品)	소매	24.30	元町 2-84	金銀洙	
킹板硝子店	유리 제품(硝子製品)	소매	28.62	鍾路 5-88	金光植	포목, 액자(額椽) 겸업
嚴聖雲	유리 제품(硝子製品)	소매	25.20	黃金町 2-125	嚴聖雲	
白川글래스店	유리 제품(硝子製品)	소매	26.20	元町 1-89-2	白川義孝	
朝鮮硝子工業株式會社	유리 제품(硝子製品)	제조	26.22	大島町 1		
大塚硝子製造所	유리 제품(硝子製品)	제조	130.00	三坂通 174	西島新藏	
畑硝子製造所	유리 제품(硝子製品)	제조	36.36	古市町 57	畑六一	
夫元龍	유리 제품(硝子製品)	소매	20.88	黃金町 1-77	夫元龍	
大成硝子工場	유리 제품(硝子製品)	제조	50.00	阿峴町 85-7	朴大成	
德昌硝子工場	유리 제품(硝子製品)	제조	122.40	光熙町 2-21	李周龍	
朝鮮硝子製造所	유리 제품(硝子製品)	제조	80.00	上往十里町 361	李昌根	
大陸硝子店	유리 제품(硝子製品)	제조	28.80	堅志町 68	李達均	
第一製鏡所	거울(鏡)	제조	27.00	光化門通 128	韓英錫	가구 겸업
張舜錫	거울(鏡)	제조	53.37	鍾路 2-61	張舜錫	
日興製鏡所	거울(鏡)	제조	118.96	鍾路 2-68, 仁寺町 239	表寅協	
廣興商店	경대(鏡臺)	제조	129.60	寬勳町 119	張基豊	
後澤商會	경대(鏡臺)	제조	18.00	西大門町 1-148	羅俊澤	
安達恒	금물(金物)	소매	18.00	元町 1-129	安達恒	
阿津坂商店	금물(金物)	도소매	64.80	本町 2-58	阿津坂義太郎	
阿部金物店	금물(金物)	도소매	138.15	太平通 2-95	阿部民吉	

有井金物店	금물(金物)	소매	86.94	黃金町 2-88	有井秀雄	
安慶昌金物店	금물(金物)	도소매	128.34	鍾路 2-60	安慶昌	
合資會社井原商店	금물(金物)	소매	51.00	本町 1-22		
尹享植	금물(金物)	소매	54.00	仁寺町 64	尹享植	
磯貝兼一	금물(金物)	소매	54.00	本町 3-86	磯貝兼一	잡화 겸업
稻葉商店	금물(金物)	소매	21.60	漢江通 13-162	稻葉秋	
川原商店	금물(金物)	소매	90.00	鍾路 4-35	川原庄次郎	
木村商會	금물(金物)	소매	18.00	本町 1-50	木村ソノ	
三和商工社	금물(金物)	소매	36.00	元町 1-93	姜三萬	
金元圭	금물(金物)	소매	54.90	靑葉町 3-98	金元圭	
吉光金物店	금물(金物)	소매	27.00	鍾路 2-68	金相彬	
雲泉金物店	금물(金物)	소매	18.00	永登浦町 495	金定喆	유리 겸업
明信金物商會	금물(金物)	소매	27.00	義州通 2-171	金明煥	도기(陶器) 겸업
吳基鉉	금물(金物)	소매	124.92	元町 1-93	吳基鉉	
近藤安吉商店	금물(金物)	도소매	273.60	本町 3-33	近藤安吉	
佐藤半次郎商店	금물(金物)	도소매	282.06	本町 3-55	佐藤半次郎	난로 겸업
佐野彦商店	금물(金物)	도소매	248.58	本町 1-31	佐野彦藏	
柴田國一商店	금물(金物)	도소매	382.86	元町 2-81-1	柴田國一	
島田金物店	금물(金物)	도소매	120.60	漢江通 8-46	島田忠作	
下林金物店	금물(金物)	소매	31.50	黃金町 3-342	下林玉照	
大陸모터스商會	금물(金物)	소매	54.00	鍾路 6-272	車仁得	
住友龍山支店	금물(金物)	소매	31.50	漢江通 13-144	住友利左衛門	
全昌德金物店	금물(金物)	소매	19.80	南大門通 4-10	全昌德	
合資會社曺采熙商店	금물(金物)	도소매	18.00	南大門通 5-22		
平一商店	금물(金物)	소매	18.00	桃花町 34-1	宋潤默	도기(陶器), 아이스케이크 겸업

孫厚福	금물(金物)	소매	41.40	鍾路 4-97	孫厚福	
堺刄物	금물(金物)	소매	90.00	南大門通 3-26	瀧川喜一	
竹下商店	금물(金物)	소매	36.00	西四軒町 시장83	竹下泰藏	부억용 잡화 겸업
張載坤	금물(金物)	소매	16.20	橋南町 158	張載坤	
長島秀治	금물(金物)	소매	55.08	南大門通 5-48	長島秀治	
中西商店	금물(金物)	소매	126.00	永登浦町 423	中西要	기계공구 겸업
仲谷金物店	금물(金物)	소매	104.40	本町 3-42	仲谷右平次	
中村德次商店	금물(金物)	소매	162.00	黃金町 5-242	中村德次	
西松金物店	금물(金物)	소매	134.55	南大門通 3-28	西松育次	
株式會社橋口金物店	금물(金物)	도소매	341.54	本町 1-26		금 겸업
福田敏治商店	금물(金物)	소매	84.00	黃金町 3-67	福田敏治	기계, 철공 겸업
金熙金物店	금물(金物)	소매	63.00	鍾路 3-86	邊熙麟	
益田定商店	금물(金物)	소매	98.10	黃金町 4-261	益田定	
恒川商店出張所	금물(金物)	소매	63.50	明治町 2-107	三浦新八	
三並達雄	금물(金物)	소매	57.06	元町 2-84-6	三並達雄	
柞原商店	금물(金物)	소매	112.50	元町 2-90	柞原守之	
元村筆吉	금물(金物)	소매	36.00	南大門通 3-22	元村筆吉	
森田金物店	금물(金物)	소매	55.80	黃金町 2-97	森田喜太郎	
森本金物店	금물(金物)	소매	18.00	太平通 2-88	森本重太郎	
山田金物店	금물(金物)	소매	18.00	仁義町 14	山田源一	
京濱製作所出張所	금물(金物)	소매	19.80	永樂町 1-60	山田長德	
吉川藤四郎商店	금물(金物)	소매	253.80	本町 4-136	吉川藤四郎	
吉澤覺治	금물(金物)	소매	45.00	古市町 14	吉澤覺治	
東亞金物店	금물(金物)	소매	36.00	鍾路 3-95	李熙俊	
唐五商店	금물(金物)	소매	22.20	唐珠町 5	李鍾浩	
李鍾泰	금물(金物)	소매	18.00	內需町 37	李鍾泰	

和洋各種金物店	금물(金物)	소매	17.80	鍾路 1-6	李重益	
和信理髮器具商會	금물(金物)	소매	15.30	橋北町 101-8	李悳夏	지물(紙物), 도기(陶器) 겸업
西進商會	금물(金物)	소매	40.32	元町 1-93	梁俊相	
盧範龍	금물(金物)	소매	18.00	黃金町 2-142	盧範龍	
松井洋食器店	일본/서양식 식기(和洋食器)	소매	80.01	本町 2-8	松井鹿之助	
鉋金鑄物製作所	조선금물(朝鮮金物)	소매	47.52	岡崎町 92-19	安奉成	
金擎旭商店	조선금물(朝鮮金物)	소매	40.50	南大門通 1-110	金擎旭	
金昌鉉	조선금물(朝鮮金物)	소매	28.80	南大門通 4-37	金昌鉉	
東洋金物商會	조선금물(朝鮮金物)	소매	30.60	鍾路 5-87	金重植	
東明鐵物店	조선금물(朝鮮金物)	소매	18.00	回基町 71-7	嚴熙南	
崔繼門	조선금물(朝鮮金物)	소매	19.80	鍾路 4-175	崔繼門	
丸加商店	조선금물(朝鮮金物)	소매	604.35	黃金町 4-65	崔商仁	
張在植商店	조선금물(朝鮮金物)	소매	140.85	蓬萊町 1-4, 鍾路 2-64	張熙台	
趙慶植	조선금물(朝鮮金物)	소매	38.70	下往十里町 958	趙慶植	
平田商店	조선금물(朝鮮金物)	소매	194.49	黃金町 4-30	朴英奏	
李周賢	조선금물(朝鮮金物)	소매	34.20	鍾路 2-63	李周賢	
李駿容金物店	조선금물(朝鮮金物)	소매	15.66	竹添町 3-520-6	李駿容	
京城鍮器店	놋그릇(鍮器)	소매	21.60	鍾路 2-68	韓英煥	
光榮商會	놋그릇(鍮器)	소매	19.80	鍾路 3-70	金命根	
雲興商店	놋그릇(鍮器)	제조	28.80	竹添町 3-513	洪起奏	
黃南順	놋그릇(鍮器)	소매	43.74	堅志町 50	黃南順	
廣橋鍮器店	놋그릇(鍮器)	소매	42.30	南大門通 1-17	崔逸南	
崙在順	놋그릇(鍮器)	소매	36.36	鍾路 2-97	崙在順	
永昌商會	놋그릇(鍮器)	소매	18.00	竹添町 3-313	千永基	
平昌鍮器製造販賣所	놋그릇(鍮器)	소매	17.46	鍾路 1-63	千永基	

合資會社朝鮮鍮器商會	놋그릇(鍮器)	제조	22.60	竹添町 3-254		
雲興支店	놋그릇(鍮器)	소매	27.54	鍾路 4-70	趙一龍	
金光商店	놋그릇(鍮器)	소매	19.98	鍾路 3-96	鄭壽根	경대(鏡臺) 겸업
萬洛商會	놋그릇(鍮器)	소매	21.60	竹添町 3-348-1	朴貴萬	
完信商店	놋그릇(鍮器)	소매	21.60	竹添町 3-98-7	李完信	
和信鍮器部	놋그릇(鍮器)	소매	46.44	鍾路 2-5 和信 내부	李容善	
元興商店	놋그릇(鍮器)	소매	18.00	竹添町 3-515	林淳星	
岩谷冷藏庫株式會社京城出張所	냉장고	도소매	72.29	太平通 2-50		생선, 창고 겸업
旭金庫工業株式會社京城出張所	금고	도소매	48.87	南大門通 4-71		
株式會社態平商店	금고	도소매	893.62	本町 2-100		가구, 소방기구, 금전등록기 겸업
具會金庫工業株式會社	금고	도소매	35.59	鍾路 1-48		
合名會社溱商會	금고	도소매	125.63	黃金町 2-148		
東亞琺瑯商會	법랑철기(琺瑯鐵器)	제조	40.50	孔德町 34	崔鍾鉉	
富田琺瑯工場	법랑철기(琺瑯鐵器)	제조	183.80	京町 40-39	笹本米市	
鷺梁津柳行李製造所	버들고리(柳行李)	제조	26.20	鷺梁津100	高澤藤子	
岡村定憲	풍로(焜爐)	소매	22.50	並木町 7	岡村定憲	
田態商店	풍로(焜爐)	소매	21.60	南大門通 2-32	田態良太	
丸十商會	풍로(焜爐)	소매	73.08	黃金町 2-70	宮本善吉	
入江昇一	실내장식품	소매	27.00	黃金町 3-344	入江昇一	
奧村米次郎	실내장식품	소매	23.49	樂園町 1-41	奧村米次郎	
枷場久四	실내장식품	소매	17.01	花園町 133	枷場久四	
株式會社橫山商店	실내장식품	도소매	374.90	本町 1-48		
合資會社隆喜商會	실내장식품	도소매	25.66	黃金町 3-71		
石野辰時郎	칠기(漆器)	제조	26.10	旭町 3-5	石野辰時郎	
金鎭甲	칠기(漆器)	제조	31.50	永樂町 2-32	金鎭甲	

高松清次郎	칠기(漆器)	제조	27.00	元町 2-28	高松清次郎	
氷見螺鈿漆器製作所	칠기(漆器)	제조	70.00	若草町 102	氷見赫二	
金里起三郎	칠기(漆器)	제조	19.80	並木町 151-46	金里起三郎	
白文玉	토기(土器)	제조	30.00	永登浦町 76	白文玉	
梁於屯	토기(土器)	제조	60.00	永登浦町 80	梁於屯	
合資會社菊秀刄物店	인물(刄物)	소매	31.63	本町 1-18-5		
西原義男	인물(刄物)	소매	20.70	本町 4-84	西原義男	
內田曉雲	불교 도구(佛具)	소매	16.20	本町 4-131	內田曉雲	
大橋佛具店	불교 도구(佛具)	소매	84.24	本町 2-8	山田淺次郎	
北風商店	난로	소매	25.20	櫻井町 1-66	北風傳松	
富永暖爐製作所	난로	소매	20.07	岡崎町 90	高田武之介	
福錄商事株式會社	난로	소매	102.17	太平通 2-59		
岩崎商店	브러시	소매	31.95	明治町 2-10	岩崎弃三郎	종려 제품(棕梠製品) 겸업
金炫鎬	알루미늄	제조	20.00	光熙町 1-235	金炫鎬	
趙圭植	알루미늄	제조	16.00	光熙町 1-89	趙圭植	
櫻井興四郎	등제품(藤製品)	제조	16.20	永樂町 2-77	櫻井興四郎	

3) 제8류 연료품

상호/회사명	영업 종목	구별	1940년도 영업세액(엔)	영업소	영업주	비고
小林藤商店	석탄(石炭)	소매	91.98	古市町 鐵道構內	石原昊	코크스 겸업
井手商會出張所	석탄(石炭)	도소매	445.74	古市町 14	井手米次	연탄(煉炭) 겸업
丸三商會	석탄(石炭)	도소매	369.42	古市町 43	大鳥君一	
梶原清	석탄(石炭)	도소매	114.72	北米倉町 93	梶原清	목탄(木炭) 겸업
三榮商會	석탄(石炭)	도소매	285.33	黃金町 1-148	篠崎文三郎	
協信商會	석탄(石炭)	소매	38.04	公平町 10	徐丙旭	땔감(薪炭) 겸업
鈴川商店	석탄(石炭)	소매	18.66	典農町 588	鈴川和作	
生報資源商事株式會社	석탄(石炭)	소매	94.80	長谷川町 112		기계, 양초 겸업
辰己物産株式會社	석탄(石炭)	도소매	186.07	南大門通 112		비누(石鹼) 겸업
朝鮮炭業株式會社	석탄(石炭)	도소매	80.45	南大門通 2-1		천막, 타월 겸업
鄭雲鎔	석탄(石炭)	소매	30.00	西大門町 2-129	鄭雲鎔	연탄 겸업
丁奎成	석탄(石炭)	소매	559.86	杏堂町 168	丁奎成	
西崎源太郎	석탄(石炭)	소매	21.00	太平通 2-326	西崎源太郎	
日満商事株式會社 京城支店	석탄(石炭)	도소매	966.06	古市町 41	西田小太郎	
西田石炭商會	석탄(石炭)	도매	1,870.73	蓬萊町 1-114		
日満商事株式會社 京城支店	석탄(石炭)	소매	250.68	漢江通 13-7	坂東勇太郎	
坂東勇太郎	석탄(石炭)	도소매	216.78	漢江通 13		
合資會社寶榮商會	석탄(石炭)	소매	81.60	堅志町 80	朴海默	
友助商店	석탄(石炭)	소매	217.64	兆花町 241 蓬萊町 3-17	松宮忠治	운송, 금융 겸업
株式會社三國商會	석탄(石炭)	도매	1,393.53	南大門通 1-25		
向井吉治商店	석탄(石炭)	도매	641.16	義州通 1-91	向井吉治	
俞熞	석탄(石炭)	소매	21.60	慶雲町 91-1	俞熞	

合資會社六三商會	석탄(石炭)	도소매	474.59	西界町 130		
大谷吉太郎	해탄(骸炭)	소매	29.40	太平通 2-362	大谷吉太郎	
酒井코크스	해탄(骸炭)	도소매	91.40	元町 2-90	酒井嚴	마차 운송 겸업
酒井商會	해탄(骸炭)	소매	17.40	榮町 33	酒井淸作	
合名會社山下商會	해탄(骸炭)	도소매	764.92	漢江通 11-314		
青木商店	신탄(薪炭)	소매	228.00	漢江通 13-121	青木喜一郎	
天一商會	신탄(薪炭)	소매	21.60	敦義町 103	安濟欽	
安秉鐵薪炭店	신탄(薪炭)	소매	31.20	觀水町 7	安秉鐵	
尹点得	신탄(薪炭)	소매	32.40	永登浦町 466	尹点得	
龍栓薪炭店	신탄(薪炭)	소매	15.00	馬場町 678-19	尹龍栓	
梅根商店	신탄(薪炭)	소매	129.00	古市町 14	梅根覺平	석탄 겸업
佐賀の山	신탄(薪炭)	소매	18.00	明治町 2-52	江里口勝次	
遠藤商店	신탄(薪炭)	소매	30.12	西小門町 14	遠藤扶治吉	석탄 겸업
大池然料商店	신탄(薪炭)	소매	61.20	黃金町 3-259	大池廣	석탄 겸업
大草商店, 漢江薪炭店	신탄(薪炭)	소매	38.34	榮町 12-3, 漢江通 3-50 市場	大草榮	
碇商店	신탄(薪炭)	소매	79.80	明治町 2-23 竹添町 公市 6	大鳥宗吉	석탄 겸업
小幡朝太郎	신탄(薪炭)	소매	30.24	本町 5-50	小幡朝太郎	
小田桐治三郎	신탄(薪炭)	소매	147.69	元町 1-128	小田桐治三郎	부엌용잡화(荒物) 겸업
合資會社加藤商店	신탄(薪炭)	소매	23.28	櫻井町 1-61		
枝本商店	신탄(薪炭)	소매	21.84	古市町 57	河內武	석탄 겸업
韓尙敎	신탄(薪炭)	소매	18.60	中林町 315-43	韓尙敎	
魏益成柴炭商店	신탄(薪炭)	소매	39.60	樓上町 159-10	魏益成	
木山商店	신탄(薪炭)	소매	38.80	西大門町 2-1	木山定祐	
廣光薪炭商店	신탄(薪炭)	소매	21.60	堅志町 96	金永安	석탄 겸업
裕信商會	신탄(薪炭)	소매	27.24	樂園町 138	金濚洙	
金永柱	신탄(薪炭)	소매	42.00	吉野町 1-117	金永柱	

金應浩	신탄(薪炭)	소매	18.00	光化門通 67-1	金應浩	
金興起	신탄(薪炭)	소매	22.00	鐘路 4-180	金興起	
金在寧	신탄(薪炭)	소매	48.00	明治町 2-25	金在寧	
金芝華	신탄(薪炭)	소매	156.00	東京城驛構內	金芝華	
金春梢薪炭店	신탄(薪炭)	소매	18.00	南米倉町 155	金春植	
金順石商店	신탄(薪炭)	소매	15.00	錦町 213	金順石	곡물, 부엌용 잡화(荒物) 겸업
金昌鎭商店	신탄(薪炭)	소매	21.00	勸農町 91	金昌鎭	
日光商店	신탄(薪炭)	소매	29.04	舟橋町 181	金仁洙	석탄 겸업
金一商會	신탄(薪炭)	소매	6.80	若草町 123	金泰殷	쌀, 잡화 겸업
金中元商店	신탄(薪炭)	소매	18.60	蓬萊町 3-21	金中元	
金鎭洙薪炭店	신탄(薪炭)	소매	25.20	社稷町 22	金鎭洙	
金東煥	신탄(薪炭)	소매	30.00	敦義町 103	金東煥	
金南洙	신탄(薪炭)	소매	24.00	東京城驛構內	金南洙	
秉烈薪炭商店	신탄(薪炭)	소매	56.28	黃金町 7-6	金秉烈	
金奉鎭	신탄(薪炭)	소매	26.40	鳳翼町 127	金奉鎭	
八郎商店	신탄(薪炭)	소매	20.40	本町 3-73	金明煥	
金用浩	신탄(薪炭)	소매	18.00	敦岩町 458-16	金用浩	
合資會社京城中央薪炭	신탄(薪炭)	소매	21.40	馬場町 市場內		
京抱貨物自動車合資會社 薪炭部 京城販賣所	신탄(薪炭)	소매	18.60	孝悌町 291		
松浦屋薪炭店	신탄(薪炭)	소매	16.80	阿峴町 264	嚴点童	
玄鳳變	신탄(薪炭)	소매	24.00	蓮建町 138	玄鳳變	
高仁基	신탄(薪炭)	소매	61.20	龍江町 48	高仁基	
洪秀喆	신탄(薪炭)	소매	16.80	阿峴町 85-205	洪秀喆	
禁橋柴炭商會	신탄(薪炭)	소매	17.04	通義町 46	洪淳暻	
泰盛商店	신탄(薪炭)	소매	19.20	蓬萊町 4-176-14	洪萬裕	

吳世鎭	신탄(薪炭)	소매	17.70	土亭町 39	吳世鎭	곡물 겸업
小林二郎	신탄(薪炭)	소매	25.20	永登浦町 426	小林二郎	
崔希萬	신탄(薪炭)	소매	21.60	昌信町 482	崔希萬	
朝日材木店	신탄(薪炭)	소매	18.00	昌信町 464	崔德俊	
島野德次郎	신탄(薪炭)	소매	48.00	明倫町 2-224	島野德次郎	
車基奉薪炭店	신탄(薪炭)	소매	19.80	阿峴町 366-3	車基奉	
徐基沅	신탄(薪炭)	소매	18.00	鍾路 5-98	徐基沅	
徐丙蕓	신탄(薪炭)	소매	22.20	中林町 192	徐丙蕓	
徐丙瓚	신탄(薪炭)	소매	24.00	城北町 170-11	徐丙瓚	
德永柴炭商會	신탄(薪炭)	소매	21.10	並木町 48	申德敬	
錦成商會	신탄(薪炭)	소매	22.20	錦町 51	申在璇	
西一商會	신탄(薪炭)	소매	48.00	義州通 1-48	愼宗善	시멘트, 건축공구 겸업
杉浦商店	신탄(薪炭)	소매	78.36	花園町 107 市場	杉浦退介	
杉林商店	신탄(薪炭)	소매	18.00	並木町 8	杉林千太郎	
關商店	신탄(薪炭)	소매	16.92	太平通 2-69	關ィヤ	
光興柴炭商會	신탄(薪炭)	소매	19.20	昌信町 138-87	全益榮	
千鎭申	신탄(薪炭)	소매	97.20	中學町 138-87	千鎭申	쌀, 제분, 잡화 겸업
千命壹商店	신탄(薪炭)	소매	34.80	漢江通 13-66	千命壹	
由口商店	신탄(薪炭)	소매	18.00	青葉町 1-58-3	宋自斤奉	
東亞柴炭商會	신탄(薪炭)	소매	24.00	櫻井町 2-69	趙四龍	
東一薪炭商會	신탄(薪炭)	소매	25.80	西大門町 1-213-4	趙明俊	
張興錫薪炭店	신탄(薪炭)	소매	42.00	阿峴町 64-36	張興錫	
若葉屋商店	신탄(薪炭)	소매	21.60	青葉町 3-108	張守文	쌀, 술 겸업
鄭今同商店	신탄(薪炭)	소매	18.00	青葉町 3-50	鄭今同	
鄭東旭	신탄(薪炭)	소매	27.00	西四軒町 161	鄭東旭	
開拓舍	신탄(薪炭)	소매	52.20	三坂通 105	永井重松	

三國商會本町 販賣所	신탄(薪炭)	소매	92.52	新町 4-55	中村朝生	
南興植	신탄(薪炭)	소매	22.80	内需町 1	南興植	소금, 과자, 식료잡화 겸업
野口木炭店	신탄(薪炭)	소매	25.20	黃金町 1-192	野口フサヱ	
野澤保二郎	신탄(薪炭)	소매	77.34	黃金町 2-148	野澤保二郎	
福原商店	신탄(薪炭)	소매	29.40	黃金町 2-92	福原司吉	
奉壽吉商店	신탄(薪炭)	소매	23.46	上往十里町 378	奉壽吉	식료잡화 겸업
朴榮奎	신탄(薪炭)	소매	19.80	大興町 242	朴榮奎	
朴光善	신탄(薪炭)	소매	60.00	敦岩町 294-6	朴光善	
今富本店	신탄(薪炭)	소매	32.64	黃金町 6-21	朴今富	
第一商會	신탄(薪炭)	소매	24.00	敦義町 103	朴洛鍾	
朴家商店	신탄(薪炭)	소매	21.60	新設町 163-13	朴鍾和	
朴明雲	신탄(薪炭)	소매	16.80	永登浦町 39 市場	朴明雲	
牧野角一	신탄(薪炭)	소매	29.60	漢江通 11-169	牧野角一	
松坂商店	신탄(薪炭)	소매	70.56	元町 2-85	松板直三郎	
白石商店	신탄(薪炭)	소매	30.00	若草町 41	三澤三省	
三村吉雄	신탄(薪炭)	소매	25.20	明治町 2-78-2	三村吉雄	
宮崎柴炭店	신탄(薪炭)	소매	32.10	元町 2-52-22	宮崎勇	
明桂心	신탄(薪炭)	소매	48.00	清進町 58-4	明桂心	
山本商店	신탄(薪炭)	소매	90.18	旭町 1-3-7	山本平三	
壽興商會	신탄(薪炭)	소매	21.72	敦義町 103	兪悳濬	
萬屋薪炭店	신탄(薪炭)	소매	18.00	櫻井町 2-128	李永萬	
李權榮	신탄(薪炭)	소매	20.40	益善町 23-24	李權榮	
李守萬商店	신탄(薪炭)	소매	20.40	元町 4丁目	李守萬	
吉豐商會	신탄(薪炭)	소매	15.00	吉野町 2-82	李昌煥	
阿峴商店	신탄(薪炭)	소매	15.00	北阿峴町 250	李辰成	식료잡화, 시멘트 겸업
共成商會	신탄(薪炭)	소매	24.00	禮智町 193	李壯根	

東鮓商會	신탄(薪炭)	소매	23.40	內需町 95	李貞燦	
薪炭材木店	신탄(薪炭)	소매	114.00	永登浦町 43	李平植	재목(材木), 금물(金物) 겸업
大島屋薪炭店	신탄(薪炭)	소매	18.00	大島町 28	柳殷庠	
柳寅胤	신탄(薪炭)	소매	15.60	清凉里町 173	柳寅胤	
呂運轍	신탄(薪炭)	소매	39.60	龍江町 46	呂運轍	
林聖壽	신탄(薪炭)	소매	16.20	仁義町 134	林聖壽	
廉今用	신탄(薪炭)	소매	16.68	內資町 200	廉今用	
錦信商會	신탄(薪炭)	소매	45.00	龍江町 48	廉載弼	
黃庚俊	신탄(薪炭)	소매	16.20	清凉里驛構內	黃庚俊	
和田喜治郎	신탄(薪炭)	소매		三坂通 105	和田喜治郎	다다미(疊), 정미(精米) 겸업
阿部兵衛太郎	연탄(煉炭)	제조	60.00	元町 2-12	阿部兵衛太郎	
朝鮮煉炭株式會社	연탄(煉炭)	제조	1, 209.82	本町 1-53		
鄭春明	연탄(煉炭)	제조	36.00	中林町 109	鄭春明	
リクラ煉炭製造所	연탄(煉炭)	제조	27.00	黃金町 5-52	朴甲辰	
李容圭	연탄(煉炭)	제조	24.00	崇仁町 72-10	李容圭	
宇澤商店	성냥(燐寸)	도매	126.81	北米倉町 69	鵜澤重吉	
清木化學製油株式會社 朝鮮出張所	광물유(鑛油)	도소매	82.70	永樂町 2 永樂 빌딩 내		
池田信雄	광물유(鑛油)	소매	27.00	南大門通 5-48	池田信雄	
出光商會京城支店	광물유(鑛油)	도매	2,674.29	黃金町 1-180 朝鮮빌딩 내	出光佐三	전선 겸업
尹點範	광물유(鑛油)	소매	16.80	下往十里町 79	尹點範	
梶川石油商會	광물유(鑛油)	소매	147.90	南大門通 5-8	梶川正士	
合資會社加藤礦油商會	광물유(鑛油)	소매	20.45	古市町 43		
共榮商工株式會社	광물유(鑛油)	소매	42.26	義州通 2-3		
金潤基	광물유(鑛油)	소매	58.20	蓮建町 190	金潤基	
永登浦米油商會	광물유(鑛油)	소매	61.20	永登浦町 550	金尙淳	
露油商會	광물유(鑛油)	소매	31.50	南大門通 1-22-4	金東赫	페인트 겸업

三鎭爽	광물유(鑛油)	소매	27.90	漢江通 11-149	三鎭爽	
金福星	광물유(鑛油)	소매	57.60	杏村町 120	金福星	
昭和化學油脂工業株式會社	광물유(鑛油)	소매	45.48	鍾路 1-71		
昭和精油商事株式會社 京城支店	광물유(鑛油)	도소매	128.83	太平通 2-74		
申得成	광물유(鑛油)	소매	72.00	永登浦町 497	申得成	비료 겸업
株式會社第一社	광물유(鑛油)	도소매	380.96	太平通 2-207		곡물, 비료, 시멘트, 고무신 겸업
京城英油商事	광물유(鑛油)	도매	1,179.24	南大門通 3-88	高木德彌	시멘트, 인쇄 겸업
七福商會	광물유(鑛油)	도매	856.20	黃金町 2-115	竹崎保雄	
辰已磯油株式會社	광물유(鑛油)	도매	390.17	南大門通 2-1		
源油商會	광물유(鑛油)	소매	201.00	鍾路 1-30	池長吉	
朝鮮中央米油株式會社	광물유(鑛油)	도매	815.71	黃金町 1-167		
朝鮮丸油商事株式會社	광물유(鑛油)	도소매	66.50	若草町 36		
內鮮石油株式會社	광물유(鑛油)	도매	313.49	長谷川町 116		
日米礦油株式會社 京城出張所	광물유(鑛油)	도매	704.93	蓬萊町 1-24		식물성기름 겸업
馬場鑛油店	광물유(鑛油)	소매	72.00	黃金町 3-171	馬場ソヨ	
米油商會	광물유(鑛油)	도소매	271.56	西界町 33-44	松本喜太郎	기계 겸업
宮田善三郎	광물유(鑛油)	소매	27.00	本町 3-54	宮田善三郎	
吉田喜代三	광물유(鑛油)	도소매	234.75	漢江通 8-25	吉田喜代三	식료품 겸업
李在根	광물유(鑛油)	소매	20.40	下往十里町 801	李在根	시멘트 겸업
林利萬	광물유(鑛油)	소매	72.00	長沙町 6	林利萬	

4) 제11류 기계기구

상호/회사명	영업 종목	구별	1940년도 영업 세액(엔)	영업소	영업주	비고
合名會社青木商店 京城出張所	전기기계기구	도소매	542.24	黃金町 2-199		
合資會社安藤電氣商會	전기기계기구	도소매	80.76	元町 1-26		
伊藤電氣製作所	전기기계기구	소매	17.00	本町 5-11	伊藤保	
今村電氣商會	전기기계기구	도소매	99.00	明治町 2-82	今村新次郎	
東一電氣商會	전기기계기구	도소매	108.00	南大門通 1-127	禹炯圭	라디오 겸업
大島滿正	전기기계기구	도소매	387.18	古市町 43	大島滿正	
烏田電氣社	전기기계기구	소매	1.40	北米倉町 93	大野良裕	
三和電氣商會	전기기계기구	소매	220.70	鍾路 2-50	金祐宗	
金洛煥	전기기계기구	소매	8.00	冷泉町 168	金洛煥	
誠商會	전기기계기구	도매	833.19	漢江通 11-184	栗本正隆	용달 겸업
明治電氣商會	전기기계기구	소매	18.00	明治町 2-50	洪鍾孟	
玉井電氣商會	전기기계기구	소매	18.00	本町 3-62	權重錫	
小林電氣工作所	전기기계기구	소매	40.00	黃金町 2-148	小林巖	
株式會社佐々木商店	전기기계기구	소매	32.40	本町 2-39		
株式會社三共社	전기기계기구	도매	357.75	元町 1-1		
日本電氣照明株式會社	전기기계기구	소매	31.03	櫻井町 1-56		
末積電機製作所	전기기계기구	소매	17.55	長谷川町 50	末積清次郎	
宋淳鄕	전기기계기구	도소매	234.90	古市町 43	宋淳鄕	
光云電氣商會	전기기계기구	도소매	184.95	蓬萊町 1-83	曺光云	
朝鮮川北電氣株式會社	전기기계기구	도매	425.07	黃金町 2-198		
朝鮮商工株式會社 京城出張所	전기기계기구	도매	903.17	南大門通 5-25		

珍道奎介	전기기계기구	소매	225.00	大和町 1-35	珍道奎介	
鄭小三	전기기계기구	소매	35.00	永登浦町 618	鄭小三	
東京電氣無線株式會社	전기기계기구	도매	165.91	長谷川町 74 近澤빌딩		
株式會社戶上電機製作所 京城出張所	전기기계기구	도매	155.46	黃金町 1-180		
中村電氣商會	전기기계기구	소매	68.67	大和町 2-10	中村留太	
原井電氣商會	전기기계기구	소매	58.50	黃金町 3-241	原井懋	
富士電機製造株式會社 京城出張所	전기기계기구	도매	398.28	南大門通 5-1		
廣進商會	전기기계기구	도매	905.14	南大門通 5-1		
朴柄晙	전기기계기구	소매	32.40	南大門通 4-15	朴德基	
松下電器株式會社 京城出張所	전기기계기구	소매	88.83	南大門通 1-105-1	朴柄晙	
松本國六	전기기계기구	도매	23.09	岡崎町 5		
三村淸治	전기기계기구	소매	29.07	若草町 40	松本國六	
株式會社守谷商會 京城出張所	전기기계기구	소매	134.07	旭町 1-21-1	三村淸治	인부 제공
山本幸三	전기기계기구	도매	1,029.21	古市町 14		
東洋電氣商會	전기기계기구	도매	201.42	本町 2-3	山本幸三	안경 겸업
李載悳	전기기계기구	소매	36.00	西大門町 1-1	李雲宣	
高砂工業株式會社 京城出張所	전지	소매	20.00	岡崎町 84	李載悳	
日本電池株式會社 京城駐在所	전지	도소매	86.77	漢江通 19		
松下乾電池株式會社 京城出張所	전지	도매	339.48	黃金町 3-71		
湯淺蓄電池製造株式會社 京城出張員	전지	도매	850.75	岡崎町 3		
朝鮮電球販賣株式會社	전지	도매	144.24	古市町 14		
朝鮮電球販賣株式會社	전구	제조	38.81	黃金町 2-199		
東西電球株式會社 京城營業所	전구	도매	114.24	黃金町 2-199		
東京電氣株式會社 京城出張所	전구	도매	867.05	長谷川町 73 近澤빌딩		전기기구 겸업
株式會社日本電球製作所	전구	제조	75.27	京町 11		
株式會社影久商店 京城出張所	전선	도매	76.20	古市町 14		

株式會社住友本社 京城販賣店	전선	도매	2,212.38	黃金町 1-101		
日本碍子株式會社 京城出張所	애자(碍子)	도소매	95.90	黃金町 1-180 朝鮮빌딩		
合名會社杉山商店 京城支店	발동기	도소매	318.11	南大門通 5-25		
京城鐵工所	발동기	도소매	550.02	西界町 32	二宮常一	펌프, 육군용품 겸업
發動機製造株式會社 京城出張所	발동기	도소매	372.72	南大門通 5-19		
山岡內燃械株式會社 京城出張所	발동기	도소매	357.21	南大門通 5-69		
株式會社山岡發動機工作所 京城支店	발동기	도소매	298.04	南大門通 5-67		토목, 건축, 기계 겸업
株式會社青木商會	기계공구	도매	716.93	古市町 19		
淺野物産株式會社 京城出張所	기계공구	도매	115.69	古市町 12		
株式會社伊藤商行	기계공구	도매	317.01	漢江通 6		
一寸木連之助	기계공구	도매	480.00	壽町 8	一寸木連之助	
株式會社岩田商店	기계공구	도소매	233.50	蓬萊町 1-108		
尹龍雲	기계공구	소매	90.18	青葉町 3-98	尹龍雲	
大倉商事株式會社 京城出張所	기계공구	도매	395.73	大和町 1-44		난방 겸업
大脇洋行	기계공구	소매	84.96	古市町 5	大脇信義	
郭用信	기계공구	소매	16.20	黃金町 5-154	郭用信	
金城鑿岩機株式會社 京城駐在員	기계공구	도소매	342.64	古市町 12		
金光浩	기계공구	소매	27.00	鍾路 4-46	金光浩	
金奉云	기계공구	소매	36.00	青葉町 2-79	金奉云	
昭和機械製作所	기계공구	제조	155.20	旭町 -6 昭和빌딩	熊懷友之	
黑水商會	기계공구	소매	86.40	古市町 37	黑水章一	
京城工作株式會社	기계공구	소매	15.60	青葉町 3-84		주조용 기계(酒造用機械)
光洋精工株式會社 京城營業所	기계공구	소매	29.52	南大門通 5-20		
小林商事合資會社	기계공구	도매	511.61	南大門通 3-95		
株式會社三榮精機製作所 京城出張所	기계공구	도매	145.53	南大門通 5-1 日華빌딩		
鹽金卯一商店	기계공구	도소매	50.40	漢江通 12-9	鹽金卯一	

白石商會	기계공구	도소매	207.00	古市町 43	白石茂	
合資會社泰明商會 京城出張所	기계공구	도소매	135.43	黃金町 1-118		
株式會社高田商會	기계공구	소매	63.78	南大門通 2-1 日本生命빌딩		
武谷商店	기계공구	소매	256.59	古市町 43	武谷才之進	
辰已商事株式會社	기계공구	도매	328.43	古市町 12		
株式會社朝鮮機械製作所	기계공구	도매	71.52	長谷川町 21 富士빌딩 내		
合資會社朝鮮東邦商會	기계공구	도소매	92.79	古市町 43		
津田榮一	기계공구	대리	92.55	黃金町 1-197	津田榮一	코크스 겸업
二和商會	기계공구	도소매	172.26	岡崎町 92	土肥周造	정미(精米)기구
富田正儀	기계공구	도소매	37.00	古市町 43	富田正儀	
中川商事株式會社	기계공구	도소매	148.80	南大門通 2-23		
中根機械合名會社	기계공구	도매	39.07	岡崎町 92		
中村工業所	기계공구	소매	54.00	漢江通 15-44	中村利教	
株式會社中山工業 京城出張所	기계공구	도매	227.42	黃金町 1-205		
西村合名會社 京城營業所	기계공구	소매	21.95	京町 10		
村中七太郎	기계공구	소매	85.40	南大門通 5-80	村中七太郎	
村本佳一郎	기계공구	소매	37.50	黃金町 2-148	村本佳一郎	테이프, 파이프
馬場商店	기계공구	도소매	211.50	漢江通 6-12	馬場由一	
原田商會	기계공구	도소매	810.00	北米倉町 42	原田態夫	
久德正之	기계공구	도소매	197.19	黃金町 3-167	久德正之	
株式會社日立製作所 京城營業所	기계공구	도매	4,959.35	古市町 43		
弘中商工株式會社	기계공구	도매	3,170.25	漢江通 3-20		
船坂商會	기계공구	소매	35.91	和泉町 20-1	船坂愼市	
鞆新次郎	기계공구	소매	99.00	漢江通 6-11	鞆新次郎	
日興商工社	기계공구	소매	27.00	阿峴町 8-12	朴東遠	
株式會社松田清商店	기계공구	도소매	197.44	蓬萊町 1-5		식료잡화 겸업

村橋勇	기계공구	도소매	117.00	旭町 1-164	村橋勇	
合資會社宮崎商店	기계공구	도소매	216.00	南大門通 5-15		
吉田商店京城支店	기계공구	소매	76.50	漢江通 6-15	吉田治	
株式會社米井商店 京城出張所	기계공구	도매	188.33	黃金町 2-54		
共進商會	기계공구	도소매	328.86	古市町 14-51	李喜喆	
李庸奭	기계공구	소매	45.00	公平町 66	李庸奭	
柳川工業所	기계공구	소매	36.00	黃金町 7-62	李會昌	
渡邊新太郎	기계공구	소매	64.00	南大門通 2-29	渡邊新太郎	
秋友商行	펌프	도소매	720.00	岡崎町 6-19	秋友毅一郎	전화, 금융 겸업
ィバラギ商店	펌프	도소매	129.30	南大門通 5-6	茨木廣三	
カセミ商會	미싱	소매	22.77	明治町 2-25	足立純一	
川勝禎一	미싱	소매	31.50	南大門通 3-88	川勝禎一	양철(鉽力) 겸업
朝鮮被服商會	미싱	소매	22.20	竹添町 2-115	金景圭	
新熙ミシン商會	미싱	소매	18.00	竹添町 1-61-1	金鍾喆	수리
楠商會	미싱	소매	261.14	鍾路 2-27	楠正吉	만년필, 금융 겸업
金剛山ミシン株式會社	미싱	소매	36.00	鍾路 2-91		
三福合名會社本店	미싱	소매	30.45	公平町 99		
下村ミンソ商會	미싱	소매	23.40	本町 4-29	下村昭仁	
萬稔ミシン商會	미싱	소매	239.76	南大門通 1-99	宋昌萬	
一山工業所	미싱	소매	95.04	南大門通 1-101	宋黑煥	
東光ミシン商會	미싱	소매	15.30	西大門通 1-24	曹東煥	
ツバメ商會	미싱	소매	15.30	西大門通 2-1	趙奉九	
帝國ミシン株式會社 京城支店	미싱	소매	53.20	本町 2-5, 鍾路 4-50, 竹添町 1-102, 元町 2-94		
豊岡九郎	미싱	소매	22.50	古市町 14	豊岡九郎	
東洋ミシン商會	미싱	소매	45.00	鍾路 2-91	羅相謹	

李周煥	미싱	소매	58.50	橋南町 5	李周煥	
株式會社赤尾保商店 京城出張所	소방기구 및 용품	소매	199.29	南大門通 3-109		
高橋只一商店	소방기구 및 용품	소매	106.56	永樂町 2-68	高橋只一	
李弼城	소방기구 및 용품	소매	19.80	鍾路 3-4	李弼城	
株式會社京城辻村商店	양조용구 및 재료	소매	403.20	京町 40		서양식 술통(洋樽)
西田商店	양조용구 및 재료	소매	183.42	黃金町 3-230	西田梅吉	인력거, 운동기구 겸업
神崎理髮具店	이발 기구	소매	66.15	旭町 1-202	神崎比助	
東亞理髮器具株式會社	이발 기구	소매	152.62	鍾路 2-87		
國益冷凍機京城販賣所	아이스케이크 기계	소매	63.00	本町 4-38	石井保二	
株式會社島津製作所 京城出張所	이화학(理化學) 기계	소매	328.83	南大門通 2-10		
小林工業務所	수도용구	소매	255.00	本町 1-53 旭빌딩	小林勇三	
旭商會	수도용구	소매	46.80	永樂町 2-77-2	波邊岩吉	
東亞商事農具部	농기구	소매	18.00	蓬萊町 1-27	韓星澤	
不二工業所	농기구	소매	18.00	蓬萊町 1-82	金源基	
福島商店	농기구	소매	131.76	義州通 2-27	久保薰一	
中央商工社營業所	농기구	소매	19.80	蓬萊町 1-48	權潤國	
鮮滿產業株式會社	농기구	소매	150.00	樂園町 288		
朝鮮農具株式會社	농기구	소매	39.47	古市町 43.52		
合資會社千代田農具部	농기구	소매	27.79	南大門通 5-59		
鳥屋農具百貨店	농기구	소매	61.56	北米倉町 105	戶田春藏	
根木久作商店	농기구	소매	249.75	南大通 4-4	根木久作	난로, 비료 겸업
野田興農商會京城出張所	농기구	소매	117.00	古市町 12	野田文治郎	
株式會社富國園京城支店	농기구	소매	83.50	明治町 2-29-1		
大光社	농기구	소매	63.00	和泉町 195	朴明勳	
若原商店	농기구	소매	72.90	南米倉町 13	若原徹	

羽田洞帶株式會社 京城出張所	벨트	소매	95.94	南大門通 5-14	栗飯原淸胤	
株式會社サンエス商會	벨	소매	160.88	南大門通 5-59		
東海護謨工業株式會社	벨	소매	181.95	南大門通 5-26		
丸興工作所	솜틀(打綿機)	제작	84.00	昌信町 315	李重宣	가구 겸업
荒玉鐵工所	철공	제작	84.60	三坂通 176	荒玉松枝	
安南伊	철공	제작	67.20	元町 4-117	安南伊	
石井鐵工所	철공	제작	120.00	蓬萊町 1-129	石井吉雄	
上田鐵工所	철공	제작	59.80	黃金町 5-268	上田源助	
上原鐵工所	철공	제작	40.00	元町 1-122	上原彌一	
魚座鐵工所	철공	제작	56.00	古市町 30	魚座政子	
河內由鐵工所	철공	제작	50.00	榮町 34	河內山樂	
川原鐵工所	철공	제작	120.00	元町 1-121-41	川原文子	
京城工作所	철공	제작	302.00	岡崎町 82	河村善一	
北川政治郎	철공	제작	18.00	元町 3-99	北川政治郎	
北澤鐵工所	철공	제작	142.00	黃金町 5-96	北澤勝	
北鐵工所	철공	제작	120.00	京町 10-2	北松平	
姜興瑞鐵工所	철공	제작	72.00	京町 40-9	姜順萬	
三盛鐵工揚	철공	제작	16.00	慶雲町 64	姜仁龍	
金逸	철공	제작	32.00	黃金町 1-178	金逸	
中央機械工作所	철공	제작	20.00	阿峴町 367	金殷哲	
金光工業所	철공	제작	40.00	靑葉町 2-100	金學出	
金光鐵工所	철공	제작	90.00	中林町 67	金錫鉉	
金達文	철공	제작	40.00	黃金町 5-267	金達文	
金龍顏	철공	제작	120.00	靑葉町 2-130-2	金龍顏	
金龍柱	철공	제작	391.40	中林町 128	金龍柱	
桑原文三	철공	제작	72.00	京町 28	桑原文三	

中央ネヂエ作所	철공	제작	44.60	蓮池町 189	玄濟悳	
昭和製作所	철공	제작	100.00	元町 1-118	黃三龍	
黃壽福	철공	제작	24.00	元町 1-118	黃壽福	
洪淳敏	철공	제작	115.60	青葉町 3-98	洪淳敏	
鮮満鋼林工業所	철공	제작	31.50	龍頭町 146	吳義燮	
共和鐵工所	철공	제작	26.00	太平通 2-28	吳仁成	
孔兗奎	철공	제작	18.00	黃金町 5-275	孔兗奎	
興亞銅金工業株式會社	철공	제작	45.50	元町 3-48		
佐々木鐵工所	철공	제작	263.80	元町 2-67	小林茂	
小林鐵工所	철공	제작	202.48	元町 2-67, 南大門通 5-15	小林清一	기계 겸업
株式會社島田鐵工所	철공	제작	304.48	京町 7		
青葉鐵工所	철공	제작	600.00	青葉町 1-180	申貴萬	
エスケ—工作所	철공	제작	73.00	青葉町 2-97	申今奉	
平山製作所	철공	제작	50.00	岡崎町 84	申順澈	
東元鐵工所	철공	제작	26.00	京町 40	芮東元	
武智鐵工所	철공	제작	49.80	光熙町 1-145	武智武雄	
立花鐵工所	철공	제작	50.00	京町 11	立花龜太郎	
張仁植	철공	제작	30.00	番大方町 113-7	張仁植	
塚本源次	철공	제작	36.00	中林町 211	塚本源次	
第一鐵工所	철공	제작	36.00	觀水町 126-1	鄭寬植	
中村鐵工所	철공	제작	72.00	岡崎町 70	中村ハツ	
株式會社長谷川鐵工所	철공	제작	91.51	元町 1-117-5		
長谷部鐵工所	철공	제작	364.00	古市町 43	長谷部萬藏	군수품(軍需品) 겸업
馬場傳	철공	제작	16.00	黃金町 4-17	馬場傳	
深堀壽福	철공	제작	20.00	古市町 43	深堀壽福	
古田鐵工所	철공	제작	110.00	黃金町 4-17	古田米一	

正和鐵工所	철공	제작	68.00	京町 40-34	本間射一	군수품(軍需品) 겸업
堀田鐵工所	철공	제작	60.00	光熙町 1-187	增井治郎吉	
松尾鍛エ所	철공	제작	30.00	岡崎町 89-4	松尾健治	
丸一諸車製造所	철공	제작	17.10	古市町 14	丸一信	짐수레(荷車)
宮田鐵工所	철공	제작	148.00	大島町 27-19	宮田龜登	
向田鐵工所	철공	제작	72.20	元町 3-52	向田虎市	군수품(軍需品) 겸업
村里忠義	철공	제작	34.00	黃金町 4-162	村里忠義	
山本工作所	철공	제작	16.00	櫻井町 1-133	山本惣太郎	
吉田鐵工所	철공	제작	565.40	漢江通 3-23, 長谷川町 京城빌딩	吉田克二	군수품(軍需品), 기계
京光社	철공	제작	35.40	青葉町 1-190	李永洙	
德信鐵工所	철공	제작	26.10	孔德町 432	李幸得	
在元鐵工所	철공	제작	66.00	黃金町 1-192	李在元	
京龍エ業社	철공	제작	100.00	岡崎町 71	李壽漢	
太平鐵工營業部	철공	제작	164.16	南大門通 5-57	李周儀	
李成宗	철공	제작	50.00	阿峴町 367-3	李成宗	
龍山工作株式會社	철공	제작	6,526.30	漢江通 7		
丸吉工作所	철공	제작	26.00	黃金町 4-145	劉漢哲	
脇田鐵工所	철공	제작	308.00	元町 2-80-17	脇田仁助	채금선(採金船)
和田秀次郎	철공	제작	72.20	黃金町 3-184	和田秀次郎	군수품(軍需品) 겸업
遠藤伊勢雄	주물	주조	52.20	黃金町 4-187	遠藤伊勢雄	
三和鑄物製作所	주물	주조	40.00	阿峴町 367	金學奉	
相信鑄物工場	주물	주조	240.00	京町 8	金庚鎭	
信和鑄物工場	주물	주조	1,666.60	元町 1-116	黑松又七	
朝鮮鑄物工場	주물	주조	190.00	元町 3-55	下川武雄	
甲鉉申	주물	주조	20.00	青葉町 1-171	甲鉉申	
龍山鑄物工場	주물	주조	280.00	元町 1-1115	高島仁	

丸十鑄物工揚	주물	주조	180.00	京町 8	張福男	
鄭有成	주물	주조	80.00	孔德町 348	鄭有成	
京城鑄物製作所	주물	주조	555.80	京町 11-27	出分喜四郎	
長澤鐵造所	주물	주조	77.60	元町 3-49	長澤政英	
村上鐵工所	주물	주조	460.00	京町 40	村上多嘉喜	군수품(軍需品) 겸업
李興成	주물	주조	20.00	新吉町 72	李興成	
李喆培	주물	주조	140.00	山手町 81	李喆培	
和田鐵工所	주물	주조	170.00	岡崎町 93-21	和田廣太郎	
日本エス゛ケ，エフ゛興業株式會社 京城營業所	베어링	주조	116.07	南大門通 5-1 日本빌딩 내		
日本特殊陶業株式會社 京城出張所	여과기(爐過器)	소매	17.39	黃金町 1-180 朝鮮빌딩		
大阪變壓器株式會社 京城出張所	변압기	소매	69.17	南大門通 2-10		퓨즈
東洋スプリング製作所	스프링	제작	21.60	中林町 266	姜佐明	
株式會社京城スプリング製作所	스프링	제작	161.75	黃金町 2-66		
東洋オ—チス゛エレベ—タ—株式會社 京城駐在員	엘리베이터	소매	86.33	長谷川町		
朝鮮エタニットパイプ販賣株式會社京城支店	이터닛파이프	소매	132.15	永樂町 2-76		
鄭昌熙商店	목형(木型)	제작	70.60	古市町 43	鄭昌熙	
京城木型製作	목형(木型)	제작	30.00	岡崎町 71	朴熙漢	
松山模型製造所	목형(木型)	제작	18.00	古市町 43	松山八十八	
山下木型製作所	목형(木型)	제작	20.00	京町 11	山下仁四郎	
高一權鑄造所	고무신틀	제작	240.00	青葉町 2-125	高一權	
恒崎型製作所	흙거푸집(土型)	제작	20.00	元町 2-23	恒崎鶴松	
姜大圭	도르래 세공(細工)	제작	43.56	北米倉町 139	姜大圭	
金正鶴	도르래 세공(細工)	제작	30.00	鍾路 3-55	金正鶴	

金泰順	도르래 세공(細工)	제작	20.00	黃金町 4-77	金泰順	
張萬壽製作所	도르래 세공(細工)	제작	27.00	岡崎町 89-4	張萬壽	
李昌植	도르래 세공(細工)	제작	16.20	黃金町 7-29	李昌植	

5) 제12류 토목건축재료

상호/회사명	영업 종목	구별	1940년도 영업세액(엔)	영업소	영업주	비고
市來榮之助商店	건축, 금물	도매	408.06	蓬萊町 1-120	市來榮之助	
市田商店	건축, 금물	도소매	180.99	太平通 2-89	市田初次郎	
株式會社井上商店京城營業所	건축, 금물	소매	281.04	西界町 197		
三共商會	건축, 금물	도소매	403.02	蓬萊町 1-127	殷有仁	
金川商店	건축, 금물	소매	82.35	太平通 2-305	金川清助	
金興業	건축, 금물	소매	30.60	漢江通 13-81	金興業	
高口清	건축, 금물	도소매	626.40	南大門通 5-27	高口清	
長嶋新太郎商店	건축, 금물	도소매	442.71	岡崎町 92-18	長嶋新太郎	
長富甚太郎	건축, 금물	도소매	270.00	御成町 57	長富甚太郎	
株式會社橋本商會	건축, 금물	도소매	476.19	古市町 43		
株式會社福田又商店	건축, 금물	도소매	725.86	南大門通 3-91		건축재료 겸업
三鋼商會	건축, 금물	도소매	221.04	蓬萊町 1-116	朴弼允	
合資會社丸三商會	건축, 금물	도매	1,171.88	蓬萊町 1-162		금융 겸업
村田貞男	건축, 금물	소매	16.00	本町 5-52	村田貞男	
有原文市	금강(金鋼)	제조	20.00	岡崎町 90-1	有原文市	
池田金鋼京城支店	금강(金鋼)	제조	160.38	黃金町 2-42	池田卯八	
合資會社金森工場	금강(金鋼)	제조	22.44	漢江通 3-6		
川崎鐵鋼工場 京城出張所	금강(金鋼)	제조	1,837.96	漢江通 13	川崎フジエ	

洪明浩商店	금강(金鋼)	제조	45.90	蓬萊町 1-134	洪明浩	말총(馬尾) 겸업
豐命金鋼商會	금강(金鋼)	제조	50.54	南大門通 5-8	全命根	
株式會社銅直金鋼店	금강(金鋼)	제조	127.27	蓬萊町 4-112		
東華材木店	목재	소매	35.40	龍頭町 222	安点同	석회 겸업
池田材木店	목재	소매	15.30	櫻井町 1-60	池田ウタヱ	
生駒材木店	목재	도소매	498.24	太平通 2-325	生駒春介	
市川信治商店	목재	도소매	117.63	黃金町 6-55	市川信治	
市川武實	목재	도소매	290.88	岡崎町 71-2	市川武實	
伊東商店	목재	도소매	387.00	漢江通 3-5	伊東豐治	
入江製材所	목재	소매	36.00	水標町 54	入江倉吉	
大陸商會	목재	소매	21.50	阿峴町 368	印福潤	
上田材木店	목재	도소매	403.56	岡崎町 14	上田豐	
魚瀨材木店	목재	도소매	121.50	鍾路 5-98	魚瀨誠三	
合資會社王喜材木店	목재	소매	111.50	黃金町 3-5		
大串商店	목재	소매	25.65	永登浦町 426	大串龜八	토기(土器) 겸업
大澤商事株式會社	목재	도소매	135.42	岡崎町 87		
大竹材木店	목재	소매	25.38	仁寺町 67	大竹新吉	
大野材木店	목재	소매	194.40	鍾路 5-17	大野廣吉	
大村鎌次郎	목재	소매	414.00	龍頭町 150	大村鎌次郎	
加藤材木店	목재	소매	155.70	永樂町 1-56	加藤惣吉	
唐木材木店	목재	소매	75.60	新堂町 412	唐木勝	시멘트 겸업
河村商店	목재	소매	36.00	黃金町 4-162	河村仲太郎	시멘트 겸업
韓殷俊材木商	목재	소매	28.80	西大門町 1-57	韓殷俊	
北方材木店	목재	소매	102.05	黃金町 4-255	北方米吉	
姜晦求	목재	소매	28.80	孝悌町 20	姜晦求	
高陽木材公司	목재	소매	38.70	孔德町 433	姜志道	

金榮股	목재	소매	162.00	新堂町 31	金榮股	
金鎭洙材木店	목재	소매	72.00	桃花町 4-20	金春石	
金尙薪炭商店	목재	소매	15.00	館洞町 54-1	金尙濟	신탄(薪炭) 겸업
丸金材木店	목재	소매	60.30	漢江通 11-183	金正郁	
京城材木店	목재	소매	72.00	中學町 10	金宗亮	시멘트 겸업
日新材木店	목재	소매	25.20	龍頭町 121-1	金南山	
合資會社熊野商會	목재	도소매	261.98	古市町 14		
元胤洙	목재	소매	84.00	北阿峴町 250	元胤洙	미곡 겸업
永興材木店	목재	소매	39.60	黃金町 4-124	黃慶烈	
高陽木材公司	목재	제재	30.00	新孔德町 47-9	高順基	
洪兢裕	목재	소매	56.00	阿峴町 283	洪兢裕	
洪聖南	목재	소매	50.00	孔德町 245	洪聖南	
小松材木店	목재	소매	112.50	橋南町 55	小松勝次	
小森商店	목재	소매	236.70	旭町 1-28	小森勝太郎	
崔泳鱗	목재	소매	64.80	黃金町 5-22	崔泳鱗	
德昌材木店	목재	소매	81.00	孔德町 247	崔鍾浩	
興亞商事貿易商會	목재	소매	18.00	淸凉里172	崔淳甲	
櫻井商店材木部	목재	소매	194.16	漢江通 13-14	櫻井藤吉	시멘트 겸업
鹽津材木店	목재	도소매	702.00	西大門町 2-91	鹽津春吉	
元昌材木店	목재	소매	27.00	龍江町 137	徐成龍	
申大奉	목재	소매	77.00	祭基町 27	申大奉	운송 겸업
雜賀材木店	목재	소매	120.00	崇仁町 72-13, 岡崎町 70	雜賀英太郎	건축기구(建具) 겸업
曾羽材木店	목재	도소매	558.54	笠井町 189	曾羽幸三	
龍山材木店	목재	도소매	668.16	元町 3-124	孫壽昌	
廣昌古材木店	목재	소매	25.20	黃金町 4-125	孫俊鳳	
廣信材木店	목재	소매	62.60	積善町 57	孫德鉉	건축 겸업

株式會社大榮商會	목재	도소매	786.33	岡崎町 69		
高田材木店	목재	도소매	470.70	元町 1-121	高田興六	
田中材木店	목재	도소매	417.36	岡崎町 69-22	田中千早	
京城製材所	목재	제재	120.08	岡崎町 87	田中文男	
永昌材木店	목재	소매	79.20	龍江町 133	池雲成	
池順成	목재	소매	53.10	桃花町 170-2	池順成	
大丸製材所	목재	제재	16.00	昌信町 438-3	趙点成	
京南製材所	목재	제재	18.00	普光町 53	趙南杓	
津下商會	목재	도소매	394.80	漢江通 13	津下胎一	
光盛材木店	목재	도소매	28.80	孔德町 260	田文在	
豆滿江林業株式會社 京城出張所	목재	도소매	105.04	黃金町 6-21		
中島材木店	목재	소매	51.66	黃金町 5-95	中島鹿治郎	
中村洋行	목재	도소매	891.09	黃金町 5-249-1	中村須奈雄	
野中材木店	목재	도소매	194.40	苑南町 66-22	野中留一	
林製材所	목재	제재	90.00	新堂町 257	林清一	
平井材木店	목재	도소매	409.77	黃金町 3-234	平井勳	
善益木材商會支店	목재	소매	63.00	漢江通 15-14	平井正	
深谷材木店	목재	소매	100.80	昌信町 541	深谷兵作	
明信材木店	목재	소매	21.50	本洞町 234	閔昌植	
朴庚煥	목재	소매	86.40	龍頭町 135	朴庚煥	
大昌材木店	목재	소매	23.40	蓮建町 195	朴昌雲	
朴正和	목재	소매	29.70	孔德町 118	朴正和	
朴富成	목재	소매	108.00	新孔德町 5	朴富成	
細川材木店	목재	소매	54.00	孝悌町 302	細川信一	
本明卯平	목재	제재	208.00	林町 275	本明卯平	
合資會社麻浦材木店	목재	소매	48.00	桃花町 4		

宮崎梅吉	목재	소매	27.00	岡崎町 70	宮崎梅吉	
宮澤製材所	목재	소매	72.00	敦岩町 458-1	宮澤惡	시멘트 겸업
無限製材株式會社 京城支店	목재	도매	458.06	漢江通 15-52		
松永洋行	목재	도소매	164.70	黃金町 7-5	森西京助	
三幸洋行	목재	도소매	658.44	岡崎町 11	山名松太郎	
山本商店	목재	도소매	251.55	岡崎町 93	山本久楠	
李學淳	목재	소매	81.00	敦岩町 519	李學淳	
李奎植材木店	목재	소매	21.60	永登浦町 99	李奎植	
李二奉	목재	소매	117.00	永登浦町 351-17	李二奉	
吉川材木店	목재	소매	49.94	弘濟町 144	劉東東	
柳德浩材木店	목재	소매	23.40	觀水町 59-13	柳德浩	
廉德基	목재	소매	18.00	竹添町 1-65	廉德基	
青木由松	창호(建具)	제작	46.40	黃金町 4-158	青木由松	
新井六一	창호(建具)	제작	24.00	井町 22-226	新井六一	
池田德市	창호(建具)	제작	28.00	岡崎町 98	池田德市	
上村建具店	창호(建具)	제작	36.00	漢江通 11-183	上村末吉	
太田桂商店	창호(建具)	제작	34.40	櫻井町 2-65	太田桂	주류 겸업
岡本建具店	창호(建具)	제작	20.00	漢江通 3-43	岡本勝次郎	
尾島建具製作所	창호(建具)	제작	115.20	櫻井町 2-151	尾島作次郎	
河津長藏	창호(建具)	제작	22.00	黃金町 3-30	河津長藏	
河邊才藏	창호(建具)	제작	18.00	櫻井町 2-41	河邊才藏	
簡義成	창호(建具)	제작	16.00	新堂町 274-4	簡義成	
楠本工場	창호(建具)	제작	70.00	元町 1-93-24	楠本エイ	
黑田貞一	창호(建具)	제작	103.40	旭町 12-85	黑田貞一	
鹽山工作所	창호(建具)	제작	24.00	光熙町 1-275	鹽山清藏	
柴田建具店	창호(建具)	제작	40.00	岡崎町 8	柴田久太郎	

下林貞雄	창호(建具)	제조	17.80	黃金町 4-169	下林貞雄	
陶心兼太郎	창호(建具)	제작	24.00	本町 4-6	陶心兼太郎	
高見末吉	창호(建具)	제작	26.00	古市町 14	高見末吉	
田口鶴男	창호(建具)	제작	19.40	櫻井町 2-225	田口鶴男	
田口佐久馬	창호(建具)	제작	15.80	櫻井町 2-229	田口佐久馬	
趙南明	창호(建具)	제작	20.00	寬勳町 198	趙南明	
中津建具製作所	창호(建具)	제작	18.00	漢江通 11-185	中津豊三	
袴田建具店	창호(建具)	제작	140.00	京町 24	袴田豊吉	
樋口語市	창호(建具)	제작	20.00	黃金町 4-309	樋口語市	
興亞建築社	창호(建具)	제작	24.00	若草町 87-6	藤枝吉太郎	
水口清吉	창호(建具)	제작	18.00	漢江通 6-54	水口清吉	
李榮煥	창호(建具)	제작	23.40	鍾路 3-138	李榮煥	아이스케이크 겸업
柳原磯市	창호(建具)	제작	100.00	壽町 38	柳原磯市	
石橋榮次郎	석재	채석	16.20	元町 1-121-32	石橋榮次郎	
秦石山	석재	채석	112.70	崇仁町 171	秦漢得	
多治比貞助	석재	채석	27.00	昌信町 山6	多治比貞助	
福田成夫	석재	채석	43.20	龍頭町 135	福田成夫	
湯川金三郎	테라스	제조	30.00	並木町 261	湯川金三郎	
合資會社京城大理石製作所	대리석	가공	30.23	岡崎町 69		
三浦商會	내화벽돌	도매	63.90	漢江通 3-7	三浦志郎	
新井煉瓦製造工場	벽돌	제조	176.80	典農町 485	新井爲三郎	건축 겸업
合資會社京城煉瓦	벽돌	제조	578.30	南大門通 2-1		
朝鮮企業株式會社	벽돌	제조	52.03	蛤町 27		
合資會社森田煉瓦工場	벽돌	제조	85.04	鷺梁津町 48		
梁星三	벽돌	제조	100.00	蓬萊町 4-272	梁星三	
京龍砂利商會	자갈(砂利)	채취	90.90	麻浦町 163	黑木廻弘	

合資會社京城밸러스트商會	자갈(砂利)	채취	40.57	元町 4-24		철도 하역 겸업
渡邊七五三	자갈(砂利)	채취	21.60	漢江通 11-120	渡邊七五三	
淺野시멘트株式會社 京城支店	시멘트	도매	2,724.40	古市町 12		슬레이트 겸업
イワキ商會	시멘트	도소매	329.22	黃金町 3-65	岡和田芳郎	
姜先吉	시멘트	소매	20.00	下往十里町 39	姜先吉	
丸中商會	시멘트	도소매	108.00	南山町 1-22	下路 友五郎	
淺野슬레이트株式會社 京城支店	슬레이트	도매	674.51	漢江通 13		
內田シノブ	모르타르기와	제조	19.80	太平通 2-288	內田シノブ	
加藤愿策	모르타르기와	제조	8.40	京町 17	加藤愿策	
合資會社河手시멘트工業所	모르타르기와	제조	149.19	黃金町 5-35		건축, 회반죽 공사 겸업
韓澤洙	모르타르기와	제조	41.40	永登浦町 411	韓澤洙	
崔炳起	모르타르기와	제조	21.60	阿峴町 496	崔炳起	
宋永信	모르타르기와	제조	20.00	下往十里町 958	宋永信	
永柳與三太郎	모르타르기와	제조	50.00	新吉町 10	永柳與三太郎	벽돌 겸업
共榮시멘트기와工業所	모르타르기와	제조	26.00	阿峴町 367	南相甲	
南宮集	모르타르기와	제조	18.00	昌信町 444-5	南宮集	
李宗福	모르타르기와	제조	27.00	永登浦町 555-7	李宗福	
京城콘크리트工業所	모르타르기와	제조	36.00	黃金町 7-141	林興瑞	
新井商店	건축재료	소매	126.00	蓬萊町 1-5	新井貞之助	
上田友太郎商店	건축재료	소매	112.50	古市町 14	上田友太郎	
合資會社大田商會	건축재료	도소매	107.01	義州通 2-171		
穴原商會出張所	건축재료	소매	133.76	明治町 2-107	奧津鐵也	
京城鋼材工業所	건축재료	소매	103.77	明治町 2-13	落合一策	
川分榮一	건축재료	소매	20.00	岡崎町 14	川分榮一	
紀伊國陶一	건축재료	도소매	1,198.25	南大門通 5-57, 本町 4-37	紀伊國陶一	석분, 유리간판 겸업
金光商會	건축재료	소매	30.60	舟橋町 174	金炳球	

觀興商會	건축재료	소매	19.80	觀水町 59-1	洪鵠模	
佐藤佐太	건축재료	소매	91.17	黃金町 4-1	佐藤佐太	
三機工業株式會社 京城支店	건축재료	도매	526.79	黃金町 1-63		
千村辯	건축재료	도매	48.00	漢江通 13-183	千村辯	운송 겸업
陣內商店	건축재료	도매	48.69	古市町 43	陣內儀三郎	
鄭海龍	건축재료	도매	21.60	新堂町 274-2	鄭海龍	
東洋塗料株式會社	건축재료	도매	62.07	岡崎町 69		
戸澤商店	건축재료	도소매	241.29	長谷川町 91	戸澤清三郎	
戶張工業所	건축재료	도소매	130.40	漢江通 13-54	戶張又市	시멘트 겸업
長谷川潔	건축재료	도소매	108.98	太平通 2-355	長谷川潔	방수공사 겸업
濱本寅吉商店	건축재료	도소매	381.69	古市町 14	濱本寅吉	
藤田義雄	건축재료	소매	117.00	漢江通 3-6	藤田義雄	
加藤勝美	타일	도소매	61.00	元町 1-121-6	加藤勝美	
金東煥	타일	도소매	201.57	鍾路 2-88	金東煥	이발기구 겸업
末永武一	타일	도소매	442.37	太平通 2-355	末永武一	
田島貞次	타일	소매	20.00	黃金町 4-218	田島貞次	
堀內商會	타일	소매	43.20	黃金町 4-156	堀內貞一	
吉川洋行	타일	소매	34.74	黃金町 2-153	吉川宇造	
合資會社長谷川石灰工場	석회	제조	138.56	新孔德町 63		시멘트 겸업
合名會社旭商司	도료	도소매	43.42	南大門通 5-19		
淺見商店	도료	소매	18.00	本町 2-42	淺見秀雄	
石井與一	도료	소매	50.00	本町 2-45	石井與一	
井村秀太郎	도료	소매	38.00	黃金町 3-349-1	井村秀太郎	
冲永페인트商會	도료	도소매	252.00	黃金町 4-261	冲永晟	
오리엔탈페인트株式會社 京城出張所	도료	도소매	182.57	南大門通 2-28		
朝鮮페인트商會	도료	소매	50.40	仁寺町 168	金益培	

塗光페인트商會	도료	소매	121.40	元町 1-129	金鍾喆	도장(塗裝) 겸업
久保孝太郎	도료	소매	86.94	永樂町 2-58	久保孝太郎	
崔相健	도료	소매	23.20	西大門町 2-59	崔相健	
高橋塗工所	도료	소매	22.00	漢江通 6-54	高橋運一	
武內請負業店	도료	소매	40.00	櫻井町 2-59	武內嶺治	
辰已吉之助商店	도료	도소매	170.90	漢江通 11-166	辰已吉政	
千葉商店支店	도료	도소매	204.57	南大門通 5-12	千葉利右衛門	염료 겸업
日本油肥株式會社 朝鮮支店	도료	도소매	521.55	長谷川町 21 富士빌딩		비료 겸업
松尾幸二郎	도료	소매	16.00	永樂町 2-60	松尾幸二郎	
古川尙雄	도료	대리	121.30	青葉町 2-11	古川尙雄	전구, 금물(金物), 침목(枕木), 방수포 겸업
丸信商會	도료	소매	76.05	舟橋町 189	李文雨	
合資會社隆一商店	도료	소매	95.10	明治町 2-12		
和田商會	도료	도소매	358.59	黃金町 2-113	和田壽夫	
大山疊店	다다미(疊) 및 재료품	제작	26.00	榮町 25	大山源太郎	
加藤佐太郎	다다미(疊) 및 재료품	제작	24.60	明治町 2-5-1	加藤佐太郎	
藤田政男	다다미(疊) 및 재료품	제작	30.00	古市町 43	藤田政男	
金崎商店	다다미(疊) 및 재료품	제작	63.36	黃金町 3-282	金崎虎雄	
川口喜惣治	다다미(疊) 및 재료품	제작	25.60	吉野町 1-130	川口喜惣治	
國家商店	다다미(疊) 및 재료품	제작	44.00	黃金町 3-291	國家來松	
株式會社倉橋商店 京城支店	다다미(疊) 및 재료품	제작	150.00	明治町 2-78		
高田謙三	다다미(疊) 및 재료품	제작	35.14	黃金町 2-148	高田謙三	
鷹取商店	다다미(疊) 및 재료품	제작	64.00	本町 2-78	鷹取堯一	
高橋七五郎	다다미(疊) 및 재료품	제작	16.00	本町 4-48	高橋七五郎	
二宮勇	다다미(疊) 및 재료품	제작	20.00	旭町 3-13-13	二宮勇	
沼茂平商店	다다미(疊) 및 재료품	제작	18.00	黃金町 4-187	沼茂平	

平田商會	다다미(疊) 및 재료품	제작	18.00	若草町 80	平田源平	
平野商店	다다미(疊) 및 재료품	제작	28.80	壽町 34	平野兼松	
株式會社藤山商店	다다미(疊) 및 재료품	제작	62.62	黃金町 3-75		
安田光男	다다미(疊) 및 재료품	제작	34.20	本町 2-49	安田光男	
河內屋	다다미(疊) 및 재료품	제작	40.00	元町 2-68	和田多丸	
龜田成勇商店	판유리	소매	33.30	櫻井町 1-87	龜田成勇	
後藏鍗三	판유리	소매	92.37	古市町 43	後藏鍗三	
昭和商事合資會社	판유리	도매	1,059.71	古市町 12 片倉빌딩 내		
八尾板硝子店	판유리	소매	19.80	本町 5-15	八尾德義	
三田政商店	판유리	소매	88.92	南山町 3-8	三田昌夫	
八木京城支店	판유리	소매	144.81	岡崎町 92-3	八木與一	
矢田글래스店	판유리	소매	21.60	本町 5-50	矢田甲三郎	
ヤダ硝子店	판유리	소매	13.00	永登浦町 488	李用萬	
西村源太郎	기와(瓦)	제조	13.00	新吉町 76	西村源太郎	
古橋伊三郎	기와(瓦)	제조	15.00	鷺梁津町 298	古橋伊三郎	
合資會社朝鮮코르크工業所	코르크	제조	231.58	鷺梁津町 84		
朝鮮特產物合資會社 京城出張所	코르크	제조	130.66	鷺梁津町 72		
村岡式焚口製作販賣所	굴뚝(焚口)	제조	46.80	新堂町 340-73	村岡確造	

6) 제13류 청부업(請負業)

상호/회사명	영업 종목	구별	1940년도 영업세액(엔)	영업소	영업주	비고
伊々崎梅	토목	청부	38.10	櫻井町 2-71	伊々崎梅	석공 겸업
合資會社 石田組	토목	청부	587.85	舟橋町 318		
合資會社 今岡組	토목	청부	26.59	林町 32		
伊藤乙松	토목	청부	18.00	黃金町 3-266	伊藤乙松	인부 공급
岩下芳三	토목	청부	110.00	永登浦町 431	岩下芳三	
尹宙榮土木社	토목	청부	50.00	惠化町 71-4	尹宙榮	
上田伊之助	토목	청부	18.00	元町 1-108-11	上田伊之助	
合資會社 植松組	토목	청부	79.13	岡崎町 99		
合資會社 內田組	토목	청부	1,072.26	漢江通 11		
內田伊太郎	토목	청부	120.00	元町 2-38	內田伊太郎	
浦原七五助	토목	청부	80.00	漢江通 15	浦原七五助	
小澤源太郎	토목	청부	64.00	元町 2-92	小澤源太郎	토관(土管) 겸업
金九幸七	토목	청부	60.0	大和町 3-30	金九幸七	
龜田留吉	토목	청부	259.40	若草町 118	龜田留吉	
合資會社 川口組	토목	청부	80.25	京町 20		
京城土木合資會社	토목	청부	3,681.12	都染町 144		
株式會社 工營社	토목	청부	267.15	堅志町 60		
建業合資會社	토목	청부	77.98	苑南町 66-26		
佐々木彌太郎	토목	청부	110.00	明治町 1-53-3	佐々木彌太郎	
曺昌潤	토목	청부	124.00	靑葉町 2-71-20	曺昌潤	
田部峰之助	토목	청부	60.00	南米倉町 263	田部峰之助	
張世喆	토목	청부	46.00	本洞町 426	張世喆	

張南鎮	토목	청부	257.60	臥龍町 140		
合資會社 朝鮮土木工業社	토목	청부	39.00	漢江通 15-86		
津田久吉	토목	청부	60.00	元町 2-93	津田久吉	
堤熊次郎	토목	청부	62.00	積善町 71	堤熊次郎	
土井重大治郎	토목	청부	61.20	光熙町 1-193	土井重大治郎	
東亞工業株式會社	토목	청부	1,733.65	京町 11		석면, 시멘트 겸업
合資會社 長門組	토목	청부	659.23	漢江通 16		
合資會社 日東組	토목	청부	63.54	漢江通 11-134		
日滿土木株式會社	토목	청부	347.00	漢江通 11-215		
白春植	토목	청부	54.60	元町 2-66-2	白春植	
株式會社 北陸組	토목	청부	180.96	岡崎町 7		
合資會社 前田組	토목	청부	98.97	漢江通 3-18		
松岡太一	토목	청부	18.00	本町 5-36-9	松岡太一	
松本豐次	토목	청부	40.00	本町 5-82	松本豐次	
矢野金治	토목	청부	42.00	漢江通 13-55	矢野金治	
矢部與次平	토목	청부	170.20	元町 2-59	矢部與次平	
株式會社 山一組	토목	청부	41.13	永樂町 2-72		
山田桂三郎	토목	청부	200.00	青葉町 2-71-5	山田桂三郎	
山本榮作	토목	청부	50.00	蓮建町 299-1	山本榮作	
合資會社 山本組	토목	청부	미정	漢江通 11-255		
橫田啓一	토목	청부	724.00	古市町 38	橫田啓一	
吉永丈吉	토목	청부	406.20	明治町 2-15	吉永丈吉	
李海善	토목	청부	70.00	禮智町 81	李海善	
秋元孫市	건축	청부	72.00	岡崎町 8-19	秋元孫市	
生田松太郎	건축	청부	507.40	若草町 54	生田松太郎	
石田直一	건축	청부	30.20	三坂通 62	石田直一	

泉川壽之助	건축	청부	120.00	旭町 2-62	泉川壽之助	
井上良衛	건축	청부	140.00	北米倉町 69	井上良衛	
岩元工業株式會社 朝鮮營業所	건축	청부	28.18	黃金町 4-41		
上見作之助	건축	청부	24.00	本町 4-37	上見作之助	
內海合資會社	건축	청부	57.52	黃金町 2-148		
氏原佐太郎	건축	청부	40.00	蓬萊町 1-157-8	氏原佐太郎	
梅崎兼吉	건축	청부	84.00	永登浦町 466	梅崎兼吉	
惠良建築社	건축	청부	23.20	若草町 136	惠良榮藏	
大庭忠作	건축	청부	36.60	櫻井町 2-46	大庭忠作	
大平常雄	건축	청부	30.00	彌生町 8	大平常雄	
合資會社 嘉組	건축	청부	39.00	櫻井町 1-63		
柏木 茂	건축	청부	18.00	明治町 2-8	柏木 茂	
神田榮三郎	건축	청부	24.00	黃金町 4-156	神田榮三郎	
河野政男	건축	청부	58.00	林町 81	河野政男	
河野又次郎	건축	청부	72.00	漢江通 2-8	河野又次郎	
瓦田六郎	건축	청부	588.20	初音町 3	瓦田六郎	
河上鐵之助	건축	청부	36.00	笠正町 273	河上鐵之助	
枯尾庄次郎	건축	청부	40.00	櫻上町 55	枯尾庄次郎	
木村榮	건축	청부	53.40	大和町 1-4	木村榮	
金敬熙	건축	청부	20.00	光熙町 1-290	金敬熙	
金守籍	건축	청부	32.00	鍾路 6-27-1	金守籍	
工藤猪之助	건축	청부	60.00	峴底町 100	工藤猪之助	
黒田慶介	건축	청부	160.00	錦町 40-20	黒田慶介	
黒田力松	건축	청부	16.00	元町 1-129	黒田力松	양철(鉽力) 세공 겸업
株式會社 弘電社 京城出張所	건축	청부	73.98	永樂町 2 永樂빌딩 내		난방공사 겸업
吳殷東	건축	청부	223.20	天然町 123-2	吳殷東	

吳炳夔	건축	청부	196.00	鍾路 5-355	吳炳夔	
孔禹喆	건축	청부	50.00	蓮建町 190	孔禹喆	
光吉暢	건축	청부	66.00	黃金町 3-18	光吉暢	
權重旭	건축	청부	56.00	鳳翼町 82	權重旭	
崔觀洙	건축	청부	60.00	敦岩町 471-84	崔觀洙	
崔萬成	건축	청부	87.40	崇仁町 298-1	崔萬成	
齋木胤志	건축	청부	140.00	元町 2-8-22	齋木胤志	
齋藤善道	건축	청부	90.00	大島町 117-1	齋藤善道	
實崎休三	건축	청부	72.00	初音町 6	實崎休三	
徐載運	건축	청부	170.20	貞洞町 26	徐載運	
徐廷徹建築社	건축	청부	120.00	寬勳町 175	徐廷徹	
鈴木淸一	건축	청부	36.00	元町 1-133-16	鈴木淸一	
曾我部義一	건축	청부	96.00	苑西町 244	曾我部義一	
高岡建築社	건축	청부	40.00	旭町 1-100-11	高岡周一	
高木龍之助	건축	청부	20.00	永樂町 1-96	高木龍之助	
田中豐吉	건축	청부	40.00	旭町 1-164	田中豐吉	
田中貞吉	건축	청부	16.00	本町 5-34	田中貞吉	
田邊茂作	건축	청부	50.00	林町 2	田邊茂作	
田淵 實	건축	청부	540.00	太平通 2-308	田淵 實	
張元煥	건축	청부	72.00	鍾路 3-33	張元煥	
築本正一	건축	청부	50.00	並木町 15-3	築本正一	
栃原 守	건축	청부	48.00	桜井町 1-126	栃原 守	
中島喜三郞	건축	청부	72.00	青葉町 3-82	中島喜三郞	
中島義雄	건축	청부	108.00	黃金町 6-34	中島義雄	
長野政章	건축	청부	52.00	西四軒町 2	長野政章	
沼田健作	건축	청부	20.00	西四軒町 115	沼田健作	

能野由介	건축	청부	48.00	冷泉町 103-2	能野由介	
萩尾佐市	건축	청부	160.00	榮町 35	萩尾佐市	
橋口昌美	건축	청부	22.00	元町 2-8-7	橋口昌美	
板東大平	건축	청부	16.20	黃金町 4-32	板東大平	금물 겸업
久郷音次郎	건축	청부	40.00	永登浦町 550	久郷音次郎	
姫野一	건축	청부	40.00	花園町 122	姫野一	
姫野芳松	건축	청부	16.00	元町 2-53	姫野芳松	
平田勘平	건축	청부	87.00	元町 2-52-17	平田勘平	
合資會社 藤田組	건축	청부	168.62	黃金町 5-8		
藤田南世	건축	청부	24.00	本町 4-108	藤田南世	
細川峯吉	건축	청부	24.00	元町 1-17	細川峯吉	
細谷伊代治	건축	청부	45.20	林町 65	細谷伊代治	
增田壽邦雄	건축	청부	24.00	本町 4-127	增田壽邦雄	
松崎正記	건축	청부	80.00	旭町 1-182	松崎建築社	
松本謙太郎	건축	청부	70.00	岡崎町 14	松本謙太郎	
三浦嘉久彦	건축	청부	200.00	新堂町 340	三浦嘉久彦	
宮本辰夫	건축	청부	26.00	並木町 150-4	宮本辰夫	
山根石松	건축	청부	80.20	岡崎町 52	山根石松	
山根林作	건축	청부	18.00	漢江通 13-165	山根林作	
李允天	건축	청부	100.80	昌信町 397	李允天	제재 겸업
李名遠	건축	청부	62.70	西大門町 2-70	李名遠	금융 겸업
渡利武俊	건축	청부	48.00	黑石町 山5	渡利武俊	
合名會社 阿川組	토목건축	청부	2,392.26	旭町 1-181		
赤松文吉	토목건축	청부	218.00	本町 2-34	赤松文吉	
株式會社 荒井組	토목건축	청부	미정	漢江通 13--249		
安部早人	토목건축	청부	166.00	永登浦町 29-2	安部早人	

池谷安一	토목건축	청부	64.00	道林町 323	池谷安一	
池田岩太郎	토목건축	청부	28.00	林町 139	池田岩太郎	
池松熊喜	토목건축	청부	60.00	黃金町 5-196	池松熊喜	
池本 潔	토목건축	청부	32.00	元町 1-83	池本 潔	
石田政四郎	토목건축	청부	50.00	黃金町 4-285	石田政四郎	
一木一郎	토목건축	청부	140.00	黃金町 5-262	一木一郎	
今井敬吉	토목건축	청부	16.00	旭町 1-144 山本方	今井敬吉	
入江淸一郎	토목건축	청부	34.00	大和町 1-3	入江淸一郎	
上川瀧浩	토목건축	청부	32.00	新堂町 254-68	上川瀧浩	
梅林宇十郎	토목건축	청부	1,514.80	南大門通 2-1	梅林宇十郎	
江波鐵次	토목건축	청부	48.00	櫻井町 2-192	江波鐵次	
大石貞七	토목건축	청부	80.00	永樂町 1-87 本町 5-36 朝日座內	大石貞七	방석(座布團) 대부
大倉土木株式會社 京城出張所	토목건축	청부	미정	大和町 1-44		
大高商工合資會社	토목건축	청부	26.00	漢江通 11-23		
太田 東	토목건축	청부	23.60	黃金町 4-159	太田 東	
株式會社 大林組 京城出張所	토목건축	청부	미정	南大門通 2-1		
合資會社 近江組	토목건축	청부	829.09	元町 1-1		
小笠茂三郎	토목건축	청부	150.00	岡崎町 98	小笠茂三郎	
岡部惣太郎	토목건축	청부	300.00	光熙町 1-84	岡部惣太郎	
岡村 節	토목건축	청부	130.00	黃金町 3-260	岡村 節	
岡村茂四郎	토목건축	청부	28.00	永登浦町 34-45	岡村茂四郎	
岡本三郎	토목건축	청부	124.00	本町 3-13	岡本三郎	
小野久治	토목건축	청부	200.00	櫻井町 2-215	小野久治	
景山定治	토목건축	청부	560.00	元町 1-76	景山定治	
合資會社 柏木組	토목건축	청부	39.00	吉野町 1-124		

株式會社 鹿島組 京城出張所	토목건축	청부	미정	漢江通 13		
合資會社 勝呂組 京城支店	토목건축	청부	미정	旭町 1-7		
甲斐常藏	토목건축	청부	110.00	林町 126	甲斐常藏	
榾屋德一	토목건축	청부	500.00	西小門町 116	榾屋德一	
柏木藻三郎	토목건축	청부	658.60	益善町 154	柏木藻三郎	
川崎牛藏	토목건축	청부	112.00	永登浦町 425	川崎牛藏	트럭 운송
川村清吉	토목건축	청부	110.80	漢江通 11-25	川村清吉	
尾崎俊二	토목건축	청부	110.00	黃金町 6-21	尾崎俊二	
合資會社 關東組	토목건축	청부	684.09	岡崎町 7-71		
岸 登吉	토목건축	청부	430.60	黃金町 7-8	岸 登吉	
木原猪之丞	토목건축	청부	546.20	元町 1-17	木原猪之丞	
金天祐	토목건축	청부	96.00	觀水町 86	金天祐	전당포(質) 겸업
葛下富次	토목건축	청부	70.00	本町 1-38	葛下富次	
楠見忠三郎	토목건축	청부	2,392.80	三坂通 103-8	楠見忠三郎	
窪田英吉	토목건축	청부	124.00	大島町 5-20	窪田英吉	
熊城鍾三郎	토목건축	청부	1,080.00	漢江通 11-287	熊城鍾三郎	
小林德一郎	토목건축	청부	990.00	漢江通 3-18	小林德一郎	
小木曾源三郎	토목건축	청부	921.42	岡崎町 87	小木曾源三郎	
黃京浩	토목건축	청부	54.00	青葉町 2-104-14	黃京浩	
近藤福二	토목건축	청부	80.00	大和町 2-83	近藤福二	
權寧元	토목건축	청부	73.20	孝子町 138	權寧元	
株式會社 榊谷組	토목건축	청부	미정	漢江通 3-61		
坂本東一	토목건축	청부	28.00	永登浦町 466-6	坂本東一	
佐々木安之助	토목건축	청부	331.80	黃金町 4-193	佐々木安之助	
汐崎靜雄	토목건축	청부	124.00	榮町 35	汐崎靜雄	
志岐工業株式會社	토목건축	청부	미정	日出町 13		

株式會社 柴田組	토목건축	청부	미정	竹添町 2-69		
株式會社 清水組	토목건축	청부	미정	黃金町 1-101		
下原口善次郎	토목건축	청부	22.00	黃金町 4-110	下原口善次郎	
菅 勇吉	토목건축	청부	16.00	吉野町 1-116	菅 勇吉	
鈴木 登	토목건축	청부	60.00	光熙町 1-164	鈴木 登	
株式會社 錢高組 京城出張所	토목건축	청부	639.48	竹添町 2-45		
大正鋖筋コンクリ—ト株式會社 京城出張所	토목건축	청부	72.07	苑南町 193		
合資會社 大堂工務店	토목건축	청부	17.60	黃金町 3-37		
大洋土木合資會社	토목건축	청부	664.19	青葉町 3-114		
高倉三藏	토목건축	청부	200.00	堂山町 227	高倉三藏	
竹田政吉	토목건축	청부	166.80	黃金町 6-18	竹田政吉	
合資會社 多田工務店	토목건축	청부	미정	太平通 1-40-2		건축재료 겸업
田中藤吉	토목건축	청부	60.00	光熙町 1-182	田中藤吉	
田部亮太郎	토목건축	청부	342.00	南大門通 5-8	田部亮太郎	여관 겸업
中央土木合資會社	토목건축	청부	1, 260.97	三坂通 65		
合資會社 朝鮮有馬組	토목건축	청부	173.98	漢江通 11		
株式會社 津田組	토목건축	청부	368.18	漢江通 11-407		
筑本政太郎	토목건축	청부	60.00	並木町 149	筑本政太郎	
辻吉五郎	토목건축	청부	264.00	青葉町 1-3	辻吉五郎	
鄭雲卓	토목건축	청부	32.00	敦岩町 458-368	鄭雲卓	
鄭池權	토목건축	청부	100.00	明倫町 2-21-1	鄭池權	
鄭健培建築作業場	토목건축	청부	16.00	城北町 128	鄭健培	
當房有次郎	토목건축	청부	62.50	西界町 194	當房有次郎	
株式會社 飛島組 京城支店	토목건축	청부	미정	北阿峴町 1-21		
中川土建店	토목건축	청부	28.00	黃金町 6-74	中川末吉	

合資會社 中島組	토목건축	청부	390.00	永樂町 1-5		
合資會社 中村組	토목건축	청부	2,904.62	竹添町 3-185		
中村光輔	토목건축	청부	164.00	林町 280	中村光輔	
永本豐治郎	토목건축	청부	56.00	仁義町 22	永本豐治郎	
合資會社 二井組	토목건축	청부	107.09	漢江通 11-31		
株式會社 西松組 京城支店	토목건축	청부	4,578.39	黃金町 1-180 조선빌딩 내		
合資會社 西本組 京城支店	토목건축	청부	미정	若草町 106		
西吉序三郎	토목건축	청부	60.00	永登浦町 594	西吉序三郎	
日本工業合資會社 京城支店	토목건축	청부	520.00	榮町 6		
任興洙	토목건축	청부	16.00	孔德町 175-51	任興洙	
株式會社 間組 朝鮮支店	토목건축	청부	6,738.15	漢江通 11-178		
合資會社 久野組	토목건축	청부	91.00	岡崎町 6-2		
姬野金次郎	토목건축	청부	80.00	林町 212	姬野金次郎	
姬野寶太郎	토목건축	청부	100.00	黃金町 3-344	姬野寶太郎	
深井庄吉	토목건축	청부	400.00	元町 1-24 시장	深井庄吉	
合資會社 深堀工務所	토목건축	청부	206.45	黃金町 4-202		가구 겸업
藤田源市	토목건축	청부	360.00	新堂町 197-1	藤田源市	
藤田一利	토목건축	청부	40.00	光化門通 23	藤田一利	
古家小谷之助	토목건축	청부	1, 292.20	若草町 106	古家小谷之助	
法野源次郎	토목건축	청부	56.00	花園町 42	法野源次郎	
北鄕松四郎	토목건축	청부	120.00	榮町 11-5	北鄕松四郎	
朴在成	토목건축	청부	20.00	新設町 281-9	朴在成	
朴壽興	토목건축	청부	60.00	敦岩町 286-2	朴壽興	
前川三郎	토목건축	청부	68.00	漢江通 6-123	前川三郎	
松下秋太	토목건축	청부	16.00	櫻井町 1-87	松下秋太	
株式會社 松本組 京城支店	토목건축	청부	5,485.72	漢江通 15		

三木合資會社	토목건축	청부	미정	竹添町 2-101		
水田莊一	토목건축	청부	80.00	永樂町 1-64	水田莊一	
水田高次郎	토목건축	청부	40.00	並木町 35-12	水田高次郎	
三原正幸	토목건축	청부	300.00	永登浦町 469	三原正幸	
合資會社 宮川工務店	토목건축	청부	366.06	本町 2-66		
株式會社 三宅組	토목건축	청부	미정	東四軒町 35		
村上菊一郎	토목건축	청부	240.00	並木町 182-64	村上菊一郎	
向原金次郎	토목건축	청부	200.00	黃金町 7-9	向原金次郎	
室彦右衛門	토목건축	청부	32.00	本町 3-51	室彦右衛門	
森本千吉	토목건축	청부	1,145.80	三坂通 244	森本千吉	
安田敬吉	토목건축	청부	414.00	花園町 122	安田敬吉	
柳井菊光	토목건축	청부	22.00	青葉町 2-90-24	柳井菊光	
矢部與太郎	토목건축	청부	800.00	花園町 10	矢部與太郎	
山內久次郎	토목건축	청부	110.00	元町 1-89-20	山內久次郎	
山田福一	토목건축	청부	232.40	黃金町 6-18	山田福一	
山本松吉	토목건축	청부	110.00	竹添町 3-28	山本松吉	
吉坂千代藏	토목건축	청부	516.20	青葉町 2-103	吉坂千代藏	
賴岡實一	토목건축	청부	260.00	昌信町 443	賴岡實一	
龍永善	토목건축	청부	15.20	中林町 235-1	龍永善	조선가구 겸업
龍山土木合資會社	토목건축	청부	17.78	漢江通 13		
和田建造	토목건축	청부	156.00	櫻井町 2-135	和田建造	
和田佐一	토목건축	청부	446.00	青葉町 1-176	和田佐一	
合資會社 和田山組	토목건축	청부	39.00	漢江通 15		
朝日電氣工業株式會社 京城支店	전기공사	청부	172.71	長谷川町 108		
株式會社 營電社 京城出張所	전기공사	청부	319.71	黃金町 1-134		
共榮社電氣商會	전기공사	청부	21.20	元町 2-26	置鮎藤三郎	

ヱムケ電氣商會	전기공사	청부	20.00	永樂町 2-72	金田政重	
河野電氣商會	전기공사	청부	80.00	漢江通 3-24	河野	
中央電氣商工社	전기공사	청부	92.50	竹添町 1丁目	金玉允	
黑野電氣工務所	전기공사	청부	444.00	北米倉町 93	黑野正太郎	
越田電氣商會	전기공사	청부	82.50	本町 1-48	越田彌三郎	전기기구 겸업
櫻木電氣商會	전기공사	청부	42.60	漢江通 7-22	櫻木芳吉	전기 겸업
島田商會 京城出張所	전기공사	청부	438.60	旭町 1-72	島田常雄	
合資會社 首藤電氣商會	전기공사	청부	32.50	三坂通 255		
東電舍	전기공사	청부	20.00	青葉町 3-12-43	徐廷象	
達城電氣商會	전기공사	청부	80.00	青葉町 1-156	徐德昌	
タムラ商會	전기공사	청부	64.80	元町 2-52-17	田村秀雄	
張電氣商會	전기공사	청부	40.00	西大門町 2-77	張聖雲	
朝鮮起業株式會社	전기공사	청부	42.06	鍾路 1-71 任家빌딩		
朝鮮三和電氣工事株式會社	전기공사	청부	1,090.84	太平通 1-29		
株式會社 東光商會 京城出張所	전기공사	청부	31.38	元町 1-121		
旭電氣社	전기공사	청부	165.00	岡崎町 98	西村五一郎	
城東商會	전기공사	청부	122.58	黃金町 1-206	東正次郎	
鍾路 電氣商會	전기공사	청부	20.00	授恩町 86	閔允植	
吉川商工社	전기공사	청부	20.00	古市町 43	古川久治郎	
合資會社 別府電氣工業所	전기공사	청부	177.74	櫻下町 144		
堀電氣商會	전기공사	청부	246.79	太平通 2-60	堀善一郎	
松本貞吉	전기공사	청부	145.60	古市町 37-6	松本貞吉	
加藤商會	전기공사	청부	239.52	黃金町 2-200	山田鈴太郎	전기기구 겸업
山田電氣商會	전기공사	청부	36.00	和泉町 20	山田織一	
石橋芳二	난방공사	청부	94.40	南大門通 4-76 金千代會舘 내	石橋芳二	

岩谷暖房衛生株式會社 京城支店	난방공사	청부	219.72	南米倉町 220		
上田工務店	난방공사	청부	60.00	黄金町 6-18	上田榮一	
大谷政治	난방공사	청부	107.80	並木町 151-45	大谷政治	
黃在正	난방공사	청부	38.00	西大門町 2-17-1	黃在正	
佐藤德二郎	난방공사	청부	30.00	黄金町 3-103-4	佐藤德二郎	
杉山製作所	난방공사	청부	2,315.49	竹添町 2-157	杉山 久	
宣龍乭	난방공사	청부	80.00	元町 1-94	宣龍乭	
第一工業株式會社 京城出張所	난방공사	청부	472.95	南大門通 4-76		
田飼軍治	난방공사	청부	78.20	太平通 2-212	田飼軍治	
原田三郎	난방공사	청부	107.30	古市町 57	原田三郎	
東口商會	난방공사	청부	605.90	水標町 36	東口 近	위생 기구 겸업
石田旗太	아스팔트	청부	378.00	黄金町 2-148	石田旗太	
佐久間パプコ工業株式會社 京城出張所	아스팔트	청부	145.35	漢江通 13		기와 겸업
合資會社 東亞아스팔트工業所	아스팔트	청부	35.50	京町 11-24		
日本鋪道株式會社 京城出張所	아스팔트	청부	989.75	漢江通 3-97		
合資會社 網干工作所	도장(塗裝) 공사	청부	78.23	漢江通 15-162		의자, 탁자 겸업
株式會社 磯部塗工組 京城出張所	도장(塗裝) 공사	청부	18.26	漢江通 13-60		
タサキ商店	도장(塗裝) 공사	청부	54.00	古市町 43	田崎重作	
東亞化學株式會社 京城出張所	도장(塗裝) 공사	청부	35.00	南大門通 5-1		
日本塗裝工業株式會社 朝鮮出張所	도장(塗裝) 공사	청부	91.28	三坂通 105		
久保田敏男	도장(塗裝) 공사	청부	32.80	漢江通 11-254	久保田敏男	
藤田清市	도장(塗裝) 공사	청부	20.00	明治町 2-25	藤田清市	
石川豐泉堂	표구	청부	17.00	漢江通 11-185	石川儀三郎	
竹仙堂	표구	청부	30.00	光熙町 1-182	奥村九一	
堺 忠雄	표구	청부	27.20	大和町 1-10		
佐藤君芳堂	표구	청부	15.40	明治町 1-54-14		아이스크림 겸업

巣瀨表具店	표구	청부	20.00	黃金町 3-133	巣瀨末吉	
花木表具店	표구	청부	18.00	西大門町 2-1-6	花木 定	
橫井卯之助	표구	청부	16.00	本町 3-86	橫井卯之助	
靑柳平十郎	수도 공사	청부	18.00	古市町 43-37		
合資會社 蓑田工務所	수도 공사	청부	90.70	古市町 43		
內山正文	미장(左官) 공사	청부	70.00	光化門通 185	內山正文	
大阪甚三郎	미장(左官) 공사	청부	30.60	太平通 2-223	大阪甚三郎	
片山群三	미장(左官) 공사	청부	124.00	東四軒町 34	片山群三	
河行治平	미장(左官) 공사	청부	60.00	黃金町 4-169	河行治平	
金在學	미장(左官) 공사	청부	16.00	西四軒町 15	金在學	
高光日	미장(左官) 공사	청부	52.20	靑葉町 3-121	高光日	
志和柳兵衛	미장(左官) 공사	청부	30.00	南米倉町 174	志和柳兵衛	
副島茂雄	미장(左官) 공사	청부	71.28	黃金町 4-188	副島茂雄	
高田商店	미장(左官) 공사	청부	41.60	若草町 98	高田太一郎	
中根商店	미장(左官) 공사	청부	21.60	黃金町 6-56	中根汶仁	
濱村玉之助	미장(左官) 공사	청부	105.00	蛤町 33	濱村玉之助	
土生三郎	미장(左官) 공사	청부	27.00	京町 10-5	土生三郎	
樋村米藏	미장(左官) 공사	청부	16.00	榮町 30-10	樋村米藏	
廣谷 穰	미장(左官) 공사	청부	114.80	南米倉町 277-2	廣谷 穰	
前川豐次郎	미장(左官) 공사	청부	36.00	漢江通 6-109	前川豐次郎	
宮脇源市	미장(左官) 공사	청부	20.00	花園町 24	宮脇源市	
增永商店	미장(左官) 공사	청부	58.50	蓬萊町 3-45	增永商店	
宋金俊	유리(硝子) 공사	청부	31.50	鍾路 3-150	宋金俊	
福本硝子店	유리(硝子) 공사	청부	48.91	義州通 1-29	福本正人	
李惠聖	유리(硝子) 공사	청부	98.08	仁寺町 133	李惠聖	
ウサギ堂看板店	유리(硝子) 공사	청부	36.00	壽町 43	網本正一	

狩野看板工藝社	유리(硝子) 공사	청부	40.00	明治町 3-63	狩野德太郎	
早川造型社	유리(硝子) 공사	청부	80.60	黄金町 2-67	早川 嚴	
松本久治郎	유리(硝子) 공사	청부	16.00	本町 5-21	松本久治郎	
松山吉四郎	유리(硝子) 공사	청부	44.00	旭町 3-13-1	松山吉四郎	
梁康德	유리(硝子) 공사	청부	20.80	若草町 40	梁康德	
井上勝之助	면타(綿打)	청부	30.08	岡崎町 8	井上勝之助	
奧田申立	면타(綿打)	청부	15.30	黄金町 5-173	奧田申立	
金德鎭	면타(綿打)	청부	20.00	上往十里町 764	金德鎭	

10. 진남포(1940)

상호/회사명	업태	영업 종목	영업소	설립일	영업주	비고
東和興業株式會社	주식회사	철공, 농구 제작	碑石里 84	1927.2.24	朴文爀	
新光織物株式會社	주식회사	직물 제조, 판매	麻沙里 82	1936.6.24	平尾精一郎, 淸水弘	
朝鮮理研金屬株式會社	주식회사	철강, 알미늄	三和頂 37	1938.9.23	大河內正敏, 島村收三	
平安木材株式會社	주식회사	원목재제	龍井里 46	1938.9.12	高泰和	
鎭南浦水産株式會社	주식회사	해산물 제조, 판매	億兩機里 3	1909.7.25	田淵哲治郎	
西鮮繰綿株式會社	주식회사	조면공업	碑石里 118	1919.10.22	平田薫	
鎭南浦煉瓦株式會社	주식회사	기와 제조, 판매	漢頭里 56	1939.7.20	象山旭次郎	
株式會社平安工作所	주식회사	기계기구 제작, 판매	億兩機里 89	1939.8.31	齋藤久太郎	
朝鮮製粉株式會社 鎭南浦공장	주식회사	제분, 판매	港町 1	1938.10.	小澤孝三	
日本製粉株式會社 鎭南浦공장	주식회사	제분, 판매	港町 1	1936.10.	鎭目眞三	
日本鑛業株式會社 鎭南浦제련소	주식회사	제련	大頭里 104	1915.10.15	諫早艮三	
朝鮮紡織株式會社 鎭南浦繰綿工場	주식회사	방직가공	碑石里 218	1919.1.	阿宗四郎	
日産化學工業株式會社 鎭南浦공장	주식회사	화학공업	大頭里	1934.7.	小山万司	
豊國製粉株式會社 鎭南浦출장소	주식회사	제분업	三和町 73	1920.10.	高禮植	
丸金商店		일용잡화	龍井里 25	1935.5.29	金能漢	
韓用商會		잡화 매매	龍井里 19	1934.4.1	鄭振聲	
豊富商會		식료잡화상	龍井里 80	1936.9.10	徐應三	
大成製粉所		제분업	新興里	1928.10.	李承河	
安興精粉所		제분업	新興里	1935.6.	裵善九	
新興製粉所		제분업	龍頭里	1939.10.	張翰黙	
龍井製粉所		제분업	龍頭里	1939.8.	玄基澤	
海龍製粉所		제분업	碑石里	1937.11.	金容玉	

朝鮮商工株式會社 鎮南浦工場	주식회사	기계	億兩機里	1911.6.	中村精七郎	
東和鐵工所		광산기계, 농구	億兩機里	1939.8.	朴文爀	
平安工作所		광산기계	億兩機里	1939.8.	齋藤久太郎	
鎮南浦特殊工業組合		광산기계	碑石里	1938.2.	梶川種二郎	
岡村鐵工所		광산기계	漢頭里	1933.2.	井上平太	
岡村特殊工業所		광산기계	麻山里	1938.8.	井上平太	
大同鐵工所		기계	龍井里	1939.6.	張鉉淳	
旭鑛工所		기계	三和町	1932.3.	松下熊一	
梶川鐵工所		기계	明峽町	1925.10.	梶川種二郎	
河添鐵工所		기계	三和町	1917.2.	河添安治郎	
香川鐵工所		기계	億兩機里	1939.10.	金泰圭	
井手鐵物工場		기계	碑石里	1939.6.	康德煥	
山岡鐵工所		기계	三和町	1931.3.	山岡武	
第一鐵工所		기계	碑石里	1933.5.	金永玉	
信一鐵工所		기계 수리	碑石里	1939.7.	盧秉吉	
鎮南鐵工所		기계 수리	碑石里	1933.1.	康季鳳	
昭和鐵工所		기계 수리	漢頭里	1935.8.	李春和	
金成鐵工所		기계 수리	碑石里	1937.7.	金喆福	
極東鐵工所		기계	明峽町	1939.3.	趙成默	
石川鐵工所		기계	碑石里	1939.7.	金龍淳	
船本鐵工所		기계	億兩機里	1939.5.	船本孫一	
山川鐵工所		기계	億兩機里	1938.5.	權鼎夏	
養信煉瓦工場		기와 제조	高井里	1939.4.	白川善造	
鎮南浦皮革製造所		가죽제품	芝山里	1918.2.	岡壽太郎	
末永繰綿工場		제면업(製綿業)	三和町	1923.12.	末永淳	
永台製材所		목재제재	億兩機里	1939.5.	金思永	

義和製材所		목재제재	三和町	1929.9.	金殷玉	
野口製麵工場		면류(麵類) 제조	龍井町	1908.3.	野口彌一	
르키타合劑製造所		농예약품(農藝藥品)	後浦里	1935.1.	北村道三郎	
吉善精米所製油工場		米糠油 제조	漢頭里	1933.7.	金道善, 金永吉	

11. 수원(1942)

상호/회사명	영업 종목	영업소	영업주
近成木工場	가구점	池野町 365	李應烈
松岡木工所	가구점	池野町 404	全春秀
振興木工所	가구점	迎華町 135	金直煥
昭和木工場	가구점	本町 2-12	孫基奉
水原木工場	가구점	本町 1-18	李殷武
亞星木工場	가구점	本町 4-59	鄭錫奎
長安木工場	가구점	北水町 283	申明植
新興木工場	가구점	池野町 118	朴慶和
日成木工場	가구점	池野町 367	李鍾德
水仁木工場	가구점	仁溪町 749	鄭昌根
京畿產業 水原工場	가마니/새끼	大坪町 8-5	법인
天一製瓦工場	기와 제조	梅香町 42	金東八
瓦製造所	기와 제조	西屯町 205	宋寅哲
朝鮮農器 水原工場	농기구	大坪町	법인
礒野鑄造出張所	농기구	梅山町 1-67	萩原清五郎
朝鮮麴子株式會社 水原支店	누룩	仁溪町	법인
두부집	두부 제조	梅山町 2-13	八木金藏
두부집	두부 제조	高等町 153	沈鍾勳
두부집	두부 제조	高等町 233	朴富成
두부집	두부 제조	本町 3-107	橋元利三郎
두부집	두부 제조	高等町 143	尹一漢
두부집	두부 제조	高等町 159	吳元泳

水原燐寸株式會社	성냥	迎華町 124	법인
柴田商店	시멘트 가공	梅山町 1-77	柴田正一
水原시멘트加工工場	시멘트 가공	龜川町 10	韓舜鎬
	시멘트 가공	宮町 103	金泰景
	시멘트 가공	新豐町 197	金英根
大久保商店	잡화	梅山町 1-27	大久保シズオ
兄弟商會	잡화	梅山町 2-24	姜龍采
德永商店	잡화	本町 2-18	宋俌榮
大阪屋	잡화	本町 3-9	崔成煥
不二屋	잡화	本町 3-82	谷口重太郎
旭尾百貨店	잡화	本町 4-15	佐藤卓
華潤百貨店	잡화	本町 4-100	朴潤錫
木村商店	잡화	本町 4-203	朴成泰
第一社水原支店	잡화	本町 1-3	법인
일용잡화	잡화	本町 6	李鍾秀
大星商店	잡화	本町 1-10	安斗星
日光商店	잡화	本町 1-111	朴榮緖
萬物商店	잡화	本町 4-102	吳吉伊
富城商店	잡화	新豐町 6	金溶遇
잡화점	잡화	南水町 117	安昊德
잡화점	잡화	榮町 59	李年錄
景川商店	잡화	北水町 26	景銀奉
잡화점	잡화	北水町 171	車德興
잡화점	잡화	池野町 368	原明子
富田商店	잡화	仁溪町 738	李榮夏
東亞商會	잡화	仁溪町 757	李順根

잡화점	잡화	紐柳町 536	鄭時鉉
잡화점	잡화	細柳町 660	金德雄
잡화점	잡화	南部町 141	李昌順
잡화점	잡화	南部町 208	高昌福
高農販賣部	잡화	西屯町 103	生信富三
잡화점	잡화	大坪町 10	劉銀金
잡화점	잡화	海山町 2-38	安龍文
水原制帽商會	잡화	本町 4-109	沈聖求
有信商會	잡화	梅山町 1-28	朴有峰
東信商會	잡화	梅山町 2-33	金東浩
原永商店	잡화	本町 2-88	姜壽俊
加茂百貨店	잡화	本町 3-22	加茂孫四郎
金用玉商店	잡화	本町 4-8	金用玉
萬福屋商店	잡화	本町 4-34	安巨福
李喜榮商店	잡화	本町 4-107	李喜榮
水原商工株式會社	잡화	本町 1-3	법인
일용잡화	잡화	梅山町 1-64	李在信
일용잡화	잡화	本町 6	韓禮錫
永信商店	잡화	本町 1-30	宋炳益
明信商店	잡화	本町 4-36	安順福
松岡商店	잡화	新豐町 1	李容錫
新豐商店	잡화	新豐町 237	元聖煥
二和商社	잡화	榮町 2	林元舜
永和商店	잡화	榮町 68	孔慶植
長岡商店	잡화	梅香町 82	張翼相
잡화점	잡화	北水町 359	白南傭

永德商店	잡화	龜川町 20	李起鳳
仁溪商店	잡화	仁溪町 753	申泰永
잡화점	잡화	仁溪町 765	李始榮
잡화점	잡화	細柳町 544	崔相集
大陸商會	잡화	南部町 141	李奎讚
잡화점	잡화	南部町 201	金長元
잡화점	잡화	華西町 25	李甲富
잡화점	잡화	西屯町 235	金學股
永昌商店	잡화	梅山町 1-41	白茂基
잡화점	잡화	榮町 37	吳世勳
製粉所	제분업	梅山町 1-39	張成仁
永豊製粉所	제분업	本町 3-50	李漢範
雲漢製粉所	제분업	池野町 416	李永淑
水原製粉工場	제분업	本町 2-1	鄭壽連
製粉所	제분업	北水町 329	崔權
鐵物製造所	주물(鑄物)	南部町 17	具寅書
竹細工店	죽세공(竹細工)	梅山町 2-3	金永昌
田中籠製作所	죽세공(竹細工)	宮町 89	田海先
竹細工店	죽세공(竹細工)	宮町	李成九
原信竹工場	죽세공(竹細工)	宮町 22	林春峰
竹細工店	죽세공(竹細工)	宮町	白南永
京南鐵工所	철공	梅山町 2-33	金東勳
本町 鐵工所	철공	宮町 125	金貴山
大垣工業社	철공	本町 1-94	李一奉
修繕所	철공	北水町 301	金用云
水原鐵工所	철공	榮町 36	崔熙榮

修繕所	철공	池野町 94	金性俊
朴松電鐵工所	철공	梅山町 3-28	朴松雲
滿助工業社	철공	本町 1-94	金光漢
華城鐵工所	철공	本町 2-62	庾壽乭
修繕所	철공	梅香町 113	梁貴星
盛實鐵工所	철공	榮町 41	朴盛實
西本鐵工所	철공	本町 1-7	西本市之進
건축 청부	토목건축 청부	梅山町 1-36	小野常一
玉澤工務所	토목건축 청부	梅山町 2-27	玉澤俊助
석공청부	토목건축 청부	宮町 18	稻葉八之資
건축 청부	토목건축 청부	宮町 84	岡野龍藏
토목 청부	토목건축 청부	本町 2-	金泉金次郎
석공 청부	토목건축 청부	本町 1-67	李相勳
賴岡組	토목건축 청부	梅山町 1-83	賴岡實一
건축 청부	토목건축 청부	梅山町 2-65	濱崎金次郎
석공청부	토목건축 청부	宮町 52	高橋友一
건축 청부	토목건축 청부	宮町 146	江島禧八郎
토목 청부	토목건축 청부	本町 4-	竹田多十郎

IV

부록 2

경성상업회의소 누년 예산(1926~1943)

해제

조선총독부가 제도 정비를 구실로 1915년 7월 15일 제령 제4호 「조선상업회의소령」을 발포함에 따라 경성상업회의소는 상업회의소로서의 법적 자격을 부여받았다. 이는 상업회의소를 법적 기구로 재편하여 지역경제에서 일본인의 우위를 제도적으로 보장하기 위함이었다. 이후 1930년 「조선상공회의소령」 시행 이후 명칭을 상공회의소로 변경하였다.

경성상업회의소는 1915년 12월에 정식 설립되었고, 설립 당시 의원수는 50명, 선거권자는 890명, 예산은 6,552원이었다. 예산의 경우 1913년 민간단체일 때의 2,812원에 비해 대폭 증가한 것이었다. 회의소 정관 등에는 영업세를 얼마 이상 납부하는지를 가입 자격으로 규정하여 영세 상공업자나 조선인 상공업자의 가입을 억제했다. 1915년에서 1935년간 민족별 회원수를 살펴보면, 조선인은 36.7%였고 일본인이 63.3%였다. 의원직을 맡은 수를 살펴보면 그 격차는 더 심하게 벌어져, 1930년 전체 평의원 30인 중 조선인은 2명에 불과했다. 즉, 경성상공회의소는 철저히 일제의 식민지 경제 및 지배 정책의 일환으로 재탄생했으며, 일본인이 주도한 관변 단체로서 대부분의 조선인을 배제하고 일부의 상층 상공업자만을 포섭하였다. 다음 그래프는 경성상업(공)회의소의 예산표를 토대로 작성한 것이다.

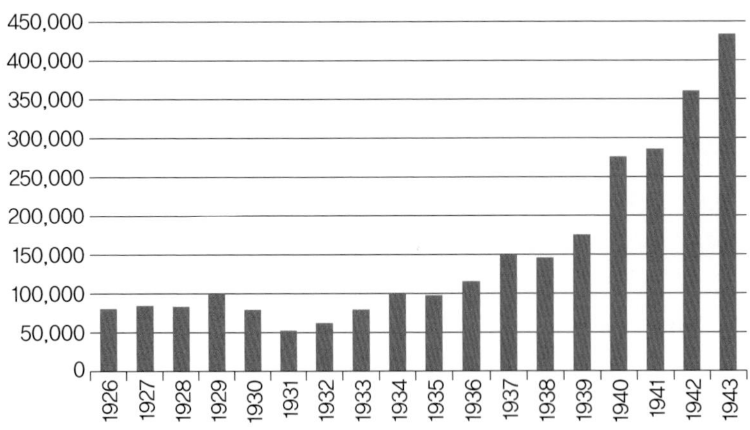

〈그래프 A〉 경성상업회의소 예산 추이

〈그래프 A〉의 원 자료는 뒤에 첨부하는 경성상업회의소 누년 예산표(1926~1943)이다. 이 표를 보면, 매년 세부 항목이 조금씩 변경되기는 했지만, 세입과 세출을 정확히 맞추는 방식으로 작성되었다. 세입의 경우, 부과금, 사용료 및 수수료, 과년도 수입, 부조금, 기부금, 부과금 독촉료, 전년도 이월금[繰越金], 잡수입, 재산 수입, 차입금, 예금 이자, 광고료 등으로 구성되었다. 전년도 이월금을 제외하고, 세입 중 가장 큰 비율을 차지한 것은 부과금이었는데 매해 세입의 60~80%를 점유했다. 반면 부조금과 기부금, 차입금은 항목이 마련되기는 했지만, 사실상 없는 것과 다름없었다.

세출의 경우, 봉급, 고용인급, 가옥비, 여비, 세금, 접대 및 교제비, 잡급, 수용비, 조사비, 환부금, 차입금 상각비, 일본상공회의소비, 화재보험료, 수선비, 잡비, 기부금, 회의비, 전조선상업회의소연합회비, 선거비, 잡지출, 상공장려시설비, 적립금, 퇴직급여적립금, 의원표창비, 예비비 등으로 구성되었다. 1926년 경성상공회의소 증설을 위한 설계비 2,000원과 1927년부터 4년간 5,000원에서 15,000원까지 편성된 사무소 증축 적립금은 해당 사업을 위한 임시 지출이다. 특기할 점은 1940년대 들어 물가 조정비, 시국 대책비, 경제통제협력회비가 편성된 것인데, 본격적인 전시체제로 들어가던 이 시기의 특성을 확연히 보여 주는 항목이라고 할 수 있을 것이다. 지출 중에는 봉급 및 고용인급과 같은 인건비가 가장 큰 비율을 차지하였고, 전조선상업회의소연합회비와 조사비도 꾸준히 지출되었다. 접대 및 교제비도 3,000원에서 11,000원까지 꾸준히 지출되었는데, 경성상업회의소의 각종 로비 활동을 보여 주는 지출 내역이라고 볼 수 있다.

경성상업회의소 누년 예산표(1926~1943)

연도	1926	1927	1928	1929	1930	1931	1932	1933	1934	1935	1936	1937	1938	1939	1940	1941	1942	1943
부과금	63,000	67,200	72,850	86,000	64,000	54,900	48,840	61,140	72,970	79,180	99,920	127,360	135,130	139,210	192,970	211,400	277,000	333,900
사용료 및 수수료						6,580	6,572	5,168	7,568	8,068	5,588	5,002	5,982	6,262	6,742	8,092	8,292	11,692
수수료	80	100	100	75	75													
과년도 수입						2,080	1,560	840	830	820	710	406	606	606	606	606	606	606
부조금						-	1	1	1	1	1	1	1	1	1	1	1	1
기부금						-	1	1	1	1	1	1	1	1	1	1	1	1
과년도 부과금	2,100	1,600	1,500	1,300	1,500													
독촉료	100	85	70	60	70													
전년도 이월금	13,000	16,000	8,000	12,500	14,000	-	10,000	18,000	27,000	14,000	15,000	22,000	7,500	33,000	78,000	68,500	77,500	90,000
잡수입	7,730	5,060	6,560	5,560	5,060	130	1,126	1,150	130	1,930	180	182	180	180	180	200	300	300
재산 수입						200	500	500	500	500	600	600	600	740	1,500	1, 200	1,300	1,500
차입금						-	-	-	-	-								
예금이자	400	800	500	650	650													
광고료	20	80	80	80	70													
세입 합계	86,430	90,925	89,660	106,225	85,425	63,890	68,600	86,800	109,000	104,500	122,000	155,552	150,000	180,000	280,000	290,000	365,000	438,000

연도	1926	1927	1928	1929	1930	1931	1932	1933	1934	1935	1936	1937	1938	1939	1940	1941	1942	1943
소비						9,640	10,761	8,981	9,851	15,501	18,551	15,551	12,771	16,371	21,821	18,381	22,701	25,281
봉급	15,120	15,840	15,840	15,840	17,520	24,579	25,020	25,387	28,552	31,492	36,387	43,836	51,681	62,978	93,147	92,990	120,220	140,160
고용인급	7,559	6,839	6,839	6,839	4,150													
가옥비						2,500	2,600	3,300	32,050	5,750	10,750	37,450	5,600	4,850	4,801	14,401	9,200	16,300
여비	2,500	3,000	3,000	2,500	2,000	2,000	2,000	5,500	5,000	6,000	6,500	6,500	3,600	3,300	4,600	5,700	6,500	6,500
제세						150	150	132	132	132	132	1	1	1	1	1	1	1
접대/교제비						3,000	4,000	5,000	5,000	5,000	5,000	6,000	8,000	8,000	10,000	10,000	11,000	11,000
잡급	7,928	7,928	7,928	7,927	7,584													
수용비	10,679	11,979	10,979	10,179	10,969													
조사비	9,000	5,000	4,000	4,000	4,000	3,000	6,000	7,450	4,050	5,750	5,900	5,900	20,200	20,200	26,630	22,830	28,800	31,000
환부금									1	1	1	1	1	1	1	1	1	1
차입금 상각비						-	-	1										
일본상공회의소비						600	420	512	621	220	220	220	650					
화재보험료	900	1,000	1,000	1,000	1,000													
수선비	1,000	800	2,500	1,000	6,685													
잡비	5,600	5,600	5,600	5,600	5,031													
기부금						-	-	-	-				1,190	1	1	1	1	1
회의비	2,400	2,400	2,400	2,400	2,400	2,850	2,850	2,850	2,850	2,850	2,850	2,850	2,850	2,850	3,000	3,000	3,000	3,000
연합회비	950	950	750	1,150	1,150	600	1,400	1,425	2,118	2,942	3,614	4,974	6,337	7,150	12,480	22,000	23,700	40,000
상공상담소비														17,100	25,400	24,900	20,000	20,000
선거비	-	600	50	600	-	300	300	1	1	1,000	1	1	1,700	1	1	2,000	1	1
잡지출	500	500	400	300	250	500	2	503	503	503	803	803	1,503	3,503	10,003	2,003	4,543	9,903
상공장려시설비	15,000	12,000	12,000	35,000	15,000	10,000	7,600	14,900	11,800	19,100	22,800	23,300	22,200	21,400	27,000	28,000	19,200	25,000
적립금						-	2,000	3,000	1	3,000	4,000	4,000	4,000	5,000	5,000	30,000	43,000	58,000
퇴직급여적립금	3,585	-	-	-	-													
사무소수선적립금	420	-	-	-	-													
회의소증설설계비	2,000	-	-	-	-													

사무소증축적립금	-	15,000	15,000	10,000	5,000													
의원표창비						-	200	200	1	1,000	1	1	1,000	1	1	3,000	11,000	5,000
예비비	1,089	1,489	1,374	1,889	2,686	4,171	3,297	7,658	5,469	4,259	4,490	4,162	6,716	7,293	12,213	10,792	13,132	19,852
물가조정비															23,900			-
시국대책비																	12,000	12,000
경제통제협력회비																	17,000	15,000
세출 합계	86,230	90,925	89,660	106,224	85,425	63,890	68,600	86,800	109,000	104,500	122,000	155,550	150,000	180,000	280,000	290,000	365,000	438,000

| 자료목록

자료 번호	자료명	자료(책)명	발행일	본문 쪽수
자료 1	「상무회의소규례(商務會議所規例)」	관보	1895.11.10.	20
자료 2	황국중앙총상회(皇國中央總商會) 장정(章程)	독립신문	1898.9.30.	22
자료 3	「상무사장정(商務社章程)」	『일성록』, 광무 3년 4월 3일; 『고종실록』, 광무 3년 5월 12일; 『관보』, 광무 3년 5월 15일; 『대한계년사』 하, 광무 3년 5월.		23
자료 4	「경성상공회의소 설립 및 연혁의 대요」(『상공회의소 90년사』 상권, 서울상공회의소, 삼화인쇄주식회사, 1976)	상공월보 제1호	1909.11.25.	37
자료 5	「발간사」(『상공회의소 90년사』 상권, 서울상공회의소, 삼화인쇄주식회사, 1976)	상공월보 제1호	1909.11.25.	38
자료 6	자유 도한(渡韓)의 의결	황성신문	1901.10.2.	42
자료 7	일상(日商) 개회	황성신문	1904.3.14.	42
자료 8	일상(日商) 의안	황성신문	1904.3.29.	42
자료 9	일상소(日商所) 의건(議件)	황성신문	1904.5.4.	43
자료 10	상회 의결안	황성신문	1904.5.5.	43
자료 11	면세운동	황성신문	1905.8.8.	43
자료 12	재한 상회	황성신문	1907.10.30.	44
자료 13	상의소 낙성	황성신문	1907.12.12.	44
자료 14	미곡세 철폐운동	매일신보	1911.10.1.	44
자료 15	곡물수입세 철폐운동	매일신보	1912.1.10.	44
자료 16	상업회의소 청원	매일신보	1912.11.15.	44
자료 17	상무회 설립	대한매일신보	1904.12.24.	45
자료 18	착인(錯認) 회사	황성신문	1905.6.19.	45
자료 19	상업회의소	황성신문	1905.6.23.	45

자료 번호	자료명	자료(책)명	발행일	본문 쪽수
자료 20	인허 상회	황성신문	1905.7.20.	45
자료 21	상업소 진흥	황성신문	1906.6.19.	45
자료 22	정관 개정	황성신문	1906.10.12.	46
자료 23	모범 여자	황성신문	1907.3.12.	46
자료 24	상품진열관 개업	황성신문	1907.3.30.	46
자료 25	상업회의소 곤란	대한매일신보	1907.7.19.	47
자료 26	장세 교섭의 곤란	황성신문	1909.12.24.	47
자료 27	상소 개신(開申) 승인	황성신문	1910.1.12.	47
자료 28	주상(酒商) 회의	황성신문	1910.5.22.	47
자료 29	지방매일(함경남도) 함흥	매일신보	1914.3.18.	48
자료 30	지방매일(평안남도) 진남포	매일신보	1914.4.18.	48
자료 31	상의소 명칭 변경	매일신보	1914.7.9.	48
자료 32	대(對)상의 진흥책, 신부회두 예종석 씨 담	매일신보	1915.4.7.	48
자료 33	종로상의 총회	매일신보	1915.4.7.	49
자료 34	「회의소법」의 제정	매일신보	1913.6.18.	55
자료 35	「상의소령」 성안	매일신보	1914.12.2.	55
자료 36	「상업회의소령」	매일신보	1914.12.19.	55
자료 37	제령안 발포기, 「상의령」 및 「광업령」	매일신보	1915.4.28.	56
자료 38	「회의소법 시행규칙」	매일신보	1915.8.6.	56
자료 39	상회 합설	대한매일신보	1908.11.21.	56
자료 40	상업회의소 합병의	황성신문	1910.9.6.	56
자료 41	상업 합동	매일신보	1910.9.13.	57
자료 42	대간친회 계획	매일신보	1910.9.14.	57
자료 43	실업가 간친회	매일신보	1910.9.16.	57
자료 44	상회 의원 간친	매일신보	1910.9.23.	57
자료 45	상업회의소에 취하여	매일신보	1913.10.10.	58
자료 46	사설: 선인 상업회의소	매일신보	1913.11.26.	59
자료 47	사설: 상업회의소	매일신보	1915.4.6.	60
자료 48	사설: 재고(再告) 상업회의소	매일신보	1915.4.8.	60
자료 49	「상업회의소령」	매일신보	1915.6.3.	60
자료 50	지방통신(평안남도): 「상의령」과 평양	매일신보	1915.6.8.	61

자료 번호	자료명	자료(책)명	발행일	본문 쪽수
자료 51	무인허 상의소	매일신보	1915.6.24.	61
자료 52	인천과 「상의소령」, 합병은 각종의 곤란	매일신보	1915.7.16.	61
자료 53	「조선상업회의소령」, 「시행령」, 「시행규칙」	조선총독관보	1915.8.10.	62
자료 54	「경성상업회의소 정관(1915년 12월 4일 인가)」	『상공회의소 90년사』 상권, 195~203쪽.	1976.	69
자료 55	「경성상업회의소 의사세칙(議事細則)」	『상공회의소 90년사』 상권, 203~204쪽.	1976.	81
자료 56	특별평의원 관선, 「상업회의소령」에 취하여	매일신보	1915.7.16.	84
자료 57	시사: 조선상공계의 추이와 경성상업회의소의 사명	경성상업회의소 월보 제1호	1916.1.	84
자료 58	시사: 과거의 조선인 상업과 미래의 희망	경성상업회의소 월보 제1호	1916.1.	90
자료 59	시사: 중앙상공기관의 책무	경성상업회의소 월보 제1호	1916.1.	91
자료 60	동양척식주식회사 부총재 노다 우타로(野田卯太郎), 「시사: 경성상업회의소에 바란다」	경성상업회의소 월보 제1호	1916.1.	92
자료 61	조선총독부 상공과장 아오키 가이조(青木戒三), 「시사, 상업회의소에 대한 희망」	경성상업회의소 월보 제1호	1916.1.	93
자료 62	경성상업회의소 평의원, 한성은행 전무이사 한상룡, 「시사: 경성상업회의소의 설립과 내선인의 융화」	경성상업회의소 월보 제1호	1916.1.	95
자료 63	경성상업회의소 평의원, 구기모토 상점 주인 구기모토(釘本藤次郎), 「시사: 내선인 신용거래의 복구」	경성상업회의소 월보 제1호	1916.1.	96
자료 64	회의소 정관 성(成)	매일신보	1915.8.17.	98
자료 65	상의 정관 내용, 반도의 상공업이 거익(去益) 발달하게 삽	매일신보	1915.11.4.	99
자료 66	상의 정관 신청	매일신보	1915.11.25.	99
자료 67	선거 방법, 경성상업회의소	매일신보	1915.12.7.	100
자료 68	경성상업회의소 녹사, 경성상업회의소의 창립	경성상업회의소 월보 제1호	1916.1.	101
자료 69	지방통신(평안남도): 상의 설립기(평양)	매일신보	1915.7.29.	125
자료 70	지방통신(평안남도): 상의소의 회의(평양)	매일신보	1915.8.6.	125
자료 71	지방통신(경상남도): 상업회의 개칭(통영)	매일신보	1915.8.10.	126
자료 72	발기인회 개기(開期), 9월 상순에 재(在)할 듯	매일신보	1915.8.20.	126

자료 번호	자료명	자료(책)명	발행일	본문 쪽수
자료 73	상의 합동 문제, 양 회의소를 해산 후 합동 설립	매일신보	1915.9.5.	126
자료 74	상의 중요회의	매일신보	1915.9.15.	127
자료 75	상업회의소의 전도(前途), 신 법령에 기(基)하여-상공 조사기관이 되면-거래상에 개량 발달을 견(見)하리라	매일신보	1915.10.16.	127
자료 76	상의 총회 결의, 설립 준비에 착수함	매일신보	1915.10.24.	128
자료 77	상의 발기인회	매일신보	1915.11.2.	128
자료 78	상의 설립과 선인	매일신보	1915.11.4.	129
자료 79	상의소 창립위원회	매일신보	1915.12.3.	129
자료 80	회의소의 3문제	매일신보	1915.12.10.	129
자료 81	종로상업회의 최후의 면영(面影), 금명일간 그 직책을 다할 종로상업회의소 이야기	매일신보	1915.12.14.	130
자료 82	지방 상의 설립 형세	매일신보	1916.1.16.	131
자료 83	상의 설치 제기(濟期)	매일신보	1916.2.3.	131
자료 84	상의소 설립 전도(前途)	매일신보	1916.4.19.	132
자료 85	지방통신(평안남도): 객주조합 설립(남포)	매일신보	1916.5.23.	132
자료 86	상의 신회원수	매일신보	1916.8.9.	133
자료 87	진남포상의소 평의원 선거 집행	매일신보	1917.3.25.	133
자료 88	상의 의원 선거	매일신보	1917.12.2.	133
자료 89	경상 역원 인가	매일신보	1917.12.26.	134
자료 90	상의 부회두 인가	매일신보	1918.12.7.	135
자료 91	경성상의 개선, 선거인 명부 종람(縱覽)	매일신보	1919.10.29.	135
자료 92	상의원 개선과 회원 부과금	매일신보	1919.10.30.	135
자료 93	경상 개선	매일신보	1919.12.2.	135
자료 94	경상 개선, 1급 당선 의원	매일신보	1919.12.3.	136
자료 95	상의 분과위원	매일신보	1920.1.13.	136
자료 96	전선 상의연합 임시총회	매일신보	1920.2.5.	137
자료 97	상의연합회 결의안	조선일보	1920.12.23.	137
자료 98	상의 회원 자격, 700명 대감소	매일신보	1921.4.12.	138
자료 99	경성상의 회원 자격 변개 내용	동아일보	1921.4.16.	138
자료 100	상의 회원 자격, 인상 인가	매일신보	1921.7.10.	139
자료 101	서기장 오무라 도모노조(大村友之丞), 「재계의 추이와 상업회의소의 활용」	조선경제잡지 제73호	1922.1.	139

자료 번호	자료명	자료(책)명	발행일	본문 쪽수
자료 126	일본인 측에서 전안을 재제출, 차별 철폐안을 철회코, 또다시 13대 17의 안을, 평양상의 분규 문제	조선일보	1929.12.19.	155
자료 127	자발적의 해결을 관망, 총독부의 태도, 평양상의 문제 후문	조선일보	1930.1.11.	156
자료 128	소위 '민족적 감정' 평양과 진남포의 근황을 보고	동아일보	1930.3.29.	156
자료 129	「회의소령」 발포로 상공회의소를 조선에도 설치한다	동아일보	1929.5.21.	163
자료 130	「상공회의소령」 지연, 법의 결함을 보충 중	중외일보	1930.1.24.	163
자료 131	신회의소령과 납세 자격의 기준, 전선적으로 2할쯤 인상?	조선일보	1930.2.20.	164
자료 132	특종 사정을 가미한 「상공회의소령」 실시, 늦어도 7월경에는	조선일보	1930.4.15.	165
자료 133	기대가 많다는 「상공회의소령」, 근간에 발포될 터, 회의소의 변천 경로	조선일보	1930.5.10.	165
자료 134	경성상공회의소 회두 가다 나오지(賀田直治), 「조선의 산업과 상공회의소의 사명」	경제월보 제203호	1932.11.	166
자료 135	「조선상업회의소령」 폐지	조선총독부관보	1930.5.10.	170
자료 136	「조선상공회의소령」	조선총독부관보	1930.5.10.	170
자료 137	「조선상공회의소령 시행령」	조선총독부관보	1930.11.19.	179
자료 138	「조선상공회의소령 시행규칙」	조선총독부관보	1930.11.19.	179
자료 139	「조선상공회의소 의원선거규칙」	조선총독부관보	1930.12.29.	187
자료 140	「조선상공회의소 정관」(1932년 1월 1일 인가, 1934년 11월 12일 개정인가)	조선총독부관보	1934.11.12.	198
자료 141	「조선상업조합령」[시행 1941. 3. 15.] [조선총독부 제령 제12호, 1941. 3. 10. 제정]	조선총독부관보	1941.3.10.	203
자료 142	「조선공업조합령」[시행 1941. 3. 15.] [조선총독부 제령 제13호, 1941. 3. 10. 일부 개정]	조선총독부관보	1941.3.10.	224
자료 143	10일부로 공포된 「조선상공회의소령」, 신령의 특징과 현행법과의 차이, 전 조선연락제 창설	조선일보	1930.5.11.	244
자료 144	「조선상공회의령 시행규칙」에 대하여, 총독부 식산국 발표	조선일보	1930.11.19.	247
자료 145	신상공회의소, 마쓰무라(松村) 식산국장 담	조선일보	1930.11.26.	248
자료 146	마쓰무라 마쓰모리(松村松盛), 「조선상공회소령의 발포에 대하여」	조선 181호	1930.6.	249
자료 147	사이토 마코토(齋藤実), 「조선상공회소령 시행에 즈음하여」	조선 187호	1930.12.	252

자료 번호	자료명	자료(책)명	발행일	본문 쪽수
자료 170	개성상공회 창립 준비 진섭(進涉)	조선일보	1931.9.17.	293
자료 171	군산상의원 개선방법 결정 명년 6월에 시행, 구령대로 시행	매일신보	1931.10.22.	294
자료 172	조선상공회의소 창립총회 개최, 21일 경상의에서, 각 회의소 대표 출석	조선일보	1931.10.23.	294
자료 173	조선상공회소 인가 신청 재근(在近)	조선일보	1931.10.24.	296
자료 174	조선상공회의소 1일부 설립인가	조선일보	1932.1.5.	296
자료 175	마산상공회의소 설치운동, 시기상조를 논함, 마산 일기자	동아일보	1932.9.6.	296
자료 176	상의 회두 유력 후보	매일신보	1932.9.7.	297
자료 177	경성상의 회원 실격자에 통지	매일신보	1932.9.18.	298
자료 178	경성상의 선거 미증유의 혼전, 정오까지의 형세	중앙일보	1932.11.2.	298
자료 179	경성상공 의원 총선거의 결과	중앙일보	1932.11.3.	298
자료 180	경성상공회의 의원 개선 결과 조선인 불과 5인	동아일보	1932.11.3.	299
자료 181	상공회의소 전주에서 창립	동아일보	1932.11.3.	299
자료 182	개성에 상공회의소 창립, 조선인 중심이 이채, 인가는 1월 중순경	조선일보	1932.12.31.	300
자료 183	새로 인가된 개성상의, 금월 중 사무 개시	조선일보	1933.5.12.	300
자료 184	부제 실시를 앞두고 상공회의소 준비, 현재 상공회를 승격키로, 인가신청서 제출	매일신보	1933.5.26.	300
자료 185	개성상공회의소 초대 의원선거, 격렬한 경쟁이 있은 후에 20인의 당선 발표	동아일보	1933.7.13.	300
자료 186	정원 10명에 입후보 33명, 개성상의 첫 선거	조선일보	1933.7.14.	301
자료 187	개성상공회의소 제1대 의원	매일신보	1933.7.14.	301
자료 188	대전상공회의소 발기인회 개최	조선일보	1933.12.3.	301
자료 189	함흥상공회의소 발기회 종료	조선일보	1933.12.3.	302
자료 190	대전상공회의소 발기인회를 개최, 모범 점원도 표창	매일신보	1933.12.5.	302
자료 191	상공회의소 아닌 각종의 상공단체, 59개소 회원 5,351인, 볼만한 사업이 없어 걱정	조선일보	1933.12.15.	302
자료 192	여수상공회 정총	동아일보	1935.6.5.	303
자료 193	조상 신상의원	매일신보	1935.6.12.	304
자료 194	통영상공회 발기총회 개최	동아일보	1935.7.1.	304
자료 195	경성상의 선거 유권자 수 결정	조선중앙일보	1935.10.1.	304

자료 번호	자료명	자료(책)명	발행일	본문 쪽수
자료 196	서선상의연합회 발회식 성대히 거행	매일신보	1939.8.28.	304
자료 197	조선상의 회두 아루가(有賀) 씨가 제1후보 결국 다니(谷) 조신사장 유력	매일신보	1939.11.12.	305
자료 198	조선상의 회두 겸임은 불가, 이사카(井坂) 상공과장 언명	조선일보	1939.11.12.	306
자료 199	청주, 진주, 회령 등에 상의 설립 계획, 기타 상공도시에 상공회 설치	조선일보	1940.4.5.	306
자료 200	중부상공회의소연합회 결성 중, 상공계 번영책 강구	조선일보	1940.4.14.	307
자료 201	중부상의연합회 경성 중심으로 결성	매일신보	1940.4.14.	307
자료 202	경제국책 협력기관 중부상의연합회, 금월 30일에 결성	조선일보	1940.4.19.	307
자료 203	상의연합회에 신의주 의안 결정	매일신보	1940.5.2.	308
자료 204	구 부과금 체납도 신령을 적용 처분, 평양의 구령 체납 8,900원, 상공회의소 체납 문제	조선일보	1931.9.19.	308
자료 205	상공회의 총회 제1일 오후	동아일보	1932.6.18.	309
자료 206	상공업자대회 개최, 조선상의 강화를 기회 삼아, 경제통제 강화 대처	동아일보	1939.12.10.	309
자료 207	시국경제간담회, 관민일치 합리적 통제	조선일보	1940.1.19.	310
자료 208	물자·물가 조정코자 경제통제협력회, 상의,상공회 산하에 결성, 3만 2,000원 보조 배분	조선일보	1940.5.5.	310
자료 209	경제통제협력회 결성, 물자·물가의 조정을 목표, 총독부 지령·상의서 준비	동아일보	1940.5.5.	311
자료 210	물가조정 목표로 경제통제협력회, 조선상의 결성 준비	매일신보	1940.5.5.	311
자료 211	경제통제협력회 간담회 개최, 설립 구체화를 협의	조선일보	1940.5.15.	312
자료 212	경제통제협력회	매일신보	1940.5.28.	312
자료 213	경제통제협력회 구체적 준비 착수	조선일보	1940.6.11.	312
자료 214	경제통제협력회 구체적 준비에 착수, 신립 벌써 100여 단체	매일신보	1940.6.11.	313
자료 215	경제통제협력회 16도시서 결성	조선일보	1940.6.12.	313
자료 216	경제통제협력회서 경제강조주간	동아일보	1940.7.28.	313
자료 217	조선상의의 사무국 확충	매일신보	1941.2.1.	314
자료 218	상의 회원 자격의 납세액 인상 17일부 규칙 개정	매일신보	1941.2.16.	314

자료 번호	자료명	자료(책)명	발행일	본문 쪽수
자료 219	공업청년도장 상공회의소에 설치	매일신보	1941.10.30.	314
자료 220	우부 파란이 우려되는 평양상의 사표 문제, 예산 편성에 의견 충돌로, 주목되는 금후 사태	조선일보	1931.1.31.	315
자료 221	평양상공회의소 부과율 증가, 일체를 축소하는 이때에 인가 반대운동 야기	동아일보	1931.2.1.	315
자료 222	회두 문제의 해결과 금후의 회의소, 자칫하면 혼란을 난면(難免)	조선일보	1931.4.7.	316
자료 223	회두 문제 분규, 가시이(香椎) 씨 파가 책동	매일신보	1931.10.23.	316
자료 224	조선상의 회두 누가 될 것인가, 가시이(香椎) 씨 맹운동	조선일보	1931.10.23.	317
자료 225	창립총회 제2일 정각에 개회 불능	조선일보	1931.10.23.	317
자료 226	조선상공의 역원 결정 진나이(陣內) 씨가 회두	조선일보	1931.10.24.	317
자료 227	대구상의 역원 양파로 대립전	중앙일보	1931.11.28.	318
자료 228	상의 회두 진나이 씨 사임? 의옥 사건으로	동아일보	1932.6.23.	318
자료 229	상공회의소 전 회두 와타나베(渡邊) 씨 돌연히 피신, 나카무라(中村) 서장 검사 방문코 밀의, 와타나베 씨 가족을 소환하여 취조를 개시 검거 범위 예측 불허	매일신보	1932.6.24.	318
자료 230	상공회 역원 당국에 진정, 불경기가 더욱 심하다고	조선일보	1932.6.25.	319
자료 231	경성상공회의의 회두 의자 쟁탈전, 진나이 회두 검속이 원인	동아일보	1932.6.26.	319
자료 232	회두 수감으로 경성상공의 내홍, 일파는 단연 개선을 주장, 일파는 판결 전 부당하다	조선일보	1932.6.27.	320
자료 233	진나이 상의 회두 필경 정식 사임, 15일 후임 협의	동아일보	1932.7.17.	320
자료 234	모 2급 상공회 의원 선거 추막 탄로, 유권자에 주식 공궤한 사실, 용산서 취조 진행	매일신보	1932.11.8.	321
자료 235	조선인 측을 무시, 역원을 임의 정리, 한마디의 상의도 없이, 대구상의의 괴태	동아일보	1933.1.31.	321
자료 236	경성상의의 이면 폭로, 무성의한 조선인 의원, 회의마다 으레 결석, 상공업자 권익을 위할 책임 망각? 공직자 간판만 내세워	조선일보	1933.12.22.	322
자료 237	'국에 요망'만하는 조선상의의 행적, 제3회 총회 앞두고 일부에 비난, 방침 개선론 대두?	조선일보	1934.6.16.	324
자료 238	상의소 내분 악화, 최후의 타협도 필경 결렬되어, 간부 불신임? 의원 사직?	조선일보	1935.11.22.	324
자료 239	인상 회두 대리 문제로 조선인 측 의원 강경, 순위를 무시하는 차별이라고 회두의 태도를 주목	매일신보	1936.2.14.	325

자료 번호	자료명	자료(책)명	발행일	본문 쪽수
자료 240	토목 담합 사건 피고 17명 상고 기각, 이로써 담합 취체의 철칙 확립, 고등법원의 최후 판결	조선중앙일보	1936.2.18.	326
자료 241	『전선상공단체현세조사(全鮮商工團體現勢調査)』(1939년 10월(조사자료 16호), 조선상공회의소, 27~133쪽)		1939.10.	326
자료 242	산업 개발코자 상공단체를 통제, 상공과에서 고안 중	조선일보	1933.10.5.	561
자료 243	전 조선상공회의소 회두, 전 경성상공회의소 회두 가다 나오지(賀田直治), 「새로운 상도(商道)에 대하여」	경제월보	1942.11.	561
자료 244	조상 기구 개혁 문제 상공경제회로, 명춘에는 실시	매일신보	1943.7.25.	576
자료 245	상공경제회에 대한 민간 측 의견 청취	매일신보	1943.11.25.	577
자료 246	「조선상공경제회령」, 5월에나 공포될 듯	매일신보	1944.3.26.	577
자료 247	「상공경제회령」 공포, 현재의 상의제도를 개정, 내(來) 20일 실시	매일신보	1944.8.18.	577
자료 248	설립 본지 관철, 호즈미(穗積) 상경 회두 담	매일신보	1944.8.18.	578
자료 249	「조선상공경제회령 공포에 즈음하여: 1944년 8월 18일 조선총독부 농상국장 시라이시 고지로(白石光次郎)」	상공회의소 90년사	1944.8.18	578
자료 250	「조선상공경제회령」	조선총독부관보	1944.8.18.	579
자료 251	「조선상공경제회령 시행기일의 건」	조선총독부관보	1944.8.18.	589
자료 252	「조선상공경제회령 시행규칙」	조선총독부관보	1944.8.18.	589
자료 253	지역별을 도시 단위로 새 출발하는 상공경제회	수산경제신문	1946.7.27.	595
자료 254	상공경제회를 상공회의소로	가성신문	1946.7.30.	596

| 참고문헌

1. 자료

1) 정기간행물 자료

『독립신문』, 『皇城新聞』, 『大韓每日申報』, 『每日申報』, 『東亞日報』, 『中外日報』, 『朝鮮中央日報』, 『朝鮮日報』, 『家庭新聞』, 『水產經濟新聞』, 『中央日報』, 『時代日報』, 『京城日報』, 『釜山日報』, 『朝鮮時報』

『官報(대한제국)』, 『商工月報』, 『朝鮮』(日文), 『朝鮮』(국문), 『高宗實錄』, 『日省錄』, 『朝鮮彙報』, 『朝鮮及滿洲』, 『金融及經濟』, 『半島時論』, 『開闢』, 『別乾坤』, 『朝鮮經濟月報』, 『朝鮮實業俱樂部』, 『朝鮮總督府施政年報』, 『朝鮮總督府官報』, 『朝鮮總督府統計年報』, 『朝鮮經濟雜誌』, 『經濟月報』

2) 상공업 기구 관련 자료

정교, 『大韓季年史』 하권, 지식을만드는지식, 2012.

『各處所志謄錄』

「癸巳三月十三日 京畿道十四任房油商等白活」『各處所志謄錄』

『公文日錄』, 第伍册 乙未「巡甘」

『農商工部去帖存案』

『農商工部來去文』

『農商工部請議書』

『度支部官房日記』

『務安港士商會社章程』

『褓負商資料集』(天 · 地 · 人 · 續), 民俗院, 1995

『釜山港客主營業稅章程』

『備邊司謄錄』

『司法稟報』

『商務社章程附則規例』

『商務社章程』

『商務會議所規例』

『巡撫營謄錄』

『承政院日記』
『紳商會社章程』
『右捕廳謄錄』
『日韓通商協會報告』
『財務週報』
『財務彙報』
『統理交涉通商事務衙門日記』
『通商彙纂』
『統署日記』
『判下商理局節目』
『判下新設靑衿錄』
『判下八道任房都所事蹟』
『韓國財政整理報告』
『漢城府完文』
『惠商公局序』
『惠商公局左社陽智任房完文』
『訓令照會存案』
「會社規則」『兪吉濬全書』 권IV, 政治經濟編, 一潮閣, 1982.
商工省商務局, 『商業會議所一覽』, 1927.
朝鮮總督府, 『旧商工會議所原簿』, 1929.
______, 『朝鮮産業經濟調査會會議錄(秘)』, 1936.
______, 『京城仁川商工業調査』, 1913.
朝鮮協會, 『朝鮮實業指針』, 1904.
田中麗水, 『全鮮商工會議所發達史』, 釜山日報社, 1936.
朝鮮商業會議所聯合會, 『第伍回朝鮮商業會議所聯合會議事速記錄』, 1922.
______, 『臨時朝鮮商業會議所聯合會議事速記錄』, 1923.
______, 『朝鮮商業會議所聯合會議事速記錄』, 1927.
______, 『朝鮮商業會議所聯合會議事速記錄』, 1929.
______, 『朝鮮商工會議所第一回定期總會議事錄』, 1932.
______, 『始政25年記念 回顧商工座談錄』, 1935.
京城商業會議所, 『朝鮮經濟雜誌』, 1916~1931.
______, 『朝鮮經濟年鑑』, 1917.
______, 『家庭工業調査』, 1927.
______, 『電氣問題調査報告』, 1927.

______, 『京城商業會議所統計年鑑』, 1927, 1929, 1930, 1931.

______, 『京城商業會議所 統計年報』, 1928, 1929, 1930, 1932, 1933, 1935~1941, 1943, 1944.

______, 『朝鮮社會表』, 1922, 1923, 1926, 1931, 1933, 1935, 1939.

______, 『京城工場表』, 1921, 1923.

京城商業會議所 編, 『在鮮內地人戶口調朝鮮工産物調』, 1920.

京城商工會議所, 『京城商工名錄』, 1923, 1931, 1932, 1935, 1937~1939, 1941.

京城日本人商業會議所 編, 『京城日本人商業會議所定款及議事細則』, 1903.

______, 『商業會議所年報』, 1912, 1913.

______, 『工場月報』, 1935.

京城日本人商業會議所, 『韓國京城日本人商業會議所年報 明治40年』, 1907.

______, 『商業會議所年報』, 1913.

四方博 · 伊藤正懿 編, 『京城商工會議所二十伍年史』, 大海堂印刷株式會社, 1941.

釜山商業會議所, 『會員名簿』, 1923, 1926, 1928, 1929.

______, 『釜山商業會議所月報』, 1926~1931.

釜山商工會議所, 『釜山商工會議所 統計年報』, 1939.

群山商業會議所, 『群山商業會議所月報』, 1927~1931.

群山商工會議所, 『群山商工會議所 統計年報』, 1936, 1938.

大邱商業會議所, 『(最新)大邱要覽』, 1920.

______, 『大邱案內』, 1923.

______, 『會員名簿』, 1925.

______, 『大邱』, 1928.

______, 『大邱商業會議所月報』, 1921~1923.

______, 『大邱の實業』, 1923~1925.

______, 『大邱の商工』, 1929~1931.

木浦商業會議所, 『木浦商業會議所月報』, 1916~1919, 1923~1931.

______, 『木浦商工會議所 統計年報』, 1934~1938.

______, 『木浦案內』, 1920.

鎭南浦商業會議所, 『鎭南浦商業會議所時報』, 1926~1927.

______, 『鎭南浦』, 1921.

______, 『鎭南浦港案內』, 1938.

水野立仙, 『鎭南浦』, 鎭南浦商業會議所, 1921.

仁川商工會議所, 『仁川商業會議所月報』, 1930, 1931.

______, 『仁川商工會議所 統計年報』 1938, 1939.

______, 『仁川商工會議所史伍十年史』, 1934.

仁川商業會議所 · 仁川商工會議所, 『仁川港』, 1916~1931.

仁川商工會議所, 『仁川商工會議所九十年史』, 1979.

岡本保誠, 『仁川商工會議所伍十年史』, 仁川商工會議所, 1934.

元山商業會議所, 『元山商工名錄』, 1928.

______, 『元山商工人名錄』, 1940, 1943.

______, 『元山商工案內』, 1940.

町田義介, 『元山商工會議所六十年史』, 元山商工會議所, 1942.

章勳夫, 『大正十四年 元山商業會議所統計年報』, 元山商業會議所, 1925.

淸津商業會議所, 『淸津』, 1928, 1932.

______, 『淸津商工案內』, 1936.

______, 『淸津商工會議所十年史』, 1935.

______, 『淸津商工會議所 統計年報』, 1939.

______, 『淸津商工會議所史』, 1944.

平壤商業會議所, 『平壤商工案內』, 1917.

______, 『平壤案內』, 1920.

______, 『平壤商業會議所月報』, 1919.

______, 『平壤商工人名錄』, 1919, 1938, 1940.

______, 『平壤要覽』, 1909, 1920.

______, 『平壤商業會議所 統計年報』, 1920.

______, 『平壤商工會議所 統計年報』, 1932~1934, 1936~1938, 1940.

______, 『平壤全誌』, 1927.

______, 『西鮮三道商工人名錄』, 1932.

______, 『平壤無煙炭資料集成』, 1942.

______, 『平安南道公定價格集』, 1941.

______, 『平南の運輸問題』, 1940.

______, 『朝鮮總督府 平安南道 公定價格表』, 1940, 1941.

______, 『平壤貿易年報』, 1938~1940.

______, 『平壤商業調査』, 1938.

______, 『平壤物價委員會答申標準販賣價格表』, 1938.

______, 『昭和十一年 平壤 · 鎭南浦輸移出入貿易統計』, 1939.

水原商工會議所, 『水原商工人名錄』, 1942.

수원상의사편찬위원회, 『水原商議史』, 수원상공회의소, 1986.

『臨時朝鮮商業會議所聯合會議事速記錄』, 『朝鮮商業會議所議事錄』.

馬山商工會議所, 『馬山商工會議所九十年史』, 1987.

3) 기타 관련 자료

鎌田白堂,『朝鮮の人物と事業』, 實業之朝鮮社出版部, 1936.

京城府,『大正十四年第一回國勢調査』, 1926.

______,『朝鮮昭和十年朝鮮國勢調査』, 1936.

______,『朝鮮昭和十伍年國勢調査事務概要』, 1941.

京城府産業調査會,『織物工業ニ關スル調査』, 1936.

京城帝國大學法學會,『朝鮮經濟の研究』 3, 岩波書店, 1938.

慶熙大 韓國經濟經營史研究所,『韓國經濟史文獻資料』 제2~3집, 1971~1972.

群山府,『群山府勢要覽』, 1917, 1927.

堀經夫,『外地經濟の研究』, 巖松堂書店, 1944.

南滿洲鐵道株式會社庶務部調査課,『朝鮮の私設鐵道』, 1925.

納富由三,『朝鮮商品と地理』 日本電氣通信社, 1912.

內藤倫政,『現時の朝鮮』, 事業及經濟社, 1925.

大阪商業會議所 編,『韓國産業視察報告書』, 大阪活版製造所, 1904.

大平鐵畊,『朝鮮鐵道十二年計劃』, 鮮滿鐵道新報社, 1927.

大韓商工會議所,『商工會議所三年史』, 1949.

大韓/서울商工會議所,『商工會議所九十年史 (上/下)』, 1976.

大韓商工會議所,『商工會議所百年史』, 1984.

木浦府,『木浦府史』, 1930.

木浦誌編纂委員會,『木浦誌』, 1914.

目賀田種太郎,『韓國貨幣整理報告書』, 1909.

保高正記,『群山開港史』, 1925.

服部暢,『朝鮮及朝鮮人の經濟生活』, 帝國地方行政學會朝鮮本部, 1931.

釜山日報群山支社,『開港三十周年記念 群山』, 1928.

北岳史學會 編,『帝國議會日本衆議院議事速記錄—朝鮮關係拔萃—』 4 · 5, 太山, 1991.

山口精,『朝鮮産業誌』 上中下, 寶文館, 1910.

山口豊正,『朝鮮之研究』, 巖松堂書店, 1911.

山本靜也,『小賣商店の經營に就て』, 1930, 국립중앙도서관 소장 자료.

三輪規 · 松岡琢磨,『富之群山』, 群山新報社』, 1907.

商業興信所,『日本全國諸會社役員錄』(大阪), 1923~1936.

石橋심山,『滿鮮實業の印象』, 東洋經濟新報社, 1941.

釋尾春芿,『朝鮮併合史』, 滿洲及朝鮮社, 1926.

鮮滿研究協會,『朝鮮各都邑の經濟』, 1926.

善生永助,『朝鮮の市場經濟』, 朝鮮總督府, 1929.

______, 『朝鮮人の商業』, 朝鮮總督府, 1925.
松宮春一郎, 『最近の韓國』, 早稲田大出版部, 1905.
松本重威, 『男爵目賀田種太郎』, 1938.
朝鮮殖産銀行調査部 編, 『殖銀調査月報』(第1號~第55號), 1938. 6~1942, 12.
信夫淳平, 『韓半島』, 東京堂書店, 1901.
實業教育振興會編, 『實業伍十年史(전5권)』, 1937.
阿部辰之助, 『大陸之京城』, 1917.
泳留信孝, 『全鮮內地人實業有志懇話會速記錄』, 全鮮內地人實業有志懇話會, 1921.
元山府, 『日本海の商港 元山』, 1925.
伊藤光三郎, 『群山案內』, 群山築港起工祝賀會記錄係, 1926.
仁川府, 『仁川府史』, 1933.
長野淸, 『朝鮮商工人名簿』 1, 朝鮮商工社, 1923.
前田力, 『鎭南浦府史』, 鎭南浦府史發行所, 1926.
朝鮮銀行, 『鮮滿經濟十年史』, 1919.
朝鮮中央經濟會, 『朝鮮産業大觀』, 1922.
朝鮮總督府, 『關稅調査事業ノ經過』, 1921.
______, 『大正十四年十月一日現在簡易國勢調査結果表』, 1926.
______, 『大正十四年十月一日現在簡易國勢調査速報—世帶及人口』, 1925.
______, 『産業調査委員會議事速記錄』, 1921.
______, 『産業調査委員會會議錄』, 1921
______, 『昭和伍年朝鮮國勢調査報告—全鮮編第二卷記述報文』, 1935.
______, 『昭和伍年朝鮮國勢調査報告—全鮮編第一卷結果表』, 1934.
______, 『施政三十年史』, 1940.
______, 『朝鮮金融事項參考書』, 1937.
______, 『朝鮮産業ニ關スル計劃要項參考書』, 1921.
______, 『朝鮮總督府施政年報大正十三年度』, 1914.
______, 『朝鮮土木事業誌』, 1937.
______, 『大正二年朝鮮貿易要覽』, 1921.
______, 『昭和三年朝鮮貿易要覽』, 1929.
朝鮮總督府 官房調査課, 『朝鮮總督府調査資料目錄』, 1944.
朝鮮總督府 中樞院, 『各道議員推薦の件』, 1921.
朝鮮總督府 鐵道局, 『朝鮮の鐵道』, 1927.
______, 『朝鮮鐵道史』 第1卷, 1929.
______, 『朝鮮鐵道四十年略史』, 1940.

佐々木太平, 『朝鮮の人物と事業』, 京城新聞社, 1930.
中村資良, 『京城仁川 職業名鑑』, 東亞經濟時報社, 1926.
青山好惠, 『仁川事情』, 朝鮮新報社, 1892.
幣原坦, 『日露間之韓國』, 博文館, 1905.
會田寅吉, 『朝鮮之三大港』, 東亞貿易相互會, 1920.
『(秘) 全鮮/內地人 實業家有志懇話會速記錄』, 1920, 懇話會事務所.
『澁澤榮一日記』(第29卷).

2. 단행본

1) 한국어

姜萬吉, 『朝鮮後期 商業資本의 發達』, 高大出版部, 1973.
高東煥, 『18, 19세기 서울 京江地域의 商業發達』, 서울대 박사논문, 1993.
김낙년 편, 『한국의 경제성장 : 1910~1945』, 서울대출판부, 2006.
______, 『한국의 장기통계 : 국민계정 1911~2010』, 서울대출판문화원, 2012.
김옥근, 『일제하조선재정사논고』, 일조각, 1997.
김진균 · 정근식 편저, 『근대 주체와 식민지 규율권력』, 문화과학사, 1997.
金哲, 『韓国の人口と經濟』, 岩波書店, 1965.
羅愛子, 『韓國近代海運業史硏究』, 國學資料院, 1998.
文定昌, 『朝鮮の市場』, 日本評論社, 1941.
박명규 · 서호철, 『식민권력과 통계 : 조선총독부의 통계체제와 센서스』, 서울대출판부, 2003.
박 섭, 『부산의 기업과 기업가단체 1900~1945』, 해남, 2010.
朴元善, 『負褓商』, 韓國硏究院, 1965.
박현수, 『日帝의 朝鮮調查에 관한 硏究』, 서울대 박사논문, 1993.
孫禎睦, 『日帝强占期 都市社會相硏究』, 일지사, 1996.
송규진, 『일제하 조선의 무역정책과 식민지 무역구조』, 고려대 박사논문, 1998.
송규진 · 변은진 외, 『통계로 본 한국근현대사』, 아연출판부, 2004.
신기욱 · 마이클 로빈슨 편, 『한국의 식민지 근대성—내재적 발전론과 식민지 근대화론을 넘어서』, 삼인, 2006.
신용하, 『조선토지사업사연구』, 지식산업사, 1982.
안병직 외 편, 『근대 조선의 경제구조』, 비봉출판사, 1989.
안병직 편, 『한국경제성장사』, 서울대학교출판부, 2001.

안병직 · 中村哲 공저, 『근대 조선 공업화의 연구—1930~1945년』, 일조각, 1993.
安秉珆, 『朝鮮近代經濟史研究』, 日本評論社, 1975.
梁知惠, 『1930년대 전반기 경성상공회의소의 '중소상공업옹호운동'』, 한양대 석사논문, 2009.
연세대학교 국학연구소 편, 『일제의 식민지배와 일상생활』, 혜안, 2004.
오미일, 『한국근대자본가연구』, 도서출판 한울, 2002.
______, 『근대한국의 자본가들』, 푸른역사, 2014.
柳承烈, 『韓末 · 日帝初期 商業變動과 客主』, 서울대 박사논문, 1996.
劉元東, 『韓國近代經濟史研究』, 一志社, 1977.
柳子厚, 『朝鮮褓負商攷』, 正音社, 1948.
이근 외, 『해방 이후 한국기업의 진화 I: 1976~2005년간의 통계의 구축과 기초분석』, 서울대출판부, 2007.
______, 『해방 이후 한국기업의 진화 II:1956~1977년간의 통계의 구축과 기초분석』, 서울대출판부, 2008.
이대근 외, 『새로운 한국경제발전사』, 나남출판, 2005.
李炳天, 『開港期 外國商人의 侵入과 韓國商人의 對應』, 서울대 박사논문, 1985.
李憲昶, 『開港期 市場構造와 그 變化에 대한 研究』, 서울대 박사논문, 1990.
______, 『民籍統計表의 해설과 이용방법』, 고려대학교 민족문화연구소, 1997.
日本統計研究所 編, 『日本統計發達史』, 東京大學出版會, 1960.
전석담 · 최윤규 · 이기수 · 김한주, 『조선근대사회경제사』, 자작아카데미, 1989.
전성현, 『일제시기 조선 상업회의소 연구』, 도서출판 선인, 2011.
전우용, 『한국 회사의 탄생』, 서울대출판문화원, 2011.
정일영 · 조재곤 · 최재성 · 최진욱 편, 『일제 식민지기 경성상공회의소 월보 기사 해설』, 온샘, 2018.
정승모, 『시장의 사회사』, 웅진출판, 1992.
정태헌, 『일제의 경제정책과 조선사회』, 역사비평사, 1996.
趙璣濬, 『韓國企業家史』, 博英社, 1973.
______, 『韓國資本主義成立史論』, 大旺社, 1977.
조재곤, 『한국 근대사회와 보부상』, 혜안, 2001.
______, 『보부상 : 근대 격변기의 상인』, 서울대출판부, 2003.
주익종, 『일제하 평양의 메리야스 공업에 관한 일 연구』, 서울대 박사논문, 1994.
崔承熙, 『韓國古文書研究』, 한국정신문화연구원, 1981.
崔泰鎬, 『開港前期의 韓國關稅制度』, 韓國研究院, 1976.
崔弘基, 『韓國戶籍制度史研究』, 서울대출판부, 1997.
統計廳, 『韓國統計發展史 I: 時代別 發展史』, 1992.
______, 『韓國統計發展史 II: 分野別 發展史』, 1992.
韓㳓劤, 『韓國開港期의 商業研究』, 一潮閣, 1970.
韓翼教, 『韓相龍君을 말한다』(제1권), 한상룡씨환력기념회, 1941,

한일관계사연구논집 편찬위원회 편, 『일제 식민지 지배의 구조와 성격』, 경인문화사, 2005.
허수열, 『개발 없는 개발-일제하 조선경제 개발의 현상과 본질-』, 은행나무, 2005.
허영란, 『일제시기 장시 연구: 5일장의 변동과 지역주민』, 역사비평사, 2009.
허영란 · 조재곤 · 송규진, 『조선총독부의 상업 · 무역정책』,동북아역사재단, 2022.
홍희유, 『조선상업사』, 과학백과사전종합출판사, 1989.

2) 외국어

加藤敬三郎, 『金解禁の影響に就て』, 1930, 국립중앙도서관 소장 자료.
高橋龜吉, 『現代朝鮮經濟論』, 千倉書房, 1935.
高崎宗司, 『植民地朝鮮の日本人』, 岩波書店, 2002.
橋本壽朗, 『大恐慌期の日本資本主義』, 東京大學出版會, 1988.
堀和生, 『朝鮮工業化の史的分析』 有斐閣, 1995.
堀和生, 「朝鮮에서의 植民地 財政의 展開」 『식민지 시대 한국의 사회와 저항』, 백산서당, 1983.
宮本基, 『國勢調査要談』, 西東書房, 1907.
德家藤榮, 『電氣問題調査』, 1927, 국립중앙도서관 소장 자료.
러시아 대장성 편, КОРЕИ(한국정신문화연구원 역, 1984 『國譯 韓國誌』), 1900.
木村健二, 『在朝日本人の社會史』, 未來史, 1989.
柏原宏紀, 『工部省の研究-明治初年の技術官僚と殖産興業政策-』, 慶應義塾大学出版会, 2009.
小林英夫, 『'大東亞共榮圈'の形成と崩壞』, 御茶の水書房, 1975.
松本俊郎, 『一九二十年代の日本資本主義』, 東京大學出版會, 1983.
藪內武司, 『日本統計發達史研究』, 法律文化社, 1995.
須川英德, 『李朝商業政策史研究 : 十八 · 十九世紀における公權力と商業』, 東京大學出版會, 1994.
信夫淳平, 『韓半島』, 東京堂書店, 1901.
有賀光豊, 『米穀調査會と鮮米の移出統制』, 1930, 국립중앙도서관 소장 자료.
井上清, 『日本の軍國主義-軍國主義と帝國主義-』, 現代評論社, 1975.
佐藤功, 『君主制の研究—比較憲法的考察—』, 日本評論新社,1957.
佐藤正廣, 『國勢調査と近代日本』, 岩波書店, 2002.
酒井政之助 『水原』, 1923.
中村哲 · 堀和生 · 안병직 · 김영호 편, 『朝鮮近代の歷史像』, 일본평론사, 1988.
楫西光速 外, 『日本資本主義の發展』 II, 東京大學出版會, 1969.
楫西光速 外, 『日本資本主義の成立』 II, 東京大學出版會, 1969.
淸水正己, 『小賣商店の連鎖的經營に就て』, 1929, 국립중앙도서관 소장 자료.

3. 연구논문

1) 한국어

강명숙,「1920년대 日本人 資本家들에 대한 朝鮮人 資本家들의 抵抗-평양상업회의소를 중심으로-」『國史館論叢』90, 2000.

______,「1920년대 일본인 자본가들에 대한 조선인 자본가들의 저항(II)-상업회의소를 중심으로-」『한국민족운동사연구』30, 2002.

문영주,「20세기 전반기 인천 지역경제와 식민지 근대성-인천상업회의소와 재조일본인」『인천학연구』제1권 제10호, 2009.

姜萬吉,「大韓帝國時期의 商工業問題」『亞細亞硏究』50, 1973.

高東煥,「18, 19세기 外方浦口의 商品流通發達」『韓國史論』13, 1985.

권태억,「식민지 초기 일제의 경제정책과 조선인 상공업」『3.1민족해방운동연구』, 청년사, 1989.

김명수,「1920년대 한성은행의 정리와 조선인 CEO 한상룡의 몰락」『역사문제연구』27, 2012.

______,「일제 강점기 조선실업구락부의 조직과 활동」『日本文化硏究』51, 2014.

김연지,「19세기 말 · 20세기 초 부산지역 객주 영업과 자본 축적 유형」『역사와 경계』71, 2009.

______,「개항장객주의 변모 양상과 성격 고찰」『한일관계사연구』44, 2013.

金泳鎬,「韓末 西洋技術의 受容-近代西洋의 挑戰에 대한 主體的 對應의 一面-」『亞細亞硏究』31, 1968.

金英姬,「大韓帝國時期의 蠶業振興政策과 民營蠶業」『大韓帝國硏究(V)』, 1986.

김용섭,「수탈을 위한 측량: 토지조사」『한국현대사』, 신구문화사, 1956.

김재호,「상회사의 특권과 지대추구, 1876~1904」『經濟史學』32, 2002.

金鎭植,「1894~1897年 仁川港 民族商人들의 活動」『畿甸文化硏究』7, 1976

都冕會,「갑오개혁 이후 화폐제도의 문란과 그 영향(1894~1905)」『韓國史論』21, 1989.

박수경, 1986「개항기 인천항 객주에 관한 연구 : 1883-1894」『대한제국연구』5, 이화여대 한국문화연구원, 1986.

박정규,「상무총보、대한상무신보에 대한 역사적 고찰」『언론과학연구』3권 2호, 2003.

박재상,「한말 일제초기(1897~1915) 목포일본인상업회의소의 구성원과 의결안건」『한국민족운동사연구』26, 2000.

박철규,「부산 지역 일본인 사회단체의 조직과 활동 : 1910년대를 중심으로」『역사와 경계』56, 2005.

양준호,「식민지기 인천상업회의소의 설립과정과 역할에 관한 제도주의적 고찰」『인천학연구』14, 2011.

嗚鎭錫,「光武改革期 近代産業育成政策의 내용과 성격」『歷史學報』193, 2007.

劉奉鎬,「大韓帝國下 實業敎育 展開考」『大韓帝國硏究』II, 1984.

柳承烈,「韓末의 商業立國 노력과 商權守護運動」『金容燮敎授停年紀念論叢』3, 知識産業社, 1997.

윤해동,「일제하 물산장려운동의 배경과 그 이념」『한국사론』27, 1992.

李世永,「18, 9세기 穀物市場의 형성과 流通構造의 변동」『韓國史論』 9, 1983.
이승렬,「한말 일제하 근대의 충격과 수원지역 상인층의 대응」『향토서울』 84, 2013.
이영학,「대한제국의 경제정책」『역사와 현실』 26, 1997.
李榮昊,「19세기 浦口收稅의 類型과 浦口流通의 性格」『韓國學報』 41, 1985.
이영호,「인천개항장의 '한국형 買辦', 徐相潗의 경제활동」『史學研究』 88, 2007
李憲昶,「朝鮮末期 褓負商과 褓負商團」『國史館論叢』 38, 1992.
______,「甲吾 · 乙未改革期의 産業政策」『韓國史研究』 90, 1995.
전성현,「日帝初期 '朝鮮商業會議所令'의 制定과 朝鮮人 商業會議所의 解散」『韓國史研究』 118, 2002.
______,「한말~일제초기 경성상업회의소의 설립과 활동」『역사연구』 8, 2000.
전우용,「1910년대 객주통제와 '조선회사령'」『역사문제연구』 2, 1997.
______,「회사령연구」『한국사연구』 45, 1984.
정근식,「한국의 근대적 시간체제의 형성과 일상생활의 변화」『사회와 역사』 58, 2000.
趙璣濬,「韓末의 民族商人團體의 性格考-仁川紳商協會를 中心으로-」『學術院論文集(人文社會科學編)』 13, 1974.
조재곤,「대한제국의 식산흥업정책과 상공업기구」『한국학논총』 34, 2010.
______,「수원상공회의소의 설립과 변화」『수원의 산업과 경제성장』, 수원시사편찬위원회, 2014.
______,「일제하 수원의 회사 현황과 성격」『수원의 산업과 경제성장』, 수원시사편찬위원회, 2014.
______,「일제강점 초기 상업기구의 식민지적 재편 과정—1910년대 상업회의소와 조선인 자본가—」『韓國文化』 31, 2003.
______,「전시체제기 상공회의소와 상공경제회」『한국학논총』 57, 2022.
______,「부산항 객주상회소의 형성과 변화과정」『史林』 85, 2023.
주익종,「일제하 한국의 식민정부, 민간기업, 그리고 공업화」『經濟史學』 35, 2003.
______,「日帝下 朝鮮人 會社資本의 動向」『經濟史學』 15, 1991.
차철욱,「개항기~1916년 부산 일본인상업회의소의 구성원 변화와 활동」『지역과 역사』 14, 2014.
______,「일제강점기 부산상업(공)회의소 구성원의 변화와 '부산상품견본시'」『지역과 역사』 17, 2005.
최재성,「상공인명록을 통해 본 1930년대 초 인천지역 기업 활동」『인천학연구』 30, 2019.
表龍洙,「開港期 釜山港을 中心으로 한 客主商人의 商業活動」『慶州史學』 15, 1996.
韓相權,「18세기말~19세기초 場市發達에 대한 基礎研究-慶尙道地方을 중심으로-」『韓國史論』 7, 1981.
홍순권,「개항기 객주의 유통지배에 관한 연구」『한국학보』 11, 1985.
홍제환,「식민지기 회사의 생존력(1917~1944)-『朝鮮經濟雜誌』의 회사 등기 자료 분석-」『經濟史學』 54, 2013.

2) 외국어

鮫島龍行,「明治維新と統計學: 統計という概念の形成過程」, 相原茂 · 鮫島龍行 編,『統計日本經濟』(別册), 東京: 筑摩書房, 1971.
金子文夫,「1920年代における朝鮮産業政策の形成—産業調査委員會を中心に」『近代日本の經濟と政治』, 大川出版社, 1986.
藤永壯,「開港後の會社設立問題をめぐって-朴琪淙と汽船業 · 鐵道業-」『朝鮮學報』140 · 141, 1991.
木村健二,「植民地朝鮮の帝國議會への参政權問題考察」『日本學報』, 2004.
川合隆男,「國勢調査の開始: 民勢調査から國勢調査へ」(川合隆男 外,『近代日本社會調査史 II』, 東京: 慶應通信, 1991).
______,「戰時下 · 戰中期における實業調査」(川合隆男 外,『近代日本社會調査史 III』, 東京: 慶應通信, 1994).
平野隆,「明治期における産業調査」(川合隆男 外,『近代日本社會調査史 I』, 東京: 慶應通信, 1989).
河野節夫,「朝鮮に於ける國勢調査實施に就て」『朝鮮』昭和伍年 伍月 三日號.

찾아보기

ㅇ

ㅈ

ㅊ

ㅌ

ㅍ

ㅎ

동북아역사재단 일제침탈사 자료총서 35
경제편

상업·무역 정책(2)
—상공회의소

초판 1쇄 발행 2023년 12월 20일

기획 | 동북아역사재단 일제침탈사 편찬위원회
편역 | 조재곤 · 최재성 · 최종길 · 이태규
펴낸이 | 이영호
펴낸곳 | 동북아역사재단

등록 | 제312-2004-050호(2004년 10월 18일)
주소 | 서울시 서대문구 통일로 81 NH농협생명빌딩
전화 | 02-2012-6065
홈페이지 | www.nahf.or.kr
제작 · 인쇄 | (주)동국문화

ISBN 979-11-7161-024-2 94910
978-89-6187-773-2 (세트)